W0074603

Gerhard Schweizer

Islam verstehen

Geschichte, Kultur und Politik

Klett-Cotta

MIX
Papier aus verantwor-
tungsvollen Quellen
FSC® C083411
www.fsc.org

Klett-Cotta
www.klett-cotta.de

© 2016 by J. G. Cotta'sche Buchhandlung
Nachfolger GmbH, gegr. 1659, Stuttgart
Alle Rechte vorbehalten
Printed in Germany
Cover: Rothfos & Gabler, Hamburg, unter Verwendung einer Abbildung
von © R. Hackenberg/Corbis
Gesetzt von Kösel Media GmbH, Krugzell
Gedruckt und gebunden von CPI – Clausen & Bosse, Leck
ISBN 978-3-608-98100-1

Das vorliegende Buch ist die völlig überarbeitete und ergänzte
Neuausgabe des Titels von Gerhard Schweizer: »Islam und Abendland:
Geschichte eines Dauerkonflikts«, Stuttgart, Klett-Cotta 1995/2003.

Bibliografische Information der Deutschen Nationalbibliothek:
Die Deutsche Nationalbibliothek verzeichnet diese Publikation in der
Deutschen Nationalbibliografie; detaillierte bibliografische Daten
sind im Internet über <http://dnb.d-nb.de> abrufbar.

Für
Barbara und Herbert

Inhalt

Einleitung zu einem Jahrtausendkonflikt: Feindbilder – Klischees und Wirklichkeit

»Heiliger Krieg« und andere Bedrohungen

Der Videofilm wirkt wie eine Szene aus einer längst vergangenen Epoche. Ein bärtiger Mann, bekleidet mit schwarzem Turban und Kaftan, steht predigend auf der Kanzel einer Moschee. Er blickt in eine weiträumige Säulenhalle, und dort reihen sich dicht gedrängt junge Männer, viele ebenfalls mit Turban. Die schwarze Farbe der Kopfbedeckung sollen den Prediger als einen direkten Nachkommen des Propheten Mohammed ausweisen. Er verkündet mit drohend erhobenem Zeigefinger den *Dschihad,* den »heiligen Krieg« gegen die »Ungläubigen« in aller Welt, und bezeichnet sich als »Befehlshaber der Gläubigen«.

Dieser Film ist im Juli 2014 in einer Moschee der nordirakischen Stadt Mossul zu Propagandazwecken gedreht und weltweit verbreitet worden. Die Bilder zeigen Abu Bakr al-Baghdadi, das spirituelle und politische Oberhaupt der Terror-Organisation »Islamischer Staat«. Wochen zuvor hatte sich der auf Fotos düster und fanatisch wirkende Mann von seinen Anhängern zum Kalifen ausrufen lassen.

»Heiliger Krieg«, »Kalif«. Beide Begriffe sind mit vielen Emotionen, mit historischen Erinnerungen aus weit zurückliegender Zeit aufgeladen – für Muslime wie für nichtmuslimische Europäer.

»Heiliger Krieg«. Arabische Muslime eroberten im 7. Jahrhundert innerhalb weniger Jahrzehnte Nordafrika sowie weite Teile Asiens. Und türkische Muslime drangen seit dem 11. Jahrhundert siegreich in Anatolien vor, eroberten 1453 Konstantinopel, ja, belagerten 1529 und 1683 Wien mit der Absicht, ihre Herrschaft bis weit nach Europa hinein auszudehnen.

»Kalif«. Der Titel ist mit einem hohen Anspruch verbunden. Das arabische Wort bedeutet »Stellvertreter« wie auch »Nachfolger« und bezieht sich auf die Herrscher, die nach dem Tod des Propheten Mohammed die religiöse wie politische Führung als Befehlshaber aller Gläubigen in ihrem Amt vereinigten. Für Muslime verbindet sich mit diesem Titel eine nostalgische Erinnerung an ein goldenes Zeitalter des Islam in den ersten Jahrhunderten seiner Geschichte. Für Europäer dagegen war dieser Titel das ganze Mittelalter hindurch mit einer traumatischen Identitätskrise verknüpft: Unter der Führung von Kalifen waren Kerngebiete des frühen Christentums und spätantiker abendländischer Kultur ein für alle Mal einer islamischen Herrschaft unterworfen worden: »Heiden« hatten über »Christen« gesiegt, und dieser Triumph einer »falschen« Religion ließ sich von den Christen, den Anhängern der »richtigen« Religion, nicht mehr korrigieren. Auch die Kreuzzüge konnten daran nichts ändern. Solche traumatischen Erinnerungen vermochten die »Glaubenskämpfer« der Terror-Organisation »Islamischer Staat« im Bewusstsein der Europäer seit 2014 erneut zu aktivieren. Die Dschihadisten eroberten in diesem Jahr weite Teile des Irak sowie Syriens, und sie stellten demonstrativ Parallelen zu den siegreichen Kalifen von einst her. Sie präsentierten in Videobotschaften und im Internet Landkarten, die die Grenzen ihres für die Zukunft proklamierten Großreichs markierten: Ihr Herrschaftsgebiet sollte im Westen bis Andalusien und im Osten bis Indien, ja, bis in den westlichen Teil Chinas ausgedehnt werden. Die damit verbundene Botschaft an die Muslime und den nichtmuslimischen Westen lautete: Für die »rechtgläubigen Muslime« würde nach vielen Jahrhunderten des kulturellen und politischen Niedergangs die Phase eines neuen, unaufhaltsamen Siegeszugs folgen.

Aber was haben solche Proklamationen mit der Realität zu tun? Der Blick auf die islamische Welt von heute bietet das Gegenteil einer solchen Verheißung: Von Libyen über Syrien, Irak und Jemen bis Afghanistan und Pakistan gibt es etliche politisch, kulturell und sozial zerrissene Staaten. Mehr noch: Die konfessionellen Gegensätze zwischen Sunniten und Schiiten gewinnen an Schärfe, soziale Konflikte entwickeln sich verstärkt entlang der religiösen Grenzlinien, nicht minder die politischen Rivalitäten. Und gerade eine Terror-Organisation wie der »Islamische Staat« ist ein Symptom dieser Krise: Schließlich tragen ihre »Glaubenskämpfer« an vorderster Stelle dazu bei, die islamische Welt in unversöhnliche Fronten von »Gläubigen« und »Ungläubigen« zu spalten. Die Mehrheit der Muslime fürchtet das proklamierte Kalifat des »Islamischen Staates«, lehnt es vehement ab, ja verachtet dessen religiös-politische Anmaßung. Entsprechend instabil ist die Tyrannei derartiger »Glaubenskämpfer«, entsprechend geschwächt ist die islamische Welt insgesamt.

Weshalb gebe ich dem »Islamischen Staat« in der Einleitung des Buches trotzdem so viel Raum?

Es ist ein Reflex auf eine europäische Befindlichkeit. Eine fremde Kultur und Religion erzwingt vor allem dann unsere Aufmerksamkeit, wenn wir glauben, dass von ihr eine massive Bedrohung ausgeht – im aktuellen Fall von »Glaubenskämpfern« mit einem besonderen Potential an Aggression gegenüber dem »Westen«. In diesem Zusammenhang stellt sich allerdings die Frage, wie viel sich denn am Beispiel des sogenannten »Islamischen Staates« über den Islam als Kultur und Religion in seiner Vielfalt erfahren lässt. Diese Terror-Organisation beherrscht schließlich nur vordergründig aktuell die Schlagzeilen, und sie könnte in etlichen Jahren schon wieder verschwunden oder zumindest erheblich geschwächt sein, er-

gaben Analysen bereits im Frühjahr 2016. Aber diese Organisation bildet ein exemplarisches Beispiel einer tiefergehenden
Krise der islamischen Welt, und dieser Aspekt macht sie über
die momentan auffällige Wirkung hinaus interessant. Es gilt
die religiösen, kulturellen und politischen Zustände zu analysieren, die eine solche Radikalisierung erst ermöglichen.

Was sind die Ursachen dafür, dass immer wieder neue derartige radikal-islamische Gruppierungen entstehen? Eine solche Frage ist in westlichen Medien erstmals bereits mehr als
ein Jahrzehnt vor dem Auftreten des sogenannten »Islamischen Staates« gestellt worden – und der Anlass war ebenfalls
ein zutiefst traumatisches Ereignis.

Dieses Bild ist zu einer Ikone des »Bösen« geworden: die
schwarzen, geballten Rauchsäulen über den zusammenstürzenden Zwillingstürmen des World Trade Center in New York.
Seit dem schrecklichen Terroranschlag vom 11. September 2001,
der nahezu 3000 Menschen das Leben kostete, wies vieles darauf hin, dass wir es mit einer Zäsur zu tun haben, deren Folgen
nicht absehbar sind. Seit Osama bin Laden als die charismatische Führerfigur der Terror-Organisation al-Qaida die Schlagzeilen der Weltpresse beherrschte – und dieser schwarzbärtige,
meist mit weißem Turban und Kaftan gekleidete Mann ebenfalls eine Ikone des »Bösen« wurde –, zitieren die Medien das
Schlagwort Dschihad im Sinn von »heiliger Krieg« in einer
ein bisher nicht gekannten Häufigkeit. Damals fand erstmals
die These weite Verbreitung, eine neue Art von Krieg habe
begonnen, die für das 21. Jahrhundert die Auseinandersetzung
zwischen islamischer und abendländischer Welt bestimmen
werde. Muslimische Organisationen, von religiösem Fanatismus angetrieben, würden während der kommenden Jahrzehnte vor allem durch gezielte Terrorakte versuchen, unsere
westliche Gesellschaft zu destabilisieren. Fernsehbilder, die
in der Tat erschreckend sind – aber nur selten kritisch hinterfragt werden –, illustrieren das Szenario dieser Bedrohung: ver-

mummte Männer, die vor der Kamera ihre Bereitschaft ankündigen, Selbstmordattentäter zu werden und als »Märtyrer« im Kampf gegen den »Satan Amerika« und dessen »Lakaien« zu sterben. Dazu in weiteren Bildern Volksmassen auf den Straßen verschiedener islamischer Städte, mit hoch erhobenen Fäusten Parolen gegen den »Westen« skandierend.

Radikalisiert sich der Islam weiterhin in einem bisher nicht gekannten Ausmaß? Ist eine wachsende politische und soziale Krise die Ursache für die Radikalisierung?

Die Frage, so gestellt, weist etliche Unschärfen auf. *Den* Islam gibt es nicht. Es existieren innerhalb der islamischen Welt vielfältige Ausprägungen von Religion, Kultur, Politik und Gesellschaft – und dies in ständigem Wandel. Insofern handelt es sich bei Gruppierungen, die sich radikalisiert gegen Andersgläubige und gegen den »Westen« wenden, nur um religiös-politische Ideologen neben vielen anderen. Unter dem Einfluss solcher Ideologen bekommen die Begriffe »Dschihad«, »Kalif«, »richtiger Glaube« eine spezifisch neue Bedeutung, wie sie Jahrhunderte zuvor nicht bestanden hat. Diese historische Gebundenheit wird in der Diskussion oft außer Acht gelassen, wenn es um die vielfältigen Erscheinungsformen islamischer Religion und Kultur geht.

Den Islam verstehen?

Mein Eindruck ist, dass viele Europäer deshalb so gereizt auf Fehlentwicklungen des Islam reagieren, weil sie dort Parallelen erkennen zu ähnlichen Krisensymptomen im christlich geprägten Abendland des Mittelalters und der frühen Neuzeit vor der Epoche der Aufklärung: Fanatismus, Glaubenskriege, triumphalistischer Absolutheitsanspruch. Man kann Aversionen in diese Richtung nicht grundsätzlich das Recht absprechen. Aber solange der Blick nur auf einen solchen Aspekt konzentriert bleibt, blendet man die Vielfalt islamischer – wie auch abendländischer – Kultur aus.

Ein anderer Islam

Im vorliegenden Buch versuche ich zu zeigen, dass »Islam« für viele Hundert Millionen Gläubige etwas völlig anderes bedeutet als das, was radikale Splittergruppen als den »wahren Glauben« und die einzig richtige Gesellschaftsform propagieren. Die islamische Welt weist ähnliche vielschichtige Varianten von Religion, Kultur und Gesellschaft auf wie das christlich geprägte Abendland – auch eine ähnliche Ambivalenz. Die Neigung zu Gewalt und Intoleranz findet sich gleichermaßen hier wie dort, ebenso die Tendenz zu Weltoffenheit und die Fähigkeit zur Modernisierung erstarrter traditioneller Strukturen.

Was ist Islam? Wie schon angedeutet: *Den* Islam gibt es nicht. Feindbilder orientieren sich überwiegend an Klischees, die alle historisch bedingten Gegensätze, alle Vielfalt negieren. Solche Feindbilder von westlicher Seite entsprechen in der Struktur völlig denen von islamischer Seite. Hier wie dort droht gleichermaßen die Gefahr, das unbekannte Fremde zu dämonisieren.

Was ist Islam? Schon beim ersten genaueren Blick auf die fremde Religion und Kultur lassen sich Aspekte entdecken, die zeigen, wie vielfach und eng verflochten die christlich-abendländische und die islamische Welt gerade auch in positiver Hinsicht sind.

Manaret Isa … Der arabische Name bedeutet: Minarett Jesu. Ein Turm einer Moschee also, der den Namen Jesu trägt? Ich traf auf ein solches Minarett im Hof der Omayyaden-Moschee von Damaskus, einem der wichtigsten Wallfahrtsorte des Islam. In derselben Moschee befindet sich auch das Grab eines Propheten mit dem arabischen Namen Yahia, uns unter dem Namen Johannes der Täufer geläufig. Und Muslime verehren Maria, die Mutter Jesu. Ich besuchte nahe den antiken Ruinen von Ephesus auf dem bewaldeten Hügel Ala Dag das angebliche

18

Sterbehaus der Maria. Neben den christlichen Pilgern versammeln sich dort ebenso zahlreich türkische Muslime.

Überraschungen dieser Art sind geeignet, wesentliche Anstöße zu geben, um bisher vorgefasste Meinungen über den Islam zu revidieren. Solche Erfahrungen passen nicht in das durch westliche Massenmedien weitverbreitete Bild einer Religion, die gegenüber dem Christentum abweisend auftritt. Zwar ist zumindest einer westlichen Bildungsschicht längst geläufig, dass Abraham nicht nur als Stammvater des Judentums und Christentums anzusehen ist, sondern auch des Islam. Propheten wie Moses, Jesaja, Jeremia und Jesus werden auch von Muslimen verehrt. Aber noch in den 1950er-Jahren war es für viele Europäer weitgehend unbekannt, dass Jesus den Muslimen als der zweitwichtigste Prophet gilt, in der Rangfolge unmittelbar hinter Mohammed. Damals gehörte es auch noch zu einem leider gängigen Missverständnis, *Allah* als den Eigennamen eines fremden Gottes anzusehen, nicht als die arabische Bezeichnung für den einen gemeinsamen Gott aller monotheistischen Religionen.

Die geistige Verwandtschaft hat allerdings auch zum Streit darüber geführt, welche der beiden Religionen im Besitz der allein richtigen Offenbarung Gottes sei. Und solche Auseinandersetzungen mündeten immer wieder in religiös-politisch motivierte Kriege. Solche Kriege sind bis heute oft von einem Krieg der Worte begleitet – und in der Ähnlichkeit der Wortwahl zeigt sich wiederum die Verwandtschaft der beiden monotheistischen Religionen, nun aber im Negativen.

Ein »Kampf der Kulturen«?

Schon Ayatollah Khomeini, der Führer der »Islamischen Revolution« von 1979, sprach vom »Reich des Bösen«, wenn er den Westen meinte, und keiner hat häufiger als er die USA »Satan« genannt. Der religiös-politische Extremist gebrauchte religiös aufgeladene Metaphern, wie sie erst seit dem politischen Erstarken des islamischen Fundamentalismus breitenwirksam bei den Muslimen in Umlauf gekommen sind. Wir haben aber keinerlei Anlass, mit bloßer Verachtung auf solche mittelalterlich anmutende »Rückständigkeit« herabzusehen, gebrauchten doch auch führende westliche Politiker, allen voran der ehemalige US-Präsident George W. Bush, nahezu gleiche Metaphern. Bush sprach vom »Reich des Bösen« oder der »Achse des Bösen«, wenn er feindliche und hier besonders islamische Staaten im Visier hatte. Er bediente sich eines Wortschatzes, der den Traditionen eines aufgeklärten Westens brüsk widersprach – und auf einen Fundamentalismus christlicher Prägung hindeutete.

Unmittelbar nach den Terroranschlägen des 11. September 2001 rief Präsident Bush gar zum »Kreuzzug« gegen die »Mächte der Finsternis« auf und benutzte damit Schlagworte, die bei den Muslimen die Erinnerung an eine sehr düstere Zeit des christlichen Glaubenskrieges gegen den Islam weckte. Entsprechend antwortete die islamische Propaganda, man werde auch in Zukunft die »christlichen Kreuzzügler« vom »geheiligten islamischen Boden« zu vertreiben wissen. Es klang so, als sei seit dem Zeitalter der Kreuzzüge keine Veränderung im Denken der Menschen – der Muslime wie der Christen – eingetreten. Dies scheint auf fatale Weise zu bestätigen, wie hartnäckig sich die Fronten zwischen islamischer und abendländischer Welt, allen aufklärerischen Idealen und Verständigungsbemühungen zum Trotz, erhalten haben. Und das ist eine bedrohliche Perspektive für die Zukunft.

Solche Sachverhalte gewinnen noch an Brisanz, je mehr Muslime nun auch in Europa selbst wohnen. Es sind Menschen, die ursprünglich meist »Gastarbeiter« waren, inzwischen aber schon in der zweiten oder dritten Generation bei uns leben. Hat es um 1950 erst rund 900 000 muslimische Zuwanderer in Europa gegeben, überwiegend in Frankreich und

Großbritannien ansässig, so waren es zu Beginn des 21. Jahrhunderts bereits rund 17 Millionen. In Frankreich machten sie rund fünf Prozent der Bevölkerung aus, wobei die meisten aus Nordafrika stammten, in Großbritannien waren die Zahlen ähnlich. Die Zuwanderer dort kommen überwiegend aus Pakistan, Bangla Desh und dem indischen Raum. In Deutschland und Österreich waren vor der Jahrtausendwende zwei bis drei Prozent der Bevölkerung Muslime, die meisten davon Türken; der Anteil stieg in Österreich auf fast sieben Prozent (2012), in Deutschland auf etwa fünf Prozent (2008/2009). Etwa 2,5 Millionen Muslime, die in Deutschland leben, also rund 63 Prozent haben türkische Wurzeln.[1] Seither macht bei uns – wieder einmal – das angsteinflößende Schlagwort von der »Überfremdung« die Runde. Und umso mehr müssen wir uns mit der Frage auseinandersetzen, ob dem »Abendland« oder dem »Westen« tatsächlich Gefahr durch die fremde Kultur des Islam droht, die – wie es oft gesagt wird – nicht zu der unseren passe. Dieser Logik entsprechend könnte es zunehmend zu Unruhen auch in Europa kommen, weil die Muslime nicht bereit sind, nicht bereit sein können, sich in unsere »westliche Wertegemeinschaft« zu integrieren.

Im Zusammenhang mit derartigen Entwicklungen bekommt das Schlagwort vom sogenannten Kampf der Kulturen verstärkt Aktualität. Dieses Schlagwort bezieht sich auf den Buchtitel des umstrittenen Bestsellers *Kampf der Kulturen (Clash of Civilizations)*. Der Autor ist Samuel P. Huntington, ein amerikanischer Politikwissenschaftler, zeitweiliger Berater des US-Außenministeriums und Harvard-Professor. 1993 hat er den Slogan erstmals in einem Essay und dann 1996 als Titel für sein Buch verwendet. Er entwickelte Thesen, die die (westliche) Öffentlichkeit in wachsendem Maß beschäftigen: Die Weltpolitik des 21. Jahrhunderts werde nicht mehr vorrangig von Auseinandersetzungen politischer, ideologischer und wirtschaftlicher Natur in hochkomplexen geopolitischen Räumen bestimmt, sondern hauptsächlich von einem stark religiös bestimmten »Kampf der Kulturen«. Besonderes Gewicht misst er hierbei dem Konflikt zwischen islamischer und abendländischer Welt bei.

Aus der Sicht Huntingtons sind vor allem die islamische und die westliche Kultur von der Grundstruktur her daraufhin angelegt, ihre Herrschaft jeweils über die ganze Welt ausdehnen zu wollen. Entsprechend schrieb er: »Das tiefere Problem für den Westen ist nicht der islamische Fundamentalismus. Das tiefere Problem ist der Islam, eine andere Kultur, deren Menschen von der Überlegenheit ihrer Macht besessen sind. Das Problem für den Islam ist nicht der CIA oder das US-amerikanische Verteidigungsministerium. Das Problem ist der Westen, ein anderer Kulturkreis, dessen Menschen von der Universalität ihrer Kultur überzeugt sind und glauben, dass ihre überlegene, wenngleich schwindende Macht ihnen die Verpflichtung auferlegt, diese Kultur über die ganze Erde zu verbreiten. Das sind die wesentlichen Ingredienzen, die den Konflikt zwischen dem Islam und dem Westen anheizen.«[2]

Hierzu passt eine Äußerung, die bereits 1988 der amerikanische NATO-Oberbefehlshaber John Galvin exemplarisch bei seiner Abschiedsrede in Brüssel getan hat. Damals, als sich am politischen Horizont deutlich der Zusammenbruch des Sowjetimperiums abzuzeichnen begann, hielt es der militärische Führer für angebracht, mit prophetischem Pathos schon auf den nächsten epochalen Entscheidungskampf hinzuweisen: »Den Kalten Krieg haben wir gewonnen. Nach einer siebzigjährigen Verirrung kommen wir nun zur eigentlichen Konfliktachse der letzten 1300 Jahre zurück: Das ist die große Auseinandersetzung mit dem Islam.«[3]

Heiliger Krieg, Kreuzzug, Mächte des Bösen, Kräfte der Finsternis ... Diese Schlagworte, wie sie Muslime und Christen immer wieder in gegenseitiger schroffer Abgrenzung gebrauchen, haben bekanntlich eine weit zurückreichende Tradition.

Dass wir hier in der Tat von einem seit 1300 Jahren dauernden Konflikt – letztlich also von einem Dauerkonflikt, wenn nicht sogar von einem »Jahrtausend-Konflikt« – zu sprechen haben, versteht sich von selbst. Erschrecken muss uns allerdings, wie verwandt Islam und Christentum sogar in ihrer Anfälligkeit für fundamentalistische Radikalität sind. Andererseits müssen wir uns im Klaren darüber sein, dass wir, indem wir uns auf derart negative Aspekte konzentrieren, weder der christlich-abendländischen noch der islamischen Kultur auch nur in Ansätzen gerecht werden.

Europäer, Amerikaner, Christen werden dieser Einsicht sofort zustimmen, sofern es darum geht, den eigenen Kulturraum in seinen vielfältigen Erscheinungsformen zu beschreiben und zu differenzieren. Der Islam dagegen gleicht vielen von uns westlich und weltlich Geprägten weiterhin einem monolithischen Block: Man weiß vom Wesen des Islam wenig, und das Wenige ist überwiegend negativ. Entsprechend verbreitet ist bei uns die Meinung, keine Religion lehne derart grundsätzlich wie der Islam Andersgläubige ab und mache einen echten Dialog über Kulturgrenzen hinweg nahezu unmöglich. Kreuzzugsmentalität und Fanatismus bei Christen stufen wir gern als einen Widerspruch zur biblischen Botschaft der Nächstenliebe und damit als eine Verirrung ein. Dagegen neigen wir dazu, im Koran Intoleranz und Aufruf zum Glaubenskrieg geradezu zentral verankert zu sehen, dabei ist den meisten von uns weder die Bibel vertraut wie früheren Generationen, noch haben wir uns jemals in den Koran vertieft.

Im vorliegenden Buch vergleiche ich daher etliche grundlegende Aussagen von Koran und Bibel. In welchem Maß liefern die beiden heiligen Bücher das geistige Instrumentarium für Toleranz oder für Intoleranz? Fordert der Koran tatsächlich zum »Heiligen Krieg« auf oder zur Unterdrückung sowie zur gewaltsamen Bekehrung »Ungläubiger«? Inwieweit haben

Bibel und Koran mit ihrer Ethik im Verlauf der Jahrhunderte politisches und soziales Verhalten positiv oder verhängnisvoll beeinflusst? Wie sehr werden die heiligen Bücher missdeutet und politisch missbraucht?

Muslime müssen sich naturgemäß missverstanden, ja verletzt fühlen, wenn wir ihnen unterstellen, sie neigten mehrheitlich zu Intoleranz oder gar zu Radikalität und Gewalt. Und erst recht, wenn wir solche negativen Tendenzen strukturell in ihrer Religion angelegt sehen, während wir ihnen unsere eigene Religion und Kultur als grundsätzlich friedfertig entgegenhalten. Ich bin viel in islamischen Ländern unterwegs und erlebe jedesmal aufs Neue, wie hilfsbereit und gastfreundlich viele Muslime mir, dem Nichtmuslim, begegnen. Angefeindet werden Besucher aus dem Westen nur von einer Minderheit, über deren Motive wir unvoreingenommen nachdenken sollten.

Umgekehrt müssen wir selbst uns krass missverstanden fühlen, sobald radikale Muslime die Menschen im Westen pauschal als gottlos, moralisch dekadent, materialistisch, rassistisch und imperialistisch abkanzeln. Ihre Unterstellungen gipfeln oft in dem Vorwurf, der Westen wolle den Islam vernichten. Auch muslimische Verschwörungstheoretiker wissen sehr wohl, dass undifferenzierte Feindbilder dabei helfen können, die Widersprüchlichkeiten und Ungereimtheiten im eigenen Kultur- und Lebensraum zu übertünchen.

Der eigentliche Konflikt in der Gegenwart

Aber so alt der Konflikt zwischen islamischer und abendländischer Welt auch ist, dürfen wir nicht übersehen, dass sich im Verlauf der Jahrhunderte die Akzente in der Auseinandersetzung entscheidend verlagert haben.

Ursprünglich entzündete sich die Rivalität an der Frage, ob die ganze Welt im Zeichen einer allein richtigen Religion christianisiert oder islamisiert werden sollte. Kreuz oder Halbmond waren in diesem Zusammenhang die kompromisslose Alternative. Unsere westliche Industriegesellschaft kennt jedoch längst kein wesentliches, für alle verbindliches Glaubensbekenntnis mehr und auch keine entsprechend politisch-sakral normierte Lebensform. Wir im säkularisierten Westen leben und tolerieren ein Spektrum an Weltanschauungen, von religiös bis atheistisch, und befürworten diese Vielfalt meistens auch. Daher sprechen ja viele von uns nicht mehr vom »christlichen Abendland«, sondern benutzen das Adjektiv eher als historisch zu verstehendes Zitat oder gar ironisch-provokativ.

Seit Ende 2014 instrumentalisieren allerdings die selbsternannten »Patriotischen Europäer gegen die Islamisierung des Abendlandes« (Pegida) das »Abendland« – wieder einmal. Sie machen den problematischen Terminus erneut zu einem ideologischen Kampfbegriff, diesmal für ihre islam- und fremdenfeindliche Organisation, die sich zusehends rechtspopulistisch gebärdet. Auch dies ist ein Grund, weshalb ich im Folgenden »Abendland« als Terminus zur Beschreibung sowie als kulturgeschichtlichen Begriff oder Idee möglichst sparsam verwenden werde. Dennoch muss ich gelegentlich auf ihn zurückgreifen, verwahre mich aber ausdrücklich gegen jede ideologische Verwendung.

Andere Völker christlich zu missionieren, ist bei uns zum Anliegen einer religiösen Minderheit geworden. Selbst viele Christen, zumindest in Westeuropa, wünschen heute eher einen Dialog mit Andersgläubigen, als dass sie deren Bekehrung wichtig fänden. Inzwischen hat im Westen ein eher weltlicher Missionstrieb die Oberhand gewonnen: Die ganze Welt soll säkularisiert und im Zeichen der allein richtigen Zivilisation »verwestlicht« werden.

Zu Recht sprechen wir aber weiterhin vom »islamischen Orient«. In diesem kulturellen Großraum leben die Menschen nämlich noch überwiegend in religiös-politisch durchstrukturierten Gesellschaften. Eine Säkularisierung hat in der islamischen Welt kaum oder höchstens in Ansätzen stattgefunden. Und gerade diese unterschiedliche Haltung gegenüber der Religion – entweder als verpflichtende Mitte der Gesellschaft oder als Privatsache jedes Einzelmenschen – bezeichnet für viele Muslime heute den hauptsächlichen Gegensatz zwischen Islam und Abendland beziehungsweise dem »Westen«. Je mehr bei uns die Kirchen an politischem Einfluss verloren haben, desto weniger sehen die Muslime vom Christentum eine Gefahr ausgehen und desto unbefangener können sie der geistesverwandten Religion begegnen. Die muslimische Abwehr richtet sich inzwischen vorrangig gegen den Westen mit seiner vordringenden »imperialistischen«, säkularen Macht. Vielen von uns dagegen erscheint weiterhin der Islam auch als Religion bedrohlich, eben weil im Orient die Verbindung zwischen Religion und Politik mehr oder weniger erhalten blieb.

Einen Jahrtausend-Konflikt verstehen – dies ist die eigentliche Absicht des vorliegenden, mehrfach überarbeiteten Buches. Da viele der bereits angeführten Schlagworte eine weit zurückreichende Tradition besitzen, erscheint es mir notwendig, weit in die islamische wie in die abendländische Geschichte zurückzugehen und die Ursachen des Konflikts zu analysieren. Kritisch zu hinterfragen ist in diesem Zusammenhang der Begriff »Jahrtausend-Konflikt«. Unbestreitbar ist zwar, dass die islamische und die abendländische Welt seit 1300 Jahren miteinander in der Frage rivalisieren, ob die Menschheit islamisiert oder ob sie verchristlicht – und im modern säkularen Sinn verwestlicht – werden soll. Aber falsch ist es, daraus abzuleiten, dass sich Islam und Abendland über die 1300 Jahre ihrer gemeinsamen Geschichte ununterbrochen als zwei monolithische und feindliche Blöcke gegenübergestanden hätten.

Ich versuche zu zeigen, dass Muslime und Europäer viele Jahrhunderte lang über die politischen und religiösen Gegensätze hinweg oft rege geistige Kontakte pflegten und gegenseitig von der jeweils fremden und doch geistesverwandten Kultur profitierten. Eine Reihe von Beispielen, die ich anführen werde, belegen, dass sich Muslime über weite Zeiträume ihrer Geschichte stärker auf innere Konflikte ihrer eigenen Religion und Kultur konzentriert haben als auf den expansiven Kampf gegen »Ungläubige«. Dasselbe bei den Europäern. Um nur ein Beispiel vorwegzunehmen: Die schrecklichsten Kriege, die wir erlebt haben, wurden keineswegs gegen eine fremde Kultur wie die islamische geführt – viel schlimmer und folgenreicher als die Kreuzzüge oder die sogenannten Türkenkriege war der Dreißigjährige Krieg, der bekanntlich als religiös-politischer Konflikt unter den christlichen Konfessionen ausgetragen wurde. Sogar der Erste und Zweite Weltkrieg, die verheerendsten Kriege des 20. Jahrhunderts, entbrannten zuallererst auf Grund tiefgehender Konflikte in unserem säkularen Kulturraum.

Vorrangig auf unsere Gegenwart konzentriert sind meine Fragen zum Fundamentalismus: Welchen Einfluss haben fundamentalistische Bewegungen auf das gesellschaftliche Leben im islamischen Orient wie auch im Abendland? Bekanntlich ist das Phänomen strukturell gleichermaßen in den drei geistesverwandten Religionen Islam, Christentum und Judentum angelegt.

Der Fundamentalismus übt unbestritten in der islamischen Welt einen viel stärkeren Einfluss auf Politik und Gesellschaft aus als in unserem Kulturraum. Negative Tendenzen treten folglich in islamischen Staaten erheblich deutlicher hervor. Bei diesem Thema neigen wir im Westen zu problematischen Pauschalurteilen. Viele von uns setzen den islamischen Fundamentalismus ausschließlich mit rigiden, gewaltbereiten, fanatischen, ja in jüngerer Zeit auch mit terroristischen Bewegungen gleich. Tatsächlich aber fächert sich die *Islamiya* – der »Islamismus«, wie die Muslime diese Bewegung selbst nennen – in völlig unterschiedliche Strömungen auf. Einerseits waren und sind wir mit äußerst gewaltbereiten und gewalttätigen Gruppierungen konfrontiert wie etwa der Terror-Organisation al-Qaida und ihrer Symbolfigur Osama bin Laden, mit dem sogenannten »Islamischen Staat« (IS) und dem selbsternannten Kalifen Abu Bakr al-Baghdadi. Auch sind uns eine Reihe islamistisch regierter Staaten als äußerst brutale Diktaturen in Erinnerung, allen voran das Regime der afghanischen Taliban, unverhohlen despotisch auch der iranische Gottesstaat unter Ayatollah Khomeini. Andererseits stand der iranische Staatspräsident Mohammed Khatami kaum zwei Jahrzehnte später (1997–2005) für einen gemäßigten Islamismus, der in gewissen Grenzen eine kulturelle Vielfalt zuließ und einen Dialog mit dem Westen suchte. Gerade das Beispiel Iran zeigt, wie schwierig es ist, den islamischen Fundamentalismus in seiner Vielfalt, seinen gegenläufigen Strömungen zu verstehen. Ausgerechnet im Gottesstaat Iran, wo sich 1979 erstmals überhaupt eine islamistische Regierung gebildet hatte, ist inzwischen die Bewegung einer »Islamischen Revolution« in rivalisierende, fast unversöhnliche Flügel gespalten. Es wird in dieser Hinsicht noch auf andere überraschende Entwicklungen hinzuweisen sein.

Rückständiger Islam? Fortschrittlicher Westen? Die Missverständnisse

Ein weiteres ausgesprochen tiefsitzendes Vorurteil auf westlicher Seite versuche ich im vorliegenden Buch zu widerlegen: Die islamische Kultur sei schon von ihrem geistigen Ansatz her rückständig und Muslime reagierten besonders aus ihrem Gefühl einer strukturellen, unaufhebbaren Unterlegenheit neidisch und aggressiv auf die Herausforderung der westlichen Moderne.

Im ersten Moment ist diesem Vorurteil schwer zu widersprechen. Kaum ein muslimisches Land hat es im 20. Jahrhundert geschafft, wirtschaftlich das Niveau eines sogenannten »Entwicklungslandes« zu überwinden, kaum einer dieser Staaten kennt ein weitgefächertes Bildungssystem und eine demokratische Verfassung. Aber wenn wir für diese Rückständigkeit prinzipiell den Islam als Religion und Kultur verantwortlich machen wollen, dann muss uns ein Blick in die Vergangenheit beträchtlich irritieren. Noch zu Beginn des Hochmittelalters zeigte sich der islamische Orient dem christlichen Abendland kulturell weit überlegen. In seinen Städten befanden sich überwiegend die besseren Bibliotheken und Universitäten, dachten Philosophen und Wissenschaftler fortschrittlicher, entfalteten sich Kunst und Architektur reichhaltiger, waren die Bürger im Durchschnitt gebildeter, war der Lebensstandard höher. Gegen die hochentwickelte Stadtzivilisation des Islam konnte das Europa von damals – würden wir einen Begriff von heute gebrauchen – überwiegend nur als ein riesiges Entwicklungsland erscheinen.

Kaufleute und Kreuzritter des christlichen Mittelalters mussten sich bei ihrer Begegnung mit dem Orient zutiefst verunsichert fühlen. Irritiert stellten sich gerade die Gebildeten die Frage, wie es Gott denn zulassen könne, dass die »Heiden« mit ihrer »falschen« Religion den Christen in vielerlei Hinsicht überlegen seien. Dieser christliche Schock von damals entspricht in etwa dem islamischen Schock von heute. Umgekehrt sehen sich nun die Muslime einer Identitätskrise ausgesetzt. Sie, die sich zwar im Besitz der »richtigen« Religion glauben, müssen sich fragen, warum Zivilisation und Technologie der Andersgläubigen in fast allen Bereichen überlegen zu sein scheinen.

Weder Islam noch Christentum sind unmittelbar für zivilisatorische Fortschrittlichkeit oder Rückständigkeit verantwortlich zu machen. Versucht man trotzdem, derartige Zusammenhänge aufzuspüren, so erscheinen beide Weltreligionen nahezu gleich mächtig, um mit einem immensen Potential, das kulturelle Leben zu beeinflussen: im Guten wie im Schlechten. Auch diese Frage wird uns im weiteren Verlauf beschäftigen.

1300 Jahre Dauerkonflikt zwischen islamischer und abendländischer Welt … Im Bewusstsein vieler Muslime wie Europäer und Amerikaner ist ein Ende dieser Rivalität nicht abzusehen, ja sie scheint einem neuen Höhepunkt entgegenzugehen. Das wären düstere Perspektiven für das 21. Jahrhundert und darüber hinaus.

Ich teile diesen Zukunftspessimismus nicht. Wenn auch der vor Jahrzehnten schon begonnene Dialog auf religiöser wie politischer Ebene immer wieder durch radikale Bewegungen auf beiden Seiten sabotiert wird, ist unter gewissen Voraussetzungen ein Ende des Konflikts möglich. Vorbedingung für eine Wende zum Besseren ist allerdings, dass auf beiden Seiten mehr Menschen als bisher genügend informiert sind über die religiösen und kulturellen Strukturen der jeweils fremden Welt. 1300 Jahre Dauerkonflikt bedeutet mehr als ein Jahrtausend gegenseitiger Missverständnisse.

Ich habe mich schon in den 1980er-Jahren intensiv mit dem Jahrtausendkonflikt zwischen dem Islam und dem Westen auseinandergesetzt. Da aber im Westen die Ressentiments gegenüber der benachbarten islamischen Kultur eher wachsen als schwinden, erschien es mir schon 2003 nötig, mein 1995 erschienenes Buch *Islam und Abendland. Geschichte eines Dauerkonflikts* zu aktualisieren. Äußerer Anlass war damals der 11. September 2001, aber die sich zuspitzenden Unruhen im Nahen Osten seit Beginn des 21. Jahrhunderts machen es heute wiederum notwendig, eine erweiterte Fassung anzubieten. Ich füge dem damaligen Text ausführliche aktuelle Einschübe hinzu und gehe im letzten Teil des Buches auf die dramatischen Umbrüche ein, die von 2001 bis 2016 stattgefunden haben – Umbrüche mit vielen offenen Fragen.

Im Rückblick auf 1300 Jahre gemeinsamer Geschichte stelle

ich die Frage noch viel stärker heraus, weshalb die Kulturmacht Islam dem christlich geprägten Abendland lange Zeit an Toleranz und Fortschrittlichkeit überlegen war und warum sich die Verhältnisse während der letzten fünf Jahrhunderte geradezu umgekehrt haben.

Vergleichen wir die wichtigsten geistigen und politischen Weichenstellungen islamischer wie abendländischer Geschichte miteinander, stellen wir fest, wie ähnlich sich die beiden rivalisierenden Großräume zumindest im Grundsätzlichen sind. Gerade die geistige Verwandtschaft hat die unerbittliche Rivalität bedingt. Erst wenn wir bereit sind, diese komplizierte Realität anstelle der gewohnten Feindbilder wahrzunehmen, können wir den Dialog beginnen.

Das aktualisierte Buch hat den Titel Islam verstehen. Das bedeutet aber nicht, dass nun das Gewicht einseitig auf den Islam verlagert wäre. Es bleibt dabei, die Entwicklung im islamischen und westlichen Kulturraum gleichermaßen darzustellen: Mohammed so ausführlich wie Jesus, das sogenannte Goldene Zeitalter des Islam im Mittelalter so ausführlich wie die Epoche der europäischen Aufklärung, die Religionsspaltung in Sunniten und Schiiten so ausführlich wie jene in Katholiken, Orthodoxe und Protestanten. Denn den »Islam verstehen« können wir hinreichend nur, wenn wir parallel verlaufenden Prozesse im geistig verwandten und rivalisierenden »Abendland« oder dem »Westen« zum Vergleich heranziehen. Für Europäer bietet so die Auseinandersetzung mit dem Islam die Möglichkeit – und die Chance –, auf einem Umweg über die fremde Kultur einen neuen Blick auf das Christentum sowie die säkulare Moderne der westlichen Welt zu werfen. Umgekehrt eröffnet sich für Muslime die Chance, sich aus festgefahrenen Denkmustern der eigenen Kultur zu lösen.

Dies erst bedeutet, einen Dialog mit nachhaltigen Folgen zu beginnen.

Gegenseitige Vorurteile

Alltagsbeobachtungen im Orient-Tourismus

Die Szene steht für viele:

»He, Mohammed!« Der stämmige Gast im bunten Hawaii-hemd winkte jovial dem Kellner, der eilig an ihm vorüberging und anscheinend den Ruf nicht gehört hatte. »Er will nicht hören«, sagte der Deutsche am Nachbartisch zu mir, lächelte dabei aber gutmütig, »es ist immer dasselbe.« Als der Kellner wieder in der Nähe war, rief der Deutsche, indem er sein leeres Glas hochhob: »Mohammed, noch'n Bier!« Der Kellner, ein junger Bursche mit Ringellocken und schwarzem Schnurrbart, zog die Augenbrauen zusammen und antwortete akzentfrei auf Deutsch, aber in einem Ton, als hätte er es schon zehnmal gesagt: »Ich heiße Abdullah.« Der Deutsche lachte: »Für mich bist du der Mohammed. Alle Araber heißen Mohammed.« Er lachte jetzt ausdauernd und drehte sich wieder zu mir her, als der Kellner ohne ein weiteres Wort gegangen war: »Der Mohammed weiß schon, wie ich das meine.« Ich schwieg, ich war zu überrascht. Der Kellner, während er das Glas brachte und auf den Tisch stellte, lächelte. Ein kurzes Augenduell mit dem Deutschen, dann: »He, Fritz, dein Bier.« – »Ich heiße nicht Fritz.« – »Alle Deutschen heißen Fritz«, antwortete der junge Araber, verbeugte sich kurz und verschwand.

So geschehen im Speisesaal eines Touristenhotels auf der tunesischen Insel Djerba. Überwiegend Deutsche saßen beim Abendessen, Reisegruppen, für die es selbstverständlich erschien, dass das arabische Personal alle Bestellungen auf Deutsch entgegennahm. Mit Trinkgeld waren sie, die Badegäste, nicht knausrig, schließlich wussten sie es zu schätzen, dass die »Mohammeds« sich anpassen konnten. Ich bewunderte den Kellner wegen seiner Schlagfertigkeit, mehr noch wegen seines Muts. Übrigens: Der Tourist im Hawaiihemd hat es seitdem vermieden, »seinen« Kellner mit Mohammed anzureden, er hat von nun an überhaupt auf jede Namensnennung verzichtet.

»Non ... non ... non!« Der Moscheewächter hob abwehrend die Hände und stellte sich breitbeinig vor das Portal, als er vier Touristinnen in Shorts und ärmellosen Blusen nahen sah. »Pourquoi non?«, fragte die eine in holprigem Französisch, und die andere äußerte ihr Erstaunen gleich mit einem »Warum denn nicht?« Der Moscheewächter deutete auf die nackten Schenkel und schüttelte dann missbilligend den Kopf, während die Touristinnen sich neugierig auf die Zehenspitzen stellten, um wenigstens einen Blick in den buntgefliesten Moscheehof zu erhaschen. »Non!« wiederholte der Wächter mit allem Nachdruck. »Typisch«, sagte eine der Touristinnen, »wieder mal typisch.« Dann drehten die vier sich um und gingen schmollend davon. »Typisch ... was? Wieso typisch?«, rief ihnen der Moscheewächter nach, der sich nicht beruhigen konnte. Er sprach gebrochen deutsch und hatte sehr wohl der Tunesier abfällige Bemerkung verstanden.

Sichtlich erregt wandte er sich an mich, der ich neben dem Eingang stehengeblieben war und von dort aus das Basargewimmel betrachtete. Ob er sich denn nicht richtig verhalten habe, fragte er. Oh doch, ich könne ihm da nur zustimmen, antwortete ich. – Nicht wahr? Viele Europäer hätten keinen Respekt vor den Sitten in Tunesien, erklärte er, und es schien so, als müsste er sich einen lang angestauten Ärger von der Seele reden. Er habe zwei Jahre in Deutschland gearbeitet und wisse, dass man »halbnackt« auch keine Kirche betreten dürfe.

Warum denn die Europäer so wenig Respekt vor dem Islam hätten? Er als Muslim habe Respekt vor ihrer Religion, jawohl, und die Christen seien sehr verärgert, wenn er sich in einer Kirche nicht richtig benehme. Er verstehe die Europäer nicht.

So geschehen am Portal der Ölbaummoschee in Tunis.

Zwei Momentaufnahmen aus dem Alltag des Massentourismus im Orient. Sind es typische, überzeichnete Beispiele? Wer aufmerksam Touristen in islamischen Ländern beobachtet, wird Ähnliches zu berichten wissen, ja kennt vielleicht sogar noch grellere Situationen.

Einseitigkeit in den westlichen Medien und die Folgen

Schlagzeilen der Boulevardpresse entsprechen nur gar zu oft diesem Horizont. Bleiben wir für Momente noch beim »Urlauberparadies« Tunesien, um zu sehen, wie sich politische Ereignisse in diesem Land in einer deutschen Zeitung mit Millionenauflage niederschlagen können.

Folgender Anlass: Im November 1987 war der 84-jährige Staatspräsident Habib Bourguiba von seinem Ministerpräsidenten Ben Ali entmachtet worden; dies erschien als der einzige Ausweg aus der Staatskrise, nachdem es unter dem erstarrten Regime dieses Greises zu gefährlichen Unruhen durch radikale Muslime gekommen war. Wenige Tage nach Bourguibas Entmachtung, als sich der Nachfolger Ben Ali betont als westlich gesinnter Politiker deklarierte (und sich später als skrupelloser Diktator entpuppte), konnte man in der Wiener *Kronen-Zeitung* eine merkwürdige Schlagzeile lesen: »Tunesien will mit Westkurs dem Islamsturm entkommen«.[1]

Begnügt man sich mit der Überschrift, so könnte man meinen, die Tunesier würden den Islam als eine bedrohliche fremde Gewalt erleben (»Islamsturm«), mehr noch, sie würden keinen sehnlicheren Wunsch verspüren, als angesichts dieser unheimlichen Erscheinung politisch das Heil im »westlichen« Denken zu suchen. Erst im folgenden Text erfährt man, von woher wirklich ein Sturm drohen könnte: nicht vom Islam, sondern eben nur vom islamischen Fundamentalismus, und nicht einmal von ihm im Allgemeinen, sondern nur von dessen radikalem Flügel. Die Metapher »Sturm« ist kein Zufall. Sie wirkt vor dem Hintergrund der bei uns weitverbreiteten Furcht, dass die Zahl der Muslime um Vieles rascher wächst als die der Christen. 2009 lebten etwa 2,3 Milliarden Christen (Katholiken, Protestanten, Orthodoxe und Anglikaner) auf der ganzen Welt. Ihre Zahl nahm also seit der Jahrtausendwende um etwa zehn Prozent in der ersten Dekade des 21. Jahrhunderts zu. Weltweit wurden 2009 rund 1,6 Milliarden Muslime gezählt, was beinahe eine Verdreifachung seit 1970 bedeutet.

Sind solche Schlagworte ein Sonderfall? Oder eben nur typisch für die sogenannte Boulevardpresse, die es aus Verkaufsgründen darauf anlegt, möglichst den Vorurteilen einer breiten Leserschaft entgegenzukommen?

Manchmal kann man sogar in Nachrichtenmagazinen mit differenziertem Urteilsvermögen Überraschungen erleben. Etwa im *Spiegel*, dem ich eine Reihe ausgezeichneter Informationen über Vorgänge in der islamischen Welt verdanke. Aber im November 1985 lautete dort eine Kapitelüberschrift, die sich auf die Krise nach dem Sturz des sudanesischen Diktators Dschafar Muhammad an-Numairi bezog: »Weg von Allah«; und im fettgedruckten Einleitungstext hieß es: »Nirgendwo ließen islamische Richter unbarmherziger amputieren, peitschen und köpfen. Jetzt müssen die Glaubenseiferer zurückstecken: Das öffentliche Leben wird entislamisiert.«[2]

Begnügt man sich wiederum mit diesen wenigen Zeilen, so könnte man meinen, ein »unbarmherziges« Strafrecht sei untrennbar mit Allah gekoppelt, und die Abwendung von solcher Barbarei bedeute, auf Distanz zum Islam zu rücken. Im Artikel liest es sich natürlich differenzierter. Umso bedenklicher muss es stimmen, dass selbst dem anspruchsvollen Journalismus die Sprache zeitweilig entgleisen kann.

Im Nachrichtenmagazin *Profil*, dem österreichischen Pendant zum *Spiegel*, fand ich 1993 die fettgedruckte Überschrift: »Halbmond am dunklen Firmament«. Der Untertitel lautete: »Das Gespenst Islam geht um in Europa. Droht nach der roten die grüne Gefahr?«[3] Mit dem Untertitel war auf den Zusammenbruch des Kommunismus, der »roten Gefahr«, und andererseits auf Grün als die islamische Symbolfarbe angespielt. Entsprechend folgte im Artikel ein Ausspruch des damaligen Oberbefehlshabers der NATO, des Amerikaners John Galvin, aus dem Jahr 1988, auf den ich einleitend schon hingewiesen habe: »Den Kalten Krieg haben wir gewonnen. Nach einer siebzigjährigen Verirrung kommen wir nun zur eigentlichen Konfliktachse der letzten 1300 Jahre zurück: Das ist die große Auseinandersetzung mit dem Islam.« Jenseits des reißerischen Vorspanns und einiger provokanter Zitate war allerdings auch in diesem Fall der Artikel differenziert gehalten, dort wurden die eingangs zitierten Bedrohungsklischees kritisch analysiert. Solche Schlagzeilen, wie ich sie aus den 1990er-Jahren zitiere, sind bis in unsere unmittelbare Gegenwart zu finden. Auf entsprechende Negativbeispiele zu Beginn des 21. Jahrhunderts werde ich in anderen Zusammenhängen eingehen.

Während seriöse Zeitungen beim Thema Islam sich nur vereinzelt solcher »Aufreißer« bedienen, um das Leserinteresse zu wecken, ist dies für die Massenpresse eher die Regel. Je höher die Auflage, desto auffallender diese Tendenz. Besonders gut zu beobachten war ein solcher Vorgang, als Papst Johannes Paul II. in den 1980er-Jahren verschiedene islamische Länder besuchte, etwa die Türkei, Pakistan, Marokko. Eine ganze Reihe von Boulevardblättern und Illustrierten in Deutschland wie auch in Österreich stellten angesichts dieses »epochalen« Ereignisses wiederholt polemische Vergleiche zwischen den beiden Weltreligionen an – in der Form: Das Christentum missioniere friedlich, der Islam aggressiv. Ausführlich zitierten sie stets die vielen freundlichen Grußworte des Papstes, mit besonderem Akzent auf seine Hochachtung gegenüber der fremden Religion. Weniger ausführlich gingen sie meist auf die freundlichen Antworten seiner muslimischen Gastgeber ein, und hier folgte ab und zu in Varianten der Kommentar, eine solche »Offenheit« sei nicht typisch für alle Muslime, oder gar: eher untypisch.

Zu wundern braucht es da nicht, wenn die geistlichen Titel *Imam, Ayatollah* und *Mullah* in unserem Sprachgebrauch immer mehr zum Synonym für »reaktionär« und »fanatisch« absinken. Weil eben so mancher Geistliche des einen oder anderen islamischen Staates eine blutige Diktatur ideologisch absegnet – was uns ja aus der Geschichte des eigenen Kulturkreises auch nicht unbekannt sein dürfte –, neigen wir nur gar zu gerne dazu, einen ganzen Berufsstand, ja eine ganze Religion zu beargwöhnen und liberale Tendenzen in deren Reihen weitgehend zu ignorieren.

Dass eine derartige Voreingenommenheit nicht nur im deutschen Sprachraum ein Problem darstellt, sondern im gesamten Westen, versteht sich von selbst. Man braucht nur an die fremdenfeindlichen Unruhen zu erinnern, wie sie sich neben Deutschland und Österreich in Frankreich und Großbritannien immer wieder gegen Zuwanderer aus Asien und Afrika – hier besonders gegen Muslime – entladen. Hinzu kommt die Panikmache europäischer wie amerikanischer Medien gegen »revolutionäre« islamische Staaten. In solchen Zusammenhängen wird die Brisanz des Vorurteils auf internationaler Ebene beklemmend.

Nachrichten über die islamische Welt schlagen sich in Europa wie den USA vorwiegend als Katastrophenmeldungen nieder. Man liest über Terroristen, die Flugzeuge entführen, Zeitbomben in Autos platzieren und den Tod auch von Unschuldigen in Kauf nehmen, diese Untaten »im Namen Allahs«, im Kampf für eine »bessere«, eine islamische Gesellschaft. Man liest über Revolutionäre, die allen westlichen Einfluss bekämpfen und an seiner Stelle wieder die »mittelalterlichen« Gesetze ihrer Religion durchsetzen wollen. Man liest von »rückständigen« Verhältnissen, besonders über die Unterdrückung der Frauen, und sieht sich durch den Hinweis beunruhigt, dass die Krise sich noch zuspitze. Man liest von Politikern, die drohen, uns die Erdölzufuhr zu stoppen und weltweit das Wirtschaftsleben lahmzulegen. Aus dem Übergewicht solcher Nachrichten zu schließen, scheint uns die islamische Welt samt ihrer Religion vorrangig nur so weit zu interessieren, als von ihr Gefahr ausgeht. Konkret: Gefahr für uns, unsere Wirtschaft, unsere abendländische Zivilisation. Mir gegenüber hat einmal ein Ägypter sehr bitter bemerkt: Wenn Europäer oder Amerikaner es für wert fänden, sich überhaupt mit den Muslimen zu beschäftigen, dann gehe es letztes Endes immer nur um eine Sache – Erdöl ...

Informationen über den Islam besitzen wir genug – fundiert, differenziert, seriös, nicht nur in dickleibigen wissenschaftlichen Wälzern, sondern auch in leicht lesbaren Sachbüchern und Nachrichtenmagazinen. So gesehen wären die Barrieren gar nicht so hoch, um der fremden Kultur mit mehr Verständnis zu begegnen. Das Problem ist weniger der Mangel oder gar die Unterdrückung von Informationen, sondern die fehlende Bereitschaft, sich mit dem vielfältigen Angebot auseinanderzusetzen. Emotionale Sperren gegen den Islam sind in unserem Kulturraum auffallend häufig.

In meinem Bekanntenkreis finden sich eine ganze Reihe von Exotik-Touristen, die reges Interesse an außereuropäischen Ländern zeigen, sich beispielsweise auf indische oder chinesische Philosophie einlassen, Yoga treiben und von Tempeln im Himalaja schwärmen. Sie alle bezeichnen es als »geistig eng«, wenn man den Blick nicht über das Abendland hinausrichtet; »eurozentrisch« ist für sie ein Schimpfwort. Der Islam aber?

Hier zögern sie. Freundlich aufgeschlossen gegenüber islamischer Kultur zeigen sie sich gerade so weit, als jene einen grellen Kontrast zur modernen Monotonie unserer Industriegesellschaft bildet. Und insofern mögen sie orientalische Basare als malerisch empfinden, Turban und Burnus lobend exotisch nennen, Moscheekuppeln und Minarette als schön deklarieren – doch gleichzeitig sehen sie gerade in dieser äußeren Fremdartigkeit einen Beleg dafür, wie zutiefst fremd uns diese islamische Kultur in ihrem Innersten sei. Eine wirkliche Annäherung könne es nicht geben, alle Verwestlichung müsse an der Oberfläche bleiben. Denn der Islam als Religion sei zu intolerant, zu starr ...

Das überraschendste Urteil, das ich in diesem Zusammenhang gehört habe: Keine der Weltreligionen sei unserem Denken so fremd wie der Islam, selbst Hinduismus und Buddhismus hätten noch mehr geistige Gemeinsamkeiten mit uns.

Entsprechende Affekte bei den Muslimen

Viele Muslime schleppen über uns nicht weniger krasse Vorurteile herum, nehmen in ihrer Mehrzahl unsere Realität ebenfalls nur halb oder verzerrt – oder gar nicht – wahr. Dies gilt nicht nur für jene, die niemals ihr Land verlassen haben und allein auf die einheimischen Nachrichten angewiesen sind, es gilt teilweise auch für geistig aufgeschlossene Muslime mit Auslandserfahrung. Vor allem in Nordafrika, Vorderasien oder dem Mittleren Osten – in jenen Kulturräumen, die hart mit den Großmachtinteressen westlicher Industriestaaten konfrontiert sind – kann man als Europäer immer wieder variantenreich dasselbe Ressentiment zu spüren bekommen: Man respektiert zwar unsere wirtschaftliche Potenz, unseren materiellen Fortschritt, ja, nicht wenige äußern sogar Neid, aber im selben Gespräch fallen dann möglicherweise Bemerkungen über unsere »geistige und moralische Krise«, und solche Anspielungen können sich, je nach Kenntnisstand und Affekt, aus unserer Sicht ins Groteske steigern. Die westliche Zivilisation wird dann in ihrem innersten Wesen als zutiefst unmoralisch, zersetzend, nihilistisch, zerstörerisch bezeichnet, dies sei der Preis, den wir für unsere Abwendung von der Religion zu zahlen hätten.

Als eine Bündelung solcher Ressentiments lässt sich hier so mancher Ausspruch des Ayatollah Khomeini verstehen. Er, im Iran vom geistlichen Rechtsgelehrten zum politischen Agitator und schließlich zum Revolutionsführer eines angeblich einzig wahren Islam aufgestiegen – als düster charismatische Führergestalt bis zu seinem Tod am 4. Juni 1989 die bevorzugte Zielscheibe westlicher Affekte –, er antwortete auf alle Anwürfe mit umso schrofferer Gegenbeschuldigung. Und genau dafür hat er viel Beifall bei Muslimen gefunden, auch bei solchen, die seine politische Linie nicht billigten. Etwa wenn Khomeini sich in seinem berühmt gewordenen Buch *Islamische Regierung* über die wirtschaftliche Überlegenheit der westlichen Industriestaaten und auch des kommunistischen Ostblocks folgendermaßen abfällig äußerte: »Aber in meinen Augen sind beide rückständig, weil sie nicht in der Lage sind, in ihrer Gesellschaft die moralischen Tugenden zu verwirklichen. Der materielle Fortschritt, den die beiden errungen haben, ging zu Lasten des seelischen Fortschritts. Sie sind immer noch unfähig, ihre sozialen Probleme zu lösen, weil die Lösung dieser Probleme und die Beseitigung des Elends der Menschen diese moralischen Tugenden erfordern.«[4]

Der Beifall für Khomeini als moralischen Ankläger hatte zwar schon zu seinen Lebzeiten beträchtlich nachgelassen, ja war während seiner zehnjährigen Herrschaft von 1979 bis 1989 teilweise sogar unter Gefolgsleuten einer beträchtlichen Ernüchterung gewichen, als die Bilanz von Terror und Massenhinrichtungen gegen Andersdenkende immer drückender wurde. Aber: Durch die äußerst blutige und auch wirtschaftlich ruinöse Herrschaftspraxis hatte Khomeini nach Meinung vieler Muslime nur selbst das Recht verloren, als der große Ankläger aufzutreten – am Inhalt seiner Kritik gegenüber der westlichen Zivilisation wurde viel weniger gezweifelt.

Vorurteile können auch ihre unfreiwillig komische Seite haben. Etwa wenn in türkischen Dörfern folgende Mär Glauben findet: Weil die Christen Schweinefleisch äßen, seien sie unmoralisch und zügellos im Sexuellen, denn das Schwein sei das einzige Tier, das von Natur aus keine Eifersucht kenne.[5]

Vom Konflikt zum Dialog?

All diese Beispiele, so subjektiv beeinflusst ihre Auswahl auch erscheinen mag, geben doch Ausblick auf eine wenig erfreuliche, kaum abzuleugnende Realität. Ob Orient, ob Okzident: hier wie dort haben sich Vorurteile tief bis ins Unterbewusstsein eingefressen, und gerade dadurch sind sie durch Argumente so schwer zu entkräften.

Dies ist die Frucht einer eineinhalbtausendjährigen – gemeinsamen – Vergangenheit. Die Nachbarschaft zweier großer, gleichrangiger und doch recht unterschiedlicher Kulturräume hat unweigerlich zum Zusammenprall, zu Kriegen, mehr noch zu geistigen Machtkämpfen geführt. Eroberungszüge arabischer und türkischer »Glaubenskrieger« auf europäischem Boden, im 17. Jahrhundert bis vor die Tore Wiens, haben uns den Islam letztendlich als eine aggressive, stets ausdehnungssüchtige Macht erscheinen lassen, eine existenzbedrohende Gefahr für das Abendland, politisch wie geistig. Andererseits hat sich bei den Muslimen die Kreuzzugsmentalität der Christen, mehr aber noch der Imperialismus westlicher Industriestaaten zum Trauma verfestigt, und damit haben sie das Abendland als eine nicht minder aggressiv vordringende Macht fürchten gelernt. Da weder indische noch chinesische Macht für uns jemals ernsthaft zur Bedrohung geworden ist, musste sich während des letzten Jahrtausends vor allem zwischen Abendland und islamischem Orient ein schroffes Entweder-Oder herausbilden: ein Kampf um die absolute Vorherrschaft, vor allem auf geistigem, auf religiösem Gebiet; so haben es beide Gegner selbst verstanden. Zwei »Weltreligionen« hatten sich zum Ziel gesetzt, den ganzen Erdkreis ihrem Missionsanspruch zu unterwerfen, so dass aus der jeweils eigenen Sicht heraus die Menschheit nur noch vor der Alternative stehen konnte: Kreuz oder Halbmond. Dass sich während der letzten zwei bis drei Jahrhunderte der Gegensatz auf eine andere Ebene verlagert hat, habe ich einleitend bereits erwähnt. Bei uns hat anstelle des religiösen ein sehr weltlicher, säkularer Missionstrieb die Oberhand gewonnen, und seither neigen wir dazu, die ganze Welt im Zeichen der »allein richtigen« Zivilisation zu verwestlichen, anstatt zu verchristlichen. Aber dadurch hat ja, wie wir alle wissen, der Konflikt keineswegs an Schärfe verloren. Für viele Muslime ist nun zur zentralen Frage geworden, inwieweit sie eine Verwestlichung ihres Kulturkreises als Bereicherung oder als Bedrohung empfinden sollen.

Ausweglos ist dieser Konflikt nicht. Es gibt Zeichen der Hoffnung, eines beginnenden Dialogs, und dies nicht nur auf politischer Ebene, sondern auch zwischen den beiden Weltreligionen. Der Vatikan wie die protestantischen Kirchen gaben seit den 1960er-Jahren deutlich zu erkennen, dass sie eine weiterdauernde Rivalität zwischen Christentum und Islam, Abendland und Orient für unfruchtbar, ja zerstörerisch halten. Man solle sich in Zukunft statt auf das Trennende mehr auf das Gemeinsame besinnen und gemeinsam die Weltprobleme wie Hunger, Elend und Unterentwicklung zu beheben versuchen. Muslime haben darauf mit viel Interesse, teilweise mit sehr viel Wohlwollen oder sogar Freude reagiert, wie so manche öffentliche Erklärungen eindrucksvoll verraten.[6]

Die Information über die fremde Nachbarkultur *muss* zunehmen. Denn Toleranz wird nur dann eine Chance haben, wenn wir in den Strukturen des Islam ganz konkret das Gemeinsame entdecken und so das Trennende überwinden.

Wo aber beginnen die Gemeinsamkeiten?

Es gibt viel zu entdecken.

Was Christen und Muslime gemeinsam haben

»Christliches« bei Mohammed

Mohammed, der Gründer und Prophet des Islam, wurde um das Jahr 570 unserer Zeitrechnung in der arabischen Handels- und Wallfahrtsstadt Mekka geboren. Die Karawanenwege dieser Stadt liefen aber nicht ins Innere Asiens, sondern in damals christliche Städte wie Alexandria, Damaskus und Jerusalem, entsprechend auch die geistigen Verbindungslinien. Mohammed, im ursprünglichen Beruf Kaufmann, hatte genug Gelegenheit, Gespräche mit durchreisenden christlichen und jüdischen Kaufleuten zu führen, erst recht hatte er Kontakt mit Arabern, die bereits zum Christentum oder Judentum übergetreten waren. Unter ihrem Einfluss lernte er, den Wallfahrtsrummel rund um die Kaaba von Mekka mit ihrer Vielgötterei als »heidnisch« abzulehnen. Seelisch und geistig zutiefst verunsichert, zog sich Mohammed in die Einsamkeit der Wüste zurück und begann, über Textstellen aus der Bibel und der Thora nachzudenken, wie er sie in Bruchstücken kennengelernt hatte, und kam zu dem Schluss: Christen und Juden haben recht, es gibt nur *einen* Gott. Er nannte diese allein anbetungswürdige Autorität auf Arabisch: *al-Lah,* der Gott.

In islamischer Überlieferung ist allerdings nicht von einem geistigen Einfluss durch Christen und Juden die Rede, sondern Mohammed habe die »Botschaft« direkt von einem Engel Gottes empfangen – und in dieser Vision sei alles enthalten, was auch in der Bibel und in der Thora an Wahrheit stehe. Entsprechend sind im Koran die großen Vorläufer seines Prophetentums zitiert: Ibrahim (Abraham) als der erste herausragende Verkünder des Eingottglaubens in historisch sehr früher Zeit, Musa (Moses) als der zentrale Erneuerer des Monotheismus und in seiner Folge Jesaja und Elia als bedeutende Verkünder; am meisten hervorgehoben ist aber Isa (Jesus), denn jener habe die bisher umfassendste Botschaft von al-Lah, *dem* Gott, gepredigt.

Warum aber, so muss man sich angesichts so viel geistiger Gemeinsamkeiten fragen, ist Mohammed nicht einfach Jude oder Christ geworden?

Aus islamischer Sicht heißt es: Mohammed sei von Allah ausersehen, die Botschaft der großen Gottesverkünder – von Abraham bis Jesus – noch einmal zu verkünden, und zwar in ihrer ursprünglichen Reinheit. Juden wie Christen hätten ihre Überlieferung, die Thora und die Bibel, verfälscht, hätten dort nach eigenem Gutdünken Texte eingefügt oder entfernt; der Koran aber sei die unverfälschte Ur-Schrift der Botschaft Gottes, nichts Neues also, sondern das Schon-immer-Dagewesene, Ewige, durch menschliche Unvernunft nur Verschüttete. Den Juden warf Mohammed vor, Jesus als einen Propheten Gottes abzulehnen, und damit würden sie einen wichtigen Teil der Wahrheit unterschlagen. Die Christen wiederum würden Jesus zu einem Sohn Gottes machen und außerdem noch den »Heiligen Geist« zu einer dritten Erscheinungsform des Göttlichen erklären. Gott aber in drei Formen, dies sei der erste Schritt zur Vielgötterei.

Muslime äußern bis heute gegenüber Christen den Verdacht, dass diese sich nicht mit letzter Konsequenz vom Polytheismus gelöst haben. Als Beweis erscheint ihnen bereits die christliche Symbolik, wie sie überall in der bildhaften Gestaltung zutage tritt. Ein Muslim braucht nur in einer illustrierten Bibel zu blättern und dort auf eine Abbildung Gottes als alter Mann mit Bart zu stoßen, und schon steht für ihn die Ähnlichkeit mit der Darstellung einer Götterstatue außer Frage. Falls er gar akademische Spezialkenntnisse in griechischer und römischer Mythologie haben sollte, wird er noch unverblümter als ein entsprechend gebildeter Europäer auf die Parallele zur Abbildung eines Zeus oder Jupiter hinweisen. Wenn ein Muslim dann noch die Gelegenheit hat, in katholischen Gegenden eine Dreifaltigkeitssäule zu betrachten – auf der Säulenspitze Gottvater mit wallendem Bart, Christus als Gottessohn, der Heilige Geist in Gestalt einer Taube –, so erscheint ihm dies vollends als Indiz, dass sich Christen in ihrer sakralen Bilderfreudigkeit nur graduell, nicht aber prinzipiell von Götzendienern unterscheiden. Niemals wird man in einer Moschee ein Bildnis Gottes entdecken können, stets nur den arabisch geschriebenen Namenszug »Allah«. Muslime halten sich strikt an jenes Gebot, wie es sich schon im Zweiten Buch Mose unter den Zehn Geboten findet: »Du sollst dir kein Bildnis noch irgendein Gleichnis machen, weder des, das oben im Himmel, noch des, das unten auf Erden […] ist.«[1] Muslime werfen den Christen vor, gegen eine Anweisung ihrer eigenen heiligen Schrift zu verstoßen. In diesem Zusammenhang erscheint es ihnen naheliegend, dass Christen von dem einen Sündenfall den weiteren Schritt zur Fehldeutung des Propheten Jesus tun und aus ihm – ganz im heidnischen Sinn – einen Gott machen.

Es ist eine harte, provozierende Kritik an christlicher Metaphysik. Besonders an der Deutung Jesu, wie sie das Bewusstsein der Christen aller Konfessionen geformt hat. Handelt es sich hierbei um ein bloß islamisches Missverständnis?

Die historisch-kritische Bibelwissenschaft neigt heute nicht mehr dazu, eine derartige Kritik vonseiten Mohammeds als völlig »unchristlich« abzuweisen. Der Verkünder des Islam blieb mit seinem Denken streng der jüdischen Tradition verhaftet, in der ein Begriff wie »Sohn Gottes« nur in dem Sinn verstanden werden kann: von Gott auf besondere Weise erwählt zu sein. Auf diese Weise jüdisch gedacht haben – wie es heute quellenkritische Forschungen vermuten lassen – aller

Wahrscheinlichkeit nach auch noch die ersten Christen, die selbst Juden waren: indem sie Jesus durchaus als Menschen begriffen und ihn eben nur durch Gott über alle anderen Propheten hinausgehoben sahen. Dass Jesus als Sohn von Gott gezeugt und dem Körper einer Jungfrau zur Geburt anvertraut wurde, erinnert an Vorstellungen der griechisch-römischen Mythologie: Dort gehört es zu den selbstverständlichen Vorkommnissen, wenn Götter mit Menschen einen Sohn oder eine Tochter zeugen. In diesem Sinne könnten die ursprünglichen Bibeltexte durch griechisch und römisch gebildete Autoren an entscheidenden Stellen zumindest umgearbeitet worden sein, denn dann erst erschienen die metaphysischen Vorgänge vom Auftreten Jesu den Christen außerhalb der jüdischen Tradition vertraut genug, um widerspruchslos bejaht zu werden.

Wenn auch die Forschungen zu diesem strittigen, heiklen Thema für die etablierten Kirchen bei Weitem noch nicht abgeschlossen sind, so kann immerhin ein Faktum der Kirchengeschichte von niemandem bestritten werden. Während der ersten Jahrhunderte haben sich die Christen verschiedenster kultureller Herkunft erbittert über die Grundsatzfrage gestritten, ob Jesus »wesensgleich« mit dem »Vater« sei oder nicht. Erst im 5. Jahrhundert konnte sich das Dogma in der uns heute so vertrauten Form vom »Sohn Gottes« auf Konzilien verbindlich für alle durchsetzen.[2]

So gesehen ist Mohammeds Denken auf das Engste nicht nur mit jüdischer, sondern eben auch mit christlicher Tradition verflochten. Was ihn aber für Juden wie Christen von Anfang an untragbar machte, ist sein Anspruch, »Erneuerer« beider Religionen zu sein. Mohammed verlängert ja die Traditionskette der »wahren« Propheten von Abraham über Moses noch über Jesus hinaus: zu sich als dem letzten, höchsten Gottesboten. Damit muss er Juden wie Christen als ein Scharlatan erscheinen, der die bereits offenbarte »Wahrheit« durch eine eigene (bloß menschliche) Botschaft »verfälscht« habe. Dies erklärt, weshalb die meisten Christen den Koran als völlig bedeutungslos abtun, denn dieses Buch kann ja für sie nicht wie das Alte Testament als vorbereitend für die eigene Religion verstanden werden. Andererseits ist es Muslimen möglich, das Neue Testament bis zu einem gewissen Grad zu bejahen, sehen sie doch dort manche Wahrheiten des Koran vorgeformt.

Für Christen bedeutet Jesus bereits als Person die Mitte aller Offenbarung, »Christus« und »Gott« sind für sie nahezu austauschbare Begriffe geworden, und daher nennen sie sich als Anhänger dieser Religion zu Recht »Christen«. Mohammed aber, der sich als bloß menschlicher Verkünder von Gottes Wort verstand, rückte sich selbst in aller Demut an den Rand der Betrachtung; die Mitte kommt allein Allah zu – deshalb kann man bei einem Anhänger dieses Glaubens, so will es der Koran, nur von einem *Muslim* sprechen, was übersetzt so viel bedeutet wie: »Der sich hingibt (an Gott)«. Sehr verbreitet war bei uns auch die Bezeichnung »Moslem«. Hierbei handelt es sich um eine phonetisch ungenaue Wiedergabe von »Muslim«, von der Sache her ebenfalls korrekt. Abgeleitet ist diese Bezeichnung von *Islam:* »Hingabe (an Gott)«. Ich habe immer wieder erlebt, wie Muslime mit vorwurfsvollem Gesicht oder gar mit unwilligen Bemerkungen reagierten, wenn man sie »Mohammedaner« nannte. Dabei ist dies bis in die jüngste Gegenwart herein auch noch eine Angewohnheit von westlichen Religionswissenschaftlern und Orientalisten gewesen. Dies erst zeigt, wie tief in mancherlei Hinsicht noch immer die geistigen Gräben sind, wie wenig der Dialog zwischen beiden Weltreligionen gediehen ist.

Zurück zu Mohammed, dem »Verkünder«. Bei aller Abgrenzung wahrte der Gründer und Prophet des Islam seinen Respekt gegenüber Christen und Juden, er räumte ihnen unter den »Ungläubigen« eine Sonderstellung ein. Da sie wie die Muslime an den einen Gott glauben, darf man sie nicht mit Gewalt zum Islam bekehren, ja, man hat ihre abweichenden, im Kern nicht falschen Lehren zu dulden. Sie müssen als »Völker des Buches« oder »Leute der Schrift« *(Ahl al-Kitab)* geachtet bleiben. Entsprechend lautet die koranische Anweisung an die Muslime: »Mit den Schriftbesitzern streitet nur auf die anständigste Weise, nur die Frevler unter ihnen seien ausgenommen, und sagt: ›Wir glauben an das, was uns, und an das, was euch offenbart worden ist. Allah, unser Gott und euer Gott, ist nur einer, und ihm sind wir ganz ergeben.‹«[3]

Ausdrücklich gestattet der Islam daher den Männern, sich mit Christinnen oder Jüdinnen zu verheiraten, ohne dass die Frauen unbedingt ihre Religion wechseln müssten. In den eroberten Gebieten ist es immer wieder zu solchen Ehen gekommen, selbst Sultane und Emire neigten dazu. Umgekehrt erschien für jeden Christen ein solches Verhalten bis in das Zeitalter der Aufklärung undenkbar, für viele hat sich daran bis in unsere Gegenwart nichts geändert. Allerdings ist es muslimischen Frauen bis heute verwehrt, einen Christen oder Juden zu heiraten. Dass für sie nicht die gleiche Freiheit wie für einen Mann gilt, hat mit der patriarchalischen Rechtsordnung des Islam zu tun.

Jerusalem: eine heilige Stadt auch für Muslime

Wie bereits die wenigen Beispiele zeigen, ist bei Muslimen das Bewusstsein einer gemeinsamen Wurzel von Islam und Christentum stärker entwickelt als bei Christen. Von daher muss es auch nicht wundern, dass Europäer und Amerikaner teilweise noch immer nicht wissen, in welchem Maß Muslime Jerusalem als »heilige Stadt« verehren.

Zum Archetypus unserer christlich-jüdischen Vorstellungswelt gehört, wenn wir an Jerusalem denken, nicht der sogenannte Felsendom, der mit einer leuchtend goldenen Kuppel und blaugekachelten Fayencewänden das lehmfarbene Häusermeer der Altstadt überragt – sondern der Tempel Salomos, der sich einst an der Stelle dieser Moschee erhob. Dazu kommt die Grabeskirche, die (nach ungesicherter Quellenlage) sowohl das Grab Christi wie die Kreuzigungsstätte Golgatha überwölbt. Gehen wir aber durch die verwinkelten, sehr orientalisch anmutenden Gassen der arabischen Altstadt, sind wir mit islamischen Projektionen konfrontiert. Wir entdecken auf weiß getünchten Wänden oder über Haustüren sehr häufig bunt gemalt eben diesen Felsendom mit seiner majestätischen Goldkuppel. Was hierbei die Darstellung besonders auffällig macht: Daneben ist stets die Kaaba von Mekka abgebildet. Spätestens dann muss uns klar werden, dass es sich bei der Hauptmoschee von Jerusalem nicht um irgendeine, nur eben besonders schöne Moschee handelt, sondern um ein zentrales Heiligtum. Die Araber nennen den dortigen Bezirk *Haram esch-Scharif* (»Vornehmes Heiligtum«), Jerusalem heißen sie *El Kuds* (»Die Heilige«).

Jerusalem ist nach Mekka und Medina die religiös bedeutendste Stadt des Islam. Ja anfangs, solange Mohammed noch glaubte, er könne die meisten Christen und Juden ohne größere Widerstände von der »reinen« Offenbarung Gottes überzeugen, ließ er Jerusalem für Muslime als die heilige Stadt schlechthin gelten. So war noch die erste Moschee in Medina, wo Mohammed nach seiner Flucht aus Mekka als Gesetzgeber wirkte, mit der Stirnseite ihrer Räume nach Jerusalem ausgerichtet, und beim Gebet verneigten sich die Gläubigen ausschließlich in diese Richtung.

Erst als die Juden in Medina (noch vor den Christen) den Islam zurückwiesen, verkündete Mohammed seinen Anhängern als neue Eingebung Gottes, dass nun Mekka mit der Heiligen Kaaba anstelle von Jerusalem das Zentrum der Gläubigen sei – um, wie es im Koran heißt, zu unterscheiden »zwischen denen, die dem Propheten folgen, und denen, die ihm den Rücken wenden« (also Juden oder Christen bleiben).[4]

Trotzdem sehen sich die Muslime durch wesentliche Elemente ihrer Mythologie mit diesem Jerusalem weiterhin verbunden. Auf jenem Felsen, wo einst der Tempel Salomos stand, soll Abraham seinen Sohn Isaak zur Opferstelle geführt haben. Hier aber soll auch – und dies ist für Muslime der eigentliche Anknüpfungspunkt ihrer Verehrung – Mohammed in einer mystischen Vision für eine Nacht zum Himmel aufgestiegen und vor Gottes Thron getreten sein.

Auch das Kidrontal, das sich außerhalb der Stadtmauern Jerusalems zwischen sanft aufsteigenden Hügeln hinzieht, besitzt eine entsprechend mythische, religiös-heilsgeschichtliche Bedeutung. Dort, in Sichtweite des Felsendoms, des Gartens Gethsemane und des Ölbergs, finden sich Tausende von Grabsteinen: Zu verschiedenen Friedhöfen gruppiert, sind sie entweder mit lateinischen, hebräischen oder arabischen Schriftzeichen versehen; Christen, Juden und Muslime liegen hier, nur jeweils wenige Hundert Meter voneinander entfernt, begraben. Im Kidrontal, vor den Mauern des heiligen Jerusalem, so lautet die Legende, soll am Tag des Jüngsten Gerichts die Posaune Gottes geblasen werden. Hierher werden die erweckten Toten aus aller Welt kommen müssen, um vor den Thron des Allmächtigen zu treten, und jene, die hier ihre Gräber haben, werden als Erste auferstehen. Christen, Juden wie Muslime neigen gleichermaßen dazu, der üppig ausgeschmückten Legende Glauben zu schenken. Nirgends ist daher die geistige Verflochtenheit aller drei »Buch-Religionen« optisch so sinnfällig wie im Kidrontal, wo der Betrachter auf einen Blick die weit ausgedehnten Gräberfelder von Gläubigen erfassen kann, die im Tod auf dasselbe Ziel hinstreben – im Leben aber möglicherweise mehr Trennendes als Gemeinsames gegenüber den anderen Religionen wahrgenommen haben.

Gleichermaßen ein Bezugspunkt für Christen, Juden und Muslime ist ein Tor in der Stadtmauer, direkt über dem islamischen Friedhof des Kidrontals gelegen, nahe der majestätisch aufragenden Kuppel des Felsendoms. Einst, als anstelle der Moschee noch der jüdische Tempel stand, hat sich dort der prächtigste Eingang Jerusalems befunden. Heute aber ist das Tor – als einziges der acht Tore in dem noch die ganze Altstadt umschließenden Mauerring – zugemauert. Keine Straße führt mehr dorthin, der Friedhof dehnt sich bis unmittelbar an den steil aufragenden, zinnenbewehrten Vorbau; eine tiefe Melancholie der Verlassenheit liegt über jenem Winkel, wo höchstens Araberjungen ihre Schafe die kargen Grasflächen zwischen den Grabsteinen abweiden lassen. So erlebte ich die Szenerie vor über 30 Jahren. Der Name lässt eine bedeutsame Vergangenheit ahnen: das »Goldene Tor«. Nach jüdischer Prophezeiung soll durch dieses Tor dereinst der Messias Jerusalem betreten und den Beginn des Reiches Gottes verkünden. Nach biblischem Bericht ist Jesus am sogenannten Palmsonntag durch eben dieses Tor in die Stadt eingeritten, mit dem Anspruch, der erwartete Messias zu sein.

Warum ist aber heute der Zugang vermauert? Die Muslime hatten das Tor bereits im 16. Jahrhundert mit dicken Quadern verschlossen, dies war ihre Antwort auf die Legendenbildung der »verfälschten« Offenbarungsreligion. Nach islamischer Ansicht hat das Tor alle Bedeutung verloren, weil der endgültige und letzte Prophet in Mohammed erschienen ist – er aber wirkte in Mekka und Medina. So konnten die Muslime, die in Jerusalem unter israelischer Herrschaft zumindest noch die unantastbare Oberhoheit über ihren Moscheebezirk mit der angrenzenden Stadtmauer bis heute behalten durften, auf ihre Weise ein Zeichen setzen. Es ist ein deutlicher Hinweis darauf, wo bei aller Gemeinsamkeit mit Christen und Juden die Trennlinie verläuft.

Jesus und Johannes der Täufer
im islamischen Damaskus

Damaskus ist biblischer Boden. Um das Jahr 34 unserer Zeitrechnung war laut Bericht der Apostelgeschichte vor den Toren dieser Stadt dem Pharisäer Saulus in einer Vision Jesus erschienen und hatte ihn gefragt: »Saulus, Saulus, warum verfolgst du mich?« Saulus, der in Damaskus Christen hatte verhaften wollen, war nach dem Schock des visionären Erlebnisses drei Tage lang blind, dann wurde er Christ.[5] Aus Saulus wurde Paulus, »der Geringe«, wie sich fortan bescheiden der eigentliche Begründer und Organisator der Kirche nannte. Ein »Damaskus-Erlebnis«. Dieser Begriff ist zum festen Bestandteil unseres Sprachgebrauchs geworden, wenn wir von einem Erlebnis sprechen, das einen Gesinnungswandel auslöst: Es erschüttert die gesamte Persönlichkeit eines Menschen und verändert ihn von Grund auf.

Unter christlicher Herrschaft war Damaskus eine der blühendsten Handelsstädte des Vorderen Orients geblieben. Und daher braucht es nicht zu wundern, dass Christen dieser syrischen Metropole – die so nahe dem heiligen Jerusalem lag – weitere bedeutsame biblische Ereignisse in volkstümlicher Ausschmückung zuordneten. Auf einer Anhöhe des 1200 Meter hohen, weit sichtbar die Stadt überragenden Bergrückens Kassiun soll Kain angeblich seinen Bruder Abel erschlagen haben. Überdies soll das Haupt von Johannes dem Täufer nach Damaskus gelangt und im Stadtzentrum begraben worden sein. Die Christen errichteten einen eigenen Schrein für das Haupt des Heiligen im Innern ihrer großen Basilika. Die Kirche der Johannes-Basilika hatten sie auf den Grundmauern des zerstörten Jupiter-Tempels als Triumph des »einzig wahren Glaubens« erbaut – ein Tempel, der seinerseits auf den Grundmauern eines älteren aramäischen Baal-Tempels gestanden hatte.

Im Jahr 635 eroberten die Muslime Damaskus und machten die Metropole zur Hauptstadt ihres aufstrebenden Großreiches. Wieder stand die uralte Stadt vor einem epochalen Umbruch. Aus christlich-abendländischer Sicht muss es überraschen, in welchem Maß die Muslime an christliche Traditionen anknüpften und sie nur mit neuen Akzenten versahen. Nach unseren Maßstäben wäre zu erwarten gewesen, dass die Muslime als Träger einer neuen Religion und Kultur sehr rasch anstelle der Hauptkirche ihre Hauptmoschee setzten. Sie ließen sich aber mit dieser Entscheidung sieben Jahrzehnte Zeit. Bis dahin genügte es ihnen, den Ostteil der Johannes-Basilika in eine Moschee umzufunktionieren, während sie den Westteil weiterhin den Christen zum Gottesdienst überließen. Die siegreichen Muslime und die militärisch unterlegenen Christen gingen durch dasselbe Portal zu ihren unmittelbar benachbarten Gebetsstätten – eine Situation, wie sie umgekehrt für militärisch siegreiche Christen über Andersgläubige unvorstellbar erschienen wäre. Die Muslime mochten hierbei zwar auch politisch-taktisch gedacht haben (schließlich bildeten sie anfangs nur eine schmale Oberschicht in einem weitgehend christlichen Land), aber auf diese Weise handeln konnten sie trotzdem nur, weil ihnen die eigene Religion entsprechenden Spielraum bot. Indem der Koran den Respekt gegenüber allen »Völkern des Buches« vorschrieb, brauchte es einem Muslim nicht unerträglich zu erscheinen, in Sichtweite eines christlichen Sakralraums zu beten.

Diese Verhältnisse änderten sich erst grundsätzlich, als sich das islamische Großreich von Spanien bis Indien ausdehnte. Nun hatten die Kalifen der Omayyaden-Dynastie ihre Macht zur Genüge gefestigt, und damit war für sie der Zeitpunkt gekommen, in ihrer Hauptstadt Damaskus eine für das Großreich repräsentative Moschee zu bauen. Mit einem Mal konnte nicht länger mehr Platz für Muslime und Christen auf beengtem Raum sein, und nun handelten Muslime im Bewusstsein ihrer

Überlegenheit: Die prächtigste Moschee des Islam hatte exakt an jenem Platz zu stehen, wo bis dahin die prächtigste Kirche syrischer Christen stand und zuvor der zentrale Jupiter-Tempel sich erhoben hatte. Zwar kaufte Kalif Walid I. als Bauherr den Christen das Gelände ab – und bewies auch noch mit dieser Geste Toleranz gegenüber den Andersgläubigen –, aber er demonstrierte eben doch, dass es herablassende Toleranz war: Da sich nur der Muslim im ganzen Besitz der »unverfälschten Wahrheit« sehen durfte, konnte in letzter Konsequenz allein die Moschee den zentralen Platz einnehmen.

Die Omayyaden-Moschee in Damaskus, während der Jahre 705 bis 715 unter ungeheurem finanziellem Aufwand gebaut, gilt nach dem Felsendom von Jerusalem als der zweitälteste erhaltene Kultbau des Islam. Und er gehört zu den interessantesten: Kaum eine Moschee von Rang zeigt derart deutlich, in welchem Ausmaß islamische und christliche Überlieferung miteinander verzahnt sind – und wie sehr Muslime diese innere Verwandtschaft auch demonstrieren. Wir sehen die Kuppel im Südosten von einem Minarett überragt, das ursprünglich ein Aussichtsturm der Basilika war und in seiner neuen Funktion als eines der ältesten Minarette überhaupt gilt (so sehr auch in späterer Zeit seine äußere Form verändert wurde). Sein Name: Manaret Isa, Jesus-Minarett. Nach muslimisch-syrischem Volksglauben soll Jesus am Tag des Jüngsten Gerichts auf diesem Turm erscheinen und das Ende der Welt verkünden. Ich entdeckte in den Verkaufsauslagen nahe der Moschee eine illustrierende Miniatur aus der osmanischen Zeit: Jesus, von zwei Engeln gestützt, steht auf der Turmspitze, aber sein Erscheinungsbild widerspricht völlig den christlichen Sehgewohnheiten. Jesus, bekleidet mit Turban und Kaftan, präsentiert sich im Habitus eines vornehmen Muslim an den Höfen von Sultanen und Emiren des 16. Jahrhunderts.

In der Gebetshalle treffen wir an zentraler Stelle auf einen Kuppelbau, der – nicht anders als einst in der Basilika – das angebliche Haupt Johannes' des Täufers aufbewahrt. Muslime verehren diesen Propheten unter dem Namen Yahia, und indem sie die Reliquie am ursprünglichen Platz gelassen haben, geben sie sich ausdrücklich als Bewahrer der Tradition zu erkennen.

Als ich 1994 die Omayyaden-Moschee besuchte, sah ich zu meiner Überraschung vor dem Reliquienschrein in der sunnitischen Kultstätte einen schiitischen Mullah im unverwechselbaren braunen Kaftan und weißen Turban sitzen, er sprach auf Farsi zu iranischen Besuchern, die ihn im Halbkreis umlagerten, und schien ihnen einiges über Yahia als einen bedeutsamen Vorläufer Mohammeds zu erzählen.

Die dreischiffige Gebetshalle mit ihren Galerien korinthischer Säulen und der Holzbalkendecke verweist deutlich auf das Vorbild jener byzantinischen Basilika, die einst an dieser Stelle gestanden hat und von der sogar Bauelemente in die Moschee eingefügt sind. Nicht minder deutlich zeigt sich der byzantinische Einfluss an den Landschafts- und Städte-Mosaiken der Außenfassaden; auf ihnen fehlen allerdings wegen des arabisch-islamischen Bilderverbots die Menschen. Anders als später die Moscheen nordafrikanisch-maurischen und persischen Stils kann die Omayyaden-Moschee in ihrer Erscheinungsform nicht verleugnen, dass Christen maßgeblich am Bau beteiligt waren. Mehr noch: dass der Kalif, dessen Vorfahren aus der Wüste kamen, auf die Sachkenntnis der alteingesessenen christlichen Bildungsschicht von Damaskus nicht verzichten konnte. Christen als Architekten standen der Grundkonzeption einer Moschee ohnehin nicht grundsätzlich entgegen, ist doch der Gebetsraum einer islamischen wie christlichen Kultstätte spirituell auf den unsichtbaren, einen Gott ausgerichtet.

Das islamisch-orientalische Damaskus hat noch eine weitere Tradition aus christlicher Vergangenheit übernommen und dem eigenen Rahmen eingefügt. Auch viele Muslime halten die legendäre Überlieferung für wahr, dass Kain Abel nahe dem heutigen Damaskus auf dem Berg Kassiun erschlagen haben soll, und glauben, dass die Gräber der feindlichen Brüder sich exakt an der Stelle befinden, wo ein kleiner kuppelüberwölbter Bau zur Kennzeichnung steht.

Christliche Gesandte mussten während des 7. und 8. Jahrhunderts irritierende Nachrichten an ihre Fürstenhöfe nach Europa melden. Etwa, dass es in Damaskus nicht ungewöhnlich war, wenn Christen, das Kreuz auf der Brust, sich vor den Moscheen mit muslimischen Freunden zu Gesprächen trafen. Oder dass Hunderte hochqualifizierte Christen als Staatsbeamte wirkten, ja manche in hohe Ämter aufrückten und von Muslimen um ihre Karriere beneidet wurden. Sergius, der Vater des heiligen Johannes Damascenus, wurde gar Finanzminister des Kalifen Abd al-Malik, und Johannes selbst, einer der großen griechischen Kirchenväter, stand an der Spitze des Rates, welcher Damaskus regierte.[6] Die Christen Syriens empfanden es keineswegs als Verrat, den Muslimen sogar als Verbündete gegen das christlich-byzantinische Kaiserreich zu dienen. Denn unter der Herrschaft der Omayyaden genossen die einzelnen christlichen Sekten mehr Glaubensfreiheit als zuvor unter der Ostkirche, die Muslime unerbittlich als Ketzer verfolgt hatte. Auch hatten die Bürger weniger unter Willkür zu leiden als zuvor unter den byzantinischen Statthaltern.

Syriens Christen hatten bereits durch ihren Widerstand gegen die byzantinische Tyrannei wesentlich dazu beigetragen, dass die Muslime die ohnehin zerrüttete römische Provinz erobern konnten. In der Folge aber half ihre Staatstreue, dass die islamische Herrschaft im Vorderen Orient keine Episode blieb, sondern einen epochalen Umbruch von Dauer einleitete. Innerhalb von drei bis vier Jahrhunderten trat ein Großteil der Christen freiwillig zum Islam über, der ihnen geistig ohnehin verwandt erschien; zudem bescherte ein Übertritt – und dieses Motiv sollten wir ebenfalls nicht unterschätzen – beträchtliche

Steuervorteile. Unter den gleichen Bedingungen konnten sich die muslimischen Eroberer in anderen römischen Provinzen, etwa Ägypten, auf Dauer halten, ja auch im Iran. Wir werden an anderer Stelle noch ausführlich zu erörtern haben, weshalb den Muslimen die Toleranz gegenüber Christen und Juden bald auch zu einem enormen kulturellen Vorsprung gegenüber dem Abendland verhalf.

So sehr sich aber die politischen Bedingungen im Verlauf der Jahrhunderte geändert haben und sich die Lebensumstände für christliche Minderheiten zeitweilig verschlimmerten, blieb doch eines gleich: Stets konnten Christen ihr Wohnrecht unter islamischer Herrschaft behalten, sofern sie sich loyal gegenüber der Regierung verhielten. Die Lebensverhältnisse verschlechterten sich allerdings rapid, sobald Christen gegen Gesetze der islamischen Oberhoheit rebellierten oder sich gar mit Gegnern ihrer muslimischen Herrscher verbündeten. Dann kam es immer wieder zu blutigen Gemetzeln, wie es beispielsweise in Damaskus während der Kreuzzüge geschah, weil arabische Christen Sympathie für die Eroberer aus Europa hegten. So geschah es auch in den letzten zwei Jahrhunderten immer wieder, wenn sich arabische Christen mit westlichen Großmächten verbündeten. Die aktuellen Beispiele bieten einerseits der Irak-Krieg von 2003, in dem Christen dem Generalverdacht ausgesetzt waren, mit der amerikanischen Besatzungsmacht zu kooperieren, und andererseits der Bürgerkrieg in Syrien seit 2011, wo der christlichen Minderheit grundsätzlich unterstellt wird, das Regime von Baschar al-Assad zu unterstützen. An anderer Stelle werde ich diese Entwicklung näher erörtern.

Wer die Altstadt von Damaskus durchstreifte – so mein Eindruck 1994 –, mag damals überrascht gewesen sein, kaum eine halbe Stunde Fußweg von der Omayyaden-Moschee entfernt ein ausgedehntes, sozial intaktes Christenviertel zu finden. Die Gassen waren genauso verwinkelt, die Häuser genauso orientalisch und alt wie im islamischen Teil, aber über den Dächern ragten Kirchtürme anstatt der Minarette auf. In ganz Syrien konnten sich derartige Christenviertel trotz aller Wechselfälle der Geschichte halten, sie überdauerten auch unbehelligt die Diktatur der Baath-Partei und des Assad-Regimes seit den 1960er- und 1970er-Jahren. Von etlichen der stolzen Besitzer altarabischer und alttürkischer Kaufmannshäuser erfuhr ich, dass ihre Familien schon seit vielen Jahrhunderten hier lebten, zu Wohlstand gekommen sind und Handel sowohl mit muslimischen als auch europäischen Ländern treiben. Ja, es gehe ihnen gut, erklärten sie übereinstimmend, mit Muslimen hätten sie keine Schwierigkeiten. – Ob sie mit dem einen oder anderen Muslim befreundet seien? Auf diese Frage antworteten sie allerdings einschränkend: Der Kontakt sei rein geschäftlicher Natur.

»Die Bibel ist interessant für uns.«
Gespräche mit Muslimen in Istanbul

Hirka-i-Saadet Dairesi, »Halle des heiligen Mantels«. Der Name sagt den meisten westlichen Touristen wenig, wenn sie in Istanbul die Prachträume des Top Kapi Saray, des ehemaligen Palasts der Osmanen-Sultane, besichtigen. Ich wurde erst bei meinem dritten Besuch im Frühjahr 2011 auf das Gebäude aufmerksam, das sich mit seinen Säulengängen, Arkaden und Marmorterrassen nicht vom Ensemble der anderen Bauten unterscheidet. In diesem Gebäude aus dem 15. Jahrhundert befindet sich die berühmteste Reliquiensammlung der islamischen Welt. Westliche Besucher werfen meist nur einen flüchtigen Blick auf die vielen museal anmutenden Vitrinen, bevor sie weitergehen. Desto mehr aber drängen sich in dieser Halle Muslime nicht nur aus der Türkei, sondern auch aus dem arabischen, persischen und indischen Kulturraum.

Der Hauptanziehungspunkt für Muslime ist der dort ausgestellte Mantel des Propheten Mohammed, daher auch der Name »Halle des heiligen Mantels«. In weiteren Räumen sind etliche Barthaare des Propheten ausgestellt, außerdem die Schwerter der ersten vier Kalifen Abu Bakr, Omar, Othman und Ali. Die Aufschriften sind neben Türkisch auch auf Englisch angebracht und erklären die Exponate für Muslime außerhalb der Türkei wie auch für Nichtmuslime. Diese Reliquien (über deren Echtheit sich ebenso streiten lässt wie über die Reliquien des Christentums) befinden sich in Istanbul, seit der Osmanen-Sultan Selim I. die Stadt im Jahr 1517 erobert und die kostbaren »heiligen Angedenken« vom arabisch-islamischen Kulturraum in das Machtzentrum des Osmanischen Reiches überführt hat.

Für mich war es interessant zu beobachten, mit welchem Eifer sich viele der muslimischen Besucher um diese Reliquien drängten und beteten. Aber bald weckten andere Vitrinen bei mir ein noch größeres Interesse. Neben einem der ausgestellten Schwerter las ich, diese Waffe habe dem jüdischen König David gehört. Nicht weit davon sah ich neben einem knorrigen Stab aus Holz die Aufschrift, mit diesem Stab habe der Prophet Moses bei der Flucht der Juden aus Ägypten das Rote Meer geteilt. Und nicht weit davon war in einer Vitrine ein Fingerknochen von Johannes dem Täufer präsentiert. Um diese Schaustücke drängten sich ebenfalls viele muslimische Pilger, wenn auch nicht so dicht wie um die Reliquien Mohammeds.

Dass in der »Halle des heiligen Mantels« ein Bezug zwischen Mohammed, David, Moses und Johannes dem Täufer hergestellt wird – dies passt wieder nicht so recht in die bei uns weitverbreitete Vorstellung vom Islam als einer fremden, ja dem Christentum diametral entgegengesetzten Religion. Hier erlebt ein unvorbereiteter westlicher Besucher eine ähnliche Irritation wie in der Omayyaden-Moschee von Damaskus mit dem Jesus-Minarett und dem Grab Johannes' des Täufers. In einem eigenen Raum der Reliquienhalle, unmittelbar vor dem

Ausgang, sitzt ein Imam über den Koran gebeugt und rezitiert in gedehntem Singsang auf Arabisch Suren aus dem heiligen Buch des Islam. Ein Türke am Ausgang erklärte mir, hier werde ununterbrochen rezitiert, die Imame wechselten sich dreimal am Tag ab.

Diese Erfahrungen in der »Halle des heiligen Mantels« passen zu Gesprächen, die ich in Istanbul mit türkischen Muslimen führen konnte.

So etwa mit einem Architekten. Ich traf ihn zufällig in einer Moschee des Istanbuler Stadtteils Fethiye. Er sprach gut Deutsch, weil er einige Jahre in München studiert hatte. Gemeinsam gingen wir durch den Innenraum und die Höfe, er erklärte mir die reichhaltige Symbolik der Ornamente und freute sich über mein Interesse. Sein Spezialgebiet war die Restaurierung von Moscheen und Koranschulen. Entsprechend detailliert waren seine Kenntnisse über Religion.

Von ihm erfuhr ich ein mir bisher völlig unbekanntes Detail über die islamische Jesus-Verehrung. Er erklärte mir, im Paradies seien alle Menschen 33 Jahre alt, weil der Prophet Jesus im Alter von 33 Jahren gestorben sei. Eine solche Auskunft war für mich Anlass, eine grundsätzliche Frage zu stellen: Inwieweit respektieren die Muslime denn die Bibel? Er antwortete: Die Bibel sei interessant für die Muslime. Es sei keinem Muslim verwehrt, sich mit der Bibel zu beschäftigen. Auch sei es den Muslimen erlaubt, in der Thora der Juden zu lesen. Beide Bücher gälten nach islamischem Verständnis als heilig. Es sei sogar so, dass Muslime vor der Lektüre der Bibel oder der Thora eine rituelle Waschung vollziehen würden, nicht anders als vor der Lektüre des Korans.

Aber, so widersprach ich, es bestünden doch zwischen dem Koran und den heiligen Büchern des Christentums und des Judentums erhebliche Unterschiede. – Die Bibel und die Thora unterschieden sich in mancher Hinsicht beträchtlich vom Koran, bestätigte er. – In welcher Hinsicht beträchtlich? – Das sei ein sehr kompliziertes, vielschichtiges Thema. – Ob es sich nicht um eine Unterscheidung zwischen wahrer und verfälschter Offenbarung handle?

Der Türke schien überrascht über meine beharrliche und direkte Art des Fragens. Er zögerte. Wir könnten offen darüber sprechen, sagte ich. Darauf erklärte er: Es seien in der Bibel wie in der Thora Verfälschungen der göttlichen Offenbarung enthalten. – Was zum Beispiel in der Bibel? – Dort sei zu lesen, Jesus sei der Sohn Gottes. Gott habe aber keinen Sohn. Jesus sei Mensch wie auch Mohammed, beide seien bedeutende Propheten. – Aber wie sei es zu derartigen Verfälschungen gekommen?

Der Gefragte zögerte wieder mit seiner Antwort. Es schien so, als fürchte er, seine Erklärungen könnten mich in meinem christlichen Verständnis kränken. Aber dann sagte er: Die Bibel sei in ihrer endgültigen Fassung erst 300 bis 400 Jahre nach dem Tod des Propheten Jesus für die Gläubigen fixiert worden. Viele Autoren mit sehr verschiedenen Ansichten, die Evangelisten, hätten an der Bibel mitgeschrieben, und sie hätten mit ihrer persönlichen Meinung das Wort Gottes verfälscht. Mohammed dagegen habe den Koran Wort für Wort von Gott mitgeteilt bekommen und so an die Gläubigen weitergegeben. Der Koran sei nach Mohammeds Tod in keinem Satz verändert worden, die Bibel nach dem Tod Jesu vielfach. Allerdings müsse ein Muslim trotzdem die Glaubenslehren einer geistig verwandten Religion wie die des Christentums respektieren. Das sei Gottes Wille. – Ob er selbst schon in der Bibel gelesen habe? Der Gefragte wiegte wiederum sichtlich verlegen den Kopf. Es sei nicht einfach, in der Türkei eine Bibel zu bekommen, es gebe zu wenig Christen hier.

Das Gespräch mündete, wie ich das auch schon im Gespräch mit Syrern, Ägyptern und Tunesiern erlebt hatte, in die Konfrontation zwischen wahrer, halbwahrer und »verfälschter« Offenbarung Gottes. Die Diskussion über eine historisch-kritische Interpretation von Koran, Bibel und Thora sparte ich auch diesmal aus, weil auf solche Fragestellungen Muslime oft sehr abwehrend reagieren – von wenigen Ausnahmen abgesehen.

In Istanbul führte ich zwei Tage später mit einem Deutsch-Türken ein weiteres überraschendes Gespräch. Ihm begegnete ich in der Moschee von Eyüp, in der nach muslimischer Überlieferung ein Bannerträger des Propheten Mohammed begraben liegt. Diese Moschee ist im Verlauf der Jahrhunderte nicht nur zu einem der bedeutendsten Wallfahrtszentren Istanbuls, sondern der gesamten islamischen Welt geworden. Besonders stark ist der Andrang am Freitag, dem Tag des großen Gebets. Nahezu 2000 Menschen finden sich jeden Freitagmorgen ein, so wurde mir gesagt. Diese Auskunft war nicht übertrieben. Ich konnte sehen, wie die Moschee innerhalb einer Stunde überquoll von Menschen, ja, eine unübersehbare Zahl von Besuchern formierte sich zum Freitagsgebet auch im Innenhof der Moschee sowie auf einem großen Platz außerhalb des heiligen Bezirks. Im Anschluss an die heilige Zeremonie redete mich ein etwa 50-jähriger Türke an.

Er sprach gut Deutsch mit leicht rheinländischem Akzent. Zunächst erzählte er über sein Leben, seinen profanen Alltag. Seit 20 Jahren wohne er nun schon in Köln, arbeite dort als Krankenpfleger und komme nur noch auf Verwandtenbesuch nach Istanbul. Er werde bis zu seinem Lebensende in Deutschland bleiben, es gefalle ihm dort sehr gut, Deutschland sei ein stabiler Staat und das Sozialsystem sei viel gerechter als in der Türkei. – Und wie komme er als Muslim mit den Christen zurecht? – Er habe keine Probleme mit der christlichen Religion. Muslime und Christen hätten doch denselben Gott. Ein guter Christ sei ihm lieber als ein schlechter Muslim. Es komme auf das Herz des Menschen an, nicht auf die Unterschiede im Glauben. – Ob er schon eine Kirche besucht habe? – Ja. Er gehe immer wieder in den Kölner Dom, es sei wirklich eine erhabene Kirche. Er gehe dorthin nicht nur zum Besichtigen, er bete dort auch. – Er bete dort? – Warum nicht? Der Kölner Dom sei so rein wie eine Moschee. – Rein? – Rein im rituellen Sinn, erklärte er.

Die hier geschilderten Gespräche vermitteln einen Eindruck, wie weit die im Koran vorgeschriebene Toleranz gegenüber geistig verwandten Religionen geht – und wo die Vorbehalte aus islamischer Sicht bestehen bleiben.

Für die Situation in der Türkei ergeben sich hier eine Reihe spezieller Fragen. In der Türkei sind ja die Spannungen zwischen den Muslimen und den christlichen Minderheiten der Griechen und Armenier beträchtlich. Die Vertreibung der Griechen aus Anatolien, die Massaker an Armeniern während des Ersten Weltkriegs belasten noch heute das religiös-politische Klima in der Türkei. Wie aber sind solch traumatische Ereignisse in Einklang zu bringen mit der hier geäußerten religiösen Aufgeschlossenheit? Im Kapitel *Religiöse Minderheiten als Prüfsteine der Toleranz* werde ich auf dieses komplexe Problem und auch auf vielschichtige Widersprüchlichkeiten in anderen islamischen Staaten eingehen.

Muslime beten im Sterbehaus der Maria

Muslime verehren nicht nur Jesus, sondern auch seine Mutter Maria? Sie glauben gar an die »Jungfrauengeburt«?

Fragen wie diese erscheinen abwegig, wenn man weiß, dass die Muslime in Jesus nicht den Sohn Gottes sehen. Ich kümmerte mich lange Zeit wenig um eine solche Thematik, aber das änderte sich, als ich im Frühjahr 2011 von Istanbul in die südliche Türkei reiste und in diesem Zusammenhang auch Ephesus besuchte.

Ephesus ... Mit diesem Namen verbinden sich für die westliche Welt wesentliche historische Erinnerungen. Ephesus war in der Antike eines der geistigen Zentren griechischer und römischer Kultur, eine Metropole, in der nicht nur die griechische Philosophie, sondern auch das frühe Christentum wesentlich die Entwicklung des Abendlandes geprägt haben. Was ist davon geblieben? Ein eindrucksvolles Ruinenfeld antiker Tempel und Paläste.

Ich war bei meinem Besuch 2011 auf Spurensuche nach den christlichen Wurzeln – und ihrer Verbindung zu islamischer Religiosität. Ich ging einen Feldweg, vorbei an umgestürzten römischen Säulen und Steinblöcken, zwischen denen Gras und flammend roter Mohn wucherte. Der Weg endete bei einem Torbogen, davor eine große Steinschale: Apsis und Taufbecken. Der Grundriss einer Kirche ließ sich zwischen den Büschen und knorrigen Pinien nur noch andeutungsweise erkennen. Ein relativ einsamer Ort im sonst vielbesuchten Ruinenfeld von Ephesus. Zu unscheinbar wirkten die römischen Säulen und Mauerreste hier. Unscheinbar war auch das Schild am Hauptweg, das in türkischer und englischer Sprache auf die Abzweigung zur Marienkirche hinwies.

Die Marienkirche von Ephesus war einst eine Kultstätte mit welthistorischer Bedeutung: Dort hatte im Jahr 431 ein Konzil stattgefunden, das wegweisend für die christliche Dogmatik werden sollte. Hier hatte die Mehrheit der versammelten Bischöfe durchgesetzt, dass Maria nicht als bloß menschliche Mutter des Menschen Jesus anzusehen sei, sondern als *Theotokos,* »Gebärerin Gottes«, »Mutter Gottes«. Damit war das auf früheren Konzilien noch heftig umstrittene Dogma bekräftigt, dass Jesus der »Sohn Gottes« sei.

Es ist kein Zufall, dass gerade in Ephesus Maria durch Konzilsbeschluss dieses Prädikat besonderer Heiligkeit verliehen bekam. Denn Ephesus war selbst im ersten Jahrhundert christlicher Herrschaft zunächst noch immer ein vielbesuchtes Pilgerzentrum einer heidnischen Muttergottheit gewesen: der griechischen Göttin Artemis (römisch: Diana), die als Beschützerin der Jugend und der Jungfräulichkeit verehrt wurde. Diese überaus populäre Artemis-Diana-Kultstätte mit ihrer überregionalen Anziehungskraft bot für die Veranstalter des kirch-

lichen Konzils gute Voraussetzungen, um für die noch zu be-
kehrenden »Heiden« mit der Verehrung der Maria einen Ersatz
für die Muttergottheit Artemis-Diana zu schaffen. Der Marienkult ist damit ohne den Einfluss hellenistisch geprägter Religiosität nicht vorstellbar – ebenso wenig wie der Glaube, dass
Jesus als »Sohn Gottes« dem Körper einer jungfräulichen Maria
entsprungen sei.

In Ephesus wird die Mutter Jesu noch immer intensiv verehrt. Daran hat sich nichts geändert, obwohl sich die Region
seit dem 14. Jahrhundert unter türkisch-islamischer Herrschaft befindet. Die Legende will es, dass Maria mit dem Apostel Johannes nach Ephesus gekommen sei, dort in der Abge-
schiedenheit eines Waldes gelebt habe und dort auch gestorben
sei. Der bewaldete Bergrücken mit dem türkischen Namen Bülbül Dag (Berg der Nachtigallen) überragt im Süden die antiken
Ruinen der Marienkirche, dort befindet sich auf einer Höhe von
400 Metern das angebliche Sterbehaus.

Dieses Haus, ein berühmtes Pilgerziel, hatte meine Neugierde geweckt, nicht aber, weil ich mich für die christliche Ma-
rienverehrung besonders interessierte – sondern weil mir Türken erzählt hatten, Muslime kämen zum Sterbeort der Maria,
ebenso häufig wie Christen. Wieso Muslime? Mussten Muslime, bei aller Verehrung des Propheten Jesus, nicht grundsätzlich einen derartigen Marienkult ablehnen, der eindeutig von
hellenistischer, also »heidnischer« Religiosität beeinflusst war?

Die Muslime nennen den Ort auf Türkisch *Meryem ana evi,*
»Haus der Mutter Maria«. Ich nahm ein Taxi für die sieben Kilometer Fahrt (eine öffentliche Busverbindung existiert nicht)
und fuhr an einem Sonntagmorgen in Erwartung aufschlussreicher Zeremonien auf den Bülbül Dag. Eine junge Türkin
lenkte das Taxi. Und schon nach wenigen Minuten bekam ich
einen Eindruck davon, welche Bedeutung der Wallfahrtsort
auch für Muslime hat. Die Türkin bat mich auf Englisch, ich
möge im Haus der Mutter Maria, diesem heiligen Ort, ein Gebet

für sie sprechen. – Ob sie Christin sei? – Nein, sie sei Muslima. Es war eine hübsche Frau mit langem, offenem Haar. Sie wirkte selbstbewusst. Sie lachte bei meiner Frage nach ihrer Religion. Und sie fügte ihrer Antwort einen für mich überraschenden Satz hinzu: Sie glaube an die Gleichwertigkeit aller Religionen, jeder gläubige Mensch sei unterwegs zu Gott.

Ob ihre Haltung typisch war für muslimische Besucher des Pilgerziels? Meine Neugier auf den »heiligen Ort« verstärkte sich.

Das Taxi fuhr am Ruinenfeld von Ephesus vorbei und bog in eine schmale Straße ein, die in Serpentinen durch einen Föhrenwald den Bülbül Dag hinauf führte. Zunächst schien es so, als sei ich zu einem relativ geruhsamen Wallfahrtsort unterwegs, aber als das Taxi nach einer halben Stunde einen Autoparkplatz erreichte, standen dort bereits um zehn Uhr morgens an die zwanzig Reisebusse. Menschenmassen bewegten sich einen Waldweg hinauf.

Das Marienhaus, ein Steinbau im Stil einer Kapelle, steht niedergeduckt zwischen knorrigen Bäumen. Vor dem Eingang staute sich eine Warteschlange, es waren offensichtlich Menschen aus der ganzen Welt, Europäer, Amerikaner, Chinesen, Japaner, Koreaner – alle wahrscheinlich Christen. Wo aber waren die Muslime? Ich suchte mit den Augen zuallererst nach Frauen mit Kopftuch, ohne zunächst zu bedenken, dass gerade in der Türkei viele muslimische Frauen kein Kopftuch tragen. Beim genauen Hinhören vernahm ich neben Englisch, Deutsch und anderen westlichen Sprachen auch Türkisch, dies von Frauen, die dem äußeren Anschein Griechinnen oder Italienerinnen hätten sein können. Genauso erging es mir mit Männern, die nicht sofort meiner vorgefassten Meinung vom »typisch türkischen« Aussehen entsprachen.

Christliche wie muslimische Besucher verhielten sich im Innern des Marienhauses nahezu gleich, es blieb ihnen bei dem Andrang nicht viel Zeit, vor der Statue der Maria in der Apsis stehen zu bleiben, denn ein Wächter drängte zur Eile. Im

Vorbeigehen konnte ich einer Inschrift entnehmen, dass drei Päpste hier gebetet hatten: 1967 Paul VI., 1997 Johannes Paul II., 2006 Benedikt XVI.

Erst draußen, rechts vom Ausgang, traf ich auf ein spezifisch islamisches Element dieses Pilgerorts. Den Blickfang bildete zwar wieder eine Marienstatue in typisch christlicher Ikonographie, aber neben der Figur war eine große Tafel in Türkisch und etlichen europäischen Sprachen angebracht, und dort war auch auf Deutsch fettgedruckt zu lesen: »Auszug aus dem Koran, betreffend die heilige Jungfrau Maria«. Es folgten Zitate aus dem Koran, die sich auf Maria bezogen. Für unvorbereitete westliche Besucher ist das überraschend. Aber selbst diejenigen, die sich mit der Glaubenslehre des Islam mehr oder weniger vertraut gemacht haben, können bei der einen oder anderen Formulierung stutzen. »Jungfrau Maria.« Jungfrau? Glauben etwa auch Muslime an die sogenannte Jungfrauengeburt? Es sind Koranverse angeführt, die genau das belegen, so in der 3. Sure, Vers 45–48, und in der 19. Sure, Vers 18–22. In diesen Suren verkündet der Engel Gabriel, Maria werde einen heiligen Sohn, Jesus, den Messias, gebären. Maria antwortet: Dies könne nicht sein, weil noch kein Mann sie berührt habe. Der Engel Gabriel aber erklärt: Gott schafft, was und wie er will.

Jesus wird also nach der Aussage des Korans ohne die Zeugung durch einen menschlichen Vater geboren. Maria wird auf diese Weise über alle anderen Frauen hinausgehoben, ja, die 19. Sure ist gar mit ihrem Namen, »Maryam«, betitelt. Allerdings findet sich im Koran nirgends der Begriff »Gottesmutter«, auch wird Jesus nie als »der Sohn Gottes« bezeichnet. »Es ziemt sich nicht für Allah, dass er einen Sohn hätte«, so heißt es in der Sure 19, Vers 36. Nach islamischem Verständnis hat Gott an der Jungfrau Maria ein Wunder gewirkt, um die besondere Bedeutung des Menschen Jesus in der Reihe der Propheten zu demonstrieren. Entsprechend ungewöhnlich ist Jesus benannt: Jesus, Sohn der Maria (arabisch: *Isa Ibn Maryam*). In der patriarchalischen Tradition des Islam ist es sonst nur üblich, den Namen des Vaters zu nennen, nicht der Mutter.

Die Parallelen von koranischer und biblischer Überlieferung sind beträchtlich. Und genau dies ist die Botschaft, die der Text auf den Schautafeln in mehreren europäischen Sprachen den christlichen Besuchern vermitteln soll: zu erkennen, dass der Islam keine völlig fremde Religion ist, sondern teils auf denselben Quellen beruht wie das Christentum. Dass Muslime allerdings den Islam als die einzig unverfälschte Offenbarung Gottes ansehen und so ihre Religion als dem Christentum überlegen betrachten – diese Erfahrung hatte ich ja immer wieder in Gesprächen selbst mit sehr toleranten Muslimen machen können.

Nahe dem Marienhaus traf ich auf große Becken mit Behältern, in welche die Besucher Kerzen stellten. Zahlreiche Pilger drängten sich darum. Hier versammelten sich aber nur Christen, den Muslimen sind solche Rituale fremd. Muslime sah ich dagegen weiter weg an einer Holzwand stehen, die ungefähr 20 Meter lang ist. Diese Wand war über und über mit Zetteln bespickt. Ich konnte beobachten, wie Besucher immer neue Zettel an die Wand hefteten. Ein deutschsprechender Türke erklärte mir, diese Wand sei von muslimischen Pilgern errichtet worden, aber natürlich könnten Pilger jeder Religion hier mit Zetteln ihre Bitten an Gott richten. Im Vorbeigehen sah ich Aufschriften in Türkisch, Englisch, Französisch, Italienisch, Deutsch.

Erstmals entdeckte ich nun türkische Frauen mit Kopftuch, ja, manche mit bunten Westen und Pluderhosen, was deutlich ihre ländliche oder kleinstädtische Herkunft zeigte. Die Männer an ihrer Seite mit ihren charakteristischen Schirmmützen verwiesen ebenfalls auf einen provinziellen Hintergrund. Der Islam solcher Besucher hat wohl am wenigsten gemeinsam mit der Aussage, die mir die Taxifahrerin bei der Anfahrt gegeben hatte: Alle Religionen seien gleichwertig. Aber auch diese

Muslime waren in ihrer Glaubenshaltung offen genug, um einträchtig neben christlichen Pilgern zu beten.

Der Rückweg zum Ruinenfeld von Ephesus brachte mir eine weitere Überraschung. Ursprünglich wollte ich die sieben Kilometer zu Fuß gehen, weil es unterwegs im Wald immer wieder Panoramablicke auf andere Hügel und das Meer gab. Aber die schmale Straße war in den Nachmittagsstunden so stark von Autos befahren, dass ich doch lieber nach einer Mitfahrgelegenheit suchte. Autos, in denen westliche Besucher saßen, fuhren vorbei. Aber bereits der erste Türke stoppte. Sein Auto war voll von Menschen und Gepäck, neben ihm saß eine Frau, auf den Rücksitzen drängten sich vier Kinder. Die Kinder rückten eng zusammen, indem die beiden größeren die kleineren auf den Schoß nahmen, so wurde für mich auch noch ein Platz frei. Äußerst beengt ging nun die Fahrt die kurvenreiche Straße bergab. Der Fahrer deutete auf die junge Frau neben ihm, die mit ihrem blonden Haar und den blauen Augen einen starken Kontrast zu seinem schwarzen Haar und den dunklen Augen bot. Er erklärte in holprigem Englisch, seine Frau sei Russin. – Eine Christin also? – Ja. – Und er sei Muslim? – Ja. – Und es gebe da keine Probleme? – Nein, der Koran erlaube das.

Zu einem weiteren Gespräch reichte das spärliche Englisch nicht. Sie verabschiedeten sich am Eingang der antiken Ruinen von Ephesus mit einem Lächeln. Die Kinder winkten.

Weshalb manche Moscheen für Andersgläubige gesperrt bleiben

Die erste Moschee, auf die ich während meiner vielen Reisen traf, durfte ich nicht betreten. Es war in der marokkanischen Stadt Tetuan, noch nahe der spanischen Grenze. Als ich im Gassenlabyrinth der Medina auf das Portal zusteuerte und den Blick bereits auf den buntbefliesten Innenhof mit seinem Springbrunnen gerichtet hatte, da trat aus einer Seitennische ein alter, bärtiger Mann hervor und versperrte mir gebieterisch den Weg. Er sprach kein Wort, aber der Blick war derart abweisend, dass ich ohne irgendwelche Fragen zurückwich. Ich wusste damals (im Herbst 1960 gerade 20 Jahre alt) noch wenig über den Islam, und als ich daher während der folgenden Wochen in Marokko immer wieder an den Moscheeportalen zurückgewiesen wurde, war für mich klar, dass Moscheen prinzipiell für »Ungläubige« verboten seien. Christen erschienen da weniger intolerant.

Zwei Jahre später war ich in Tunesien. Dort aber stellte ich zu meiner Überraschung fest, dass Moscheen durchaus für Europäer zur Besichtigung freigegeben waren; nur zu Gebetszeiten, wenn die Muslime in Reih und Glied niederknieten, hatte der Tourist das Gelände zu verlassen. Für mich war der Fall wiederum klar: Da Tunesien eine sehr westlich orientierte Regierung besaß, hatten sich die Sitten eben schon liberalisiert. Dieselben Schlussfolgerungen zog ich 1964 in Ägypten und Pakistan, als dort noch nicht Fundamentalisten im Vormarsch waren. Erst recht fühlte ich mich in einer solchen Auffassung bestärkt, als ich im selben Jahr die Türkei besuchte. Dort war es Touristen sogar erlaubt, während der Gebetszeiten und der Predigten in der Moschee zu bleiben; nur das Fotografieren wurde nicht gern gesehen. Aber die Türkei war ja seit den 1920er-Jahren ein Staat mit westlicher Verfassung.

Bei meiner Weiterreise in den Iran standen die meisten Moscheen Andersgläubigen für einen Besuch offen, eine Ausnahme bildeten nur die beiden bedeutsamsten Wallfahrtsmoscheen in Ghom und Mesched.

1964 unterwegs in Afghanistan, glaubte ich dagegen von vornherein schon zu wissen, was mich erwartete. In diesem abgeschiedenen, von der Weltöffentlichkeit damals kaum beachteten Land, wo die Männer selbst noch in den Städten den Krummdolch trugen und manche noch ein Gewehr geschultert hatten, war man den Umgang mit Ausländern überhaupt nicht gewohnt; ich begegnete damals innerhalb von zwei Wochen nur drei Europäern. Kaum jemand beherrschte Englisch, geschweige denn eine andere Fremdsprache. Und dort würde ich erst recht nicht die Moscheen betreten dürfen. Doch die Überraschung war: Ausgerechnet in Afghanistan verwehrte mir niemand den Eintritt in die Moscheen.

Dasselbe dann eineinhalb Jahrzehnte später im nördlichen Jemen, in den Lehmhochhausstädten Sanaa, Ibb und Jibla. In diesem äußersten Winkel der arabischen Halbinsel, 1978 noch kaum von Europäern besucht, gestattete man mir sogar, dass ich mich in den Wandelhallen der Moscheen neben den Einheimischen zum Mittagsschlaf niederlegte. Warum zeigten sich die Muslime ausgerechnet in einer derart abgelegenen Gegend tolerant?

1982, wieder einmal in Tunesien, kam die nächste Überraschung. An den Moscheeportalen der Insel Djerba waren Schilder in französischer, englischer und deutscher Sprache angebracht: Besichtigung durch Touristen verboten! Erklärungen brauchte ich nun hierzu keine mehr, denn was es heißt, wenn Europäer laut schwatzend herumgehen, mit Shorts bekleidet, ungeniert selbst Betende fotografierend, hatte ich inzwischen schon zur Genüge beobachten können. Von daher ist die Abwehr verständlich. Intoleranz? Ein junger Tunesier wollte mich sogar daran hindern, eine Moschee abseits der Hauptstraße von außen zu fotografieren. Er war sehr barsch, anscheinend allergisch gegen alle kamerabehängten Touristen – aber er gehörte keineswegs zu denen, die in betonter Abwehr allen westlichen Einflusses einen langen Bart und arabische Hemdbluse trugen, er war vielmehr glattrasiert, bekleidet mit europäischem Hemd und Bluejeans.

Gab es vielleicht auch im Iran und Marokko einleuchtende Erklärungen für die Abwehr?

1984, wieder in Marokko unterwegs, sollte ich eine präzise Antwort erhalten. In der Königsstadt Fes fragte ich diesmal verschiedene Muslime, warum Europäer die Moscheen nicht betreten durften. Zunächst musste ich allerdings feststellen, dass kaum einer der Gefragten sich je Gedanken darüber gemacht hatte, weshalb nur architektonisch bedeutsame Koranhochschulen (Medresen) als »Museen« zur Besichtigung freigegeben waren. Selbst ein relativ gebildeter, auslandserfahrener und frommer Muslim war auf meine Frage ratlos. Er, mit einer Französin verheiratet, die aber Christin geblieben war (was ja der Koran durchaus erlaubt), bedauerte das ihm unerklärliche Verbot; ja, er gestand, dass er selbst darunter zu leiden habe: sogar seine Frau dürfe die Moschee nicht betreten, da nütze es auch nichts, dass er Muslim sei. Die Antwort fand ich endlich bei einem jungen Lehrer.

Der Lehrer erklärte, die Moscheen seien bis ins 20. Jahrhundert für alle offen gewesen, das habe sich erst unter dem Kolonialregime der Franzosen gewandelt. Die Franzosen hätten sich zu Beginn ihrer Herrschaft brutal über viele islamische Bräuche hinweggesetzt – so auch über das ungeschriebene Gesetz, dass Moscheen Zufluchtsorte für politisch Verfolgte seien, sogar für Verbrecher. Keine Polizei dürfe die Schwelle überschreiten, jeder Flüchtling stehe unter dem Schutz der Geistlichkeit und brauche sich nur freiwillig der Obrigkeit zu stellen. Gegen dieses für Machthaber sehr unbequeme Gewohnheitsrecht habe nicht einmal der Sultan zu verstoßen gewagt. Die Franzosen aber hätten unbedenklich die Gebetshallen von Moscheen betreten, um dort nach Flüchtigen zu suchen. Und die Soldaten hätten beim Eintreten auch niemals ihre Stiefel ausgezogen, wie es Pflicht für alle Besucher sei, ja sie hätten zeitweilig sogar in den Moscheen Asylsuchende niedergeschossen. Dieses instinktlose Verhalten habe das Volk zum Aufruhr getrieben, und so hätten die Kolonialbehörden schließlich von solchem Gebaren abgelassen, ja hätten dem Drängen der Marokkaner nachgegeben, zukünftig die Moscheen für Nichtmuslime zu sperren. Vielleicht sei es sinnvoll, dieses Verbot wieder aufzuheben …

Diese Auskunft des Lehrers ließ sich wenige Jahre später in Marokko relativieren. Eine rare Ausnahme vom Verbot sollte dann die Grabmoschee für Sultan Mohammed V. und Sultan Hassan II. in Marokkos Hauptstadt Rabat bilden wie auch die 1993 errichtete Moschee Hassans II. in Casablanca; beide Kultstätten können von Nicht-Muslimen gegen Eintrittsgeld betreten werden.

Solche Detailerfahrungen – Impressionen aus dem islamischen Alltag – zeigen, wie leicht scheinbar eindeutige Beobachtungen zu Fehlschlüssen führen können. Was wir in einer ersten Reaktion gerne als typischen Fanatismus einstufen, wie er den Muslimen nun mal »im Blut liegt«, erweist sich als relativ neue Entwicklung. Und gerade zu dieser Entwicklung haben wir Europäer beigetragen.

Anders verhält es sich allerdings mit dem strikten Verbot für Nichtmuslime, die »heilige Stadt« Mekka im Umfeld von 25 Kilometer um die *Kaaba* (der »Kubus«, der »Würfel«) zu betreten. Dieses Verbot ist so alt wie der Koran selbst. In der 9. Sure lesen wir: »Oh Gläubige, wahrlich die Götzendiener sind als unrein zu betrachten, und sie dürfen daher [...] sich dem heiligen Tempel [in Mekka] nicht mehr nähern. [...] Bekämpft diejenigen der Schriftbesitzer, welche nicht an Allah und den Jüngsten Tag glauben und die das nicht verbieten, was Allah und sein Gesandter verboten haben.«[7] Götzendiener werden hier in enge Nachbarschaft zu andersgläubigen Schriftbesitzern gerückt, zu Juden wie zu Christen, denen man aus islamischer Sicht zumindest in abgeschwächter Form generell Unglauben vorwerfen kann. Mohammed sprach ihnen allen gegenüber sein Verbot im 9. Jahr islamischer Zeitrechnung aus.[8] Damals war schon eine Reihe von Monaten vergangen seit jenem denkwürdigen Ereignis, als er an der Spitze einer großen Pilgerschar triumphal nach Mekka zurückgekehrt war und die Götterstandbilder der Kaaba eigenhändig zerstört hatte. Und sechs Jahre lag damals jene andere Anordnung zurück, mit der Mohammed Jerusalem den Rang der heiligsten, verehrungswürdigsten Stadt abgesprochen hatte.

Auf dem Höhepunkt seiner Laufbahn verlieh der Prophet Mekka vollends den Nimbus des Exklusiven, indem er diese zentrale Pilgerstätte einzig und allein für die »Rechtgläubigen« zugänglich machte. Und damit hat er die Muslime noch einmal über die Geistesverwandten im Glauben, über die anderen, »im Irrtum verharrenden Schriftbesitzer« hinausgehoben. Spätere Generationen zogen aus diesem Beispiel Folgerungen, indem sie auch Medina, Mohammeds Wirkungsstätte, als zweite heilige Stadt für alle Andersgläubigen sperrten. Eine ähnliche Abgeschlossenheit ist dann bis ins 19. oder gar bis Anfang des 20. Jahrhunderts für weitere bedeutsame Wallfahrtsorte üblich gewesen, so für Moulay Idriss in Marokko, Beni Isguen in Algerien, Kairouan in Tunesien, Ghom und Mesched im Iran.

Abgesehen von diesen Ausnahmen haben Muslime jedoch niemals ihre Moscheen Andersgläubigen versperrt. Auch nicht zu jenen Zeiten, die wir gerne etwas herablassend als »finsteres Mittelalter« bezeichnen. Muslime haben sich vielmehr bis weit in die Neuzeit herein gegenüber einer Reihe fremder Religionen großzügiger verhalten als etwa Christen, und im Hinblick auf ihre Kultur ist das Mittelalter weniger finster gewesen als im Abendland. Vorbedingung für islamische Toleranz war eben nur: Die Andersgläubigen mussten in irgendeiner Form den »einen Gott« verehren. Monotheist oder nicht: an diesem Punkt entscheidet sich für einen Muslim, ob er sich aufgeschlossen gegenüber einem Andersgläubigen verhalten soll.

Aber: Ist nicht schon damit der Toleranzradius in der islamischen Welt weiter gesteckt, als er für Christen über einen Großteil ihrer Geschichte üblich war?

Man würde angesichts einer solchen Frage das Problem unzulässig vereinfachen, wollte man eindeutig für die eine oder andere Religion Partei ergreifen. Sowohl Christen als auch Muslime haben im Verlauf der Jahrhunderte mehrmals ihre

Einstellung zu Andersgläubigen und »Ungläubigen« geändert. Hierbei haben sich die Christen unter gewandelten kulturellen Bedingungen jeweils auf die Bibel berufen und spezifische Textstellen mehr als zuvor hervorgehoben, die Muslime haben den Koran in immer neuer Interpretation bemüht. Auf diese Weise hat sich die Fähigkeit zur Toleranz zeitweise eher im islamischen Kulturkreis, zeitweise eher im Abendland entfaltet. Zudem haben sich die geistigen Fronten in Fragen der Toleranz innerhalb beider Religionen mehrfach und für den Außenstehenden teilweise unübersichtlich in Liberale und Orthodoxe bis hin zu Radikal-Orthodoxen aufgespalten. Um diese Vorgänge an konkreten Beispielen zu verdeutlichen, betrachten wir in der Folge Christentum und Islam in einem vergleichenden Überblick vom Mittelalter bis zur Moderne und zu unserer Gegenwart.

Doch selbst ein kurzer historischer Abriss wird für das bessere Verständnis nicht genügen. Wir haben zuvor noch bei der Frage anzusetzen, auf welche früheren Traditionen christliches wie islamisches Denken mit allen Tendenzen zur Fehlentwicklung gründen. Die Wurzeln reichen zurück bis ins zweite Jahrtausend vor unserer Zeitrechnung.

Zweiteilung der Menschheit in Gläubige und Ungläubige

Die Ursprünge der Zweiteilung bei Moses, Echnaton und Zarathustra

»Zerstöret alle Orte, da die Heiden, die ihr vertreiben werdet, ihren Göttern gedient haben.« So liest es sich im Fünften Buch Mose. »Reißet um ihre Altäre und zerbrechet ihre Säulen und verbrennet mit Feuer ihre Haine, und die Bilder ihrer Götter zerschlaget und vertilget ihren Namen aus demselben Ort.«[1]

Nach unserer heutigen Einschätzung hat Moses als der große jüdische Gesetzgeber und maßgebliche Erneuerer des Jahwe-Glaubens im 13. Jahrhundert vor unserer Zeitrechnung gelebt. Wenn auch die überlieferten und ihm zugeschriebenen Äußerungen erst etwa sechs Jahrhunderte später niedergeschrieben worden sind und nur bedingt als die originalen Worte des Propheten gelten können, müssen wir doch in dieser Art von Intoleranz eine weit zurückreichende Tradition jüdischen Denkens annehmen. Uns mutet ein solcher Text keineswegs als historisch längst erledigt an, hat er ja mit allen nur denkbaren Konsequenzen, wenn auch in spezifisch abgewandelter Form, auf das Christentum und den Islam gewirkt.

Eine bedenkliche Aktualität hat für uns auch jene Textstelle aus dem Fünften Buch Mose behalten, in der gegen Abtrünnige aus den eigenen Reihen, selbst gegen Verwandte und liebste Freunde, äußerste Härte gefordert wird: »Wenn dich dein Bruder [...] oder dein Sohn oder deine Tochter oder das Weib in deinen Armen oder dein Freund, der dir ist wie dein Herz, heimlich überreden würde und sagen: Lasst uns gehen und anderen Göttern dienen! – die du nicht kennst noch deine Väter […] [dann sollst du] dich seiner nicht erbarmen, noch ihn verbergen, sondern sollst ihn erwürgen. Deine Hand soll die erste über ihm sein, dass man ihn töte, und darnach die Hand des ganzen Volkes. Man soll ihn zu Tode steinigen – denn er hat dich wollen verführen von dem Herrn, deinem Gott.«[2]

Solche Sätze schockieren. Christen neigen dazu, derartige Äußerungen zu verdrängen, weil diese nur schwer vereinbar erscheinen mit der tiefen Humanität, die unbezweifelbar aus vielen anderen Bibelstellen spricht. Man löst das Problem allerdings nicht, indem man diese alttestamentarischen Sätze mit dem Argument abtut, sie seien durch das Neue Testament aufgehoben; denn in den Evangelien und den Apostelbriefen finden sich ähnlich harte Worte gegen Ungläubige und Abweichler aus den eigenen Reihen. Und die Kirchen sind später oft genug entsprechend hart gegen »Ketzer« vorgegangen, die angeblich von der Wahrheit abgefallen sind.

Auf den Islam bezogen, gilt dasselbe. Ja, die Aktualität gerade des letzteren Textes hat sich erst in der jüngeren Gegenwart auf beklemmende Weise gezeigt, als Ayatollah Khomeini sein Todesurteil gegen den abtrünnigen Muslim Salman Rushdie verhängte. Man könnte meinen, der Ayatollah hätte nicht eine spezielle Auslegung des koranischen Rechts herangezogen, sondern direkt auf die Anweisungen im Fünften Buch Mose zurückgegriffen. Wir werden an anderer Stelle noch ausgiebig gerade auf diese Problematik zu sprechen kommen.

Intoleranz gegenüber Andersgläubigen in solch scharfer Form kennen wir nur bei monotheistischen Religionen – überall dort, wo es neben dem *einen* Gott nicht andere Gottheiten, sondern nur »falsche« Götter, Götzen, geben kann; überall dort, wo sich die Logik auf die Art verengt hat, dass neben *der* Wahrheit keine andere Form von Wahrheit denkbar ist, sondern nur Irrlehren, die vom rechten Glauben abweichen.

Für den orthodoxen Christen wie auch für den orthodoxen Muslim ist es selbstverständlich, den Monotheismus auf das Judentum gegründet zu sehen, weisen doch die Evangelien und der Koran auf diese Ursprünge hin. Entsprechend argumentieren sogar etliche Kirchengegner, indem sie allein diese Überlieferungsstränge linear zurückverfolgen und die Juden zu den Begründern religiöser Intoleranz, zu den ersten Exekutoren einer äußerst schroffen Abgrenzung gegenüber Andersgläubigen machen.

Die Zweiteilung der Welt in Gläubige und Ungläubige keimte aber in den Jahrtausenden vor unserer Zeitrechnung nicht nur im Judentum, wir finden Ähnliches bei den Ägyptern und Persern.

Die Ägypter, die über weite Strecken ihrer Geschichte an eine Vielzahl von Göttern glaubten, kannten zumindest ein paar Jahrzehnte lang eine uns eindrucksvoll dokumentierte monotheistische Entwicklung. Dies geschah, als Pharao Amenophis IV. im 14. vorchristlichen Jahrhundert dazu überging, *Aton* zu verehren. Aton, symbolisiert durch die Sonnenscheibe, war als gestaltloses Wesen aufzufassen, dem man kein Bildnis wie dem traditionellen Gott Amun und seinen vielen Untergöttern errichten konnte. »Du einziger Gott, außer dem es keinen anderen gibt«, formulierte der Pharao in seinem berühmt gewordenen Sonnenhymnus. Uns ist der Religionsstifter weniger unter seinem herkömmlichen Herrschernamen *Amenophis* (»Amun ist gnädig«) als unter seinem selbsterwählten Prophetentitel geläufig: *Echnaton* (»Dem Aton wohlgefällig«). Er gilt uns als der Erste, der – historisch eindeutig nachweisbar – einen strikt monotheistischen Glauben predigte, wobei wir die vielen möglichen Vorläufer eines solchen Denkens nur vage kennen. Selbst Abraham, der von Juden, Christen und Muslimen verehrte Stammvater des Eingottglaubens, bleibt für die Geschichtswissenschaft in mythisches Dunkel getaucht.

Echnaton war der Erste, von dem wir auch eindeutig wissen,

dass er sämtliche Kultbilder fremder Götter aus dem Tempel verbannte und die eigene Religion als einzige Wahrheit einem Volk aufzwingen wollte. Breitenwirksamer Erfolg blieb seiner Lehre allerdings versagt, weil für eine monotheistische Massenreligion geistig die Zeit noch nicht reif war. Aber möglicherweise hat Moses, der ein Jahrhundert später in Ägypten heranwuchs, nicht nur an die Lehre seines fernen Vorfahren Abraham angeknüpft, sondern auch von dem noch untergründig nachwirkenden Aton-Glauben Impulse übernommen.

Die Perser lernten den Monotheismus durch die Lehre des Propheten Zarathustra während des 6. vorchristlichen Jahrhunderts kennen. Zarathustra, dessen Einfluss auf das Denken des Judentums, des Christentums und des Islam nicht hoch genug veranschlagt werden kann, verkündigte nicht nur die Existenz eines einzigen, allein existierenden Gottes *(Ahura Mazda)*, er predigte außerdem als erster Religionsstifter der Weltgeschichte den Dualismus von Gott und Teufel, er lehrte zudem als Erster den Glauben an ein Jenseits mit Himmel und Hölle. Aus dieser Haltung heraus verwarf er jeden anderen Götterglauben, empfahl er gar den Glaubenskrieg gegen die »Lügenknechte« und starb, so will es die (ungesicherte) Überlieferung, als Märtyrer in einem solchen Krieg.[3]

Allerdings haben die Perser jahrhundertelang nicht den strengen Monotheismus des Zarathustra gelebt – in ihrer frühen Tradition wurde stets von Ahura Mazda als dem größten der Götter gesprochen. Aber als sie sich schließlich im 3. Jahrhundert unserer Zeitrechnung zu konsequenten Monotheisten wandelten, gingen sie wie ihre Rivalen, die Christen des benachbarten Oströmischen Reiches, dazu über, alle Andersgläubigen als »Feinde des Guten« zu verdammen und schließlich auch zu verfolgen. Die zarathustrischen Priester setzten durch, dass Andersgläubige in Persien mit hohen Sondersteuern belegt und aus allen Staatsämtern ferngehalten wurden, und wer öffentlich Zweifel am »allein richtigen« Glauben anmeldete, musste mit der Todesstrafe rechnen. Andersgläubige galten als am Tag des Jüngsten Gerichts ausschließlich für das Höllenfeuer bestimmt und konnten daher auch schon im irdischen Dasein mit Geringschätzung behandelt werden, so dachte man in entsprechender Konsequenz. Betroffen waren davon Christen, Juden und Buddhisten, aber auch Ketzer in den eigenen Reihen, die gegen die intolerante Verhärtung der Staatskirche protestierten und Erneuerung forderten. Der Druck der Staatsreligion wuchs sich zu derartigem Terror aus, dass viele Perser die muslimischen Eroberer im 7. Jahrhundert als Befreier begrüßten und scharenweise zum Islam übertraten.

Die zarathustrische Religion hat sich gegenüber dem Islam nicht behaupten können, trotz der vielen Ähnlichkeiten in der geistigen Struktur – dies aber, weil die Muslime weltoffener und toleranter gegenüber geistesverwandten Monotheisten auftraten. Auch das Christentum mit einer damals ähnlich starken Intoleranz verlor in vielen vom Islam eroberten Gebieten einen beträchtlichen Teil seiner Anhänger an die neue Religion aus Arabien, konnte sich jedoch außerhalb des muslimischen Kulturraums, im Unterschied zur Zarathustra-Religion, stabilisieren. Im Iran sank die Zahl der Zarathustrier zwischen 1979 und 2009 von 60 000 auf 30 000 Gläubige, weniger als ein Prozent der Gesamtbevölkerung. Die Zarathustrier sind als religiöse Minderheit von den Muslimen geduldet, standen mit Präsident Mohammad Khatami im interreligiösen Dialog, der allerdings im autoritären Klima unter Präsident Ahmadinedschad verstummte. In Indien leben rund 130 000 Auswanderer, die wir unter dem Namen *Parsen* (»Perser«) kennen; angesichts einer Milliarde Inder ist dies nur ein verschwindend geringer Anteil, der die einstige Bedeutung dieser monotheistischen Religion nicht mehr ahnen lässt.

Inwieweit »Heiden« toleranter sind als Christen

Was die Unterdrückung fremder Religionen betrifft, hat sich mit dem Entstehen des Monotheismus eine Tendenz durchgesetzt, die es zuvor in der Religionsgeschichte nicht gab. Die Polytheisten erscheinen viel toleranter gegenüber anderen Glaubensüberzeugungen. Und in der neueren Literatur ist es populär geworden, diese Überlegung besonders herauszustellen. Grundsätzlich ist der Versuch auch zu bejahen, die sogenannte Vielgötterei, das »Heidnische« – wie es viele Christen ja noch immer geringschätzig titulieren – vom Odium des Minderwertigen und Barbarischen zu befreien. Doch sollte man sich vor erneuter Schwarzweißmalerei, nun mit umgekehrten Vorzeichen, hüten.

Polytheisten kennen nur in einer Form eine größere Toleranz als Monotheisten: Ihnen würde es niemals einfallen, die eigenen Gottheiten anderen Völkern als verpflichtenden Glauben aufzuzwingen. Ja, die Eroberer sind im antiken Europa und in Vorderasien teilweise sogar so weit gegangen, dass sie den Gottheiten besiegter Völker ihren Respekt bezeugten und vor deren Altären demonstrativ Opfergaben niederlegten. Aus der Sicht eines Polytheisten war das nur folgerichtig, erkannte er doch auch ihm unbekannte Gottheiten als real existierend an, nur dass er sie im Rang niedriger als die eigenen einstufte. Falls sich Eroberer in verletzendem Hochmut von den Unterworfenen abgrenzten, dann eher im Kulturverständnis; Ägypter wie Griechen und Römer neigten dazu, fremde Lebensart als Unkultur, als das Barbarische zu verachten.

Wenn nun die Heiden von damals religiös um Vieles duldsamer waren als die monotheistischen Juden, Zarathustrier, Christen und Muslime, sollte man ihnen deshalb nicht schon ein Toleranzverständnis in unserem modernen Sinn unterstellen. Sie ließen zwar Andersgläubige nicht um ihrer Religion willen verfolgen, dagegen unterdrückten sie Andersdenkende oft genug wegen ihrer politisch konträren Überzeugung, und in dieser Hinsicht haben die Polytheisten aller Völker und aller Epochen von blutigem Terror ausgiebig Gebrauch gemacht.

So nur ist das brutale Vorgehen der »heidnischen« Römer gegen die Christen zu verstehen. Sie ließen die Christen nicht deshalb zu Tausenden einkerkern oder hinrichten, weil diese einen fremden Gott verehrten, ihnen galten Christen vielmehr deshalb als Gefahr, weil sie der Obrigkeit das rituell vorgeschriebene Tempelopfer als Zeichen ihres bedingungslosen Gehorsams verweigerten. Aus demselben Grund waren Polytheisten auch gegenüber Philosophen misstrauisch, die etwa atheistisch dachten. An keine Götter zu glauben, musste als Frevel gelten, weil ein Atheist folgerichtig die Herrschaft von Priestern als überflüssig ansah – und eine solche Negation rüttelte ebenfalls an den Grundpfeilern der staatlichen Ordnung.

Die Juden kannten ursprünglich auch nur eine rein politisch begründete und nicht dogmatisch motivierte Abwehr gegenüber fremden Religionen. Denn sie hingen keineswegs seit der Frühzeit ihrer Geschichte, seit den legendären Anfängen unter dem Stammvater Abraham, streng monotheistisch dem Glauben an einen einzigen Gott an, wie das die spätere Textfassung des Alten Testaments vermuten lassen könnte. Wenn die Israeliten in Jahwe ihren Gott anbeteten, so schlossen sie über Jahrhunderte hinweg die Existenz von Göttern bei anderen Völkern nicht aus, darin sind sich heute die Religionswissenschaftler weitgehend einig.[4] Es finden sich sogar im Alten Testament noch Textreste dieser Art, etwa im Fünften Buch Mose, wo es heißt, Sonne, Mond und Sterne seien von dem »Herrn, deinem Gott« den anderen Völkern zur Verehrung »verordnet«.[5] Dies ist eine Textstelle aus genau jenem Buch, in dem sich andererseits die scharfe Abgrenzung gegen Götzendiener findet. So gesehen ging es den Juden ursprünglich nur darum, die eigene Gefolgschaft gegen die drohenden Nachbarvölker mit ihren andersartigen Kulturen enger zusammenzuschließen.

Erst unter den Propheten Jesaja, Jeremia und Deuterojesaja setzte sich immer mehr der Glaube durch, Jahwe sei nicht nur der mächtigste, sondern der *eine*, der *einzige* Gott der Menschheit. Dies geschah acht bis fünf Jahrhunderte vor unserer Zeitrechnung. Damit war der erste Schritt getan, den Blick auf die ganze Menschheit hin zu öffnen. Aber die Juden blieben darauf konzentriert, ihre neue Einsicht innerhalb des eigenen Volkes zu festigen, und hier unterschieden sie sich im Prinzip nicht vom Monotheismus Echnatons oder Zarathustras. Gar zu sehr hatten die Juden mit Abweichlern in den eigenen Reihen zu kämpfen, gar zu sehr – und nicht zu Unrecht – dominierte bei ihnen die Angst, dass sich labile Gläubige im Kontakt mit fremden Völkern auch deren Göttern zuwandten.

An dieser Befangenheit hat sich erst etwas geändert, als Jesus auftrat und dem jüdischen Denken – ja darüber hinaus vielen anderen Kulturen – eine neue Dimension eröffnete.

Das revolutionär Neue an Jesus

Der orthodoxe Jude fühlte sich von seiner Tradition her nicht dazu aufgerufen, mit Andersdenkenden oder gar Heiden tiefergehende Gespräche über Religion zu führen, um sie letztendlich zu bekehren. Aber genau darauf zielten die Christen ab. Der entscheidende Unterschied lässt sich an einem Grundsatzgebot beider Religionen deutlich machen: es betrifft die Nächstenliebe.

In der Auslegung der Zehn Gebote, die im Dritten Buch Mose erfolgt, findet sich der Satz: »Du sollst deinen Nächsten lieben wie dich selbst.« Aber mit dem »Nächsten« ist dort noch nicht jeder Mensch, unabhängig von Volk und Ethnie, gemeint, denn bezeichnenderweise geht diesem Gebot folgende Einschränkung voraus: »Du sollst nicht rachgierig sein, noch Zorn halten gegen die Kinder deines Volkes.«[6] Die Betonung liegt auf: deines Volkes. Menschen jenseits des eigenen Kulturraumes interessierten den orthodoxen Juden nicht, sie konnten höchstens als Bedrohung, als mögliche Eroberer des jüdischen Staates empfunden werden. Im Neuen Testament betont Jesus dagegen, dass die Nächstenliebe das wichtigste Gebot überhaupt sei – und zwar für alle Menschen –, damit bricht er die bisher engen Schranken radikal auf.

Im Evangelium des Lukas ist ein Gleichnis Jesu enthalten, das den entscheidenden Umbruch besonders deutlich anzeigt: das Gleichnis vom barmherzigen Samariter.[7]

Der aufregende Text beginnt damit, dass ein Schriftgelehrter zu Jesus kommt und ihn fragt: »Meister, was muss ich tun, dass ich das ewige Leben erwerbe?« Jesus antwortet ihm mit dem Kerngebot christlicher Moral, er solle nicht nur Gott, sondern auch seinen Nächsten lieben wie sich selbst. Hierauf fragt der Schriftgelehrte: »Wer ist denn mein Nächster?« Jesus setzt seine Erklärung mit besagtem Gleichnis fort: Ein Jude geht von Jerusalem nach Jericho, wird unterwegs von Räubern überfallen, ausgeraubt und halbtot geschlagen. Verletzt bleibt er am Wegrand liegen. Wenig später kommt ein jüdischer Priester vorbei, erschrickt zwar über den Anblick des furchtbar Zugerichteten, eilt aber weiter, vielleicht aus Angst, vielleicht auch aus Trägheit heraus, um sich ja nicht in eine unangenehme Sache hineinziehen zu lassen. Dem Leser bleibt überlassen, über die Motive dieses Priesters nachzudenken, der in der sozialen Hierarchie orthodoxer Juden ganz oben steht. Daraufhin kommt ein Levit vorbei, auch er im Tempeldienst beschäftigt und daher im Volk hoch angesehen, und auch er geht an dem Verletzten vorüber, ohne auch nur daran zu denken, wenigstens im nächsten Dorf Hilfe zu holen. Dann naht ein Samariter, Angehöriger eines Volksstammes, der von den übrigen Juden nicht geachtet ist, ja, von den orthodox Gläubigen mit äußerster Geringschätzung behandelt wird. Der Samariter aber verbindet dem Schwerverletzten seine Wunden, lädt ihn auf sein Reittier, bringt ihn zu einer Herberge und gibt dem Wirt

Geld, damit er ihn vollends gesund pflegt. Jesus schließt sein Gleichnis mit der Frage an den Schriftgelehrten ab: Wer von den Dreien – der Priester, der Tempelangestellte oder der Samariter – sei dem Schwerverletzten »der Nächste« gewesen? Widerstrebend muss der Schriftgelehrte, obwohl er naturgemäß aufseiten der orthodoxen Juden und deren Priester steht, antworten: der Samariter.

Dieses Gleichnis ist in vieler Hinsicht revolutionär. Zum einen setzt es eine Tendenz anderer symbolkräftiger Erzählungen Jesu fort, in denen er soziale Randgruppen vom Status der Verachteten befreit und ihnen moralische Würde gibt, mehr noch, sie gegenüber Etablierten, Mächtigen, Gebildeten und vor allem gegenüber orthodoxen Tugendwächtern ins Recht setzt. Bekannt ist ja die eindrucksvolle Gegenüberstellung vom Pharisäer und dem Zöllner im Tempel. Jesus verurteilt den »frommen« Priester, der sich selbstgerecht erhaben fühlt über den sündigen, aber reuigen Mann neben ihm; Jesus kehrt die traditionelle Wertehierarchie mit der Bemerkung um: »Denn wer sich selbst erhöht, der wird erniedrigt werden; und wer sich selbst erniedrigt, der wird erhöht werden.«[8] Zur Genüge bekannt ist auch jene provozierende Szene, in der Jesus eine Ehebrecherin vor der Steinigung schützt, indem er der »moralisch« empörten Volksmenge zuruft: »Wer unter euch ohne Sünde ist, der werfe den ersten Stein auf sie« (worauf sich die Versammelten, »von ihrem Gewissen überführt«, verlegen entfernen).[9] Wir alle kennen auch jenen Satz aus der Bergpredigt, in dem der Heuchler darauf hingewiesen wird, dass er nur den Splitter im Auge des Bruders sehe, nicht aber den Balken im eigenen Auge.[10]

Dies alles sind Sätze, die geeignet sind, Verständnis zu wecken für den scheinbar moralisch Unterlegenen, Brücken zu schlagen zu fremden, beargwöhnten Menschen und sozialen Gruppen – eine wesentliche Voraussetzung für größere Toleranz. Das Gleichnis vom barmherzigen Samariter geht aber noch über solche Schilderungen hinaus, in ihm kommt etwas Weiteres, völlig Neues hinzu: Samariter waren zur damaligen Zeit nicht nur sozial verachtet, sie galten auch nicht im orthodoxen Sinn als Juden, ja, sie wurden von den »Rechtgläubigen« als fremdes, nicht mehr im eigentlichen Sinn gläubiges Volk eingestuft. Denn die Samariter hatten sich geweigert, im Tempel von Jerusalem das religiöse Zentrum der Juden anzuerkennen, sie hatten sich im Norden Judäas auf dem Berg Gazirim ein eigenes Heiligtum gebaut, hatten dort einen besonderen Kult ausgebildet und wichen schließlich auch in manchen Dogmen vom allgemein anerkannten Kodex ab. Sie waren also, um es mit einem heutigen Wort zu sagen, Ketzer. Da sie nicht mehr voll und ganz auf dem Boden des »rechten Glaubens« standen, traute man ihnen auch nicht viel Aufrichtigkeit, Güte und Barmherzigkeit zu.

Erst wenn man sich diesen historischen Hintergrund vor Augen führt, begreift man, welch kühnen Schritt Jesus mit seinem Gleichnis wagte: Er verkehrte die scheinbar unauflöslichen Fronten, er ließ die Rechtgläubigen aus dem eigenen Volk unmoralisch handeln, aber die Ketzer aus dem fremd gewordenen Volksstamm moralisch. Damit riss er die Schranken kleinlichen Dogmenstreits nieder, setzte sich über die Vorbehalte der Orthodoxen hinweg und öffnete den Blick für das Fremde, Beargwöhnte. Eine Aufforderung zu vorurteilslosem Schauen.

Bekanntlich reagierten die Orthodoxen unter den Juden auf dieses neue Denken äußerst ablehnend. Besonders in Frage gestellt fühlten sich von einer derartigen Lehre die Pharisäer (»die durch Frömmigkeit Abgesonderten«), eine machtvolle religiöse Gruppierung, die mehr als andere auf der Tradition beharrte und religiöse Neuerungen zu unterdrücken versuchte. Gerade den Pharisäern musste Jesus als ein gefährlicher Saboteur herkömmlicher Glaubensformen erscheinen, und so ist es nur folgerichtig, dass sie alles daransetzten, die Volksmeinung gegen den »Ketzer« aufzuwiegeln. Diese einflussreiche religiöse Partei, nicht die Mehrheit des Volkes, war intensiv an einer Hinrichtung Jesu interessiert; die Volksmassen haben sich von den intoleranten Fanatikern nur manipulieren lassen.[11]

In den Evangelien finden sich weitere Anhaltspunkte, dass Jesus keine Unterschiede macht zwischen dem eigenen Volk und den Samaritern, wenn es darum geht, Hörer für seine Predigten, die »Wahrheit«, zu finden.[12] Von dort ist es nur noch ein kleiner Schritt, sich vollends den »Heiden« zu öffnen und auch sie für würdig zu halten, die Wahrheit zu hören. Ein Ereignis der Apostelgeschichte dokumentiert eindrucksvoll diesen Übergang:

Petrus hatte während des Betens eine Vision. Der Himmel über ihm öffnete sich, und ein tuchverhülltes Essensgefäß senkte sich zu ihm herab. Petrus, hungrig, beugte sich über das zurückgeschlagene Tuch und prallte zurück vor dem, was er sah: »allerlei vierfüßige Tiere der Erde und wilde Tiere und Gewürm ...« Die Stimme Gottes ertönte und befahl: »Petrus, schlachte und iss.« Der Angeredete aber weigerte sich angewidert, er habe noch nie etwas »Gemeines oder Unreines« gegessen. Die himmlische Stimme antwortete: »Was Gott gereinigt hat, das mache du nicht gemein.« Kaum hatte Petrus diese Vision empfangen, trafen Boten eines römischen Hauptmanns aus Caesarea ein und baten ihn, in dessen Haus zu kommen, weil dieser das »Wort Gottes« zu hören wünsche. Unter dem Eindruck der himmlischen Stimme überwand Petrus seine Scheu, als Jude, Angehöriger des »auserwählten Volkes«, das Haus eines Nichtjuden, eines »Unreinen«, zu betreten. Dort zeigte er sich überwältigt von der frommen Bereitschaft des »Heiden« und musste erschüttert bekennen: »Nun erfahre ich in der Wahrheit, dass Gott die Person nicht ansieht, sondern in allerlei Volk, wer ihn fürchtet und recht tut, der ist ihm angenehm.«[13] Zurück in Jerusalem, musste er sich vor den erregten Aposteln rechtfertigen, dass er mit einem »Heiden« über Gott gesprochen habe, anstatt sich mit der »Wahrheit« an das verblendete eigene Volk zu wenden. Petrus wies alle Vorwürfe zurück.[14] Endgültig war damit der Schritt vom jüdisch-ethnozentrischen Denken zur Weltmission getan.

Wie tolerant war Jesus?

»Selig sind die Sanftmütigen, denn sie werden das Erdreich besitzen. Selig sind, die da hungert und dürstet nach Gerechtigkeit, denn sie sollen satt werden. Selig sind die Barmherzigen, denn sie werden Barmherzigkeit erlangen.«[15] Das ist der sanfte Jesus, der Jesus der Bergpredigt.

»Wer da glaubt und sich taufen lässt, der wird selig werden, wer aber nicht glaubt, der wird verdammt werden.«[16] Das ist der strenge Jesus, der Jesus des Gerichts.

Kann beides ein und derselbe Religionsstifter gesagt haben?

Auch wenn wir den letzteren Satz nicht in der hier vorgeführten lutherischen Übertragung lesen, sondern in einer neueren Übersetzung, wo die Schroffheit gemildert ist, bleibt die klare Absage an sämtliche Nichtchristen. Dann heißt es beispielsweise: »Wer zum Glauben kommt und sich taufen lässt, wird gerettet. Wer nicht glaubt, den wird Gott verurteilen.«[17] Je entschiedener wir uns zur Toleranz gegenüber fremden Religionen und Weltanschauungen bekennen, desto schwerer tun wir uns mit solchen Aussagen, auch wenn sie moderater gefasst sind.

Der Evangelist Markus hat Jesus die oben erwähnte Verdammung (Verurteilung) aussprechen lassen, nachdem der Auferstandene seinen Jüngern erschienen war und ihnen befohlen hatte: »Gehet hin in alle Welt und predigt das Evangelium aller Kreatur.« Die gleiche Szene mit sinngemäß derselben Aufforderung findet sich bei Matthäus, jenem Evangelisten, der die Bergpredigt besonders ausführlich zur Darstellung gebracht hat – bei ihm aber fehlt der schroffe Nachsatz gegenüber den

Nichtchristen.[18] Wie das? Hat etwa der eine Evangelist ein Christus-Wort weggelassen, das dem anderen besonders wichtig erschien? Oder hat gar ein späterer Autor in den Markus-Text ein Wort eingefügt, das von Jesus niemals gesagt worden ist? Fragen wie diese muten, gemessen am orthodoxen Bibelverständnis, schon ketzerisch an. Aber die Ergebnisse einer quellenkritischen Bibelwissenschaft können die Vermutung bestärken. So haben Bibelwissenschaftler zahlreiche Abschriften des Markus-Evangeliums aus den ersten fünf Jahrhunderten miteinander verglichen und festgestellt, dass in den ältesten und wichtigsten Texten auch bei Markus der Nachsatz von der Verdammung fehlt.[19]

Probleme dieser Art tauchen bei allen Evangelienberichten auf. Nicht nur, dass Jesus kein einziges geschriebenes Wort hinterlassen hat. Nicht nur, dass seine mutmaßlichen Aussagen durch vier verschiedene Autoren wiedergegeben sind (wovon allein Matthäus und Johannes Jesus persönlich gekannt haben könnten, keinesfalls aber Markus und Lukas). Die vier nicht aufeinander abgestimmten Evangelien bereiten darüber hinaus Deutungsschwierigkeiten. Keiner der Texte ist als Urschrift in aramäischer Sprache (der Sprache Jesu) auf uns gekommen, vielmehr als Übersetzung ins Griechische und Lateinische, und wenn sie gar von vornherein in Griechisch abgefasst sein mochten (wie etwa das Evangelium des Lukas oder Johannes), so sind sie uns nur als Abschriften von Abschriften aus späteren Jahrhunderten erhalten. Diese Texte wimmeln, wie ein quellenkritischer Vergleich ergibt, von Abschreibfehlern, Wortverdrehungen und Satzentstellungen. Ja, teilweise finden sich sogar bewusste Abänderungen und Zusätze, weil so mancher spätere Autor seine eigene Interpretation vom Wort Gottes zum Ausdruck bringen wollte und hierbei durchaus auf den Fanatismus alttestamentarischer Propheten zurückgriff.

Erst nach Jahrhunderten haben Theologen einer institutionell gefestigten Kirche die schillernde Vielfalt der Handschriftenvarianten gesichtet und in einer Endredaktion jenen Text erstellt, den die meisten Christen heute als unumstößlich und über alle Zweifel erhaben ansehen. Die Schwierigkeiten, eine reine Überlieferung herauszuarbeiten, sind demnach größer als beim Koran; denn das heilige Buch der Muslime ging ja bereits zwei Jahrzehnte nach dem Tod Mohammeds unter der Leitung des Kalifen Othman in die Endredaktion.

Der liebende und der scharf verurteilende Jesus ... Ein heikles Problem für die Theologie. Die Kirchen von heute haben die quellenkritische Problematik längst akzeptiert. Kein ernstzunehmender Theologe würde noch bestreiten wollen, dass erst Jahrhunderte nach der Niederschrift der Evangelien eine kirchliche Endredaktion »wahre« und »unwahre« Textfassungen voneinander geschieden hat. Was aber – und hier wird es erst wirklich heikel – waren für die kirchlichen Instanzen die Kriterien, um über Wahrheit und Irrtum zu befinden?

Man könnte zu der Ansicht gelangen, letztlich sei nicht in allen Punkten Gewissheit über die ursprüngliche Lehre Jesu zu gewinnen, weil eben zu viele Menschen an der Niederschrift der Offenbarung mitgewirkt hätten. Andererseits lassen sich solche Einwände beiseiteschieben, wenn man davon ausgeht, dass die Theologen bei der endgültigen Kanonisierung der Bibeltexte vom »Heiligen Geist« geleitet gewesen seien und damit in keinem Punkt geirrt haben können. Gott würde es niemals zulassen, dass seine christliche Botschaft die Menschheit verfälscht erreiche. So argumentieren bis heute maßgebliche Vertreter der Kirche. Hier beginnt wirklich der Glaube.

Orthodoxe Gläubige halten sich kaum mit solchen Fragen auf. Sie nehmen die Evangelien in der uns heute vertrauten Form Wort für Wort als »Gottes Offenbarung« und wehren jeden Einwand als Unglauben ab.

Wo islamische Toleranz ihre Grenzen findet

Mohammed hat innerhalb der geschlossenen Welt Arabiens die gleiche neue Perspektive eröffnet wie Jesus und die Evangelisten innerhalb des Judentums. Mohammed wandte sich mit seiner Botschaft nicht nur an die Araber. Vor Allah seien alle Menschen gleich, verkündete er, entscheidend sei weder der soziale Rang noch das Volk noch die Ethnie, sondern allein die Aufrichtigkeit des Herzens, die Frömmigkeit, der Gehorsam gegenüber Gottes Gebot, dessen höchstes laute: gerecht und mildtätig zu sein. Dieser Botschaft entsprechend, zeigten sich die Folgen schon in den Entstehungsjahren des Islam: Der erste Muslim, der die Gläubigen mit dem bis heute üblichen Gebetsruf in die Moschee rief, war ein schwarzafrikanischer Sklave, sein Name ist als Bilal überliefert und wird bis heute von den Muslimen in aller Welt an vorderster Stelle unter den Pionieren ihres Glaubens genannt. Die Haltung ist jedoch nicht neu. Mohammed verleugnete auch nicht, dass er nur die Grundsätze eines anderen Propheten noch einmal verkündete – die Gebote Jesu –, nun aber, im Zeichen des Islam, in gereinigter, ein für alle Mal unverrückbarer Form.

Christen und Muslime sind sich demnach einig in ihrem Drang zur weltweiten Mission über Grenzen von Völkern und Ethnien hinweg. Einerseits ein enormer Fortschritt. Denn so schufen sie die Chance, bisher hartnäckig bestehende ethnozentrische Barrieren niederzureißen: die zwischen dem eigenen Kulturraum als der angeblichen Mitte der Welt und den unkultivierten, »barbarischen« Völkern am Rand der Welt. Aber eine derart umfassende Menschenliebe als bahnbrechend neues Ideal beschwor eine neue Gefahr herauf: Wenn *alle* Menschen würdig sind, von dem *einen* und *einzigen* Gott angenommen zu werden, so kann es folgerichtig auch nur eine *einzige richtige* Offenbarung dieses Gottes geben. Christentum und Islam müssen sich demnach nahezu zwangsläufig den Anspruch streitig machen, im Besitz dieser endgültigen, ewigen Wahrheit zu sein; sie missionieren in deutlicher Rivalität. Für beide stellt sich damit die Frage: Wie soll man mit denen umgehen, die auf ihrem »Heidentum« beharren oder sich gar zur Konkurrenzreligion bekehren lassen?

Hier zeigen beide großen Weltreligionen, die ihren Glauben an den *einen* Gott für die ganze Menschheit für verbindlich halten, ein Janusgesicht. Allumfassende, weltumspannende Liebe entfalten sie gegenüber Heiden, sofern sie sich der neuen Lehre öffnen. Diese Toleranz kann aber rasch in Intoleranz umschlagen, sobald die Ungläubigen den Missionaren nicht das gewünschte Verständnis entgegenbringen.

Ausgiebigen Kontakt zu »Götzendienern« oder Heiden darf der Gläubige guten Gewissens nur pflegen, solange er sich als Missionar versteht und die Absicht hat, den Andersgläubigen das leuchtende Beispiel der eigenen Religion vorzuleben – hierin sind sich orthodox denkende Christen und Muslime einig. So hatten schon die Apostel ihren Umgang mit heidnischen Syrern, Arabern, Griechen und Römern gerechtfertigt. Ähnlich wie die Bibel lehnt auch der Koran jeglichen Bekehrungszwang ab. Der Koran sagt klar: »Und wenn einer von den Götzendienern Schutz bei dir sucht, so musst du ihm Schutz gewähren, damit er Allahs Wort höre; und dann musst du ihn an den Ort seiner Sicherheit gelangen lassen (auch wenn er sich nicht vom Islam überzeugen lassen kann). Dies musst du deshalb tun, weil sie ja Leute sind, denen die Wahrheit nicht offenbart wurde.«[20]

Muslime haben sich an dieses Gebot nur teilweise gehalten, wie ein Blick in die Geschichte lehrt; sie verstießen in diesem Fall gegen den Koran ähnlich häufig wie die Christen gegen die Bibel: Beide behandelten Andersgläubige immer wieder mit äußerster Intoleranz, und nichts konnte ihren Bekehrungseifer mehr anstacheln, ja zu bloßer Brutalität steigern, als wenn die »Unwissenden« nach allen Missionsbemühungen weiterhin ihrem »irrigen« Glauben treu blieben. Und doch gibt es hier Unterschiede zwischen den Bekennern der beiden Weltreligionen. Christen haben Jahrhunderte hindurch sämtliche Andersgläubige intolerante Härte spüren lassen, erst das Zeitalter der Aufklärung hat hier einen grundsätzlichen Wandel gebracht. Muslime neigten dagegen zu Exzessen fast nur bei jenen Völkern, die an Naturgottheiten glaubten, außerdem gegenüber Hindus und Buddhisten, weil diese nicht den *einen* Gott verehren. Solange muslimische Eroberer die Macht dazu besaßen, zerstörten sie hinduistische wie buddhistische Tempel, zerschlugen die Standbilder und verboten die Kulte. Allerdings neigen Muslime zeitweise auch gegen Christen und Juden zu blutigen Ausschreitungen. Von beklemmender Aktualität sind hier die Exzesse von Terror-Organisationen wie al-Qaida und dem sogenannten »Islamischen Staat«. Auf die besonderen Bedingungen dieser extremen Intoleranz werde ich im Abschnitt über den dogmatisch rigorosen Islam der Wahhabiten näher eingehen.

Zwangsbekehrungen großen Stils gegen die »Heiden« konnten die Muslime nur dort durchführen, wo sie auf militärisch und politisch weit unterlegene Völker trafen. Dies ist am häufigsten in Schwarzafrika geschehen, teilweise auch in Zentralasien.

Indem aber Muslime andersgläubige Monotheisten meist toleranter behandelten, als dies die Christen während des Mittelalters bis in die Neuzeit hinein taten, waren sie gegenüber ihren Rivalen im Abendland entscheidend im Vorteil. Die größere Toleranz bescherte den Muslimen größere Weltoffenheit – und damit konnten sie jahrhundertelang die Christen mit kulturellen Leistungen übertrumpfen. Diese weite Spanne geistigen Höhenflugs zwischen dem 8. und 13. Jahrhundert bezeichnen heute nicht nur die Muslime, sondern auch die westlichen Historiker als das Goldene Zeitalter des Islam.

Als der Islam über das Christentum triumphierte

Die weltoffenen Muslime des Mittelalters: Saladin als Symbol

Nichtmuslime, die den *einen* Gott verehrten, galten in islamischen Staaten als *Dhimmi,* »Schutzbefohlene«. Dieser Begriff hat bis ins 20. Jahrhundert hinein seine praktische Bedeutung mit allen rechtlichen und sozialen Konsequenzen gehabt, bevor sich die Politiker teilweise an modernen westlichen Staatsmodellen zu orientieren begannen. Getreu den Korangeboten verpflichteten sich Kalifen, Sultane, Emire und Paschas, »Schutzbefohlene« gegen alle Übergriffe, gegen alle Anfeindung zu schützen und ihre Religion zu respektieren. Als Gegenleistung erwarteten die Muslime nur, dass diese andersgläubigen Minderheiten der Christen und Juden loyal zur islamischen Oberhoheit standen. In diesem Sinne genossen auch die Zarathustrier als Monotheisten die vom Koran vorgeschriebene Toleranz.

»Schutzbefohlene« haben in der Vergangenheit zwar erheblich mehr Steuern als Muslime gezahlt, aber sie mussten keine Soldaten stellen. Muslime gestatteten den »Schriftbesitzern« eine eigene Rechtsprechung in Fragen des Personenstandsrechts sowie des Erbrechts, auch versperrten sie ihnen kaum einmal den Zugang zu irgendeinem Beruf. Im Gegenteil: Kalifen, Sultane und Emire holten gelehrte Christen und Juden als Ratgeber an ihre Höfe, und so stieg mancher »Schutzbefohlene« gar in den Rang eines Wesirs, eines Ministers auf; andere konnten an Akademien und Universitäten Lehrstühle einnehmen. Gerade während der klassischen Epoche des Islam – vom 8. bis zum 13. Jahrhundert – sind Christen wie Juden in Damaskus, Bagdad, Kairo und Córdoba zu großen Ehren in Regierungsdiensten oder als Wissenschaftler gekommen, auch stellten sie zeitweise den Großteil der Ärzte. Das Osmanische Reich kannte Christen in hohen Verwaltungsstellen bis ins 18. Jahrhundert.

Muslime brauchten von ihrer Religion her keine Scheu davor zu haben, mit »Schriftbesitzern« über wissenschaftliche und philosophische Probleme zu diskutieren, ja selbst theologische Fragen zu erörtern. Der Koran ermahnte sie nur, bei solchen Gesprächen wachsam gegenüber Irrtümern in Glaubensfragen zu bleiben. Und so war es für Muslime grundsätzlich nichts Anstößiges, wenn der eine oder andere geistig aufgeschlossene Fürst an seinen Hof Gelehrte der verschiedensten Glaubensrichtungen zu Diskussionen lud. Manche dieser Herrscher sind sogar in diesem Sinn zu überragendem Ruhm gekommen. So besonders Kalif Abdullah al-Mamun (813–833), Sohn des legendären Kalifen Harun al-Raschid von Bagdad, ein Zeitgenosse Karls des Großen. Er pflegte regelmäßig jede Woche einen mehrstündigen Disput mit Wissenschaftlern, Philosophen und Theologen verschiedenster Religionszugehörigkeit; in dieser erlauchten Runde saßen neben Muslimen auch Christen, Juden und Zarathustrier.

Welch ein Kontrast zum christlichen Abendland! Bis ins 18. Jahrhundert wäre es an europäischen Universitäten unmöglich gewesen, Nichtchristen überhaupt als Zuhörer einer Vorlesung zu dulden, geschweige denn ihnen Lehrstühle zuzubilligen. Ebenso wenig hätte es ein Fürst gewagt, Andersgläubige als geistreiche Gesprächspartner zu wählen.

Die historische Tatsache, dass Muslime über viele Jahrhunderte hinweg um Vieles toleranter und weltoffener waren als Christen, ist aber bei uns im Westen lange nur einer schmalen

Bildungsschicht geläufig gewesen. Kaum eine bedeutende Persönlichkeit der islamischen Geschichte hat in diesem Zusammenhang bei uns breitenwirksam Nachruhm ernten können – mit einer Ausnahme: Nahezu alle wissen wir mehr oder weniger einige Fakten über Sultan Saladin. Im deutschen Sprachraum hat sich der Bekanntheitsgrad dieses muslimischen Herrschers endgültig gefestigt, nachdem Lessing ihn 1779 in seinem Ideendrama *Nathan der Weise* als einen Menschen vorführte, der mit seiner religiösen Toleranz die christlichen Kreuzritter zutiefst beschämte. An der Person dieses Sultans Saladin lässt sich in der Tat viel von jener Weltoffenheit ablesen, auf die sich Muslime gerne im Rückblick auf ihre glanzvolle Vergangenheit berufen. Andererseits zeigt aber gerade das Beispiel Saladin, inwieweit sich die spezifisch islamische Toleranz sogar in ihrer idealsten Ausprägung erheblich vom Toleranzverständnis der westlichen Moderne unterscheidet. Daher lohnt es sich, auf diese historische Persönlichkeit näher einzugehen.

Salah Ad Din, »Ehre der Religion«, so lautete der arabische Beiname des Herrschers, der eigentlich Yusuf Ibn Ayyub hieß (was in der Übersetzung sehr biblisch klingt: Josef, Sohn des Hiob). Saladin, wie wir ihn verballhornt nennen, regierte von 1171 bis 1193 ein Reich, das sich von Ägypten über Palästina bis Syrien erstreckte. Intensiver als viele muslimische Regenten seiner Zeit förderte er Wissenschaftler und Künstler unterschiedlicher Religionszugehörigkeit – neben Muslimen gleichermaßen Christen und Juden – und schuf so in seinem Herrschaftsbereich besonders gute Voraussetzungen für einen intellektuellen Dialog über religiöse Grenzen hinweg. In Kairo wie Damaskus, wo Saladin wechselweise residierte, gab es damals Universitäten, die in vielen Wissensgebieten, besonders der Medizin, weltweit führend waren. Einer der bedeutendsten Mediziner des Mittelalters, der Jude Maimonides, lebte in Kairo und war der Leibarzt Saladins.

Die Muslime des 12. Jahrhunderts konnten sich mit einer derartigen wissenschaftlichen Neugier nicht nur an Kalifen wie al-Mamun in Bagdad orientieren, sondern auch am Propheten des Islam. Mohammed selbst soll gesagt haben: »Beim Jüngsten Gericht werden die Tinte der Gelehrten und das Blut der Glaubenskämpfer gewogen – und die Tinte der Gelehrten wird mehr wiegen als das Blut der Glaubenskämpfer.«[1] Diese Aussage finden wir zwar nicht im Koran, aber nachdrücklich im Hadith, den mündlichen Überlieferungen des Propheten. Für die islamische Kultur hatte diese Grundhaltung einschneidende Folgen. Überall in den muslimischen Metropolen waren schon während des 9. Jahrhunderts öffentliche Schulen entstanden, wo auch Kinder aus ärmeren Schichten unterrichtet wurden, dazu eine Vielzahl an öffentlichen Bibliotheken und Akademien. Dagegen blieben im christlichen Abendland noch während des 12. Jahrhunderts rund 95 Prozent der Bevölkerung Analphabeten. Und so braucht es nicht zu wundern, dass die Kreuzritter einen Kulturschock erlebten, als sie gegen muslimische Fürsten und schließlich gegen Sultan Saladin als ihren gefährlichsten Gegner kämpften. Sie, die geglaubt hatten, gegen Barbaren Krieg zu führen, mussten erschrocken und beschämt zugleich die kulturelle Überlegenheit der »Ungläubigen«, der Heiden, anerkennen.

Am nachhaltigsten aber beschämte Sultan Saladin die unduldsamen Christen bekanntlich mit seiner religiösen Toleranz. Als Saladin 1187 die Kreuzritter in der Schlacht von Hattin (nahe dem See Genezareth) besiegte und wenig später auch Jerusalem zurückeroberte, ließ er die meisten Christen nach Bezahlung eines geringen Lösegelds aus der Stadt abziehen. Welch ein Kontrast zum Verhalten der christlichen »Glaubenskämpfer« im Jahr 1099: Damals hatten die Kreuzritter bei der Eroberung Jerusalems gnadenlos alle Muslime und Juden niedergemetzelt, sogar Frauen, Kinder, Greise, denn nur Christen sollten in der Stadt Jesu leben, nur Christen hatten ihrer Ansicht nach überhaupt Daseinsberechtigung im »Heiligen Land«. Saladin hingegen ließ lediglich etliche prominente Kreuzritter köpfen, weil diese mit ihm geschlossene Verträge gebrochen hatten. Eine derartige Milde gegen Andersgläubige erschien den besiegten Christen so ungewöhnlich, dass sie rückblickend ihren Gegner zu verklären begannen. Schon zu Beginn des 13. Jahrhunderts fingen etliche christliche Troubadoure an, in ihren Liedern vom »edlen Saladin« zu berichten.

Saladin hatte sich aber nur in besonderer Treue an das Toleranzgebot des Koran gegenüber Christen und Juden gehalten. Mit seinem Verhalten demonstrierte er, dass ein »gerechter« Muslim nicht Krieg gegen das Christentum führte und die Religion ausrotten wollte, sondern Krieg gegen christliche Politiker, besonders gegen Kreuzritter mit ihren aggressiven Herrschaftsansprüchen auf islamisches Gebiet. Entsprechend konnten Christen auch nach der Niederlage der Kreuzritter weiterhin im »Heiligen Land« leben, sofern sie sich nur als Dhimmi, Schutzbefohlene, bereitwillig der Regierung des Sultans Saladin und anderer muslimischer Fürsten unterordneten. Daher gehört es zum selbstverständlichen Erscheinungsbild in Staaten des Nahen Ostens, dass Kirchen und Synagogen in Sichtweite von Moscheen stehen – dies sogar in jenen Kernländern, wo der Kreuzzugsfanatismus mit der Zerstörung von Moscheen besonders gewütet hatte: in Syrien, dem Libanon und Palästina. Rund zehn Prozent der Syrer sind bis heute Christen, wobei verlässliche Zahlen derzeit (2016) nicht vorliegen, weil die Lager im Bürgerkrieg völlig unübersichtlich geworden ist und viele syrische Christen 2015 geflohen sind oder sich noch auf der Flucht befinden. Im Libanon ging man vor dem dortigen Bürgerkrieg von einem Anteil von 40 Prozent Christen an der Gesamtbevölkerung aus. Etwa 15 Prozent der Palästinenser sind Christen und leben weit zerstreut in den Nahoststaaten.

Muslime weisen gerne auf das historische Beispiel des Sultans Saladin hin, um westlichen Beobachtern deutlich zu machen, auf welchen besonderen Grundlagen heutzutage die antiwestliche Haltung vieler ihrer Glaubensbrüder beruht. Es gehe darum, die »westlichen Imperialisten« aus islamischen Ländern zu vertreiben – so wie einst Sultan Saladin die Kreuzritter zurückgedrängt habe. Die heutige Feindschaft von Muslimen richte sich gegen die »modernen Kreuzritter«, nicht gegen den anderen Glauben der Christen. Und wenn die Muslime gegen Israel kämpften, dann weil ihnen Israel als der aggressivste Vorposten dieses Kreuzrittertums erscheine; Muslime kämpften aber nicht gegen die Juden als Andersgläubige. Sobald Jerusalem und Palästina wieder unter islamischer Oberhoheit stünden, könnten dort Christen und Juden so unbehelligt leben wie einst unter Saladin. Nur müssten Christen und Juden endlich aufhören, sich in die inneren Angelegenheiten arabischer und anderer islamischer Staaten einzumischen oder sie gar beherrschen zu wollen. Saladin sei historisch so bedeutsam, weil er den politischen Einfluss der Christen im Nahen Osten gebrochen habe, ohne die religiöse Würde des Christentums und seiner Anhänger anzutasten. Politische Abwehr und religiöse Toleranz seien zwei grundverschiedene Dinge.

Muslime sind auf Saladin stolz nicht nur, weil er als Erster die Kreuzritter entscheidend besiegen konnte, sondern eben auch, weil er mit seiner Großzügigkeit gegenüber Gegnern beispielgebend war. Trotzdem dürfen wir Saladins Verständnis von Toleranz nicht mit jener Haltung gleichsetzen, wie sie Lessing in seinem Drama *Nathan der Weise* an der Gestalt dieses Herrschers vorführte (ich komme in einem eigenen Kapitel noch ausführlich darauf zurück). Was der historische Saladin tatsächlich an religiöser Weitherzigkeit praktizierte, war und konnte nicht modern im Sinne der Aufklärung sein. Wie alle Muslime seiner Zeit war Saladin voll und ganz von der Überlegenheit des Islam über sämtliche andere Religionen und Kulturen überzeugt, auch für ihn blieb es selbstverständlich, dass letzten Endes einmal die Menschheit insgesamt sich zum Islam bekennen werde. Deshalb konnte auch er sich – unterwegs zu dieser unausweichlichen Endphase – nur einen islamischen Staat vorstellen, in dem die Christen und Juden als Minderheiten herablassend toleriert wurden. Das bedeutete zwar einen erheblichen Fortschritt gegenüber der Unduldsamkeit christlicher Staaten, aber völlig unvorstellbar wäre es Saladin erschienen, religiösen Minderheiten etwa im Sinn einer modernen pluralistischen Staatsverfassung völlige Gleichberechtigung zuzubilligen.

Saladin konnte sich sogar äußerst intolerant und politisch brutal verhalten, falls Andersgläubige den Vorrang des Islam und seiner hierarchisch übergeordneten Herrschaft in Frage stellten. Er, ein orthodoxer Sunnit, grenzte sich scharf von den Schiiten ab. Die Schiiten unterdrückte er, ja, ließ eine Reihe von ihnen hinrichten, weil sie die Oberhoheit eines sunnitischen Sultans nur widerwillig ertrugen oder gar offen ablehnten. Damit hatten es politisch unbequeme, erst recht rebellische Muslime unter der »toleranten« Herrschaft des Sultans Saladin schwer – im Gegensatz zu loyalen Christen und Juden.

Was den kulturellen Vorsprung des Islam bedingte

Der kulturelle Vorsprung des Islam im Mittelalter wäre aber nur halb so bedeutsam geworden, hätten die Muslime ihre Toleranz nicht schon während des 8. Jahrhunderts auch noch auf andere fremde Kulturen als die der Christen, Juden und Zarathustrier ausgeweitet. Am folgenreichsten war ihre Beschäftigung mit der griechischen Antike.

Die Muslime argumentierten nämlich, in der Philosophie Platons und Aristoteles' wie auch in den Naturwissenschaften von Archimedes, Pythagoras, Hippokrates und Euklid sei nichts mehr vom Glauben an viele Götter zu spüren, vielmehr verehrten die griechischen Philosophen und Wissenschaftler im *Logos,* der »höchsten Vernunft«, den einen und einzigen Gott – und daher sei es jedem Gläubigen erlaubt, sich unbeschränkt mit ihrem Denken auseinanderzusetzen. Welche Perspektive eröffnete sich hier den Muslimen! Sie gingen daran, in den eroberten Ländern systematisch die Bibliotheken nach eben jenen Büchern zu durchforsten, die Werke sorgfältig zu sammeln, sie ins Arabische zu übersetzen und an den Akademien zum allgemeinen Studium freizugeben. Mit weitreichenden Folgen. Denn die Muslime bewiesen nicht nur ihre Fähigkeit, sich rasch und flexibel der griechisch-antiken Kultur zu öffnen – sie haben vielmehr das klassische Erbe in all seinen vielfältigen Möglichkeiten schöpferisch weiterentwickelt.

Ganz im Gegensatz zu den Griechen und Römern. Seit jene sich überwiegend zum Christentum bekannten, hatten sie alle Brücken zur vorchristlichen Philosophie abgebrochen und auch zu der damit verbundenen Wissenschaft, sofern diese über den unmittelbar ersichtlichen Alltagsnutzen hinausging. Kaiser Theodosius setzte im Jahr 391 das Signal zu rabiater Intoleranz, als er unter den damals schon zahlreichen christlichen Glaubensrichtungen das Christentum mit katholischer Dogmatik zur allein seligmachenden Staatsreligion erhob. Aber er war nicht nur der erste christliche Kaiser, der systematisch andere Christen wegen ihres abweichenden Glaubens mit allen Machtmitteln des Staates verfolgen ließ (darüber an anderer Stelle mehr). Er war auch der erste Kaiser – und dies sollte für spätere Jahrhunderte nicht minder verhängnisvolle Signalwirkung haben –, der systematisch die »Heiden« und die »heidnische« Kultur wegen ihrer »Gottlosigkeit« unterdrückte. Theodosius selbst ermutigte durch seine demonstrativ zur Schau getragene Unduldsamkeit die christlichen Untertanen, vorchristliche Literatur in Philosophie, Wissenschaft und Dichtung zu ignorieren, sie bei schlechter Lagerung in den Bibliotheken verkommen zu lassen oder, schlimmer noch, sie vorsätzlich zu vernichten. Er sah nicht nur tatenlos zu, sondern gestattete sogar ausdrücklich, dass in eben jenem Jahr 391 christliche Fanatiker das Serapeion in Alexandria stürmten und einen Großteil unersetzlicher Werke der bedeutendsten Bibliothek der griechisch-römischen Antike verbrannten. Dies war aber erst der Anfang einer großangelegten Vernichtungsaktion. Zum Abschluss kam sie im Jahr 600, nahezu zwei Jahrhunderte nach Theodosius. Damals zündeten die Christen die letzte der herausragenden Bibliotheken, die Palatina von Rom, an. Und damit hatten sie endgültig den kulturellen Kahlschlag im Namen des allein seligmachenden Gottes vollzogen – mit unabsehbaren Folgen: Denn ihr Fanatismus leitete eine geistige Ausdörrung ein, an der das Abendland bis ins späte Mittelalter zu leiden hatte. Unfreiwillig schufen sie gerade so die entscheidende Voraussetzung für den kulturellen Vorsprung des Islam.

Die Entwicklung hätte nicht zwingend so verlaufen müssen. Selbst damals wäre der christlichen Theologie durchaus möglich gewesen, flexibel auf das geistige Angebot der »heidnischen« Antike zu reagieren. Ein eindrucksvolles Beispiel hierfür liefert der Kirchenvater Justinus, der um die Mitte des 2. Jahrhunderts lebte. Er schrieb, lange bevor es islamische Denker so formuliert haben konnten: »Die Heiden, die mit dem Logos gelebt haben, sind Christen, wie Sokrates und Heraklit.«[2] Solche Mahnungen konnten sich aber nicht gegen die zunehmende Abwehrfront, gegen die immer heftiger anschwellende Polemik anderer Kirchenväter durchsetzen.

Selbst in einer der bedeutsamsten Dichtungen des europäischen Mittelalters, in Dantes *Göttlicher Komödie*, sehen wir nahezu alle »heidnischen« Geistesgrößen als Unerlöste abgewertet. Dante Alighieri, ein Mann des 14. Jahrhunderts, der die Höllenkreise des Infernos mit sich steigernden Qualen für die Verdammten bis ins Zentrum, zur Wohnung des Teufels, beschreibt, siedelt im äußersten Kreis der Hölle neben Homer unter anderen Sokrates, Platon und Aristoteles an. Zwar hält er diese Heiden für gerecht und stellt sie nicht auf eine Stufe mit den für große Höllenstrafen bestimmten Sündern, ja, er bezeichnet sie im 4. Gesang des Inferno gar als »hohe Meister« (und in dieser Einschätzung kündigt sich schon die Renaissance mit ihrer Umwertung griechischer und römischer Klassik an). Aber, so erklärt er mit der dogmatischen Logik des Mittelalters, trotz ihrer großen Verdienste hätten sie nicht die Erlösung durch Christus kennengelernt, und deshalb sei es ihnen bestimmt, im ersten Kreis der Hölle »Schmerzen ohne Marter« zu leiden, von Schwermut geplagt zu sein.

Es gehört zu den Paradoxien der Weltgeschichte, dass griechische Philosophie und Naturwissenschaft nicht etwa, wie es zu erwarten gewesen wäre, durch die Griechen selbst oder die Römer für die Nachwelt gerettet wurden – Muslime hatten die geistige Brücke geschlagen, dank ihrer besser entwickelten Toleranz. Die abendländischen Gelehrten sollten erst dann für einen derartigen Dialog mit fremden Kulturen gerüstet sein, wenn sie nicht mehr schroff jedes nichtchristliche Denken als heidnisch verdammten. Der Wandel ist, wie wir alle wissen, lang und schmerzlich, vor allem voller Widersprüche gewesen. So mussten Christen während des späten Mittelalters die Entdeckung verarbeiten, dass die »heidnischen Mohammedaner« ihnen kulturell weit überlegen waren, und einen derartigen Schock kaschierten sie mit einer Heuchelei: Sie stellten zwar nach und nach islamische Werke zur griechischen Wissenschaft samt den Kommentaren in ihre Bibliotheken, leugneten aber nach außen hin weiter die Bedeutung der islamischen Kultur.[3]

Die größere Weltoffenheit zeigten Muslime auch im Wohnverhalten. Sie sonderten »Schutzbefohlene« nicht in Ghettos ab, wie dies Christen bis in die Neuzeit mit Juden taten. Wenn unter islamischer Herrschaft Christen und Juden eben doch gesonderte Stadtteile bewohnten, dann freiwillig, weil ihre

Sippenverbände zusammenhängende Wohnviertel bevorzugten, manchmal auch der gemeinsamen Sprache wegen, die nicht Arabisch, Persisch oder Türkisch war. Prinzipiell aber stand den Muslimen frei, Glaubensfremde ins Haus und zum Essen zu laden oder gemeinsam mit ihnen zu arbeiten. Ein solches Zusammenleben konnte nur dann ernsthaft getrübt werden, wenn christliche Eroberer den muslimischen Staat bedrohten; hier aber spaltete dann in erster Linie der politische und nicht der religiöse Gegensatz.

Verstärkte Abgrenzung gegenüber den Christen

Ohne Zweifel bot im Mittelalter und bis weit in die Neuzeit hinein ein islamisches Staatswesen mehr Toleranz und einen besseren Rechtsschutz für religiöse Minderheiten als irgendein Staat des christlichen Abendlandes. Trotzdem sollte man die islamische Freizügigkeit nicht überschätzen: Sie unterscheidet sich erheblich vom Toleranzideal der Moderne, wie ich am exemplarischen Fall des Sultans Saladin schon erläuterte. Undenkbar erscheint den meisten Muslimen bis heute ein weltanschaulich neutraler Staat, der die verschiedensten Religionen und Ideologien unter seiner Oberhoheit gleichberechtigt existieren lässt. Muslime fordern in überwiegender Mehrheit noch immer den islamischen Staat, da ja der Überlegenheitsanspruch des Islam unmissverständlich im Koran mit den Worten festgeschrieben ist: »Er [Allah] ist es, der seinen Gesandten [Mohammed] mit der [...] wahren Religion [zu den Menschen] geschickt hat, damit er dieselbe über alle Religionen erhebe.«[4]

Also müssen andersdenkende Minderheiten hierarchisch dem Islam untergeordnet bleiben, sie sind eben nur toleriert. Dementsprechend dürfen Christen und Juden zwar in der Wissenschaft oder im Wirtschaftsleben Karriere machen, aber in der Hierarchie von Staatsbeamten sind ihnen deutliche Grenzen gesetzt – weil nach islamischem Selbstverständnis nicht die Situation entstehen darf, dass ein Andersgläubiger Muslime innerhalb ihres eigenen Herrschaftsbereichs politisch bevormundet. Unmissverständlich heißt es auch im Koran gegenüber den »Schutzbefohlenen«, sie hätten »in Demut« ihren Tribut zu entrichten.[5]

Dieses herkömmliche Verständnis hat muslimische Herrscher immer wieder bewogen, die Abstufung von Rechtgläubigen und Schutzbefohlenen auch in Äußerlichkeiten auffällig zu machen, ja zu vertiefen. Besonders in Krisenzeiten – vor allem wenn islamische Staaten durch andersgläubige Feinde von außen bedroht oder durch Machtkämpfe im Inneren erschüttert waren – wurden diskriminierende Gesetze erlassen. Sie wurden dann in späteren Phasen meist wieder gemildert oder von Korangelehrten gar als »unislamisch« kritisiert und daher von den Herrschern wieder aufgehoben. So war es nur zeitweise üblich, dass Andersgläubige sich lediglich in ganz bestimmten Farben kleiden durften; dass sie ihre Häuser nicht höher als die der Muslime bauen durften; dass ihnen als Reittiere Pferde verwehrt und nur Maulesel erlaubt waren; dass Christen öffentlich keine Glocke läuten, keine Kreuze tragen und keinen Wein trinken durften.[6]

Die Grenzen islamischer Toleranz zeigen sich auch in der Tatsache, dass Muslime im Verlauf des Spätmittelalters anfingen, Christen als Ungläubige zu beschimpfen; auf arabisch *Kafir,* auf türkisch *Giaur* (oder *Gavur*). Solch abwertende Begriffe wandten Araber und Türken schließlich auf »Schriftbesitzer« an, obwohl die Betroffenen doch aus islamischer Sicht bei all ihren »Irrtümern« den *einen* Gott verehrten und damit bis zu einem gewissen Grad am »richtigen Glauben« teilhatten. Muslime sind unter der Herrschaft von Osmanen-Sultanen so weit gegangen, dass sie zwischen Juden und Christen strikt trennten: Nur noch die Juden nannten sie anerkennend »Schriftbesitzer«, bei den Christen zogen sie überwiegend das

Schimpfwort Giaur vor. »Ungläubige« – diese Kennzeichnung für Christen fand Eingang in zahlreiche osmanische Urkunden und sogar in den diplomatischen Schriftverkehr mit europäischen Staaten bis ins 19. Jahrhundert hinein; im Sprachgebrauch des einfachen Volkes hat sie sich bis in unsere Gegenwart erhalten.[7]

Einen Großteil des Mittelalters hindurch konnten sich die Muslime unangefochten in dem Gefühl sonnen, Gott belohne sie, die sie im Besitz der umfassendsten Offenbarungsreligion waren, auch mit der höchstentwickelten Kultur. Damals ist es ihnen relativ leicht gefallen, der Konkurrenzreligion herablassend tolerant zu begegnen. Damals neigten Muslime aber zu der verhängnisvollen Fehleinschätzung, die Christen als »irrende Schriftbesitzer« würden gegenüber den »Rechtgläubigen« niemals einen durchschlagenden Erfolg erzielen können, weder militärisch noch politisch noch kulturell. Groß war dann der Schock, als sie feststellen mussten, dass die Hauptgegner aus dem Abendland keineswegs auf die Dauer an Kraft eingebüßt hatten, sondern nach einer anfänglichen Ermattungsphase ihrerseits mit aggressivem Bekehrungsdrang den Weltmissionseifer der »Mohammedaner« beantworteten. Je erfolgreicher christliche Heere in islamische Gebiete vordrangen, desto irritierter reagierten die Muslime. Dies zeigte sich nicht nur im Osmanenreich, sondern ebenso im maurischen Spanien, in Vorderasien. Überall dort, wo Muslime die Gefahr drohen sahen, unter christlicher Herrschaft leben zu müssen, war ihr Selbstverständnis vom unaufhaltsamen Siegeszug des Islam derart gestört, dass sie dazu übergingen, nun in jedem Christen einen zumindest potentiellen Feind zu sehen. Und die auf solche Art Verunsicherten neigten mehr und mehr zu der Logik: Wer Jahrhunderte nach dem Auftreten Mohammeds noch immer die höchste Wahrheit zurückwies, obwohl sie doch unüberhörbar allen Menschen verkündet worden war, konnte nur ein böswillig Verstockter, ein vorsätzlich Ungläubiger sein. Allerdings stand auch bei ihnen die politische, nicht die religiöse Ablehnung im Vordergrund.

Den Juden gegenüber blieben Muslime gemäßigter. Selten kam es vor, dass sie diese in derselben Weise herabstuften, denn Juden haben niemals aggressiven Missionseifer demonstriert, auch sind sie bis ins 20. Jahrhundert hinein den Muslimen nicht zur politischen Gefahr geworden. Erst nach der Gründung des Staates Israel 1948 haben Muslime gegenüber Juden ihre Einstellung gewandelt, aber selbst dann erhielt die politische Gegnerschaft Vorrang.[8]

Der »Kaffer« und der »Heide«: aufschlussreiche Wortwurzeln

Kreuz oder Halbmond! Christentum und Islam verstanden sich schon in einem sehr frühen Stadium ihrer Auseinandersetzung als die beiden großen Religionen, die darum stritten, ob die Welt christianisiert oder islamisiert werden sollte. Dies bedingte die aggressive Schärfe ihrer Rivalität. Dies förderte auch das Ressentiment bei jenen Gläubigen, die sich im Entscheidungskampf in die Defensive gedrängt sahen. Da aber die Muslime durch den Koran daran gehindert sind, Christen und Juden als Gläubige des »einen Gottes« total abzuwerten, konnte es auf ihrer Seite nicht zu denselben hasserfüllten Ausfälligkeiten gegen die fremde Lehre kommen. Und doch: Wie verächtlich der arabische Begriff »Kafir« gemeint ist, zeigt seine Wirkung im europäischen Sprachgebrauch; im Deutschen und Jiddischen ist das Wort verballhornt als »Kaffer«, Dummkopf, primitiver Mensch, übernommen worden, und schließlich, mit den Buren nach Südafrika getragen, wurde es zum Schimpfwort für die Eingeborenen dort. Auch sprechen wir selbst gedankenlos von »Kaff«, wenn wir eine Ortschaft als abgelegen, provinziell und unbedeutend einstufen.

Umgekehrt hatten die Christen schon viel früher ein Wort

gefunden, durch das Nichtchristen als Primitive und Barbaren beschimpft werden sollten. Im deutschen Sprachraum wurde »der Heide« zum Synonym für jeden Andersgläubigen (die Juden ausgenommen). Das Wort kommt aus dem Gotischen und leitet sich dort von *haiths* (der Landbewohner) ab. Im Althochdeutschen sprach man von *heidan* und meinte damit geringschätzig den unzivilisierten Bauern, der weitab von Klöstern, Burgen und städtischen Siedlungen noch immer nicht von der Kultur – und das hieß vor allem: der richtigen Religion – erfasst war. Der Gleichklang mit einem anderen Wort unserer Sprache ist nicht zufällig: *die* Heide; gemeint ist ursprünglich ein unkultiviertes, völlig wildes Gelände (bevor man die Heide während des 19. Jahrhunderts im Zeichen der Romantik schwärmerisch als unberührte Natur zu verklären begann). Im Englischen finden wir die Entsprechung: *heathen* ist *der* Heide, *heath* dagegen *die* Heide.

Aber der letztlich gemeinsame Ursprung einer derartigen Geisteshaltung ist bei den Römern zu suchen. Als das Christentum im Römischen Reich Staatsreligion wurde und vor allem die Städter sich scharenweise zu dem neuen Glauben bekannten, ging man dazu über, jeden Nichtchristen verächtlich *paganus* (Landbewohner) zu nennen, und damit setzte man den Betroffenen mit dem Bauern gleich, der unberührt von städtischer Kultur an barbarischen Bräuchen festhält. Dieser Begriff hat sich bis heute in den romanischen Sprachen gehalten: *pagano* nennt man den »Heiden« auf Italienisch und Spanisch, *païen* auf Französisch; als *pagan* ist das Wort auch ins Englische gekommen.

Wenn aber die Christen des Mittelalters nicht nur »ungläubige« Dörfler und Wilde am Rand der zivilisierten Welt als Heiden bezeichneten, sondern ebenso die Muslime, erwiesen sie sich hier in höchstem Maß als realitätsfremd. Umso tiefer musste der Schock sein, als die Christen während der Kreuzzüge erstmals in größerer Zahl den islamischen Orient zu

sehen bekamen und feststellen mussten, dass die »moham-
medanischen Heiden« um das Jahr 1200 eine viel höhere Kultur
besaßen als sie selbst. Trotzdem haben sich die Begriffe »Heide«,
»heathen«, »pagano«, »païen« und »pagan« hartnäckig bis ins
20. Jahrhundert halten können, und erst in unserer Gegenwart
werden sie mehr und mehr als total verfehlt, als veraltet empfunden.

Dass wir unsere Arroganz gegenüber den »Heiden« in Frage
stellen, verdanken wir einem geistigen Umbruch, der Ende des
17. Jahrhunderts schrittweise das Abendland in seinen Grund-
voraussetzungen zu verändern begann – es ist die Aufklärung.

Die moderne Toleranz
und ihre Vorläufer

Die Ringparabel in Lessings *Nathan der Weise*

»Nathan, Nathan! Ihr seid ein Christ! Bei Gott, Ihr seid ein Christ! Ein bessrer Christ war nie!« Dieses Lob kommt von einem Mönch, als er entdecken muss, wie sehr der Jude Nathan mit seiner Güte dem Ideal christlicher Nächstenliebe entspricht. Nathan aber antwortet: »Wohl uns! Denn was mich Euch zum Christen macht, das macht Euch mir zum Juden.«[1] Eine bezeichnende Szene aus Lessings *Nathan der Weise*.

Ein anderer Auftritt. Nathan antwortet dem Tempelherrn, als dieser auf das Freundschaftsangebot des Juden eher zögernd, ja misstrauisch reagiert: »Verachtet mein Volk, so sehr Ihr wollt. Wir haben beide uns unser Volk nicht auserlesen. Sind wir unser Volk? Was heißt denn Volk? Sind Christ und Jude eher Christ und Jude als Mensch? Ah! wenn ich einen mehr in Euch gefunden hätte, dem es genügt, ein Mensch zu heißen!«[2]

Welch eine Provokation für jeden, der nur die eigene Religion, nur das eigene Volk gelten lassen will. Eine Provokation aber auch für jene, die bloß herablassend andere Kulturen dulden. Güte und Einfühlungsgabe entscheiden über den Wert eines Menschen, nicht die Zugehörigkeit zu einer bestimmten Religion, einem bestimmten Volk.

Gotthold Ephraim Lessing, einer der großen Dichter und Philosophen der Aufklärung, hat diese Aussage in seinem 1779 erschienenen Ideendrama formuliert. Die vielschichtige Handlung entfaltet er nicht nur am Gegensatz von Christentum und

Judentum, sondern bezieht auch den Islam als die dritte der geistig verwandten Weltreligionen in das Geschehen ein. Lessing lässt sein Drama sinnigerweise zur Zeit der Kreuzzüge spielen, Schauplatz ist Jerusalem, wo Sultan Saladin nach seinem Sieg über die Kreuzritter regiert. Es ist eben jene Stadt, die allen drei Weltreligionen gleichermaßen als heilig gilt. Die Kreuzzüge hatten einst die untergründig schlummernde Rivalität der drei Glaubensbekenntnisse gefährlich verschärft, und Kreuzzugsmentalität ist seitdem ein Stichwort für aggressivste Intoleranz geworden – zu Lessings Zeiten so beklemmend aktuell wie auch heute noch.

Viele Szenen bestechen durch ihre brillante Konfrontation von toleranten und intoleranten Charakteren, alle Auftritte münden aber ideell letztlich in der Ringparabel, der wohl berühmtesten und meistzitierten Passage.

Sultan Saladin lässt den reichen jüdischen Kaufmann Nathan in seinen Palast kommen, offiziell, weil er von ihm Geld leihen möchte; tatsächlich aber reizt es den Muslim Saladin, mit einem Andersgläubigen über die Frage der letztlich gültigen Wahrheit zu diskutieren. Welche der drei Religionen denn nun die richtige sei, lautet die heikle Frage des Sultans, es könne doch nur eine der Glaubenslehren die Offenbarung Gottes wirklich korrekt wiedergeben.

Nathan antwortet mit der Parabel von den drei Ringen:

Vor langer Zeit lebte ein Mann »im Osten«, der einen Ring von unschätzbarem Wert besaß, einen Ring, der die geheime Kraft hatte, »vor Gott und Menschen angenehm zu machen«. Kurz vor seinem Tod setzte der alte Mann fest, dass der Ring an seinen Lieblingssohn vererbt werden solle, und dieser wiederum habe die kostbare Gabe an dessen Lieblingssohn weiterzugeben. So ging es über Generationen hin. Einmal aber hatte ein Vater seine drei Söhne gleich ins Herz geschlossen, so dass er sich nicht entscheiden konnte, wem er denn nun den Ring vererben solle. Also ließ er von einem äußerst geschickten

Goldschmied heimlich zwei weitere Ringe anfertigen, die dem ursprünglichen so ähnlich sahen, dass es selbst für den besten Kenner nicht möglich war, den echten zu erkennen. Auf dem Sterbebett gab er jedem seiner Söhne, ohne dass die anderen davon wussten, einen dieser Ringe. Dann starb er. Die Söhne aber begannen untereinander zu streiten, als sie gleich aussehende Ringe auch an den Händen der anderen blitzen sahen; und da niemand den echten Ring erkennen konnte, brachten sie ihren Zwist vor den Richter. Dieser aber sagte, weil auch er ratlos war: Ein jeder möge seinen Ring für den echten halten, und wenn die drei Ringe in 1000 Jahren von Generation zu Generation gewandert seien, dann möge ein weiserer Mann als er selbst darüber entscheiden, welcher Ring der echte sei – nämlich jener, der am meisten Segen gespendet habe.[3]

Diese Art von Toleranz überschreitet alle bisherige Duldsamkeit. Sie bedeutet nicht nur eine Absage an dogmatisch enges Christentum und Judentum, die alle anderen Religionen als Irrlehren abkanzeln. Sie hebt sich auch von jener herablassenden Großzügigkeit ab, mit der viele Christen und Juden dem einen oder anderen Glaubensbekenntnis wenigstens eine gewisse Wahrheit zubilligen. Auch übersteigt sie die Grenzen jener Toleranz, wie sie Muslime – auch wiederum herablassend – den »Völkern des Buches« gewähren.

Doch wurde die Ringparabel nicht erst von Lessing erfunden. Sie hatte bereits damals eine jahrhundertealte Tradition, und gerade dies zeigt, wie lange es zuweilen braucht, bis neue Ideen endlich in die Breite zu wirken beginnen.

Ursprünge der Ringparabel im jüdischen und islamischen Mittelalter

»Wisse, dass [...] nach der Gesinnung des Herzens die Dinge zu beurteilen sind, und deshalb sagen die Weisen der Wahrheit, unsere Lehrer: Die Frommen unter den Völkern haben Anteil

an der jenseitigen Welt, wenn sie erkennen, was von der Gottes-
erkenntnis zu erkennen angemessen ist, und den Tugenden
entsprechend leben.«[4]

Ähnliches könnte auch Lessing während der zweiten Hälfte
des 18. Jahrhunderts geschrieben haben. Aber der, von dem
diese Zeilen stammen, wirkte bereits sechs Jahrhunderte frü-
her – im tiefen Mittelalter, jedoch kaum, wie die bisherigen
Beispiele ahnen lassen, im christlichen Abendland. Es handelt
sich um den großen jüdischen Philosophen und Arzt Mose Ben
Maimon, den wir unter dem griechisch umgeformten Namen
Maimonides kennen. Er wurde im Jahr 1135 in Córdoba, der
Hauptstadt des maurischen Spanien, geboren, deren Kalifen und
Emire über Jahrhunderte berühmt für ihre Toleranz gegenüber
Juden und Christen waren. Aber bereits als junger Mann ver-
ließ er die Heimat, weil eine Berber-Dynastie aus Marokko
Andalusien erobert hatte und sich bei Weitem nicht mehr so
großzügig gegenüber Andersgläubigen zeigte. Nach unruhigen
Wanderjahren erreichte Maimonides Kairo, wo er Arzt am Hof
des Sultans Saladin wurde, eben jenes bedeutenden Herrschers,
dem Lessing in seinem *Nathan* ein Denkmal gesetzt hat.

Maimonides sah in keiner der drei großen Offenbarungsreli-
gionen Judentum, Islam und Christentum die Wahrheit endgültig und alleingültig formuliert. Alle Propheten hätten Fal-
sches gelehrt, so argumentierte er, aber ihr Irrtum habe nicht
darin bestanden, bestimmte Glaubensinhalte und Dogmen zu
vermitteln – sondern abzulehnen sei, dass sie jeweils die Aussagen ihrer Religion als absolut begriffen. Wer dagegen in das
»neue Sein« eintrete, der scheide nicht mehr zwischen Wahrheit und Irrtum, sondern stufe sorgfältig zwischen verschiedenen Annäherungen an die Wahrheit ab und spreche von der
»Einigkeit der Vielen«.

So formuliert während der 80er-Jahre des 12. Jahrhunderts!
Die heutige Forschung gesteht Maimonides und seinen Schülern einen wesentlichen Anteil an der Ausformung der soge-

nannten Ringparabel zu.[5] Aber die Wurzeln dieser Parabel weisen noch um Jahrhunderte weiter zurück, ins Bagdad des 9. Jahrhunderts und ins maurische Spanien des 11. Jahrhunderts. Nachweislich hat sich Lessing intensiv mit Maimonides beschäftigt, den er als den maßgebenden »Aufklärer« des Mittelalters einstufte, und er hat sich von ihm entscheidende Anregungen zum *Nathan* geholt.

»Aufklärung« im Mittelalter? Vielen von uns mag diese Bezeichnung als überzogen erscheinen, weil wir von den damaligen Verhältnissen des christlichen Abendlandes ausgehen und den dort üblichen Dogmatismus grundsätzlich mit Mittelalter gleichsetzen. Ein Philosoph wie Maimonides war jedoch damals im Orient nicht der einzige freie Geist, der schon viel von den Tendenzen einer europäischen Aufklärung vorweggenommen hat. Es hat auch unter den muslimischen Philosophen eine ganze Reihe solch kühner Denker gegeben. Auf diese Freidenker im Islam werden wir im nächsten Kapitel ausführlicher zu sprechen kommen und uns hierbei mit der Frage zu beschäftigen haben, weshalb damals eine »Aufklärung« im Orient nicht jene Früchte trug, wie sie 600 Jahre später das Abendland hervorgebracht hat.

Intoleranz bei Christen im Mittelalter – und die großen Ausnahmen

Einen gewaltigen Sprung vorwärts bedeutete die Ringparabel für die Entwicklung der Toleranz – auch schon in der Form, wie sie Maimonides während des 12. Jahrhunderts prägte. Es ist aufschlussreich, im Kontrast dazu die herausragende Literatur des christlichen Mittelalters zu betrachten. Dort sehen wir nur sehr wenige Ansätze zu einer Toleranz über die weltanschaulichen und religiösen Gräben hinweg, weder gegenüber dem Judentum (wovon in einem eigenen Kapitel ausführlich zu berichten sein wird) noch gegenüber dem Islam.

Selbst bedeutende christliche Theologen begriffen damals den Gegensatz von Christentum und Islam als den Entscheidungskampf zwischen »Gottesreich« und »Teufelsreich« – für Korangelehrte kaum denkbar. Und diese radikale Ablehnung ist richtungweisend geworden für Kirchenfürsten wie für Politiker. Und für die meisten Dichter. In fast jeder Heldensage, ja auch in bedeutenden Epen, sofern sie den Kampf mit den Heiden zum Thema haben, erscheint der muslimische Glaube als ein Symbol für Finsternis oder Vorahnung der Hölle. Allen voran im *Rolandslied*, das während des 11. Jahrhunderts in Frankreich – aus der aggressiven Aufbruchstimmung der Kreuzzüge heraus – entstand und zu einem der größten Publikumserfolge des Mittelalters geworden ist. In dieser wie in ähnlichen Dichtungen bleibt dem Menschen nur die Alternative, entweder aufseiten der Christen als Glaubenskämpfer zu den Erwählten oder aufseiten der Muslime zu den Verlorenen zu gehören; und selbstverständlich zieht der Kreuzritter in einen »gerechten Krieg«, wenn es gilt, Heiden zu erschlagen.

In dieses Denken reiht sich auch eine der größten und für das Weltbild des christlichen Mittelalters repräsentativsten Dichtungen: die *Göttliche Komödie* von Dante Alighieri (1265–1321). Dabei durchbricht das Epos in wesentlichen Teilen gängige Vorurteile. In seiner grandiosen Beschreibung der drei christlichen Jenseitsreiche *Inferno* (Hölle), *Purgatorio* (Fegefeuer) und *Paradiso* schreckt Dante nicht davor zurück, Päpste und Bischöfe seiner unmittelbaren Gegenwart wie auch vergangener Jahrhunderte in der Hölle als Verdammte anzusiedeln, weil er ihnen religiöse Heuchelei, Ämterkauf und Machtmissbrauch vorwirft, ebenso berühmte Könige und Handelsherren, die nur den Anschein des christlich redlichen Menschen erweckten. Wie Dante die Gewichte von Moral und Unmoral verteilt und damit ein umfassendes Sittenbild seiner Epoche vermittelt, dies macht eine der großen Qualitäten dieser Dichtung aus.

Andererseits kann er sich nicht von den verhängnisvollen Vorurteilen seiner Zeit lösen. Gerade was den Islam betrifft. Er ist mit den starren Dogmatikern innerhalb der Kirche einig, dass Mohammed mit jenem »falschen Propheten« gleichzusetzen sei, der in der Offenbarung des Johannes als der große Gegenspieler Gottes angekündigt ist, als einer, der die Menschheit dazu verführen will, »das Tier« anzubeten.[6]

Entsprechend dieser Einschätzung lässt Dante den Verkünder des Islam besondere Höllenqualen leiden: Ein Teufel, so wird im 28. Gesang des Inferno drastisch geschildert, spaltet Mohammed vom Kopf bis zum Bauch, dass die Eingeweide herausquellen; aber der Gepeinigte stirbt nicht an dem Schwerthieb, sondern schleppt sich weiter, bis die grässliche Wunde beinahe verheilt ist, um dann erneut vom Schwert des Teufels aufgerissen zu werden. Diese »Spaltung« sei, so gibt Mohammed klagend zu erkennen, die Strafe für alle, die versucht hätten, durch eine falsche, ketzerische Lehre die Menschen vom rechten Glauben abzubringen und sie zu Kriegen im Namen der Religion anzustiften. Nun büße er am eigenen Leib mit ständiger Spaltung und Zerfleischung.

Milder geht der Dichter nur mit jenen muslimischen Geistesgrößen um, die damals von christlichen Gelehrten bereits als Vermittler der griechischen Philosophie und vor allem Naturwissenschaft geschätzt wurden, so besonders Averroës und Avicenna als die großen Interpreten des Aristoteles, Avicenna außerdem noch als Verfasser eines auch für Christen wegweisenden Handbuchs der Medizin. Muslime von solcher Bedeutung lässt Dante neben Platon, Sokrates und Aristoteles im ersten Kreis der Hölle existieren; dort leiden auch sie, wie es im 4. Gesang heißt, »Schmerzen ohne Marter«, dort dämmern auch sie in Schwermut dahin, weil sie nicht die Erlösung durch Christus kennengelernt haben. Ebenfalls im Kreis jener edlen Unerlösten siedelt Dante den Sultan Saladin an, hat doch dieser Herrscher schon während des Mittelalters bei den Christen allgemein hohes Ansehen genossen, weil er den Feinden gegenüber stets Fairness walten ließ.

Unter den großen Dichtern des christlichen Mittelalters hat es nur einen gegeben, der in seinen Werken der militanten, hasserfüllten Polemik gegenüber dem Islam widersprach: Wolfram von Eschenbach (1170 – 1220).

Besonders aufschlussreich ist in diesem Zusammenhang eine Szene in seinem monumentalen Epos *Parzival.* Im 15. Buch der Dichtung begegnet Parzival auf dem Weg zur Gralsburg einem Ritter, dessen dunklere Hautfarbe schon den Muslim verrät. Es kommt zwischen beiden zum erbitterten Zweikampf, in dessen Verlauf Parzival das Schwert zerspringt und er seinem Gegner auf Gedeih und Verderb ausgeliefert ist. Der Heide aber wirft sein Schwert von sich und schont den Feind, der Muslim erweist sich hier dem Christen nicht nur moralisch als ebenbürtig, sondern sogar überlegen. Im Folgenden geht der Dichter noch einen Schritt weiter: Parzival muss nach längerem Gespräch in dem edlen Heiden seinen verschollenen Halbbruder Feirefiz erkennen, den sein Vater während eines Kreuzzugs mit einer »Mohrenkönigin« gezeugt hat; Feirefiz ist über die unerwartete Begegnung zu Tränen gerührt – dies aber fasst Wolfram in eine Metapher, die um das Jahr 1200 ketzerisch anmuten muss: »Aus seinem heidnischen Auge floss Wasser, gerade so, wie es zu Ehren der Taufe geschieht.« Ähnlich kühn zeigt sich Wolfram in seiner unvollendet gebliebenen Dichtung *Willehalm.* Dort lässt er eine Christin die Christen mahnen: Man dürfe die Heiden »nicht wie Vieh abschlachten«, man müsse sie »ritterlich« behandeln, denn auch sie seien von Gott geschaffen und in den »Heilsplan« einbezogen.[7]

Ein solches Denken geht weit über das Durchschnittsbewusstsein im christlich-mittelalterlichen Abendland hinaus. Und mit dieser Haltung musste Wolfram eine Ausnahme bleiben in einer Gesellschaft, für die das Laterankonzil von 1215 endgültig festlegte: Außerhalb der katholischen Kirche sei Erlösung unmöglich (nicht einmal Christen anderer Konfession können am »Heil« teilhaben). Kein Zufall konnte es sein, dass damals das kreuzzugsfanatische *Rolandslied* bei Weitem mehr Verbreitung gefunden hat als der von uns heute so geschätzte *Parzival.*

Wolfram mutet in seinem revolutionären Bekenntnis zur Toleranz fast schon wie ein Vorläufer der Aufklärer an. Und doch wäre diese Einstufung ein Missverständnis. Der Dichter des *Parzival* sieht noch nicht – wie ein halbes Jahrtausend später Lessing in *Nathan der Weise* – Christen und Muslime auf derselben Ranghöhe. Wolfram fordert Toleranz gegenüber den Heiden in der Gewissheit, dass er als Christ allein im Besitz der ganzen Wahrheit sei; folgerichtig lässt er am Ende des *Parzival* den Muslim Feirefiz zum Christentum übertreten, denn nur auf diese Weise kann der edle Charakter zu seiner letzten Vervollkommnung gelangen. Trotzdem: Hätten die Christen des 12. und 13. Jahrhunderts wenigstens eine derartige Haltung respektiert, anstatt selbst diese abzuwehren, dann wäre dem Abendland während der folgenden Jahrhunderte manches Blutvergießen »im Namen Gottes« erspart geblieben.

Neben Wolfram von Eschenbach gibt es nur einen herausragenden Zeitgenossen, der ähnlich kühn über herkömmliche Horizonte hinausging: Friedrich II. von Hohenstaufen (1212 – 1250). Er, der Kaiser des Heiligen Römischen Reiches, wirkte naturgemäß stärker politisch, aber kraft seiner intellektuellen Fähigkeiten eben auch geistig.

Der Staufer Friedrich II. verbrachte die letzten 20 Regierungsjahre überwiegend in seinem süditalienischen und sizilianischen Machtbereich, wo er, ungehindert durch deutsche Fürsten, schalten und walten konnte. Dort versammelte er nicht nur christliche, sondern auch jüdische, vor allem aber muslimische Wissenschaftler und Philosophen um sich. Diese Offenheit und Großzügigkeit Friedrichs II. lässt sich nur aus der Besonderheit Siziliens erklären. Nahezu drei Jahrhunderte hatten die Araber über die Insel geherrscht, bevor die Normannen das Fürstentum wieder dem christlichen Abendland zurückeroberten, nun aber blieben die unterworfenen Muslime für die kulturell unterlegenen Eroberer das Vorbild, noch eineinhalb Jahrhunderte lang. Friedrich II. war maßgeblich durch arabische Erzieher geprägt, er sprach zeitlebens arabisch besser als deutsch. Naturgemäß waren ihm, dem geistig Hochbegabten, arabische Bücher von Jugend an selbstverständlich, ebenso der Umgang mit muslimischen Gelehrten. Er übernahm an seinem Hof jene Traditionen, wie sie für den Kalifen Mamun in Bagdad gegolten hatten – weil nun er umgekehrt im Islam die geistig verwandte Religion begriff. Von den Muslimen lernte er auch, mit den Juden toleranter umzugehen, als dies damals Christen zu tun pflegten. Welch eine Provokation für die Kirche. Zwei aufeinanderfolgende Päpste, Gregor IX. und Innozenz IV., verhängten über Friedrich II. den Kirchenbann und verdammten ihn als »Antichrist«, als »Sohn Satans«, der vom »heidnischen Denken« auf gefährliche Weise infiziert sei. Ja, selbst Dante hat ihn schroff abgelehnt, wie eine Szene im 10. Gesang des Inferno seiner *Göttlichen Komödie* bezeugt: Er hat den Stauferkaiser als Verdammten im sechsten Kreis der Hölle angesiedelt.

Politisch ist dieser Kaiser an seinen intoleranten Gegnern gescheitert, kulturell ist seine überragende Bedeutung erst Jahrhunderte später von der Nachwelt allgemein erkannt worden. Er war ein Einsamer, von der Mehrheit seiner christlichen Zeitgenossen durch Epochen getrennt – eben weil er von islamischer Weltoffenheit geprägt war.

Nahezu zwei Jahrhunderte mussten nach der Regierungszeit Friedrichs II. vergehen, bis sich im christlich-abendländischen Bereich wieder eine herausragende Persönlichkeit fand, die entschieden Toleranz gegenüber dem Islam einforderte: Nikolaus von Kues (1401–1464) mit dem latinisierten Namen Nicolaus Cusanus. Er befürwortete einerseits die Verständigung zwischen der katholischen und der orthodoxen Kirche und richtete andererseits den Blick über den abendländischen Kulturkreis hinaus. Indem er sich intensiv mit muslimischen Philosophen beschäftigte, die das Gedankengut von Platon und Aristoteles an die Christen vermittelt hatten, wurde gerade ihm die geistige Verwandtschaft der eigenen Religion mit dem Islam deutlich. Diese Einsicht ließ ihn einen entscheidenden Schritt weiter gehen, als ihn bisher selbst weltoffene Christen des Mittelalters getan hatten.

Nikolaus von Kues, ein Mann der Kirche, der es bis zum Kardinal brachte, gilt uns heute als der größte Philosoph und Theologe am Schnittpunkt des zu Ende gehenden Mittelalters und der beginnenden Neuzeit. Der Höhepunkt seiner Schaffenszeit ist überschattet von jenem für die Christen traumatischen Ereignis, dass die Türken Konstantinopel eroberten und die Hagia Sophia, die »Kaiserin« der Kirchen, in eine Moschee umwandelten. Doch ausgerechnet in jenem Jahr 1453 verfasste er seine Schrift über die *Einheit des Glaubens*, über das Bewusstsein von den gemeinsamen Grundlagen der großen Religionen und damit folgerichtig: der notwendigen Versöhnung von Christentum und Islam. In dieser Schrift findet sich ein Gebet an den Gott der monotheistischen Religionen mit folgenden Worten: »Du also, der du der Spender des Seins und des Lebens bist, du bist es, der in den verschiedenen Religionen auf verschiedene Weise gesucht und mit verschiedenen Namen genannt wird, weil du bleibst, wie du bist, allen unerkannt und unaussprechlich. [...] So verbirg dich nicht länger, oh Herr! Sei gnädig und zeige dein Antlitz. [...] Wenn du gnädig so tun wirst, dann werden aufhören das Schwert und der neidvolle Hass und alle Übel, und alle werden erkennen, wie nur *eine* Religion ist in der Mannigfaltigkeit der religiösen Bräuche.«[8]

Nikolaus von Kues war als Kardinal zu einflussreich, um wegen seines kühnen Vorstoßes geächtet zu werden, aber nicht einflussreich genug, als dass er mit seinem Aufruf ranghohe Kirchenpolitiker und gleich gar den Papst hätte beeinflussen können. Die Angesprochenen isolierten ihn. Seine Lehre blieb vorerst folgenlos – zumindest in jenem entscheidenden Aspekt einer kulturüberschreitenden Toleranz.

Die Abwehrfront gegen den Islam weicht auf

1530 ließ Papst Clemens VII. den Koran öffentlich verbrennen zum Zeichen des Abscheus, den jeder Christenmensch vor diesem »schändlichen Buch« haben sollte. Nicht zufällig geschah dies ein Jahr nach jener überaus bedrohlichen Belagerung Wiens durch die Türken – ein Ereignis, das den Christen vor Augen führte, wie sehr sie noch immer mit einer dynamischen, gleichrangigen Fremdkultur zu ringen hatten. Aus demselben Anlass ließ sich Martin Luther, sonst ein erbitterter Gegner des Papstes, zu einem nahezu gleichlautenden Kommentar hinreißen: Der Koran sei ein »verfluchtes, schändliches Buch [...] voll von Lügen, Fabeln und allerlei Greueln«.[9]

Auch das 16. Jahrhundert brachte nicht den längst überfälligen Wandel in der Beziehung von Christentum und Islam. Dabei hat gerade dieses Jahrhundert mit der vollen Entfaltung der Renaissance und den Umbrüchen der Reformation endgültig die geistigen Weichen zu unserer Moderne gestellt.

Und doch trügt der Eindruck, dass sich das christliche Abendland und der islamische Orient zu jener Zeit noch starr in feindlichen Blöcken gegenübergestanden hätten. Je mehr christliche Kaufleute den Orient als Lieferanten kostbarer Waren schätzen lernten, desto mehr begannen auch Politiker aus dem florierenden Handel Konsequenzen zu ziehen: Sie machten teilweise den »Heiden« Konzessionen und brachten ihren kulturellen Errungenschaften mehr Interesse entgegen, als dies den Theologen lieb sein konnte. Kein Zufall war es, dass hier die Kaufmannsrepubliken Venedig und Genua als Erste aus der christlichen Einheitsfront ausscherten. Mit wachsender Toleranz hat dieser Wandel allerdings nichts zu tun, eher mit wachsendem Zynismus. Besonders Venedig hat sich den ehrenrührigen Beinamen »Hure der Türken« eingehandelt, als ihre Politiker 1452 rechtzeitig dem Osmanen-Sultan Mehmet II. italienische Geschützgießer sandten, um ihm bei der geplanten Belagerung von Konstantinopel zu helfen. Der Grund: Die Venezianer waren »Realisten«, sie sahen den Sieg der Türken über die Christen voraus und wollten auch unter den neuen Herren ihr Handelsmonopol im östlichen Mittelmeer ungeschmälert wissen. Umgekehrt wusste Sultan Mehmet die wertvolle technische Hilfe zu schätzen, auch er war »Realist« und erfüllte die Wünsche der Venezianer.[10]

Was aber in diesem Fall noch möglichst versteckt, mit den Mitteln verschwiegener Diplomatie gehandhabt wurde, vollzog dann 1525 Frankreichs König Franz I., ein Renaissancefürst ohne besondere Bindung an die Religion, ganz offen: Er schloss mit dem Osmanen-Sultan Suleiman I. ein Bündnis gegen die Habsburger; und dieses Abkommen ermutigte die Türken, 1529 bis vor die Tore Wiens vorzurücken. Das Motiv des französischen Königs: Er wollte seinen Rivalen, den habsburgischen Kaiser, um jeden Preis geschwächt sehen. Endgültig war damit das religiöse Selbstverständnis des »christlichen« Abendlandes zerbrochen, einen geschlossenen Block gegen die »Heiden« zu bilden. Aber allein machtpolitische Erwägungen hatten diesen Wandel zustande gebracht, keinesfalls hatte bei den Christen ein tieferes Verständnis für die fremde Kultur und Religion den Ausschlag gegeben.

Wie die moderne Toleranz erst möglich wurde

Je mehr kirchliche Machtpolitik den dogmatisch engen Konfessionenstreit im 16. und 17. Jahrhundert anheizte und je krasser die überaus grausam geführten »Glaubenskriege« das Absurde solcher Zwiste vor Augen führten, desto mehr wurde den Gläubigen schmerzhaft und unumkehrbar bewusst, dass

es selbst innerhalb des Christentums keine allgemeinverbind-
liche absolute Wahrheit geben konnte – und desto stärker
wuchs die Sehnsucht nach einer Wahrheit jenseits aller verhärteten Religionsfronten. In Europa ist auf diese Weise der
bisher historisch einmalige Fall eingetreten, dass die Kirchen
durch unaufhörliche kriegerische Rivalitäten entscheidend
geschwächt wurden und so ein geistig rebellisches Bürgertum
nicht mehr in Schranken halten konnten. Bürgerliche Philosophen und Wissenschaftler begannen sich als »Rationalisten«
und schließlich als »Aufklärer« zu verstehen, und als solche
ließen sie nur noch gelten, was den kritischen Maßstäben der
Vernunft standhielt. Religiöse Dogmen erkannten sie insoweit
an, als jene nicht unvernünftig erscheinen; von daher bezogen
sie Front gegen unreflektiert geglaubte »absolute« Wahrheiten.

Besondere Durchschlagskraft erreichte jene Aufforderung
von Immanuel Kant (1724–1804), der Mensch »solle sich seines
Verstandes ohne Leitung eines andern bedienen«, er müsse
sich »aus seiner selbstverschuldeten Unmündigkeit befreien«
(so formuliert in seinem berühmten Aufsatz »Was ist Aufklärung?«). Philosophen wie Kant wurden aber nicht Atheisten,
sondern traten mit dem Anspruch auf, in den Religionen das
Menschliche, den eigentlich moralischen Kern wiederzuent-
decken. Indem sie einen Humanismus verkündeten, beriefen
sich einige sogar ausdrücklich auf den Religionsstifter Jesus
Christus, der mit seiner Menschlichkeit ein großer Humanist
gewesen sei. Gerade das Gleichnis vom barmherzigen Samariter, auf das wir an anderer Stelle schon eingegangen sind,
musste die Aufklärer besonders faszinieren. Aber: Eindeutig
wünschten sie sich nun einen Staat, in dem jeder Bürger, unabhängig von seiner Weltanschauung und Religion, gleiches
Lebensrecht beanspruchen konnte, und damit sprengten sie
endgültig das bisherige Selbstverständnis. Das Ideal des säkularen Staates war geboren. Die Machthaber eines solchen Staates sollten nicht mehr für eine bestimmte Religion oder Philo-

sophie Partei ergreifen, sondern hatten nur noch darüber zu wachen, dass unter ihrer Herrschaft unbehelligt alle Weltanschauungen nebeneinander existieren konnten.

Von dieser mächtig aufkeimenden Bewegung war Lessing erfasst worden. Er, Sohn eines protestantischen Pfarrers, hat sich stets als Christ verstanden, indem er seine Kritik nicht gegen die Religion als solche, sondern nur gegen die zu starre und enge Auslegung durch Theologen richtete. In dieser Absicht fühlte er sich, nach eigenen Worten, durchaus mit Martin Luther verbunden, an dessen Ziel er im Geist der Aufklärung anzuknüpfen trachtete: »Du [Luther] hast uns vom Joche der Tradition erlöst: wer erlöset uns von dem unerträglichen Joche des Buchstabens! Wer bringt uns endlich ein Christentum, wie du es jetzt lehren würdest; wie es Christus selbst lehren würde!«[11] Lessing wollte, so interpretierte ein halbes Jahrhundert später Heinrich Heine in polemisch aufklärerischer Absicht eben diese Aussage, »den Luther fortsetzen«, denn der Reformer von einst habe nur den ersten Schritt getan, um das Christentum vom Ballast eines kirchlich-traditionellen Lehrkorsetts zu befreien. Luther habe aber nicht grundsätzlich den starren Dogmatismus beseitigen können. Dieser Dogmatismus sei »die letzte Hülle des Christentums«, und erst nach der Vernichtung dieser Hülle trete der »Geist« hervor.[12]

Gegen die Moderne: »Unfehlbarkeit« des Papstes

Im 19. Jahrhundert, das von der Aufbruchstimmung bürgerlich-liberaler Fortschrittsgläubigkeit erfasst war, hat sich die Kluft zwischen Liberalen und kirchentreuen Christen entscheidend vertieft.

Dies geschah vor allem als nach der gescheiterten bürgerlichen Revolution von 1848 die Vorkämpfer einer Spätaufklärung im deutschen Sprachraum endgültig ihr Bemühen aufgaben, die Spannungen zwischen den Kirchen und der »Welt«

abzubauen. Erst recht verzichteten nun viele der kirchlichen Würdenträger auf einen konstruktiven Meinungsaustausch mit Andersdenkenden. So vor allem aufseiten der katholischen Kirche. Anstatt sich mit dem modernen Umbruch vorbehaltlos auseinanderzusetzen, versuchten die meisten Päpste und Bischöfe, alte Positionen – oft nur Machtpositionen – zu halten. Darüber hinaus fehlte vielen kirchlichen Machthabern die Phantasie, sich eine Welt vorzustellen, in der nicht mehr die Religion, besser: die eigene Kirche, die alles überragende Mitte darstellte. Folgerichtig konnten sie auch nur mäßiges Verständnis dafür aufbringen, dass die verschiedensten Religionen und Ideologien gleichberechtigt miteinander in Dialog treten sollten.

Und so hat es den Großkirchen nicht genügt, sich scharf gegen atheistische Denker abzugrenzen, naturgemäß besonders gegen den Sozialrevolutionär Karl Marx, der die Religion als »Opium des Volkes« bezeichnete. Es genügte ihnen auch nicht, sich mehr oder weniger deutlich von unterschiedlichsten modernen Sozialbewegungen zu distanzieren. Sie blieben auch untereinander in Fehde und sahen jeweils die anderen Konfessionen in schwerwiegende Irrtümer verstrickt. Anstatt sich auf das Gemeinsame aller Glaubensrichtungen zu besinnen, betonten sie weiterhin zuallererst das Trennende. Und gerade dies musste die Zahl jener Zweifler noch um Vieles vermehren, die sich nicht nur über die Kirchenpolitik entsetzten, sondern auch eine »zu enge« Theologie kritisierten. Unfreiwillig förderten die Kirchen den Atheismus.

Aufsehen erregte vor allem die Haltung des Vatikans. »Außerhalb der Kirche kein Heil«, so hieß es im sogenannten Syllabus von 1864, einer päpstlichen Streitschrift gegen »die hauptsächlichen Irrtümer unserer Zeit«. Diese Streitschrift verurteilte nicht nur scharf Kommunismus, Sozialismus und Liberalismus, sondern auch klerikal-liberales Denken, Protestantismus und Bibelgesellschaften. Die Anklage war so rigoros, dass eine ganze Reihe aufgeschlossener katholischer Theologen zu dem Urteil kam, hier erteile die Kirche jeglicher modernen Kultur eine Absage.

Jener Papst, der für diese Streitschrift verantwortlich zeichnete, Pius IX., hat die Konfrontation mit liberalem Denken noch einmal verschärft, als er im Juli 1870 während des Ersten Vatikanischen Konzils das Dogma von der Unfehlbarkeit des Papstes in Glaubensfragen durchsetzte. Ein solch radikaler Absolutheitsanspruch ist nur vor dem Hintergrund der damaligen epochalen Umwälzungen zu verstehen. Was das Oberhaupt der katholischen Kirche durch die fortschreitende Säkularisierung an politischem Einfluss verlor, sollte durch einen Zuwachs an geistlicher Autorität wettgemacht werden. Aber welche Provokation dieser Schritt während des Konzils selbst für eine Reihe Katholiken darstellte, zeigte sich am Widerstand einer starken Minorität von Bischöfen und Theologen. Ihnen versuchte Pius IX. mit taktischen Manövern, ja mit dem Druck aller ihm zu Gebote stehenden Disziplinierungsmittel beizukommen, bis hin zur Androhung der Exkommunikation.[13] Aus Protest spaltete sich unter Führung namhafter Theologen die Bewegung der Altkatholiken von der Kirche ab, eine Bewegung, die jedoch auf eine schmale bürgerlich-liberale Schicht beschränkt blieb. Gesiegt hat der Papst – und mit ihm das Bedürfnis einer großen Zahl von Gläubigen, die hierarchisch klare Ordnung über das »Chaos der Diskussion« zu stellen. Die meisten Katholiken, bis hin zu liberal denkenden (unter ihnen auch so mancher Bischof, der zur »Öffnung« tendierte), zogen schließlich »Gehorsam« einem offenen Konflikt vor. Denn allzu heftige Kritik an der Kurie gefährde, wie man gerne argumentierte, die »Einheit der Kirche«.

In einer Enzyklika von 1897, unter Papst Leo XIII., wurde als eindeutige Ursache allen modernen »Niedergangs« gar die Reformation Martin Luthers bezeichnet. Luther habe, indem er jedem Laien das Recht zur Auslegung der Bibel zubilligte, den

Keim gelegt für alle späteren Krisen, für Verweltlichung und Entkirchlichung; dies seien Fehlentwicklungen, die in die Epoche der Aufklärung und schließlich in Sozialismus, Kommunismus und Nihilismus mündeten. Letztendlich: Die »lutherische Rebellion« sei verantwortlich für den allgemeinen Ruin der Sitten.[14]

Aber noch mitten im 20. Jahrhundert konnte Papst Pius XII. ebenso beharrlich und unverblümt das Existenzrecht aller andersdenkenden Gruppierungen außerhalb der katholischen Kirche mit einem Satz wie diesem einschränken: »Was nicht der Wahrheit und den Sittengesetzen entspricht, hat objektiv kein Recht auf Dasein, Propaganda und Betätigung.«[15] Derselbe Papst grenzte sich nicht nur schroff gegen andere Konfessionen, erst recht gegen andere Religionen ab, er zog sogar eine scharfe Scheidelinie gegenüber Theologen in den eigenen Reihen, sofern jene versuchten, kritisch und unabhängig zu denken. »Den Glaubensschatz hat der göttliche Erlöser [...] nicht den Theologen, sondern ausschließlich dem kirchlichen Lehramt zur authentischen Erklärung anvertraut.«[16] Damit bekräftigte Pius XII., was vier Jahrhunderte vorher 1546 auf dem Konzil von Trient im konfessionell verhärteten Klima der Gegenreformation verkündet worden war: »Der Heiligen Mutter Kirche allein steht das Urteil über den wahren Sinn und die Erklärung der Heiligen Schriften zu.«[17]

Bis heute – Widerstände gegen Lessings *Nathan*

Lessing hat es keineswegs leicht gehabt, die Botschaft seines *Nathan* zu verkünden. Ihm, der schon zuvor eine Reihe Schriften gegen kirchliche Intoleranz evangelischer wie katholischer Variante verfasst hatte, ist es versagt geblieben, sein Ideendrama aufgeführt zu sehen. Wenn er auch längst ein gefeierter Autor war, wagte beim Erscheinen des Stücks kein Theater, den *Nathan* auf die Bühne zu bringen. Erst 1783, zwei Jahre nach Lessings Tod, erlebte das Drama seine Uraufführung und wurde – zumindest beim bürgerlich-liberalen Publikum – ein großer Erfolg. Für die nachfolgende Dichtergeneration, allen voran Goethe und Schiller, bedeutete das Werk eine Offenbarung. Und Goethe ist es ja auch gewesen, der auf seine Weise im *West-östlichen Divan* (erschienen 1819) die Öffnung zur orientalisch-islamischen Geistigkeit weiter vorangetrieben hat. In diesem Werk finden sich Verse wie: »Gottes ist der Orient! / Gottes ist der Okzident! / Nord- und südliches Gelände / Ruht im Frieden seiner Hände.«[18] Und: »Sinnig zwischen beiden Welten / Sich zu wiegen, lass ich gelten; / Also zwischen Ost und Westen / Sich zu bewegen, sei zum Besten.«[19]

Die im *Nathan* so bildkräftig wie publikumswirksam gestaltete Ringparabel sollte bis in unsere Gegenwart Leitbild für die wahre Toleranz werden. Dass Lessing nur Christentum, Judentum und Islam in seine Darstellung einbezog, liegt am damaligen Zeithorizont: Allein diese Religionen standen zur Debatte, allein sie wurden konkret in ihren gegenseitigen Anfeindungen erlebt; das neue Toleranzmodell umfasste aber, unausgesprochen, sämtliche Religionen und Weltanschauungen.

Nathan der Weise ist bis heute ein gefeiertes Werk geblieben. Und doch: Beifall hat das Werk stets nur bei einem Teil der Bürger finden können. Der Blick in die Geschichte zeigt, dass noch einmal eineinhalb Jahrhunderte vergehen mussten, bis sich ein bürgerlich-liberaler, weltanschaulich neutraler Staat politisch hat durchsetzen lassen. Verzögerungen und Rückschläge hat es auf diesem Weg viele gegeben. Welche Ernüchterung musste es für alle fortschrittsgläubigen Liberalen bedeuten, wenn während des 19. Jahrhunderts der Antisemitismus bedrohlich zunahm, nun nicht mehr vorrangig religiös gefärbt, sondern in der ganz neuen Umformung eines Biologismus mit rassistischen Tönen. Und wie viel Enttäuschung musste sich bei weltanschaulich aufgeschlossenen Christen breitmachen, als sie bemerkten, dass weder die katholische noch die evangelische Kirche bereit war, von starrer dogmatischer Abgrenzung abzulassen. *Nathan der Weise*, von einem Pfarrerssohn geschrieben und als säkulare Kanzelpredigt verstanden, ist lange Zeit gerade von kirchlichen Autoritäten mit viel Skepsis betrachtet, ja teils schlichtweg als unchristlich verdammt worden.

Die weitgefasste Toleranz *Nathans* hat aber auch bei den Juden selbst unterschiedliche Aufnahme gefunden. Nur ein Teil von ihnen begrüßte lebhaft den »neuen Geist«, der die Dichtung durchwehte. Liberale Juden betrachteten den *Nathan* geradezu als Gottesgeschenk, da seine Titelgestalt als das wandelnde Symbol der Menschlichkeit viel dazu beitrug, die Juden als die ewig Verfolgten nun voll in eine moderne, tolerante Gesellschaft zu integrieren. Ein anderer Teil aber argwöhnte, dass die Juden mit einer solchen Integration ihre kulturelle Eigenart aufzugeben hätten – was für viele hieß: Abschied nehmen vom vertrauten Rahmen einer starr nach den Regeln des Talmud ausgelegten Religion. Wortführer der Liberalen war Moses Mendelssohn (1729 – 1786), Lessings bester Freund. Dessen großzügige Toleranz und Güte sollen den Dichter erst auf die Idee gebracht haben, den *Nathan* zu schreiben. Aber derselbe Mendelssohn ist wegen eben dieser Eigenschaften von Glaubensgenossen angefeindet worden, er stand nicht minder als Lessing in schroffem Gegensatz zur engstirnigen Orthodoxie.

Der Aufklärer Moses Mendelssohn ist allerdings jenem Schicksal entgangen, das noch ein Jahrhundert zuvor einen anderen liberalen Juden fast vernichtet hätte: den Philosophen Baruch Spinoza (1632 – 1677). Orthodoxe Juden hatten Spinoza Ketzerei und Unglauben vorgeworfen, weil er, der religiöse Denker, eine rationalistische Bibelkritik und mehr Toleranz gegenüber Andersgläubigen gefordert hatte. Spinoza (dessen Schrifttum eine tiefgreifende Wirkung auf Lessing wie auf Goethe ausüben sollte) wurde aus der jüdischen Glaubensgemeinschaft seiner Heimatstadt Amsterdam ausgestoßen, mehr noch, er musste Hals über Kopf fliehen und sich längere

Zeit sorgsam verbergen, nachdem Fanatiker aus den eigenen Reihen einen Mordanschlag auf ihn verübt hatten.

Religionsfreiheit wurde nicht von den Kirchen begründet

Wäre es nach dem Willen der Kirchen gegangen, so wären Andersgläubige, vor allem »Sektierer«, vermutlich heute noch Bürger zweiter Klasse, mehr oder weniger herablassend geduldet und in Einzelfällen gar verfolgt; Atheisten könnten überhaupt kein Daseinsrecht beanspruchen. Gerade am Widerstand der Großkirchen, der katholischen noch mehr als der protestantischen, ist lange Zeit der Versuch gescheitert, anderen Religionen und Weltanschauungen freie Entfaltung zu gestatten.

Es liegt zwar nahe zu glauben, die Tendenz zur Gedankenfreiheit würde zwangsläufig aus der christlichen Lehre selbst hervorgehen. Schließlich gebietet ja die Nächstenliebe, dass Christen über ethnische, soziale und weltanschauliche Schranken hinweg *alle* Mitmenschen achten – aber der Verlauf der Geschichte hat dies widerlegt. Glaubensfreiheit ist, wie Ernst-Wolfgang Böckenförde, Richter am Bundesverfassungsgericht, treffend schreibt, »in ihrer Entstehung nicht den Kirchen, nicht den Theologen und auch nicht dem christlichen Naturrecht zu verdanken, sondern in ihrer theoretischen Vorbereitung den christlichen Humanisten und später den Denkern der Aufklärung, in ihrer praktischen Verwirklichung dem modernen Staat, den Juristen und deren weltlichem rationalem Recht.«[20] Lessings *Nathan* bietet hierfür einen der vielen Belege.

Religionsfreiheit außerhalb der etablierten Großkirchen hat erst Mitte des 20. Jahrhunderts mit allen Konsequenzen Eingang in die Gesetzgebung liberaler Demokratien Europas gefunden, so 1949 in die Verfassung der Bundesrepublik Deutschland. Den christlichen Sekten ist es seitdem ausdrücklich gestattet, dass sie öffentlich Mitglieder für ihre Glaubensgemeinschaften werben – die den Großkirchen verlorengehen –, dieselbe Freiheit haben auch Muslime, Hindus und Buddhisten in der Bundesrepublik, ebenso die sogenannten »neuen Religionen« oder Jugendsekten wie etwa die Hare-Krishna-Bewegung, die Bhagwan-Bewegung, die Scientologen und andere. Der Staat stellt sie alle unter seinen Schutz und schreitet nur dann ein, wenn eine der Glaubensbewegungen überaus intolerant auftritt und die Freiheit anderer einzuschränken versucht. Hier haben wir es mit dem klassischen Prinzip eines pluralistischen Staates zu tun, eines Staates, der sich mit keiner der herrschenden Großkirchen, aber auch mit keiner der politischen Großparteien identifiziert – eines Staates, der sich als wertneutral betrachtet, als Garant dafür, dass gegensätzliche Weltanschauungen unter seinem Dach ungestört existieren können.

Dies ist eine völlig neue Form der Staatsordnung, wie es sie zuvor in keiner Hochkultur gegeben hat. Erst angesichts dieser Entwicklung können Europäer und Amerikaner mit Recht behaupten, ihre Vorstellung von säkularem Staat übertreffe das Toleranzmodell der Muslime. Ein orthodoxer Muslim vermag einem geistesverwandten Andersgläubigen mit Verständnis und Sympathie zu begegnen, aber niemals im Bewusstsein von Gleichrangigkeit. Insofern kann es für ihn nur den »islamischen Staat«, nur den Islam als hierarchisch übergeordnete Staatsreligion geben. Andere Religionen kann der Muslim nur dulden, und damit ist er tolerant im ursprünglichen Sinn jenes Wortes, das die Europäer während des 17. Jahrhunderts – bereits im Zeichen der beginnenden Aufklärung – eingeführt haben. Das Verb »tolerieren« ist abgeleitet vom lateinischen *tolus* (Last) und bedeutet eigentlich: fähig sein, eine körperliche, geistige oder seelische Last zu ertragen. Zwar haben auch etliche muslimische Intellektuelle im 20. Jahrhundert den Schritt gewagt, eine Toleranz nach dem Muster des säkularen, pluralistischen Staates zu formulieren – aber in die politische Praxis sind solche Gedanken bisher kaum irgendwo umgesetzt.

Fortschritt und Rückschritt im Islam

Überraschendes Gespräch mit einem muslimischen Theologen

Gespräche mit Muslimen bringen immer dann Überraschungen, wenn man als Europäer bereits glaubt, ein bisschen von der fremden Religion und Kultur verstanden zu haben. So erging es mir, als ich 1982 in der südtunesischen Oase Nefta einen jungen Tunesier kennenlernte. Er war auf einem Ferientrip mit dem eigenen Auto unterwegs, in der Absicht, verschiedene Freunde zu besuchen. Seine Kleidung wirkte leger und sportlich, er trug T-Shirt und Bluejeans, und die randlose, modische Brille schien irgendwo in Westeuropa erstanden. Vielleicht lag es daran, dass mir sein schwarzer Vollbart weniger als Attribut eines strenggläubigen Muslim vorkam, sondern mich eher an einen europäischen Studenten erinnerte. Sein Beruf war für mich die erste Überraschung: Er war Assistent an der theologischen Fakultät in Tunis, betätigte sich nebenberuflich als Schriftsteller und hatte bereits, obwohl kaum über 30 Jahre alt, ein Buch über islamische Mystik veröffentlicht.

Ihm sei es wichtig, erklärte er mir beim Abendessen im palmenbestandenen Hof eines Hotels, den Muslimen wieder den Blick für die eigentlich großen Dimensionen des Islam zu öffnen. Er sehe im traditionell festgefahrenen Glaubensleben ein schwerwiegendes Problem, gerade in der Orthodoxie. Er wolle gleich gar nicht von jenem unislamischen Aberglauben reden, wie er sich vielleicht bei einfachen Muslimen in ländlichen Gebieten eingenistet habe. Dies sei ein ganz eigenes Problem, und hiergegen würden ja auch die Orthodoxen wettern. Er meine, die Orthodoxen heutzutage seien ein Problem. Ihr gewohnheitsmäßiger Glaube, den sie so gerne mit dem »rechten Glauben« verwechselten, bedeute gegenwärtig für den Islam die größte Gefahr. Zwar seien die Moscheen zu den Hauptgebetszeiten meist brechend voll – und dies sei anders als in Europas Kirchen –, aber wenn man beobachte, mit wie viel Routine oft gebetet werde und Koranverse nur noch geleiert würden, ohne dass der angeblich so Andächtige über den Inhalt nachdenke, dann erscheine die Gefahr wohl klarer.

Intellektuelle, so erklärte er, verhielten sich in ihrer Mehrheit auch nicht viel reflektierter, was den Islam betreffe. Sie würden die meiste Energie dafür aufwenden, sich in westliche Bücher zu vertiefen, und verhielten sich gegenüber der eigenen Tradition eher oberflächlich, ja teils gedankenlos. Nicht dass sie Atheisten seien; dieses Problem stelle sich in der islamischen Welt bisher viel weniger als im Westen. Aber sie würden meist, wie die einfachen Gläubigen auch, in die Moschee gehen, weil es sich eben so gehöre, und ihre Aufmerksamkeit nicht wirklich auf die zitierten Koranverse lenken. Ein gebildeter Muslim von heute sei daher im Allgemeinen geistig nicht darauf vorbereitet, mit einem Andersgläubigen zu diskutieren, denn er würde dann viel zu unreflektiert, viel zu starr argumentieren.

Aber dies sei bei vielen Christen auch nicht anders, warf ich ein. Das wisse er, antwortete er, aber in Europa werde trotz allem mehr diskutiert, werde nicht alles nur als selbstverständlich und unumstößlich hingenommen; dies sei zumindest sein Eindruck, er habe ein paar Semester in Paris studiert. Muslime hätten viel weniger Sinn für die eigene Kultur als Europäer für die ihre, und umso weniger würden sie sich auch mit fremden Kulturen beschäftigen. Das sei vor ein paar Jahrhunderten noch ganz anders gewesen. Es sei deprimierend: Wenn er möglichst unvoreingenommen und aus unterschiedlichsten Perspektiven über islamische Philosophie diskutieren wolle, dann könne er das viel besser mit europäischen Orientalisten als mit einem Großteil der arabischen Intellektuellen. Und wenn er kritische, wissenschaftlich ernstzunehmende Kommentare über islamische Geschichte lesen wolle, dann finde er sie eher bei europäischen als bei arabischen Autoren. Die Orthodoxie verhindere alle tiefergehenden Diskussionen.

Wenn dies so deprimierend sei, gab ich zu bedenken, wie müsse er da erst die islamischen Radikalen, die Fundamentalisten, einschätzen. Die Muslimbruderschaft in Ägypten und Syrien, die Ayatollahs in der Gefolgschaft Khomeinis, die radikal Orthodoxen in Pakistan, sie alle würden doch noch viel mehr als die traditionell Orthodoxen jede Diskussion über fremde Ideen unterdrücken.

Zu meinem Erstaunen verzog der junge Theologe spöttisch die Lippen, dann sagte er: In Europa und den USA entdecke man an den islamischen Radikalen überwiegend nur das Negative, er aber meine, ihre Bewegung sei ein wichtiger geistiger Anstoß. Viele dieser Radikalen seien vielleicht ungebildet und wüssten über den Koran bei Weitem nicht so gut Bescheid wie ein traditioneller Theologe, aber etliche seien eben doch Theologen und könnten sehr wohl mit Koran und Hadith umgehen, etwa Khomeini, und auch so manch anderer. Oh nein, er wolle solche Theologen nicht als Ideal hinstellen, er wisse, sie seien fanatisch und intolerant, sie ließen nur ihre eigene Koranauslegung gelten – und doch würden gerade sie etwas Entscheidendes zuwege bringen: Sie rüttelten die Masse der Muslime aus ihrer Gleichgültigkeit auf, sie zwängen sie, über Religion wieder einmal grundsätzlich nachzudenken und herkömmliche Denktraditionen nicht einfach nur hinzunehmen. Seit es radikal-islamische Theologie mit all ihrer Einseitigkeit gebe, werde unter den Gläubigen endlich wieder darüber diskutiert, was denn nun »wahre« Religion sei. Das sei ein Aufbruch zu neuen Ufern! Er verurteile zwar strikt alle Intoleranz, aber wenn einmal die Diskussion wirklich begonnen habe, dann würden die Muslime bald ein höheres Niveau erreichen. Das alles brauche nur Zeit. Am Ende werde es wieder eine islamische Gesellschaft geben, die so lebendig und dynamisch sei wie vor einigen Hundert Jahren. Daran glaube er fest.

Die Muslime, so sagte er nach einigem Nachdenken, bräuchten einen neuen Dschelaleddin Rumi, einen neuen Ibn al-Arabi, einen neuen Ibn Sina, einen neuen Omar Chaijam – dies alles seien Männer gewesen, die zu ihrer Zeit an weitreichendem Blick alle Philosophen und Wissenschaftler Europas übertroffen hätten. Diese Männer hätten in einer Gesellschaft gelebt, in der eine Diskussion über weltanschauliche Grenzen und Religionen hinweg möglich gewesen sei. Welch ein Niedergang in der Kultur. Heute wüssten nur noch wenige Muslime mehr über sie als die bloßen Namen. Ein Skandal sei das. Er wiederhole es noch einmal: Der Islam leide heute zuallererst an seiner Erstarrung in Orthodoxie. Die Orthodoxen hätten einst auch alle fortschrittliche Philosophie unterdrückt ...

Er wolle mir noch kurz eine alte Geschichte erzählen, erklärte er mir beim Abschied, als wir das Restaurant schon verlassen hatten. Diese Geschichte stamme aus dem Erzählschatz der Sufis und Derwische, von Mystikern, aus deren Reihen ja viele höchst bedeutsame Philosophen gekommen seien. Mohammed, der Prophet, so heißt es in der Sufi-Legende, stellte einen Topf vor sich auf den Boden und erklärte im Kreis seiner getreuesten Gefolgsleute: Dies sei ein Honigtopf. Er fragte den ersten der im Umkreis Sitzenden, was der Topf enthalte. Der Betreffende antwortete: »Honig, du hast es ja gesagt, mein Prophet.« Mohammed fragte den nächsten, und auch dieser antwortete: »Honig, du hast es doch gesagt, mein Prophet.« Mohammed fragte den dritten, und dieser antwortete wie die anderen: »Honig, hast du es nicht selbst gesagt, oh Prophet?«

Mohammed fragte den vierten. Dieser aber tauchte den Finger zunächst einmal in den Topf, leckte ihn prüfend ab und antwortete dann erst: »Honig.«

Soweit die Ausführungen des jungen Theologen. Man trifft in der islamischen Welt vereinzelt immer wieder auf solche Gesprächspartner, und typisch ist für die meisten unter ihnen: Sie fühlen sich inmitten ihrer Landsleute als eine verschwindend kleine Minderheit. Mit dem kritischen Wissen, das sie sich an westlichen Universitäten erworben haben, fühlen sie sich sensibilisiert für das kritische Potential in ihrer eigenen Tradition. Sie sehen aber einen weiten Weg vor sich, bis in ihrer Heimat das nötige liberale Diskussionsklima für eine allgemeine Neubesinnung geschaffen ist.

Dann auch noch einen tiefergehenden Dialog mit westlichen Intellektuellen in Gang zu bringen, halten sie für vollends schwierig. Schließlich ist der Geist dieses Abendlandes heute nicht mehr einfach mit dem Christentum gleichzusetzen. Hinzu kommt ein vielfältiges Glaubensspektrum von teils außerchristlichen Sekten und – was gravierender ist – von atheistischen Weltanschauungen; besonders das letztere stellt für die meisten Gläubigen der islamischen Welt eine Barriere dar.

Orthodoxe Muslime von heute haben, wie gerade das Gespräch mit dem jungen Theologen deutlich gemacht hat, ein zutiefst gespaltenes Verhältnis zu ihrer eigenen Tradition. Nur noch die wenigsten verbinden mit so bedeutsamen Namen wie Dschelaleddin Rumi, Ibn al-Arabi, Ibn Sina und Omar Chaijam eine klare Anschauung. Warum dies so ist, werden wir leichter verstehen, wenn wir uns nur einige wenige Aussagen dieser Philosophen über die endgültige »Wahrheit« von Religionen und ihre Forderungen nach mehr Toleranz ansehen.

Islamische Mystiker als die großen geistigen Revolutionäre

Der bedeutende Mystiker Muhieddin Ibn al-Arabi schrieb im 13. Jahrhundert: »Mein Herz umfasst sämtliche Formen: das Mönchskloster, den Tempel der Idole, die Weide der Gazellen und die Kaaba des Gläubigen, die Tafeln der Thora und den Koran. Die Liebe ist, wozu ich mich bekenne: Wohin meine Kamele sich auch wenden mögen, die Liebe ist und bleibt mir Glaube und Gesetz.«[1] Und noch kühner vom selben Autor: »Wer den Blitz im Osten aufleuchten sieht, dürstet nach dem Osten; wenn dieses Licht für einen anderen im Westen scheint, so möge er nach dem Westen dürsten. Ich begehre das Funkeln des Blitzes und nicht die Orte, die er streift.«[2]

Ähnliches liest man von Dschelaleddin Rumi, dem Begründer des Melevi-Derwischordens, ebenfalls im 13. Jahrhundert verfasst: »Das Kreuz und die Christen nahm ich von allen Seiten in Augenschein. Er war nicht am Kreuz. Ich ging zum Hindu-Tempel, zu der alten Pagode. An beiden Orten fand ich keine Spur von ihm. [...] Ich ging zur Kaaba und traf ihn dort nicht. [...] Ich schaute in mein eigenes Herz. An diesem Orte sah ich ihn. Er ist an keinem anderen Ort.«[3]

In Dschelaleddin Rumis Hauptwerk *Mathnawi* findet sich folgende Geschichte: Vier Inder, die nie zuvor einen Elefanten gesehen hatten, betraten nacheinander einen dunklen Raum, in dem sich ein solches Tier befand. Der erste bekam im Dunkeln den Rüssel zu fassen, verließ den Raum und erzählte draußen, der Elefant müsse wie die Spitze eines Bootes beschaffen sein. Der zweite Inder, der die großen Schlappohren anfasste, meinte, es müssten Fächer sein, und draußen erzählte er, der Elefant habe eine Gestalt wie ein Fächer. Der dritte Inder aber kam mit der Kunde heraus, Elefanten müssten wie eine Säule sein, denn er hatte im Dunkeln nur einen Fuß zu fassen bekommen. Der vierte, der den Rücken des Tieres abtastete, hatte schließlich die Einsicht, ein Elefant sei beschaffen wie ein Thron. Dann aber kam ein Weiser, der die vier Inder beobachtet hatte. Er gab jedem von ihnen eine Lampe und schickte sie nacheinander hinein. Und nun beschrieb jeder den Elefanten in der gleichen Gestalt.[4]

Dies sind erstaunliche Texte, sie alle sprengen das herkömmliche Selbstverständnis des Islam. Und nicht nur des Islam: Auch ein orthodoxer Christ oder Jude müsste solche Aussagen entschieden als »Ketzerei« einstufen. Denn eindeutig stellen diese Mystiker fest: Keine Religion kann den Anspruch erheben, die alleinige und ausschließliche Wahrheit zu verkörpern, keine kann daher Andersgläubige leichtfertig schon als Unwissende oder gar Ungläubige zurückstoßen. Das Gleichnis vom Elefanten im Dunkeln sagt es wohl am deutlichsten: Alle Suchenden vermögen nur einen Teil des Ganzen zu erfassen. Allerdings kommt dann ein »Weiser«, und er, indem er den im Dunkeln Tappenden eine Lampe, die Erleuchtung, bringt, kann den ganzen Elefanten sichtbar machen. Aber was für eine Religion steht für das Ganze? Der moderne Mystiker Idries Shah deutet dieses Gleichnis nach einer alten Auslegung der Sufis und Derwische: »Dies ist nicht *eine* Religion, dies *ist* Religion.«[5] Oder wie es Ibn al-Arabi formuliert hat: Das Funkeln des Blitzes sei das wichtigste, nicht die Orte, die er streift.

Solche Deutungen kommen der Aufforderung gleich, nach dem Gemeinsamen aller Religionen zu suchen. Auf dieser Basis verschwinden alle Spitzfindigkeiten einer theologischen Scholastik, alle Unterscheidungen, die die Orthodoxen mit Hilfe ihrer starren Dogmen als Schranken zwischen die Religionen setzen. Liebe zum Menschen bringt es zuwege, auch in der Auffassung Andersdenkender Wahrheit zu entdecken, selbst wenn diese der eigenen Wahrheit auf den ersten Blick völlig entgegengesetzt erscheint. »Wer das Glück hat, erleuchtet zu sein, weiß, dass Spitzfindigkeit vom Teufel, die Liebe aber von Adam kommt«, heißt es in den *Mathnawi* von Dschelaleddin Rumi.[6]

Solche Texte können nach den Maßstäben unserer abendländischen Geistesgeschichte frühestens im Zeitalter der Aufklärung geschrieben sein. Ihrer Tendenz nach erinnern sie alle mehr oder weniger an die Ringparabel Lessings. Ein Zufall? Wie schon erwähnt, hat ja die Ringparabel nicht etwa im christlichen Abendland, nicht im Geist einer vorbereitenden Aufklärung ihre entscheidende Ausprägung erhalten, sondern in Ägypten am Hof des Sultans Saladin um das Jahr 1180. Sechs bis acht Jahrzehnte später hat Ibn al-Arabi im maurischen Spanien und in Syrien gewirkt. Dschelaleddin Rumi, der aus Afghanistan nahe der indischen Grenze kam und im ost-türkischen Konya heimisch wurde, war ein Zeitgenosse. Männer wie sie haben also schon während des Mittelalters ihre kühnen Ideen einer allumfassenden, sämtliche Dogmen übersteigenden Wahrheit entworfen – in einem Jahrhundert, als im christlichen Abendland solche Denker unweigerlich vom Kirchenbann bedroht gewesen wären. Wenn sie nicht gar den Scheiterhaufen zu fürchten gehabt hätten.

Mussten aber nicht auch im Islam universale Denker in schweren Konflikt mit der Orthodoxie geraten? Es ist von westlichen Islamwissenschaftlern viel darüber nachgedacht worden, ob die orthodoxen Korangelehrten nicht Grund hatten, in der Freidenkerei der Mystiker etwas Unislamisches zu sehen. »Offen für *alle* Formen ...«! Das hieße auch, offen für Religionen wie Hinduismus und Buddhismus, Glaubensformen, die in ihrer Struktur kaum mehr etwas gemeinsam haben mit dem Monotheismus von Islam, Christentum und Judentum. Im Text von Ibn al-Arabi deutet ja eine Metapher wie »Tempel der Idole« auf die Göttervielfalt fremder Kulte hin. Und Dschelaleddin Rumi spricht unumwunden vom Hindu-Tempel und der »alten Pagode« (das letztere ein Symbol für Buddhismus); zwar findet er den Kern aller Wahrheit nicht dort, findet ihn aber auch nicht in der Kaaba.

Woher könnte ein solches Denken seinen entscheidenden,

tiefsten Anstoß nehmen, wenn nicht aus islamischen oder geistesverwandten christlichen und jüdischen Wurzeln? Möglicherweise könnte der Skeptizismus griechisch-antiker Philosophie zur weisen Skepsis islamischer Mystiker beigetragen haben; einige Jahrhunderte lang konnte sich ja kein islamischer Intellektueller diesem Einfluss entziehen. Stutzig macht aber, dass im Gleichnis vom Elefanten weder Griechen noch Araber, Perser oder Türken das Tier im Dunkeln betasten, sondern Inder. Nur Zufall? Oder haben etwa gerade einige der bedeutendsten islamischen Philosophen absichtlich auf Indien hingewiesen, um die Quelle ihrer Inspiration deutlich zu machen? Haben sie sich also vom mythischen und philosophischen Erzählschatz der Hindus und Buddhisten anregen lassen?

In der Tat: Dasselbe Gleichnis vom Elefanten findet sich, nur unwesentlich variiert, im *Pali-Kanon*, der klassischen Schriftensammlung des älteren Buddhismus, unter dem Titel »Von den Blindgeborenen«. Nach Auskunft dieser Schrift hat Buddha das Gleichnis seinen Schülern erzählt, um sie davon zu überzeugen, dass kein Gläubiger die Wahrheit der eigenen Religion schon als ganze Wahrheit ansehen dürfe. Buddhisten wie Hindus haben auf der Grundlage solcher Perspektiven eine wesentlich größere Toleranz gegenüber anderen Glaubensvorstellungen entwickelt als im Durchschnitt Muslime oder Christen.[7]

Wie aber konnte Dschelaleddin Rumi, ein in Anatolien lebender Muslim, buddhistische Literatur kennen? Afghanistan, wo der große Mystiker im Jahr 1207 geboren wurde, war bis zur Eroberung durch Muslime buddhistisch gewesen. Rumis Heimatstadt Balch galt sogar als ein geistiges Zentrum des Buddhismus. So radikal die Eroberer buddhistische Tempel zerstörten, weil sie jene als heidnisch strikt ablehnten, haben sie andererseits Bibliotheken geschont, mehr noch: deren Schätze zur Sichtung in islamische Wissenschaftszentren transportiert. Vieles ist erhalten geblieben, von Muslimen gelesen und teils auch ins Arabische und Persische übersetzt worden. Mit beträchtlichen Folgen. Besonders das Gleichnis »Von den Blind-geborenen« belegt, dass sich islamische Mystiker verschiedene Anregungen aus östlichem Gedankengut geholt haben: gerade was die Skepsis gegenüber dogmatisch starr fixierter Wahrheit anbelangt. Aber solche Tendenzen sind im Islam Randerscheinungen geblieben, mussten es bleiben, weil sie schwerlich zum Absolutheitsanspruch der mehrheitlich Orthodoxen passen konnten.

Auch die Christen mussten von ihrem Absolutheitsanspruch her ein derartiges Gleichnis bis weit in die Neuzeit ablehnen. Erst seit der Aufklärung – seit ein Ideendrama wie *Nathan der Weise* mit seiner Parabel von den drei Ringen ein neuartiges Toleranzdenken signalisierte – ist in unserem Kulturkreis das Verständnis für Gleichnisse nach Art des »Erleuchteten«, des Buddha, langsam gewachsen.

»Aufklärung« kannten die Muslime lange vor den Christen

Orthodoxe Muslime waren gerade in der höchsten Blütezeit ihrer Kultur, im sogenannten »Goldenen Zeitalter des Islam« vom 8. bis zum 14. Jahrhundert, mehr mit Freidenkern konfrontiert, als heute allgemein bekannt ist. Damals prägte ja vor allem die Auseinandersetzung mit der griechisch-antiken Philosophie die Szene. So hatte sich um das Jahr 820 an der theologischen Hochschule von Bagdad ein Disput entwickelt, wie er ähnlich in Europa erst im 18. Jahrhundert möglich gewesen wäre. Theologen begannen die Ansicht zu vertreten: Nicht Gott habe den Koran verfasst und durch Mohammed unveränderbar an die Menschheit weitergegeben, vielmehr sei Mohammed von Gottes Geist erfüllt gewesen und habe nach seinem eigenen Fassungsvermögen die Botschaft in Worte gekleidet. Da aber menschliches Denken nicht unfehlbar sei, habe es nicht ausbleiben können, dass selbst der Prophet manches widersprüchlich formuliert habe. Spätere Generationen seien aufgerufen, mit Hilfe ihrer eigenen Vernunft solche Widersprüche zu klären, das heißt: den Koran nicht mit blinder, sondern kritischer Ehrfurcht zu interpretieren. Diese Theologen – von orthodoxen Gegnern hasserfüllt *Mutaziliten* (»Abtrünnige«) genannt – erklärten nach griechischem Vorbild die Vernunft zum Maß aller Dinge.

Ebenso rationalistisch und aufklärerisch mutet die Philosophie des persischen Universalgenies Ibn Sina an, den wir unter dem lateinischen Namen Avicenna kennen. Er, der von 980 bis 1037 lebte, glaubte an keine leibliche Auferstehung am Tag des Jüngsten Gerichts, auch nicht an die sinnlich ausgemalten Freuden eines jenseitigen Paradieses, auch nicht an ein Höllenfeuer. Dies seien Symbole, so erklärte er unter dem Einfluss griechischer Philosophie. Mohammed, der Prophet, sei von der »Weltvernunft« dazu ausersehen worden, in solch bildhafter Sprache Wahrheit mitzuteilen, denn allein so verstehe die Masse des Volkes die Botschaft. Dem Gelehrten und Philosophen aber offenbare sich die Weltvernunft auf einer anderen Stufe, sie enthülle sich ihm nicht in Form von Bildern, sondern von Begriffen. Auferstehung stehe so für Unsterblichkeit des Geistes, Paradies für die Vollkommenheit der reinen Idee, Hölle für die irdischen Daseinsängste. Beide Ausdrucksformen, die bildhafte wie die abstrakt begriffliche, präsentieren aber nur verschiedene Seiten ein und derselben Wahrheit.[8] Avicenna konnte sich bei einer solchen Deutung mit so manch anderem herausragenden Kopf seiner Epoche einig wissen, etwa mit Omar Chaijam.

Der persische Mathematiker, Philosoph und Dichter Omar Chaijam, der von 1045 bis 1122 lebte, hat uns sehr modern anmutende vierzeilige Gedichte, sogenannte *Rubaijat*, hinterlassen. Ein strenggläubiger Muslim musste mit gemischten Gefühlen Verse lesen wie folgende: »Ich war ein Falke, den sein kühner Flug / hinauf zum Reich der ewigen Rätsel trug. / Dort fand ich keinen, der sie mir enthüllt, / und kehrt' zur Erde wieder bald genug.« Oder: »Ich sandte aus die Seel' durchs Unsichtbare, / auf dass sich ihr das Jenseits offenbare. / Nach langen Jahren kehrte sie zurück, / und sprach: In dir sind Höll' und Himmel, Schmerz und Glück.«[9]

Auch diese Gedanken aus dem 11. und 12. Jahrhundert erinnern verblüffend an Denkpositionen der Aufklärung. Europäer haben in dieser Art erst ein halbes Jahrtausend später gedacht. Angesichts solcher Parallelen drängt sich unweigerlich die Frage auf: Weshalb hat sich unter solchen Umständen die islamische Gesellschaft nicht ähnlich der unseren weiterentwickelt? Und warum nicht sogar viel früher? Dies müsste ja umso logischer erscheinen, da doch die islamische Philosophie des Hochmittelalters um so Vieles freigeistiger war als die abendländische derselben Zeit.

Avicenna und Omar Chaijam, herausragende Figuren einer beginnenden islamischen »Aufklärung«, wurden von den meisten Muslimen ihrer Zeit nur als Wissenschaftler verehrt, ihre Erkenntnisse wurden geschätzt, soweit sie sich im Alltag verwerten ließen. Orthodoxe Gläubige aber begegneten ihrer Philosophie nur mit kühlem Respekt oder schmähten sie, weil sie ihnen zu provokativ erschien, ja teilweise »rechtgläubigen« Positionen zuwiderlief.

Schon zu Lebzeiten galt der Philosoph Avicenna in der islamischen Welt auch als größte wissenschaftliche Autorität auf dem Gebiet der Medizin. Mehr noch: Seine medizinische Enzyklopädie wurde sogar von den Ärzten des christlichen Abendlandes bis ins 17. Jahrhundert als maßgebliches Standardwerk benutzt. Aber führende Korangelehrte äußerten sich bereits zu seinen Lebzeiten und erst recht Jahrhunderte später sehr gehässig über ihn. Seine Medizin habe nicht den eigenen Körper retten können, so spielten sie auf seine anfällige Gesundheit an, und: Seine Theologie habe nicht die eigene Seele retten können. Solche Kommentare sagen viel über die enormen geistigen Spannungen in der damaligen islamischen Gesellschaft aus.

Ähnlich erging es Omar Chaijam. Bis in unsere Gegenwart wird er von Muslimen als einer der größten Mathematiker und Naturwissenschaftler verehrt, der in vielerlei Hinsicht europäischen Wissenschaftlern seiner Zeit überlegen war. Aber seine kritische Philosophie, wie sie besonders griffig in den Vierzeilern zum Ausdruck kommt, hat keine große Breitenwirkung erreicht. Nach seinem Tod im Jahr 1122 verschwanden die Verse bald völlig aus dem öffentlichen Bewusstsein. Als dann während des 19. Jahrhunderts europäische Orientalisten die Verse in ihrem Wert erkannten und sie in Europa berühmt machten, kehrten die Rubaijat als englische Übersetzung in den islamischen Orient zurück, wurden dort von einer schmalen Bildungsschicht geschätzt und wieder im Original gelesen – bis die Verse dann im Zeichen eines vordringenden Fundamentalismus erneut geächtet wurden.

Muhieddin Ibn al-Arabi und Dschelaleddin Rumi als große Mystiker haben innerhalb der islamischen Welt auch nicht jenen Nachruhm geerntet, der ihnen von der kühnen Substanz ihres Denkens her zusteht. Zwar ist in Damaskus ein ganzes Stadtviertel nach Ibn al-Arabi unter dem Namen »Sheik Muhieddin« benannt, dort, wo sein Grabmal in einer Moschee zu finden ist, und stets trifft man Betende an seinem Schrein; doch die Andächtigen, unter ihnen viele Frauen, die um Kindersegen beten, sehen in ihm kaum den kritischen religiösen Philosophen von einmaliger Größe, sondern den erbaulichen Mystiker und Heiligen. Nicht anders bei Dschelaleddin Rumi. Zu seinem Grabmal, einem Prunkbau inmitten der Kuppeldächer und Höfe eines Derwischklosters im Zentrum von Konya, strömen heute noch tagaus, tagein Pilgerscharen. Die meisten schätzen nur seine dichterisch vollendeten Verse, wenn sie selbst nicht über den Absolutheitsanspruch des Islam hinausstreben. Vor allem fasziniert sie aber seine Anleitung, durch Ekstasetechnik des Rezitierens und des Derwischtanzes Gott näherzukommen. Die Lehre des großen Derwischscheichs wird damit – paradoxerweise – zu einem Zufluchtsort besonders für konservative Muslime, die sowohl dem Fortschrittsdenken von Modernisten ratlos gegenüberstehen als auch der dogmatischen Härte von Fundamentalisten.

Gerade diese Zustände sind es, die den jungen Theologen, den ich in Tunesien kennenlernte, so resignativ stimmen. Er hatte eine umfangreiche Arbeit über islamische Mystik geschrieben.

Der Westen wird moderner als der Orient

In islamischen Ländern hat durchweg die Orthodoxie gesiegt. Während im Spätmittelalter die Europäer von den Arabern und Persern zunehmend das Erbe griechischer Philosophie und Wissenschaft übernahmen, auf diese Weise ihr eigenes Weltbild revolutionierten und Freidenkern immer größere Entfaltung zubilligten, begannen im Orient konservative Theologen weltoffenes Denken von den Schulen und Universitäten zu verdrängen. Wissenschaft hielten sie nur noch für wünschenswert, sofern diese nicht in Konflikt mit der Koranauslegung geistlicher Rechtsgelehrter geriet. Ähnlich hatte einst Thomas von Aquin, der größte Theologe des katholischen Mittelalters, die Richtlinie gegeben: Die Wissenschaft habe eine Magd der Theologie zu sein. Eine seltsame Umkehrung. Während im christlichen Abendland die Philosophen der Aufklärung vollends das Mittelalter überwanden, erstickten im islamischen Orient traditionsgeleitete Korangelehrte alle aufkeimenden Impulse einer möglichen Aufklärung und führten ihre Gläubigen ins Mittelalter zurück. Damit haben sich zwischen der abendländischen und der islamischen Welt jene Unterschiede herausgebildet, die wir heute kennen.

Diese Umkehrung sollte weitreichende Folgen haben. Denn

indem nun das Abendland seine Wissenschaften frei entfalten konnte, fand es zu einer Dynamik, an deren Schwelle die islamische Zivilisation bereits einmal angelangt war. Die Westeuropäer strebten aber darüber hinaus, weil die Kirchen nicht mehr die Macht zur Bevormundung besaßen, und sie schufen eine pluralistische Industriezivilisation. Dies ist eine säkulare Gesellschaft, in der die politisch-gesellschaftliche Sphäre strikt von der religiösen getrennt wurde – eine Gesellschaft, in der die Aufklärung sich durchgesetzt hat und das soziale Zusammenleben jenseits religiöser Dogmen organisiert ist. Um 1750 entstand in England die erste säkulare Industriegesellschaft der Welt, und bis Mitte des 19. Jahrhunderts veränderten sich viele der westeuropäischen Kernländer grundlegend durch eine industrielle Revolution. Hinzu kam, dass sich bereits gegen Ende des 18. Jahrhunderts in England, den USA und Frankreich die ersten modernen Demokratien entwickelten. Dieser epochale Wandel gab den wirtschaftlich wie militärisch stark gewordenen Industriestaaten des Abendlandes die Stoßkraft, ihren Einfluss auf fremde, selbst weit entfernte Völker auszudehnen – und sie taten dies rücksichtslos, sie kamen als Eroberer.

Die islamische Welt bekam die rapid gewachsene Macht des Abendlandes schon während des 18. Jahrhunderts deutlich zu spüren. Zuerst wurde den Muslimen die Krise im Osmanischen Reich massiv bewusst. Das war kein Zufall. Denn das Großreich der Türken, das sich seit dem 16. Jahrhundert als die größte Bedrohung des christlichen Abendlandes erwiesen hatte, sah sich nun umgekehrt plötzlich durch Europa stark bedroht. 1683 hatten die Osmanen noch bis vor die Tore Wiens rücken können, aber bereits Jahrzehnte später begannen europäische Großmächte, eine Osmanenprovinz nach der andern zu erobern. Nun mussten sich die muslimischen Führungsschichten betroffen fragen, weshalb sie mit einem Mal hoffnungslos unterlegen waren. Und damit fingen Angehörige der osmanischen Bildungsschicht als erste Muslime an, beeindruckt von der militärischen wie wirtschaftlichen Übermacht europäischer Industriestaaten, die eigene Zivilisation ganz mit den Augen des Westens zu sehen, das heißt: als rückständig einzustufen. Umso intensiver versuchten osmanische Politiker, die eigene Gesellschaft nach westlichem Vorbild zu verändern.

Der Osmanen-Sultan Selim III. war der erste muslimische Herrscher überhaupt, der sich zu Reformen nach europäischem Vorbild entschloss. Das geschah bereits 1793 – nach einem Jahrhundert immer schwererer Niederlagen gegen die auf dem Balkan vordringenden Habsburger. Aber bezeichnenderweise versuchte er vorwiegend, das Militär zu reformieren, in der Hoffnung, dass dies schon ausreiche, um einen weiteren Niedergang aufzuhalten. Einer seiner Nachfolger, Sultan Mahmut II., begriff allerdings schon in der ersten Hälfte des 19. Jahrhunderts, dass das eben nicht genügte, und so trieb er nicht nur die Reformen im Militär- und Verwaltungswesen voran, sondern führte, nach westlichem Vorbild, die rechtliche Gleichstellung sämtlicher Untertanen ein. Dies kam nach islamischem Verständnis einer staatlich verordneten Revolution gleich: Denn nun durften die Muslime Christen nicht mehr als Schutzbefohlene betrachten, nun hatte die Kopfsteuer für Nichtmuslime zu entfallen. Dies diente als Beschwichtigung der christlichen Untertanen, die ja in Versuchung kamen, mit den vordringenden Großmächten Europas zu sympathisieren. Einen Zuwachs an Demokratie mussten aber solche Reformen noch lange nicht mit sich bringen, denn weiterhin verstand sich das Sultanat als strikter Obrigkeitsstaat, dem gegenüber nun alle Untertanen gleich viele – oder gleich wenige – Rechte besaßen.

Mahmut II. ließ aber noch weitere Reformen folgen. Er ging dazu über, Schulen nach westlichem Vorbild einzurichten und Studenten an französische, englische und deutsche Universitäten zu schicken. Damit setzte er allerdings eine geistige und soziale Lawine in Bewegung, deren Folgen er schwerlich abschätzen konnte. Denn die jungen Auslandsstudenten der türkischen Oberschicht brachten seit Mitte des 19. Jahrhunderts aus dem Westen mehr mit als nur Kenntnisse einer überlegenen Technik und Naturwissenschaft. Sie zeigten sich – intensiver, als dies den Machthabern des Osmanenreiches lieb war – fasziniert von westlichen Sozialideen. Ihnen konnte es nicht verborgen bleiben, um wie viel mehr Wohlstand und Freiheit doch selbst der einfachste Westeuropäer im Vergleich zum durchschnittlichen Türken und Araber besaß. Und so nahmen die heimkehrenden Studenten Armut und Unterdrückung zuhause nicht mehr als unabänderlich hin; sie waren infiziert vom Bazillus nicht nur des technischen, sondern auch des politischen und sozialen Fortschritts. Misstrauisch beäugten sie nun Korangelehrte und Theologen, die ihnen die Verhältnisse als »gottgewollt« darstellten. Und schließlich begannen sie nach dem Vorbild westlicher Liberaler und Sozialisten zu fragen, ob nicht gar die Religion oder zumindest viele der religiösen Würdenträger für die Rückständigkeit der Volksmassen mitverantwortlich seien.

Die Osmanen-Sultane versuchten verstärkt seit Mitte des 19. Jahrhunderts, dem Druck dieser wachsenden, westlich beeinflussten Bildungsschicht mit weiteren Reformen zu begegnen. So kam es von 1868 bis 1876 zu ersten Ansätzen, um den universalen Geltungsanspruch der Scharia einzuschränken. Ein Strafgesetzbuch und ein Bürgerliches Gesetzbuch wurden ausgearbeitet, die sich am Vorbild des französischen Rechts orientierten. Wenn auch solche Neugestaltungen vorerst noch in Ansätzen steckenblieben, so bekam doch der Begriff »westliche Moderne« bei den Osmanen einen immer besseren Klang – dies in bemerkenswertem Kontrast zur politischen Rivalität, ja Feindschaft mit vielen westlichen Staaten.

In die erstarrte Welt des Islam war damit ein geistiger Erreger gedrungen, der sich nicht mehr tilgen, nicht mehr eindämmen ließ. Je mehr westliche Industriestaaten während des 19. und beginnenden 20. Jahrhunderts siegreich in den Orient vordrangen, je energischer sie fast ganz Nordafrika und Vorderasien unter ihre Abhängigkeit zwangen und dort ihre überlegene Technik und politische Organisation demonstrierten, desto mehr Neugierde erregte ihr Denken, desto anziehender wurden ihre Errungenschaften für die einheimische Oberschicht.

Bahnbrechend für weitere Reformen wurde nicht zufällig jener Staat, der sich 1923 nach dem Ende des Osmanenreiches im türkischen Kerngebiet herausgebildet hatte: die Republik Türkei. Damit wurde aber auch dort der Keim gelegt für jene Spannungen, die während des 20. Jahrhunderts schließlich in der gesamten islamischen Welt zu immer größeren politischen und kulturellen Erschütterungen führen sollten.

Erste Probleme mit einer säkularen Moderne: Atatürk und seine Reformen

Mustafa Kemal Pascha ... Überall in der Türkei finden wir sein Standbild auf öffentlichen Plätzen sowie vor Regierungsgebäuden und Schulen, sein Porträt in Behörden, Banken, Restaurants, Teestuben und Basaren, sogar in Wohnungen. Daran hat sich selbst zu Beginn des 21. Jahrhunderts nichts geändert. Kein Politiker wird in der Türkei so oft zitiert wie er, keiner ist so nachhaltig zur Leitfigur für modernes politisches Handeln geworden. Mustafa Kemal Pascha, der Begründer der Republik Türkei, ist aber bei uns im Westen mehr mit seinem ehrenden Beinamen bekannt geworden, den er seit 1934 offiziell geführt hat: *Atatürk*, »Vater der Türken«.

Atatürk, 1881 im damals noch türkischen Thessaloniki geboren, regierte von 1923, dem Gründungsjahr der Republik, bis zu seinem Tod 1938. Diese fünfzehn Jahre markierten die entscheidende Zäsur, mit der die türkische Moderne begann. Atatürk setzte jene sozial-religiöse Ordnung völlig außer Kraft, die mehr als 600 Jahre lang das Osmanische Reich bestimmt hatte und ähnlich nahezu überall im islamischen Orient fest verankert war: der Islam als Staatsreligion, die Scharia als die bestimmende Norm im politischen und sozialen Leben. Auf Atatürk als Vorbild haben sich im Verlauf des 20. Jahrhunderts viele Reformer in arabischen Staaten, ja auch die Schah-Dynastie Pahlevi im Iran berufen, allerdings hat keiner dieser Politiker derart konsequent Gesetze einer säkularen Moderne durchgesetzt wie er. Aber gerade weil Atatürks Reformpolitik eine Vielzahl religiöser, kultureller und politischer Spannungen auslöste, ist der Begründer der modernen Türkei zu einer sehr umstrittenen Persönlichkeit geworden. In der Türkei selbst gilt Atatürk unbestritten als großer Führer, denn er hat 1918 nach dem Zusammenbruch des Osmanenreiches das türkische Kernland vor dem politischen Zerfall bewahrt und die junge Republik durch eine energische Reformpolitik stabilisiert. Viele Muslime betonen jedoch auch, dass Atatürk bei zahlreichen Gläubigen ein Gefühl tiefer kultureller Verunsicherung erzeugt habe.

Alarmiert mussten sich orthodoxe Muslime bereits 1924 fühlen, als Atatürk sämtliche Koranschulen schließen ließ und an ihrer Stelle staatlichen Schulen das Ausbildungsmonopol einräumte. Indem seine Beamten nun Lehrpläne nach westlichem Vorbild ausarbeiteten, war die traditionelle islamische Erziehung erheblich eingeschränkt. 1925 schaffte Atatürk zudem die islamische Zeitrechnung ab, die mit der Hedschra, der Flucht Mohammeds von Mekka nach Medina, beginnt, und führte aus Europa die Zählung nach dem Gregorianischen Kalender ein. Im selben Jahr ersetzte er den Freitag als den traditionellen Ruhetag der Muslime durch den christlich-abendländischen Sonntag. Beides tat er mit der Begründung, die Türkei müsse sich internationalen Normen anpassen, nur so könne sie sich in das moderne Wirtschaftsleben integrieren.

Einen weiteren Anpassungsschritt in diese Richtung setzte er 1928, indem er anstelle der arabischen die lateinische Schrift einführte (die er allerdings als »türkisches« Alphabet dem Volk präsentierte). 1929 ersetzte er an höheren Schulen den Pflichtunterricht in Arabisch – die Sprache des Koran – und Persisch – die Sprache bedeutender klassischer Islam-Literatur – durch Unterricht in Französisch, Englisch und Deutsch als zukunftsweisende Fremdsprachen.

Den eigentlich wunden Punkt im Selbstverständnis orthodoxer Muslime aber berührte Atatürk, als er 1924 daranging, die geistlichen Gerichte abzuschaffen, und eine Rechtsprechung nach westlichem Muster ausarbeiten ließ. 1926 führte er ein Zivilrecht ein, das unter anderem freie Religionswahl vorsah. Im Zuge dieser Reform durfte zukünftig kein Bürger mehr wie bisher ins Gefängnis geworfen oder gar hingerichtet werden, falls er zum Christentum oder Judentum übertrat. Muslime der schmalen Bildungsschicht konnten für solche Neuerungen noch am ehesten Verständnis aufbringen. Auch konnten allein sie als modern tolerieren, dass eine muslimische Frau einen Christen heiraten durfte; bereits zuvor hatten muslimische Männer Christinnen heiraten dürfen. Der Kern der Reform konnte allerdings auch viele gebildete Muslime irritieren: Zukünftig durfte kein geistlicher Richter mehr durch sein *Olmaz!* (»Es darf nicht sein!«) ein Gesetzesvorhaben blockieren, weil es seiner Meinung nach nicht mit den Grundsätzen des Koran übereinstimmte. Religiöse und staatliche Institutionen hatten von nun an strikt getrennt zu sein. Religion war zur Privatsache geworden – ganz nach dem Muster westeuropäischer Verfassungen. 1928 proklamierte Atatürk die Türkei als säkularen Staat und ließ alle religiösen Formeln aus der Verfassung tilgen.

Dies war eine tiefe Zäsur in der Geschichte der islamischen Welt. Erstmals wagte ein Politiker mit aller Entschiedenheit das bisher Undenkbare: die Einheit von Religion und Politik aufzulösen – und zwar mit dem Argument, das religiös begründete Staatswesen sei verantwortlich für die Rückständigkeit gegenüber den westlichen Industriestaaten. Atatürks säkulares Reformwerk löste stürmische Diskussionen von Nordafrika bis Ostasien aus, erntete Zustimmung nur bei einer schmalen, verwestlichten Bildungsschicht, provozierte sonst aber heftige Abwehr.

Bezeichnend ist, dass im selben Jahr die erste moderne fundamentalistische Bewegung des Islam entstand. In Kairo begründete der Volksschullehrer Hassan al-Banna jene Muslim-Bruderschaft, die bis heute, in vielerlei Fraktionen aufgespalten, Ägypten in Atem hält. Ausdrücklich betonte er: Jedes Reformwerk nach dem Vorbild Atatürks liefere einen muslimischen Staat dem Westen aus, und diese Einsicht habe ihn zur Gründung der Muslim-Bruderschaft bewogen. Alles müsse getan werden, um ähnliche Reformen in Ägypten zu verhindern, wo die Regierenden ebenfalls schon »westlich dekadent« seien. »Nur Gott weiß«, so ließ er später verlauten, »wie viele Nächte wir die Situation unseres Landes diskutierten, das Siechtum analysierten und mögliche Heilmittel überlegten. Wir waren so verstört, dass wir zu weinen begannen.«[10] Einer seiner grundsätzlichen Aufrufe lautete: »Jede Neuerung, die sich nicht auf Religion stützt, führt vom rechten Weg ab; ihr muss mit allen Mitteln Widerstand geleistet werden, sie ist mit allen Mitteln auszumerzen.«[11] (Über die genaueren Zusammenhänge, die zum Entstehen des islamischen Fundamentalismus führten, später mehr.)

Die Verstörung, ja auch der Fanatismus in der Abwehr ist verständlich, wenn wir uns vergegenwärtigen, in welchem Ausmaß sich Atatürk über die Mentalität einer überwiegend noch zutiefst traditionell orientierten Gesellschaft hinwegsetzte. Atatürk trat mit der Rücksichtslosigkeit eines Revolutionärs auf und ging teilweise sogar weiter, als dies ein Reformer in westlichen Industriestaaten gutgeheißen hätte. So verbot er den Religionsunterricht an staatlichen Schulen – bei gleichzeitigem Verbot der Koranschulen – und führte an seiner Stelle ein Fach mit der Bezeichnung »Moral« ein. Nicht genug damit. Er untersagte, dass der Muezzin die Gläubigen vom Minarett aus zum Gebet rief, denn dieser Brauch, so argumentierte er, stelle eine zu auffällige Propaganda für eine »private Weltanschauung« dar.

Dass Atatürk 1928 anstelle der arabischen die lateinische Schrift einführte, löste gar verhängnisvolle Komplikationen bei den vielen religiösen Muslimen aus. Die in arabischer Schrift gedruckten Koranexemplare konnten die heranwachsenden Jugendlichen nicht mehr lesen. Andererseits dauerte es aber viele Jahre, bis der Koran in neuer Schriftfassung vorlag. Eine ganze Generation wurde so dem heiligen Buch entfremdet. Die Regierung unternahm nur wenig, dieser Situation abzuhelfen, sondern förderte die Indoktrination in Nationalismus und Modernismus. Für viele Muslime war es zunächst ein Schock, der in Niedergeschlagenheit mündete, dass Jugendliche über zwei Jahrzehnte lang überwiegend ohne nähere Kenntnis des Islam aufwuchsen, weil ihnen ja auch der Zugang zum Religionsunterricht wesentlich erschwert wurde. Ich habe in Gesprächen mit älteren Türken immer wieder erfahren, welches Befremden gerade diese Politik in breiten Volksschichten ausgelöst hat, und eine solche Auskunft geben teilweise auch Leute, die grundsätzlich viele soziale Reformen Atatürks befürworten.

War Atatürk demnach Atheist und gar ausdrücklich ein »Feind des Islam«? Islamische Fundamentalisten behaupten derartiges bis heute.

Es sind eine Reihe Kommentare Atatürks überliefert, die zumindest einen solchen Verdacht nahelegen. So etwa: »Seit mehr als 500 Jahren haben die Regeln und Theorien eines alten Araberscheichs [damit meinte er den Propheten Mohammed] und die abstrusen Auslegungen von Generationen von schmutzigen und unwissenden Pfaffen in der Türkei sämtliche Zivil- und Strafgesetze festgelegt. Sie haben die Form der Verfassung, die geringsten Handlungen und Gesten eines Bürgers festgesetzt, seine Nahrung, die Stunden für Wachen und für Schlafen, den Schnitt der Kleider, den Lehrstoff in der Schule, Sitten und Gewohnheiten und selbst die intimsten Gedanken. Der Islam, diese absurde Gotteslehre eines unmoralischen Beduinen, ist ein verwesender Kadaver, der unser Leben vergiftet.« Und: »Der Politiker, der zur Regierung die Hilfe der Religion braucht, ist nichts als ein Schwachkopf.«[12]

Solche Kommentare rücken Atatürk geistig in die Nähe all jener Europäer und Amerikaner, die den Islam insgesamt als eine mittelalterliche und rückständige Religion ansehen und entsprechend verachten. Atatürk hat sich zwar nominell stets als Muslim bezeichnet und sich nie zum Atheismus bekannt, aber er hat seit 1924 seine Religion nicht mehr praktiziert.[13] Desto mehr bekundete er Interesse für die europäische Philosophie der Aufklärung, mehr aber noch für Europas positivistische Philosophie des 19. Jahrhunderts. Seine Vorliebe galt dem französischen Philosophen Auguste Comte, der jede Form von Metaphysik radikal ablehnte und eine Befreiung des menschlichen Geistes von unrealistischem Ballast und Aberglauben forderte.[14]

Es gibt aber auch Kommentare von Atatürk, die einen geradezu entgegengesetzten Eindruck vermitteln. So etwa: »Wir sind der Meinung, dass Religion, die seit Langem in der Politik als Werkzeug ausgenutzt wurde, von der Politik befreit und erhöht werden muss. Wir dürfen nicht unseren heiligen und hohen Glauben als ein Werkzeug der Politik missbrauchen. Nur so wird unsere Nation in dieser und jener Welt zum Glück gelangen.«[15]

Solche Äußerungen beweisen allerdings nicht, dass Atatürk mehr als nur ein nomineller Muslim war. Der Verdacht liegt vielmehr nahe, dass er sich aus rein taktischen Gründen hin und wieder zu einer derartigen Proklamation durchgerungen hat, um die vielen orthodoxen Muslime in ihrem Unwillen zu beschwichtigen und sie letztlich doch für die Idee eines säkularen Staates zu gewinnen. Aber da er keine Gelegenheit versäumte, Distanz zu religiösen Traditionen zu demonstrieren, rückte er für viele orthodoxe Muslime zumindest in die Nähe der Gottlosigkeit. Er stellte am Islam jene Erscheinungen, die sich tatsächlich lähmend auf die soziale und kulturelle Entwicklung ausgewirkt haben, derart in den Mittelpunkt seiner Agitation, dass er die religiöse Kernbotschaft eher beiläufig erscheinen ließ.

Eine Reihe seiner Gesetze war geeignet, als anti-islamisch verstanden zu werden, und konnte deshalb in der Türkei keinen Bestand haben. Bereits Anfang der 1950er-Jahre gab die Regierung Adnan Menderes dem Bedürfnis breiter Bevölkerungskreise nach und ließ die bis dahin in Illegalität dahindämmernden Koranschulen staatlich fördern, auch erlaubte sie dem Muezzin wieder den Gebetsruf vom Minarett, jetzt sogar über Lautsprecher. Und in den 1980er-Jahren führte die Regierung Turgut Özal den Religionsunterricht an staatlichen Schulen ein und gestattete außerdem den Bau von Moscheen in Kasernen.

Atatürk hatte erhebliche Schwierigkeiten, seine Vorstellung von Laizismus, die strikte Trennung von Religion und Politik, formal in der Verfassung zu verankern. Die erste Verfassung, die er 1924 verabschieden ließ, bezeichnete im Artikel 2 den Islam noch ausdrücklich als »die Religion des türkischen Staates«, was also noch die Interpretation gestattete, den Islam als Staatsreligion zu verstehen. 1928 strich Atatürk diesen Artikel aus der zweiten Verfassung, was, wie ich schon berichtete, bei vielen Muslimen quer durch die islamische Welt Bestürzung und Empörung auslöste. Er wartete dann drei Jahre, bis er 1931 beim dritten Kongress seiner »Republikanischen Volkspartei« das Prinzip des Laizismus in das Parteiprogramm aufnehmen ließ. Und erst 1937, ein Jahr vor Atatürks Tod, wurde der Laizismus endgültig in der Verfassung verankert. Ein immer wieder aufflammender Widerstand im türkischen Volk, ebenso die Reaktion vieler Muslime in anderen Staaten hatten Atatürk zeitweise zögern lassen – allerdings aus taktischen Gründen, nicht aus Zweifel an seinem Ziel.

Atatürk erwies sich in der Tat als ein sehr westlich denkender Politiker, indem er traditionsbewusste Muslime mit folgenden Worten abkanzelte: »Es gibt verschiedene Länder, aber nur eine Zivilisation. Voraussetzung für den Fortschritt der Nation ist, an dieser einen Zivilisation teilzuhaben.«[16] Atatürk ließ keinen Zweifel daran, dass er mit »dieser Zivilisation« die westliche meinte. Hierzu passt auch der Kommentar: »Auf der Welt sind für alles, für das Materielle und Ideelle, für das Leben und den Erfolg die Wissenschaft und Technik die wahrsten geistigen und moralischen Führer. Einen solchen Führer außerhalb der Wissenschaft und Technik zu suchen, ist gleichbedeutend mit Gedankenlosigkeit, Unwissenheit und Irrtum.«[17]

Ein Pathos wie dieses konnte ebenso in den Fortschrittsbekenntnissen vieler westeuropäischer Zeitgenossen zum Ausdruck kommen. Auch Kommunisten aus Ostblockstaaten konnten so sprechen, glaubten sie doch genauso – bei allen politischen Gegensätzen zu unserer Demokratie –, die Welt strebe einer einheitlichen Zivilisation zu, und die Anhänger dieser Zivilisation könnten ausschließlich nur wissenschaftsgläubig sein. Was sich nicht in den Rahmen einer angeblich sehr weltoffenen Zukunftsvision einfügte, wurde als primitiv oder mittelalterlich abgetan – auch der Islam mit weiten Teilen seiner Geschichte.

Atatürk hatte gelernt, seine eigene Kultur aus einer verengt westlichen Perspektive wahrzunehmen, und bald taten es ihm Politiker anderer islamischer Staaten nach. Es waren Politiker, denen später gläubige Muslime, erst recht aber Islamisten vorwerfen sollten, sie würden in der islamischen Welt das »kulturelle Zerstörungswerk« westlicher Eroberer und Kolonialherren fortsetzen. Atatürk hat ganz gegen seinen Willen dazu beigetragen, dass es sich heute kein muslimischer Reformer mehr leisten kann, eine konsequente Trennung von Religion und Politik zu befürworten, erst recht nicht, in irgendeiner Form Distanz zum Islam zu demonstrieren.

Westlich inspirierte Ideale der Aufklärung haben es – besonders nach der wenig einfühlsamen Radikalität des Atatürk – bei einer Mehrheit der Muslime schwer. Viele Gläubige sehen weniger die positiven Auswirkungen, wie etwa die Befreiung aus den Fesseln verkrusteter Tradition; viel stärker ins Blickfeld rücken ihnen die Krisensymptome einer allgemeinen Verunsicherung.

Atatürk hat einen Staat geschaffen, der wie kein anderer in der islamischen Welt einen Bruch mit der Tradition vollzogen hat. Aber solch ein kompromisslos säkular und laizistisch konzipierter Staat muss nicht zwingend ein demokratischer Staat sein. Selbst dann nicht, wenn sich seine Verfechter ausdrücklich zu einer westlich geprägten Moderne bekennen. Gerade das zeigt auch das Beispiel Türkei. Gegründet wurde die Republik Türkei 1923 als ein Einparteienstaat, in dem allein die von Atatürk installierte *Republikanische Volkspartei* politisch die Richtung vorgab. Mit folgendem Argument begründete Atatürk diese Einparteienherrschaft und seine Stellung als unumschränkter Diktator: Ein unwissendes Volk in einem unterentwickelten Land wie der Türkei besitze mehrheitlich noch nicht das Bewusstsein für notwendige Reformen, daher brauche das Volk eine revolutionäre Partei, die die Unwissenden führe. Sobald das Volk aber durch kluge Leitung aus seiner Unwissenheit befreit sei und eine entsprechende Bildung erlangt habe, sei es reif, an politischen Entscheidungsprozessen teilzunehmen – sei es reif für die Demokratie. In der Parlamentsrede vom 8. August 1926, in der er die Hinrichtung etlicher politischer Gegner rechtfertigte, sprach er dies vor den eingeschüchterten Abgeordneten deutlich aus: »Ich werde mein Volk an der Hand führen, bis seine Schritte sicher sind und bis es seinen Weg kennt. Dann wird es seinen Führer frei wählen und sich selbst regieren können. Dann wird mein Volk vollendet sein und ich werde mich zurückziehen können. Aber vorher nicht!«[18]

Atatürk ließ sich bei dieser Logik ebenfalls von Einflüssen außerhalb der islamischen Welt leiten. Er orientierte sich hier – für westliche Beobachter zunächst überraschend – am Herrschaftsmodell des kommunistischen Revolutionärs Lenin. Allerdings übernahm Atatürk nicht die marxistische Ideologie. An Lenin beeindruckte ihn, dass jener von der Notwendigkeit einer Erziehungsdiktatur gesprochen hatte, die bestehen müsse, solange das Volk nicht reif für die Demokratie sei. Demokratie als Fernziel hielt auch Lenin für wünschenswert, ja er sah die Entwicklung dorthin nahezu als zwangsläufig, als einen weiteren Schritt zur endgültigen Emanzipation des Menschen an (wobei er die bürgerliche Demokratie westeuropäischer Staaten als »Scheindemokratie« abtat). Aber in der Nachfolge Lenins sind die Politiker kommunistischer Staaten bisher immer in der ersten Phase, bei der Erziehungsdiktatur und ihrem Einparteiensystem, stehengeblieben, weil sie anscheinend das Volk nie reif für die Demokratie gehalten haben. Dagegen ist in der Türkei tatsächlich ein Wandlungsprozess in Richtung Demokratie eingetreten, nachdem eine Bürgerschicht wirtschaftliche Macht errungen hatte und nun auch politische Teilhabe verlangte. 1945, sieben Jahre nach Atatürks Tod, gab dessen politischer Weggefährte und Nachfolger Ismet Inönü dem Druck eines wachsenden Bürgertums nach, ließ die Gründung von Oppositionsparteien zu und leitete damit die Entwicklung zu einem Mehrparteiensystem ein.

Die nun entstehende türkische Demokratie entspricht allerdings bis heute nur in Ansätzen dem Modell westlicher Demokratien. Denn bis 2003 bestand ein militärisches, über den Parteien thronendes Führungsgremium, und dessen Generäle griffen im Namen Atatürks als »Wächter der Revolution« immer wieder in politische Entscheidungsprozesse ein. Ja, die Generäle setzten sogar Regierungen ab, sobald diese nicht ihren Vorstellungen entsprachen. Es gelang allerdings Ministerpräsident Recep Tayyip Erdoğan Anfang des 21. Jahrhunderts, den militärischen Sicherheitsrat weitgehend zu entmachten. Aber in den folgenden Jahren versuchte nun zunehmend Erdoğan das entstandene Vakuum mit eigenem Machtanspruch zu füllen und oppositionelle Meinungen zu unterdrücken (Näheres darüber im Abschnitt *Modellfall Türkei*). Trotz solcher Einschränkungen hat sich in der Türkei jedoch ein demokratischer Modernisierungsschub vollzogen, wie es ihn bisher noch in keinem anderen Staat der islamischen Welt gegeben hat.

Dabei hatten sich Mitte des 20. Jahrhunderts in Syrien, im Irak, in Ägypten Reformbewegungen herausgebildet, die sich ausdrücklich an der Ideologie Atatürks orientierten. Sie, die Baath-Sozialisten und die Nasseristen, blieben jedoch wesentlich hinter ihrem Vorbild zurück.

»Arabischer Sozialismus« und Islam: die zwiespältige Moderne der Baath-Sozialisten

Seit den 1920er- und 1930er-Jahren wurden in der islamischen Welt sozialistische Wertvorstellungen heimisch. Allerdings hat die aus Europa importierte Ideologie viele Wandlungen durchgemacht. Sozialismus ist von den Muslimen nicht nur unterschiedlich interpretiert worden, sondern hat auch zu unterschiedlichen Parteigründungen und Massenbewegungen geführt. »Sozialistische« Reformer wollten ihre von islamischen Traditionen geprägten Länder energisch aus der Rückständigkeit herausführen wie Atatürk, wenngleich sie sich in entscheidenden Punkten vom türkischen Vorbild abgrenzten.

Andere soziale Gegebenheiten, andere kulturelle Überlieferungen provozierten neue Wege.

Sozialisten traten in jenen Ländern gehäuft auf, die über engere Kontakte zu Europa verfügten. Dies waren außer der Türkei die Kolonien und Treuhandgebiete Frankreichs – Syrien, Libanon, Algerien, Tunesien – und die britisch besetzten Staaten Ägypten und Irak sowie das britische Mandatsgebiet Palästina. Dort hatten einheimische Schüler und Studenten mit den Augen des Westens sehen gelernt – durchaus im Sinn der Kolonialherren, denn gebildete Araber sollten der eigenen »rückständigen« Kultur entfremdet werden und umso mehr an die »fortschrittliche« Kultur der Besatzungsmacht gebunden sein.

Allerdings führte die Absicht der Kolonialherren nur kurzfristig zum Ziel. Zwar begannen Einheimische der Bildungsschicht tatsächlich, westlich zu denken, aber gerade durch diesen neuen Horizont offenbarten sich ihnen auch Widersprüche der fremden Zivilisation. Denn nun mussten die Araber entdecken, dass sich unter der Herrschaft der Kolonialmacht eine breite Kluft zwischen den gepriesenen Idealen und der Wirklichkeit geöffnet hatte: Humanismus, Demokratie, Sozialismus blieben leere Worte, und wenn diese Ideen Wirkung zeigten, dann in Europa selbst, keineswegs in den Kolonien und Treuhandgebieten.

Fortschritt nach westlichem Muster war nicht für die Masse des Volkes in den unterworfenen Ländern bestimmt, allenfalls für eine schmale dort ansässige Oberschicht. Die Kolonialherren verbündeten sich oft genug mit einheimischen Fürsten und Großgrundbesitzern, die nach offizieller Lesart als rückständig zu gelten hatten, und beuteten mit ihnen gemeinsam das Volk aus; und die Kolonialherren wurden teilweise zu unerbittlichen Großgrundbesitzern mit feudalistischen Allüren.

Für arabische Bewunderer westlicher Zivilisation musste diese Erkenntnis schockierend sein, und gerade die kritischen

Geister unter ihnen wandten sich nun scharf gegen die Doppel-moral – aber bezeichnenderweise griffen sie mit ihrer Kritik auf westliche Maßstäbe zurück. Sie maßen die Kolonialherren an ihren gepredigten Idealen und forderten für die unterworfenen Völker ebenfalls soziale Gerechtigkeit. Unter dem Etikett »Sozia-lismus« kamen so gegensätzliche Regierungen wie die in Alge-rien, Ägypten, Syrien und dem Irak zur Macht. Auch Mitglieder der Palästinensischen Befreiungsbewegung (PLO) bekannten sich bis weit in die 1970er-, ja 1980er-Jahre zu einer Form von säkularem Sozialismus, unter anderem Yassir Arafat.

Misstrauisch reagierten allerdings viele orthodoxe und tra-ditionell orientierte Muslime auf das Entstehen einer sozialis-tischen Ideologie in der islamischen Welt. Sozialismus begrif-fen sie ebenso wie das Prinzip des Säkularismus als einen Import aus Europa, als nicht integrierbar in die islamische Kul-tur. Die Kritiker hatten Unrecht, sofern sie die von den Sozia-listen verkündeten Gleichheitsideale als unvereinbar mit dem Koran ansahen. Aber ihr Argwohn war geweckt, weil diejeni-gen, die als Erste im arabischen Herrschaftsbereich den Sozia-lismus propagierten, überwiegend keine Muslime waren, son-dern arabische Christen. Es waren Angehörige christlicher Minderheiten, die sich von ihrer Religion her naturgemäß be-sonders für Einflüsse aus dem wirtschaftlich und politisch expandierenden Europa aufgeschlossen zeigten. Sie verwende-ten als Erste den arabischen Begriff *Ishtirakiya* (»Gemeinsam-keit«) als Umschreibung für Sozialismus, und dieser Begriff wurde seither beibehalten.

Ein syrischer Christ, Michel Aflak, war der Begründer der Baath-Partei, der ersten ausdrücklich sozialistischen Partei der islamischen Welt. Sie entstand 1943 in Damaskus, war aber von Anfang an darauf angelegt, im gesamten arabischen Raum politisch wirksam zu werden. Auffällig in unser westliches Be-wusstsein gedrungen ist diese Partei allerdings erst nach 1970 durch zwei ihrer Führer: durch Hafis al-Assad in Syrien und durch Saddam Hussein im Irak. Davon später mehr. Zunächst zu den Ursprüngen und zum Werdegang.

Michel Aflak, 1910 als Spross einer reichen syrisch-christlichen Familie in Damaskus geboren, hatte in Paris Geschichte und Soziologie studiert. In Paris hatte er sich auch intensiv mit nationalistischen und sozialistischen Ideologien Frankreichs und anderer europäischer Länder auseinandergesetzt, was ihn zur Ideologie eines arabischen Nationalismus und Sozialismus inspirierte. Der Christ Aflak definierte den Islam sehr säkular: weniger als göttliche Offenbarung, mehr als wertvolles arabisches Kulturerbe. In diesem Sinn strebte seine Partei ein Wiedererstarken verschütteter arabischer Kräfte an, worauf auch der Name der Partei hinweist: Das arabische Wort *Baath* bedeutet »Wiedergeburt«, »Erweckung«.

Sozialismus, *Ishtirakiya,* hieß für diese Partei, die bisherigen Feudalstrukturen zu beseitigen und vor allem eine Landreform zugunsten der sozial unterdrückten Kleinbauern durchzuführen. Es gelte eine Gesellschaft zu schaffen, in der die krassen Unterschiede von reich und arm, gebildet und ungebildet überwunden seien. Sozialismus als Programm blieb hierbei allerdings vage. Der Chefideologe Aflak hatte sich zwar in Paris auch intensiv mit den Analysen und Theorien von Karl Marx auseinandergesetzt, aber er äußerte sich nicht dezidiert zu einer wirtschaftlichen Neuordnung. Er wie seine ideologischen Nachfolger ließen offen, ob eine Baath-Regierung eine Planwirtschaft nach dem Vorbild kommunistischer Ostblockstaaten schaffen oder eher einer Privatwirtschaft Entfaltung zubilligen sollte.

Entsprechend widersprüchlich sah später die Praxis aus. Die politischen Strategen unterwarfen das Wirtschaftsleben sowie das Bildungswesen einer mehr oder weniger rigiden staatsbürokratischen Aufsicht, andererseits ließen sie den Geschäftsleuten genug Spielraum, um ihren Privatbesitz zu wahren und zu mehren. Die Baath-Sozialisten hüteten sich, die Rechte des Besitzbürgertums allzu sehr einzuschränken, weil neben ranghohen Militärs auch viele Ingenieure, Ärzte, Rechtsanwälte, Verwaltungsbeamte und Lehrer zu ihren Anhängern gehörten. Aber Aflak und spätere Partei-Ideologen waren »sozialistisch« genug, um sich gegen Regierungen mit traditionell feudalistischer Ideologie und konservativ religiöser Prägung scharf abzugrenzen. Ihre Politik richtete sich besonders gegen die Monarchien in Saudi-Arabien und den Scheichtümern am Golf, aber auch gegen diejenigen in Jordanien und Marokko sowie gegen das (bis 1958 bestehende) Königshaus im Irak.

Die Distanz der Baath-Sozialisten zum traditionellen Islam war besonders in den ersten Jahrzehnten schroff. Dem Christen Aflak lag an einer säkularen Gesellschaftsordnung, vor allem weil er hoffte, dass in einem solchen Staat endgültig der Gegensatz zwischen Muslimen und Christen abgebaut werden könne – religiöse Minderheiten also völlig gleichberechtigt mit der religiösen Mehrheit zusammenleben würden. Entscheidend ist für einen Baath-Sozialisten nicht, Muslim oder Christ zu sein, sondern Araber. Bemerkenswert ist, dass die vielen muslimischen Mitglieder der Partei hier der Doktrin ihres christlichen Chefideologen folgten. Wenn auch die Parteiführer und später die Regierenden stets Muslime waren, so spielten doch arabische Christen innerhalb der Partei wichtige Rollen. Das ist, wie wir noch sehen werden, in Syrien so, wo rund zehn Prozent der Bevölkerung Christen sind, und war nicht anders im Irak mit seinen rund drei Prozent Christen.

Ziel der Baath-Sozialisten war es, in allen arabischen Staaten an die Macht zu kommen und von Marokko bis in den Irak eine »neue arabische Gesellschaft« zu schaffen, schließlich verstanden sie sich als Vorkämpfer einer »panarabischen« Bewegung. Aber von Anfang an hatten sie Schwierigkeiten, außerhalb ihres Ursprungslandes Syrien nachhaltig Machtpositionen zu erobern. Ein wesentlicher Grund dafür war, dass sich in anderen Ländern Parteien mit ähnlichen ideologischen Inhalten entwickelten und zur Konkurrenz wurden (davon später mehr).

Aber immerhin erreichten sie in zwei Staaten ihr Ziel. 1963 kamen sie durch einen Militärputsch in Syrien an die Regierung. Zur gleichen Zeit konnten sie im Nachbarstaat Irak ihre Basis entscheidend verbreitern und regierten zunächst in Koalition mit anderen Parteien arabischer Nationalisten, bis sie 1968 ebenfalls durch einen Militärputsch die ganze Macht gewannen. Hier wie dort regierten sie allerdings unangefochten bis in die ersten Jahre des 21. Jahrhunderts. Aber die »Bruderparteien« der syrischen und arabischen Baath-Sozialisten waren schon 1966 in zwei rivalisierende und schließlich ideologisch verfeindete Lager gespalten. Das konnte als ein weiteres Indiz dafür gelten, dass der Traum von einer Herrschaft über eine geeinte arabische Welt Illusion bleiben musste.

Der Weltöffentlichkeit eingeprägt haben sich die Baath-Parteien, wie ebenfalls schon angedeutet, vor allem durch zwei Diktatoren: Der eine, Hafis al-Assad, regierte in Damaskus von 1970 bis zu seinem Tod im Juni 2000, worauf die Macht an seinen Sohn Baschar al-Assad überging. Der andere, Saddam Hussein, war in Bagdad nach dem Militärputsch von 1968 Vizepräsident und damit der zweitwichtigste Mann des Regierungsapparates geworden. 1979 riss er die ganze Macht an sich und regierte, bis er im April 2003 durch den Einmarsch amerikanischer und britischer Truppen nach 24-jähriger Gewaltherrschaft gestürzt wurde. Damit ging die Herrschaft der irakischen Baath-Partei im Irak zu Ende. In Syrien ist die Macht dieser Partei bedroht, seit 2011 ein Bürgerkrieg den Staat in vielerlei unterschiedliche Herrschaftszonen aufsplitterte (davon ausführlicher im Abschnitt *Explosion in Syrien*).

Eine solche Entwicklung zeigt, dass von den hehren Idealen des Baath-Sozialismus in der Praxis nicht mehr viel geblieben ist. Aber in den ersten zwei Jahrzehnten ihrer Macht haben die syrischen wie die irakischen Baath-Sozialisten beachtliche Fortschritte in der Bildungspolitik, der Alphabetisierung sowie in der Frauenemanzipation erzielt. Auch konnten unter ihrer

Herrschaft religiöse Minderheiten, besonders Christen, mehr Freiheiten, ja politische Privilegien genießen als in vielen anderen islamischen Staaten. So stieg etwa der irakische Christ Tarik Aziz zum Außenminister in der Regierung Saddam Husseins auf und wurde schließlich dessen Stellvertreter. Und Michel Aflak, der christliche Chefideologe, der nach politischen Streitigkeiten 1968 von Syrien in den Irak zur rivalisierenden Schwesterpartei übersiedelte, konnte auch in Bagdad ein privilegiertes Leben führen. Nach seinem Tod 1989 wurde er gar von Saddam Hussein durch ein Staatsbegräbnis geehrt.

Dass die Baath-Sozialisten eine Demokratie nach westlichem Vorbild ablehnten und stattdessen von Anfang an eine Erziehungsdiktatur befürworteten, begründeten sie mit folgendem Argument: Das arabische Volk sei noch nicht reif für die Demokratie, es stecke noch zu tief im Stadium der Unterentwicklung. Bis das Volk die nötige Bildung erworben habe, brauche es eine alleinregierende Partei, deren Führung aus einer »Avantgarde der Wissenden« bestehe. Theoretisch bedeutete das, dass Demokratie durchaus möglich – ja erstrebenswert – sei, aber es könne noch Jahrzehnte des Übergangs dauern, bis entsprechende Voraussetzungen geschaffen seien. Die Baath-Sozialisten beriefen sich mit dieser Ideologie sowohl auf Atatürk als auch auf Lenin und argumentierten, dass beide ja auch nur mit einer Erziehungsdiktatur den Fortschritt gegenüber einem unwissenden Volk hätten durchsetzen können. Und wie Atatürk übernahmen die Baath-Sozialisten von Lenin nur das Herrschaftsmodell, nicht die kommunistische Ideologie und den Atheismus.

Aber im Unterschied zu den Nachfolgern Atatürks in der Türkei blieben die Baath-Sozialisten unverändert bei ihrer Überzeugung, das Volk sei noch lange nicht reif für Demokratie und benötige weiterhin eine »wissende Führung« mit starker Hand. Während in der Türkei, wie bereits erwähnt, 1945 ein Mehrparteiensystem zugelassen wurde, hat sich weder im

Irak noch in Syrien eine ähnliche Entwicklung auch nur im Ansatz angebahnt. Ja, im Irak entwickelte sich bekanntlich die »wissende Führung« unter dem Regime des politischen Abenteurers Saddam Hussein zu einer besonders brutalen Gewaltherrschaft, ohne überhaupt ein weitreichendes sozialpolitisches Konzept erkennen zu lassen – es dominierte das Prinzip des brutalen Machterhalts um jeden Preis. In dieser Hinsicht unterschied sich die Tyrannei im Irak allerdings von dem ebenfalls harten Regime in Syrien. Der strategisch viel geschicktere Machtpolitiker Hafis al-Assad hatte zwar nicht gezögert, politische Gegner ebenfalls rücksichtslos zu beseitigen, aber er erwies sich letztlich als ein rationaler, kühler Pragmatiker, dem es während der drei Jahrzehnte seiner Herrschaft immerhin gelang, das religiös und sozial aufgesplitterte Syrien zu stabilisieren. Auch verstand er es, außenpolitisch sich stets wendig neuen Gegebenheiten anzupassen und bei Bedarf auch mit dem Erzfeind Israel und den USA Verhandlungen aufzunehmen.[19] Dass eine solche Balance seinem Sohn und Nachfolger Baschar al-Assad nicht mehr gelingen konnte, zeigt, wie prekär die Situation im multi-religiösen und multi-ethnischen Syrien eigentlich war, hier vergleichbar mit dem Irak. Dazu später mehr.

Gleichermaßen Schwierigkeiten hatten aber die irakischen wie die syrischen Baath-Sozialisten mit der religiösen Orthodoxie. »Rechtgläubige« Muslime verhielten sich von Anfang an misstrauisch gegenüber den arabischen Nationalisten, zum einen, weil diese die arabische Kultur wichtiger nahmen als den Islam, zum anderen, weil der Begründer der Baath-Partei ein Christ war und sich etliche der Baathisten ganz unverhohlen mit ihrem Ideal einer Erziehungsdiktatur auf Lenin beriefen. Die politischen Anleihen beim System des Leninismus bestärkten orthodoxe Muslime in dem Verdacht, mit der sozialistischen Diktatur käme der Atheismus auf zunächst kaum erkennbaren Schleichwegen in die islamische Welt. Daher richteten sie ihre Opposition sehr früh schon gegen die Baath-Parteien, und daran hat sich bis heute nichts geändert.

Mit wachsendem Widerstand orthodoxer Muslime hatten sich seit den 1970er-Jahren die Baath-Führer Hafis al-Assad in Syrien und Saddam Hussein im Irak auseinanderzusetzen, und zeitweise kam es auch zu Unruhen, besonders unter Islamisten. Aber so wenig zimperlich die Baath-Führer einerseits mit muslimischen Gegnern umgingen, suchten sie früher andererseits die Verständigung mit religiösen Kräften. Um diese Haltung schon in Äußerlichkeiten zu dokumentieren, ließen sie ihre Manifeste stets mit der traditionellen Anrufung Gottes beginnen: »Im Namen Allahs …« Tatsächlich ist weder in Syrien noch im Irak der Einfluss geistlicher Rechtsgelehrter aus der Politik völlig verdrängt worden, zudem hat sich der Religionsunterricht – anders als unter Atatürk – zentral im Erziehungswesen halten können. Ein solcher Aspekt lässt ahnen, dass später die Bürgerkriege sowohl in Syrien als auch im Irak zunehmend von religiös-politischem Fanatismus überlagert wurden.

Die »sozialistische« Konkurrenz der Nasseristen

Ich habe es schon erwähnt: Die Baath-Sozialisten konnten in vielen anderen arabischen Ländern ideologisch und machtpolitisch keinen größeren Einfluss gewinnen, weil sich eine Reihe von Parteien mit ähnlichen ideologischen Inhalten entwickelten und zur Konkurrenz wurden. Eine dieser Bewegungen arabischer Sozialisten, die über Jahrzehnte eine herausragende Rolle spielte, möchte ich ausführlicher darstellen: die der sogenannten Nasseristen in Ägypten. Der Name der Bewegung geht auf ihre Leitfigur zurück: den Revolutionsführer Gamal Abd an-Nasser, der zeitweilig als Verbündeter, dann als mächtigster Rivale der Baath-Sozialisten auftrat.

Nasser hatte sich 1952 nach einem Militärputsch gegen das korrupte Regime des ägyptischen Königs Faruk schrittweise die absolute Macht erobert und war 1954 endgültig zur Leitfigur der »Revolution« geworden. Nassers Ziele unterschieden sich nur wenig von denen der richtungsweisenden Ideologen in Syrien. Auch Nasser forderte den Zusammenschluss aller Araber zu einer großen anti-imperialistischen, politisch schlagkräftigen arabischen Nation. Auch Nasser bezog scharf Front gegen traditionalistisch orientierte Monarchien wie die in Saudi-Arabien und anderswo. Aber auch er hütete sich, die Rechte des Besitzbürgertums maßgeblich einzuschränken, weil er ebenso auf die Kenntnisse und die Mitarbeit großbürgerlicher Verwaltungsfachleute, Ingenieure, Ärzte und Lehrer angewiesen war. Sozialismus verwirklichte Nasser nur mit einer einzigen Maßnahme: indem er Fabriken und Plantagen ausländischer Konzerne verstaatlichte. Eine Landreform zugunsten der notleidenden Kleinbauern führte er dagegen nur sehr zögernd durch, weil er den Machtkampf mit den besitzenden Schichten grundsätzlich scheute. Nassers Programm und Politik stimmten demnach selbst in ihren Widersprüchen mit Ideologie und Praxis der Baath-Sozialisten überein. Eine bloße Nachahmung also? Manches spricht dafür. Trotzdem erscheint es logisch, wenn heute Historiker Nassers politische Bewegung in Abgrenzung zur Baath-Ideologie als einen eigenständigen »Nasserismus« bezeichnen. Denn die Persönlichkeit des ägyptischen Revolutionsführers war so stark, seine Fähigkeit, die Volksmassen in mitreißenden Reden mit seinen Visionen zu begeistern, so auffallend, dass hinter seiner Erscheinung alle Schwächen und Widersprüchlichkeiten des Programms zurücktraten – Nasser war das Programm.

Nasser hatte es wie kein anderer verstanden, den Sozialismus als arabisches Ideal anzupreisen. Wortreich konnte er den Massen klarmachen, dass die Grundidee sozialer Gerechtigkeit in der arabischen Tradition – genauer: im Islam selbst – angelegt sei. Man brauche daher keine Anleihen bei fremden Kulturen zu machen, schon gar nicht bei den Kolonialherren von einst. Mohammed habe bereits die Gleichheit aller Menschen gepredigt und die Reichen wie die Mächtigen verflucht, die die Armen Not leiden ließen. Die arabische Kultur enthalte sämtliche Werte einer moralisch hochstehenden Gesellschaft und sei besonders geeignet, soziale Gerechtigkeit herzustellen. Es müsse nur endlich wieder, wie in weit zurückliegenden Zeiten, mit solchen Werten ernst gemacht werden. Dies waren Argumente, die den einfachen Mann von der Straße wie den Intellektuellen, den gläubigen Muslim wie den unorthodoxen Skeptiker beeindrucken konnten. In der Tendenz unterschied sich Nasser auch hier nicht von den Baath-Ideologen, aber anschaulicher als sie konnte er dem Sozialismus die nötige arabisch-islamische Einkleidung geben.

In der Tat liegt dem Islam ein zutiefst egalitäres Ideal zugrunde. Zwar hat Mohammed nie eine politische Ordnung gefordert, in der es zwischen reich und arm keine wesentlichen Unterschiede mehr gebe. Aber Mohammed wollte die Unterschiede gemildert wissen und hat die Gleichheit aller Menschen zumindest als eine Vision des Paradieses verheißen. Und diese Zukunftsvision findet bereits in religiösen Riten ihren symbolhaften Ausdruck. Am deutlichsten zeigt sich die Verheißung der Gleichheit im Pilgerzeremoniell von Mekka: Alle Gläubigen, ob reich oder arm, mächtig oder sozial unterdrückt, haben sich während der Wallfahrt in gleich aussehende einfache weiße Tücher zu kleiden – ein paar Tage verwirklicht sich so wenigstens nach außen hin jener harmonische Zustand, wie er im Paradies ewig währen soll. Es hat in der islamischen Geschichte immer wieder Reformer gegeben, die aus diesen utopisch verheißenen Gleichheitsidealen Regeln für den Staat abgeleitet haben. Sozialismus also? Da der Islam nicht anders als das Christentum Nächstenliebe über alle gesellschaftlichen Schranken und Ethnien hinweg fordert, brauchen Muslime den Sozialismus nicht als etwas völlig Fremdes abzuwehren, selbst wenn viele sozialistische Thesen aus Europa übernommen wurden. Das Ideal eines arabischen Sozialismus hätte sonst zu keiner Zeit die Volksmassen begeistern können.

Die Nasseristen demonstrierten allerdings wie die Baath-Sozialisten Distanz zum traditionellen Islam. Sie strebten ja die Einheit der Araber und nicht die Einheit der Muslime an. Sie bekämpften zwar den Kolonialismus und Imperialismus westlicher Großmächte, aber ihnen ging es nur darum, sich aus der politischen und wirtschaftlichen Abhängigkeit des Westens zu lösen. Dagegen hielten sie an geistigen Vorbildern des Westens fest: an der weitgehenden Trennung von religiöser und politischer Sphäre, an der nationalistisch statt der religiös definierten Gemeinschaft. Und so braucht es nicht zu wundern, dass die Nasseristen sehr bald in Konflikt mit Gruppierungen orthodoxer Muslime gerieten, besonders mit der 1928 in Kairo entstandenen Muslim-Bruderschaft. Nachdem Nasser 1954 nur knapp einem Mordanschlag von Muslim-Brüdern entgangen war, ließ er Tausende ägyptischer Fundamentalisten einkerkern und etliche ihrer führenden Mitglieder hinrichten.

Trotz schwerwiegender Konflikte mit orthodoxen und radikal-orthodoxen Muslimen blieb aber der Nasserismus bis weit in die 1960er-Jahre hinein in Ägypten außerordentlich populär, ja konnte sich als die führende nationalistisch-sozialistische Bewegung der arabischen Welt behaupten. Erst nachdem Nasser 1967 im sogenannten Sechstagekrieg gegen Israel eine demütigende Niederlage erlitt und bei vielen Arabern Zweifel an den Fähigkeiten bisheriger Führungseliten aufkamen, ließ die Ausstrahlungskraft des panarabischen Führers und seiner Bewegung nach und verblasste allmählich nach Nassers Tod 1970. Nun erst rückte deutlicher ins Bewusstsein, dass viele der anfangs energisch betriebenen sozialen Reformen an widersprüchlichen Konzepten und am alten Übel der Korruption längst gescheitert waren oder zumindest stark an Elan verloren hatten.

Diese schleichend um sich greifende Enttäuschung erleichterte es dem Nachfolger, dem bisherigen Vizepräsidenten Anwar as-Sadat, etliche der einflussreichsten Anhänger Nassers aus den Schlüsselpositionen der Partei zu verdrängen und durch eigene Gefolgsleute zu ersetzen. Sadat leitete eine, wie er selbst betonte, pragmatische Politik ein. Das hieß, Sadat öffnete Ägypten 1973 dem Westen, den er nicht mehr wie die Nasseristen als imperialistisch anprangerte. Vielmehr wollte er mit westlicher Wirtschaftshilfe die von der nasseristischen Staatsbürokratie eingeschnürte Industrie aus ihrer schweren Krise herausführen. Dies bedeutete die endgültige Abkehr vom Nasserismus. Dass dann allerdings auch Sadats Politik der Öffnung in Korruption und eine erneute Wirtschaftskrise mündete, werden wir später sehen.

Modernisten schrecken vor Säkularisierung zurück

In der »sozialistischen« Republik Irak vollzog der Diktator Saddam Hussein 1990 demonstrativ einen schrittweisen ideologischen Wandel. Er, den die Iraker bisher kaum in einer Moschee gesehen hatten, ließ sich beim Gebet unter Gläubigen filmen und sprach im Staatsfernsehen vom »Heiligen Krieg« gegen den »ungläubigen Westen«. Das war ein ungewöhnliches Verhalten für einen Baath-Sozialisten, der bis in die 1980er-Jahre herein in seinen Schriften entschieden die Trennung von Religion und Politik propagiert hatte. Saddam Hussein gab sich zunehmend als ein religiöser Politiker, nachdem er am 2. August 1990 seine Truppen in Kuwait hatte einmarschieren lassen und das Golfscheichtum annektiert hatte. Weil die Westmächte unter Führung der USA dem Diktator nun mit Krieg drohten, antwortete Saddam Hussein in kriegerischem Tonfall. Warum aber benützte er hierbei ausgerechnet das religiös-politische Vokabular von Islamisten? Er unterdrückte doch Islamisten im eigenen Herrschaftsbereich mit Härte. Die Antwort ist einfach: In dieser äußerst kritischen Situation sah sich Saddam Hussein mehr als bisher auf breite Unterstützung orthodoxer Muslime, ja auch von Islamisten der ganzen islamischen Welt angewiesen.

Aber schon unmittelbar bevor Saddam Hussein seine Truppen in Kuwait hatte einmarschieren lassen, hatte er vorbeugend erste Signale einer auffallenden Islamisierung gesetzt. Im Juli 1990 praktizierte er bereits eine paradoxe ideologische Verrenkung, um den Gläubigen zu demonstrieren, dass die Baath-Partei und sein Regime als islamisch anzusehen seien. Er tat etwas, das sich im offiziellen Bericht des irakischen Informationsministeriums, in der devoten Sprache von Hofberichterstattern, folgendermaßen liest: »Seine Exzellenz ergriff die Flagge des Irak, seine Augen leuchteten [...], und er zeigte mit seiner vornehmen Hand, dass die Worte *Allahu Akbar* auf die Flagge des Irak eingestickt werden sollen.«[20] Der Ausruf *Allahu Akbar*, »Gott ist am größten«, wurde sonst im 20. Jahrhundert nur einmal auf einer Staatsflagge angebracht – im fundamentalistisch regierten Königreich Saudi-Arabien, einem der ideologischen Hauptgegner des sozialistisch-säkularen Irak. Saddam Hussein tat noch ein Übriges, um die irakische Baath-Partei zu »islamisieren«: Er ließ das Gerücht verbreiten, der christliche Begründer der Baath-Partei, Michel Aflak, habe sich 1989 auf dem Sterbebett zum Islam bekehrt. Es ist ein Gerücht, für das es keinerlei stichhaltige Bestätigung außerhalb der Reihen regimetreuer Vasallen gibt.

Aber der Irak ist für derartige Tendenzen nur ein besonders eklatantes Beispiel. Nahezu alle Republiken, die sich mehr oder weniger zur Idee eines säkularen Staates bekennen – ob nun Syrien, Ägypten, Algerien, Tunesien, Somalia –, sahen sich genötigt, auf wachsenden konservativen Widerstand in der Bevölkerung zu reagieren und das Bekenntnis zum Islam demonstrativ zu bekräftigen. Sie taten dies mit öffentlichen Erklärungen, medienwirksam inszenierten Moscheebesuchen führender Politiker, und – was noch viel wichtiger war – sie verzichteten darauf, konsequent die Trennung von religiöser und politischer Sphäre durchzuführen. In nahezu all diesen Staaten ist der Einfluss geistlicher Rechtsgelehrter auf die Politik und die Erziehung mehr oder weniger erhalten geblieben, vor allem auf die sozial-religiöse Gesetzgebung im Bereich Familie und Frauen. Daher kann keine dieser Republiken nach unseren westlichen Maßstäben als säkularisiert betrachtet werden.[21]

Das gilt gerade auch für Ägypten, obwohl sich dessen Führungsschicht neben der türkischen am frühesten westlichen Einflüssen geöffnet hat. Exemplarisch für eine sehr ambivalente säkulare Politik ist besonders Nassers Nachfolger Anwar as-Sadat, der uns lange Zeit als ein vorwiegend liberaler, sehr pragmatisch denkender und westlichen Strömungen aufgeschlossener Politiker erschienen ist. Sadat sah zwar wie Nasser die fundamentalistische Muslim-Bruderschaft als eine Bedrohung für den Staat an, aber er bekämpfte sie nicht entschieden. Nicht nur, dass Sadat im Gegensatz zu Nasser zunehmend darauf verzichtete, Muslim-Brüder einzukerkern oder gar hinzurichten. Sadat versuchte vielmehr, die Islamisten durch eine Reihe politischer Zugeständnisse in das Staatsgefüge einzubinden, in der Hoffnung, so am ehesten die Gefahr bürgerkriegsähnlicher Unruhen bannen zu können. Daher öffnete er für viele Muslim-Brüder die Gefängnistore und ließ etlichen sogar Haftentschädigung oder Pension auszahlen. Auch duldete er, dass die Muslim-Brüder immer mehr Einfluss an den Universitäten gewannen, dort Emanzipationserfolge ägyptischer Studentinnen rückgängig machten und eine strenge Trennung nach Geschlechtern einführten. Das entscheidendste Zugeständnis aber machte Sadat, als er schon 1971 erste Anordnungen gab, wichtige Bestandteile aus der mittelalterlichen Gesetzgebung des Islam, der Scharia, in die ägyptische Verfassung einzubauen. Führende Muslim-Brüder durften seit 1980 gar im Beratungsausschuss des juristischen Gremiums mitwirken. Und diese Verfassungsänderungen hatten auch unter Sadats Nachfolger Hosni Mubarak Bestand.

Für Nasser wären solche Zugeständnisse undenkbar gewesen. Sie wären ihm als Verrat an der Idee eines säkularen Nationalismus und Sozialismus erschienen. Nasser hätte sich auch nie derart demonstrativ zum Islam bekannt, wie dies der zweifellos religiöse Sadat getan hat. Zur traurigen Ironie der Geschichte gehört allerdings, dass diese Beschwichtigungsversuche gegenüber den Islamisten Sadat nichts genutzt haben. Er starb am 6. Oktober 1981 durch ein Attentat der Organisation *Dschihad*, »Heiliger Krieg«, einer besonders radikalen Zweiggruppe der Muslim-Bruderschaft. Die Islamisten hatten es Sadat ohnehin nicht verziehen, dass er im März 1979 einen Separatfrieden mit dem »Satan« Israel geschlossen hatte.

In der islamischen Welt gibt es bisher nur ein einziges Land, das unserer westlichen Vorstellung eines säkularisierten Staates einigermaßen entspricht. Das ist die Türkei, in der ja Atatürk die Trennung zwischen religiöser und politischer Sphäre entschieden hat durchsetzen können. Aber selbst dort bleiben, wie wir noch sehen werden, beträchtliche Spannungen zwischen den Verfechtern einer säkularen Moderne und einer islamisch geprägten Gesellschaft bestehen.

Krieg der Konfessionen
unter Muslimen

Sunniten und Schiiten

Die Schiiten? Der Gefragte zog unwillig die Stirn in Falten. Die Schiiten, sagte er, seien keine richtigen Muslime, das seien bestenfalls halbe Muslime.

Die Antwort machte mich stutzig. Sie kam von einem Türken in Kayseri, im östlichen Anatolien. Er war einige Jahre als Gastarbeiter in Deutschland tätig gewesen, sprach relativ gut deutsch und schien sich zu freuen, mit mir in einem Teehaus nahe der Zitadelle zu plaudern. Andererseits strahlte er eine gewisse Reserviertheit aus, die ich mir nicht sofort erklären konnte. Das Gespräch ergab sehr bald, dass er sich als streng orthodoxer Sunnit begriff. Gerade in der Fremde, inmitten völlig anderer Sitten, sei sein Glaube stark geworden, versicherte er, und fuhr fort: Deutschland sei ein schönes Land, die Deutschen seien freundliche Leute ... Mich ließen solche Worte verlegen werden angesichts der Ressentiments, die ja viele Deutsche den »Gastarbeitern« entgegenbringen. Der Islam werde allerdings in Deutschland nicht genügend respektiert, schränkte er sein Lob wieder ein. Da musste ich ihm zustimmen. Aber ausgerechnet er, der sunnitische Muslim, äußerte sich einem Deutschen gegenüber abwertend über die Schiiten.

Aus der Distanz erscheint mir diese Haltung keineswegs überraschend. Auch in unserem Kulturkreis können wir ja zur Genüge beobachten, dass sich Strenggläubige oft besonders strikt gegen »Ketzer« innerhalb der eigenen Religion abgrenzen. Schon eine Äußerung wie diese vermag daher eine Ahnung zu vermitteln, wie sehr auch im Islam das Bewusstsein einer Religionsspaltung bis auf den heutigen Tag schmerzlich lebendig geblieben ist. Und wie diese Spannung sich immer wieder in Ressentiments entladen kann.

Die Tendenz zur Spaltung ist bei Muslimen unmittelbar nach dem Tod ihres Propheten offenkundig geworden. Aber sie entzündete sich in erster Linie an politischen, nicht an theologisch-begrifflichen Differenzen. Die Muslime hatten Schwierigkeiten, sich auf einen Nachfolger im Amt Mohammeds zu einigen. Die einen meinten, zur Nachfolge als *Kalif* (»Stellvertreter«) sei jeder ein guter Kandidat, sofern er nur Araber und ein vorbildlicher Muslim sei. Sie, die Sunniten, sollten später die Mehrheit von fast 90 Prozent aller Gläubigen bilden. Ihr Name leitet sich von *Sunna* ab; der Begriff lässt sich am besten mit »gewohnte Handlungsweise«, »herkömmlicher Weg«, »Tradition« übersetzen. Andere verkündeten, jeder Muslim, unabhängig von Volk und sozialem Stand, könne Kandidat sein. Sie, die *Kharidschiten,* sollten später wegen ihrer kompromisslosen Glaubenshaltung zahlenmäßig zur unbedeutenden Minderheit, zu einer Sekte herabsinken und nur noch im südlichen Arabien und Algerien kleine Rückzugsgebiete haben. Ihr Name bedeutet »die Abgesonderten«. Wieder andere meinten, nur ein Blutsverwandter des Propheten könne Nachfolger werden, und da Mohammed lediglich eine Tochter mit dem Namen Fatima hatte, entschieden sie sich für deren Gatten Ali ibn Abi Talib und dessen Geschlechterfolge. Sie, die Schiiten, sollten später rund zehn Prozent der Muslime ausmachen. Ihr Name geht auf den arabischen Begriff *Schia*, »Partei«, zurück. Gemeint ist die Partei des Ali, des Schwiegersohns des Propheten Mohammed.

Es hat wegen dieses Nachfolgestreits blutige Kämpfe zwischen den Parteien gegeben, Machtkämpfe. Und doch war es nicht ein bloßer Kampf um Herrschaft, sondern auch um Prinzipien, denn sonst hätten sich die Gruppierungen nicht in Konfessionen spalten müssen. Die Sunniten neigten in Zukunft dazu, den Koran und Mohammeds mündlich überlieferte Aussagen als alleinige Glaubensquelle anzuerkennen, die Schiiten dagegen erweiterten das Spektrum noch durch die Korandeutungen ihrer »rechtmäßigen« Prophetennachfolger, des Kalifen Ali sowie dessen Sohn, des Prophetenenkels Hussein ibn Ali. Und da Sunniten wie Schiiten allein ihre eigene Auffassung für wahr hielten, ist es zwischen ihnen – ähnlich wie zwischen christlichen Konfessionen – zu gegenseitigen Verdammungsurteilen aus Glaubensgründen gekommen.

Die Trennung äußert sich selbst im Ruf zum Gebet, wie er fünfmal jeden Tag aus den Lautsprechern der Minarette über Straßen und Häuser schallt. Allen Muslimen von Marokko bis Indonesien, von der Türkei bis Westafrika ist jener gedehnt auf Arabisch gesungene Text vertraut: »Gott ist am größten. Ich bezeuge, dass es keinen Gott gibt außer Gott! Ich bezeuge, dass Mohammed der Gesandte Gottes ist!« Aber in schiitischen Moscheen setzt der Muezzin dem Glaubensbekenntnis einen weiteren Satz hinzu: »Ich bezeuge, dass Ali der Freund Gottes ist!« Für Sunniten eine Blasphemie: Wenn auch in ihrer Überlieferung Kalif Ali eine bedeutende Rolle spielt, erscheint ihnen eine besondere Hervorhebung im täglichen Gebetsruf wie eine Heiligenverehrung, diese aber gilt als unislamisch. Erst recht ist ihnen die Neigung der Schiiten suspekt, die zwölf Imame – direkte Nachkommen Mohammeds aus der Geschlechterreihe des Kalifen Ali und der Prophetentochter Fatima – als besondere Autoritäten in Glaubensfragen zu verehren. Umgekehrt lehnen die Schiiten viele Korandeutungen der sunnitischen Geistlichkeit ab, eben weil jene sich über unverbrüchlich »wahre« Interpretationen ihrer zwölf Imame hinwegsetzt.

Aus solchen Gegensätzen heraus ist es im Verlauf der Jahrhunderte immer wieder zu äußerst blutigen Machtkämpfen und »Glaubenskriegen« zwischen beiden Konfessionen gekommen. Sunniten wie Schiiten strebten gleichermaßen einen

Staat an, in dem allein ihre geistlichen Rechtsgelehrten die Richtlinien für eine »wahrhaft islamische« Sozialordnung bestimmten. Aber in den ersten zwei bis drei Jahrhunderten hatten die Sunniten eine derart erdrückende politische Übermacht gebildet, dass die Schiiten als weit verstreute Minderheit bestenfalls nur geduldet, oft unterdrückt, verfolgt oder gar getötet wurden, also ihren Glauben nur im Verborgenen leben konnten. Es gehört zum tragischen Schicksal der Schiiten, dass viele ihrer frühen Führer ermordet wurden – allen voran die Ahnväter ihrer Bewegung, Kalif Ali und sein zweitältester Sohn Hussein sowie die nachfolgenden Imame. Nach dem gewaltsamen Tod des zwölften Imam im Jahr 874 unserer Zeitrechnung war schließlich die direkte Nachkommenschaft aus der Familie des Propheten Mohammed und des Kalifen Ali erloschen. Aus dieser Situation heraus haben die Schiiten früh die Neigung entwickelt, Märtyrer ihrer Konfession besonders zu verehren – allen voran Hussein, Alis Sohn und Enkel des Propheten, der im Jahr 680 unserer Zeitrechnung in der Schlacht von Kerbela (Irak) gegen das Heer des sunnitischen Kalifen Yesid gefallen war. Und letztendlich hielten die Schiiten es sogar für gottgefällig, dem Vorbild solcher Märtyrer nachzueifern und unbeugsam wie sie bis zum Opfertod gegen eine ungerechte Herrschaft von Ketzern und »ungläubigen« Muslimen zu kämpfen. Es ist auch kein Zufall, dass viele Sklaven- und Bauernaufstände im islamischen Mittelalter und der frühen Neuzeit von sozial unterdrückten Schiiten gegen sunnitische Feudalherren geführt wurden.

Allerdings sind die konfessionellen Fronten innerhalb des Islam nicht so holzschnittartig einfach geblieben, wie sie hier um der besseren Übersicht willen dargestellt sind. Sunniten und Schiiten bilden nur die Hauptgruppen, aus denen sich verschiedenste Untergruppen und Sekten abspalteten, die sich wiederum untereinander kritisierten und bekriegten – eine Entwicklung, wie wir sie ähnlich auch in der christlichen Kirchengeschichte beobachten können. Besonders die Schiiten haben sich in immer neue Richtungen aufgesplittert, weil sie sich nicht über die Frage einigen konnten, wie viele Imame in der Prophetennachfolge als höchste Autoritäten anerkannt werden sollten. So formte sich etwa die Bewegung der Siebener-Schiiten, weil sie nur sieben Imame in ihrer Traditionskette zulassen, und die der Zwölfer-Schiiten. Bei der gebotenen Kürze muss es genügen, die Hauptströmungen im Auge zu behalten, die auch heute noch maßgeblich das Gesicht der islamischen Welt prägen.

Entscheidend verschärft haben sich die Gegensätze, als es den sogenannten Zwölfer-Schiiten zu Beginn des 16. Jahrhunderts gelang, im Iran einen eigenen Staat mit beträchtlichem Großmachtehrgeiz zu begründen. Dieser Staat prallte mit den Interessen eines ähnlich rücksichtslos aufstrebenden Großreichs zusammen: dem Sultanat der Osmanen. Damit entbrannte zwischen schiitischen Persern und sunnitischen Türken ein äußerst blutiger, verlustreicher Kampf um Einfluss auf die übrigen islamischen Gebiete, besonders den arabischen Raum. Diese heftig geführten Kriege während des 16. und 17. Jahrhunderts haben die konfessionellen Affekte bis heute wesentlich geprägt. Wie hasserfüllt Schiiten und Sunniten damals übereinander urteilten, erinnert lebhaft an die vergiftende Polemik zwischen Katholiken und Protestanten zur selben Zeit. Europa litt damals unter den unsäglichen Spannungen von Reformation und Gegenreformation. Hier wie dort haben sich Politik und Religion gefährlich vermischt.

Durch den Bericht des zeitgenössischen Forschungsreisenden Engelbert Kaempfer ist uns ein lebhafter Eindruck dieses Fanatismus von Sunniten und Schiiten überliefert; er schrieb 1684 nach einem Besuch als Gesandter der schwedischen Regierung am Hof von Isfahan: »So unerheblich uns der Unterschied zwischen Sunna und Schia erscheinen mag, so grimmig und unversöhnlich ist der Hass, mit dem sich die Anhänger der beiden Richtungen verfolgen. Die Perser [...] sind überzeugt, dass der Glaube der Türken so verkehrt sei, dass deren Seelen nach dem Tode sofort in bleierner Schwere in die im Mittelpunkt der Erde gedachte Hölle hinabstürzen, während die Seelen der anderen Ungläubigen erst am Jüngsten Tag gerichtet werden und bis dahin in der Geisterwelt verweilen dürfen. Scherzweise wird erzählt, dass, wenn eines Persers Fleisch mit dem eines Türken im gleichen Topf gesotten würde, die Brühe alsbald erstarre, wobei sich die beiden Bestandteile soweit als möglich abstießen.«[1]

Die Schiiten des Iran haben allerdings mit den Sunniten der arabisch sprechenden Welt lange Zeit keine ähnlich explosiven Konflikte auszutragen gehabt wie mit den Türken. Es fehlte der politische Zündstoff. Aber als sich schließlich auch gegen die Araber aggressive Fronten herausbildeten, spielte das religiöse Argument eine größere Rolle. Der Streit entzündete sich in Mekka, dem Pilgerziel aller Muslime.

Probleme gab es in Mekka keine, solange gemäßigte Sunniten die Oberhoheit über die Wallfahrtsstätte ausübten. Diesen Gläubigen war es selbstverständlich, dass man auch Muslimen anderer Konfession den Zutritt zur Kaaba ohne Schikanen gestatten sollte. Dies änderte sich, nachdem in Arabien die Dynastie der Saudi die Macht eroberte und in ihrem Gefolge eine fanatische Sekte geistig wie politisch den Ton angab: die Wahhabiten, deren Bewegung Mitte des 18. Jahrhunderts durch Abd al-Wahhab gegründet worden war. Diese Eiferer im Namen Allahs (über die ich an anderer Stelle ausführlicher berichten werde[2]) bekämpften nicht nur erfolgreich den überall florierenden Aberglauben, der während der Jahrhunderte zuvor besonders die volkstümliche Religiosität überwuchert hatte. Sie verwarfen großteils auch die liberale Theologie innerhalb des Hochislam, die ihrer Meinung nach den Koran zu freizügig und daher unislamisch auslegte. Die Wahhabiten versuchten derart rigoros den Islam von allen »Verfälschungen« zu reinigen, dass man sie aus unserer heutigen Sicht als die ersten Fundamentalisten ihrer Religion bezeichnen kann. Mit den Schiiten aber prallten sie zusammen, weil sie deren Wallfahrtskult an den Grabstätten ihrer Imame schroff ablehnten – eine Verehrung von »Heiligen« sei vom Koran nicht gestattet und grenze an Götzendienerei, so argumentierten sie. Dem Tadel ließen sie Taten folgen. 1802 verwüsteten die Wahhabiten im südlichen Irak die Gedenkstätte von Kerbela, wo die Schiiten am Grab des Prophetenenkels Hussein zu beten pflegten. 1806 zerstörten sie in Medina den Friedhof al-Baqui, wo die Prophetentochter Fatima und vier der zwölf schiitischen Imame beerdigt sind.

Dies musste als eine unversöhnliche Kampfansage an die schiitischen »Ketzer« verstanden werden, und es geschah in einem Fanatismus, wie er von einem Großteil der Sunniten abgelehnt wurde. Zwar verloren die Wahhabiten und mit ihnen die Saudis rasch wieder ihre Macht in Arabien, worauf die Nachfolger gestatteten, dass die Schiiten die verehrten Gräber wieder restaurierten. Als aber zu Beginn des 20. Jahrhunderts die Saudis zum zweiten Mal weite Teile Arabiens an sich rissen – seitdem sprechen wir von »Saudi-Arabien« – und damit wieder die Wahhabiten puritanisch den Ton angaben, flammten die Konflikte erneut auf. Noch einmal zerstörten die Wahhabiten die Gräber. Erst 1929 schlossen die Saudis – unter dem Druck gemäßigter sunnitischer Staaten – mit dem Iran einen Vertrag, wonach den Schiiten in Mekka endlich gleiche Behandlung wie den Sunniten garantiert wurde.[3]

Moderne Konfessionsstreitigkeiten im Islam

Vielen Sunniten wie Schiiten fällt es bis zum heutigen Tag schwer, zu gegenseitiger Toleranz zu finden. Dies beweisen nicht zuletzt die Bürgerkriege im Irak und Syrien seit den ersten zwei Jahrzehnten des 21. Jahrhunderts wie auch der sich erneut zuspitzende Konflikt zwischen Iran und Saudi-Arabien. Aber blicken wir einige Jahrzehnte zurück, so entdecken wir, dass es zwischen beiden Konfessionen nie zu einem Frieden gekommen ist. Aufschlussreich ist in dieser Hinsicht das theologische Gutachten, das der Rektor der al-Azhar-Universität in Kairo, dem geistigen Zentrum des sunnitischen Islam, 1959 verkündete: Der Glaube der Schiiten sei als ein legitimer »muslimischer Ritus« anzusehen. Offenbar bedurfte es dieses Aufrufs vonseiten der hochangesehenen Universität, um hartnäckige Ressentiments abzubauen.

Seit im Iran 1979 eine sogenannte islamische Revolution radikale Schiiten an die Macht brachte, hat das mühsam ausbalancierte Gleichgewicht neuen Schaden genommen. Nun standen den Wahhabiten in Saudi-Arabien Fanatiker mit ähnlichem Ausschließlichkeitsdenken im Iran gegenüber. Khomeini und seine Anhänger erklärten folgerichtig die Bewegung der Wahhabiten für ketzerisch und sprachen ihnen jegliches Recht ab, die heiligen Stätten in Mekka zu verwalten. Was dann geschah, ist nur eine »revolutionäre« Konsequenz. Khomeini proklamierte die Wallfahrt schiitischer Pilger nach Mekka als politischen Ritus, es gelte gerade an der Kaaba mutig für den »wahren Glauben« zu demonstrieren. Im Sommer 1987 kam es schließlich in Mekka zu einem Gemetzel zwischen fanatisierten Schiiten und saudischen Sicherheitskräften, mehr als 400 Tote hat das Blutbad nahe der Großen Moschee hinterlassen – ein Schock, der aller Welt signalisierte, dass die Muslime nicht nur politisch, sondern weiterhin auch religiös gespalten sind.

Der radikale Schiit Khomeini blieb für die Sunniten ein Stein des Anstoßes. So hat selbst das Todesurteil, das Khomeini 1989 über Salman Rushdie verhängte, dazu beigetragen, den Konfessionsstreit neu anzufachen. Weil sich die Rechtsgelehrten gerade der al-Azhar-Universität von dem Todesurteil distanzierten, polemisierten radikale Schiiten verstärkt gegen den

Sunnismus. Darauf erhob wiederum ein angesehener sunnitischer Koraninterpret, der Ägypter Scheich Abd al-Munim al-
Nimr, massive Vorwürfe gegen den iranischen Schiitenführer,
und dies nun gezielt konfessionell: Khomeini ziehe mit verschiedenen Äußerungen einige der besten Freunde Mohammeds wie Kalif Abu Bakr und Kalif Omar »in den Schmutz«,
nur weil diese – nach schiitischer Auslegung – gegen Ali, den
Schwiegersohn des Propheten und das erste Oberhaupt der
Schiiten, intrigiert hätten. In einem Artikel der Kairoer Tageszeitung *al-Ahram* zitierte der Religionsgelehrte entsprechende
Belegstellen aus Khomeinis Büchern und klagte den Verfasser an, er habe die Muslime dazu aufgestachelt, besonders die
Prophetengattin Aischa »mit Ausdrücken zu belegen, deren
Niedertracht und Obszönität dem gleichkommt, was der verdammte und verhasste Lügner [Salman Rushdie] behauptet
hat«.[4] Aischa wird von den Sunniten sehr verehrt, wogegen
die Schiiten sie distanziert betrachten oder gar ablehnen, weil
auch sie den Schwiegersohn des Propheten bekämpfte.

Politische und soziale Spannungen
überlagern den Konfessionskonflikt

Der Irak bietet ein besonders anschauliches Beispiel, wie kom-
pliziert und vielschichtig der Konflikt zwischen Sunniten und
Schiiten ist. Die explosiven Spannungen des Bürgerkriegs seit
Beginn des 21. Jahrhunderts zeigen, dass religiöse Differenzen
eine starke Rolle spielen. Aber man sollte diese nicht als die
einzige oder gar als die eigentliche Ursache ansehen.

Eine Zeitlang waren westliche Beobachter versucht, sogar
jenen von 1980 bis 1988 tobenden Krieg zwischen Iran und Irak
als einen Krieg der Konfessionen aufzufassen. Als schlüssiger
Beweis erschien ihnen die Propaganda, die Khomeini und
seine Anhänger in die mörderischen Zermürbungsschlachten
einbrachten: Die Iraner würden nicht nur gegen »irrende Mus-

lime« für den wahren Glauben kämpfen, sondern hätten auch noch die Schiiten im arabischen Raum von ihren sunnitischen »Unterdrückern« zu befreien.

Eine derartige Propaganda zielte auf die besondere Situation im Irak, wo ungefähr 60 Prozent der Araber sich zur schiitischen Konfession bekennen. Die irakischen Schiiten wurden von Sunniten regiert, die seit der Herrschaft sunnitischer Osmanen im Irak ihre Machtposition erhalten konnten. Aber trotz aller Werbung iranischer Ayatollahs um die »unterdrückten Brüder« im Irak blieb dort die erwartete schiitische Revolution aus. Mehr noch: Die irakischen Schiiten zogen es im ersten Golfkrieg überwiegend vor, Seite an Seite mit Sunniten gegen die schiitischen »Befreier« aus dem Iran zu kämpfen.

Dafür gab es zwei Gründe. Zum einen wogen die tief eingewurzelten historischen Gegensätze zwischen Arabern und Iranern schwerer als alle konfessionellen Differenzen. Zum anderen lehnte aber die Mehrheit der irakischen Schiiten einen Gottesstaat nach dem Vorbild des Iran ab und hegte Sympathie für einen säkular-nationalistischen Staat mit einer weitgehenden Trennung zwischen religiöser und politischer Sphäre. Wenn auch das Regime der irakischen Baath-Partei durch Sunniten dominiert war und damals schon Saddam Hussein brutal alle Opposition ausschaltete, so hatte doch die halbwegs säkulare Regierung des Irak – anders als der Gottesstaat Iran – beachtliche Erfolge in der Wirtschaftspolitik aufzuweisen. Zu Beginn des ersten Golfkriegs 1980 zählte der Irak noch zu den fortschrittlichsten und wohlhabendsten Ländern der gesamten islamischen Welt. Bevor also Saddam Hussein durch die von ihm entfachten Kriege den Irak in den Ruin trieb, konnte der Diktator noch mit der Loyalität eines Großteils seiner schiitischen Untertanen rechnen.

Erst die verheerenden Kriege, der wirtschaftliche Niedergang und die noch wachsende Tyrannei stachelten die Schiiten 1991 zum Aufstand gegen Saddam Hussein an, denn sie hatten unter den Kriegsfolgen noch stärker zu leiden als die politisch bessergestellten Sunniten. Aber konfessionelle Gegensätze spielten für die meisten Schiiten selbst dann noch keine bedeutsame Rolle. Auch fehlten zur damaligen Zeit die Voraussetzungen, dass unter den Schiiten sich in größerer Zahl islamistische Gruppierungen hätten entwickeln können.

Nach dem Sturz Saddam Husseins im April 2003 trat allerdings eine völlig neue Situation ein. Erstmals konnten nun die Schiiten wieder die Wallfahrt zu ihren Pilgerzentren Kerbela und Nedschef durchführen und hier all jene Rituale zu Ehren ihrer bedeutendsten Imame, des Kalifen Ali und des Prophetenenkels Hussein, sowie vieler anderer schiitischer Märtyrer veranstalten. Es war ein religiöses Brauchtum, das die sunnitisch dominierte Baath-Partei stets misstrauisch beobachtet und schließlich schrittweise verboten hatte, denn radikal-schiitische Ideologen hatten die Zeremonien zum Anlass genommen, die Gläubigen zum Widerstand gegen das säkulare Regime aufzustacheln. Bei der nun im April 2003 einsetzenden großen Wallfahrt nach Kerbela, zu der mehr als eine Million Pilger kamen, traten wieder islamistische Prediger auf. Manche von ihnen forderten nun sogar völlig unverblümt den schiitischen Gottesstaat. Aber zu einem einheitlich geschlossenen konfessionellen Block kam es trotzdem nicht.

Die irakischen Schiiten mit ihrer Bevölkerungsmehrheit drängten darauf, nach dem Ende des sunnitisch dominierten Baath-Regimes nun endlich selbst regieren zu können. Sie blieben jedoch in politisch sehr unterschiedliche Fraktionen gespalten. Nur kleinere Gruppierungen wünschten einen radikal-islamisch strukturierten Staat mit strikter Abgrenzung gegen die Sunniten. Und diese Minderheit teilte sich auch noch in solche, die den Gottesstaat Iran zum Vorbild nehmen wollten, und solche, die jeden politischen Einfluss aus dem Iran ablehnten. Dagegen wünschte die Mehrheit der Schiiten zwar eine schiitisch dominierte Regierung, aber hierbei sollten auch die Sunniten an der Macht beteiligt sein. Ihrer Ansicht nach ließ sich nur mit entsprechender machtpolitischer Ausgewogenheit ein religiös derart zergliederter Staat wie der Irak stabil erhalten.

Die Folge dieses Richtungsstreits war, dass bei den irakischen Schiiten die religiös-politischen Gegensätze innerhalb der eigenen Konfession ähnlich stark in Erscheinung traten wie die Unterschiede zu den Sunniten. So zumindest erschien die Situation im April und Mai 2003, als im Irak der politische Umbruch mit seiner Vielfalt an aufbrechenden Gegensätzen noch keine klare Beurteilung der Lage zuließ. Im folgenden Jahrzehnt hat sich die Situation aber eindeutig zu einem tiefergehenden Konflikt zwischen den beiden Konfessionen zugespitzt. Es begann damit, dass radikal-sunnitische Islamisten auf schiitische Kultstätten und ihre Pilger in Kerbela und Samarra Attentate verübten, ja, 2006 sogar die schiitische Hauptmoschee von Samarra durch Sprengstoffanschläge schwer beschädigten.

Treibende Kraft dieser Radikalisierung war zunächst die Terror-Organisation al-Qaida und später der sogenannte »Islamische Staat« – Gruppierungen, die als fanatische Anhänger des wahhabitischen Islam den Kampf gegen die »ketzerischen Schiiten« zu einer vordringlichen Agenda ihres »heiligen Krieges« gemacht hatten. Sie versuchten mit solchen Attentaten gezielt, die Schiiten in ihren religiösen Gefühlen zu verletzen und sie zur Gegengewalt zu provozieren. Auf diese Weise sollten sich die politischen Konflikte im Irak endgültig in eine Auseinandersetzung entlang konfessioneller Trennlinien verwandeln.

Im Verlauf derartiger Kämpfe wurde es für irakische Sunniten und Schiiten immer schwieriger, wie bisher in gemeinsamen Wohnvierteln friedlich nebeneinander oder gar miteinander zu leben. Es überwog zunehmend die Feindschaft, es wuchs das Verlangen, Demütigungen und Verletzungen durch

Angehörige der anderen Konfession zu rächen. Aber Beispiele wie diese zeigen, dass es im multi-religiösen Irak einer brutalen Provokation radikaler Sunniten bedurfte, um erst wieder die religiösen Affekte anzuheizen. Ich werde in anderen Zusammenhängen ausführlicher auf die fatale Entwicklung dieses Staats von 2003 bis in die unmittelbare Gegenwart eingehen.

Das Beispiel Irak lehrt immerhin, dass es falsch wäre, den konfessionellen Gegensatz zwischen Sunniten und Schiiten als das einzige bestimmende Element in der politischen Auseinandersetzung anzusehen. Allerdings zeigt ein Blick auf etliche andere Länder des Vorderen Orients, dass man die Spannungen zwischen beiden Konfessionen auch nicht unterschätzen darf. Zu denken geben müssen jene Unruhen, wie sie vermehrt in verschiedenen arabischen Ländern aufflammen, wo schiitische Minderheiten leben. So im Libanon, so in etlichen Golfstaaten, so auch in Saudi-Arabien.

Überall dort treten nun auch schiitische Fanatiker mit religiösen Kampfparolen auf, es formieren sich Geheimorganisationen im Namen der Schia, um der »Gerechtigkeit« zum Sieg zu verhelfen. Welcher Gerechtigkeit? Religiöse Parolen vermischen sich auffallend häufig mit sozialrevolutionären. Hier kommt ein neuer Aspekt ins Spiel, der aber, betrachtet man die gesamte islamische Geschichte, so neu nicht ist: Schiiten wehren sich gegen Sunniten, von denen sie sozial und politisch unterdrückt werden. Umgekehrt bilden sich dann wieder radikal-sunnitische Gruppierungen, um die aufbegehrenden Schiiten zurückzudrängen. Es ist ein Kreislauf ohne Ende.

Gegen soziale Unterdrückung rebelliert haben Schiiten, seit sie eine Konfession bilden. Denn in der Vergangenheit haben sie in verschiedenen Ländern meist als Minderheiten unter sunnitischer Herrschaft gelebt, stets beargwöhnt, mehr oder weniger ausgebeutet und verfolgt. Die meisten Sklavenaufstände, die es in der islamischen Welt gegeben hat, wurden, wie schon erwähnt, von Schiiten angeführt – gegen Sunniten. Sklaven, Tagelöhner und sozial Entwurzelte sind in arabischen Ländern ebenso wie in der Türkei und dem Iran immer wieder dem Aufruf schiitischer Volksführer gefolgt, gegen die »unislamische« Zwangsherrschaft sunnitischer Kalifen, Sultane, Emire und Paschas zu kämpfen. Dies geschah schon im frühen Mittelalter, dem sogenannten Goldenen Zeitalter des Islam, ebenso wie in den späteren Epochen allmählichen Niedergangs. Bis heute hat sich in etlichen arabischen Staaten an den Machtverhältnissen nichts grundsätzlich geändert, noch immer werden hier und dort schiitische Minderheiten vom sozialen Aufstieg ausgeschlossen, ungeachtet der Gefahr, dass sich dadurch sozialer Sprengstoff ansammelt. Es ist nicht übertrieben, wenn wir von Unrechtsverhältnissen in etlichen Ländern sprechen.

Der Libanon bietet hierfür das augenfälligste Beispiel. Dort haben sich die sunnitischen Araber wie später auch die sunnitischen Türken gegenüber Christen weit duldsamer gezeigt als gegenüber Schiiten. Angehörige einer fremden Religion erschienen den Sunniten demnach weniger provokant und auch weniger gefährlich als Abweichler innerhalb des eigenen Glaubens. Ein Verhalten, wie wir es ja zur Genüge vom christlichen Abendland kennen: Auch bei uns kämpften kirchliche wie weltliche Machthaber oft erbitterter gegen Ketzer in den eigenen Reihen als gegen die »Heiden«, weil sie sich von den ersteren unmittelbarer, vor allem politisch bedroht fühlten. Für die Lage im Libanon war es bezeichnend, dass zwar in einer ganzen Reihe von Dörfern Muslime und Christen Nachbarn waren (in Koexistenz, wie sie beiderseits betonten), aber in keinem einzigen Dorf Sunniten und Schiiten beieinander wohnten[5], so sehr hatten sich die beiden Konfessionen auseinandergelebt. Und in größeren Städten tobt längst schon der Krieg zwischen Sunniten und Schiiten, nicht nur zwischen Christen und Muslimen.

Schiiten bilden den Bodensatz der libanesischen Gesellschaft, sie werden von der christlichen Oberschicht ebenso hart ausgebeutet wie von den bessergestellten Sunniten. Christen und Muslime sind gleichermaßen dafür verantwortlich, wenn die weitaus größte Zahl von Analphabeten, Hilfsarbeitern, Tagelöhnern und Arbeitslosen sich noch immer aus Schiiten zusammensetzt. Und so muss es nicht wundern, dass Schiiten in revolutionärer Aufbruchsstimmung nicht nur gegen die Privilegienherrschaft der libanesischen Christen Krieg führen, sondern inzwischen ebenso heftig die Ausbeutung durch Sunniten bekämpfen.

In diesem Zusammenhang war 1982 die Organisation *Hisbollah*, »Partei Gottes«, entstanden und zur wichtigsten Interessenvertretung libanesischer Schiiten geworden. Die Hisbollah entwickelte in den folgenden Jahren beträchtliche soziale Aktivitäten für die vielen in Armut lebenden Schiiten, was der Organisation bald zu beträchtlicher Popularität und den Schiiten zunehmend zu politischem Einfluss verhalf. Andererseits ist die Hisbollah auch durch ihr Bündnis mit dem schiitischen Gottesstaat Iran sowie ihren radikalen Kampf gegen Israel und den »westlichen Imperialismus« bekannt geworden (davon später mehr).

Sozialer Konflikt und Konfessionsgegensatz kommen hier verhängnisvoll zur Deckung. Und solange sich an dieser fatalen Konstellation im Nahen Osten nichts ändert (der Libanon bietet ja nur das hervorstechendste Beispiel), wird der Konfessionsstreit im Islam weiterhin eine offene Wunde bleiben.

Krieg der Konfessionen
unter Christen

Spaltungen im frühen Christentum

Gnostiker, Arianer, Donatisten, Monophysiten, Montanisten, Monotheleten, Maroniten, Paulikianer ... Wer kennt sie heute noch, wer außer Fachgelehrten könnte noch mit ihren Namen bestimmte Lehren verbinden? Und doch haben die teils sehr gegensätzlichen Glaubensgruppen lange genug die Gemüter der Christen bewegt, haben sie vor die quälende Gewissensfrage gestellt, was denn nun Wahrheit sei. Die ersten Aufspaltungen in Konfessionen bahnten sich bereits während der ersten Jahrhunderte an, als die Christen verfolgt wurden und sich oft nur an geheimen Plätzen zum Gedankenaustausch und Gottesdienst treffen konnten. Damals lebten die einzelnen Gemeinden noch ohne intensive Kontakte in weit voneinander entfernten Städten und Ländern. Aber gerade dies begünstigte die teils sehr unabhängige und eigenwillige Auslegung der Evangelien und Apostelgeschichten, die bis ins 4. Jahrhundert hinein in recht unterschiedlichen Abschriften vorlagen, mit Auslassungen, Umstellungen, Wortverdrehungen. Die Kulturvielfalt der »heidnischen« Welt tat ein Übriges. Griechische und römische Philosophie, griechische und vorderasiatische Mysterienkulte lassen sich als Einflüsse in christlichen Gemeinden nachweisen. In manchen Städten griffen griechisch gebildete Theologen auf Sprachbilder von Platonikern, Stoikern und Pythagoreern zurück, um die Wahrheit der Lehre Christi zu belegen und übernahmen teilweise auch deren Denkmethodik.

Auf Jahrhunderte hinaus ist so das Christentum eine sehr pluralistische Religion gewesen. Aber dies war kein freiwilliger Pluralismus, sondern durch soziale und politische Verhältnisse erzwungen. Die Autoren der Bibel, des Alten und des Neuen Testaments, drängten im Grunde alle auf klare Polarisierung: Angesichts von unterschiedlichen Aussagen über das Wesen Gottes erklärten sie nur die eigene Deutung für richtig, alle anderen aber für mehr oder weniger falsch. Dagegen blieb ihnen der Gedanke weitgehend fremd, dass sich das Göttliche auf verschiedenen Erfahrungsebenen recht unterschiedlich definieren ließe.

»Gehet ein durch die enge Pforte«, heißt es bildhaft im Matthäus-Evangelium, »denn die Pforte ist weit, und der Weg ist breit, der zur Verdammnis abführet; und ihrer sind viele, die darauf wandeln. Und die Pforte ist eng, und der Weg ist schmal, der zum Leben führet; und wenige sind ihrer, die ihn finden. Sehet euch vor vor den falschen Propheten, die in Schafskleidern zu euch kommen, inwendig aber sind sie reißende Wölfe.«[1]

Die Angst vor falschen Propheten in den eigenen Reihen ist ein Trauma schon des ersten Jahrhunderts gewesen, als die Evangelien entstanden. Verschiedene Mahnungen des Apostels Paulus machen besonders deutlich, wie sehr bereits die frühchristlichen Gemeinden durch Streit um die richtige Auslegung des Glaubens gespalten waren. An die Gemeindeältesten von Ephesus richtete er folgende Worte: »So habt nun Acht auf euch selbst und auf die ganze Herde, unter welche euch der Heilige Geist gesetzt hat zu Bischöfen, zu weiden die Gemeinde Gottes. [...] Denn das weiß ich, dass nach meinem Abschied werden unter euch kommen greuliche Wölfe, die der Herde nicht verschonen werden. Auch aus euch selbst werden aufstehen Männer, die da verkehrte Lehren reden, die Jünger an sich zu ziehen.«[2] Und an den Christen Titus schrieb Paulus: »Denn es sind viel freche und unnütze Schwätzer und Verführer, [...] welchen man muss das Maul stopfen, die da ganze Häuser verkehren und lehren, was nicht taugt. [...] Um der Sache willen strafe sie scharf, auf dass sie gesund seien im Glauben.«[3]

Gerade dass Paulus so dachte, ist von enormer Bedeutung. Denn er war es, der innerhalb des Christentums den Ausgangspunkt für alle spätere Theologie geschaffen hat. Er hat wie kein anderer Apostel die geistige Brücke von der jüdischen und griechisch-römischen Kultur geschlagen und die Sprache gefunden, mit der sich die Botschaft Jesu und seiner Nächstenliebe den Nichtjuden, den Heiden, vermitteln ließ. Er hat den Christen auch das Fundament kirchlicher Organisationsformen gegeben. Nur auf den ersten Blick mag es verblüffen, dass dieser Paulus zuvor ein fanatischer Feind des Christentums gewesen war. Als er noch den jüdischen Namen Saulus trug, diente er der Religionspartei der Pharisäer, die die Hinrichtung Jesu zu verantworten hatte, und in deren Auftrag verfolgte er die Anhänger Christi mit äußerster Härte – bis zu dem geistesgeschichtlich höchst folgenreichen Bekehrungserlebnis vor den Toren von Damaskus (vermutlich im Jahr 34). Doch eben dieser Saulus, der sich zum Paulus wandelte, nahm eine entscheidende Eigenschaft aus seinem früheren Leben in die neue Existenz herein: den Fanatismus. So wie er einst als Pharisäer alle Abweichler vom orthodox jüdischen Glauben strikt bekämpft hatte, sah er nun seine Aufgabe darin, nicht minder energisch gegen alle Abweichler von der reinen christlichen Lehre vorzugehen. In diesem Sinn hat er wesentlich dazu beigetragen, dass eine pharisäische Tendenz im Christentum heimisch wurde und weiter wirkte. Natürlich konnte dies nur geschehen, weil er Rückhalt bei vielen ähnlich denkenden Christen fand.

Wir alle wissen, zu welchen Auseinandersetzungen die Glaubenszwiste geführt haben, als die Christen im Abendland die Macht errungen hatten. An die Stelle des Streits mit Worten trat die Ketzerverfolgung und schließlich der Glaubenskrieg. Aber das Bedürfnis nach geistiger Einheit, das rigide Einschwören auf *die* Kirche mit unantastbarer, unkritisierbarer Lehrgewalt hat letztlich genau das Gegenteil bewirkt: die Aufspaltung in verschiedene Kirchen und darüber hinaus in zahlreiche Sekten. Sobald die Machthaber nicht mehr stark genug waren, Andersdenkende zu unterdrücken, bildeten sich umso hartnäckiger Gegenkirchen heraus – auch sie jeweils mit der Überzeugung, die Lehre Christi allein richtig, »vom Heiligen Geist inspiriert«, zu deuten und zu leben.

Die erste religiös wie politisch folgenreiche Kirchenspaltung bildete sich bereits während des 4. Jahrhunderts heraus. Es geschah zur Regierungszeit des Kaisers Konstantin I., jenes Herrschers, der im Jahr 313 mit dem Toleranzedikt von Mailand den bisher verfolgten Christen völlige Glaubensfreiheit zugestanden und damit erst ihren politischen Sieg im Römischen Reich eingeleitet hatte. Konstantin war ja bekanntlich auch der erste römische Kaiser, der sich zum Christentum bekehren ließ.

Während der Regentschaft dieses Kaisers sammelten sich viele der Christen in zwei nahezu gleich großen religiösen Strömungen. Die eine Bewegung wurde von Athanasius, dem Bischof von Alexandria, angeführt, der das Dogma verkündete, Christus sei als der Sohn Gottes wesensgleich mit Gottvater. Seine Anhänger sollten später jene Form der Kirche repräsentieren, die sich als *katholisch* (griechisch: »allgemein«, »universal«, »die Welt umfassend«) bezeichnete. Die andere, damals ähnlich starke Bewegung wurde durch Arius, einen Priester aus Alexandria und späteren Bischof von Konstantinopel, angeführt. Arius sah Christus nicht als wesensgleich mit Gott an, sondern nur als gottähnlich, Gott sehr nahestehend. Wenn Arius auch die Göttlichkeit Christi nicht grundsätzlich in Frage stellte, so spielte bei ihm doch der Gedanke eine Rolle, dass Christus von Gott erst erschaffen wurde und sich somit logischerweise vom Schöpfer unterscheiden müsse. Das Menschenähnliche hatte für ihn größeres Gewicht.

Aus heutiger Sicht muten derartige Auseinandersetzungen über das Wesen Christi eher wie dogmatische Spitzfindigkeiten an. Sie haben aber im 4. Jahrhundert zu einer Spaltung der Christenheit in zwei Großkirchen geführt – die der Katholiken und die der Arianer. Es war eine Spaltung, die es den einzelnen Kaisern und Bischöfen noch schwerer machte, die vielen kleinen Glaubensgruppen an einer religiös-dogmatischen Eigenständigkeit zu hindern.

Aus unserer historischen Erinnerung weitgehend getilgt ist hierbei, welche herausragende Rolle die Arianer anfangs spielten. Relativ bekannt ist zwar, dass im Jahr 325 auf dem Ersten Allgemeinen Konzil in Nikäa (Kleinasien) der Glaube der Arianer als Ketzerei verworfen wurde. Aber weniger in unserem Bewusstsein verwurzelt hat sich die Tatsache, dass sich Kaiser Konstantin als der erste politische Schutzherr der Christenheit erst auf dem Sterbebett im Jahr 337 taufen ließ – durch einen arianischen Bischof, nicht durch einen katholischen. Sein Sohn und Nachfolger Konstantius erklärte gar das arianische Christentum zur Staatsreligion und schickte den (katholischen) Bischof Athanasius in die Verbannung. Unter der Regentschaft des Konstantius begannen arianische Priester schließlich, ausgiebig Mission bei den germanischen Völkern zu betreiben, besonders bei gotischen Stämmen. Und dies hatte zur Folge, dass sich später die siegreich in Westeuropa vordringenden Goten weitgehend zum arianischen Christentum bekannten (unter anderem auch der legendäre, in Ravenna residierende Gotenkönig Theoderich).

Eine drastische Wende zugunsten der Katholiken vollzog sich unter dem römischen Kaiser Theodosius, der von 379 bis 395 regierte. Er erhob, wie ich an anderer Stelle schon erwähnte, das Christentum mit katholischer Dogmatik zur Staatsreligion. Um Vieles härter als andere christliche Kaiser vor ihm ging er nicht nur gegen die heidnischen Untertanen mit ihrem Götzenglauben vor, sondern auch gegen Christen mit anderer Dogmatik. Systematisch ließ er vor allem die für ihn besonders gefährlichen Arianer unterdrücken. Die ersten großangelegten Ketzerverfolgungen der Kirchengeschichte begannen. Nun konnte die katholische Kirche im Römischen Reich ihren Einfluss ständig ausweiten, wenngleich das arianische Christentum noch zwei weitere Jahrhunderte viele Anhänger, besonders unter den Germanen, fand.

Aber zu einer Einheit des Glaubens kam es auch dann nicht, als die Arianer durch politischen Druck völlig an Bedeutung eingebüßt hatten. Denn immer stärker begannen nun die beiden führenden Bischöfe der Christenheit, der Papst von Rom und der Patriarch von Konstantinopel, um die geistige Vorherrschaft zu rivalisieren. Und schon während des 8. und 9. Jahrhunderts zeichnete sich eine weitere, noch folgenschwerere Kirchenspaltung ab: in eine Kirche im Westen mit Rom als dem religiösen Zentrum und eine Kirche im Osten mit Konstantinopel als der spirituellen Hauptstadt. Hierbei blieb der bisher übliche Name *katholisch* (»universal«) bei der Kirche im Westen, und ein neuer Name, *orthodox* (»rechtgläubig«), bildete sich für die Kirche im Osten heraus. 1054 wurde die Spaltung endgültig, als sich der Papst von Rom und der Patriarch von Konstantinopel gegenseitig mit dem Kirchenbann belegten – der bis ins 20. Jahrhundert aufrecht blieb und erst 1965, zum Abschluss des Zweiten Vatikanischen Konzils, gegenseitig widerrufen wurde. Es ist eine Kirchenspaltung, bei der es keine grundsätzlichen Unterschiede im Glauben gibt, Katholiken wie Orthodoxe beten gleichermaßen zur Gottesmutter Maria und zu Heiligen als wichtigen Fürsprechern bei Gott und Christus, verehren Reliquien, bekreuzigen sich vor entsprechenden Bildern und Altären. Die Rituale sind teilweise so austauschbar, dass man Schwierigkeit hat, katholische und orthodoxe Pilger in ihrem Gebaren zu unterscheiden. So erging es mir etwa in Jerusalem, wo in manche Wallfahrtskirchen Christen aller Konfessionen kommen. Die hauptsächlichen Gegensätze zwischen Katholiken und Orthodoxen bündeln sich bis heute in der Frage, wie denn die kirchliche Hierarchie strukturiert sein soll.

In unser westeuropäisches Bewusstsein ist aber eine andere Kirchenspaltung viel tiefer gedrungen, denn sie hat die Geschichte Westeuropas – besonders die des deutschen Sprachraums – nachhaltig geprägt. Es ist die Spaltung in Katholiken und Protestanten, die damit begann, dass der Augustinermönch und Theologieprofessor Martin Luther am 31. Oktober 1517 in der thüringischen Universitätsstadt Wittenberg seine 95 Thesen zur Reformierung der Kirche verkündete und damit europaweit die Bewegung der Reformation auslöste.

Katholizismus und Protestantismus

Ein Engel stößt mit einer Fackel auf eine Bibel und steckt sie in Brand. Ein Mönch, über diese Bibel mit Federkiel gebeugt, blickt erschrocken in das zornige Gesicht dieses Engels ...

Was hat das zu bedeuten? Dieses Bild ist Teil eines grandiosen Kuppelfreskos in der Wiener Karlskirche, die – 1737 eingeweiht – eine der prunkvollsten Barockkirchen Wiens, ja des habsburgischen Herrschaftsbereichs ist. Dieses Bild ist eingebettet in einen größeren Zusammenhang. Über dem zornigen Engel thront auf einer Wolke majestätisch eine Frau in goldenem Mantel mit strahlendem Kelch und einer hochgehaltenen Hostie. Neben dem erschrocken blickenden Mönch aber ist ein Teufel zu sehen, der in die Tiefe stürzt. Für den Betrachter ist die symbolische Bedeutung der Frau mit Kelch und Hostie unschwer zu erraten: Die Frau in Gloriole steht, wie auch in vielen anderen katholischen Sakralräumen abgebildet, für die Kirche in ihrem Triumph über den Teufel, das Böse. Wer aber ist der Mönch? Und was bedeutet die brennende Bibel?

In einem neben der Bibel aufgeschlagenen Buch ist zu lesen: »luteru«. Gemeint ist Martin Luther. Der Engel zündet die von Luther ins Deutsche übersetzte Bibel an, er handelt als ein Bote Gottes, um eine Irrlehre schon in ihrem ersten Aufkeimen zu vernichten. Der heilige Zorn richtet sich gegen eine Bibel, die in »die Sprache des Volkes« übersetzt nun für jeden Christen auch ohne Kenntnis des Lateinischen und Griechischen zugänglich sein soll – wodurch der Christ ohne die Vermittlung eines kundigen Priesters in der Bibel lesen kann. Der heilige Zorn richtet sich also gegen eine Reformation, in der die »allein seligmachende Kirche« ihr Monopol auf Information verloren hat. Damit gewinnen, nach Maßgabe der Kiche, »Ketzer« eine bisher ungeahnte Freiheit, die Bibel nach eigenem Gutdünken auszulegen.

Das barocke Deckengemälde in der Wiener Karlskirche bietet ein besonders anschauliches Beispiel für die Botschaft der Gegenreformation. Aus heutiger Sicht mit einer schockierenden Polemik: Neben dem »Ketzer« Luther ist der Teufel abgebildet, und das »ketzerische« Buch geht in Flammen auf. Dem Andersgläubigen kann demnach nur Verdammnis und Höllenstrafe drohen, unbequemen Büchern die Verbrennung. Ein Respekt gegenüber abweichendem Denken erscheint unvorstellbar. In dieser Botschaft ist noch der ganze Fanatismus der Glaubenskriege zwischen Katholiken und Protestanten gegenwärtig, dabei lag bei der Einweihung der Karlskirche 1737 der Dreißigjährige Krieg fast schon ein Jahrhundert zurück und die Epoche der Aufklärung hatte bereits begonnen.

Von der Freiheit eines Christenmenschen – diese 1520 von Martin Luther verfasste Denkschrift, eine der wegweisenden Veröffentlichungen der Reformationszeit, brachte ein neues Verständnis von »Freiheit« in die religiöse Welt des christlichen Abendlands, sie markiert eine geistesgeschichtliche Grenze zwischen Mittelalter und Neuzeit. »Freiheit« bedeutet in diesem Zusammenhang, sich aus dem Zwang falscher, von Menschen gemachter Dogmen und Traditionen zu lösen. Jeder Mensch solle durch das eigenständige Studium der Heiligen Schrift zurück zum unverstellten Wort Gottes und damit zum richtigen Glauben finden. Es ist ein erster Schritt zu individueller Freiheit jenseits einer durch die Kirche vorgegebenen Ordnung. Aber Freiheit im Sinn einer aufgeklärten Moderne, eines pluralistischen Denkens, ist damit nicht gemeint. Luther wie auch andere Reformatoren waren davon überzeugt, dem »falschen Glauben« den »allein richtigen Glauben« entgegenzusetzen. Und so musste es dazu kommen, dass sich Luther nicht nur gegen die katholische Kirche scharf abgrenzte, sondern ebenso gegen Reformatoren, die beim Studium der Heiligen Schrift Gottes Wort seiner Meinung nach falsch auslegten. Bald spalteten sich auch die Protestanten untereinander im Streit über Glaubensfragen in verschiedene Gruppierungen.

Exemplarisch für diese Tatsache steht der gescheiterte Versuch der Reformatoren Martin Luther und Ulrich Zwingli, ihre Kirchen zu vereinen. Als sie sich im Oktober 1529 in der Universitätsstadt Marburg zu diesbezüglichen Gesprächen trafen, konnten sie in einem einzigen, für beide sehr wesentlichen Punkt keine Übereinstimmung erzielen: inwieweit beim Abendmahl der »Leib Christi« in geistiger Form tatsächlich in der Hostie enthalten sei (Luther) oder ob die Hostie nur die Zuwendung Christi zur Gemeinde symbolisiere (Zwingli). Solch ein Gegensatz genügte damals schon, einen scharfen Trennungsstrich selbst zwischen evangelischen Konfessionen zu ziehen. Wenn auch die protestantischen Neuerer den revolutionären Schritt wagten, dass sie den einzelnen Gläubigen – ohne Vermittlung eines Priesters – in der Bibel nach der Wahrheit forschen ließen, konnten sie sich andererseits keine Glaubensgemeinschaft vorstellen, in der verschiedene Auslegungen desselben Bibeltextes existierten. Wahrheit konnte ihrer Meinung nach nicht unterschiedliche Perspektiven haben, durfte nicht vom subjektiven Blickwinkel des Denkenden abhängig sein. Hier blieben sie, wie die katholische Kirche, doch noch dem mittelalterlichen Absolutheitsdenken verhaftet. Luther erwies sich in seiner Enttäuschung über Zwingli ganz als Traditionalist, indem er öffentlich äußerte: »Ich bekenne, dass ich den Zwingel für einen Unchristen halte mit all seiner Lehre.«[4]

Aus unserer heutigen Sicht ist es schwer nachvollziehbar, dass ein solcher Glaubensdisput eine weitere Spaltung bewirkte. Den beiden Reformatoren musste schließlich klar sein, wie sehr sie mit ihrer dogmatischen Unnachgiebigkeit die politische Abwehrkraft gegenüber der katholischen Kirche schwächten, gegen die sie sich aus dem Gefühl gemeinsamer Bedrohung hatten zusammenschließen wollen. Aber weder Luther noch Zwingli dachten in erster Linie politisch und pragmatisch, sie dachten theologisch, und dem ordneten sie ihr ganzes Handeln unter. Auch zahlreiche katholische Würdenträger ließen sich von einer solchen Haltung leiten.

Aus eher politischen Motiven handelten dagegen viele Mitläufer wie auch Gegner der Reformation, und sie trugen das Ihre dazu bei, Kräfte zu entfesseln, die während des 16. Jahrhunderts die geistige Einheit des christlichen Abendlandes vollends zerbrechen ließen. Die Protestanten hätten kaum eine derartige Stoßkraft ihrer Bewegung entwickeln können, wenn nicht das aufstrebende Bürgertum sich aus der Bevormundung des Feudaladels sowie einer entsprechend feudalistisch strukturierten Kirche hätte befreien wollen – und nicht in der Reformation das geeignete Vehikel zur Durchsetzung dieses Zieles gesehen hätte. Auch half es den Lutheranern, dass etliche einflussreiche Fürsten sich auf ihre Seite schlugen, weil diese die Chance erkannten, im Namen der religiösen Erneuerung kirchlichen Besitz und damit mehr Macht an sich zu reißen. Umgekehrt demonstrierten die betroffenen katholischen Kirchenfürsten einen zähen Behauptungswillen, weil es nicht nur um die vielbeschworene Einheit des Glaubens ging, sondern auch darum, fette Pfründen und Privilegien zu verteidigen. Die Reform des religiösen Lebens bedeutete zwangsläufig eben auch eine Umverteilung von Macht, und diese doppelte Perspektive gab der Auseinandersetzung zwischen den Neuerern und den Traditionalisten die eigentliche Härte – bis hin zum sogenannten Glaubenskrieg.

Wir sollten aber innerhalb dieser starken Verfilzung von Religion und Macht den religiösen Antrieb nicht unterschätzen. Zwar brachte das Zeitalter der Renaissance bereits eine starke Verweltlichung: Wissenschaft, Kunst und Politik rückten immer mehr den Menschen als Maßstab in den Mittelpunkt allen Denkens und lösten damit schrittweise das theozentrische Weltbild des Mittelalters ab. Die Reformation jedoch kann als der Versuch gelten, diese Verweltlichung in mancher Hinsicht aufzuhalten. Zum einen richtete sich der Protest der Reformatoren gegen die Ausartungen des Papsttums zur Zeit der Renaissance, zum anderen aber auch gegen die Tendenz, Religion nur noch gedankenlos herzubeten und ritualisiert zu praktizieren. Wenn die Reformatoren den Menschen mit seiner subjektiven Form des Erlebens stärker als bisher betonten – ein Einfluss der Renaissance –, ging es ihnen doch vornehmlich um ein religiös verinnerlichtes Erleben. Der Erfolg gab ihnen recht, sie vermochten in den Volksmassen gewaltige religiöse Energien zu entfesseln. Umso traumatischer musste für viele Christen die Erfahrung sein: So sehr auch das Glaubensleben gestärkt wurde, stand am Ende doch nicht die *eine* gestärkte Kirche, sondern es gab mehrere Kirchen, die sich den Anspruch auf Wahrheit streitig machten. Der Pluralismus des Denkens, von der *einen* Kirche stets bekämpft, war nun – von allen ungewollt, auch von den Reformatoren – in einer sehr verzerrten, krisenhaften Form zur unumstößlichen Tatsache geworden. Ein solcher Schock nur lässt den Fanatismus folgerichtig erscheinen, durch den die Gläubigen Kriege entfachten, um, wenn es nicht anders ging, mit Zwang und Terror die Einheit wiederherzustellen. Die Angst vor dem Abgleiten in die totale Orientierungslosigkeit hat mehr zur Eskalation der Gewalt beigetragen als alles machtpolitische Nützlichkeitsdenken.

Aus einer solchen Angst heraus ist auch ein Großteil der Ketzer ermordet worden. Nicht zufällig stieg gerade in den geistig unruhigen Zeiten der Reformation und Gegenreformation, wo Wahrheit endgültig nicht mehr selbstverständlich vorgegeben erschien, die Zahl der Ketzer-Hinrichtungen bedrohlich an. Dies innerhalb der katholischen Kirche wie bei den Protestanten. Wenn auch das Bürgertum protestantisch regierter Städte damals in Ansätzen schon eine demokratische Verfassung entwickelte – in deutlicher Gegenbewegung zum Absolutismus der Fürstentümer –, so hat es selbst in sozial fortschrittlichen Stadtstaaten lange Zeit keine Demokratie in Glaubensfragen gegeben.

Ein herausragendes Beispiel einer derart protestantischen Ordnung lieferte der Reformator Jean (Johannes) Calvin im damals bürgerlich-progressiven Genf. In fanatischer Rechthaberei ließ er sich dazu hinreißen, den prominenten Religionsphilosophen und Humanisten Miguel Serveto 1553 wegen abweichender religiöser Meinung vor ein Gericht zu bringen. Serveto, der eben erst vor der katholischen Inquisition aus Lyon geflohen war und bei dem Katholikengegner Calvin Schutz gesucht hatte, musste sich dem strengen Verhör einer protestantischen Inquisition aussetzen. Nicht anders als die Katholiken verurteilten nun die Calvinisten den »Ketzer« zum Tod auf dem Scheiterhaufen. Calvin antwortete auf die Frage, woher er die Gewissheit habe, dass seine Auslegung der Bibel richtiger sei als die der Katholiken und Ketzer: »Wir haben das Gefühl von der Wahrheit der Heiligen Schrift nicht weniger deutlich als von der weißen und schwarzen Farbe, dem süßen oder bitteren Geschmack.«[5]

Undenkbar blieb bei so viel Fanatismus der Kirchen, dass zwei oder gar mehr Glaubensbekenntnisse in einem einzigen Staat nebeneinander existieren konnten. Dies galt für das gesamte christliche Abendland. Zu einer besonders grotesken Lösung ist es aber im Deutschen Reich gekommen, das sich in viele Fürstentümer aufgliederte. Dort wurde nach der ersten Erschöpfung der kriegführenden Parteien im sogenannten

Augsburger Religionsfrieden von 1555 entschieden: Die Untertanen hatten die Religion des Landesherrn anzunehmen, andernfalls waren sie zur Auswanderung gezwungen. Nur in den freien Reichsstädten blieb es Katholiken wie Protestanten erlaubt, unbehelligt in Nachbarschaft zu leben. Was für eine Logik: Wenn demnach ein Fürst zum evangelischen Glauben übertrat, sein Nachfolger aber wieder katholisch wurde, so hatte die Masse der Untertanen jeweils den Überzeugungswechsel ihres Regenten nachzuvollziehen – für die einen bedeutete dies einen Gewissenskonflikt mit oft tragischen Konsequenzen, bei anderen provozierte es geradezu die Bereitschaft zu oberflächlicher oder gar zynischer Anpassung. Bis zum Ende des Dreißigjährigen Krieges 1648 konnte sich dieses unmenschliche Gesetz halten, das auf die Dauer die Autorität der Kirchen eher untergrub als stärkte.

In keinem anderen Kulturkreis außer dem christlich-abendländischen hat die Glaubensspaltung zu derart aberwitzigen Folgen geführt: nicht in der islamischen Welt, obwohl gerade sie auch in ihren Fehlentwicklungen Parallelen zu unserer Kirchengeschichte aufweist, und schon gar nicht im Hinduismus, Buddhismus, Daoismus, Shintoismus und Konfuzianismus, jenen ganz anders gearteten östlichen Geisteshaltungen.

Religiöse Randgruppen, sogenannte Sekten, wurden von katholischen wie protestantischen Landesherren gleichermaßen scharf bekämpft, sie hatten unter der extremen Intoleranz der Großkirchen jedes Daseinsrecht verwirkt. Um nicht zwischen den Machtblöcken zerrieben zu werden, sind bekanntlich viele Mitglieder solcher diskriminierter Sekten nach Amerika ausgewandert. Dort, auf jungfräulichem Boden, im Land der sogenannten unbegrenzten Möglichkeiten, glaubten sie sich der Chance näher, endlich frei ihre Überzeugung leben zu können. Das Dilemma aber war, dass auch sie nicht davon lassen konnten, das Übel christlich-abendländischen Absolutheitsdenkens in die »Neue Welt« einzuschleppen. So sprachen sie zwar alle lautstark von Glaubensfreiheit, die meisten meinten damit aber nur die eigene Freiheit, nicht die der anderen. Immer wieder mussten Prediger wegen abweichender Meinung ihre Gemeinden verlassen – mit der Folge, dass diese Ketzer wiederum eigene Sekten gründeten und sich dann ebenso unnachgiebig gegen Andersdenkende abgrenzten. Besonders berüchtigt sind die Puritaner von Boston geworden, die während des 17. Jahrhunderts ganz im Stil der katholischen Kirche Ketzerprozesse und Hexenverbrennungen durchführen ließen. Eine paradoxe Situation: In der »Neuen Welt« formte sich 1776 erstmals in der christlich-abendländischen Geschichte eine Staatsverfassung, die allen Bürgern, gleich welcher Konfession, Glaubensfreiheit gewährte – aber die verschiedenen christlichen Gemeinschaften haben diese Art von Demokratie in ihren eigenen Reihen meist nicht gelten lassen. Es hat bis ins 20. Jahrhundert gedauert, bis für die US-Bürger die verfassungsrechtlich verankerte Glaubens- und Gewissensfreiheit breitenwirksam und allgemein selbstverständlich wurde.

Zur höchsten Steigerung konfessioneller Streitigkeiten und Rivalitäten ist es in Europa durch den Dreißigjährigen Krieg gekommen. Keinen Religionskrieg haben Christen ausdauernder, fanatischer und grausamer geführt als diesen »Entscheidungskampf« zwischen Katholiken und Protestanten. Und doch: Gerade der Dreißigjährige Krieg demonstrierte auch wieder, wie sich religiöse Intoleranz und machtpolitisches Denken gegenseitig durchdrangen. Dieser Krieg begann ja als ein Konflikt zwischen dem (katholischen) Kaiser aus dem Haus Habsburg und den (evangelischen) Ständen Böhmens, die sich gegen die Ausdehnung kaiserlicher Regierungsgewalt wehrten. Derselbe Krieg erreichte aber langfristig genau das Gegenteil dessen, was er seinen offiziellen Proklamationen nach wollte: Er ist zum letzten Glaubenskrieg geworden; denn noch mitten im erbitterten Kampf wurde die Einheit der Religion als oberstes Ziel aller Politik aufgegeben. Das erste wegweisende Signal in dieser Richtung setzten die katholischen Franzosen, als sie 1635 in den Krieg eintraten – sie verbündeten sich mit den evangelischen Schweden; gemeinsam zogen sie gegen die katholischen Habsburger. Den Franzosen war es wichtig, die Habsburger in ihrer politischen Vormachtstellung zu schwächen, Staatsräson hatte Vorrang vor religiöser Überzeugung. Jener Politiker, der diese zynisch-modern anmutende Entscheidung fällte und damit jedem orthodoxen Katholiken ein Dorn im Auge sein musste, war Kardinal Richelieu. Ausgerechnet ein Mann der Kirche (zumindest dem offiziellen Titel nach) stellte hier wie kein anderer maßgebend die Weichen.

Zu einer weiteren paradoxen Frontenverkehrung kam es fünf Jahrzehnte später, als die Türken 1683 Wien belagerten. Seite an Seite mit Muslimen kämpften Soldaten des protestantischen ungarischen Adels gegen Wien. Auch hier die unselige Verquickung von Religion und Machtpolitik. Ungarns Protestanten, damals noch zahlreich, wollten ihre Heimat und den Osten Österreichs lieber durch einen Pascha des Osmanen-Sultans regiert sehen als durch die Habsburger. Denn unter dem islamischen Halbmond konnte jede christliche Konfession als »Buchreligion« ihren Glauben leben, dagegen blieben nichtkatholische Christen unter den Habsburgern noch Jahrzehnte nach dem Dreißigjährigen Krieg unverändert als Ketzer abgestempelt und wurden hart verfolgt. (Erst unter Joseph II., dem Sohn Maria Theresias, kam es 1781 zu einem Toleranzedikt.) Unter osmanischer Herrschaft konnte der ungarische Adel außerdem mehr politische Eigenständigkeit bewahren als unter den Habsburgern, auch dies war damals ein Grund, die türkische einer österreichischen Regierung vorzuziehen.

Kuruzzen – »Kreuzritter« – nannten sich jene ungarischen Protestanten, die mit Hilfe von Muslimen gegen Katholiken kämpften; und dieser Name hat sich unter den Österreichern bis zum heutigen Tag, wenn auch abgewandelt und seiner ursprünglichen Bedeutung kaum mehr bewusst, als Fluch erhalten: »Kruzitürken« (»Kreuztürken«).

Der Nordirland-Konflikt und andere späte Ausläufer des christlichen Konfessionshaders

Erst die Aufklärung brachte in Europa die verfassungsrechtlich garantierte Gleichberechtigung der verschiedenen christlichen Religionsbekenntnisse. Und doch hat der Konfessionshader in etlichen Ländern alle geschriebenen Verfassungen, jede Entwicklung zum säkularen Gesellschaftssystem überdauert. Dies vor allem dann, wenn sich der konfessionelle Gegensatz mit sozialen und nationalen Barrieren deckt.

Am auffälligsten können wir – bis heute – einen solchen Sachverhalt in Nordirland beobachten, wo der britische Kolonialismus ein unseliges Erbe hinterlassen hat. Jahrhundertelang lebte das gesamte Irland unter englischer Herrschaft, und der Konfessionskonflikt hat seine besondere Schärfe und auch Dauer dadurch bekommen, dass die englische Oberschicht protestantisch war, die Iren aber katholisch. Ja, die Iren konnten ihren Widerstand gegen die landesfremde Herrschaft besonders deutlich signalisieren, indem sie sich fast durchweg der Religion der Besatzer verweigerten. Der Gegensatz wurde umso explosiver, je mehr die Engländer seit Anfang des 17. Jahrhunderts in die nordirische Provinz Ulster protestantische Siedler einwandern ließen. Das Ziel war eindeutig: Die Katholiken sollten in Nordirland zur Minderheit gemacht werden. Von einer Liberalisierung der konfessionellen Gegensätze konnte bis ins 20. Jahrhundert keine Rede sein, weil die Protestanten die Katholiken von allen Schlüsselstellungen in Politik und Wirtschaft fernhielten und ihnen jede Emanzipation versagten. Als sich Irland 1921 seine Unabhängigkeit erkämpfte, wurde die nordirische Provinz Ulster auf Druck der dortigen Protestanten an Großbritannien angegliedert. Und so haben sich die alten

Gegensätze erhalten: Politisch und sozial privilegiert blieb der Protestant, der »britisch« empfand, krass benachteiligt der Katholik, der sich nach wie vor als Ire verstand. 1968 schließlich brachen in Nordirland bürgerkriegsähnliche Unruhen zwischen der zahlenstarken katholischen Minderheit und der knappen protestantischen Mehrheit aus. Sie dauerten nahezu drei Jahrzehnte und waren zeitweilig so feindselig, dass man den Krisenherd Nordirland als den »Libanon Europas« bezeichnete. Die Parallelen zum Libanon sind, bei allen Abweichungen im Detail, nicht zu leugnen. Nordirland war bis Ende der 1990er-Jahre die europäische Region, in der es noch lebensgefährlich sein konnte, zur »falschen« Konfession zu gehören. Nach 25 Jahren blutigem Bürgerkrieg gab es erst im Sommer 1994 erste Anzeichen zu einer friedlichen Beilegung des Konflikts.

Es braucht nicht zu wundern, dass auch in Deutschland, zumindest bis Mitte des 20. Jahrhunderts, der konfessionelle Affekt hartnäckig überdauert hat. Denn hier vermochten Religionskriege und politischer Terror – wie in vielen anderen Ländern Europas – keine eindeutige Mehrheit für eine der beiden großen Glaubensgemeinschaften zu schaffen. Und so erhielten sich zwischen den nur oberflächlich befriedeten Konfessionen zahlreiche Reibungsflächen, vor allem dann, wenn der eine oder andere Machthaber innerhalb seines Bezirks entweder die Katholiken oder die Protestanten deutlich bevorzugte. Aber auch jenseits aller politischen Fronten blieb der deutsche Alltag noch zu Beginn des 20. Jahrhunderts tief vom Gegensatz der Konfessionen geprägt. Wo Katholiken und Protestanten in benachbarten Dörfern oder gar Straßenzügen lebten, lieferten sich Jugendliche teils handfeste Straßenschlachten, die weit über die bloße Rauferei hinausgingen, riefen Pfarrer zum Kaufboykott bei Andersgläubigen auf, konnte der Kampf um Konfessionsschulen oder die Frage der »Mischehe« ganze Sippen und Dörfer in verfeindete Cliquen aufspalten.[6]

Selbst noch in den 1950er-Jahren konnten sich hartnäckig stereotype Vorurteile gegenüber der »anderen Seite« halten; so bei den Protestanten, die Katholischen seien »falsch« und fanatisch; so umgekehrt bei den Katholiken, die Evangelischen seien »zu lau«, zu wenig religiös. Parallel dazu erlaubten sich manche Firmen, nur Mitarbeiter einzustellen, die der gleichen Konfession wie der Firmeninhaber angehörten – in deutlicher Missachtung des Grundgesetzes von 1949, wo es heißt, niemand dürfe wegen seines Glaubens benachteiligt werden.

Solche Tatbestände mögen heute der jüngeren Generation, die Derartiges nicht mehr aus eigener Anschauung kennt, sehr exotisch und unwahrscheinlich vorkommen. Denn innerhalb von nur zwei Jahrzehnten hat sich in dieser Hinsicht die Situation grundlegend geändert. Es begann, als Anfang der 1960er-Jahre sowohl die katholische als auch die protestantischen Kirchen sich zur Ökumene, zur Gesamtheit der Christen, bekannten und dazu aufriefen, das Gemeinsame über das Trennende zu stellen. Die Auswirkungen auf das Verhalten der Gläubigen waren tiefgreifend, so als ob es nur noch der offiziellen Absegnung bedurft hätte, um der Bereitschaft zum Ausgleich der Konfessionsgegensätze endlich freie Bahn zu geben. Ökumene ist zum Schlagwort geworden – trotz aller Neigung konservativer Kräfte, den Wandlungsprozess in seinem Tempo wieder zu bremsen. Schon Mitte der 1970er-Jahre gehörte es für Bürgermeister selbst in stadtferneren Dörfern mit konfessionell gemischter Bevölkerung zum Prestige, auf die ökumenischen Fortschritte in ihrer Gemeinde zu verweisen und zu betonen, wie gut die Zusammenarbeit zwischen Katholiken und Protestanten auf allen Verwaltungsebenen sowie im privaten Bereich funktioniere.[7] Auch sind längst an den Sonntagvormittagen im Rundfunk sowohl der Bundesrepublik als auch Österreichs die ökumenischen Morgenfeiern Selbstverständlichkeit, wo sich Geistliche aus verschiedenen christlichen

Konfessionen – zusätzlich manchmal auch ein Rabbiner – zu einem religiösen Thema äußern.

Im Allgemeinen steht, falls religiöse Themen zur Sprache kommen, heute der Gegensatz der Konfessionen kaum noch zur Debatte. Im Gegenteil, ein liberaler Protestant mag in einer Diskussion mehr Gemeinsames bei einem liberalen Katholiken entdecken als bei einem konservativen oder gar »reaktionären« Protestanten (und umgekehrt). Hier ist der Gegensatz protestantisch-katholisch überlagert durch den Gegensatz modern-traditionalistisch.

Die konfessionellen Spannungen im christlichen Abendland haben allerdings auch noch aus einem völlig anderen Grund ihre Schärfe verloren – und in dieser Hinsicht sogar viel nachhaltiger: Je mehr Bürger sich von den Kirchen distanzieren, ja überhaupt religiös gleichgültig werden, desto weniger messen sie den Unterschieden von Konfessionen noch Bedeutung bei.

»Abtrünnige« und »Ketzer« im Islam

Wenn Muslime zu einem anderen Glauben übertreten

»Die aber, welche unsere Zeichen des Betrugs beschuldigen und sich übermütig davon abwenden, die sollen des Höllenfeuers Gefährten sein und ewig darin bleiben.« So steht es in der 7. Sure des Korans, Vers 37.

Das Verdammungsurteil richtet sich gegen all jene, die im islamischen Glauben erzogen wurden, dann aber die Segnung der höchsten und letztlich einzigen vollkommenen Wahrheit zurückweisen. Zwar schreibt der Koran (9. Sure, Vers 6) vor, Nachsicht zu üben mit »Götzendienern, [...] denen die Wahrheit nicht offenbart wurde«. Auch hat der Muslim nach der Maßgabe des Heiligen Buches erst recht mit Christen und Juden tolerant umzugehen. Aber die Milde gibt es nicht für »Abtrünnige«. Allerdings enthält der Koran keine Anweisung, die Betreffenden hinzurichten. Geistliche Rechtsgelehrte haben schon im 8. Jahrhundert Derartiges aus der koranischen Drohung des Höllenfeuers abgeleitet. Hinrichtung drohte schließlich sogar einem Muslim, wenn er zu den tolerierten »Buchreligionen«, dem Christentum oder Judentum übertrat, denn auch dann begab er sich ja mutwillig von der höchsten Stufe der Wahrheit auf eine mindere herab. Zur Abschreckung war der Vollzug oft sehr grausam. So spießte man unter osmanischer Herrschaft den Verurteilten mit einem Pfahl auf, aber so »kunstvoll«, dass der Betroffene noch stundenlang unter Qualen lebte und öffentlich zur Schau gestellt werden konnte.

Welch barbarischer Fanatismus, so mag schaudernd der Christ unserer Tage denken, wenn er von solchen Torturen um des Glaubens willen liest. Aber er braucht historische Quellen nur etwas eingehender zu studieren, um zu entdecken, dass Christen für Abtrünnige ebenso wenig Verständnis aufbrachten. Ein Christ, der zum Islam übertrat und dann von seinen Glaubensbrüdern gefasst wurde, musste im Osteuropa des 17. Jahrhunderts während der Türkenkriege ebenfalls damit rechnen, gepfählt zu werden.[1] Rechtfertigung für eine solche Praxis konnten Christen genauso in ihrer Heiligen Schrift finden; die Richter brauchten nur die mosaischen Anweisungen des Alten Testaments für die christliche Gegenwart als gültig zu betrachten. Es ist in diesem Zusammenhang an jene bereits erörterte Textstelle im Fünften Buch Mose zu erinnern, wo der Gläubige aufgefordert wird, selbst die eigene Familie oder den besten Freund zu töten, falls diese von dem *einen* Gott abfallen sollten.[2] Zudem heißt es im Dritten Buch Mose: »Welcher des Herrn Namen lästert, soll des Todes sterben.«[3] Und was konnte als größere Gotteslästerung angesehen werden, als dass man sich von ihm, dem einzigen wahren Herrn, abwandte und eine »falsche« Gottheit zu verehren vorzog.

Im christlichen Abendland hat der barbarische Brauch, Glaubensverräter grausam zu töten, endgültig unter dem politischen Druck der Aufklärung ein Ende gefunden. In der islamischen Welt jedoch, wo die Ideale der Aufklärung unserem pluralistischen Verständnis gemäß nur punktuell Fuß gefasst haben, hat sich ein derartiger Wandel erst abgeschwächt durchsetzen können. Man hört zwar heute selbst aus Ländern mit einer starr orthodoxen Ausrichtung kaum mehr von Hinrichtungen Abtrünniger, die sich zum Christentum haben bekehren lassen, aber Gefängnisstrafen können dort den Betreffenden schon noch drohen. Allerdings fordern Islamisten hier

und da wieder – gegen den Widerstand liberaler Muslime – die
Einführung der Todesstrafe für Konvertiten. Im wahhabitisch
regierten Saudi-Arabien ist die Todesstrafe für »Abtrünnige«
ohnehin selbstverständlich, ebenso unter dem Regiment der
wahhabitisch geprägten Terror-Organisationen al-Qaida, »Islamischer Staat« und der Taliban, auch im schiitischen Gottesstaat Iran.

Aber ein ebenso großes Problem stellen für Muslime Religionsgemeinschaften dar, die innerhalb des Islam abweichende, unorthodoxe Glaubensformen entwickelten. Etliche von
ihnen sind dem Verdacht schwerer Ketzerei ausgesetzt: so die
Alawiten und Aleviten, so die Drusen (um nur jene zu nennen,
die auch bei uns im Westen bekannt geworden sind). Viele
Gläubige werfen den Alawiten und Aleviten vor, sie seien nur
»halbe Muslime«, den Drusen gar, sie würden dem Islam in
ganz entscheidenden Glaubensfragen fernstehen. Das heißt,
die Angehörigen einer dieser islamischen Konfessionen seien
mehr oder weniger »vom Islam abgefallen«. Entsprechend steigert sich die Ablehnung und geht gelegentlich in massive Verfolgung über.

Eine Religionsgemeinschaft aber hat sich nach Ansicht aller
Muslime vom Islam völlig abgewandt: die der Baha'i. Im Unterschied zu den Alawiten, Aleviten und Drusen sind die Baha'i
durchweg als Nicht-Muslime definiert. Auf sie konzentriert sich
der stärkste Affekt.

Betrachten wir im Folgenden die Glaubensinhalte, durch die
ein Muslim zum Ketzer oder darüber hinaus zum Abtrünnigen
werden kann.

Die »Ketzerei« der Alawiten und Aleviten

Alawi im Arabischen, *Alevi* im Türkischen: beide Bezeichnun-
gen bedeuten »Gefolgsleute des Ali«. Gemeint ist Ali ibn Abi
Talib, der Ahnherr aller schiitischen Bewegungen, der vierte

Kalif des Islam, der Vetter und Schwiegersohn des Propheten Mohammed. Damit geben sich die Alawiten und Aleviten – trotz aller Distanz zu den orthodoxen Schiiten – als Anhänger schiitischen Glaubens zu erkennen.

Entstanden ist diese Religionsgemeinschaft während des 9. Jahrhunderts im Irak und hat sich von dort über Syrien und weite Teile Anatoliens ausgebreitet. Sie hat sich gespalten in eine arabische Bewegung, die der Alawiten, und eine türkische, die der Aleviten. In Syrien bilden die Alawiten heute eine Minderheit von 11 Prozent der Bevölkerung (gegenüber 70 Prozent Sunniten, 3 Prozent orthodoxen Schiiten, 3 Prozent Drusen, 10 bis 12 Prozent Christen). In der Türkei ist der Anteil der Aleviten um Vieles höher: 20 bis 25 Prozent der Bevölkerung (neben 75 bis 80 Prozent Sunniten); die Schätzungen schwanken. Von den in Deutschland wohnenden 2,5 Millionen Türken bekennen sich rund 700 000 zum Glauben der Aleviten.

Ihre Bewegungen haben im Vorderen Orient schon seit Jahrhunderten eine wichtige Rolle gespielt, aber ins westliche Medienbewusstsein sind sie erst während der letzten 50 Jahre gerückt.

Den Anfang machten die syrischen Alawiten. 1970 konnte es ihnen gelingen, im Bündnis mit anderen religiösen Minderheiten, den Drusen und Christen, durch einen Militärputsch an die Macht zu gelangen. Ihr politischer Führer Hafis al-Assad regierte von 1970 bis zu seinem Tod am 10. Juni 2000 unangefochten. Ausgerechnet ein Angehöriger einer Minderheit konnte also im politisch und religiös stark aufgefächerten und labilen Syrien eine festgefügte Ordnung herstellen. Assad verstand es wie kein anderer, zwischen den widerstreitenden religiösen Interessengruppen geschickt zu vermitteln und sie taktisch gegeneinander auszuspielen. Aber nachdem dieser machtbewusste wie skrupellose Taktiker gestorben war, konnte sein Sohn und Nachfolger Baschar al-Assad die prekäre Balance nicht mehr aufrechterhalten. Als 2011 die Unruhen des sogenannten »Arabischen Frühlings« auch auf Syrien übergriffen, mischten sich politisch motivierte Proteste gegen die Korruption des Assad-Regimes sehr bald mit religiös bestimmten Protesten radikal-sunnitischer Rebellen. Diese Rebellen forderten den Tod der »ungläubigen« Alawiten. Als Baschar al-Assad sich daraufhin umso enger mit den Minderheiten der Christen und Drusen verband, verlief der Krieg sehr bald entlang der konfessionellen Trennlinien – mit verheerenden Folgen für Syrien und den Nahen Osten. Auf diese Entwicklung werde ich ausführlich im Kapitel *Die gefährliche Dimension des 21. Jahrhunderts* eingehen.

Erstmals gerieten die Aleviten, die in der Türkei leben, 1993 in die Schlagzeilen der Weltpresse. Der Anlass war tragisch: In jenem Jahr zündeten sunnitische Extremisten während eines Kulturfestivals in der osttürkischen Stadt Sivas ein Hotel an, 37 alevitische Künstler und Intellektuelle verbrannten oder erstickten. Daraufhin erschütterten schwere Unruhen die Türkei. 1995 brachen noch stärkere Unruhen landesweit aus, nachdem radikale Sunniten in Istanbul ein Attentat auf Aleviten verübt hatten. Solche Ereignisse waren aber nur die auffälligsten Anzeichen eines untergründigen, über Jahrhunderte schwelenden Dauerkonflikts zwischen Sunniten und der »ketzerischen« Konfession.

Ich habe etliche Alawiten und Aleviten über die Unterschiede zwischen ihrer Glaubensrichtung und der sunnitischen befragt. Sowohl von Alawiten als auch von Aleviten bekam ich zu hören: Sie seien viel freier in ihrem Ritus als die Sunniten; sie fänden es unnötig, fünfmal täglich zu beten, die Fastengebote des Ramadan zu halten und eine Wallfahrt nach Mekka zu unternehmen; und ihre Frauen würden viel größere Freiheiten genießen als die der Sunniten.

Es sind seltsam vage Antworten. Können die hier angeführten Antworten schon genügen, im Glauben der Alawiten und Aleviten etwas Halbislamisches oder gar Unislamisches zu entdecken? Dann müsste ein solcher Vorwurf auch schon manche Sunniten treffen, die es mit den traditionell vorgeschriebenen Verhaltensformen nicht so genau nehmen. Gerade in den modernen Ballungsräumen der Türkei wird beispielsweise der Fastenmonat Ramadan auch von vielen sunnitischen Muslimen nicht eingehalten, ebenso wenig erscheint ihnen die Wallfahrt nach Mekka wichtig.

Kommen wir zu tiefergehenden Unterschieden.

Alawiten und Aleviten feiern aus besonderer Verehrung für Jesus Weihnachten und Ostern, auch halten sie zeitweilig eine Art Gedächtnismahl ab, das an das heilige Abendmahl erinnert. Nicht genug damit. Sie verehren in besonderem Maß die Jungfrau Maria, ja sie betreiben in mancher Hinsicht einen Marienkult wie Katholiken. Ich lernte einen in Wien wohnenden Aleviten kennen, der zum niederösterreichischen Marienwallfahrtsort Maria Schutz reiste, um dort heiliges Wasser in eine Flasche abzufüllen, das angeblich Krankheiten heilt – und dieses Marienwasser brachte er seiner Mutter in die Türkei. Ist aber das schon unislamisches Verhalten?

In Syrien etwa pilgern sunnitische Muslime zu einem Kloster im christlichen Wallfahrtsort Sednaya nahe Damaskus, um dort neben syrischen Christen vor dem Marienbild um Hilfe bei Augenleiden und Unfruchtbarkeit zu beten. Oder türkische Muslime pilgern (wie bereits geschildert) neben Christen zum Sterbehaus der Maria nahe Ephesus. Wenn jedoch diese Art von Volksislam im Gegensatz zum orthodoxen Glauben steht, dann sind die Widersprüche nicht größer, als wenn in Lateinamerika katholische Indios zur Jungfrau Maria als einem gnadenspendenden Fruchtbarkeitsidol beten. Solche Formen von Heiligenverehrung sind zwar aus der Sicht der Orthodoxie nicht anerkannt, werden aber dennoch geduldet.

Der eigentliche Konfliktpunkt zwischen Sunniten und Alawiten wie Aleviten liegt woanders. Und auf dieses heikle Problem kommen die »Ketzer« nicht gerne zu sprechen. Ich konnte die Erfahrung machen, dass Alawiten wie Aleviten tiefergehenden Fragen immer wieder ausweichen. Dieses Ausweichen hat eine lang zurückreichende Tradition, denn klare Auskunft über ihren Glauben hat früher in sunnitischer Umgebung stets für Zündstoff gesorgt. Was ist dieser eine Punkt?

Die Aleviten stellen Kalif Ali, den Ahnherrn aller Schiiten, in ihrer Verehrung auf gleiche Höhe wie den Propheten Mohammed – oder gar höher, wie manche Kritiker mutmaßen. Ali sei eine menschgewordene Erscheinung Gottes. So wie Gott einst in Jesus erschienen sei, so habe Gott sich auch in Ali offenbart, erklärte mir ein Alevit. – Wie es aber dann mit Mohammed stehe, fragte ich. – Mohammed habe den Koran als Offenbarung von Gott empfangen, antwortete der Alevit. In Ali jedoch wohne der reine Geist Gottes. Ali könne den Koran am reinsten interpretieren.

In solcher Auskunft liegt Sprengstoff: Ali als der Ahnherr der Schiiten sei göttlich und in seiner Interpretation des Koran unfehlbar. Ali sei der eigentliche Vollender des Islam, nicht Mohammed. Diese Aussagen richten sich nicht nur gegen den Glauben der Sunniten, sondern auch der Schiiten. Zwar verehren die Schiiten Ali als ihren Ahnherrn, aber er bleibt in der Hierarchie eindeutig Mohammed untergeordnet, Ali gilt ihnen nur als der würdigste Nachfolger im Amt des Kalifen. Eine schwere Ketzerei ist es für Sunniten wie Schiiten, Ali als eine göttliche Erscheinung zu verehren – dies gilt ihnen als eine Parallele zu dem, was die Christen in der Person Jesu sehen: den Sohn Gottes.

Der Begriff »göttlich« in Bezug auf Ali steht in heftigem Kreuzfeuer der Meinungen – gerade auch bei den Alawiten und Aleviten selbst. In Gesprächen erlebte ich, dass manche der Gefragten entschieden abwehrten, Ali sei auf gleicher Rangstufe wie der Prophet Mohammed anzusehen oder überrage ihn gar mit dem Attribut »göttlich«. Andere hielten aber gerade daran fest. Wiederum andere sagten, Ali sei zwar

»göttlich«, dies aber müsse man in mystischem Sinn verstehen. Gemeint sei das Göttliche, das jedem Menschen mit Fähigkeit zu religiös-mystischer Erfahrung eigen sei. Ali überrage nur in seiner Intensität der Gottesnähe die meisten anderen Menschen.

Eine derartige Diskussion führte ich 2008 auch in Sahkulu, dem spirituellen Pilgerzentrum der Aleviten in Istanbul. Dort stellten die Gefragten durchweg in Abrede, Ali sei Mohammed gleichgeordnet. Aber als ich in der dortigen Buchhandlung eine deutschsprachige Veröffentlichung unter dem Titel *Türkische Aleviten heute* entdeckte, stieß ich auf ein Kapitel mit der Überschrift »Abweichende Ansichten über Ali«. Entgegen den Antworten, die mir die Aleviten in Sahkulu bei einer Tasse Tee gegeben hatten, konnte ich in diesem Kapitel lesen: »Ali ist Gottheit in einer Dreieinigkeit mit Allah und Mohammed.« Und: »Viele, die den Ausdruck Allah-Mohammed-Ali verwenden, setzen damit bewusst die Autorität dieser drei gleich.«[4]

Solche Sätze müsse man richtig deuten, solche Sätze könne man missverstehen. Antworten dieser Art habe ich von Aleviten und Alawiten immer wieder zu hören bekommen. Aber solche Sätze sind es, die den Widerspruch orthodoxer Sunniten wie auch Schiiten herausfordern. Solche Sätze machen erst deutlich, weshalb viele Sunniten wie Schiiten den Aleviten und Alawiten das Recht absprechen, sich in vollwertigem Sinn als Muslime zu bezeichnen. Oft zeigen sich Sunniten wie Schiiten gegenüber Christen und Juden toleranter als gegenüber Aleviten und Alawiten, denn schließlich gelten das Christentum und das Judentum als Vorläufer-Religionen des Islam. Dagegen werden Aleviten und Alawiten mit ihrem Glauben mehr oder weniger als Abtrünnige von der höchsten Glaubensform, dem Islam, eingestuft.

Sind die »Ketzer« noch als Muslime zu betrachten oder nicht? Nicht nur orthodoxe Sunniten und Schiiten sind sich in dieser Frage uneinig, sondern sogar die Aleviten und Alawiten selbst.

Im Mai 2003 erregte ein Ereignis Aufsehen und Erstaunen: In Österreich lebende türkische Aleviten hatten bei der österreichischen Regierung beantragt, als eigene Religionsgemeinschaft anerkannt zu werden und nicht mehr länger als eine »islamische Konfession« zu gelten. Dieser neue Status würde es den Aleviten erlauben, in österreichischen Schulen Religionsunterricht abzuhalten, finanziell vom Staat gefördert, gleichrangig mit den Muslimen. Der islamische Verband Österreichs, dominiert von türkischen und arabischen Sunniten, versuchte diesen Antrag zu verhindern, indem er argumentierte, die Aleviten bildeten eine »islamische Konfession«. Desto überraschender war, dass die Aleviten in ihrer Mehrheit – nach einer heftigen Diskussion in den eigenen Reihen – sich für eine Distanz zum Islam entschieden. Im Mai 2003 wurde der Antrag der Aleviten, eine eigenständige Religionsgemeinschaft zu sein, gesetzlich anerkannt. Für die religiösen Gegner war dies ein weiteres Argument, dass die Aleviten nicht nur innerhalb des Islam »Ketzer« seien, sondern tatsächlich »vom Islam« abgefallen seien.[5]

Ihre Außenseiterrolle hat die »Ketzer« im Verlauf der Jahrhunderte immer wieder politisch aktiv werden lassen. Besonders gilt dies für die Aleviten. In den östlichen Regionen Anatoliens waren es überwiegend sie, die sich – weil selbst sozial an den Rand gedrängt – an die Spitze der sozial Unterdrückten stellten. Aleviten führten meist die großen Aufstände notleidender Bauern und Landarbeiter gegen die sunnitischen Feudalherren an. Das geschah hauptsächlich vom 14. bis zum 16. Jahrhundert. Aber die Aleviten blieben bis zum Zusammenbruch des Osmanenreiches eine latente Bedrohung für die Sultane, denn sie zeigten sich bereit, jede Schwächung sunnitischer Herrschaftsideologie zu fördern, schließlich hofften sie, auf diese Weise ihren eigenen Freiraum zu erweitern.

Kein Zufall konnte es sein, dass besonders Aleviten sich engagiert der Reformbewegung von Atatürk anschlossen. Ihre Führungskräfte setzten sich wesentlich entschiedener als die meisten sunnitischen Reformer für eine Trennung von Politik und Religion, für das Ideal eines säkularen und laizistischen Staates ein. Atatürk hätte seine Reform kaum derart erfolgreich durchführen können, würden ihm nicht die Aleviten, gerade alevitische Bauern, die Massenbasis geliefert haben.

Aleviten sind es auch, die heute in der Türkei am entschiedensten die Ideale eines säkularen und laizistischen Staates verteidigen. Wie keine andere religiöse Gruppierung beziehen die Aleviten Front gegen jede religiöse Partei, die den Islam als Staatsreligion wie zur Zeit der Osmanen installieren möchte. Denn eine solche Rückwendung zur Vergangenheit würde für die säkularen Aleviten eine erneute Unterdrückung durch die sunnitische Orthodoxie bedeuten. Und so ist es nur folgerichtig, dass sunnitische Fundamentalisten besonders die Aleviten heftig bekämpfen.

Gemäßigte Sunniten grenzen sich nicht demonstrativ gegenüber Aleviten ab – vor allem dann nicht, wenn sie überzeugte Anhänger der säkularen und laizistischen Staatsidee Atatürks sind. Aber das ändert nichts an der Tatsache, dass Aleviten in der Türkei nach wie vor diskriminiert werden. Besonders seit sunnitische Islamisten auf dem Vormarsch sind, hüten sich zunehmend auch liberale Politiker, allzu engagiert für die Gleichberechtigung der Aleviten einzutreten. Dabei ist die Religionsfreiheit und die rechtliche Gleichstellung aller Bürger, unabhängig von ihrer Religion, in der Verfassung festgeschrieben. Aber seit sogar liberalere Politiker um eine erstarkende religiös konservative Wählerschicht werben, treten liberale Grundsätze in den Hintergrund. Aleviten haben in jenen Städten am schlimmsten unter Schikanen zu leiden, wo es den Islamisten gelungen ist, nach erfolgreichen Parlamentswahlen die Bürgermeister zu stellen. Seit den 1980er-Jahren ist der Religionsunterricht an türkischen Schulen wieder Pflichtfach, dieser Unterricht ist jedoch streng sunnitisch – die Aleviten dürfen keinen eigenen Unterricht beanspruchen, sie müssen sich im ganzen Land sunnitisch indoktrinieren lassen.[6]

Diese äußerst diskriminierende Einschränkung in der Türkei lässt verstehen, weshalb Aleviten versuchen, sich aus dem Einfluss eines solchen Islam zu lösen und den Anspruch erheben, als eine eigene Religionsgemeinschaft anerkannt zu sein. In Österreich hat ihnen, wie ja bereits geschildert, ein solcher Antrag das gesetzliche Recht eingebracht, an Schulen einen eigenen Religionsunterricht abzuhalten.

Der Vergleich mit der Situation in Syrien ist aufschlussreich. In Syrien sind die Alawiten viele Jahrhunderte ebenfalls stark unterdrückt worden und durften ihren Glauben nicht öffentlich bekennen (in auffallendem Gegensatz zu den Christen und Juden). Auch die syrischen Alawiten zeigten großes Interesse, die drückende sunnitische Vormachtstellung zu schwächen. Daher nahmen auch sie begierig die Reformideen eines säkularen und laizistischen Staates auf. Aber als dann die Alawiten 1970 durch einen Militärputsch des Generals Hafis al-Assad an die Macht kamen, gelang es Assad trotz sonstiger Reformerfolge nicht, eine konsequent säkulare, laizistische Staatsverfassung durchzusetzen. Anders als sein Vorbild Atatürk konnte es Assad nicht wagen, die traditionellen Rechtsgrundsätze der Scharia in ihrem Kern anzutasten. Denn der Widerstand und die Macht der sunnitischen Orthodoxie waren und sind in Syrien bis heute zu groß.[7] Gerade vor diesem Hintergrund lässt sich verstehen, weshalb der Bürgerkrieg in Syrien eine religiöspolitische Dimension annahm.

Das »Unislamische« an den Drusen

»Die Drusen sind keine Muslime!« Diese Antwort erhielt ich in der syrischen Stadt Bosra, als ich dort, nahe dem hauptsächlichen Wohngebiet der religiösen Minderheit, einige Auskünfte haben wollte. Der Gefragte, ein Sunnit, schüttelte heftig den Kopf.

Aber die Drusen gehörten doch als Glaubensgruppe zu den Schiiten, sagte ich. – Oh nein, oh nein, widersprach der Sunnit heftig, man dürfe Schiiten und Drusen nicht in einem Atemzug nennen. Die Schiiten seien Muslime, sie besäßen wie die Sunniten den Koran, die Drusen aber würden weder ein heiliges Buch noch eine Moschee kennen, noch würden sie sich zum Gebet versammeln. – Was er von den Christen halte, wollte ich zum Vergleich wissen. – Die Christen besäßen ein heiliges Buch und beteten, die Christen seien religiöse Menschen, erklärte er.

In Syrien lernte ich noch andere Sunniten kennen, die sich über die Drusen ereiferten. Vorbehalte hörte ich sogar von Alawiten, die doch selbst einer beargwöhnten Minderheit angehören. Eine solche Skepsis aus sehr unterschiedlichen Richtungen gibt eine erste Ahnung vom angefeindeten Glauben der Drusen.

Die Gemeinschaft der Drusen entstand zu Beginn des 11. Jahrhunderts in Ägypten. Ihr Begründer, der persische Wanderprediger Mohammed ibn Ismail ad-Darazi war Schiit. Aus seinem Namen leitet sich die Bezeichnung *Duruz* – oder europäisch »Druse« – ab. Vom orthodoxen Glauben der Schiiten entfernte sich Darazi radikal, als er den damals regierenden Kalifen Hakim aus der schiitischen Dynastie der Fatimiden zu einer menschgewordenen Erscheinungsform Gottes erklärte. Als Kalif Hakim 1021 starb, wurde Darazi von Sunniten getötet, seine Anhänger mussten aus Ägypten fliehen und ließen sich in damals unwegsamen Bergregionen des Libanon und Syriens nieder.

Die Drusen lehnen wie die Alawiten und Aleviten den Fastenmonat Ramadan ab und halten eine Wallfahrt nach Mekka für unnötig. Auch besitzen sie eine ebenso über den Koran hinausreichende, erst später verfasste Heilige Schrift, und wie bei den Alawiten und Aleviten gibt es nur wenige »Wissende«, die den Inhalt der Lehre in ihrer Gesamtheit kennen und zu deuten vermögen. Aber die Lehre der Drusen entfernt sich viel weiter vom orthodoxen Islam als jeder andere Glaube einer schiitischen Sekte – mit Ausnahme der Baha'i, wie wir noch sehen werden.

Skandalös erscheint orthodoxen Muslimen die Tatsache, dass die Drusen einen Menschen als eine fleischgewordene Erscheinung Gottes verehren – dieses Attribut darf ja nicht einmal ansatzweise dem Propheten Mohammed zugeschrieben werden. Nicht minder unerträglich ist für Sunniten wie Schiiten, dass ebendieser »göttliche« Kalif Hakim am Ende aller Zeiten den Gläubigen auch noch als Erlöser erscheinen soll. Dabei ist doch ausgerechnet dieser Herrscher von muslimischen wie westlichen Historikern als ein exzentrischer Fanatiker beurteilt worden.

Noch deutlicher vom Islam entfernen sich die Drusen aber mit einer anderen Lehre: Sie glauben an Seelenwanderung und Wiedergeburt. Da die Seele unsterblich ist, kann sie nicht, wovon die Muslime unumstößlich überzeugt sind, bis zum Tag des Jüngsten Gerichts ruhen und dann erst von Gott auferweckt werden. Die Seele wandert vielmehr nach dem Tod eines Menschen in einen neugeborenen Körper. Menschen, deren Seele in einem vorhergehenden Erdenleben schwer gesündigt hat, büßen dafür in ihrer nachfolgenden irdischen Existenz. Umgekehrt kann der Erfolgreiche, vom Glück Gesegnete sicher sein, dass seine Seele in einem früheren Leben gute Taten angesammelt hat. Erst am Tag des Jüngsten Gerichts entscheidet Gott über das endgültige, ewige Schicksal jeder Seele. Ein solches Dogma, das in mancher Hinsicht an Vorstellungen des Hinduismus und Buddhismus erinnert (ohne dass derartige Einflüsse nachweisbar wären), muss Muslime am stärksten abstoßen. Gerade in diesem Punkt können sich Sunniten wie Schiiten dem Glauben selbst der Christen näher fühlen als dem der Drusen.

Die Drusen bewegen sich an einer gefährlichen Grenze. Im

Allgemeinen werden Sekten nicht durch religiös orthodoxe Machthaber unterdrückt, wenn der abweichende Glaube wenigstens noch in Kernpunkten mit dem Hauptstrom sunnitischer oder schiitischer Überzeugungen übereinstimmt. Verfolgt werden solche Minderheiten meist erst, wenn sie die bestehende Herrschaft ideologisch in Frage stellen. Muslimischen Sekten ist damit ein größerer Spielraum geblieben, als ihn etwa christliche Sekten jahrhundertelang unter dem Druck der Inquisition besaßen. Falls Muslime aber in den Verdacht geraten, den Islam in grundsätzlichen Glaubenspostulaten zu verleugnen, sind sie nach orthodoxem Verständnis von ihrer angestammten Religion abgefallen – und erst in diesem Fall können Korangelehrte so unerbittlich auf Todesstrafe für Ketzer drängen wie einst die christliche Inquisition. Die Drusen sind, aus der Sicht vieler Orthodoxer, in diesem Sinne Ketzer.

Deshalb sind die Drusen mehr als die meisten anderen Minderheiten verfolgt worden, sowohl von Sunniten als auch von Schiiten. Und deshalb hatten die Drusen sich im Verlauf der Jahrhunderte auch zu einer besonders kriegerischen Volksgruppe entwickelt, die sich möglichst von allen anderen Gruppierungen absonderte. Von wenigen Ausnahmen in unserer modernen Zeit abgesehen, heiraten die Drusen nur untereinander, um »rein« zu bleiben. Sie lassen es auch nicht zu, dass Andersgläubige zu ihrer Religion übertreten. Druse kann man nur durch Geburt werden; auch dies ist eine zutiefst unislamische Tendenz.

Das Hauptsiedlungsgebiet der Drusen ist heute der Libanon, dort bilden sie etwa 7 Prozent der Bevölkerung (neben rund 30 Prozent Schiiten, 23 Prozent Sunniten und 40 Prozent Christen), so die Zahlen von 1970. Im Libanon sind die Drusen nicht nur in Kämpfe gegen maronitische Christen verwickelt, sondern ebenso gegen sunnitische und schiitische Muslime: Aufschlussreich ist hierbei, dass Drusen zwar hie und da in Dörfern Haus an Haus mit Christen unterschiedlichster Konfession leben – aber weder mit Sunniten noch mit Schiiten.[8]

In Syrien machen die Drusen etwa drei Prozent der Bevölkerung aus. Dort haben sie allerdings weniger Probleme als im Libanon. Unter den Baath-Sozialisten, besonders seit die Alawiten an den Schalthebeln der Macht sind, genießen die Drusen die nötige Toleranz. Inwieweit sich das ändert, sobald die Alawiten ihre Macht verlieren, muss offen bleiben.

Die »Gottlosigkeit« der Baha'i

Auch der Begründer des Bahaismus, Mirza Ali Mohammed Shirazi, war ursprünglich schiitischer Muslim. Aber seine Gedanken führten ihn erheblich weiter vom orthodoxen Islam weg als alle anderen Ketzer, so dass die Baha'i am eindeutigsten als Abtrünnige gelten mussten.

Der Begründer des Bahaismus verkündete 1844 im Iran eine neue Offenbarung, in der er seine eigene Botschaft als die dem Koran ebenbürtig pries. Mehr noch: Er nannte sich *Bab*, »das Tor«, und meinte damit das zeitgemäße, alleinige Tor zur Erleuchtung. Sein Nachfolger Mirza Hussein Ali, der sich den Beinamen *Baha'ullah* (»Herrlichkeit Gottes«) verlieh und die Sekte weit über die islamische Welt hinaus verbreitete, formulierte noch deutlicher, dass er sich als der »Offenbarer Gottes für unsere Zeit« (!) verstand.

Werfen wir einen Blick auf die Textstelle einer Propagandaschrift, wie sie die Baha'i heute zur Verbreitung ihrer Lehre veröffentlichen, so begreifen wir die Provokation. Es heißt dort unter anderem: »Die Baha'i glauben an einen Gott, obgleich die Menschen ihn mit verschiedenen Namen bezeichnen. In gewissen Zeitabständen hat Gott sein Wort durch verschiedene Boten offenbart [...] Abraham, Moses, Krishna, Buddha, Zarathustra, Christus, Mohammed waren solche Gottesoffenbarer [...] Da es nur einen Gott gibt, haben alle Gottesoffenbarer die

gleiche Wahrheit verkündet. Sie haben diese Wahrheit weiter-
entwickelt und den jeweiligen Bedürfnissen der verschiedenen
Kulturkreise, der gesamten geschichtlichen Entwicklung der
Menschheit angepasst.«[9]

In diesem Bekenntnis ist Mohammed nicht nur auf eine
Stufe zu Christus herabgedrückt, sondern auch noch zu Krishna
und Buddha. Krasser hätte man Mohammed gar nicht den
Rang streitig machen können, krönender Abschluss aller Propheten zu sein. Mohammed nur noch als ein Glied unter vielen
in einer weiter fortschreitenden Entwicklung! Muslime mussten sich von solch einer Auffassung ähnlich herausgefordert
fühlen wie Christen, die sich durch den Islam zu bloßen Vor-
läufern des »richtigen« Glaubens degradiert sahen. Eine deut-
lichere Absage an die höchste, bereits verkündete Offenbarung
konnte es gar nicht geben.

Muslime reagierten auf eine solche Herausforderung aus
den eigenen Reihen besonders hart, indem sie die Baha'i bereits
während der ersten Jahre ihres Bestehens fanatisch verfolgten.
Im Iran sahen sich die Machthaber durch die »Gotteslästerer«
zusätzlich bedroht, weil diese dort nicht nur eine neue religiöse
Botschaft verbreiteten, sondern angesichts eines erstarrten
Feudalsystems auch noch einschneidende soziale Reformen
forderten. Die Schahs der Kadscharen-Dynastie ließen die Anhänger der neuen Religion zu Hunderttausenden ins Gefängnis
sperren, rund 30 000 ließen sie allein im Jahr 1850 hinrichten.

Vor diesem Terror flohen viele Baha'i ins Ausland, zuerst in
andere islamische Länder. Aber da sie nicht nur von der schiitischen, sondern auch von der sunnitischen Orthodoxie der Ketzerei verdächtigt wurden und sich wiederum Verfolgungen
ausgesetzt sahen, reiste ein Teil der Baha'i nach Europa weiter,
einerseits, um endlich unbehelligt leben zu können, andererseits, um dort die Lehre zu verbreiten. Für die Mission waren
sie bestens gerüstet, zumal ihr geistiger Führer Baha'ullah mit
den verschiedensten Strömungen westlicher Philosophie ver-

traut war und aufklärerische Impulse in seine Lehre hatte einfließen lassen. Nicht wenige Christen, von der Unduldsamkeit ihrer Kirchen enttäuscht, fühlten sich angezogen von dieser Universalreligion. 1893, ein Jahr nach dem Tod des Baha'ullah, existierten bereits Gemeinden in Großbritannien und den USA. Heute zählt die Baha'i-Religion Millionen Anhänger in aller Welt, besonders in westlichen Industriestaaten; allein in der Bundesrepublik Deutschland lebten seit den 1990er-Jahren zwischen 5000 bis 10 000 Baha'i.

Auch in etlichen islamischen Ländern hat sich die neue Religionsgemeinschaft halten können, trotz aller Verfolgungen. Vielen gelang es, ihren Glauben gegenüber Fanatikern zu verbergen, und bei gemäßigten Muslimen konnten sie gar Achtung gewinnen, weil sie als unbestechlich und als verlässliche Geschäftspartner galten. Im Iran, ihrem Herkunftsland, lebten unter der Herrschaft des letzten Pahlavi-Schahs an die 300 000 Baha'i, an Zahl fast zehnmal so stark wie die Zarathustrier, jene von der schiitischen Orthodoxie geduldete Minderheit.

Heute sind die Reaktionen gegenüber den Baha'i in islamischen Ländern sehr unterschiedlich. Überall dort, wo die Gesetzgeber sich durch westliche Vorbilder haben beeinflussen lassen (und deshalb dem Vorwurf von orthodoxer Seite ausgesetzt sind, verwestlicht zu denken), werden die Baha'i nicht verfolgt, so in der Türkei, in Syrien, im Libanon, in Jordanien, Tunesien und Indonesien. Überall dort aber, wo Fundamentalisten mit wachsender Macht die Regierungen unter Druck setzen, werden die »Abtrünnigen« vorwiegend mit Verwaltungsschikanen und Gefängnisstrafen belegt, ja teils auch bei Polizeiverhören gefoltert: so in Ägypten, Marokko, Algerien und im Irak. Todesurteile verhängt man dort, wo radikal-orthodoxe Muslime die Macht errungen haben. Besonders schlimm waren die Verhältnisse im Iran unter der zehnjährigen Herrschaft von Khomeini: Hunderte von Baha'i wurden hingerichtet, mehr als 10 000 wurden durch Enteignung obdachlos, sämtliche Kultstätten wurden zerstört, so lauteten 1987 die Berichte von Beobachtern.[10]

Salman Rushdie, der moderne »Gotteslästerer«

Am 14. Februar 1989 verkündete Ayatollah Khomeini das Todesurteil gegen Salman Rushdie mit der Begründung, dieser muslimische Autor habe mit seinem Roman *Die satanischen Verse* in schlimmster Form Gotteslästerung begangen. Diese Proklamation war etwas Einmaliges: Kein ranghoher islamischer Würdenträger des 20. Jahrhunderts hatte es bis dahin unternommen, einen Muslim außerhalb des eigenen Herrschaftsbereichs zu verurteilen und zudem Killerkommandos zu ermuntern, gegen ein Kopfgeld in Millionenhöhe die »Hinrichtung« im Ausland zu vollziehen. Außerdem erklärte Khomeini, jeder »Glaubenskämpfer«, der bei diesem waghalsigen Unternehmen ums Leben komme, gehe sofort ins Paradies ein.

Der Februar 1989 signalisierte aber nur den Zeitpunkt, an dem der Fall Salman Rushdie weltweit bekannt wurde. Begonnen hatte der Konflikt bereits ein halbes Jahr zuvor. Als im Herbst 1988 der Roman *Die satanischen Verse* in Großbritannien, der Wahlheimat des britisch-indischen Autors, erschien, erregte er rasch die Aufmerksamkeit dort ansässiger muslimischer Geistlicher, und auf deren Anraten hin protestierten massenweise Gastarbeiter aus Pakistan, Indien und Bangladesch gegen das »satanische Buch«. Der vorläufige Gipfel der Erregung war erreicht, als sich Mitte Januar 1989 in der englischen Industriestadt Bradford Muslime dazu hinreißen ließen, bei einer Massenkundgebung das Buch öffentlich zu verbrennen. Und noch bevor Khomeini auf die *Satanischen Verse* aufmerksam wurde, entschlossen sich die meisten Regierungen islamischer Staaten, Veröffentlichung und Verkauf des Buches in ihrem Herrschaftsbereich zu verbieten.

Salman Rushdie, als Muslim in Bombay, dem heutige Mumbai, aufgewachsen, ist auf ganz andere Weise ein Abtrünniger, als es etwa die Baha'i sind. Ihn leiten geradezu entgegengesetzte Motive, Distanz zum Islam zu demonstrieren. Er gibt sich als »moderner Mensch« zu erkennen, der jeglichen Glauben an eine religiöse Überlieferung verloren hat und es als seine Pflicht ansieht, diesen Zweifel in aller Öffentlichkeit zu bekunden, ja ihm literarisch Ausdruck zu verleihen. So sagte er in einem vielbeachteten Interview, bevor er sich vor den Killerkommandos des Ayatollah Khomeini verstecken musste: »Wenn man aber nicht mehr gläubig ist, wenn man nicht mehr an ein übernatürliches Wesen glaubt, das einen Erzengel schickt, um einem Menschen, Mohammed, eine Reihe von Texten zu diktieren, die den Koran ergeben, wenn man weder an die buchstäbliche noch an die metaphorische noch an die spirituelle Wahrheit glauben kann, dann steht man vor einem Problem. Wenn man dann etwas anderes sagt, wird das als Blasphemie bezeichnet. Dennoch nimmt man eine völlig legitime Position ein. [...] Für mich ist der Zweifel die entscheidende Haltung für den Menschen des 20. Jahrhunderts. Wir lernen, dass uns alles, was wir in den Händen halten, zerfällt. Von nichts mehr besitzen wir eine gesicherte Perspektive. [...] Nicht Sicherheit, sondern Zweifel ist die Basis der Moderne. Es ist nicht meine Schuld, dass die orthodoxen Vertreter des Islam einen Dschihad gegen die Moderne erklärt haben.«[11]

In einer solchen Erklärung ist alles enthalten, was einen orthodox Gläubigen – nicht nur des Islam – empören und auch ängstigen kann. Empörung und Angst, möglicherweise sogar Empörung aus Angst: Dies ist die explosive Mischung, die einen Radikal-Orthodoxen zum gewaltsamen Vorgehen gegen einen Abtrünnigen aus der eigenen Glaubensgemeinschaft veranlassen mag, sofern ihm dieser die metaphysische Geborgenheit gründlich in Frage stellt. Salman Rushdie bekennt sich zu jener Form von Moderne, die gerade dem orthodoxen Muslim als eine Dekadenzerscheinung des materialistisch und gottlos gewordenen Westens zum Feindbild geronnen ist. Welchen Schock muss es für »Rechtgläubige« bedeuten, wenn sich ausgerechnet ein Schriftsteller muslimischer Herkunft zu solch einer Gottlosigkeit bekennt und damit auch noch die Aufmerksamkeit eines breiteren Publikums erregt.

Es braucht hier nicht erörtert zu werden, was aus der Sicht von Muslimen die Gotteslästerung im Einzelnen ausmacht. Auch soll die Frage den Literaturkritikern überlassen bleiben, ob die umstrittenen Textstellen, in denen angeblich der Prophet »lächerlich gemacht« und der Charakter des Korans als göttliche Offenbarung »in den Schmutz gezogen« wird, literarisch über den Tag hinaus Bedeutung haben werden. Für viele Gegner, die den Tod Rushdies wünschen, geht es ohnehin nicht um solche Fragen. Kaum einer hat das Buch gelesen; die einen, weil sie sich mit der Information ihrer Geistlichen begnügen, die anderen, weil sie sowieso Analphabeten sind. Typisch für die Haltung vieler empörter Muslime, die in den verschiedensten Ländern demonstrierend durch die Straßen zogen, dürfte die Aussage eines Inders gegenüber einer Journalistin sein: »Es ist nicht gut, schmutzige Literatur zu lesen. Das tun unsere Mullahs für uns, und sie sagen uns dann, was wir tun sollen.«[12]

Was aber sagen die Mullahs? Bei einer genaueren Betrachtung des Problems müssen wir feststellen, dass die Reaktion der Geistlichen quer durch die islamische Welt gar nicht einheitlich ist. Man fragt sich zu Recht, wieso das Buch über Monate hinweg zwar in allen islamischen Ländern verboten war, aber kein geistlicher Rechtsgelehrter – außer Khomeini – sich veranlasst sah, über den Autor das Todesurteil zu verhängen.

Zweifellos versuchte Khomeini mit diesem spektakulären Rechtsgutachten seinen Anspruch auf die geistige Führerschaft aller »wahrhaft gläubigen« Muslime erneut zu bekräftigen. Darüber hinaus ging es dem gewieften machtpolitischen

Taktiker darum, von den innenpolitischen Krisen seines Landes abzulenken. Möglicherweise hat ihn auch jene Passage im Roman aufs Äußerste gereizt, wo in deutlicher Anspielung auf seine Person ein alter Imam geschildert wird, der seine Anhänger mit blindem Fanatismus in einen selbstzerstörerischen »Heiligen Krieg« treibt. Aber würde sich Khomeini bloß über eine derartige Textstelle so sehr erregt haben, hätte er nur seine unmittelbaren Anhänger mit Parolen aufputschen können. Ihn müssen weiterreichende – subjektiv ehrliche – religiöse Bedenken zu seiner radikalen Haltung bewogen haben. Denn ohne diesen Antrieb wäre es ihm schwerlich gelungen, orthodoxe Muslime in aller Welt zu mobilisieren, nicht nur Schiiten, sondern auch Sunniten, nicht nur Iraner, sondern Muslime von Marokko bis Indonesien.

Auffallend aber bleibt, dass Khomeini bei den ranghohen geistlichen Rechtsgelehrten verschiedenster Länder nur bedingt Zustimmung für sein Rechtsgutachten gefunden hat. Wenn auch hier und dort Würdenträger in Indien, Pakistan und Ägypten sich bedingungslos hinter das Todesurteil stellten, so zog es doch eine Mehrheit vor, zu den Vorgängen möglichst zu schweigen und sich auf Fragen nur vage zu äußern (was man als mangelnden Mut deuten könnte, sich dem Kreuzfeuer der Meinungen zu stellen). Andere Rechtsgelehrte stimmten dem Urteil zwar zu, wollten es aber erst vollstreckt wissen, nachdem ein faires Gerichtsverfahren stattgefunden habe, so kommentierte an vorderster Stelle das radikal-orthodoxe Gremium geistlicher Rechtsgelehrter in Saudi-Arabien. Aber: Die führenden Autoritäten im theologischen Zentrum des sunnitischen Islam, der al-Azhar-Universität in Kairo, die mehrheitlich selbst konservativ denken, regten an, man solle die verleumderischen Thesen des blasphemischen Romans Seite für Seite widerlegen – ein Todesurteil gegenüber dem Autor sei jedoch nicht angebracht, man solle Ketzerei mit der Feder, nicht mit dem Schwert bekämpfen.

Sogar im Iran ist die Geistlichkeit nicht von vornherein auf ein Todesurteil aus gewesen. Es muss zu denken geben, dass sich iranische Intellektuelle schon Monate vor Khomeinis mörderischem Urteil über das »schändliche« Buch ereifert hatten, ohne aber die Hinrichtung Salman Rushdies zu fordern und ohne dass Mullahs die Polemik in diese Richtung weitergeführt hätten. Würde der Iran nicht nach wie vor strikt regiert und besäße dort nicht ein geistliches Wort Khomeinis auch über seinen Tod hinaus offiziell unantastbare Geltung, so hätte auch im Iran eine Diskussion über das Für und Wider des Todesurteils beginnen können. Eine solche Diskussion blieb auch unter Khomeinis Nachfolger Ayatollah Ali Khamenei aus, denn jener vertrat dieselbe rigide Grundposition wie Khomeini. Da nützte es nichts, wenn die Staatspräsidenten mehr oder weniger deutlich ihre Bedenken gegen das Todesurteil äußerten: so Rafsandschani taktisch noch äußerst vorsichtig und zurückhaltend (von 1989 bis 1997 im Amt), so Khatami schon klarer (seit 1997). Entscheidend bleibt das geistliche Rechtsgutachten des übergeordneten religiösen Führers.

In der Art, wie sich im Streit um Salman Rushdie die Meinungen spalteten, zeigt sich eine auffallende Parallele zu den Abgrenzungsversuchen gegenüber der Baha'i-Religion. Nicht zufällig befürworten das Todesurteil gegen Rushdie jene, die mit der gleichen Härte die Baha'i verfolgt sehen möchten. So hat sich Khomeini selbst ja als der unversöhnlichste Feind der Baha'i zu erkennen gegeben, während etwa die Autoritäten der al-Azhar bei aller Distanz zu den Baha'i wiederum von der Todesstrafe abraten und an erster Stelle auf den geistigen Abwehrkampf setzen.

Bei uns im Westen hat sich angesichts der Affäre Rushdie (die eigentlich eine Affäre Khomeini war) ebenfalls eine Kluft aufgetan. Wir alle meldeten zwar Empörung gegen den Mordaufruf an, weil wir hier einen eklatanten Widerspruch zu Humanität, Demokratie und Meinungsfreiheit sehen – aber bereits bei dem letzten Punkt bröckelte die Einheitsfront gegen den »fanatischen Islam«. Auch bei uns tendieren nicht wenige dazu, dieses oder jenes Buch als Gotteslästerung zu verdammen und gegebenenfalls die Zensur zu verlangen (selbst wenn man das Buch nur vom Hörensagen kennt). Auch bei uns findet sich die Abneigung, überhaupt eine Diskussion darüber zuzulassen, ob die angebliche Blasphemie vielleicht eine religionskritische Funktion haben könnte und deshalb eine geistige Auseinandersetzung lohne. Von einem bestimmten Punkt an müsse jede Diskussion über Religion aufhören, so habe ich selbst immer wieder sagen hören. Zumindest in dieser Hinsicht neigen nicht wenige von uns dazu, sogar den »heiligen Zorn« des Fanatikers Khomeini zu verstehen.

Dass Muslime nicht einheitlich den Mordaufruf Khomeinis bejahen, ja nicht einmal ein Verbot der *Satanischen Verse,* dies demonstrierte schließlich eine überraschende Bekanntgabe Anfang des Jahres 1994. Das in Kairo erscheinende linke Politmagazin *Rose el-Jussuf* kündigte an, das Werk in arabischer Übersetzung zu veröffentlichen, um, wie ein Journalist wörtlich formulierte, »die Schweigemauer der verängstigten Intellektuellen« zu durchbrechen. Auszüge aus dem »Ketzerbuch«, wie die *Satanischen Verse* noch kurz zuvor in einem Kommuniqué des Islamischen Weltkongresses von Dschidda (Saudi-Arabien) genannt worden waren, hatte das Wochenmagazin bereits publiziert. Dies geschah offenbar in Absprache mit der Regierung, deren Staatsverlag das Blatt herausgab. Im selben Magazin wurden bereits zuvor verbotene Schriften des Literaturnobelpreisträgers Nagib Mahfus sowie des 1992 von Fundamentalisten ermordeten Autors Faraq Ali Foda veröffentlicht.[13]

Ein solcher Schritt war in vielerlei Hinsicht bemerkenswert. Zum einen setzte er mutig das Signal, dass Ägyptens Regierende wie die schmale liberale Intellektuellenschicht sich nicht durch den Terror von Fundamentalisten beeindrucken ließen. Zum anderen scheuten die Initiatoren dieses Schritts auch nicht einen möglichen Konflikt mit führenden Autoritäten der al-Azhar-Universität. Das Vorhaben konnte aber nicht grundsätzlich dem Willen der ranghöchsten al-Azhar-Gelehrten zuwiderlaufen, denn jene hatten ja angeregt, man solle den blasphemischen Roman Seite für Seite widerlegen – und von dieser Logik her müssten die *Satanischen Verse* als Lektüre zugänglich sein.

Religiöse Minderheiten
als Prüfsteine der Toleranz

Die Vertreibung der Muslime aus dem christlichen Spanien

Scheiterhaufen auf dem Marktplatz von Granada. Tagelang brannten die Feuer, in die spanische Soldaten immer neue Bücherladungen kippten. Mehr als 80 000 Werke islamischer Theologie und Philosophie wurden zu Asche. Dies geschah 1499, sieben Jahre nachdem die Katholiken Granada, das letzte maurische Fürstentum auf spanischem Boden, erobert hatten. Fassungslos mussten die Muslime mit ansehen, wie die Christen die arabischen Bibliotheken ausräumten und unersetzliche Bestände bedenkenlos vernichteten. Dabei war den Unterlegenen vertraglich zugesichert worden, sie könnten als Muslime unter einem christlichen König Glauben und Kultur so ungehindert pflegen wie einst die Christen unter islamischer Oberhoheit. Bei allen Spannungen, die sich über drei Jahrhunderte hindurch zwischen muslimischen Herrschern und christlichen Untertanen in Andalusien angebahnt hatten, war ja von den Emiren nie das grundsätzliche Recht der Christen auf Glaubensfreiheit in Frage gestellt worden. Dasselbe erwarteten nun auch die Muslime von den Siegern.

Umso größer der Schock. Die politische Wende leitete Kardinal Jiménez de Cisneros ein. Mit ihm war ein Fanatiker zum Großinquisitor bestellt worden, der sich nicht an Verträge mit »Gottlosen« gebunden fühlte. Und er verstand die Bücherverbrennung nur als den Beginn einer großangelegten Glaubensoffensive. In den folgenden Jahren stellte er, mit der Billigung »Seiner Katholischen Majestät«, die Muslime vor die Wahl, entweder ihren »Irrtümern« abzuschwören und sich zur alleinigen Wahrheit des christlichen Glaubens zu bekennen, oder aber Spanien zu verlassen, wobei ihr Besitz an den christlichen Staat fallen würde. Vergeblich beriefen sich die Betrogenen auf den Vertrag, und als sie die Zwangsbekehrung ebenso beharrlich wie die Auswanderung ablehnten, richteten die Spanier unter den Mauren ein Blutbad an. Tausende mussten sterben. Zehntausende konnten ihr Leben nur retten, indem sie nun doch Spanien fluchtartig ohne ihre Habe verließen. Und damit demonstrierten Christen, dass sie, wenn sie nur die Macht dazu besaßen, muslimische Untertanen niemals in ihrem Herrschaftsbereich dulden würden. Religiöser Fanatismus diktierte den katholischen Spaniern diese Haltung.

Machtpolitisch und wirtschaftlich handelten die neuen Regenten äußerst unvernünftig. Denn mit den Mauren verloren sie unersetzliche Fachleute für die Bewässerungsanlagen, führende Wissenschaftler, Kunsthandwerker und Architekten – alles Berufe, für die die Christen damals keinen ebenbürtigen Ersatz zu bieten vermochten. Während der folgenden zwei Jahrhunderte verwandelten sich daher viele ehemals fruchtbare Ackerböden unter der glutheißen Sonne Andalusiens zur Steppe, verarmten Dörfer und Städte.

Eine derart kurzsichtige Intoleranz gegenüber dem Islam hat sich in Europa nur zögernd verloren. Zuerst bei den Handelsrepubliken Venedig und Genua. Sie nahmen, wie schon erwähnt, aus rein (handels-)politischen Erwägungen heraus Abschied vom Glaubensfanatismus, wenn schon nicht aus religiösem Empfinden. Und als europäische Kolonialmächte im 19. und 20. Jahrhundert eine Reihe islamischer Länder beherrschten, mussten die ungebetenen Eindringlinge schon aus strategischen Gründen mit etlichen muslimischen Gruppen »freundschaftliche« Bündnisse schließen, damit sie desto besser die übrige Bevölkerung ausbeuten konnten (nach dem Prinzip »teile und herrsche«). Naturgemäß hatte auch diese Haltung wenig mit echtem Respekt vor einer fremden Religion und Kultur zu tun.

Die Europäer konnten, wie ich ebenfalls schon erörterte, erst im Zeitalter der Aufklärung die Muslime an Toleranzbewusstsein einholen und schließlich übertreffen. Aber es war ein mühsamer Prozess. Viele Reformen, die den muslimischen Minderheiten endlich die nötige Rechtssicherheit und Anerkennung verschafften, sind ja von den Aufklärern meist gegen den Widerstand kirchlicher Kreise durchgesetzt worden. Und auch dann war es noch lange nicht selbstverständlich, dass Europäer wie auch Amerikaner mit der Toleranz ihrer Staatsverfassung Schritt hielten. Es kam (und kommt) immer wieder zu Konflikten zwischen säkularem Programm und der Praxis.

Christen immer geduldet?
Das Beispiel Saudi-Arabien

Kirchen und Synagogen in Sichtweite von Moscheen ... Dieses Erscheinungsbild in vielen islamischen Staaten, von Marokko bis Indonesien, signalisiert uns, dass dort die Religionsfreiheit christlicher Minderheiten bis heute gewährleistet ist – wenn auch in der bereits geschilderten herablassenden Toleranz. Immer wieder konnte ich in Gesprächen erfahren, wie bereitwillig Muslime zustimmten, wenn man als Europäer auf die geistige Verwandtschaft zwischen Islam und Christentum hinweist. Gerade mit solchen Erklärungen lassen sich emotionale Barrieren mildern oder gar überwinden.

Eine gewisse Reserviertheit bekommt man als Europäer nur dann zu spüren, wenn von christlicher Mission die Rede ist. Mission aus dem Abendland bleibt für die meisten Muslime identisch mit Angriff auf den Islam, hier wirken traumatische Erinnerungen nach. Von daher sind sie auch misstrauisch gegenüber der Bibel, sofern diese in ihrem eigenen Land in einer arabischen, türkischen oder persischen Übersetzung vorliegt. Sie verbinden damit die Befürchtung, dass Christen unter den Muslimen weiterhin Gläubige abwerben wollen, und dagegen bleiben sie allergisch. Kein Muslim würde allerdings der Bibel das Existenzrecht absprechen, wie dies die Christen lange gegenüber dem Koran getan haben; schlimmstenfalls würde er die biblischen Inhalte als bruchstückhafte und verfälschte Wahrheit abtun, und so wäre seiner Meinung nach eine Verbreitung der Evangelien über den Kreis der Christen hinaus »überflüssig«.

Weiter gehen die religiösen Affekte bei Muslimen nicht. Oder vielleicht doch? Innerhalb des islamischen Kulturraums gibt es zumindest zwei Staaten, in denen christlichen Minderheiten jede Öffentlichkeit verwehrt ist: Afghanistan und Saudi-Arabien. Beide Staaten werden von extrem fundamentalistischen Gruppierungen regiert. In Afghanistan war dies besonders unter dem politisch instabilen Regime der Taliban so, in Saudi-Arabien hat sich dies unter der Dynastie der Saudi und der mit ihnen eng verbundenen Sekte der Wahhabiten bisher nicht geändert.

Der Name der Wahhabiten leitet sich von ihrem Gründer Mohammed ibn Abd al-Wahhab ab, der von 1703 bis 1792 lebte. Er trat mit dem Anspruch auf, den Islam rigoros von allen Verfälschungen zu reinigen und kämpfte besonders gegen die Reformen, die die Osmanen-Sultane nach westlichem Vorbild einleiteten. Besonders im 19. Jahrhundert konnten die Wahhabiten mit ihrer antimodernistischen Tendenz weite Teile Nordafrikas beeinflussen, ja regional auch beherrschen. Heute aber üben sie nur noch in ihrem Entstehungsgebiet Saudi-Arabien Macht aus, wo sie eng mit der herrschenden Dynastie der Saudi verbunden sind. Allerdings gelang es ihnen gegen Ende des 20. Jahrhunderts, Einfluss auf verschiedene rigide fundamentalistische Gruppierungen sowie Terror-Organisationen zu gewinnen, so auf die al-Qaida des Osama bin Laden, der selbst ein wahhabitischer Muslim aus Saudi-Arabien war, so auf den sogenannten »Islamischen Staat«, so auf die Taliban in Afghanistan (um nur die bekanntesten radikal-islamischen Bewegungen zu nennen).

Das wahhabitische Regime der Saudi-Dynastie sowie die genannten wahhabitisch geprägten Terror-Organisationen entsprechen am ehesten den Negativklischees eines fanatischen, rückständigen Islam. Bei den Wahhabiten sind die Körperstrafen wie Auspeitschen, Handabhacken und Kopfabschlagen auf Marktplätzen vor Zuschauern noch völlig an mittelalterlich archaischen Normen orientiert. Auch ist den Frauen besonders stark der Bewegungsspielraum eingeengt. Sie dürfen nicht unbeaufsichtigt das Haus verlassen, ja sich nicht einmal an das Steuer eines Autos setzen.

Zu wundern braucht es daher nicht, wenn unter wahhabitischer Herrschaft andersgläubige Minderheiten extrem in ihren Freiheiten beschnitten werden. Auf Druck der Wahhabiten darf in Saudi-Arabien bis heute keine andere Religion außer der eines fundamentalistisch strengen – sunnitischen – Islam in Erscheinung treten. Die Wahhabiten berufen sich hierbei auf einen *Hadith,* einen Ausspruch Mohammeds, dass nur Rechtgläubige in der arabischen Heimat des Propheten ihre Religion praktizieren dürften. Es ist ein Hadith, der von vielen Muslimen nicht derart starr ausgelegt wird. Selbst Schiiten sind von dem Verbot betroffen. Strikt untersagt bleibt es, eine Kirche zu bauen, auch wenn sie sich noch so klein und unauffällig ausnehmen würde. Die dort ansässigen Christen (ohnehin meist nur Techniker und Geschäftsleute aus dem Westen oder Billiglohnarbeiter von den Philippinen) können lediglich in Privatwohnungen oder Baracken, von der Öffentlichkeit unbemerkt, Gottesdienste abhalten. Kreuzsymbole dürfen nirgendwo an Gebäuden erscheinen. Solche skandalösen Zustände hindern saudi-arabische Politiker und Geschäftsleute aller-

dings nicht, sich im westlichen Ausland zur koranisch vorgeschriebenen Toleranz gegenüber allen monotheistischen Religionen zu bekennen. Es ist eine bloß verbale Toleranz, deren
Heuchelei bei uns im Westen nicht öffentlich kritisiert wird,
solange die Geschäftsbedingungen für Erdöl vorteilhaft genug
bleiben.

Muslime anderer Staaten äußern sich über Saudi-Arabien oft
weniger zurückhaltend. Ich konnte in der Türkei, in Syrien,
Jordanien und Ägypten – Staaten mit einer relativ aufgeschlossenen Bildungsschicht – immer wieder erleben, wie veräcjht-
lich Muslime über den wahhabitischen Islam sprechen. Sie
bezeichnen ihn als geistig eng, provinziell, fanatisch, als eine
Sonderform, die wenig mit den Hauptströmungen ihres Glaubens gemeinsam habe. Sofern Europäer und Amerikaner derartige Auswüchse als typisch für den Islam schlechthin an-
sähen, dann wüssten sie wenig über die Bandbreite dieser
Religion und Kultur.

Solche Erklärungen sind schlüssig. Trotzdem bleiben Fragen
offen. Wenn auch viele muslimische Regierungen ihren christlichen (und jüdischen) Minderheiten Religionsfreiheit und
Rechtsschutz zubilligen, so erscheint doch das Ideal der religiösen Toleranz in einer Reihe von Staaten durch die Praxis widerlegt. Immer wieder erfahren wir von Unterdrückung religiöser
Minderheiten in der islamischen Welt, ja gar von bürgerkriegsähnlichen Unruhen zwischen Muslimen und Christen. Was
sind die Ursachen? Sind die Konflikte eher politischer oder
letztlich doch religiöser Natur?

Im Folgenden betrachten wir als Fallbeispiele die Türkei,
den Libanon, Ägypten, den Sudan. Nur der letztere Staat besitzt
eine islamistische, dogmatisch völlig intolerante Regierung.

Griechen und Armenier unter den muslimischen Türken

Man liest immer wieder von jenem grauenvollen Massaker, das die Türken im Jahr 1822 auf der Insel Chios unter den Griechen anrichteten. Nach einem Aufstand der Einheimischen gegen die Willkürherrschaft osmanischer Statthalter metzelten türkische Soldaten an die 30 000 Christen, teils wehrlose Greise, Frauen und Kinder, nieder und verschleppten weitere 40 000 in die Sklaverei. Das war ein Schlag, von dem sich die Insel nie wieder ganz erholt hat – eine Untat, die bis heute gerne als Beleg angeführt wird, dass es die Muslime mit ihrer Toleranz gegenüber Christen keineswegs ernst nehmen; mehr noch: im Grunde eben doch von tiefem Hass gegen alles Christliche erfüllt sind. Man liest von jener massenhaften Vertreibung griechisch-orthodoxer Christen aus Kleinasien seit dem Ende des Ersten Weltkriegs und vom Massenmord an armenischen Christen.

Beklemmend wirken in der Türkei auch die vielen Kirchen und Klöster armenischer Christen, die seit den 1920er-Jahren großteils leerstehen und dem Zerfall preisgegeben sind. Zahlreiche armenische Christen sind ebenfalls vertrieben worden – oder schlimmer noch: Viele wurden gar an Ort und Stelle erschlagen. Die großen Massaker haben in den Jahren 1894/95 und zwischen 1915 und 1917 stattgefunden, allein die letzteren haben über einer Million Armeniern das Leben gekostet. Man trifft auf armenische Kirchen, die in der Einöde stehen, wo sich einst Ortschaften in der Nähe gruppierten, manche Kirchen mit herrlichen Reliefs aus dem 12. und 13. Jahrhundert dienten vor wenigen Jahrzehnten noch den Hirten als Schafställe, bevor der Tourismus die architektonischen Kostbarkeiten für sich zu entdecken begann. Allerdings fällt auf, dass zwar die Ortschaften bis auf die Grundmauern zerstört sind, nicht aber die Kirchen. Was hat das zu bedeuten? Hätte dem Massenmord in erster Linie ein religiös bedingter Affekt zugrunde gelegen, dann wären auch Kultstätten zerstört worden. Mehr noch: Dann wären die Muslime schon Jahrhunderte früher derart brutal gegen die Armenier und gerade auch gegen ihre Kultstätten vorgegangen.

Tatsächlich aber haben die armenischen Christen unter der Herrschaft der Osmanen-Sultane unbehelligt leben können – als Schutzbefohlene. Gerade die Armenier hatten allen Grund, die islamischen Eroberer mit Erleichterung zu begrüßen, denn unter dem eisernen Regiment der byzantinischen Staatskirche waren sie als Sektierer blutig verfolgt worden und hatten nur in abgelegenen Gegenden überleben können. Erst die Sultane und Emire der Seldschuken, später die Osmanen erlösten sie von dieser Unterdrückung und gewährten ihnen, wie allen anderen Christen (den griechisch-orthodoxen wie den Dutzenden von Sekten), gleichberechtigt Glaubensfreiheit. Eine ganze Reihe jener armenischen Kirchen, deren Architektur wir heute bewundern, entstand unter der freieren Atmosphäre islamischer Oberhoheit. Entscheidend war nur, dass sich die armenischen Christen und die griechisch-orthodoxen widerspruchslos in den osmanischen Vielvölkerstaat einfügten.

Genau dies aber hat sich während des 19. Jahrhunderts grundlegend geändert. Damals zeigte das Osmanenreich bedenkliche Zerfallserscheinungen, politisch, sozial, geistig. Es war eine Zeit, in der die Provinzgouverneure mehr denn je das Volk ausbeuteten und jeden Widerstand gegen ihre Willkürherrschaft in Blut erstickten – und nun fingen Armenier wie Griechen an, das immer despotischer sich gebärdende Staatswesen abzulehnen. Sie äußerten zunehmend Sympathie für die europäischen Nachbarstaaten; ja, sie begannen nach europäischem Vorbild nationalistisch zu denken und sich einen eigenen Staat zu wünschen – für die Türken eine Bedrohung, aber nur machtpolitisch, nicht religiös. Ihre Soldaten ließen sie zur Rettung des zerbröckelnden Reiches in die Unruhegebiete von Ostanatolien und Chios marschieren, nicht im Namen des Islam.

Die unheilvollen Spannungen im Vielvölkerstaat der Osmanen verschärften sich zu Beginn des 20. Jahrhunderts vollends. Nun bestimmte in Istanbul die revolutionäre Gruppe der sogenannten »Jungtürken« die Richtlinien der Politik, und diese Neuerer waren selbst glühende Nationalisten, sie hielten nichts von vermehrter Eigenständigkeit der verschiedenen Völker, sondern wollten die Bevölkerung im schrumpfenden Osmanenreich möglichst »türkisieren«, nicht islamisieren. Auf das Konto dieser extrem nationalistischen Jungtürken gingen die Massenmorde an den Armeniern.

Nationalistisch, nicht religiös dachte dann auch Atatürk, der Begründer der modernen Türkei. Er, der nach westlichem Vorbild die Religion als Privatsache bezeichnete und die Macht der islamischen Geistlichkeit erheblich beschnitt, hätte es erst recht als absurd empfunden, gegen Christen Krieg im Namen des Islam zu führen. Er schickte seine Truppen nicht nur gegen Armenier und Griechen, sondern genauso rücksichtslos gegen Kurden, kurzum gegen alle Völker, die nach dem Zusammenbruch des Osmanenreiches aus dem türkischen Rumpfstaat ausscheiden wollten. Der Konflikt mit den Kurden fordert bis heute immer wieder Menschenleben, ja, die Unterdrückung geht so weit, dass dieser ethnischen Minderheit in türkischen Städten bis in die jüngste Gegenwart herein der Gebrauch der eigenen Sprache untersagt wurde, denn offiziell existieren sie ja gar nicht als eigenes Volk; amtlich heißen sie »Bergtürken«. Die Kurden sind jedoch Muslime, genauso wie die Türken.

Die neue Rechtsprechung, die Atatürk 1926 einführte, machte keinen Unterschied mehr zwischen Muslimen und Christen. Entscheidendes Kriterium für den Staatsbürger ist es seither, Türke zu sein. So gesehen ging die junge Republik Türkei weit über die traditionelle islamische Toleranz hinaus, die den Christen und Juden hierarchisch abgestuft großzügig Duldung gewährte. So gesehen verhielt sich die Türkei ihren religiösen Minderheiten gegenüber moderner als jedes andere islamische Land. So gesehen könnte man meinen, die säkulare Republik verhielte sich »nur« ihren ethnischen Minderheiten gegenüber unduldsam.

Aber genau betrachtet hatten sich schon unter der Regierung Atatürks beträchtliche Widersprüche auch in Bezug auf religiöse Toleranz herauskristallisiert. Atatürk war ja, wie schon dargestellt, ein autoritärer Reformer, der die Macht traditioneller religiöser Instanzen diktatorisch beschnitt. In diesem Sinn ließ er 1936 ein Gesetz verabschieden, das es religiösen Gemeinschaften verbot, neue Kultstätten zu bauen und Lehrstätten einzurichten. Dieses Gesetz war hauptsächlich gegen muslimische Gemeinschaften gerichtet, denen Atatürk unterstellte, sie würden in neuerbauten Moscheen und Koranschulen ihre Macht wieder stärken und damit »rückständigen« Traditionen Auftrieb geben. In zweiter Linie betraf dieses Gesetz jedoch auch Christen, und für sie waren die Folgen auf lange Sicht erheblich schlimmer als für die Muslime.

Nach dem Tod Atatürks 1938 gelang es der muslimischen Mehrheit, schrittweise eine Aufhebung der Verbote zu erreichen, und so konnten sie spätestens seit den sechziger und siebziger Jahren des 20. Jahrhunderts in der Türkei wieder zahlreiche neue Moscheen und Koranschulen erbauen. Dagegen besaß die Minderheit der Christen keine Lobby, um Ähnliches durchzusetzen. Auch heute noch, im Jahr 2016, bleibt es daher türkischen Christen verwehrt, neue Kirchen zu errichten und Pfarrer auszubilden (der Nachwuchs muss an ausländischen Universitäten und Akademien Theologie studieren). Ja, ungenutzte kirchliche Gebäude dürfen nicht einmal verkauft werden, sondern gehen in Staatsbesitz über und werden auf andere Weise genutzt. Ein paradoxer Zustand ist damit eingetreten: Ausgerechnet die Türkei, die in Bezug auf Religionsfreiheit die modernste Verfassung aller islamischer Staaten besitzt, hat in der Praxis die Rechte ihrer christlichen Minderheiten stärker eingeschränkt als die meisten anderen Länder der islamischen Welt, sieht man von Saudi-Arabien und Afghanistan ab.

Dieser eklatante Widerspruch zwischen Verfassungsideal und politisch gelebter Wirklichkeit trägt dazu bei, dass die ohnehin schon kleine Minderheit von Christen in der Türkei weiter schrumpft. Viele wandern resigniert in europäische Länder oder die USA aus. Dabei machten gegen Ende der osmanischen Ära die Christen auf türkischem Boden noch fast ein Drittel der gesamten Bevölkerung aus. Zwar waren schon 1923, nach der massenhaften Vertreibung von Griechen und Armeniern, nur noch rund zwei Prozent der Einwohner Christen – aber zu Beginn des 21. Jahrhunderts hat sich dieser Anteil auf weniger als ein Prozent verringert. Bisher hat noch keine türkische Regierung ein Signal gesetzt, Christen wieder den Bau neuer Kirchen und die Ausbildung von Pfarrern zu gestatten.

In Gesprächen mit Türken konnte ich erfahren, dass bei vielen der nationalistisch eingestellten Türken weiterhin der Argwohn vorherrsche, die verbliebenen Griechen und Armenier seien noch immer keine »guten Türken«, daher müsse man ihre Aktivitäten nach wie vor möglichst einschränken. Der Affekt gehe nicht gegen die Christen an sich, sondern gegen »Nicht-Türken«.

Man toleriere die christlichen Minderheiten als »Türken« mit christlicher Religion, aber nicht ethnisch als Griechen und Armenier.

An dieser Grundhaltung änderte sich zu Beginn des 21. Jahrhunderts einiges in positiver Richtung. Die »islamisch« orientierte Regierung unter Recep Tayyip Erdoğan, seit November 2001 an der Macht, zeigte sich gegenüber den Minderheiten beweglicher als bisherige, strikt säkular-nationalistische Regierungen. Dies galt vor allem in Hinblick auf religiöse Belange. In Gesprächen mit Angehörigen der christlichen Minderheit fand ich diesen Sachverhalt bestätigt: Die Christen in der Türkei würden sehr begrüßen, dass unter der Regierung Erdoğan der religiöse Dialog zwischen Muslimen und Christen intensiviert worden sei. Eine solch überraschende Antwort bekam ich ausgerechnet von Priestern, als ich 2008 die Gelegenheit hatte, an einer Privataudienz bei Bartholomaios I., dem Ökumenischen Patriarchen von Konstantinopel, teilzunehmen.

Bei den Parlamentswahlen 2007 hatten die Angehörigen christlicher Minderheiten mehrheitlich für Erdoğans islamisch konservative Partei AKP gestimmt, denn sie erwarteten von der AKP eher die nötigen Reformschritte als von säkular-nationalistisch orientierten Parteien. Das Jahr 2008 brachte tatsächlich merkliche Verbesserungen für die Beziehungen zwischen Muslimen und christlichen Minderheiten. Ende Februar 2008 stimmte das türkische Parlament mit großer Mehrheit für ein Gesetz, das den griechisch-orthodoxen und armenischen Christen ihr vom Staat in den 1970er-Jahren beschlagnahmtes Eigentum zurückgab.

Ein bedeutsames Signal gegenüber den Armeniern hatte Erdoğan bereits 2005 gegeben. Er hatte veranlasst, die tausend Jahre alte Heiligkreuzkirche auf der Insel Achtamar im Van-See zu restaurieren. Diese Kirche war nahezu 700 Jahre lang – zusammen mit einem Kloster, das nicht mehr existiert – Sitz des armenischen Patriarchen und damit Zentrum der armenischen Kultur gewesen. Nach wie vor ist die Heiligkreuzkirche für die in alle Welt zerstreuten Armenier das Symbol ihrer Geschichte, ja ihrer kulturellen Identität. Nach der Vertreibung der Armenier 1915 hatte das türkische Militär viele Jahre lang die Fassade der verlassenen Kirche für Schießübungen missbraucht.[1] Gegen diese Barbarei, die noch bis ins Jahr 2007 anhielt, erhob sich weltweit Protest. Erdoğan reagierte darauf, indem er jede weitere Zerstörung untersagte und die sorgfältige Restaurierung der Kirche anordnete.[2]

Allerdings zeigten sich sehr bald die Grenzen einer derartigen Politik der religiös-politischen Annäherung. Für Streit innerhalb der türkischen Regierung sorgte die Frage, ob die Kultstätte eine Kirche oder nur ein Museum sei. Erdoğan gestattete – entgegen den armenischen Wünschen – nur die Nutzung als Museum, dies auf Druck des Militärs und der strikt säkular-nationalistischen Parteien.

Zwei Schritte vorwärts, einen Schritt zurück – diese Widersprüchlichkeit kennzeichnet die neuere Entwicklung in der Türkei. Dies gilt gerade auch für die Politik von Erdoğan, der von 2001 bis 2014 Ministerpräsident war und seither Staatspräsident. Korruptionsskandale, ein zunehmend autoritärer Regierungsstil sowie ein sehr fragwürdiges Verhalten im Konflikt mit den Kurden wie auch im syrischen Bürgerkrieg seit 2011 – dies erschütterten das Image eines Politikers, der ein Jahrzehnt lang als Hoffnungsträger gerade auch für religiöse und ethnische Minderheiten gegolten hatte.

Muslime und Christen im Libanon

Kein anderer Staat hat uns während der 1970er- und 1980er-Jahre derart gehäuft Schreckensmeldungen über blutige Kämpfe zwischen Muslimen und Christen geliefert wie der Libanon. Und damit scheint der Libanon ein Paradefall für den Tatbestand zu sein, dass Muslime und Christen eben doch nicht ohne schwerwiegende Konflikte auf engstem Raum zusammenleben können, zumindest nicht, wenn es sich um beinahe gleich starke Gruppen handelt: Etwa 40 Prozent der Libanesen sind Christen, 30 Prozent Schiiten, 23 Prozent Sunniten, rund 7 Prozent Drusen. So war das Zahlenverhältnis in den 1970er Jahren, und es schien angesichts des 1975 beginnenden Bürgerkriegs ungewiss, ob ein solches Gleichgewicht erhalten bleiben könnte – vor allem für die libanesischen Christen.

Bei näherem Hinsehen aber wird man auch in diesem Fall den Muslimen nicht unterstellen können, sie wollten Christen ihres Glaubens wegen vertreiben oder gar ausrotten. Denn wenn solche Mutmaßungen zuträfen, dann hätte die Konfession der Maroniten nicht seit dem 7. Jahrhundert im Libanon alle Eroberungsstürme islamischer Völker überstehen können – eine Glaubensgruppe, die in den 1970er Jahren unter den libanesischen Christen noch mehr als die Hälfte ausmachte.

In mancherlei Hinsicht sind die maronitischen Christen mit den armenischen zu vergleichen. Auch die Maroniten waren von der byzantinischen Kirche als »Sektierer« argwöhnisch überwacht und zeitweilig verfolgt worden, auch sie hatten daher allen Grund, die muslimischen Eroberer mit Erleichterung zu begrüßen, denn als »Schutzbefohlene« konnten sie unter der Herrschaft von Kalifen und Emiren besser leben als unter dem byzantinischen Kaiser und dessen Kirchenfürsten. Unbeschadet vermochten sie die Jahrhunderte zu überdauern, weil niemand sie zwang, den Islam anzunehmen. Schlimmstenfalls konnte ihnen, wie schon erwähnt, ein Emir verbieten, Kirchenglocken zu läuten oder ein Reittier zu benützen oder ihnen befehlen, als Kennzeichen ihres Glaubens eine schwarze Kappe zu tragen. Andere Emire aber holten gleichermaßen Muslime wie Christen in den Staatsdienst, ja, manche förderten nicht nur den Bau von Moscheen, sondern unterstützten auch den von Kirchen.

An dieser relativen, mal stärker, mal schwächer wirksamen Toleranz änderte sich im Libanon bis ins 19. Jahrhundert nichts. Dann aber verloren die Osmanen, die bis dahin den Vorderen Orient beherrschten, unter dem Druck europäischer Großmächte zunehmend ihre Macht auch im Libanon, und diese Chance nutzten die Franzosen, um dort Fuß zu fassen. Für ein zukünftiges Kolonialreich brauchten sie Verbündete innerhalb der einheimischen Bevölkerung, und wer hätte sich hierfür idealer angeboten als der zahlenmäßig starke christliche Bevölkerungsteil, besonders die Maroniten. Die Franzosen unterstützten von nun an großzügig den Bau von Kirchen, förderten maronitische Dörfer, holten Maroniten an europäische Schulen in Beirut, schickten begabte Studenten gar nach Paris. Französische Lehrer drillten die Maroniten in der Überzeugung, als Christen eigentlich Europäer zu sein und damit einer »überlegenen Zivilisation« anzugehören, dazu ausersehen, an der Seite von Franzosen über »Ungläubige« zu herrschen; vorbei seien die Zeiten, in denen sie nur Schutzbefohlene von »unterentwickelten Mohammedanern« waren. Diese neue Ideologie erst – mehr nationalistisch als religiös – hat die Ursache zu dem Hass von heute gelegt. Die Maroniten wurden zu den wichtigsten Handlangern und auch Nutznießern eines fremden Kolonialregimes, besser ausgebildet und mit mehr Rechten ausgestattet als die zahlenmäßig überlegenen Muslime.

Der Konflikt verschärfte sich, als die Franzosen nach dem Ende des Ersten Weltkriegs das »Mandat« über die ehemalige Osmanenprovinz Syrien errangen, 1944 aus diesem Gebiet den Libanon herauslösten und ihn zu einem eigenen Staat machten. Der Sinn dieses politischen Schachzugs: Die rund 40 Prozent Christen im Libanon waren stark genug, um auch nach dem Abzug der Mandatsmacht den Wirtschaftsinteressen Frankreichs zu dienen.

Als die Franzosen nach dem Zweiten Weltkrieg unter politischem Druck ihr »Mandat« über Syrien und den Libanon aufgeben mussten, übernahmen die libanesischen Christen, allen voran die Maroniten, die Schlüsselfunktionen in der Politik wie in der Wirtschaft. Es kam eine Staatsverfassung zustande, welche die politischen Ämter – hierarchisch nach Bedeutung und Einfluss der Religionsgemeinschaften – trennte: das Amt des Staatspräsidenten mit der größten Macht (nach dem Vorbild des französischen Präsidialsystems) war ausschließlich einem Maroniten vorbehalten, das untergeordnete Amt des Ministerpräsidenten stets einem Sunniten, das eher repräsentative Amt des Parlamentspräsidenten stets einem Schiiten (obwohl die Schiiten im Libanon mehr Einwohner zählten als die Sunniten). Die arabischen Christen waren im unabhängig gewordenen Libanon bestenfalls bereit, diese Privilegien mit einigen wenigen mächtigen muslimischen Clans aus den Reihen der Sunniten und der einflussreichen Sekte der Drusen zu teilen, dagegen hielten sie die Masse der Muslime, vor allem die Schiiten, von jeglichem sozialen Fortschritt fern.

Dass nun Andersgläubige im ehemals islamischen Herrschaftsgebiet auf die Dauer regieren sollten, empfanden religiös denkende Muslime als eine Provokation. Aber dies allein erklärt noch nicht ihren gefährlich angewachsenen Hass auf die Maroniten. Zum offenen Bürgerkrieg war es 1975 gekommen, nachdem die herrschenden Christen ganz im Stil der Kolonialherren weiterhin das Land ausbeuteten. Die Ursachen für das viele Blutvergießen liegen letztlich in der sozialen Ungerechtigkeit. Nur so lässt sich erklären, weshalb etliche muslimische Gruppen schließlich nicht mehr allein gegen Christen kämpften, sondern untereinander Krieg zu führen begannen. Auch unter Muslimen, einigen wenigen reichen Clans der Sunniten und einer Masse verelendeter, in Slums vegetierender Menschen, besonders Schiiten, brachen schroffe Gegensätze von Unterdrückern und Unterdrückten aus. Hinzu kamen nationale Affekte, die sich gegen den einflussreichen Nachbarn Syrien entluden; bald kämpften auch pro-syrische und anti-syrische Muslime gegeneinander.

Der 1975 begonnene Bürgerkrieg endete erst 1990 nach äußerst blutigen Kämpfen und hinterließ ein wirtschaftlich wie sozial schwer zerrüttetes Land. Eindeutige Sieger gab es nicht. Allerdings verloren die Maroniten ihre Schlüsselfunktion in der Politik. Zwar blieb das Amt des Staatspräsidenten weiterhin einem Maroniten vorbehalten, aber das Schwergewicht der Macht hatte sich auf das bisher untergeordnete Amt des Ministerpräsidenten verlagert, und dieser blieb wie bisher ein Sunnit. Auch gewannen die Schiiten verstärkt an Einfluss, seit ihnen (wie bereits erwähnt) die Organisation Hisbollah

Nahezu 1300 Jahre lang konnten die Kopten relativ unbehelligt unter islamischer Herrschaft als »Schutzbefohlene« leben. Sie, die sich im Jahr 451 von den Konzilsbeschlüssen der byzantinischen Staatskirche distanziert und eine ägyptische Nationalkirche gebildet hatten, waren für christlich Orthodoxe als Ketzer abgestempelt und hatten allen Grund gehabt, vor Repressalien der Staatskirche und des oströmischen Kaisers zu bangen – durch ihre muslimischen Herren brauchten sie aber kaum einmal Eingriffe in das Glaubensleben zu befürchten. Von einer unrühmlichen Ausnahme abgesehen. So hatten die Kopten unter dem Regime des Kalifen Hakim (996 – 1021) zu leiden, der sich dazu hinreißen ließ, Kirchen wie auch Synagogen zu zerstören, und den »Schutzbefohlenen« verbot, Pilgerfahrten ins Heilige Land anzutreten. Seine grausame Unduldsamkeit gegenüber Christen und Juden, die von späteren Generationen der Korangelehrten als unislamisch getadelt wurde – und die den abendländischen Christen wesentliche Propaganda für die Kreuzzugsidee gegen die »barbarischen Heiden« lieferte –, steht aber in der islamischen Geschichte als ein seltener Fall da.

Spannungen entstanden im 20. Jahrhundert nicht durch religiöse Gegensätze, sondern durch den Zusammenprall mit der westlichen Zivilisation. Die Kopten, stolz auf ihre alte Kulturtradition, seit je von starkem Bildungsinteresse geprägt, hatten es leichter als viele Muslime, ihre Vorbehalte gegenüber Neuerungen aus Europa und den USA abzulegen, zumal dieser Wandel ja aus einem christlichen Kulturkreis kam. Kopten absolvierten äußerst zielstrebig an westlichen Schulen eine Ausbildung, um »modern« zu werden. Damit gelang es, – gemessen an ihrer Zahl – überproportional vielen von ihnen, in berufliche Spitzenpositionen aufzusteigen – zum Missfallen etlicher Muslime. Bezeichnenderweise kamen die Plünderer und Mordbrenner von 1981 überwiegend aus Slumgebieten, wo sozial deklassierte Kleinbürger und landflüchtige Bauern hoffnungslos dahinvegetierten, ein Klima, in dem die Suche nach

Sündenböcken besonders schlimm gedeiht vor allem in den Reihen derjeniger, die immer mehr an die Peripherie der Gesellschaft gedrängt werden.

In einem Punkt allerdings argumentieren die muslimischen Führer aufgeputschter Volksmassen religiös: Sie klagen alle »modern« denkenden ägyptischen Regierungschefs an – von Gamal Abd an-Nasser über Anwar as-Sadat bis zu Hosni Mubarak –, durch eine »verwestlichte« Verfassung gleiche Bürgerrechte *allen* Ägyptern zugebilligt zu haben, auch den Kopten. Wo aber bleibe da der traditionelle Grundsatz, andersgläubige Minderheiten müssten als »Schutzbefohlene« hierarchisch dem Islam untergeordnet sein? – Religiöse und soziale Ressentiments fließen hier ineinander, und diese gefährliche Mischung führt in der Tat zu einer Zerreißprobe für die Toleranz. Besonders seit zunehmend Extremisten die politische Szene bestimmen.

Die ägyptische Regierung hatte sich bis zum »Arabischen Frühling« weder durch Drohungen noch durch Terror von ihrer Haltung abbringen lassen, den Kopten weitgehend gleiche Rechte wie den Muslimen einzuräumen. Die Toleranz erstreckte sich bis hinein in die politische Ämtervergabe. Nach wie vor wird der Posten des stellvertretenden Außenministers wie der des stellvertretenden Erziehungsministers stets mit Kopten besetzt. So haben mir 1978 verschiedene Ägypter in Kairo berichtet, die sich darüber wunderten, dass mir dies unbekannt war. Die westliche Öffentlichkeit hat solche Tatsachen erst zur Kenntnis genommen, als Anfang der 1990er-Jahre der damalige stellvertretende Außenminister Boutros Boutros-Ghali, ein Kopte, zum Generalsekretär der Vereinten Nationen gewählt wurde. Boutros-Ghali gilt als der eigentliche Architekt des Friedensabkommens zwischen Ägypten und Israel, nicht der damals amtierende Außenminister. Weshalb konnte er dann aber nicht selbst Außenminister werden? Eben weil Boutros-Ghali Kopte ist! Höchste politische Ämter müssen

Muslimen vorbehalten bleiben. Spätestens an diesem Punkt endet die Gleichberechtigung der Kopten.

Die Bedrohung der christlichen Minderheit hat in der Spätzeit der Ära Mubarak zugenommen, trotz der offiziellen Schutzherrschaft der säkular orientierten Militärdiktatur. Zu einer Eskalation der Gewalt gegen Kopten sollte es dann nach dem Sturz Mubaraks durch die Unruhen und die Nachwirkungen des sogenannten »Arabischen Frühlings« von 2011 bis 2013 kommen. Auf die Ursachen werde ich an anderer Stelle näher eingehen. Wiederum ist hier nicht ein religiöser, sondern ein sozialer und politischer Konflikt die eigentliche Ursache gewesen.

Christen im Sudan

»Über 1000 Kirchen wurden bisher niedergebrannt, mehr als 20 Pastoren umgebracht«, so berichtete ein Pastor aus dem Südsudan 1994 einer Reisedelegation des Rates der Evangelischen Kirche Deutschlands (EKD). »Die Araber wollen die Nuba ausrotten«, berichteten andere im Nordsudan. »Sie durchkämmen die Berge, töten alle, auch Frauen und Kinder und die Alten.«[4]

»Araber« ist im Sudan die gängige Bezeichnung für die rund 13 Millionen Nordsudanesen, die eine Mischbevölkerung aus Schwarzafrikanern und Arabern mit unterschiedlicher Hautfarbe bilden; in der Kultur sind sie überwiegend arabisiert, von der Religion her fast durchweg Muslime. Die Nuba stellen den größten rein schwarzafrikanischen Stamm, der ebenfalls im Norden lebt, ungefähr 40 Prozent sind Muslime – 60 Prozent aber Christen. Und nach den Aussagen der Flüchtlinge richten sich die Angriffe der »Araber« vorwiegend gegen christliche Nuba.

Am schlimmsten ist die Lage im Süden, aus dem der oben erwähnte und zitierte Pastor stammt. Dort wohnen im Gebiet am oberen Nil überwiegend Schwarzafrikaner, deren bedeutendste Stämme die Dinka, Shilluk und Nuer sind. Ihre Zahl wird auf etwa sieben Millionen geschätzt. Sie bekennen sich meist zum Christentum, teils huldigen sie auch einer Naturreligion, teils vermischen sie beide Glaubensformen. Schreckensmeldungen aus diesem Teil des Landes finden sich seit den 1970er-Jahren auch in westlichen Medien, seit Ende der 1980er-Jahre gehäuft. Fast zwei Millionen Schwarzafrikaner sind in dem seit 1983 tobenden Bürgerkrieg umgekommen, zwischen drei und vier Millionen befinden sich auf der Flucht; Hunger und Seuchen wüten vor allem unter den militärisch unterlegenen Christen im Süden.[5]

Was sind die Ursachen für den Bürgerkrieg? Handelt es sich in diesem Fall nicht doch um eine äußerst blutige Auseinandersetzung zwischen zwei Glaubensgemeinschaften?

Eine ganze Reihe Fakten deutet darauf hin. Zumindest sind die Verantwortlichen des mörderischen Konflikts eindeutig auszumachen: radikale, weitgehend fundamentalistisch orientierte Muslime aus dem Norden; aus ihren Reihen rekrutiert sich die Zentralregierung in Khartum. Bereits während der 1980er-Jahre näherte sich der damalige Regierungschef Dschafar Muhammad an-Numairi den Fundamentalisten an und führte einen unbarmherzigen Krieg gegen den Süden. Zu Beginn der 1990er-Jahre verstärkte das fundamentalistische Regime des Generals Umar Hassan al-Baschir und des Muslimführers Hassan al-Turabi den Druck auf den nicht-muslimischen Süden. Die neuen Machthaber ließen noch mehr als bisher Kirchen zerstören und an ihrer Stelle Moscheen bauen, die in den vorwiegend christlich besiedelten Gebieten nur ab und zu von durchreisenden muslimischen Händlern besucht wurden. Außerdem führten die Fundamentalisten das mittelalterlich-islamische Strafrecht der Scharia auch für Christen ein. Das sind wesentliche Gründe, weshalb christliche Schwarzafrikaner hartnäckig bewaffneten Widerstand gegen die Arabisierung und Islamisierung leisten. Die muslimischen Machthaber zögerten nicht, Christen sogar zum Glaubenswechsel zu zwingen. So leiteten sie ausländische Spendengelder für Flüchtlingslager ausschließlich zu Muslimen und gaben christlichen Flüchtlingen zu verstehen, sie könnten ebenfalls staatliche Hilfe bekommen, sobald sie zum Islam übertraten.

Zerstörung von Kirchen, Zwang zum Glaubenswechsel … Nicht nur aus liberaler, sondern auch aus muslimisch orthodoxer Sicht muss ein derartiges Vorgehen als ein Verstoß gegen koranische Gebote erscheinen. Selbst Fundamentalisten, sofern sie sich strikt am Koran orientieren (und es nicht nur behaupten), müssen an der »islamischen« Politik des Sudan Anstoß nehmen. Von einer ganzen Reihe Fundamentalisten – ob nun algerisch, ägyptisch oder iranisch – weiß ich, dass sie diese Art von Islamismus als unislamisch ablehnen (wir werden auf solche Differenzierungen an anderer Stelle zurückkommen).

Und doch passen auch im Sudan nicht alle Vorkommnisse in das Schema eines fanatisch fehlgeleiteten Glaubenskriegs. Muslimische Regierungstruppen kämpfen zeitweilig nicht minder heftig gegen schwarzafrikanische Nuba-Stämme, die sich zum Islam bekennen. Wie das? Jusuf Koah, der Kommandeur dieser Nuba-Stämme, erklärte westlichen Besuchern: Der Bürgerkrieg sei kein Kampf zwischen Muslimen und Christen, sondern hier stünden Araber gegen »Schwarze«. Die Araber würden die »Schwarzen« immer noch wie 100 Jahre zuvor, als sie zur Sklavenjagd in den Sudan kamen, als »schwarze Wilde« betrachten. Den Arabern gehe es vor allem um mehr Macht, um mehr Besitz, um mehr Land auf Kosten der militärisch unterlegenen Stämme. In einem Krieg zwischen Muslimen und Christen müsste er als Muslim auf der anderen Seite stehen. Er aber hatte sich der Befreiungsfront des schwarzafrikanischen Christen John Garang angeschlossen und war zum dritthöchsten Befehlshaber in der Hierarchie der Widerstandsbewegung aufgerückt.[6]

Die Juden als »Problem«

Juden unter muslimischer Herrschaft

Nähert man sich auf der tunesischen Insel Djerba der Ortschaft Hara Srira, so erlebt man eine Überraschung. Auf den ersten Blick fällt an den Einwohnern nichts Besonderes auf; sie tragen Turban oder rote Filzmütze, Burnus oder Kaftan wie viele Muslime im ländlichen Tunesien. Auch wenn man den langgestreckten, weiß getünchten Bau außerhalb der Ortschaft betritt, meint man beim Anblick der grün gestrichenen Holzsäulen und der teppichbelegten Böden anfangs, in einer Moschee zu sein – es ist aber eine Synagoge. Die über 3000 Einwohner von Hara Srira sind Juden. Am Eingang der Al-Ghriba-Synagoge ist eine Tafel angebracht, auf der der (islamischen) Regierung Habib Bourguiba für die finanzielle Unterstützung beim Renovieren des baufälligen Gebäudes gedankt wird. In Reisehandbüchern liest man, dass hier schon im 1. Jahrhundert unserer Zeitrechnung eine Synagoge gestanden haben soll und die hier ansässigen Juden später nie unter der islamischen Oberhoheit zu leiden hatten.

Ein Sonderfall?

Jüdische Gemeinden finden sich auch in Marokko, Syrien, Jordanien, im Jemen, Libanon, Irak, in der Türkei, um nur die wichtigsten Verbreitungsgebiete zu nennen, und überall haben sie ohne tiefgreifende Verfolgung die Jahrhunderte überstanden. Der Tourist aus Europa kann dies immer wieder staunend feststellen, falls er den Orient aufmerksam beobachtend bereist. Sind denn, so mag der Europäer zu Recht fragen, die jüdischen Minderheiten nicht erheblichem Druck ausgesetzt, seit die arabischen Staaten mehrheitlich im Kriegszustand mit Israel leben?

Diese Frage hatte ich mir gerade auch in der oben erwähnten Synagoge von Hara Srira gestellt, als ich dort 1982 einen Sabbat-Gottesdienst erlebte. In Gesprächen mit muslimischen Tunesiern der Nachbardörfer war mir wiederholt versichert worden, dass es mit den Tunesiern jüdischen Glaubens nie Probleme gebe, schließlich würden die Juden denselben Gott wie die Muslime verehren. Angesichts meiner Eindrücke, die ich zuvor schon vom liberalen religiösen Klima in Tunesien gewonnen hatte, zweifelte ich nicht an der Aufrichtigkeit solcher Auskünfte. Umso unfassbarer erschien mir zwei Jahrzehnte später diese Nachricht: Auf eben diese Al-Ghriba-Synagoge von Hara Srira verübte am 11. April 2002 ein tunesischer Selbstmordattentäter mit einem Lastauto, vollgeladen mit Flüssiggas, einen Brandanschlag; 21 Menschen starben, darunter 14 deutsche Touristen. Warum konnte dies ausgerechnet in einem Land geschehen, das doch bisher wenig in den Konflikt mit Israel einbezogen war?

Anfangs äußerten westliche Beobachter den Verdacht, dass nun eben auch das moderate Tunesien zunehmend in den Strudel antiisraelischer, ja antijüdischer Radikalisierung gerate. Dann aber stellte sich heraus, dass die Hintermänner des Attentats Mitglieder der weltweit operierenden Terror-Organisation al-Qaida waren, die sich nur einiger weniger Tunesier als Helfer bediente. Die Terroristen der al-Qaida haben ihre ideologischen und emotionalen Wurzeln im wahhabitischen Fundamentalismus Saudi-Arabiens und fühlen sich politisch eng mit den ungelösten Problemen des Nahostkonflikts verknüpft (davon später mehr). Der Kontakt der al-Qaida zu Tunesiern war sporadisch. Entsprechend distanzierte sich die Bevölkerung in ihrer großen Mehrheit entschieden von dem

Terrorakt, besonders die Einwohner der Insel Djerba, die einen starken Rückgang des Tourismus befürchteten.

Ich selbst hatte bereits Jahrzehnte zuvor einen Eindruck davon bekommen, wie ambivalent die tolerante Haltung von Muslimen gegen Juden sein kann. Jede neue Eskalation des Nahostkonflikts, in dessen Zentrum Israel steht, vermag die Situation in kürzester Zeit zu verändern.

Im Mai und Juni 1967 hielt ich mich in Marokko auf, einem Land, in dem seit Jahrhunderten Muslime und marokkanische Juden friedlich zusammenleben. Aber der Zeitpunkt meines Aufenthalts war brisant: Ich wurde vom Ausbruch des sogenannten Sechs-Tage-Krieges überrascht. Das Fernsehen übertrug die Rede des ägyptischen Präsidenten Nasser, in der er mitreißend und demagogisch zugleich den totalen Sieg über Israel verkündete, zeigte Bilder von frenetisch jubelnden Volksmassen quer durch alle arabischen Länder, zeigte Soldaten in Sprechchören mit drohend erhobenen Fäusten – Bilder, die einem Europäer Unbehagen einflößen mussten, besonders dann, wenn er, wie ich, in einer Teestube inmitten heftig diskutierender Marokkaner vor dem Bildschirm saß. Vier Tage später zog ich es vor, die Teestube nicht mehr zu betreten, denn nun dröhnten aus Radios und Fernsehgeräten keine Siegesmeldungen mehr. Nun machte sich unter den Zuhörern und Zuschauern Bestürzung breit über die für die Araber völlig unerwartete Niederlage, dann folgte Wut. Für Europäer keine gute Zeit im Orient. Auf der Straße wurde mir verschiedene Male drohend »Israel« nachgerufen; umgehend entschloss ich mich, Marokko so rasch als möglich zu verlassen. Sonst geschah nichts. Wieder in Europa, las ich in der Zeitung, Europäer und Amerikaner seien von Arabern teilweise als Sympathisanten des »imperialistischen« Israel verdächtigt und angefeindet worden. Einen vagen Eindruck davon hatte ich ja selbst bekommen. Aber: Es fand sich kein Bericht über Ausschreitungen gegen jüdische Minderheiten in arabischen Ländern. Dabei hätte man aus unserer Sicht derartige Ausschreitungen erwarten können; jede Presseagentur würde sich sogar begierig auf eine solche Nachricht gestürzt haben.

Während der folgenden Jahre ist es zwar immer wieder vorgekommen, dass in islamischen Staaten jüdische Bürger schikaniert oder gar hingerichtet wurden, besonders unter den radikal anti-israelischen Regimen in Syrien und im Irak, aber in jedem der Fälle haben die Machthaber versichert, es handle sich um Spione. So fragwürdig eine solche Rechtfertigung auch sein mag, so ist doch der Versuch auffällig, politische Gründe anzugeben – die »judaische Religion« ist von aller Anfeindung ausgenommen. Eine derartige Haltung kommt selbst in den Anweisungen eines der radikalsten Muslimführer zum Ausdruck, nämlich bei Khomeini. In seinen Schriften liest man: »Es ist dem Muslim nicht gestattet, in einem jüdischen Unternehmen zu arbeiten, wenn er die Gewissheit oder den Verdacht hat, dass dieses Unternehmen Israel hilft. Das so verdiente Geld ist unrein.«[1] Grundsätzlich wäre jedoch auch unter dem Regime antiwestlich gesinnter Ayatollahs nichts gegen eine Zusammenarbeit mit Juden einzuwenden.

Bemerkenswert für alle islamischen Staaten: Massenterror gegen jüdische Mitbürger kommt nicht vor, denn diese gelten als Araber, Perser oder Türken mit »judaischem Glauben«. Insofern solche Juden nicht offen Sympathien für die »israelischen Aggressoren« zeigen, wie dies in der offiziellen Sprachregelung heißt, haben sie nichts zu befürchten.

Muslime hatten es in früheren Jahrhunderten leichter, den Juden unbefangen zu begegnen. Wie schon erwähnt, war es keine Seltenheit, dass Juden selbst an islamischen Fürstenhöfen teilweise einflussreiche Stellungen innehatten. Jude war ja auch Maimonides, der berühmte Leibarzt des Sultans Saladin. Als es noch keinen Staat Israel gab, fehlte die entscheidende Provokation, dass sich inmitten der islamischen Welt ein eigenständiges jüdisches Machtgebilde entwickelte, ein

Staat, der sich geistig mehr mit Europa und Amerika verbunden fühlte als mit den orientalischen Nachbarn. Dass 1948 westliche Großmächte, allen voran die britische Mandatsmacht, bei der Gründung von Israel Hilfe leistete, verdoppelte nur die Provokation. Noch im 19. Jahrhundert wäre eine feindliche Haltung der Araber gegen Juden schwer vorstellbar gewesen. Einst schickten Kalifen, Sultane und Emire ihre Truppen vordringlich gegen diejenigen, die ihre politische Sicherheit gefährdeten, nicht gegen jene, die ebenfalls den »einen« Gott verehrten. So konnte es passieren, dass selbst ein Despot freundlich mit jüdischen und christlichen Untertanen umging, wenn jene anstandslos ihre Steuern zahlten und sich ruhig verhielten – aber grausam gegen muslimische Rebellen losschlug.

Um in diesem Zusammenhang noch einmal auf Marokko zurückzukommen: Der Staat garantiert dem Judentum einen besonderen Platz und hat dies noch einmal in der Präambel der neuen Verfassung vom 1. Juli 2011 bekräftigt. Juden können ihre Religion ungestört ausüben. Kaum ein anderes Land der arabischen Welt gesteht zudem jüdischen Staatsbürgern größere berufliche Entfaltung zu. Mehr noch: Einer der wichtigsten Berater des Sultans Hassan II. (1961–1999) und dessen Sohnes und Nachfolgers Mohammed VI. ist Jude. Er, André Azoulay, einer der reichsten Bankiers des Landes, wird als Marokkaner jüdischen Glaubens angesehen und ist auf diese Weise integriert. Sein Einfluss ist beträchtlich. Ihm ist es zu verdanken, dass die marokkanische Regierung während der letzten Jahrzehnte immer wieder zwischen der arabischen Welt und Israel vermittelte.

Azoulay, der jüdische Berater, hat es aber mit Sultanen zu tun, die weitgehend an einer sehr traditionalistisch islamischen Form von Herrschaft orientiert sind. Marokkos Könige, in ihrer Außenpolitik prowestlich ausgerichtet, verstehen sich noch im 21. Jahrhundert als »Herrscher der Gläubigen«, die die religiöse und politische Führung in einer Person vereinigen. Entsprechend definieren sie sich als moderne Kalifen, und das heißt, sie lassen zwar ein Parlament und vom Volk gewählte Abgeordnete zu – aber der König kann das Parlament bei Missfallen jederzeit auflösen, und seine Entscheidung ist unantastbar. Gegen Oppositionelle ging besonders Sultan Hassan II. unbarmherzig vor, keineswegs konnten hier Muslime mehr Schutz genießen als Andersgläubige. An dieser Herrschaftsstruktur einer nahezu absolutistischen Monarchie hat sich auch unter dem neuen Sultan Mohammed VI. nichts grundsätzlich geändert, selbst wenn er in Teilbereichen Reformen einleitet. Umso aufschlussreicher ist es, dass selbst unter einem derart traditionalistisch islamischen Regime ein Jude Einfluss auf die Politik nehmen kann.

Juden und Christen im mittelalterlichen Europa

Im christlichen Abendland gab es von allem Anfang an, kaum dass die Kirche sich gebildet hatte, einen Affekt gerade gegen die »judaische Religion«. Die Juden hatten Jesus nicht als den Messias anerkannt, schlimmer noch, ihn gekreuzigt, und damit erschienen sie aus der Sicht vieler Christen in Glaubensfragen verstockt. Erst wenn die Juden den Christus als den Messias und so auch das Neue Testament als die Vollendung der Bibel anerkennen würden, erst dann könnte man sie von der schwersten aller Sünden, dem Mord am »Sohn Gottes«, freisprechen.

Christusmörder ... Ein derartiges Schimpfwort gegenüber Juden wäre vonseiten der Muslime undenkbar. Denn der Koran lehnt die Kreuzigung Christi als eine Falschmeldung von Bibelautoren ab, die »keine bestimmte Kenntnis haben, sondern nur vorgefassten Vermutungen folgen«.[2] Es steht hier nicht zur Debatte, womit Muslime belegen können, dass die Nachricht von der Kreuzigung Christi auf irregeleiteten Gerüchten beruhe, auch nicht, ob ihnen aufgrund ihrer Traditionen jedes Verständnis für die christliche Deutung der »Erlösung durch das Kreuz« fehlen muss. Wir brauchen hier nicht weiter dem Problem nachzugehen, dass die Muslime an der Überlieferung Jesu möglicherweise alles ausscheiden, was nicht in das Schema eines politisch siegreichen Propheten nach dem Vorbild Mohammeds passt. Wichtig für den Zusammenhang hier ist, dass ihnen der Koran von vornherein die Voraussetzung nimmt, die Juden als Christusmörder – oder gar als Gottesmörder – zu diffamieren. Sie beschränken sich auf den Vorwurf, dass die Juden Jesus nicht als Propheten anerkennen.

Dabei würde auch den Christen der Weg zu einer milderen Interpretation offenstehen. Schließlich legt das Neue Testament nicht zwingend nahe, das »auserwählte Volk« in ein von Gott verworfenes umzudeuten, nur weil einst eine fanatisierte Menschenmenge die Kreuzigung Christi forderte. Christliche Theologen ließen sich mehr als ein Jahrtausend lang in ihrer Mehrheit zu dieser fatalen Interpretation hinreißen, weil sie die Enttäuschung schwer verkraften konnten, dass ausgerechnet geistesverwandte Gläubige Bekehrungsversuchen teilweise hartnäckiger widerstanden als viele Heiden.

Die Juden als die besonders Verstockten! Als die Verblendeten, obwohl sie doch mit ihrem Glauben an den *einen* Gott der Wahrheit viel näher als alle Heiden standen. Diese Einschätzung ist ein fester Bestandteil mittelalterlich-christlicher Theologie geworden. Steingewordene Theologie dieser Art kann man im Figurenschmuck mancher gotischer Domportale entdecken: Der aufmerksame Betrachter sieht dort zuweilen inmitten der Galerie der vier Evangelisten, der Apostel und verschiedener Heiliger eine Frau mit den Gesetzestafeln Mose in der Hand dargestellt, mit verbundenen Augen – diese Frau symbolisiert die Synagoge, deren Gläubige trotz der so greifbaren Nähe christlicher »Erlösung« von Blindheit geschlagen sind. Entsprechend kontrapunktisch ist am selben Domportal eine zweite Frau zu finden, die in strahlendem Triumph den Abendmahlskelch und das Kreuz hochhält – sie verkörpert die über alle Irrtümer siegende Kirche.

Schon im 4. Jahrhundert hat diese Art von Theologie recht faule und giftige Früchte hervorgebracht, wie uns überlieferte Predigten belegen. Hier sei nur einer dieser Texte zitiert, der uns mit seiner vulgären, geifernden Sprache wie eine plumpe Fälschung anmuten mag, die den Christen von Gegnern untergeschoben sein könnte, aber leider ist die Echtheit des Textes belegt. Es heißt dort: »Die Synagoge ist schlimmer als ein Bordell, [...] sie ist eine Höhle der Halunken, [...] ein Platz, wo sich die Christusmörder treffen, [...] eine Höhle von Dieben, ein Haus des schlechten Rufs, wo die Ungerechtigkeit haust. [...] Ich möchte dasselbe über ihre Seelen sagen. [...] Geilheit und Trunksucht haben sie auf die gleiche Stufe gebracht wie den geilen Bock und das Schwein. [...] Wir sollten sie nicht einmal grüßen oder das kleinste Gespräch mit ihnen führen.«[3] Der Autor ist kein Geringerer als Johannes Chrysostomos, Patriarch von Konstantinopel, einer der großen Heiligen, Verfasser der ältesten Liturgie und vieler tiefgründiger Gebete. Predigten wie die seinen legten das Fundament für die spätere Unterdrückung der Juden.

Im Jahr 537 erließ Kaiser Justinian, berühmt als Bauherr der Hagia Sophia, ein folgenschweres Edikt: Den Juden des Römischen Reiches wurden alle religiösen und bürgerlichen Rechte aberkannt, und dies mit der ausdrücklichen Begründung, die Kreuzigung Christi sei eine untilgbare Schuld. Nun begann schrittweise jene Diskriminierung im öffentlichen Leben, wie sie das ganze Mittelalter bis weit hinein in die Neuzeit angehalten hat. Die Juden hatten in gesonderten Vierteln zu wohnen, in sogenannten Ghettos, und blieben von den meisten »ehrbaren« Berufen ausgeschlossen. Man gestattete ihnen einige wenige Handwerksberufe, vor allem aber Kaufmann und Geldverleiher zu sein, das letztere, weil Zinsnehmen als schmutzig galt und den Christen verboten war. Und so hat sich im Verlauf des Mittelalters bis in die heutige Zeit das unausrottbare Klischee vom geldgierigen, gar zu geschäftstüchtigen Juden gebildet – ein Klischee, das nur im christlichen Kulturkreis entstehen konnte, nicht aber im islamischen, wie wir bereits gesehen haben.

Aus diesem Gefängnis ständiger Diskriminierung konnten die Juden nur entkommen, wenn sie zum Christentum übertraten. Genau dies aber verweigerten die meisten von ihnen – mit einem Argument, vor dem eigentlich Christen Respekt haben sollten, weil sie das gleiche für sich in Anspruch nehmen: Man wolle dem »Glauben der Väter« treu bleiben. Für einen Juden musste die Aufforderung zum Glaubenswechsel die gleiche Zumutung darstellen wie für einen Christen, der von einem Muslim erklärt bekommt, er solle zum Islam übertreten und dort endlich die »ganze Wahrheit« kennenlernen.

Die Gegensätze hatten sich bereits unheilvoll zugespitzt, als Rabbiner während des 5. Jahrhunderts darangingen, den *Talmud* (»Die Lehre«) zu verfassen. Mit diesen umfangreichen Kommentaren zum biblischen Erzählstoff, zu rabbinischer Theologie und geistlichem Recht gaben die Juden endgültig zu erkennen, dass sie sich nicht von den Christen vorschreiben lassen wollten, wie sie die gemeinsame biblische Überlieferung (das Alte Testament) auszulegen hätten. Für die Christen eine besondere Herausforderung: eben weil der Talmud erst Jahrhunderte nach dem Auftreten Jesu entstand und ganz bewusst dessen Verkündigung ignorierte. Jüdischer und christlicher Absolutheitsanspruch prallten hier aufeinander. Eine derartige Konfrontation musste für die religiöse Minderheit tragisch enden. Um 1240 nutzten die Christen ihre Machtposition aus, um dem Talmud in einem Pariser Schauprozess das Existenzrecht abzusprechen, und 1242 wurden, wie aus zeitgenössischen Berichten hervorgeht, 24 Wagenladungen jüdischer

Bücher und Talmudmanuskripte zum Scheiterhaufen gefahren und den Flammen übergeben.[4]

Angesichts der heftigen Ablehnung muss es nicht wundern, wenn die Juden sich ihrerseits zu verstärkten Affekten gegenüber ihren Verfolgern hinreißen ließen und den eigenen Dogmatismus verschärften. Ein frühes Zeugnis dieser Neigung stellt schon das sogenannte »Achtzehn-Bitten-Gebet« dar, wo als zwölfte Bitte eingefügt ist: »Die Nazoräer [Christen] und die Minim [Abtrünnigen] sollen plötzlich umkommen, sie sollen ausgelöscht werden aus dem Buch des Lebens. [...] Gelobt seist du, Herr, der du die Frevler zerschmetterst.«[5] Die Fronten verhärteten sich vollends. Anders als die Muslime haben sich die Christen des Mittelalters zu keiner Zeit dazu durchringen können, die religiöse Minderheit – die doch denselben Gott anbetete – wenigstens mit herablassender Toleranz zu behandeln. Stattdessen kam es in periodischen Abständen zu blutigen Ausschreitungen gegenüber jüdischen Ghettos ...

Aber nicht alle christlichen Konfessionen ließen sich gleich stark von religiös motiviertem Antijudaismus leiten. Bei den Protestanten, die mehr als die Katholiken und Griechisch-Orthodoxen auf das Alte Testament zurückgriffen, verlor das Ressentiment gegen Judaisches an Boden – ohne allerdings völlig zu verschwinden. Immerhin entstanden im Gefolge der Reformation Glaubensgemeinschaften, denen es selbstverständlich erschien, ihre Kinder vornehmlich auf alttestamentarische Namen zu taufen, etwa auf Jeremia, Hosea, Aaron, Judith, Sarah, Rahel. So geschah es bei Calvinisten in Holland und England, später auch bei zahlreichen protestantischen Sekten in den USA. Die antijüdische Einstellung verlor auch dort an Boden, wo sich unter dem Einfluss der Renaissance ein Teil der Bürger an antiker Kultur begeisterte und nicht mehr die schroffe Frontstellung billigte. Protestantische Machthaber wie auch Renaissancefürsten sind demnach die ersten Christen gewesen, die aus den jüdischen Ghettos reiche Finan-

ziers an ihre Höfe holten und sie, wenn auch nur aus Nützlich-
keitserwägungen heraus, gesellschaftsfähig machten.

Vom Antijudaismus zum Antisemitismus

Eine echte Chance zur Emanzipation haben Juden aber erst bekommen, als man in unserer westlichen Welt den Wert eines
Menschen nicht mehr in erster Linie daran maß, ob er Christ
oder Nichtchrist war. Dies geschah im Zeitalter der Aufklärung.
1784 gewährte die amerikanische Föderation (die späteren USA)
als erster westlicher Staat den Juden das volle Bürgerrecht,
gemäß der 1776 verabschiedeten Erklärung der Menschenrechte, »dass alle Menschen gleich geschaffen sind«. 1791 folgte
Frankreich, auf dem Höhepunkt seiner Revolution, und um
1860 war in den Verfassungen der meisten europäischen Staaten die Gleichberechtigung der Juden festgeschrieben.

Der religiös motivierte Judenhass war allerdings noch lange
nicht tot, obwohl ihn Theologen, Bischöfe und Pfarrer aller
Konfessionen seit dem Beginn der Aufklärung zunehmend verurteilten. Bis zum heutigen Tag kann man ja hier und da noch
von Christen Äußerungen gegen die »Gottesmörder« zu hören
bekommen.

In diesem Zusammenhang muss zu denken geben, dass sich
die katholische Kirche sogar erst in den 1960er-Jahren, während des Zweiten Vatikanischen Konzils (1962–1965), ausdrücklich von allen antijüdischen Exzessen der Vergangenheit distanzierte. »Man darf die Juden nicht als von Gott verworfen
und verflucht darstellen«, ließen damals endlich höchste Instanzen in erfreulicher Eindeutigkeit verlautbaren, »die Kirche
beklagt alle Hassausbrüche, Verfolgungen und Manifestatio-
nen des Antisemitismus, die sich [...] gegen die Juden gerichtet
haben.« In derselben Erklärung verwarf der Vatikan über den
Antijudaismus hinaus jede Diskriminierung eines Menschen
»um seiner Rasse und seiner Farbe, seines Standes und seiner

Religion willen, weil dies dem Geist Christi widerspricht«.[6] Dieser klaren Absage an Antijudaismus und Rassismus ist der Vatikan seither, trotz aller sonstigen Rückwendung zu konservativem Denken, treu geblieben. Im Februar 1989 hat er zur Bekräftigung das Dokument »Die Kirche und der Rassismus – für eine brüderliche Gemeinschaft« veröffentlicht und dort den Rassismus wie jede Diskriminierung einer Religion als Gotteslästerung bezeichnet.[7]

Der Höhepunkt barbarischer Intoleranz gegen die Juden fällt allerdings nicht unter das Signum der Christen, trotz aller langlebigen Ressentiments. Im Gegenteil: Zu den gefährlichsten Fanatikern sollten erst Ideologen werden, die zur Religion meist nur noch eine oberflächliche Beziehung hatten oder den Kirchen gar feindlich gegenüberstanden. Ihr Affekt entzündete sich, sehr weltlich, an der Konkurrenzangst gegenüber den gesetzlich gleichberechtigten, sehr leistungsfähigen Juden. Und da solche Ideologen in eine Epoche offensichtlichen Glaubenszerfalls hineingeboren waren, suchten sie der Zeit gemäß nach »wissenschaftlichen« Argumenten – und fanden sie in einer pseudowissenschaftlichen, stark von Versatzstücken ehemaligen Glaubens durchsetzten Doktrin: dem Rassismus. Der sogenannte Antisemitismus entstand, und hierbei verrät schon der Name die Ungenauigkeit des Ansatzes. Denn die Rassisten ignorieren, dass Juden eine religiöse und kulturelle, nicht aber eine ethnische Gemeinschaft bilden. Zum jüdischen Glauben sind im Verlauf vieler Jahrhunderte Menschen unterschiedlichster Herkunft übergetreten. Antisemiten kommen zusätzlich in Beweisnot, weil ja andererseits auch die arabisch sprechenden Völker mehrheitlich Semiten sind.

Es braucht hier nicht erörtert zu werden, auf welch fragwürdigen Voraussetzungen das emotionsgeladene Ideologiekonglomerat des Antisemitismus beruht, dies ist hundertfach in Fach- und Sachbüchern angeführt. Nur eine Bemerkung: Religiöse Unduldsamkeit bewahrt bei all ihren Auswüchsen gegenüber dem Andersgläubigen wenigstens noch einen Funken Humanität, denn sie bietet dem »Verstockten« die Chance, zur »richtigen« Religion überzutreten und damit »gleichwertig« zu werden. Der Rassist verwehrt aber diesen Ausweg. Rasse kann man ja nicht gegen eine andere eintauschen; wer einmal »von Bluts wegen«, also genetisch, als »Untermensch« ausgewiesen ist, kann sich nicht von diesem Stigma befreien. Für die rassistisch-antisemitische Logik ist es unerheblich, ob sich ein Jude hat taufen lassen und sich sogar eifrig zum Christentum bekennt. Rassistische Logik wird es nicht einmal akzeptieren können, wenn ein Jude sich betont als Deutscher oder gar als Deutschnationaler oder mit Hurrapatriotismus als Franzose, Brite oder Amerikaner deklariert. In all diesen Fällen wäre der Antisemit mit dem abschätzigen Urteil zur Stelle, der Jude wolle sich nur in die Gefilde einer überlegenen Rasse einschleichen und sich ihren Status anmaßen. »Jud bleibt Jud«, dies ist nicht zufällig gerade zum Schlagwort für Antisemiten geworden.

Eine solch rassistisch-antisemitische Logik hat teilweise Folgen sogar für das Bewusstsein jener, die mit Antisemitismus überhaupt nichts zu tun haben wollen. Um dies nur an zwei Beispielen zu verdeutlichen: Für viele von uns gelten nach wie vor Heinrich Heine und Karl Marx als Juden. Dabei trat Heine 1825 zum Protestantismus über und Marx wurde als sechsjähriges Kind 1824 evangelisch getauft, denn bereits seine Eltern hatten sich aus dem Judentum gelöst und sich zum Protestantismus bekannt. Gemäß der bisherigen Logik der Kirchen hätte kein Christ auf die Idee kommen dürfen, im Fall von Heinrich Heine oder Karl Marx nach der vormaligen religiös-kulturellen Zugehörigkeit zu fragen und sie wegen ihrer jüdischen Herkunft zu diffamieren. Ein derartiger Unterschied macht deutlich, weshalb Antisemitismus im Namen einer pseudowissenschaftlichen Biologie zu letztlich schlimmeren Konsequenzen führen muss als Antijudaismus im Namen der Religion.

Trotzdem wäre es falsch, die kirchliche Vergangenheit zu verharmlosen. Bürgerliche Ideologen hätten für ihre Rassentheorie niemals so viele Anhänger finden können, wenn dafür geistig nicht der Boden durch eine fragwürdige Theologie bereitet worden wäre. Auch wären nationalsozialistische Ideologen vom Typ eines Alfred Rosenberg oder Adolf Hitler mit ihrer Vorstellung von rabiater Rassenhygiene nur mäßig erfolgreiche Sektierer geblieben, wenn sie nicht auf jahrhundertealte Vorurteile hätten bauen können.

Jenseits der traditionellen Affekte

Der antijüdische Affekt schwelt weiter. Dies, obwohl in Deutschland und Österreich der Antisemitismus besonders während der letzten Jahre in Rundfunk, Fernsehen, Zeitungen und Schulen ausführlich und kritisch erörtert worden ist. Dies, obwohl vor allem in der jüngeren Generation genug Leute die Exzesse der Vergangenheit ausdrücklich verurteilen. Aber immer wieder erleben wir, dass in die betonte Distanzierung eine recht fragwürdige Logik einfließt. Man habe überhaupt nichts gegen die Juden, doch könne man schon verstehen, weshalb »die« im Verlauf ihrer Geschichte derart viel Hass auf sich gezogen hätten. Die Juden seien ja nie bereit gewesen, sich der fremden Kultur ihres Gastlandes anzupassen (volkstümlich ausgedrückt: sie hätten immer eine »Extrawurst« haben wollen). Solche Kritik macht den Juden paradoxerweise genau das zum Vorwurf, was man ihnen mehr als ein Jahrtausend lang im christlichen Abendland per Gesetz vorgeschrieben und aufgezwungen hat: die auffällige Abgrenzung.

Sätze dieser Art haben in Wien, wo ich wohne, ihre besondere Qualität. Wien dürfte im deutschen Sprachraum die einzige Großstadt sein, wo in verschiedenen Vierteln noch eine kleine Anzahl orthodoxer Juden lebt und ihren Glauben durch konservative Tracht – schwarzer Hut und Anzug, dazu Bart und

Schläfenlocken – wieder dokumentiert. Sie treten besonders dann für alle sichtbar in Erscheinung, wenn sie am Sabbat ins Stadtzentrum zur Synagoge kommen und in deren Umgebung Straßen und Plätze beleben.

Für Juden ist ein solcher Wandel – weg vom christlichen Antijudaismus, weg vom faschistischen Antisemitismus, hin zu einer säkularen, postfaschistischen Fremdenfeindlichkeit – nicht unbedingt harmloser. Man braucht sich nicht zu wundern, wenn orthodoxe wie liberale Juden im In- und Ausland weiterhin den Europäern, besonders aber den Deutschen und Österreichern, misstrauisch begegnen, auch Christen insgesamt. Schließlich müssen Juden in den Auswüchsen christlicher Theologie die Ursachen aller Verfolgung begreifen. Insofern erscheint vielen von ihnen nicht nur der Nationalsozialismus als Trauma, sie bleiben auch dem Christentum gegenüber reserviert bis ablehnend. Abgesehen von einigen wenigen speziell Interessierten zeigen Juden kaum Neugier auf die christliche Glaubenslehre. Dies gilt besonders für Israelis; sie haben vom Neuen Testament etwa so viel Ahnung wie die Mehrzahl der Christen vom Koran, also: keine oder geringe Kenntnisse, bestenfalls verzerrte.

Kein Zufall ist es, dass vor allem jüdisch-orthodoxe Israelis, die aus Osteuropa stammen, unverhohlen schroffe Abneigung äußern. Jene hatten neben den deutschen und österreichischen Juden am meisten unter dem Rassenwahn der Nationalsozialisten zu leiden. Jesus Christus selbst, nicht erst die kirchliche Ideologie, ist ihrer Ansicht nach die eigentliche Ursache aller religiösen Entweihung, aller mörderischen Verfolgung. In Mea Shearim und Bnei Barak, den ultraorthodoxen Wohnvierteln von Jerusalem, wird, so habe ich gelesen, der Name Jesu nur mit dem Zusatz »verflucht sei er« ausgesprochen.[8]

Christen mögen sich angesichts eines solchen Gebarens beleidigt, ja verletzt fühlen, weil Juden hier »ganz unbelehrbar« den biblischen, »reinen« Jesus nicht von den Irrwegen des

Glaubens trennen. Aber wenn Christen trotz aller Empörung Augenmaß bewahren, so werden sie für die Information offen sein, dass liberale Juden grundsätzlich an derart antichristlichem Gebahren fanatischer Glaubensbrüder Anstoß nehmen. Und doch wird Christen nicht die Erfahrung erspart bleiben, dass selbst der eine oder andere liberale Jude in etwas milderer Form zu erkennen gibt: Genau genommen stelle das Neue Testament mit Jesus als Sohn Gottes eine Verfälschung der wirklichen Offenbarung Gottes dar.

Christen sollten sich über eines klar sein: Innerhalb ihrer eigenen Reihen äußert man sich nach wie vor ähnlich herablassend über den Koran, und lange genug hat man sogar verächtlich und hasserfüllt, ganz im Stil Radikal-Orthodoxer, über Mohammed als Propheten gesprochen. Doch welcher Christ macht sich Gedanken darüber, wie Muslime ein solches Verhalten empfinden?

Der Wille zum Dialog –
und die Barrieren

Ökumene und Zweites Vatikanisches Konzil

»Die Christen betrachten die Religionsfreiheit als Folge des
Werkes Gottes. [...] Die Erlösung durch Gott ist kein Zwang.
Folglich verstößt der Mensch gegen die fundamentalen Prinzipien von Gottes Werk an den Menschen, wenn er versucht,
mit Hilfe von Gesetzen und gesellschaftlichen Repressionen
den Glauben zu erzwingen oder zu unterdrücken. Die Freiheit,
wie Gott sie in Christus gegeben hat, versteht sich als freiwillige Hingabe an die Liebe Gottes und als Auftrag, dem Nächsten
aus Bedrängnis und höchster Not zu helfen.«[1]

Dies sind bemerkenswerte Sätze, 1961 im Anschluss an die
»Dritte Vollversammlung des Ökumenischen Rates der Kirchen« abgefasst. Im Oktober jenes Jahres waren in Neu-Delhi
die protestantischen Großkirchen und Freikirchen sowie die
griechisch-orthodoxe Kirche zu einer klärenden Konferenz
zusammengetreten und bekräftigten, was 1948 auf der ersten
Vollversammlung in Amsterdam schon angeklungen war:
Glaubensfreiheit sei ein Menschenrecht. Der indische Schauplatz Neu-Delhi, weit weg von christlichen Bastionen, kann als
symbolisch für den Willen verstanden werden, sich intensiver
einem Dialog mit den Weltreligionen zu öffnen.

Auch die katholische Kirche hat gerade während der 1960er-
Jahre aufsehenerregende Signale gesetzt. Ja, ihre Verlautba-
rungen fanden in der Weltöffentlichkeit ein noch stärkeres
Echo, weil sie, was nur die wenigsten erwartet hatten, eine

umfassende Neubesinnung ankündigten. Im November 1962 eröffnete Papst Johannes XXIII. das Zweite Vatikanische Konzil. Und schon während der ersten Monate zielte die Diskussion nicht nur auf grundlegende Reformen innerhalb der Kirche selbst – vielmehr forderten Theologen, man solle den Dialog mit anderen Konfessionen, ja selbst mit nichtchristlichen Religionen auf völlig neue Grundlagen stellen. Die Ergebnisse, die Papst Paul VI. 1965 in der Konzilsaula des Petersdoms verkünden ließ, verdienten in der Tat weltweites Interesse. Da wurden nun in aller Form die anderen christlichen Gemeinschaften – Protestanten, Freikirchen, Griechisch- und Russisch-Orthodoxe – als Kirchen anerkannt. Man verbannte offiziell die diffamierenden Begriffe Ketzer und Schismatiker aus dem Wortschatz der Auseinandersetzung und betonte, dass das Gemeinsame in den Glaubenslehren wichtiger sei als das Trennende. Mit den Griechisch-Orthodoxen erzielten die Katholiken gar einen raschen Fortschritt über alle bloßen Absichtserklärungen hinaus: Beide Kirchenführer, der Papst und der Patriarch, widerriefen den gegenseitig verhängten Kirchenbann von 1054. Aber an alle Konfessionen gleichermaßen richtete das Konzil die Botschaft, die Zusammenarbeit im sozialen Bereich müsse forciert werden, ebenso die Diskussion von Theologen, zeitweilig auch ein gemeinsamer Gottesdienst. Johannes XXIII. setzte gerade in diesem letzteren Punkt bereits ein wirksames Signal, indem er – als erster Papst überhaupt – gemeinsam mit nichtkatholischen Christen betete.

Ebenso eindeutig rang sich das Konzil zu dem Entschluss durch, den Dialog mit den nichtchristlichen Religionen zu eröffnen. Allen voran mit dem Judentum: Man verwarf jede Form eines christlichen Antisemitismus und gestand Fehlentwicklungen vieler Jahrhunderte als Schuld ein; das Gemeinsame der religiösen Tradition sei stärker zu betonen. Für die Weltöffentlichkeit vollends überraschend folgten versöhnliche

Äußerungen zum Islam. »Mit Hochachtung betrachtet die Kirche auch die Muslime, die den alleinigen Gott anbeten«, hieß es 1965 in der offiziellen Verlautbarung durch Papst Paul VI.: »Sie [die Muslime] sind bemüht, sich selbst Seinen verborgenen Ratschlüssen mit ganzer Seele zu unterwerfen, so wie Abraham, auf den der islamische Glaube sich so gern beruft, sich Gott unterworfen hat. Jesus, den sie allerdings nicht als Gott anerkennen, verehren sie doch als Propheten. Da jedoch im Laufe der Jahrhunderte nicht wenige Zwistigkeiten und Feindschaften zwischen Christen und Muslimen entstanden sind, ermahnt die Heilige Synode alle, dass sie das Vergangene beiseite lassen, sich aufrichtig um ein gegenseitiges Verständnis bemühen und gemeinsam die soziale Gerechtigkeit, die sittlichen Güter sowie Frieden und Freiheit für alle Menschen schützen und fördern.«[2]

Eine Erklärung dieser Art hat es nie zuvor vonseiten einer Kirche gegenüber dem Islam gegeben. Zumindest nicht offiziell. Nur auf weniger spektakulärer Ebene haben schon seit 1949 katholische und islamische Institutionen Kontakt miteinander aufgenommen (von protestantischer Seite ist nichts Derartiges bekannt).[3] So gesehen hat das Zweite Vatikanische Konzil nur einer Tendenz Rechnung getragen, die sich ohnehin bereits angebahnt hatte. Trotzdem musste die Verlautbarung von Papst Paul VI. für die Weltöffentlichkeit überraschend kommen, weil er so entschieden ausgerechnet den Dialog mit jener Religion befürwortete, die seit Jahrhunderten den Christen am meisten Angst eingeflößt hatte. Eine Äußerung desselben Papstes sieben Jahre später bekräftigte entschlossen die neue Haltung. So appellierte Paul VI. 1972 aus Anlass des Ramadan-Festes an die Muslime in der ganzen Welt mit folgenden Worten: »Der gemeinsame Glaube an die Aufrichtigkeit ist die Quelle des Vertrauens. [...] Der gute Wille aber fehlt weder unter den Muslimen noch unter den Christen. Wenn wir uns begegnen, dann stellen wir immer wieder mit freudigem

Erstaunen fest, wie nahe wir uns stehen. Warum sollten wir also diese Begegnungen nicht intensivieren?«[4]

Der Dialog mit dem Islam beginnt

Der »Islamische Weltkongress« reagierte positiv vor allem auf die päpstliche Äußerung von 1972. Dabei setzten auch die Muslime nur früheren Vermittlungsangeboten ein weiteres hinzu – jetzt aber von der Weltöffentlichkeit aufmerksamer registriert als bisher. Es hieß in besagter Verlautbarung: »Anstatt im Konkurrenzdenken zu verharren, sollten Christen und Muslime auf gegenseitige Bekehrungsversuche verzichten und sich stattdessen gemeinsam der Verkündigung ihrer Glaubenswahrheiten und Glaubenserfahrungen unter den Gottlosen und Heiden widmen. Nur auf diese Weise ist es möglich, eine humane Welt zu schaffen, in der jeder Mensch ohne Unterschied seiner Religion, Rasse, Sprachgemeinschaft oder Hautfarbe den ihm gemäßen Platz finden kann.«[5]

Von muslimischer Seite muss eine derartige Stellungnahme nicht im gleichen Maß überraschen wie von christlicher, denn der Koran sieht ja im Christen ohnehin einen Halbbruder im Glauben. Und doch: Diese Stellungnahme von 1972 geht in einem ganz entscheidenden Punkt über das bisherige Toleranzverhalten hinaus. Es heißt ja, Christen und Muslime sollten auf »gegenseitige Bekehrungsversuche verzichten«. Dies bedeutet, Muslime wären bereit, Abschied zu nehmen von dem Versuch, die ganze Welt im Zeichen des Islam zu einigen – sofern auch nur die christlichen Kirchen ihr Ziel einer weltweiten Mission aufgeben. 1973 erklärte der »Islam-Rat für Europa« verbindlich, der Islam verzichte auf Mission unter Christen. Alleiniges Ziel der Europa-Administration sei es, die Islamgemeinden der europäischen Staaten, vor allem die vielen Gastarbeiter, mit Rat und Tat zu unterstützen und sie auf einen Dialog mit den christlichen Kirchen vorzubereiten.[6] Auch diese

Erklärung ist verblüffend und gibt zu mancherlei Fragen Anlass. Sollte es tatsächlich möglich sein, nach Jahrhunderten blutiger Glaubenskriege, erbitterter Rivalität und tiefsten gegenseitigen Misstrauens innerhalb von ein bis zwei Jahrzehnten Frieden zu schließen?

Manche Gesten des guten Willens auf beiden Seiten sind geeignet, diese Hoffnung zu bestärken. So gestattete bereits 1965 – zu jener Zeit, als das Vatikanische Konzil mit seinen islamfreundlichen Proklamationen erstes Aufsehen erregte – der Kölner Erzbischof Joseph Kardinal Frings türkischen Gastarbeitern, einen Seitenflügel des Kölner Doms als Gebetsraum zu benutzen, solange sie in Köln noch keine Moschee besaßen. Und am 13. September 1974 konnte in der ehemaligen Moschee von Córdoba nach 738-jähriger Unterbrechung wieder ein islamischer Gottesdienst stattfinden. Als Imam fungierte bei diesem für Muslime bewegenden Ereignis der Religionsminister des Königreichs Jordanien, assistiert vom stellvertretenden Ministerpräsidenten Ägyptens und dem algerischen Erziehungsminister. Welch eine symbolische Geste! Die Moschee von Córdoba war einst einer der prunkvollsten Sakralbauten des Islam gewesen. Sie wurde im 16. Jahrhundert durch christliche Bauherren geschändet, indem diese einen Teil der Säulenhalle niederrissen und durch ein Kirchenschiff ersetzten – damals als Triumph über die Heiden verstanden –, nun aber zeigten die Christen, dass sie Respekt vor der ursprünglichen Tradition dieses Gotteshauses hatten.

Weitere Schritte folgten. 1976 erhielten arabische Muslime der Golfregion die Genehmigung, in Rom eine Moschee zu bauen – bisher undenkbar, dass dies ausgerechnet nahe dem bedeutendsten Pilgerzentrum der Katholiken geschehen sollte. Aber gerade der Vatikan unterstützte den muslimischen Antrag, nur acht Kilometer vom Petersdom entfernt eine Moschee mit sieben Minaretten zu errichten, was man bis dahin nur von der Hauptmoschee von Mekka kannte. Im Gegenzug erlaubten die Ölscheichtümer, in ihrem Herrschaftsgebiet Kirchen zu bauen, seit dort vermehrt Geschäftsleute aus Europa und den USA tätig waren; die Regierungen schenkten für diesen Zweck großzügig Land.

Widerstände bei den Protestanten

»Das Christentum sollte in das Herz dieser Religionen, wie sie auch heißen mögen, vordringen und, komme was da wolle, seine Botschaft von dem einigen Gott und seinem Erbarmen für die verlorenen Menschen verkünden, ohne auch nur um Haaresbreite ihren ›Dämonen‹ Zugeständnisse zu machen.«[7]

Diese Worte, geäußert in den 1930er-Jahren, stammen von keinem fundamentalistischen Sektierer, sondern von einem der großen Konservativen der protestantischen Theologie: Karl Barth. Solche Worte waren geeignet, Skeptiker in ihrer Aversion gegen jeden religiösen Absolutheitsanspruch bestätigt zu sehen. Sie haben auch die liberalen Theologen in den eigenen Reihen zu beträchtlichem Widerspruch gereizt. Darüber hinaus hat Barths Äußerung verständigungsbereite Dialogpartner anderer Weltreligionen schockiert. So ist es kein Zufall, dass man dieses Zitat nicht allein in den Werken abendländischer Religionswissenschaftler immer wieder auftauchen sieht, sondern ebenso bei dem hinduistischen Philosophen Radhakrishnan, der in der Tradition Mahatma Gandhis steht, und er wiederum hat es aus französischen Quellen übernommen.[8] Auch nimmt der Muslim Muhammad S. Abdullah als Repräsentant des Islamischen Weltkongresses auf Barth Bezug und führt ein weiteres Zitat als Beleg für dessen Verständnislosigkeit gegenüber dem Islam an: »Der Gott Mohammeds«, so formulierte Barth 1938, »ist ein Götze wie alle anderen Götzen. Und es beruht auf einer optischen Täuschung, wenn man das Christentum mit dem Islam zusammen als eine monotheistische Religion bezeichnet.«[9]

1939 ist Barth in seiner Ablehnung des Islam noch einen Schritt weiter gegangen, indem er diese Religion gar auf eine Stufe mit dem Hitler-Faschismus gestellt hat. Er, der den Nationalsozialismus mutig wie nur wenige prominente Theologen seiner Generation öffentlich als antichristlich anprangerte, 1935 deshalb seine Professur in Bonn verlor und in die Schweiz (an die Universität Basel) emigrierte, verstieg sich – heute keineswegs mehr nachvollziehbar – zu der These: Man könne den Nationalsozialismus als Phänomen nur wirklich verstehen, wenn man ihn in seiner fundamentalen Feindschaft gegenüber dem Christentum als einen »neuen Islam« sehe; sein Mythos sei mit einem »neuen Allah« und Hitler mit dem »Propheten dieses neuen Allah« gleichzusetzen.[10]

Der frostige, doktrinäre Tonfall Barths hat verschiedenen konservativen Gruppierungen innerhalb der evangelisch-lutherischen Kirche Mut gemacht, während der folgenden Jahrzehnte in derselben Art gegenüber »Aufweichungstendenzen« zu agieren. In ihrer Haltung konnten sie sich bestärkt fühlen, da ja Barth als Vorbild genauso unerbittlich, wie er dem Islam eine Absage erteilte, aus christlichem Geist heraus dem Nationalsozialismus Widerstand geleistet hatte. 1970 lehnte eine Reihe konservativer Theologen in der sogenannten »Frankfurter Erklärung« die Beschlüsse des Ökumenischen Rates von 1961 in Neu-Delhi mit folgenden Worten ab: »Wir verwerfen die Irrlehre, als ob die Religionen und Weltanschauungen auch Heilswege neben dem Christusglauben seien. [...] Christliche Begegnung mit Menschen anderer Religionen ist stets dem alleinigen Ziel unterzuordnen, ihnen die rettende Liebe Gottes in Jesus durch Wort und Tat zu bezeugen. Sie zielt immer auf Bekehrung: denn an diesem Rettungsangebot Jesu vollzieht sich auch die ewige Scheidung in der Menschheit.«[11]

Erklärungen wie diese sind allerdings nicht unwidersprochen geblieben, sie haben wiederum die Kritik von liberalen Protestanten provoziert. So hat 1974 der Rat der Evangelischen

Kirche eine »Handreichung für die Begegnung mit Moslems« herausgegeben, wo es heißt: »Die Situation der Moslems in der Bundesrepublik fordert alle Christen heraus, wir sind den Moslems Verständnis, Hilfe und Partnerschaft schuldig. [...] Im konkreten Vollzug christlicher Existenz geht es darum, die Situation der Moslems zu verstehen, in brüderlicher Solidarität mitzutragen und gemeinsam mit ihnen zum Besseren zu verändern.«[12]

Anders als bei der katholischen findet sich also innerhalb der protestantischen Kirche keine einheitliche Stellungnahme gegenüber dem Islam. Dies liegt an der unterschiedlichen Struktur: Bei den Protestanten fehlt die zentrale, übergeordnete Instanz eines Papstes oder einer Bischofskonferenz, die für alle Gläubigen verbindliche Richtlinien entwerfen könnte; umso ungehinderter äußern die verschiedenen Gruppen ihre eigenen, manchmal entgegengesetzten Meinungen. Liberales Denken steht auf diese Weise unverdeckt neben stockkonservativen, ja reaktionären Äußerungen. In ihrer ganzen Widersprüchlichkeit bietet sich so ein repräsentativer Querschnitt durch die unterschiedlichsten Glaubenshaltungen einer Kirche (oder besser: der verschiedensten Kirchen innerhalb des Protestantismus).

Widerstände bei den Katholiken

Gibt es aber bei den Katholiken nicht eine ähnliche Meinungsvielfalt? Man fragt sich zu Recht, ob bei ihnen die verschiedenen Standpunkte nicht nur durch das Sprachrohr einer zentral gelenkten Kirche übertönt sind. Wer sich mit Katholiken über den Islam unterhält, kann sehr rasch feststellen, dass sich auch viele von ihnen relativ abfällig über »Mohammedaner« und ihren Fanatismus äußern, ja teilweise behaupten, mit »denen« könnten sich Christen niemals einigen, beide Religionen verhielten sich zueinander wie Feuer und Wasser. So hat es den Anschein, als ob sich innerhalb der Konzilsversammlung eine besonders entschlossene Gruppe mit einer Deklaration hat durchsetzen können, um die längst fällige Entscheidung zur Öffnung einzuleiten. Möglicherweise haben sich die geistigen Väter dieser Toleranz von der Meinung leiten lassen, dass viele noch widerstrebende Gläubige allmählich von jenem neuen Denken erfasst würden.

Aber spätestens seit dem Juli 1988 ist für alle Welt offenkundig geworden, dass es innerhalb der katholischen Kirche ähnliche Widersprüche in Fragen des Dialogs mit anderen Religionen gibt wie bei den Protestanten. Zu diesem Zeitpunkt vollzog der französische Erzbischof Marcel Lefebvre seinen Bruch mit Rom, indem er sich mit seinen Anhängern, den sogenannten »Traditionalisten«, zu einer eigenen Glaubensgruppe formierte. Diese neue Kirchenspaltung unterschied sich erheblich von jener des Jahres 1871, als die sogenannten »Altkatholiken« gegen das verkündete Unfehlbarkeitsdogma des Papstes opponierten, denn die Ketzer von damals mussten wegen ihrer liberalen Haltung aus der Kirche ausscheiden.[13] Nun aber trat mit Lefebvre ein Ketzer auf, der der Kurie vorwarf, zu liberal, zu tolerant, also modernistisch und protestantisch unterwandert zu sein. Er und seine Anhänger kritisierten scharf die Dokumente des Zweiten Vatikanischen Konzils über Religionsfreiheit, über die Dialogbereitschaft gegenüber nichtchristlichen Religionen, ja auch gegenüber dem Protestantismus. Denn mit einer solchen Öffnung relativiere die katholische Kirche ihren Anspruch auf absolute Geltung. Lefebvre forderte eine Abkehr vom Geist des Modernismus, eine Rückkehr zur Tradition, zum vorkonziliaren Zustand. Wie bedeutsam dieser Protest war, ließ sich weniger an der Zahl der militanten Parteigänger ermessen, eher an jenen, die als geheime Sympathisanten dieser Bewegung galten und nach wie vor gelten: etwa ein Viertel aller aktiven Katholiken, vielleicht sogar mehr, so lauten die vorsichtigen Schätzungen.

Betrachten wir das Verhalten der Kurie näher, so finden wir selbst bei ihr zur Genüge Äußerungen, die bei Weitem nicht jene entschlossene, einheitliche Wendung zu modernem Denken verraten, wie es die Konzilsdokumente zunächst vermuten lassen. Aufschlussreich ist hier besonders die Enzyklika *Ecclesiam suam* von jenem Papst Paul VI., der so eindrucksvoll seine Hochachtung gegenüber dem Islam und auch anderen Weltreligionen bekundet hat. In seiner Enzyklika stellt er klar: »Wir können freilich die verschiedenen religiösen Auffassungen und Ausdrucksformen nicht teilen. [...] Die Liebe zur Wahrheit verpflichtet uns vielmehr, unserer Überzeugung Ausdruck zu verleihen, dass es nur *eine* wahre Religion gibt, und das ist die christliche, und dass wir die Hoffnung nähren, dass sie als solche einmal von allen anerkannt werde.«[14]

Derselbe Zwiespalt kennzeichnet auch den Nachfolger Johannes Paul II. Er, in vielem konservativer als sein Vorgänger, bekannte sich durchaus im Sinne des Zweiten Vatikanischen Konzils zum Respekt vor dem Islam, dies zeigen viele seiner offiziellen Äußerungen. Etwa als er 1980 während seines Deutschlandbesuchs in einer Ansprache sagte: »Nicht alle Gäste in diesem Land sind Christen; eine besonders große Zahl bekennt sich zum Glauben des Islam. Auch euch gilt mein herzlicher Segensgruss! [...] Wenn ihr euch in der Öffentlichkeit nicht scheut zu beten, gebt ihr uns Christen dadurch ein Beispiel, das Hochachtung verdient.«[15] Seinen Respekt vor dem Islam bekundete Johannes Paul II. mit noch größerem Aufsehen, als er am 6. Mai 2001 während einer Reise durch Syrien eine Moschee besuchte. Er war der erste Papst überhaupt, der einen derart symbolischen Schritt unternahm. In der Omayyaden-Moschee von Damaskus, jener Moschee, in der sich nach islamischer Überzeugung das Grab Johannes' des Täufers befindet, betete der Papst zusammen mit muslimischen Geistlichen zu dem gemeinsamen Gott der Christen, Juden und Muslime. Diese Geste sollte unmissverständlich ein Zeichen zur Versöhnung der Religionen setzen. Aber derselbe Papst hat nie einen Zweifel daran gelassen, dass er den katholischen Glauben allen anderen Bekenntnissen als weit überlegen betrachtete und weiterhin unerschütterlich am Missionsauftrag seiner Kirche für die *ganze* Menschheit festhielt.

Dieser Zwiespalt kommt deutlich auch bei Joseph Kardinal Ratzinger zum Ausdruck, dem Leiter des wichtigsten Kirchenministeriums, der »Glaubenskongregation« (früher: »Heilige Inquisition«) und späteren Papst Benedikt XVI. Auch Ratzinger schränkte seine Hochachtung gegenüber anderen Religionen bedeutungsvoll ein. Er, der sich nach eigenen Worten Johannes Paul II. in theologischen Fragen innig verbunden fühlte[16], legte Wert darauf, Missverständnissen in folgender Form vorzubeugen: »Die großen ethischen Gestaltungen Griechenlands, des Nahen und des Fernen Ostens haben im Kern ihrer Aussagen nichts von ihrer Gültigkeit eingebüßt, aber wir können sie heute als Nebenflüsse ansehen, die letztlich auf den großen Strom der christlichen Deutung des Wirklichen zuführen. Tatsächlich ist die ethische Vision des christlichen Glaubens nichts Partikulär-Christliches, sondern die Synthese der großen ethischen Institutionen der Menschheit von einer neuen, sie alle zusammenhaltenden Mitte her.«[17]

Solche Bekenntnisse lassen an Deutlichkeit nichts zu wünschen übrig. Hochachtung vor anderen Denkrichtungen, ja – aber kein Zweifel darf daran aufkommen, dass die eigene Offenbarungswahrheit weit über allen anderen Glaubensinhalten steht. Sofern in einer fremden Religion oder Philosophie Wertvolles zu entdecken ist, kann dieses geistige Gut nur vorbereitend oder ergänzend zur eigenen Erkenntnishöhe verstanden werden. Fürwahr ein Fortschritt – im Vergleich zur Intoleranz der mittelalterlichen Inquisition. Aber genau so hat schon im 7. Jahrhundert der Islam seine Weltoffenheit verstanden. Herablassende Toleranz also.

Dieselbe Glaubenskongregation äußerte sich schon wesentlich früher, als ihr noch nicht Kardinal Ratzinger vorstand, entsprechend klar. Besonders aufschlussreich ist hier eine Erklärung über die Ergebnisse des Zweiten Vatikanischen Konzils, veröffentlicht am 5. Juli 1973. In diesem Dokument muss stutzig machen, wie betont sich die Kirche weiterhin gegenüber nichtkatholischen Christen abgrenzt. Zwar bekräftigt die Glaubenskongregation den Konzilsbeschluss, die Katholiken müssten »die wahrhaft christlichen Güter aus dem gemeinsamen Erbe, die sich bei den von uns getrennten Brüdern finden, mit Freude anerkennen und hochschätzen«. Aber: Der Gläubige müsse sich auch für alle Zukunft darüber im Klaren sein, dass man »nur [...] durch die katholische Kirche Christi, die das alleinige Mittel des Heils ist, Zutritt zu der ganzen Fülle der Heilsmittel haben kann«, denn allein die katholische Kirche sei »mit dem ganzen Reichtum der von Gott geoffenbarten Wahrheit und der Gnadenmittel beschenkt«.[18] Auch ist in der Erklärung unmissverständlich festgehalten, worauf diese Kirche nach wie vor ihren Absolutheitsanspruch gründet: »Bei der Ausübung ihres Amtes steht den Hirten der Kirche aber der Heilige Geist hilfreich zur Seite.«[19] Und daher könne diese Kirche weiterhin, ja für alle Zeiten, fordern, »dass wir, indem wir unseren Verstand und Willen dem sich offenbarenden Gott völlig unterordnen, der Heilsbotschaft so zustimmen, wie sie von den Hirten der Kirche auf unfehlbare Weise gelehrt wird«.[20]

Unfehlbarkeit des Papstes nach wie vor! Gerade so haben die Theologen weiterhin auf freies, kritisches Denken zu verzichten, sobald ihre Erkenntnisse der Kurie missfallen. Es handelt sich um einen zentral gesteuerten Dogmatismus, wie er in jeder protestantischen Großkirche unmöglich wäre – sich aber auch im Islam nicht unangefochten durchsetzen könnte. Wie anfechtbar bei Muslimen das Ideal des unfehlbaren religiösen Führers ist, werden wir noch sehen.

Diese Erklärung der Glaubenskongregation von 1973, noch unter dem »Reformpapst« Paul VI. veröffentlicht, erscheint wie eine Vorbereitung zu jenen Reformen, die dann der Nachfolger Johannes Paul II. zehn Jahre später in die Wege leitete. Im Januar 1983 präsentierte die Kurie das neugefasste kirchliche Gesetzbuch, den *Codex Iuris Canonici*, der Öffentlichkeit. Dem Anspruch nach sollten in ihm die kirchenrechtlich relevanten Konzilsbeschlüsse gesetzlich fixiert, sollte also das Gesetz selbst modernisiert werden. In Wahrheit aber wurden zerbröckelnde Hierarchien neu gefestigt: »Was immer die heiligen Hirten, die Repräsentanten Christi, als Lehrer des Glaubens erklären oder als Kirchenführer statuieren, müssen die Gläubigen [...] in christlichem Gehorsam annehmen.«[21]

Paradoxerweise hat eine solche Logik ausgerechnet zur Exkommunikation des reaktionären Erzbischofs Lefebvre geführt, der ja selbst ein glühender Verfechter kirchlicher Hierarchie ist und sich der Kurie bedingungslos unterwerfen würde, sofern diese nur nicht modernistisch aufträte.

Zentral gesteuerter Dogmatismus unterdrückt zunehmend auch jene regionale Selbständigkeit katholischer Landeskirchen, die seit dem Zweiten Vatikanischen Konzil vorsichtig anvisiert wurde. So bleibt es bloße Kosmetik, wenn der Vatikan progressiv gegenüber starren Traditionalisten darauf besteht, dass die Messe seit 1965 in den modernen Nationalsprachen und nicht mehr in Latein gelesen wird. Die Glaubenskongregation in Rom meldet sich nämlich sofort mit einer Warnung, ja mit Zensur, sobald eine der Landeskirchen einen Schritt weiter geht und – in ausdrücklicher Berufung auf das Konzil – stärker verschiedenen Traditionen einheimischer Kultur im Glaubensleben Raum geben möchte.

Zu besonderen Spannungen ist es hier zwischen dem Vatikan und Landeskirchen der Dritten Welt gekommen. Je mehr in Lateinamerika, Asien und Afrika Priester versuchten, Verhaltensformen europäischer Kleriker abzulegen und in der »Sprache der Armen« zu reden, und je mehr die Priester sich für die Probleme der Armen auch politisch engagierten, weil sie nur im Tun ein lebendiges Christentum sahen, desto misstrauischer wurde die Glaubenskongregation in Rom.

Für die Weltöffentlichkeit am auffälligsten wurde der Konflikt des Vatikans mit der »Theologie der Befreiung«, einer Erneuerungsbewegung, die sich in Lateinamerika und besonders in der brasilianischen Kirche machtvoll entwickelte. 1985 erteilte der Vatikan einem der prominentesten Befreiungstheologen, dem Brasilianer Leonardo Boff, ein Jahr Redeverbot, da seine Thesen angeblich die Hierarchie und die Vorrangstellung Roms angriffen. Im selben Jahr wurde auch der brasilianische Erzbischof Helder Camara, der sich als ein »Bischof der Armen« weltweit einen Namen gemacht hatte, in Pension geschickt. Dass er damals gerade 76 Jahre alt war, konnte nur der Vorwand für die Maßnahme, nicht der eigentliche Grund sein, denn viele seiner Kollegen blieben länger im Amt, und er erfreute sich noch guter Gesundheit. Aber Helder Camar war zu unbequem geworden und hatte deshalb einem konservativeren Nachfolger zu weichen. Auch bekam er die Auflage, sich nicht mehr öffentlich zur »Theologie der Befreiung« zu äußern. Der gemaßregelte Erzbischof soll daraufhin einen sehr weisen, keinesfalls resignativen Ausspruch getan haben: »Die Kirche war immer Heilige und Sünderin – heilig in Christus, Sünderin wegen der menschlichen Schwäche ihrer Priester, Bischöfe und Päpste.«[22]

Je mehr der Vatikan seinen Druck gegenüber regional eigenwilligen Äußerungen verstärkte, desto mehr musste man seine Aufrufe zu Dialog und Verständigung mit Fragezeichen versehen. Denn an die Stelle der Gesprächsbereitschaft trat das Diktat, sobald für die Zentralgewalt auch nur ein kleines Stück Machtverzicht zur Debatte stand. Dagegen kostete es den Vatikan vergleichsweise wenig, wenn er sich dialogbereit um ein kleines Stück auf geistliche Gremien anderer Weltreligionen zubewegte.

Die mangelnde Bereitschaft zu echtem Dialog vonseiten der Kurie stellte der Schweizer Konzilstheologe Hans Küng bereits

1968, noch unter der Regentschaft Pauls VI., mit wachsender Besorgnis fest – unter eben jenem Papst, der am Ende des Zweiten Vatikanischen Konzils noch die Öffnung zu anderen Weltreligionen verkünden ließ. »Kurie und manche Bischofskonferenzen haben sich wieder vorkonziliar abgekapselt«, schrieb Küng, »sie lieben bequeme Berater und einsame Beschlüsse. Obwohl Autorität sich heute nur noch aufgrund fachlicher Kompetenz und partnerschaftlicher Zusammenarbeit durchsetzen kann, haben sich viele wieder in die früheren absolutistischen Formen und Gewohnheiten geflüchtet. Sie entziehen sich der Diskussion, verlassen sich auf ihre Bürokratie und sprechen aus dieser engen Welt heraus in ›wegweisenden Hirtenworten‹, ohne zu merken, dass sie sich so immer mehr isolieren und die Kritik geradezu heraufbeschwören.«[23]

Hans Küng selbst sollte aber als unbequemer Kritiker bald stärkeren Repressionen ausgesetzt sein als viele andere: Im Dezember 1979 wurde ihm kurz nach dem Amtsantritt des Papstes Johannes Paul II. die kirchliche Lehrbefugnis entzogen, weil er sich entschieden gegen das 1870 verabschiedete Dogma der päpstlichen Unfehlbarkeit in Glaubensfragen ausgesprochen hatte. Unter anderem wurde Küng auch vorgeworfen, mit seiner Forderung nach mehr Offenheit anderen Konfessionen gegenüber zu einer »Protestantisierung« der katholischen Kirche beizutragen.

Und doch: Unter Papst Johannes Paul II. sind zwar manche moderne Reformen des Zweiten Vatikanischen Konzils verwässert oder gar unterdrückt worden – aber auch er hielt nun am einmal begonnenen Dialog mit den Muslimen fest. Als Johannes Paul II. am 2. April 2005 nach nahezu 27 Amtsjahren starb, ging er als einer der am längsten regierenden Päpste in die Geschichte ein, einerseits verehrt, andererseits heftig umstritten. Sein Nachfolger wurde Kardinal Josef Ratzinger unter dem Namen Benedikt XVI. Dass dieser Papst eine ähnlich ambivalente Haltung vertrat, war kein Zufall, schließlich hatte

Ratzinger als Leiter der Glaubenskongregation wesentlichen Einfluss auf die kirchliche Politik ausgeübt.

Benedikt XVI., erst wenige Monate im Amt, besuchte während des »Weltjugendtags« in Köln am 19. August 2005 als erster Papst überhaupt eine Synagoge. Er nahm am jüdischen Totengebet, dem »Kaddish«, für die 11 000 Kölner Juden teil, die dem Holocaust der Hitler-Diktatur zum Opfer gefallen waren. In einer anschließenden Rede verurteilte er ausdrücklich den Antisemitismus und jegliche Form von Rassismus. Auch sprach er sich in der Folge immer wieder für einen Dialog mit dem Islam aus. Aber derselbe Papst hielt am 12. September 2006 an der Universität von Regensburg eine Rede, in der er am Christentum die Fähigkeit zur Vernunft hervorhob, am Islam aber die Neigung zu Irrationalität, Intoleranz und Gewalt betonte.[24] Diese Rede stieß nicht nur bei Muslimen auf heftigen Widerspruch, sondern erntete auch teilweise bei Christen, nicht zuletzt bei Katholiken, Kritik. Der Papst fühlte sich missverstanden und relativierte später die Aussagen seines Vortrags. Ambivalent blieb Benedikt XVI. allerdings auch gegenüber anderen christlichen Konfessionen. Er veröffentlichte am 10. Juli 2007 das Dokument »Kongregation für die Glaubenslehre«, betonte dort jedoch die »Einzigartigkeit der römisch-katholischen Kirche«. Er bezeichnete zwar die orthodoxen Ostkirchen als »echte Teilkirchen«, sprach aber den Protestanten weiterhin ab, »Kirchen im eigentlichen Sinn« bilden zu können.[25]

Seit dem 13. März 2013 ist der argentinische Kardinal Jorge Mario Bergoglio unter dem Namen Franziskus I. Papst. Er bekräftigte bereits kurz nach seinem Amtsantritt, er werde den ökumenischen und interreligiösen Dialog im Geist des Zweiten Vatikanischen Konzils fortsetzen. Im November 2014 besuchte er Bartholomaios I., das geistliche Oberhaupt der orthodoxen Ostkirchen, in dessen Residenz in Istanbul. In Hinblick auf die Juden betonte er, kein Christ könne Antisemit sein. Und wiederholt äußerte er seine Sympathie für den »wahren Islam«, dessen unangemessene Interpretationen des Korans jeder Gewalt entgegenstünden.[26] Bisher hat Franziskus I. solche Aussagen nicht durch später einschränkende Äußerungen relativiert. Es ist abzuwarten, ob unter diesem Papst ein interreligiöser Dialog sich nachhaltig weiterentwickelt.

Die politischen Hintergründe für den »Dialog«

Die Frage bleibt, welches tiefergehende Interesse gerade der Vatikan an einem interreligiösen Dialog mit dem Islam haben kann – und ob er sich hierbei sogar über den Widerstand äußerst konservativer Christen in den eigenen Reihen hinwegsetzt.

Und welches Interesse haben Muslime? In der islamischen Welt bleibt ja ein Großteil der Gläubigen ebenfalls in der traditionellen Auffassung befangen, außerhalb der eigenen Religion finde sich nur bedingt Heil. Trotzdem zeigt sogar eine konservative Institution wie die »Weltmuslimliga« – mit Sitz in Mekka und unter saudi-arabischem Einfluss stehend – Interesse an einem Dialog mit den Kirchen. Besonders mit der katholischen Kirche.

Muhammad Abdullah, der bereits erwähnte Repräsentant des »Islamischen Weltkongresses«, lieferte für die beharrliche Annäherung gerade zwischen islamischen und katholischen Gremien eine bemerkenswerte Erklärung: »Beide Glaubensgemeinschaften stellen unter anderem auch eine politische Größe dar. Sie kennen traditionsgemäß auch eine politische Theologie, die es ihnen trotz religiöser Unterschiede und Gegensätze im Vorraum des Glaubensgesprächs ermöglicht und erleichtert, ein politisches Bündnis zu schließen, eine ›Heilige Allianz‹ zwischen Krummstab und Kalima zur Abwehr des Unglaubens einzugehen.«[27]

Eine politische Theologie, dies ist der entscheidende gemeinsame Punkt. Katholizismus und Islam haben insofern eine ähnliche Tradition, als sich in ihrem Ordnungsdenken – bei allen Verschiedenheiten der Glaubenslehre – Religion und Politik durchdringen, ja eine Einheit bilden. Für beide ist ursprünglich kein Staat vorstellbar, der sich nicht mit der einzig wahren Religion identifiziert, kein Staat, dessen Alltag nicht vom Geist dieser Religion durchdrungen wäre. Staat und religiöse Instanzen sollten eng verbunden bleiben, und wo diese Verflechtung sich aufzulösen beginnt oder sich bereits aufgelöst hat, dort müssen orthodoxe Katholiken wie Muslime von Krise, wenn nicht gar schon von Niedergang sprechen. So gesehen wird ihnen der säkulare Staat zur Bedrohung, ein Staat, der sich selbst nur noch als wertneutrale Größe betrachtet und Atheisten genauso schützt wie Religiöse. Nur so ist es zu verstehen, dass selbst so konservative Päpste wie Paul VI. oder gar Johannes Paul II. geistig Verwandtes im Islam entdeckten und freundlich auf jede Grußbotschaft islamischer Gremien antworteten. Nur so lässt sich auch folgende Verlautbarung des Islamischen Weltkongresses 1973 in Beirut erklären: »Christen und Muslime sind gemeinsam aufgerufen, die antireligiösen Kräfte dieser Welt abzuwehren. [...] Jenseits gegenseitiger Bekehrungsversuche sollten Kirchen und Islam endlich zusammenfinden, um den Heiden und Materialisten die Botschaft Gottes zu verkünden.«[28]

Angesichts solcher Formulierungen sieht es – genau wie bei den Christen – so aus, als hätten Muslime nachdrücklich und endgültig von dem Ziel Abschied genommen, die ganze Welt unter dem geistigen Dach des Islam zu einigen. Aber mit ihrem Bekenntnis zur Gemeinsamkeit verhält es sich ähnlich wie mit dem der Kirchen. Man nimmt nicht Abschied vom eigenen Überlegenheitsanspruch über alle anderen Religionen, man dämpft ihn nur, widerruft allen Fanatismus. Gemeinsamkeit heißt nicht Gleichwertigkeit, sondern hierarchisch abgestufte Wertschätzung gegenüber dem geistig verwandten Andersgläubigen. Man nimmt allein den offensiven Missionsdrang im Feld des Verbündeten zurück, weil es gegen einen Feind zu marschieren gilt, den inzwischen selbst die Konservativen unter den Christen wie Muslimen als viel bedrohlicher erkannt haben: Materialismus und Atheismus.

Bei genauerem Überlegen bleiben aber Materialismus wie Atheismus schwammige Begriffe. Unter ihnen kann man, je nach Neigung, alles subsumieren, was dem eigenen Verständnis von Religion entgegensteht: nicht nur den atheistischen Kommunisten, nicht nur den rein materiell orientierten, »geistig leeren« Konsummenschen – sondern auch den unbequemen Kritiker aus den eigenen Reihen. Unter Umständen lässt sich sogar schon eine liberale Theologie als »atheistisch beeinflusst« diffamieren, weil jene die Ergebnisse von Naturwissenschaften und einer historisch-kritischen Geschichtswissenschaft in ihre Forschung einbezieht. So gesehen könnte sich allerdings die Frontstellung gegen Materialismus und Atheismus zu einem Zweckbündnis gegen moderne Strömungen überhaupt entwickeln. Und Christen und Muslime würden sich noch nicht unter idealen Voraussetzungen begegnen. Sie reißen trennende Mauern der Intoleranz nieder, um nach einer anderen Seite hin eine umso stärkere Abwehrfront aufzubauen.

Ein Fortschritt also? Bei aller Skepsis ist selbst dieser Wandel schon zu begrüßen, denn er bedeutet immerhin zwei Schritte vorwärts und *nur* einen Schritt zurück. Auch das ist bereits Fortschritt – gemessen an den verhärteten Positionen, wie sie noch vor wenigen Jahrzehnten bestanden haben. Zumindest ist eines erreicht: sogar Orthodoxe sind bereit, mit Andersgläubigen die Einflusssphären zu teilen.

Sind alle bereit? Wie wir wissen, haben sich aus diesen orthodoxen Lagern, ob es nun Christen oder Muslime sind, ultraorthodoxe Gläubige abgesondert, und sie betrachten bereits einen Dialog mit einer fremden Religion als Verrat gegenüber Gott. Sie, die sogenannten Fundamentalisten, beschwören damit eine neue Krise der Toleranz herauf.

Moderne Krise:
der Fundamentalismus

Beunruhigende Signale aus Ägypten, einem Kernland des Islam

»Verrat am Islam!« Unter diesem Vorwurf wurden 1984 in Ägypten vier Männer ins Gefängnis eingeliefert. Was hatten sie verbrochen? Sie hatten sich von der »höchsten und letzten Gottesoffenbarung«, dem Islam, abgewendet und waren zum Christentum übergetreten, waren zu Mitgliedern einer 200 000 Menschen zählenden evangelischen Gemeinde geworden.[1] Aber diese Nachricht, die geeignet ist, alle gängigen Vorurteile gegenüber einem »intoleranten« Islam neu anzufachen, wurde 1986 durch eine weitere übertroffen: In Ägypten wurde ein Gesetz ausgearbeitet, das vorsah, solche Konvertiten zukünftig mit lebenslanger Haft zu bestrafen. Im selben Jahr wurden zehn Christen verhaftet, denen man vorwarf, missioniert und damit den Islam »unterwandert« zu haben.[2]

Dies geschah unter der Regierung von Hosni Mubarak. Uns hat sich dieser autokratisch herrschende Politiker als ein Mann eingeprägt, der auf gute Beziehungen zu westlichen Staaten bedacht war und gegenüber islamischen Fundamentalisten zeitweilig eine harte Linie vertrat. Damit unterschied er sich nicht grundsätzlich vom Kurs seines Vorgängers Anwar as-Sadat. Aber Mubarak ähnelte Sadat auch in dem Versuch, radikal-orthodoxen Kräften Zugeständnisse zu machen, in der Hoffnung, so ihre Opposition gegen die Regierung abzumildern. Daher neigte Mubarak ebenfalls dazu, hin und wieder einem Gesetz zuzustimmen, das von Fundamentalisten gefordert wurde. Bezeichnenderweise machte Mubarak nicht rückgängig, was Sadat von 1971 bis 1981 in die Wege geleitet hatte: wichtige Bestandteile aus der mittelalterlichen Gesetzgebung des Islam, der Scharia, in die bis dahin überwiegend säkular konzipierte Verfassung Ägyptens einzufügen.

Dies geschah in einem Land, das seit mehr als einem Jahrhundert dafür berühmt war, eine der liberalsten Bildungsschichten der islamischen Welt zu besitzen – und den Ruf hatte, neben der Türkei das wichtigste Zentrum moderner Entwicklungen zu sein. Aber dieses Ägypten erlebte seit den 1970er-Jahren eine immer stärkere Islamisierung, mit bedenklichen Folgen. Warum ausgerechnet Ägypten?

Ägypten ist jenes Land, in dem angesichts wachsender gesellschaftlicher und kultureller Spannungen bereits 1928 die erste islamistische Bewegung des 20. Jahrhunderts entstand: die Muslim-Bruderschaft. Vier bis fünf Jahrzehnte nach ihrer Gründung gelang es der Muslim-Bruderschaft schließlich, größeren Einfluss auf die Politik zu gewinnen. Obwohl es ihr zu Beginn des 21. Jahrhunderts noch immer nicht erlaubt war, eine politische Partei zu gründen, konnte die Bruderschaft inzwischen Millionen Anhänger mobilisieren: Sie war damit zu einer ernstzunehmenden Gefahr für die Regierung geworden.

Die Ursachen, weshalb die Islamlisten in Ägypten erst so spät zu großem Einfluss kamen, habe ich bereits im Kapitel über den »Sozialismus« der Nasseristen angedeutet. Zuerst einmal musste die säkular-nationalistische Bewegung Gamal Abd an-Nassers mit ihren sozialen Reformen scheitern. Ebenso musste Sadat mit seiner Politik der wirtschaftlichen Öffnung zum Westen weit hinter den Erwartungen zurückbleiben; unter Sadat profitierte ja nur eine schmale Oberschicht nachhaltig von der ökonomischen Modernisierung. Erst angesichts dieser tiefen politischen Krise begannen sich die Ägypter immer mehr von den bisherigen Hoffnungsträgern abzuwenden,

erst dann vertrauten sie zunehmend den Verheißungen radi-
kal-religiöser Politiker, die einen islamischen Staat anstrebten.
Ägyptens intellektuelle Führungsschicht blieb dagegen weiterhin dem Ideal einer gesellschaftlichen Modernisierung, ja
auch einer Modernisierung des religiösen Denkens verpflichtet. Je mehr aber dann der Einfluss fundamentalistischer Gruppierungen wuchs, desto unversöhnlicher prallten die Gegensätze aufeinander.

Der »Ketzer«-Prozess gegen Abu Zaid

Symptomatisch für die wachsenden Spannungen wurde ein
Ereignis im Jahr 1995. Ein Gerichtsverfahren gegen einen »Ketzer« und »Abtrünnigen« sorgte für Aufsehen weit über Ägypten
hinaus; die Nachricht erreichte auch den Westen. Am 14. Juni
1995 sprachen vom Staat ernannte Richter das Urteil im Prozess
gegen den prominenten Sprach- und Koranwissenschaftler
Nasr Hamid Abu Zaid: Der Angeklagte müsse von seiner Frau
zwangsgeschieden werden.

Die Begründung des Urteils lautete: Abu Zaid sei, wie es die
Thesen in seinen Büchern zeigten, vom Islam abgefallen, und
wegen eines derartigen Verbrechens sei es ihm nicht mehr
erlaubt, mit einer Muslimin verheiratet zu sein. Es nützte dem
angeklagten Wissenschaftler nichts, dass er beteuerte, er lebe
mit seiner Frau in guter Ehe, sei ein gläubiger Muslim und
wolle mit seiner Forschung nur zu einer Reform des religiösen
Denkens beitragen.

Das Urteil gegen Abu Zaid stützte sich auf einen Artikel, der
auf Betreiben des Präsidenten Sadat schon 1977 mit einer sehr
allgemeinen, schwammigen Formulierung in die Verfassung
eingefügt worden war: Die Scharia solle »Hauptquelle der
Gesetzgebung« sein. An der Widersprüchlichkeit dieser Maßnahme hat sich bis heute nichts geändert. Denn nach wie vor
bestehen auch jene Artikel der Verfassung weiter, in denen die

Gleichheit *aller* Ägypter vor dem Gesetz, unabhängig von ihrer Religionszugehörigkeit, garantiert ist – ein *säkulares* Prinzip also.

Anlass für das Gerichtsverfahren gegen den Wissenschaftler Abu Zaid war dessen 1992 in Kairo veröffentlichtes Buch *Kritik des religiösen Diskurses* (1996 auch in deutscher Übersetzung erschienen). Der zentrale Satz in diesem Buch lautet: »Der Koran ist ein sprachlicher Text.« Dieser Satz, von westlichen Lesern eher als harmlos oder sogar als banal empfunden, war eine Provokation für orthodox Gläubige, denn an diesen Satz knüpft sich eine ganze Philosophie.

Der Koran gilt nämlich – nach einem seit vielen Jahrhunderten eingebürgerten Verständnis – als das »ungeschaffene Wort Gottes«. Das heißt, dass der Koran dem Propheten Mohammed Wort für Wort von Gott übermittelt wurde. Mohammed hat also mit seinem eigenen Verstand nichts zur Abfassung des Korans beigetragen. Entsprechend kann der Koran nach dem üblichen Glaubensverständnis in keiner einzigen sprachlichen Wendung durch menschliche Vorstellungen der damaligen Zeit beeinflusst sein. Der Wissenschaftler Abu Zaid aber betrachtete den Koran als ein Werk, das von Mohammed in der Sprache und den Denkvorstellungen seiner Zeit abgefasst wurde. Deshalb könne man das Heilige Buch nur wirklich verstehen, wenn man sorgfältig trenne zwischen den zeitbedingten, zeitgebundenen Aussagen und den ewigen »Kernwahrheiten« der religiösen Botschaft. Dieses Denken entsprach der historisch-kritischen Textanalyse, wie sie in der christlichen Theologie schon seit mehr als einem Jahrhundert üblich ist. Dieser Einfluss aus dem »ungläubigen Westen« wurde Abu Zaid auch von orthodoxen, besonders radikal-orthodoxen Muslimen angelastet.

Abu Zaid jedoch – und das war für seine Kritiker noch provokanter – ließ sich nicht nur von westlichen Vorbildern beeinflussen, sondern berief sich auch auf eine islamische Denktradition: auf Theologen, die bereits im Bagdad des 9. Jahrhunderts unter der Regierung des Kalifen Mamun den Koran analytisch, mit kritischer Vernunft zu deuten versuchten. Diese Theologen, die von ihren Gegnern hasserfüllt *Mutaziliten*, »Abtrünnige«, genannt wurden (wie ich bereits im Kapitel über Tendenzen der Aufklärung im Islam erläuterte³), konnten sich allerdings mit ihrer rationalistisch-kritischen Methode nur für kurze Zeit durchsetzen. Die Mutaziliten wurden von orthodoxen Muslimen schon früh als ungläubig diffamiert und bekämpft. Daher wagte es bis weit ins 20. Jahrhundert herein kein muslimischer Denker mehr, dezidiert an die Tradition der *Mutazila* anzuknüpfen. Abu Zaid wagte es (ohne alle zeitgebundenen Ausformungen von damals gutzuheißen). Und er steht damit in einer Reihe mit etlichen anderen progressiven muslimischen Denkern neuerer Zeit, auf die ich später noch eingehen werde: Abdol Karim Sorush, Haschem Aghadscheri, Yaşar Nuri Öztürk, Ömer Özsoy.

Die Urteilsbegründung im Fall Abu Zaid war 1995 gespickt mit Beschuldigungen wie »Abfall vom Glauben« (*Irtihad*), Ketzerei (*Kufr*), religiöse Heuchelei (*Nifaq*).⁴ Solche Formulierungen machten deutlich, in welchem Maß islamische Fundamentalisten bereits das vom Staat installierte Richteramt okkupiert hatten. Kein ranghoher Politiker machte den ernsthaften Versuch, sie daran zu hindern, dass sie im Namen einer starr konservativ verstandenen Scharia die säkularen Bestandteile des ägyptischen Rechtswesens außer Kraft setzten.

Die Situation komplizierte sich noch dadurch, dass unmittelbar nach der Verkündung des Urteils etliche Professoren der al-Azhar-Universität sogar die Hinrichtung Abu Zaids wegen »Abfalls vom Glauben« forderten. Und verhängnisvoll war, dass Gadd al-Haqq, der leitende Scheich und Rektor der Al-Azhar, den »gläubigen« Professoren seiner Universität nicht widersprach. Im Gegenteil: Gadd al-Haqq bekräftigte sogar den Standpunkt islamistischer Kreise. Diese Haltung maßgeblicher

Vertreter der Al-Azhar übte erheblichen Einfluss aus und schockierte nicht nur westliche Beobachter, sondern auch viele muslimische Intellektuelle. Denn über Jahrzehnte hatte sich die Al-Azhar als das geistige Zentrum des sunnitischen Islam modernen Strömungen gegenüber aufgeschlossen gezeigt. Schwer wog auch, dass eine Reihe Abgeordneter der regierenden Nationaldemokratischen Partei sich ablehnend gegen Abu Zaid verhielten. Abdussabar Shahin, ein führendes Mitglied dieser Partei und ihr Sprecher in religiösen Angelegenheiten, äußerte sogar die Hoffnung, dass nun bald die ägyptischen Gerichte alle säkularen Intellektuellen zu religiös Abtrünnigen erklärten.[5]

Abu Zaid bewies in der aufgeheizten Stimmung zunächst Widerstandsgeist. Einerseits sah er sich moralisch durch zahlreiche prominente Vertreter der ägyptischen Bildungsschicht, Wissenschaftler, Schriftsteller, Künstler, unterstützt. Andererseits gewährte ihm die Regierung Mubarak – hier entschieden gegen die Islamisten gerichtet – staatlich bezahlte Leibwächter, die ihn rund um die Uhr vor Attentaten durch Fanatiker schützten. Und so ließ Abu Zaid das Gerichtsverfahren in die zweite Instanz gehen. Aber im September desselben Jahres bestätigte das Gericht das Urteil der ersten Instanz. Zu dieser Zeit war Abu Zaid allerdings mit seiner Frau bereits ins Ausland geflohen. Die Situation war ihm doch zu gefährlich erschienen, nachdem noch weitere geistliche Rechtsgelehrte die gläubigen Muslime zur Hinrichtung des »Abtrünnigen« aufgerufen hatten. Was konkret bedeutete: zu einem Attentat. Ein Mordanschlag war die einzige Möglichkeit einer Hinrichtung, weil ja die staatlichen Gerichte nicht so weit gegangen waren, ein Todesurteil auszusprechen. Solche fanatischen Geistlichen hatten auch Verständnis für Ayatollah Khomeini gezeigt, der 1989 Salman Rushdie wegen »Abfalls vom Glauben« zur Ermordung freigegeben hatte.

Abu Zaid hielt sich in verschiedenen westeuropäischen Ländern auf, bevor er Ende 1995 dem Ruf der holländischen Universität Leiden zu einer Gastprofessur folgte. Damit jedoch fühlten sich radikal-orthodoxe Muslime erst recht in ihrer Einschätzung bestätigt. Abu Zaid sei dorthin geflohen, wohin er geistig ohnehin gehöre: in den »ungläubigen Westen«, durch dessen Gedankengut er infiziert worden sei.

Ägyptens Bildungsschicht zeigte sich in ihrer Mehrheit durch eine derartige Entwicklung bestürzt. Um einer weiteren Radikalisierung vorzubeugen, gründeten säkular gesinnte Intellektuelle 1996 ein »Komitee zur Verteidigung der intellektuellen Freiheit«, dessen Vorsitz der 85-jährige, international renommierte Literaturnobelpreisträger Nagib Mahfus führte. Mahfus selbst hatte allen Grund, sich in vorderster Front zu engagieren, schließlich war er selbst beinahe dem Attentat eines radikal-islamischen Fanatikers zum Opfer gefallen. Viele seiner Romane werden von orthodoxen und erst recht radikal-orthodoxen Muslimen wegen »unislamischer« Tendenzen abgelehnt. Ja, einer der Romane, *Aulad Haritna (Die Kinder unseres Viertels)*, wurde sogar durch staatliche Zensur wegen »Verunglimpfung des Islam und des Propheten« verboten.

Intellektuelle Unterstützung bekam der im Exil lebende Abu Zaid aber schließlich auch – für westliche Beobachter zunächst überraschend – vom höchsten Würdenträger der al-Azhar. Nach dem Tod des radikal-orthodoxen Großscheichs Gadd al-Haqq im März 1996 vollzog sich an der Spitze der Universität wieder ein ideologischer Kurswechsel. Im Amt des höchsten Schriftgelehrten folgte Mohammed Tantawi. Dieser neue Großscheich wurde von der ägyptischen Bildungsschicht überwiegend als Modernist geschätzt und galt als ein Gegenspieler seines Vorgängers. Großscheich Tantawi nahm zum Gerichtsurteil im Fall Abu Zaid eine völlig andere Haltung ein. In einem Interview mit westlichen Journalisten sagte er Anfang 1997, Abu Zaid möge nach Ägypten zurückkehren, er habe nichts zu befürchten, der Staat werde ihn beschützen. Das Urteil von

1995 sei rechtsunwirksam, weil dem Angeklagten nicht die Gelegenheit gegeben worden sei, vor Gericht seine Argumente ausgiebig darzulegen. Dies widerspreche den Grundsätzen des Korans genauso wie denen einer zivilen Gesellschaft. Man dürfe den Islam nicht mit den Ansichten engstirniger Fanatiker gleichsetzen, die ihre sehr anfechtbare Auslegung des Korans undiskutierbar gegen Andersdenkende durchsetzen wollten.[6]

Abu Zaid hatte im europäischen Exil diese Aussage begrüßt, aber er ließ sich nicht dazu bewegen, nach Ägypten zurückzukehren. Er weilte nur zu kurzzeitigen Besuchen in seiner Heimat und starb während eines dieser Aufenthalte 2010 in Kairo mit 67 Jahren. Ihm blieb am Ende seines Lebens immerhin die Genugtuung, dass er von der ägyptischen Bildungsschicht unterstützt wurde; er war aber beunruhigt über die wachsende Zahl radikal-islamischer Eiferer.

Beunruhigend war für Abu Zaid auch das Schicksal eines geistesverwandten Intellektuellen, des Schriftstellers und Politikers Faraq Ali Foda. Dieser populäre Intellektuelle, von gebildeten Ägyptern als eine Symbolfigur des liberalen Islam verehrt, war bereits während der 1970er- und 1980er-Jahre in das ideologische Schussfeld religiös radikaler Bewegungen geraten. Foda war eine der ersten herausragenden Persönlichkeiten des öffentlichen Lebens in Ägypten, die die Auffassung vertraten, man könne die religiösen Fundamentalisten geistig nur dann wirkungsvoll bekämpfen, wenn man ihrer dogmatisch starren, buchstabengetreuen Auslegung des Korans mit einer zeitgemäßen, historisch-kritischen Interpretation des heiligen Buches begegne. Darüber hinaus warnte Foda entschieden davor, dass in das säkulare Gesetzeswerk schrittweise Bestimmungen der Scharia eingebaut würden. Besonders scharf kritisierte er die Absicht des Staates, Angehörige der Baha'i-Religion als »Abtrünnige vom wahren Glauben« wieder mit Gefängnis zu bestrafen (was unter der Ära des Präsidenten Nasser nicht praktiziert worden war). All diese Argumente trugen ihm bei den Radikal-Orthodoxen den Ruf ein, selbst ein Ketzer zu sein und Gefängnis oder gar den Tod verdient zu haben. Foda musste fürchten, dass fanatisierte Attentäter ihn ermorden wollten.

Höchste Gefahr drohte für Foda aber erst in dem Moment, als auch Gelehrte der al-Azhar-Universität ihn öffentlich verurteilten. 1992 erstellten drei Dutzend Professoren dieses religiösen Zentrums eine Fatwa, ein geistliches Rechtsgutachten, in dem sie Foda zum Ketzer erklärten. Dies geschah in der Ära des radikal-orthodoxen Großscheichs Gadd al-Haqq, der erwartungsgemäß die skandalöse Fatwa duldete. Fundamentalistisch gesinnte Muslime konnten sich nun vollends ermutigt und auch gerechtfertigt sehen, den vom Islam Abgefallenen nach islamischem Recht zu töten. Es nützte Foda nichts, dass ihm die Regierung ihren Schutz zugesagt hatte und zahlreiche Intellektuelle ihm ihre Sympathie bezeugten. Nur fünf Tage nach Veröffentlichung der Fatwa starb Foda 1992 unter den Kugeln von Attentätern.

Die hier geschilderten Vorgänge stehen exemplarisch für eine Entwicklung, die in immer mehr Staaten der islamischen Welt an Bedeutung gewinnt. Aber besonders bedrohlich erscheint, dass sich tragische Schicksale wie die von Abu Zaid und Faraq Ali Foda ausgerechnet in Ägypten zugetragen haben, einem Staat, der über viele Jahrzehnte als ein Zentrum aufkeimender Reformbewegungen gegolten hat.

Solche Entwicklungen machen es zunächst einmal schwer zu glauben, dass ein konstruktiver Dialog zwischen islamischer und abendländischer Welt eine Zukunft habe. Zwar lesen und hören wir immer wieder auch von gemäßigten Geisteshaltungen bei Muslimen, aber ein Begriff übertönt in unserer Medienberichterstattung inzwischen alle anderen: Fundamentalismus.

Die Entstehung eines vieldeutigen Begriffs

Wie kommen wir dazu, »Fundamentalismus« zuerst einmal mit dem Islam in Verbindung zu bringen?

Dies hat mit der Tatsache zu tun, dass es radikal-orthodoxen Gruppierungen vor allem in der islamischen Welt gelungen ist, aus ihrer politischen Isolation auszubrechen und Regierungen unter Druck zu setzen – ja, in einzelnen Staaten gar die Regierung zu übernehmen. Aber wir sollten in der Diskussion stets berücksichtigen, dass dieser enorm religiös-politische Fundamentalismus nur unter besonderen sozialen Krisenbedingungen derartige Bedeutung hat erlangen können. Die Tendenz ist jedoch prinzipiell genauso in geistig verwandten Religionen und den entsprechenden Kulturkreisen angelegt.

Der Begriff hat seinen Ursprung im Abendland. Amerikaner haben als Erste von Fundamentalismus gesprochen und damit eine Krise in der eigenen Zivilisation gemeint; ihnen folgten die Europäer. Das Wort ist um 1910 in den USA aufgekommen und bezog sich zunächst nur auf die Haltung verschiedener protestantischer Sekten, die sich von der lutherischen oder calvinistischen Großkirche abgespalten hatten. Diese Sekten warfen den »Kirchenchristen« vor, sie ließen sich viel zu sehr von modernen Ideen beeinflussen und hätten sich vom Fundament des Glaubens entfernt. Um ihren Forderungen stärkeres Gehör zu verschaffen, hatten die so verstandenen »rechtgläubigen« Christen eine Zeitschrift mit dem Titel *The Fundamentals* herausgebracht, und 1919 gründeten sie eine weltweit tätige Organisation, die »World's Christian Fundamentals Association«. Damit war für amerikanische wie europäische Religionswissenschaftler der Anlass gegeben, den Begriff »Fundamentalismus« für eine bestimmte Form christlicher Gläubigkeit zu gebrauchen. Und sie wandten den Begriff während der folgenden Jahrzehnte auch auf geistesverwandte Strömungen in anderen Religionen an – besonders im Islam.

Die Muslime weisen diese westliche Benennung entschieden zurück. Radikale Gruppierungen, die den Islam in seiner angeblich reinen und ursprünglichen Form für alle Gläubigen verbindlich machen wollen, nennen sich selbst *Islamiyun* (»Islamisten«) und ihre Bewegung *Islamiya* (»Islamismus«). Diese arabischen Eigenbezeichnungen dienen ihnen dazu, sich als die kämpferisch engagierten »wahren Gläubigen« und »wiedergeborenen Muslime« von der Masse der, wie sie meinen, passiven und gedankenlosen Gläubigen zu unterscheiden. Als Islamisten werden sie überwiegend auch von ihren muslimischen Gegnern bezeichnet. An der tiefen geistigen Verwandtschaft zu christlichem und jüdischem Fundamentalismus ändert sich damit allerdings nichts.

Inzwischen ist der Begriff Fundamentalismus in unserem Kulturkreis noch wesentlich vieldeutiger geworden. Wir bringen ihn nicht nur mit Religion, sondern auch mit einer spezifischen Krisenerscheinung innerhalb der politischen Ideologien, ja gar der wissenschaftstheoretischen Diskussion in Verbindung. Besonders naheliegend erscheint es, den Faschismus als eine Spielart des Fundamentalismus zu definieren, denn dessen Ideologen sehen radikaler als alle anderen den »idealen« Menschen vor aller modernen Entwicklung in einer weit zurückliegenden Vergangenheit verwirklicht.

Aber selbst innerhalb der wissenschaftstheoretischen Diskussion kann sich eine Neigung zu fundamentalistischem Denkansatz bemerkbar machen, sobald die Theoretiker eine bestimmte Form des Erkennens als endgültig wahr definieren und jede Offenheit des Denkens zu anderen Möglichkeiten hin ablehnen.[7] Eine solch »rein wissenschaftliche« Haltung scheint auf den ersten Blick ganz aus den bisherigen Zusammenhängen herauszufallen, weil hier am wenigsten der Bezug zur praktischen Umsetzung in Politik gegeben ist. Aber jeder Theoretiker, selbst wenn er abgehoben von allem Tagesgeschehen den Pluralismus verwirft, betreibt – wissentlich oder unbewusst – Politik. »Der Geist, der nur *einen* Denkansatz zum Verständnis der Wirklichkeit ertragen kann, ist gleicher Art wie der Geist, der *eine* allumfassende Machtstruktur aufzwingen muss, wenn er je in die Lage kommt, das tun zu können«, so heißt es treffend im Schlusswort der Studie *Das Unbehagen in der Modernität* von Peter Berger und anderen.[8]

So gesehen müssen wir den religiösen Fundamentalismus, um den es in unserem Zusammenhang allein gehen kann, als Teil einer umfassenderen Krise der Moderne sehen – einer Moderne, in der viele Menschen von der Angst gepackt werden, inmitten der vielen Möglichkeiten des Denkens und der Orientierung alle Orientierung zu verlieren.

Im Namen der Bibel gegen die Moderne

Der antimodernistische Protest fundamentalistischer Christen erscheint im Ansatz rein theologisch. Aus ihrer Sicht verleugnet schon den Glauben, wer nicht jedes mythisch gefärbte Sprachbild der Bibel als wörtlich wahr auffasst. Beispielsweise beharren solche Christen extrem buchstabengetreu auf der Aussage, Gott habe die Welt in sechs Tagen erschaffen, und betrachten die naturwissenschaftliche Erkenntnis einer jahrmillionenlangen Entwicklung als moderne Lüge. In diesem Sinne wollen sie auch die in der Bibel geschilderten Wunder als Ereignisse verstanden wissen, die sich einst tatsächlich vor aller Augen in genau der geschilderten Form zugetragen haben.

Zur besonderen Provokation wird für Fundamentalisten, wenn historisch-kritisch arbeitende Bibelwissenschaftler darüber zu diskutieren beginnen, ob man denn die Auferstehung des Christus in wörtlich überliefertem Sinn verstehen soll: dass Jesus tatsächlich als leibhaftig wahrnehmbare Gestalt den Jüngern nach seinem Tod erschienen sei – oder ob sich das Wunder, von aller zeitbedingten Mythologie entkleidet, nicht in der Weise vollzogen habe, das Wort Jesu sei auferstanden und überdauere alle Vergänglichkeit des Todes. Solche Überlegungen sind bereits für traditionell denkende Christen eine beträchtliche Irritation, schließlich neigen viele von ihnen dazu, eine Diskussion in diese Richtung als Gefahr für den »richtigen« Glauben einzustufen. Für Fundamentalisten aber bleibt die mythologische Einkleidung derart eng mit der substantiellen Aussage verknüpft, dass sie, wenn sie den Rahmen verändert sehen, auch immer die Substanz für aufgelöst betrachten.

Um wieviel starrer Fundamentalisten argumentieren als traditionell Gläubige, zeigt besonders ihre Haltung gegenüber den alttestamentarischen Sittengeboten. Wo ein Konservativer noch davon sprechen mag, dass viele Gebote, von den Speisetabus bis zum Verbot der Onanie, zeitbedingte Anweisungen seien und für die Gegenwart keine relevante Bedeutung mehr hätten, da beharren Fundamentalisten darauf, jedes Detail dieser Gebote sei gottgewollt und daher ewig gültig. Alle späteren Änderungen verwerfen sie als Entfernung vom Ursprung, als bloß menschliches Denken.

Fundamentalisten zeigen sich demnach mehr als andere Gläubige durch den modernen Bewusstseinswandel verunsichert, sie verkraften es am wenigsten, altgewohnte Denkvorstellungen mit den Erkenntnissen neuerer Wissenschaft zu konfrontieren. Besonders sie neigen dazu, den Verlust des Gewohnten als eine Erschütterung zu begreifen, an deren Ende nur noch das Chaos stehen kann. Hierauf gibt es für sie nur eine Reaktion: sich umso entschiedener auf das »Fundament« zurückzuziehen, das angeblich inmitten allen Wertzerfalls auf ewig unverändert aufragt wie ein Fels in der Brandung.

Nichts könnte diesen Fundamentalisten unchristlicher erscheinen als das wegweisende Werk *Neues Testament und Mythologie* von Rudolf Bultmann, das seit 1941 weit über die protestantische Theologie hinaus Aufmerksamkeit erregt hat. Darin wurde mit dem Begriff »Entmythologisierung« eine neue Epoche der Bibelauslegung eingeleitet: Die Botschaft des Neuen Testaments solle aus ihrer zeitbedingten »mythologischen Einkleidung« befreit werden, dann erst könne die biblische Botschaft für die Gegenwart verständlich gemacht werden, dann erst könne sich die Substanz dem modernen Menschen in ihrer ganzen Tiefe erschließen.

Aber Fundamentalisten müssen sich ähnlich am katholischen Textverständnis stoßen, bekennt sich doch sogar die äußerst konservative Glaubenskongregation des Vatikans zu dem Grundsatz, die Bibelwissenschaft solle flexibler werden, solle die Erkenntnisse moderner Wissenschaft in ihre Forschung mit einbeziehen. Die Glaubenskongregation betonte mit ihrer Erklärung vom 5. Juli 1973, dass Glaubensaussagen »geschichtlich bedingt« seien, abhängig »zum Teil von der Aussagekraft der angewandten Sprache in einer bestimmten Zeitepoche«.[9] Sie kommentiert damit die Beschlüsse des Zweiten Vatikanischen Konzils, seit denen offiziell auch katholische Theologen die historisch-kritische Methode in der Forschung anwenden dürfen (dies mit mehr als einem halben Jahrhundert Verzögerung gegenüber der protestantischen Theologie).[10] Selbst wenn die Kurie sich nach wie vor doch anmaßt, genau zu erkennen, ab welchem Punkt Wissenschaft zu verwerfen sei, so erscheint ihre Haltung wesentlich beweglicher als die der Fundamentalisten.

Es wäre auch verfehlt, die Anhänger des Erzbischofs Lefebvre unter die Fundamentalisten einzureihen, obwohl jene sich in vielerlei Hinsicht ähnlich starr gegenüber allen modernen Veränderungen abgrenzen und deshalb 1988 den Bruch mit der Amtskirche in Kauf nahmen. Dennoch bejahen die Lefebvrianer einen Großteil katholischer Kirchengeschichte mit all ihren dogmatischen Wandlungen die Jahrhunderte hindurch, sie beharren nur strikt auf einem versteinerten Entwicklungsstand der Tradition; insofern muss man korrekterweise dabei bleiben, sie als reaktionäre Traditionalisten zu bezeichnen.

Christliche Fundamentalisten sind harmlos, solange sie ihre Kritik am modernen Denken nur theologisch formulieren und sich auf das Predigen beschränken. Aber derart zurückhaltend gibt sich nur ein Teil von ihnen. Andere fühlen sich von Gott beauftragt, die ganze Welt aktiv nach den Richtlinien der alleinigen, fundamentalen Wahrheit umzukrempeln. Und gerade hier demonstriert eine Reihe von Eiferern aggressive Kreuzzugsmentalität. Nicht nur, dass sie den »Heiden« gegenüber allein eine Form des Dialogs kennen: ein Glaubensgespräch mit dem Ziel rigoroser Bekehrung. Ihrer Ansicht nach gilt es vor allem, den modernen Menschen von den gottlosen Tendenzen unserer Zivilisation zu befreien und zur Religion zurückzuführen, wie eben sie Religion verstehen. Jede der verschiedenen Sekten beansprucht zwar in einem bürgerlich-liberalen Staat volle Glaubensfreiheit, tadelt andererseits aber gerade, wie lasch dieser Staat doch gegenüber dem Unglauben sei. Letztlich sind sie nicht bereit, dem Andersdenkenden genau dieselbe Freiheit zuzubilligen wie der eigenen Gruppe. Warum auch, wenn die anderen sich in schwerem Irrtum befinden? So kommt es immer wieder vor, dass einflussreiche Sekten versuchen, den Staat aus seiner wertneutralen Rolle herauszulocken und ihn zum Verbot von »Irrlehren« zu bewegen. Dies geschieht vor allem in den USA.

Amerikanische Fundamentalisten werden politisch aktiv

Den aufsehenerregendsten Versuch, Politik im Namen Gottes gegen die Moderne zu machen, lieferten 1925 fundamentalistisch geprägte Sekten der Baptisten, Presbyterianer und Episkopalisten im amerikanischen Bundesstaat Tennessee. Sie brachten damals einen Biologielehrer vor Gericht, weil er die Schüler im Sinne Darwins gelehrt hatte, der Mensch habe sich in Jahrmillionen der Evolution aus niederen Lebewesen entwickelt. Die Kläger hatten nichts Geringeres im Sinn, als durch einen Musterprozess ihren Bundesstaat zu bewegen, sämtliche Lehrer auf einen buchstabengetreuen Bibelglauben einzuschwören. Die Fundamentalisten gewannen den Prozess in erster Instanz – zum Entsetzen der Bürgerlich-Liberalen, die auf ganz andere Weise in diesem Verfahren einen Musterprozess sehen wollten – und verloren in zweiter Instanz. Der Prozess erregte weltweites Aufsehen, und sein Ausgang konnte zumindest zeitgenössische Beobachter zu dem Schluss verleiten, der Kampf wissenschaftsfeindlicher Eiferer könne zwar noch beunruhigen, sei letztlich aber das Nachhutgefecht einer verdämmernden Epoche.

Wie illusionär diese Hoffnung war, wissen wir mittlerweile. Zwar haben christliche Fundamentalisten in westeuropäischen Industriestaaten nie politischen Einfluss erringen können – in den USA jedoch sehr wohl. Vor allem im Fernsehen. Und dies ist gerade in den USA hoch einzuschätzen, wo wesentliche, aber entstellte Informationen über den Bildschirm das breite Publikum erreichen. Bereits um sechs Uhr morgens, wenn sich die ersten Familien zum Frühstück niederlassen, ertönt aus einem der zahlreichen Kanäle eine Predigt, die bis zu einer Stunde dauern kann, und die letzte folgt in den späten Abendstunden. Was daran verblüfft: Solche Sendungen werden nicht, wie sonst im völlig kommerzialisierten US-Fernsehen üblich, ständig durch Werbespots über Konsumartikel unterbrochen. Vielmehr hat der Redner Zeit, in einem einzigen Spannungsbogen seine Vorstellungen zu erläutern, weil die jeweilige Sekte die Sendezeit gekauft hat und es ihr überlassen bleibt, wie sie die Sendezeit ausfüllt. Da jede Sendeminute teuer und letztlich nur durch millionenschwere Unternehmen zu finanzieren ist, lässt sich an der Dauer einer solchen Predigt unschwer ablesen, wie zahlungskräftig eine Sekte sein muss. Ihre Einnahmen gehen auf freiwillige Spenden zurück.

Derartige Sendungen sah ich schon in den 1980er-Jahren in

New York und empfand gerade in dieser Stadt mit ihrer Gigantomanie an Wolkenkratzern, hochaufragenden Glasfassaden und flirrenden Leuchtreklamen, dieser ins 21. Jahrhundert weisenden Modernität, umso beklemmender den Kontrast zu dem, was sich auf dem Bildschirm abspielte. Die Programmgestalter arbeiten raffiniert mit routinierter Kameratechnik und modernster Werbepsychologie, blenden geschickt zwischen die Predigt Szenen aus Erweckungsversammlungen und Interviews mit »bekehrten« Christen ein, werben für T-Shirts mit Aufschriften wie »Gott liebt dich«, vermitteln aber Inhalte eines zutiefst archaischen Religionsverständnisses. Immer wieder schleudern die Prediger den Zuhörern das Schlagwort *Crusade*, »Kreuzzug«, entgegen (davon sprechen die Großkirchen heutzutage überhaupt nicht mehr oder nur noch selten in der Öffentlichkeit). Immer wieder beschreiben sie den Satan mit all seinen schrecklichen Eigenschaften und warnen davor, dass die sogenannte moderne Wissenschaft seine personale Existenz leichtfertig bezweifle. Wer sich weiterhin hartnäckig ihrer »fundamentalen« Wahrheit verweigert, dem prophezeien sie mit drohendem Unterton lebensbedrohende Krisen vom Alkoholismus bis hin zu Drogenkonsum und Selbstmord. Wer einmal den Fanatismus solch christlicher Fundamentalisten im US-Fernsehen erlebt hat, fühlt sich nicht nur an die Schattenseiten des europäischen Mittelalters erinnert. Er wird sich vielmehr fragen, weshalb viele Amerikaner den Fanatismus etlicher Ayatollahs im Iran für zutiefst exotisch und völlig wesensfremd halten.

Die Grenzen zu handfester Politik sind fließend. Fundamentalisten haben 1980 mit ihren Wählerstimmen den Ausschlag gegeben, um den ultrakonservativen Präsidenten Ronald Reagan an die Macht zu bringen. Und von ihm erwarteten sie als Gegenleistung Reformen ganz im »wahrhaft christlichen Geist«. Unter seiner Regierung sollte wieder das gemeinsame Schulgebet zum Unterrichtsbeginn durchgesetzt werden, verpflichtend auch für die »Gottlosen«, denn es diene ja zu ihrem Heil. Damit wollten sie das Urteil des Obersten Gerichtshofs rückgängig machen, der 1963 das gemeinsame Beten an Schulen als Pflichtübung untersagt hatte, weil es gegen die Entscheidungs- und Gewissensfreiheit des Einzelnen verstoße. Auch wollten sie die Freigabe der Abtreibung von 1973 wieder aufgehoben wissen. Beides versprach Reagan. Aber je länger der Präsident zögerte, sein Versprechen einzulösen, weil er offensichtlich ganz andere Sorgen hatte und den Widerstand von Senat und Repräsentantenhaus scheute, desto ungeduldiger, desto radikaler gebärdeten sich die Eiferer. Seit 1982 machten »christliche« Terroristen durch eine Serie von Bombenanschlägen auf Abtreibungskliniken von sich reden.[11]

In einem Punkt allerdings gab Reagan den Fanatikern nach, weil es ihn nur wenig rhetorische Mühe kostete: In einer Rede nannte er 1983 die Sowjetunion das »Reich des Bösen«. Das aber war verhängnisvoll genug. Er wählte bewusst eine dämonisierende Metapher, wie sie die Christen im Mittelalter gegenüber den »Heiden«, besonders den islamischen Großreichen, verwendet hatten. Nur um eine unzufriedene Wählerschicht zufriedenzustellen, schoss er in seiner Wortwahl über die sonst üblichen Anwürfe des traditionellen Antikommunismus hinaus. Die Ironie will es, dass er sich bei derartigen Formulierungen ausgerechnet mit der Rhetorik besonders kompromissloser Feinde der USA deckte: iranischer Fundamentalisten. Khomeini und seine Anhänger pflegten vom »Satan Amerika« zu sprechen.

Durch die höchste Staatsautorität ermutigt, fühlten sich die amerikanischen Fundamentalisten bald stark genug, den Schulunterricht zu attackieren, sofern dort säkularer Humanismus anstatt Wissen im streng biblischen Sinn gelehrt wurde. 1986 und 1987 wurden an verschiedenen »christlichen« US-Schulen Berge von Büchern mit »gottlosem« Inhalt unter Absingen frommer Lieder verbrannt, unter ihnen selbstredend die Werke von Charles Darwin.[12] Solche Szenen erinnern an die Inquisition, an die Scheiterhaufen der Faschisten oder an die Exzesse islamischer Fundamentalisten.

Und doch: Die amerikanischen Ultra-Orthodoxen haben selbst unter der Regierung eines erzkonservativen Präsidenten wie Reagan keines ihrer Ziele erreichen können. Letztlich scheiterten sie am Bollwerk eines liberalen Verfassungsstaates, der sich von radikalen Randgruppen nur sehr bedingt und kurzfristig das Gesetz des Handelns aufzwingen lässt. Die größte Enttäuschung für die christlichen Eiferer musste schließlich jener Umschwung sein, als Reagan gegenüber der Sowjetunion, dem zuvor vielbeschworenen »Reich des Bösen«, eine Entspannungspolitik einleitete und Regierungschef Michail Gorbatschow demonstrativ freundlich die Hand schüttelte. Hier zeigten sich deutlich die Grenzen eines radikal-christlichen Fanatismus. Sogar ein so konservativer Politiker wie Reagan huldigte fundamentalistischer Rhetorik nur, solange er auf die Wählerstimmen entsprechender Gruppen angewiesen war, aber bei Bedarf beugte er sich stärkeren machtpolitischen Zwängen – und wechselte dann auch die Rhetorik.

Allerdings gewann der fundamentalistische Wortschatz in der politischen Führung zu Beginn des 21. Jahrhunderts erneut an Gewicht. US-Präsident George W. Bush (2001 – 2009), Sohn des vormaligen Präsidenten George Bush (1988 – 1992), der sich noch eindeutiger als Reagan auf christlich-konservative und fundamentalistische Wählerschichten stützen musste, sprach wieder vom »Kampf des Guten gegen das Böse«. Aber weil die Sowjetunion nicht mehr existierte und somit als Feindbild nicht mehr zu Verfügung stand, zielte er mit seiner Rhetorik auf eine Reihe islamischer Staaten als der neuen Gefahr von globalen Ausmaßen und reihte nun sie in das metaphysische Spannungsfeld von Gut und Böse, Licht und Finsternis ein. In diesem Zusammenhang kam ihm sogar das für Muslime traumatisch belastende Schlagwort von einem notwendigen Kreuzzug gegen die »Mächte der Finsternis« über die Lippen. Prompt musste er aber nach Protesten verbündeter Nahost-Staaten klarstellen, dass eigentlich nur radikale, gewaltbereite und amerikafeindliche (!) Muslime dem »Reich des Bösen« zuzuordnen seien.

George W. Bush unterschied sich mit seinem Verhalten in einer Hinsicht allerdings erheblich von Ronald Reagan. Während Reagan sich bei Bedarf aus fundamentalistischen Verflechtungen lösen konnte – weil seine Beziehung zu christlichen Fundamentalisten nicht sehr tief reichte –, fühlte sich George W. Bush durch das existentielle Erlebnis einer »Erweckung« an religiöse Eiferer gebunden: Er war in seiner Jugend Alkoholiker gewesen und durch fundamentalistische Helfer aus dem Teufelskreis der Sucht herausgeführt worden. Dieser Präsident meinte, was er sagte, wenn er zwischen den Mächten der Finsternis und des Lichts unterschied. Unter seiner Regierung war der Einfluss christlicher Fundamentalisten daher stärker als bei allen geistesverwandten Vorgängern im Amt des Präsidenten. Was ihn gefährlicher machte.

Trotzdem änderte sich nichts grundsätzlich daran, dass die amerikanische Verfassung dem Einfluss religiös fundamentalistischer Kreise auf die Politik klare Grenzen setzt. Lange hatten sich viele Amerikaner entschieden von allen fundamentalistischen Geisteshaltungen distanziert; unverrückbar waren sie vom Sinn der säkularen Verfassung der USA überzeugt. Im Präsidentschaftswahlkampf 2016 wurde von Anfang an spürbar, dass diese scheinbar unumstößliche Gesinnung im Mittelstand zunehmend durchlässig, porös und brüchig geworden ist, weil dort die Politikverdrossenheit extreme Züge angenommen hat und die Angst zu verarmen steigt.

Jüdische Theokraten und das »säkulare« Israel

»Unterwegs zur Theokratie«, so titelte im Dezember 1988 das österreichische Nachrichtenmagazin *Profil* einen Kommentar zu den Parlamentswahlen in Israel. Der Untertitel lautete: »Israel ist das einzige Land der freien Welt, in dem es für Juden keine völlige Religionsfreiheit gibt.«[13] Dieser bittere Kommentar stammt von Henryk M. Broder, einem deutschsprachigen Juden, der als Journalist arbeitet.

Welch böse Ironie. Nachdem die Ultra-Orthodoxen bei besagten Wahlen wiederum beachtliche Stimmengewinne erzielen konnten, waren sie noch mehr als zuvor in der Lage, das öffentliche Leben Israels in ihrem Sinne zu beeinflussen. Wenn auch nur 14 Prozent der Israelis sie gewählt hatten, so übten ihre kleinen Parteien einen verhältnismäßig starken Druck auf die Gesetzgebung des Landes aus, denn keine der Großparteien konnte ohne das Bündnis mit den Radikal-Religiösen in den letzten Jahrzehnten eine Regierung bilden.

Ultra-orthodoxe Israelis stehen mit ihrer fanatischen Religiosität in schroffem Gegensatz zur Mehrheit der Bevölkerung. Laut einer Erhebung betrachtete sich im Jahr 1987 nur etwa die Hälfte aller Israelis überhaupt als gläubig – und hierbei ging das Spektrum von konservativ bis liberal –, die anderen stuften sich mehr oder weniger als religiös gleichgültig ein.[14] Neuere Erhebungen aus dem Jahr 2000 gaben ein noch genaueres Bild: Etwa fünf Prozent der israelischen Juden galten als Ultra-Orthodoxe *(Haredim)*, weitere 20 Prozent als »Religiöse«. Dagegen war die große Mehrheit säkular eingestellt, wobei sich etwa 30 Prozent von ihnen als traditionelle Juden verstanden. Wegen der hohen Geburtenrate bei den Ultra-Orthodoxen wächst allerdings ihr Anteil in der Bevölkerung besonders schnell: Für 2011 geht man von 700 000 Ultra-Orthodoxen aus, was neun Prozent der Gesamtbevölkerung entspricht – Tendenz steigend, folglich verschärfen sich auch die gesellschaftlichen Probleme in Israel.[15]

Zu umso größeren Spannungen kommt es, wenn diese Minderheit von Ultra-Orthodoxen und Religiösen durch eine religiöse Gesetzgebung in ihrem Sinne die »ungläubige« Mehrheit auf den »rechten Weg« zwingen will. In ihrer kompromisslosen Modernitätsfeindlichkeit unterscheiden sich diese Eiferer nicht von den Fanatikern christlicher und islamischer Herkunft. Auch sie verwerfen alle reformistischen Bestrebungen innerhalb ihrer Religion, auch sie lehnen jeden Einfluss historisch-quellenkritischen Denkens auf die Interpretation heiliger Schriften ab. Sie möchten die Thora und den Talmud im wörtlichen Sinn als unveränderbar verstanden wissen und lassen keine Diskussion darüber zu, ob etwa der eine oder andere Satz nicht zeitbedingt formuliert sei und daher in der Deutung neu zu gewichten wäre. Den säkularen Staat, wie ihn 1948 die Zionisten unter Führung von David Ben-Gurion geschaffen haben, betrachten sie nicht im eigentlichen Sinn als jüdisch. Ja, ihnen erscheint ein solches Israel in letzter Konsequenz als eine Gefahr für den Bestand der jüdischen Identität.

Die Folgen für das öffentliche Leben in Israel sind verheerend. Denn als einflussreiche Koalitionspartner haben die jüdischen Fundamentalisten bereits Erfolge errungen, von denen ultra-orthodoxe Christen nur träumen können. Israel, obwohl eine Demokratie nach westlich-parlamentarischem Muster, ist längst kein säkularer Staat im westlichen Sinn mehr und scheint sich auch nicht mehr als ein solcher zu verstehen. Am Sabbat, dem Ruhetag, darf kein öffentliches Verkehrsmittel fahren, Kinos und Theater bleiben geschlossen, Fußballspielen ist verboten, die israelische Fluglinie hat sämtliche Flüge zu unterlassen. Wirtschaftliches Nützlichkeitsdenken hat strikt hinter dem zurückzustehen, »was Gott will«. Sogar nichtreligiöse Juden dürfen sich nur mit dem Segen eines Rabbiners trauen lassen; die reine Zivilehe, wie sonst in jedem säkularen Staat als Wahlmöglichkeit selbstverständlich, bleibt in Israel untersagt.

Zu welch destruktiver Aggression eine Minderheit militanter jüdischer Fundamentalisten fähig sein kann, ist bei uns in Europa lange Zeit eher am Rande bemerkt worden. Diese Aggression richtet sich in erster Linie gegen die Muslime, die nach Auffassung der Radikalen einer Entfaltung des jüdisch-theokratischen Staates »auf heiligem Boden« hauptsächlich im Wege stehen. Terroranschläge gegen Muslime haben radikal-jüdische Organisationen seit Jahrzehnten in Israels besetzten Gebieten verübt. Aber erst seit dem 25. Februar 1994 hat sich diese Tatsache endgültig ins Gedächtnis der Weltöffentlichkeit eingegraben – seit jenem Tag, als der aus den USA eingewanderte Jude Baruch Goldstein, Mitglied der extremistischen Partei *Kach*, in der Ibrahim-Moschee von Hebron mit einem Schnellfeuergewehr unter den Betenden ein Blutbad anrichtete. 29 Muslime starben. Der heilige Ort war mit zynischem Kalkül gewählt. Auf dem Moscheegelände befinden sich nach islamischem, jüdischem wie christlichem Volksglauben die Gräber der Patriarchen Abraham (Ibrahim), Isaak und Jakob sowie von deren Frauen. Vor der Eroberung durch Muslime im 7. Jahrhundert hatte dort eine Synagoge gestanden, später eine Kirche. Stets ist der Ort ein Konfliktherd gewesen, an dem sich religiöse Emotionen schüren ließen und auch immer wieder entluden. Die Partei Kach fühlt sich besonders radikal der alttestamentarischen Auslegung verpflichtet, dass Gott das »Heilige Land« ausschließlich den Juden zugeteilt habe, daher müssten die Araber als die neuen Ungläubigen von dort vertrieben werden.

Zu einer immer größeren Hypothek für den Staat Israel wurde in diesem Zusammenhang eine ganze Reihe national-religiöser Siedler-Bewegungen. Seit Israel nach seinem Sieg im sogenannten Sechstagekrieg 1967 das Westjordanland besetzt hält, haben jüdische Siedler teils eigenmächtig arabische Landstriche in Besitz genommen – ein Vorgehen, das völkerrechtlich nicht gedeckt ist. Der Zustrom solcher illegaler Siedler in das Westjordanland schwoll aber erst machtvoll an, nachdem 1977 das rechtsgerichtete, extrem nationalistische Parteienbündnis *Likud* (»Einheit«) die Wahl gewonnen hatte. Unter der Regierung des Likud mit Menachem Begin als Premierminister konnten die Siedler sogar der Unterstützung durch ranghohe Politiker sicher sein – eine Tendenz, die sich bei allen späteren Likud-Regierungen mehr oder weniger fortsetzte, ja gar noch steigerte. Als zwischendurch wieder die Arbeitspartei für einige Jahre die Macht übernahm, war es schwierig geworden, das »Gewohnheitsrecht« illegaler Zuwanderung israelischer Siedler auf arabisches Gebiet zu stoppen. Etwa 150 000 strenggläubige und ultra-orthodoxe Juden leben inzwischen in mehr als 100 Siedlungen weit über das Westjordanland verstreut, so lautete im Jahr 2001 die Bilanz.[16] Dieses Gebiet gilt ihnen unter den biblischen Namen Judäa und Samaria als heilig, aber dort leben können sie nur festungsartig verschanzt unter dem aufwendigen Schutz von Zehntausenden israelischen Soldaten, in ständiger Furcht vor Unruhen der Palästinenser. Doch gerade weil sie ihren Anspruch aus der Bibel ableiten, ist die Landbesetzung ihr »göttlicher Auftrag«, jede Strapaze und jedes Opfer wert, nicht diskutierbar und nicht durch Friedensverhandlungen rückgängig zu machen.

Die ultra-orthodoxen Siedler distanzieren sich mit einer solchen Ideologie folgerichtig auch von Theodor Herzl, dem geistigen Ahnvater des Zionismus. Denn Herzl dachte national, nicht nationalreligiös, er beanspruchte kein Staatsgebiet, das sich ausgerechnet mit dem der biblischen Verheißung deckte. Die säkularen Zionisten in Herzls Nachfolge – führende Politiker der Arbeitspartei wie David Ben-Gurion, Yitzhak Rabin und Shimon Peres – zeigten sich daher in Verhandlungen mit den Arabern beweglich und konzessionsbereit. Aus der Sicht radikal-orthodoxer Siedler war dies aber ein schweres Vergehen. Jeder israelische Politiker, der biblisches Gebiet freiwillig dem ungläubigen Feind überlasse, könne nicht mehr als echter Jude betrachtet werden und habe den Tod verdient. So argumentierten unverblümt zumindest die radikalsten Gruppen. Die blutigen Konsequenzen solcher Propaganda erlebte die Weltöffentlichkeit 1995. Ein Fanatiker der nationalreligiösen Bewegung, Yigal Amir, erschoss am 4. November 1995 Premierminister Rabin, nachdem dieser in Aussicht gestellt hatte, viele der von israelischen Siedlern besetzten Gebiete im Westjordanland an die Palästinenser zurückzugeben.

Das Attentat auf Rabin stand in auffallender Parallele zu dem Mord am ägyptischen Präsidenten Anwar as-Sadat 1981. Hier wie dort waren nationalreligiöse Fundamentalisten am Werk, die jeden Kompromiss mit dem »ungläubigen« Feind als einen Verrat an der Religion bezeichneten.

Nachdem im April 2000 der ultra-nationalistische Likud-Politiker Ariel Sharon durch seinen Wahlsieg Israels Premierminister geworden war, fühlten sich gerade die radikalen israelischen Siedler in ihren Positionen bestärkt. Denn Sharon hatte sich schon während der 1950er-Jahre unter der Regierung des gemäßigten und säkularen Zionisten Ben-Gurion damit hervorgetan, dass er als junger Offizier unbarmherzige Vergeltungsaktionen gegen Palästinenser leitete, die Araber aus ihren Dörfern vertrieb und diese für die Israelis »befreite«. Hierbei schreckte er nicht vor Massakern an ganzen Familien zurück.[17] Und 1982 hatte er als Verteidigungsminister der Likud-Regierung unter Menachem Begin den paramilitärischen Verbänden christlicher Libanesen beim Einmarsch in den Libanon freie Hand gelassen, ein Massaker an Hunderten Menschen in den palästinensischen Flüchtlingslagern Sabra und Shatila nahe Beirut anzurichten. Sharon musste zwar ein halbes Jahr später unter dem wachsenden Druck der politischen Opposition in Israel von seinem Amt als Verteidigungsminister zurücktreten, weil sein Verhalten im Libanon untragbar erschien. Aber eine derart fragwürdige Vergangenheit hatte ihn nur bei liberalen und national gemäßigten Israelis verhasst gemacht, nicht bei den radikalen Nationalisten. Daher konnte er 1999 zum Führer der Likud-Bewegung aufrücken, nachdem sich der bisherige Parteiführer Benjamin Netanjahu durch eine Wahlniederlage gegen Ehud Barak politisch verschlissen hatte.

Unter der Regierung von Sharon schwoll der Zustrom israelischer Siedler auf arabisches Gebiet weiter an, ihre Zahl wuchs allein in den Jahren 2001 bis 2003 von 150 000 auf über 200 000 an. Sharon ließ offener als alle seine Vorgänger jeden Widerstand der Palästinenser gegen die illegale Besiedlung mit militärischer Gewalt niederwalzen.

Die fundamentalistisch-nationalistischen Kräfte in Israel erhielten Auftrieb auch dadurch, dass seit Januar 2000 mit George W. Bush in den USA ein Präsident regierte, der besonders mit Hilfe christlich-konservativer und fundamentalistischer Wähler an die Macht gekommen war – und der mehr als andere konservative US-Präsidenten unter dem Einfluss fundamentalistischer Ideologen stand. Radikal-orthodoxe Christen ihres Typs sind sich mit vielen radikal-orthodoxen Israelis einig, dass das Westjordanland als das biblische Judäa und Samaria das von Gott verheißene Land sei und daher den Juden zustehe. Gerade aus diesem Grund müssten sich gläubige Christen ebenfalls kompromisslos für eine jüdische Besiedlung auf arabischem Gebiet einsetzen. Wenn auch die Regierung unter George W. Bush immer wieder Sharon mahnte, den Palästinensern politisch notwendige Zugeständnisse zu machen, so wirkten solche Appelle letztlich wenig überzeugend, denn anders als etwa bei US-Präsident Bill Clinton folgte solchen Mahnungen kein massiver politischer Druck.

Unter Sharon wuchs also der Einfluss religiöser Fundamentalisten. Aber ihre Gruppierungen waren weit davon entfernt, ideologisch einheitlich zusammenzuwirken. Ein Teil jener Radikal-Orthodoxen, die wir an ihrer demonstrativ konservativen Tracht erkennen (dem schwarzen Hut und schwarzen Anzug, dazu Bart und Schläfenlocken), lehnt den jüdischen

Nationalismus in jeder Form rigoros ab. Ihnen erscheint selbst die Gründung des Staates Israel 1948 als Sünde, denn nach ihrer Auffassung darf Israel erst entstehen, wenn der Messias erscheint. Stärker könnte der Gegensatz dieser Eiferer zu den Fanatikern nicht sein, die einen »araberfreien« Judenstaat notfalls mit Gewalt erkämpfen wollen. Mit entsprechendem Misstrauen, ja teils betonter Ablehnung begegnen sich beide Gruppierungen, wie ich aus eigener Anschauung weiß. Der Fundamentalismus der Juden lässt sich ebenso wenig wie der der Christen und Muslime als homogene Einheit begreifen.

Sharon erlitt im Januar 2006 einen Schlaganfall und musste aus dem Amt scheiden. Aber unter seinen Nachfolgern änderte sich in Israel an den Konflikten zwischen säkularen und fundamentalistisch orientierten Gruppierungen wenig. Ja, unter dem 2009 erneut gewählten Ministerpräsidenten Netanjahu wuchs sogar die Spannung, da er mehr noch als in seiner früheren Amtszeit die radikal-religiösen Siedler politisch begünstigte.

Wie stark der Einfluss streng orthodoxer Juden in Israel während der letzten zwei bis drei Jahrzehnte geworden ist, lässt sich anschaulich in Jerusalem, Israels religiösem Zentrum, beobachten. Dies gilt besonders für die Klagemauer und ihr unmittelbares Umfeld. 1980 hatte ich die Klagemauer das erste Mal besucht, 2010 erlebte ich einen wesentlich stärkeren Zustrom jüdischer Pilger. Dies hat vor allem damit zu tun, dass der Anteil streng orthodoxer Juden aus dem Ausland, vor allem aus den USA, wächst – ihr Zustrom wird gefördert von Kreisen der religiös-nationalistisch orientierten Regierung. Man hört viel Englisch, vor allem amerikanisches Englisch unter den Juden. In Jerusalem stellen die orthodoxen Juden mit strikt antisäkularer Geisteshaltung inzwischen rund ein Drittel der knapp 800 000 Einwohner, so die Statistik des Jahres 2009.[18] Säkular denkende Juden leiden unter dem Druck dieser wachsenden extremen Glaubensgruppen, die schon mehrmals in demokratischen Wahlen den Bürgermeister von Jerusalem stellen konnten. Daher wandern immer mehr der religiös kritisch eingestellten Einwohner in das wesentlich liberalere Tel Aviv und andere Städte der küstennahen Ballungsräume Israels ab.

Solche demographischen Veränderungen spiegeln sich aber nicht nur im religiös-rituellen Betrieb der Klagemauer, sondern genauso auffällig in dem angrenzenden Altstadtviertel. Die Zahl strikt orthodoxer Thora-Schulen und Synagogen hat dort beträchtlich zugenommen. 2010 sah ich in diesem Stadtviertel auch wesentlich häufiger als 1980 Plakate, die den jüdischen Tempel des Herodes in Verbindung mit der Klagemauer abgebildet zeigen – anstelle des islamischen Felsendoms. Dazu entsprechende Postkarten. Während der letzten Jahrzehnte ist vor allem jene Bewegung gewachsen, die aggressiv von den Muslimen die Rückgabe des Tempelbergs an die Juden fordert. Die radikalsten Eiferer verlangen gar von der israelischen Regierung, dass die islamischen Sakralbauten des Felsendoms und der al-Aksa-Moschee zu zerstören seien. Von 1982 bis 2007 wurden mehr als zwanzig Fanatiker jüdischen Glaubens festgenommen, die planten, auf dem Tempelberg eine Straftat zu begehen, etwa die islamischen Heiligtümer zu sprengen.[19]

Die Mehrheit der israelischen Juden sieht keinen Anlass, den Muslimen den Besitz des Tempelbergs streitig zu machen. Es bleibt also bei einer radikal-jüdischen Minderheit, die den Streit um den Tempelberg religiös-politisch aufheizt und die Verständigung zwischen Israelis und Palästinensern nachhaltig erschwert.

Zurück zum Sakralrecht des Korans und der Scharia

Islamische Fundamentalisten – oder Islamisten, wie sie sich ja selbst nennen – formulieren ihre Kritik zunächst auch religiös und lassen den machtpolitischen Veränderungswillen nicht sofort spüren. Und doch erscheinen sie, zumindest auf den ersten Blick, fortschrittlicher als Ultra-Orthodoxe im Namen Christi: Denn viel entschiedener äußern sie sich gegenüber kritiklos tradierten Glaubenssätzen und prangern vor allem die abergläubischen Praktiken von Amulettzauber, Dämonenaustreibung und Wunderheilung an, wie sie viele ungebildete Muslime aus Unkenntnis des Korans für einen unverzichtbaren Bestandteil ihrer Religion halten. Wenn Islamisten in diesem Sinne eine Reinigung der Religion von allen irrationalen, unislamischen Zusätzen wünschen und wenn sie unter anderem solche Praktiken für die Zersetzung islamischer Kultur verantwortlich machen, dann können sie sich durchaus mit den modernen Reformern einig fühlen.

Aber ihr Bedürfnis zu reinigen geht weit über einen solchen Ansatz hinaus. Sie verwerfen mehr oder weniger Philosophen und Theologen, die im Verlauf der Jahrhunderte jeweils moderne Zeitströmungen in ihr Denken einbezogen haben und damit die koranische Wahrheit angeblich falsch interpretierten. Sie scheuen nicht davor zurück, selbst bedeutendste Geistesgrößen als unislamisch abzutun, wie Ibn Sina (den wir unter dem Namen Avicenna kennen), Omar Chaijam, Ibn al-Arabi und bis zu einem gewissen Grad auch Dschelaleddin Rumi. Einem Ultra-Orthodoxen bedeutet es nichts, dass solche Denker maßgeblich zum Weltruhm islamischer Kultur beigetragen haben; jene gelten in ihren Augen eher als Auslöser des Niedergangs als des Aufstiegs. Hierin verhalten sie sich nicht anders als christliche Fundamentalisten, die bereit sind, einen Großteil abendländischer Geistesgeschichte bedingungslos zu verwerfen, sofern sie nicht in ihrem Sinne christlich ist.

Der Übergang zur Politik ist aber noch konsequenter und zwingender als bei christlichen Fundamentalisten. Ohne Ausnahme folgt der Kritik gegenüber »zersetzenden«, zu weltlich denkenden Theologen und Philosophen die Anklage gegen die heute bestehenden Staatsordnungen. Politik und Religion sind ja im Islam schon vom Ausgangspunkt her enger verflochten als im Christentum. Selbst gemäßigte Muslime, sofern sie nur orthodox sind, wollen ja westliche Einflüsse aus der Gesetzgebung getilgt sehen, wollen wieder eine untrennbare Einheit von Staat und Islam hergestellt haben, wie sie mehr als ein Jahrtausend selbstverständlich war – und das heißt: Kein Politiker kann eine Entscheidung fällen, ohne dass ein Gremium geistlicher Rechtsgelehrter (die *Ulema*) darüber wacht, ob das politische Handeln auch mit dem Koran vereinbar ist. Die Islamisten denken hier allerdings um etliches radikaler als die Mehrheit der orthodoxen Muslime; sie wollen nicht einmal mehr jene Staatsordnung anerkennen, die zur Zeit Harun al-Raschids und al-Mamuns, also während der Blütezeit islamischer Kultur, gegolten hat. Sie lassen in der Tat als Vorbild allein den Beginn islamischer Geschichte gelten: die Zeit Mohammeds und der ersten vier Kalifen. Nur während jener wenigen Jahrzehnte sehen sie die göttlichen Regeln des Korans voll durchgesetzt und die Sunna, den vorbildlichen Weg des Propheten Mohammed, bis ins Detail respektiert.

Allerdings gibt es Abweichungen von dieser Position. So sind etwa die meisten türkischen Islamisten nicht so starr auf eine derart frühe Epoche fixiert, sondern lassen zusätzlich auch die sozial-religiöse Struktur des Osmanenreiches als islamisches Vorbild gelten. Damit geraten sie in erheblichen Gegensatz zu vielen arabischen und iranischen Islamisten. Aber auch innerhalb des Gottesstaates Iran haben sich inzwischen etliche intellektuelle Strömungen herausgebildet, die zu einer sehr differenzierten Würdigung islamischer Geistesgeschichte gelangen und damit das herkömmliche Konzept des Islamismus sprengen. Schon diese wenigen Hinweise deuten an, dass die ideologischen Ausrichtungen der einzelnen islamistischen Gruppierungen keineswegs als deckungsgleich anzusehen sind. Ich werde solche Unterschiede im Kapitel *Modellfälle des Islamismus* näher erörtern.

Monolithisch einheitlich ist die Einstellung der Islamisten auch nicht zur Scharia, dem traditionellen islamischen Rechtssystem. Allerdings messen Islamisten dieser sakral geprägten Rechtsordnung durchweg eine noch größere Bedeutung bei als die meisten strikt orthodoxen Muslime.

Das arabische Wort *Scharia* bedeutet »Richtung eines Weges«, im übertragenen Sinn »Gesetz«. Es kommt jedoch im Koran nur ein einziges Mal vor, in der 45. Sure,[20] und ist nicht schon im Sinn eines ausgearbeiteten Gesetzes oder Rechtssystems zu verstehen.[21] Erst ein bis zwei Jahrhunderte nach der Niederschrift des Korans wurde die Scharia von geistlichen Rechtsgelehrten im Detail ausdifferenziert, weshalb dieses Rechtssystem als Menschenwerk gilt und – anders als der von Gott geoffenbarte Koran – auch verändert werden kann. Allerdings glauben Islamisten, dass die Verfasser wesentlich mehr als die Korangelehrten späterer Generationen von Gott erleuchtet und daher am stärksten vom Geist des ursprünglichen Islam geleitet waren. Und doch gibt es auch in diesem Punkt selbst bei Islamisten erhebliche Differenzen. Ich werde ebenfalls im Kapitel »Modellfälle des Islamismus« zu zeigen versuchen, dass Islamisten nicht alle im gleichen Maß starr an angeblich unveränderbaren Normen der Scharia festhalten. Um nur zwei besonders auffallende Beispiele vorauszuschicken: Was die Interpretation der Scharia angeht, könnten die Gegensätze nicht krasser sein als die zwischen saudi-arabischen Wahhabiten und türkischen Islamisten, zwischen afghanischen Taliban und islamistischen Reformern im Iran.

Der eigentliche Streit unter Muslimen heute entzündet sich an der Frage, ob geistliche Rechtsgelehrte in der Ausarbeitung der Scharia bis ins Detail von Gott geleitet waren – oder ob nicht zusätzlich zeitbedingte Einflüsse das Rechtssystem geprägt haben. Im letzteren Fall hieße das, Rechtsgelehrten späterer Jahrhunderte wäre es aufgrund anderer gesellschaftlicher Gegebenheiten erlaubt, das Recht neu zu interpretieren und neuen Bedingungen anzupassen. In der Tat ist dies auch während späterer Jahrhunderte in vielen islamischen Ländern immer wieder geschehen. Und aus dieser Einsicht heraus betrachten es liberale Muslime von heute nicht als unislamisch, das Rechtssystem zu modernisieren, ja bei Reformen sich gar an fremden Kultureinflüssen aus westlichen Staaten zu orientieren. Aber genau diesen »Modernismus« verurteilen die Islamisten als Abirrung vom ursprünglichen Islam. Solche Reformen sind ihrer Meinung nach nur von Menschen gemacht, abweichend von ewigem, göttlichem Recht.

Wie starr und intolerant Islamisten zumindest der radikaleren Richtungen eine derartige Rechtsauffassung vertreten, vermag die Argumentation des pakistanischen Ideologen Muhammad Muslehuddin zu verdeutlichen (nahezu deckungsgleich könnte auch so mancher Ideologe der ägyptischen Muslim-Bruderschaft oder Khomeini gesprochen haben): »Diejenigen, die daran denken, den Islam zu reformieren beziehungsweise zu modernisieren, sind irregeleitet und ihre Bemühungen zum Scheitern verurteilt. [...] Denn warum sollte der Islam modernisiert werden, der schon perfekt, rein und universell ist und für alle Zeiten gilt? [...] Das Sakralrecht muss in seiner idealen, von Gott anbefohlenen Form erhalten bleiben. [...] Die falsche Meinung der Orientalisten ist auf ihre Einstellung zurückzuführen, dass das wirklich Gute rational erkannt werden kann und dass das Recht nach sozialen Bedürfnissen erkannt werden soll. Sie übersehen, dass [...] Gott allein wissen kann, was wirklich gut für die Menschen ist.«[22]

Dieser Text vermittelt konzentriert, was einen starr orthodox argumentierenden Islamismus kennzeichnet – in seinen Gemeinsamkeiten mit christlichem Fundamentalismus, aber auch im Trennenden. Gemeinsam ist beiden, dass sie ihr wortwörtliches Verständnis der Heiligen Schrift mit der unverfälschten Offenbarung Gottes gleichsetzen und alle historisch-kritische Auslegung als bloß menschlich verwerfen. Im

Gegensatz zur radikal-christlichen Haltung lassen Islamisten sich aber weniger darüber dogmatisch aus, wie Gott in allen Einzelheiten zu definieren sei; für sie steht das sakrale Recht im Mittelpunkt, das teils im Koran niedergeschrieben ist und teils von geistlichen Rechtsgelehrten der islamischen Frühzeit auf koranischer Grundlage entwickelt wurde. An die Politiker und jeden einzelnen Muslim stellen sie hartnäckig die Frage, wie sie es denn selbst mit dem Sakralrecht hielten, ob sie dafür eintreten würden, dass »Gottes Ordnung« rechtlich wie politisch wieder voll und ganz in einem Staatswesen unserer Zeit durchgesetzt werden könne. Und so kritisieren radikal-islamische Eiferer nicht nur liberal gesinnte, »verwestlichte« Muslime, sondern auch die Masse der Orthodoxen, denn aus ihrer Sicht verhalten sich selbst viele Orthodoxe noch zu kompromissbereit oder zumindest zu passiv gegenüber Einflüssen aus der westlichen Kultur.

Die bisher angeführten Beispiele lassen allerdings schon ahnen, wie wenig es den Islamisten möglich ist, eine geschlossene religiöse Weltanschauung zu bilden. Sie haben sich im Verlauf der Jahrzehnte sogar in sehr unterschiedliche religiös-politische Parteien aufgespalten. Aber bevor wir uns näher mit einzelnen stark voneinander abweichenden Gruppierungen befassen, richten wir den Blick zurück in die Geschichte – auf die kulturellen und politischen Krisen, die das Entstehen eines islamischen Fundamentalismus erst möglich machten.

Vom Wahhabismus zu einem »modernen« Islamismus der Muslim-Brüder

Die Ursprünge eines radikalen politischen Islam sind bereits in der Krisensituation des 18. Jahrhunderts zu finden. Es war exakt jene Zeit, zu der europäische Großmächte erstmals in breiter Front siegreich in die islamische Welt vordrangen und anfingen, dem Osmanenreich eine Provinz nach der anderen zu entreißen. Für die Muslime des Vorderen Orients war dies eine neue Erfahrung. Sie, die über Jahrhunderte gewohnt waren, dass Gott die »Gläubigen« mit Sieg über die »Ungläubigen« belohnte und der Islam sich ganz selbstverständlich als die überlegene Religion und Kultur immer weiter ausbreitete – sie mussten sich plötzlich fragen: Weshalb konnte Gott es zulassen, dass nun »Ungläubige« mit überlegener Militärmacht, ja überlegener Wirtschaftsmacht und einer überlegenen Zivilisation die »Gläubigen« nachhaltig in die Defensive drängten? Nun begann in der muslimischen Führungsschicht die Diskussion über die Ursachen der politischen und kulturellen Krise, und erst nach und nach begannen Muslime zu begreifen, dass es sich hier um bedrohliche Symptome eines allgemeinen Niedergangs handelte.

In dieser um sich greifenden Verunsicherung machte Mitte des 18. Jahrhunderts ein Prediger von sich reden, der auf die quälende Identitätskrise eine sehr einfache, einprägsame Antwort hatte: Die Macht des Islam zerfalle, weil sich die Muslime von den Ursprüngen ihrer Religion entfernt hätten, ja selbst ungläubig geworden seien. Es gelte den Islam von seinen Fehlentwicklungen und vielen unislamischen Zusätzen zu reinigen, erst dann werde die muslimische Gemeinschaft wie einst zur Zeit Mohammeds und der ersten vier Kalifen ihre ursprüngliche Stärke und politische Geltung zurückgewinnen. Dieser Prediger war Mohammed ibn Abd al-Wahhab. Er wurde 1703 in einem Beduinenzelt auf der Arabischen Halbinsel östlich von Mekka geboren und starb 1792. Auf ihn geht (wie im Kapitel über Saudi-Arabien schon erwähnt) die Bewegung der Wahhabiten zurück. Die Logik, mit der er argumentierte, ist für spätere Generationen radikal-islamischer Reformer zum Vorbild geworden. Abd al-Wahhab kann daher als der geistige Ahnvater des Islamismus gelten, wenngleich die Islamisten des 20. und 21. Jahrhunderts nur sehr bedingt an die Bewegung der Wahhabiten anknüpften.

Abd al-Wahhab war stark durch die Rechtsschule des Ahmad ibn Hanbal geprägt, die, im 9. Jahrhundert entstanden, von allen Rechtsschulen die strengsten und rigidesten sozial-religiösen Normen des Islam entwickelt hatte. Hinzu kam noch der Einfluss des Korangelehrten Ahmad ibn Taimiya, der im 13. Jahrhundert in Damaskus wirkte. Ibn Taimiya war der erste Korangelehrte in der Geschichte des Islam, der aus der Rechtsschule Ibn Hanbals eine eigenständige Theologie entwickelte, Vorbild und Modell für alle späteren Islamisten.[23]

Abd al-Wahhab radikalisierte aber noch die Normen der Hanbaliten sowie den theologischen Ansatz von Ibn Taimiya und bekämpfte mit seiner puristischen Vorstellung eines reinen Islam viele der religiösen Gebräuche, die er in seiner arabischen Heimat erlebte. Das war ein von vorislamischen Traditionen überlagertes Glaubensleben mit Amulettzauber, Wahrsagerei, Dämonenaustreibung, Beten vor Heiligengräbern, Fruchtbarkeitskulten. In seinem Kampf gegen Aberglauben und »geistige Verirrung« konnte er sich noch mit vielen späteren Reformern eines »dekadenten« Islam einig wissen. Aber zu seiner eigentlichen Radikalität kam er erst, als er das beduinische und kleinstädtische Milieu der Arabischen Halbinsel verließ und sich in Bagdad und Basra aufhielt. In den irakischen Metropolen kritisierte er scharf den religiös-kulturellen Pluralismus: das Nebeneinander sunnitischer und schiitischer Glaubensrichtungen, die Vielzahl mystischer Bruderschaften von Sufis und Derwischen mit teilweise unorthodoxen Lehren und Lebensformen, dazu eine städtische Oberschicht, die bereits durch erste westliche Einflüsse geprägt war. Der strenge Reformer Abd al-Wahhab sah vor allem in dieser Vielfalt den Niedergang islamischer Kultur begründet. Seiner Ansicht nach war der ursprüngliche, wahre Islam durch eine klare, monolithisch geschlossene Einfachheit geprägt.

Die Bewegung der Wahhabiten konnte sich während des 19. Jahrhunderts über die Arabische Halbinsel hinaus verbreiten und fand besonders in Nordafrika Anklang. Das war zu jener Zeit, als Angehörige der osmanischen Oberschicht anfingen, ihre Söhne an europäischen Universitäten studieren zu lassen. Verstärkt wandten sich die Wahhabiten nun gegen Muslime, die aus Europa mit der Einstellung zurückkamen, man müsse Fortschritt nach westlichem Vorbild in islamischen Ländern praktizieren. Die Wahhabiten warnten vehement davor, dass ein solcher Fortschritt den rechten Glauben zersetze, und lehnten zur damaligen Zeit sogar viele technische Errungenschaften des Westens ab.

Den Wahhabiten blieb allerdings der breitenwirksame Erfolg versagt. Einem Großteil der islamischen Bildungsschicht missfiel nicht nur die strikte Ablehnung sämtlicher westlicher Kultureinflüsse, sondern auch, dass die fundamentalistischen Eiferer nahezu alle großen Philosophen und Denker des klassischen und nachklassischen Islam in irgendeiner Form der Ketzerei verdächtigten. Selbst viele sunnitische Korangelehrte bezogen Front gegen die radikal-sunnitischen Wahhabiten, weil ihnen deren Rechtsauslegung der Scharia zu starr erschien. Erst recht verweigerten sich zahlreiche Muslime. Ihnen war es unerträglich, dass die Wahhabiten die meisten der volkstümlichen Lebensformen wie sinnenfrohe Feste, Musik, Tanz, den Genuss von Kaffee und Zigaretten mit der Begründung rigoros bekämpften, dies alles habe es zu Zeiten des Propheten Mohammed nicht gegeben.

Das Wirkungsgebiet der Wahhabiten schrumpfte daher schon vor Beginn des 20. Jahrhunderts wieder beträchtlich, verengte sich auf wenige Regionen mit besonders rigiden Herrschaftsstrukturen und konnte sich vor allem in der Region ihres Ursprungs, der Arabischen Halbinsel, im Bündnis mit der beduinischen Dynastie Saud behaupten. (Auf den späteren Einfluss wahhabitischer Theologie und Ideologie auf die Terror-Organisationen al-Qaida, »Islamischer Staat« und auf die Taliban werde ich später eingehen.)

Eine flexiblere Form des Fundamentalismus – eine Bewegung, die sich ausdrücklich als modern bezeichnete – entwickelte sich erst im 20. Jahrhundert. 1928 gründete der ägyptische Volksschullehrer Hassan al-Banna in Kairo die *Ikhwan al-Muslimun*, die »Bruderschaft der Muslime«, die zum Vorbild vieler späterer fundamentalistischer Organisationen werden sollte. Die Entstehung hatte einen Anlass: Im Jahr 1928 schuf Atatürk in der Türkei (wie ich schon ausführlich darstellte) die erste säkulare Staatsverfassung der islamischen Welt – mit dem ausdrücklichen Argument, die islamische Kultur sei rückständig und könne auf die moderne Herausforderung der westlichen Zivilisation nicht angemessen reagieren. Hierauf antwortete Hassan al-Banna mit seinen gesellschaftspolitischen islamischen Vorstellungen.

Der Begründer der ägyptischen Muslim-Bruderschaft fand sich schon wenige Jahre später in einem breiten Strom muslimischer Reformpolitiker, die ähnlich dachten und die Ideologie eines Islamismus mit moderner Ausprägung weiterentwickelten. Bei allen Abweichungen im Detail zielten diese islamischen Politiker mit ihren Argumenten in die gleiche Richtung. Sie erkannten zwar an, dass gegenwärtig der Fortschritt aus dem Westen komme und die Muslime rückständig seien, aber ihre Lösungsvorschläge widersprachen schärfstens dem Ansatz von Atatürk: Nicht der Islam habe rückständige Elemente in seiner Lehre, nicht der Koran sei mit manchen seiner Texte unzeitgemäß – sondern die Muslime seien rückständig, weil sie vom wahren Glauben abgefallen seien. Viele Muslime wüssten nicht mehr, dass der Koran als wortwörtliche Offenbarung Gottes mit jedem seiner Sätze vollkommen sei. Daher könne nur der Koran mit seinen Geboten den besten aller Wege zum Fortschritt weisen. Die Muslime müssten sich nicht verwestlichen, um modern zu werden. Die Muslime müssten nur zu der reinen Quelle ihrer Überlieferung zurückkehren, ihre Religion und Kultur von allen späteren wesensfremden Überlagerungen und

Dekadenzerscheinungen reinigen – dann hätten sie wieder wie einst im Goldenen Zeitalter des Islam die Kraft, das Abendland an Modernität zu überflügeln. Der Westen befinde sich gegenwärtig nur vordergründig in einer überlegenen Position. Es handle sich aber um eine wirtschaftliche und kulturelle Scheinblüte, die nicht lange anhalten könne, denn jene Zivilisation sei nicht auf ewige göttliche Werte gegründet. Folglich werde die westliche Zivilisation bald an wachsenden inneren Widersprüchen zugrunde gehen. Dagegen werde die islamische Welt – nachdem sich die Gläubigen auf das Fundament ihrer Religion und Kultur besonnen hätten – wieder wie Jahrhunderte zuvor über den Westen triumphieren.

Im Ansatz nicht anders hatte einst Abd al-Wahhab argumentiert. Aber viele der islamistischen Ideologen, die sich nach 1928 in den historischen Kernländern des Islam formierten, sprengten die Enge dieses geistigen Vorläufers. Im Gegensatz zu Abd al-Wahhab und vielen der späteren Wahhabiten akzeptierten sie zumindest einen Teil der Denker, Philosophen und Dichter aus der klassischen und nachklassischen Zeit, sie differenzierten um Vieles mehr zwischen Rechtgläubigen und Ketzern. Auch lehnten sie nicht im selben Maß volkstümliche Traditionen, sinnenfrohe Feste, Musik und Tanz ab. Allerdings unterschieden sie sich nur graduell, nicht prinzipiell von den Wahhabiten. Der Wunsch nach einem kulturellen Pluralismus bleibt den modernen Islamisten letztlich ebenfalls fremd.

Säkulare Demokratie, das eigentliche Feindbild der Islamisten

Westliche Beobachter missverstehen jedoch die fundamentalistische Ideologie, wenn sie meinen, die Islamisten würden in erster Linie das Christentum als die konkurrierende Religion radikal ablehnen und daher entsprechend bekämpfen. Eine solche Tendenz ist noch am ehesten bei den Wahhabiten und den ihnen nahestehenden islamistischen Organisationen wie al-Qaida, »Islamischer Staat« und bei den Taliban zu entdecken. Die Wahhabiten verbieten in Saudi-Arabien sogar das Bauen von Kirchen (sie bezeichneten das Christentum als eine »verabscheuungswürdige Religion«). Dagegen gewähren die modernen Islamisten den Christen und Juden die vom Koran vorgeschriebene Toleranz. Sie dulden Christen und Juden als Schutzbefohlene unter islamischer Oberhoheit, akzeptieren Kirchen, Synagogen und entsprechendes religiöses Brauchtum, und sie billigen den Minderheiten mehr oder weniger berufliche Entfaltung zu. Sie lehnen es nur ab, Christen und Juden als Staatsbürger rechtlich den Muslimen gleichzustellen. Sie beharren strikt auf der hierarchischen Abstufung zwischen Muslimen und andersgläubigen Minderheiten, sie beharren auf einem islamischen Staat und grenzen ihn scharf gegen das westliche Ideal des säkularen Staates ab.

Säkular. In diesem Wort konzentriert sich alles, was das antiwestliche Feindbild der modernen Islamisten ausmacht. Am Westen kritisieren sie vorrangig jene Entwicklung, die seit dem 18. Jahrhundert durch die Epoche der Aufklärung unser Verständnis von Staat und Religion grundsätzlich verändert hat. Dass eine Regierung sich nicht mit dem Glaubensbekenntnis der Bevölkerungsmehrheit identifiziert, sondern die politischen Funktionen strikt von der religiösen Sphäre trennt, dies erscheint den Islamisten als ein schwerer Fehler mit unabsehbaren Folgen. Dagegen bringen Islamisten durchaus Verständnis für konservative Christen auf, die sich einen größeren Einfluss ihrer Kirche auf Staat und Gesetzgebung wünschen – und damit die Trennung von Religion und Politik beklagen.

Vielen Muslimen – und nicht nur Islamisten – bedeutet »säkular«, die Religion überhaupt solle aus dem gesellschaftlichen Leben verdrängt werden, wodurch die Gesellschaft gottlos wird. Und Islamisten finden mit ihrer Warnung breitenwirksam Gehör: Bald könne in islamischen Ländern unter westlichem Einfluss der Koran seine politisch sinnstiftende Autorität verlieren, so wie im Abendland längst die Bibel an Ansehen verloren habe und viele Christen zu Atheisten geworden seien. Der Säkularismus münde letzten Endes in den Atheismus. Nur schwer zu überzeugen sind die meisten Islamisten von dem Argument, dass säkulare Staaten unserer westlichen Industriezivilisation keineswegs religionsfeindlich sind. Fremd ist den Islamisten, dass ein moderner pluralistischer Staat sich religiös neutral verhält und ausdrücklich alle Religionsgemeinschaften gleichermaßen unter seinen Schutz stellt.

Fremd ist den Islamisten auch die Vorstellung, die menschliche Vernunft sei höchster Maßstab, wenn es darum gehe, Gesetze für eine Gesellschaft zu schaffen. Ihr Vorwurf lautet: Indem der säkular orientierte Mensch versuche, Gesetze des Zusammenlebens zu organisieren, die den Anhängern aller Religionen und Weltanschauungen gleichermaßen als vernünftig und annehmbar erscheinen – auch den Atheisten –, wolle der Mensch als neuer, besserer Gesetzgeber an Gottes Stelle treten. Gerade weil aber das menschliche Denkvermögen von Natur aus unvollkommen sei, könne eine solch überheblich geplante Ordnung nur in Chaos und Niedergang münden. Am Ende stehe der Zerfall aller Werte, wie sich das ja bereits in den westlichen Gesellschaften zeige.

Von dieser Logik her stellen Islamisten auch die Demokratie als eine säkulare Erfindung des Westens in Frage. Ja, nicht wenige Islamisten lehnen die Demokratie von vornherein strikt ab. Die individuelle Entscheidungsfreiheit des Einzelmenschen berge die Gefahr, sich geistig und moralisch völlig zu verirren. Desto notwendiger sei die Rückbindung des Menschen an ein Kollektiv, aus dessen festgefügtem Wertesystem sich niemand als Individuum lösen dürfe. Der von Gott geoffenbarte Koran und die von rechtgeleiteten Gelehrten ausgearbeitete Scharia bildeten die ideale Lösung. Islamisten bejahen mit solchen Vorstellungen aber nicht schon zwangsläufig eine starre Erziehungsdiktatur. Dies zeigt die hier und da begonnene Diskussion über das Prinzip einer islamischen Demokratie, wie wir am Beispiel des Iran und der Türkei noch sehen werden.

Individualismus, individuelle Menschenrechte, Demokratie ... Wir im Westen stellen teilweise mit Befremden fest, dass nicht nur Islamisten, sondern auch viele gemäßigte Muslime unsere westlichen Werte misstrauisch kommentieren oder sie gar für pure Heuchelei halten. Das heißt jedoch nicht, dass etwa dem Islam strukturell das Prinzip der Demokratie fremd wäre. Im Gegenteil: Der Islam weist, wie ich in anderen Zusammenhängen schon zu zeigen versuchte, mit seinem Ideal von der Gleichheit aller gläubigen Menschen eine geistige Verwandtschaft mit dem Christentum auf – und bietet daher genauso die Voraussetzungen, eine demokratische Gesellschaft zu entwickeln. Nur haben bisher autoritäre politische Systeme jeden Versuch zur Demokratisierung unterdrückt. Aber auch das ist eine Parallele, die wir über Jahrhunderte ähnlich in der abendländischen Entwicklung erleben mussten.

Die Ursache für das tiefe Misstrauen vieler Muslime gegenüber einer Demokratie nach westlichem Vorbild hat nicht zuletzt mit dem Verhalten westlicher Politiker zu tun. Denn nicht nur die Kolonialherren von einst, sondern auch westliche Großmächte von heute – allen voran die USA – arbeiten ohne Skrupel mit muslimischen Diktatoren zusammen, obwohl diese nach westlichen Maßstäben Demokratie und Menschenrechte auf das schlimmste missachten. Aus der Sicht vieler Muslime (und nicht nur der Islamisten) handeln westliche Staaten nur aus brutalem Wirtschaftsinteresse – moralisch auf der gleichen Stufe stehend wie die Despoten, mit denen sie verbündet sind. Islamisten haben es daher leicht, das westliche Bekenntnis zu Demokratie und Menschenrechten als bloße

Heuchelei abzutun. Entsprechend haben auch alle islamistischen Parteien programmatisch zum Ziel, die »heuchlerischen« westlichen Regierungen zu bekämpfen, die ihren politischen und wirtschaftlichen Einfluss mit Hilfe korrupter muslimischer Diktatoren ausdehnen wollen.

Für eine islamische Moderne! Gegen eine westliche Moderne! Indem islamische Fundamentalisten auf diese Weise polarisieren, lehnen sie am Westen zwar den kulturellen Pluralismus, die Demokratie und die säkulare Staatsordnung ab. Aber andererseits bejahen sie die Industrialisierung und die technischen Erfindungen, die aus der vielgeschmähten Gegenwelt kommen. Und nicht nur das: Ergebnisse moderner Wissenschaften übernehmen sie sofort, soweit diese den technischen Fortschritt vorantreiben und soziales Elend vermindern helfen. Viele der Islamisten hoffen, sich auf diese Weise aus dem Westen die materiellen Standards aneignen zu können, ohne Elemente des dahinterstehenden westlichen Denkens übernehmen zu müssen. Islamisten träumen so, um mit dem Islamwissenschaftler und Politologen Bassam Tibi zu sprechen, den Traum von einer halben Moderne.[24]

Mit dieser zwiespältigen Grundeinstellung zu Moderne und Technik ähneln die Islamisten den christlichen Fundamentalisten. Ein Blick besonders auf die USA zeigt, dass ja dort Fundamentalisten zwar ein vormodernes Bibelverständnis pflegen und rigoros »zersetzendes« modernes Denken, Liberalismus sowie Individualismus ablehnen – aber ganz selbstverständlich ihre antimodernen Botschaften mit Hilfe modernster elektronischer Massenmedien verbreiten. Von wenigen Ausnahmen abgesehen, haben amerikanische Fundamentalisten nichts gegen eine fortschreitende Technisierung und Industrialisierung einzuwenden, aus dem Wissen heraus, dass diese Form von Modernität unverzichtbar ist für das Gedeihen ihrer Nation und erst recht für den Führungsanspruch der Weltmacht USA.

Zurück zum Islamismus. Die überwiegende Mehrheit seiner Anhänger und Sympathisanten ist nicht technikfeindlich. Dies beweist gerade die wachsende Zahl von Gefolgsleuten, die aus technischen Berufen kommen.[25] Sie alle sehen in der Industrialisierung und Technisierung einen unausweichlichen Prozess. Sie wissen sehr wohl, dass sie auf diese Art von Fortschritt nicht verzichten können, wenn sie mit den Industriestaaten des Westens wirtschaftlich und militärisch konkurrieren wollen – und schließlich den Westen mit ihrem Konzept einer islamischen Moderne zu übertrumpfen hoffen. Kaum eine islamistische Bewegung will den Traditionalismus einer vormodernen Gesellschaft auf breiter Basis wiederbeleben – mit Ausnahme der Taliban, wie ich am Modellfall Afghanistan noch näher erörtern werde. Islamisten sehen überwiegend eine archaisch bäuerliche Kultur als rückständig an und unterscheiden sich darin nicht grundsätzlich von anderen, durch städtisches Denken geprägten Reformern.

Jene Volksschichten, die mit einer der vielen Erscheinungsformen des Islamismus sympathisieren, leben daher kaum in Dörfern – man findet sie vorrangig in Städten. Einerseits sind es Menschen aus mittelständischem Milieu, seltener aus großbürgerlicher Schicht, die durch moderne Umbrüche aus ihrer gewohnten traditionellen Lebensform gerissen wurden. Andererseits sind es Slumbewohner, die wegen ihrer materiellen Not aus Dörfern in Städte abgewandert sind und nach dem Verlust ihrer traditionellen Umwelt verzweifelt nach einer neuen Orientierung suchen. Die Islamisten können, so scheint es zumindest auf den ersten Blick, den vielen Verunsicherten mit einem Angebot einfacher Lösungen auf der Basis ihrer Religion eine verlässliche neue Sicherheit bieten. Bauern dagegen, die weiterhin in sozialer Sicherheit leben und unbeeinflusst von modernen Umbrüchen an ihren überlieferten Sitten festhalten können, zeigen entsprechend wenig Interesse an den Zielen der Islamisten.[26]

Verblüffen muss uns allerdings, dass es viele Jahrzehnte gedauert hat, bis islamistische Parteien eine maßgebliche Rolle in der Politik zu spielen begannen. 1928 entstand in Ägypten die erste radikal-islamische Partei, die es sich zum Ziel setzte, eine Regierung »verwestlichter« Politiker zu stürzen und durch eine »wahrhaft islamische Herrschaft« zu ersetzen. Aber bis in die 1970er-Jahre führten all diese Parteien nur ein Außenseiterdasein. Die Masse des Volkes hegte bis dahin erheblich mehr Sympathien für ihre säkular orientierten Regierungen und hatte nichts gegen Reformen einzuwenden, die sich an westlichen Vorbildern orientierten. Erst als diese Regierungen wegen Misswirtschaft und Korruption scheiterten, konnten islamistische Parteien zu erfolgreichen Massenparteien werden. Ich habe auf diesen Sachverhalt schon mehrmals hingewiesen, will ihn jedoch im folgenden Kapitel ausführlicher an Beispielen erörtern.

In diesem Zusammenhang soll uns auch das Problem beschäftigen, dass die politische Durchschlagskraft islamistischer Bewegungen selbst im historischen Kernraum der islamischen Welt – von den Staaten des Maghreb bis in den Mittleren Osten – nicht ohne Weiteres garantiert ist. Im Gegenteil. Die Widerstände gegen den Vormarsch der Islamisten kommen dort aus unterschiedlichsten Richtungen. Und in jedem Staat sind die kulturellen und politischen Rahmenbedingungen anders, so dass eine pauschale Beurteilung unmöglich ist.

Bei näherem Hinsehen erwarten uns einige Überraschungen.

Modellfälle des Islamismus

Eine aufschlussreiche Begegnung
mit einem Islamisten

1981 bereiste ich Algerien – ein Jahrzehnt bevor das Land durch den blutigen Machtkampf zwischen der Militärdiktatur und der »Islamischen Heilsfront« zu einem der gefährlichsten Krisenherde des Orients wurde. 1981 konnte ich nur bei wenigen Algeriern einen Affekt gegen Nichtmuslime entdecken. Etliche Stadtbewohner kritisierten zwar im Gespräch den Kolonialismus der einst in Algerien ansässigen Franzosen oder den Neokolonialismus mancher westlicher Industriestaaten (besonders der USA), aber Religion war für sie kein Thema. Der überwiegende Teil der Bevölkerung, sei es in Städten, Dörfern oder entlegenen Sahara-Oasen, begegnete mir freundlich, ja gastfreundlich. Selbst Muslime, die sich ausdrücklich zum Islamismus bekannten, also Fundamentalisten waren, suchten das Gespräch mit mir, dem Andersgläubigen, und sei es nur, um ihre Position zu erklären. Für diese Minderheit allerdings bildete die Religion das bevorzugte Thema.

Eine der Begegnungen von 1981 erscheint mir rückblickend besonders bemerkenswert. Es lohnt sich, sie kurz zu schildern, denn im Gesprächsverlauf zeichnete sich scharf bereits jenes Konfliktpotential ab, das für das folgende Jahrzehnt bestimmend werden sollte. Allerdings widersprechen manche Einzelheiten entschieden dem Bild, das wir nicht nur von Algeriern, sondern von Muslimen überhaupt – insbesondere von Fundamentalisten – haben.

Es begann damit, dass während einer Bahnfahrt von Oran nach Béchar am Rand der Sahara ein schwarzbärtiger Algerier, in Turban und arabischer Hemdbluse, sich mir gegenüber auf der Holzbank niederließ. Er kreuzte die Beine zum orientalischen Sitz und begann, Koranverse zu sprechen. Aufgefallen war er mir schon vorher, weil er öfter durch das Abteil gegangen war und mich, den Ausländer, jedesmal kurz prüfend gemustert hatte. Weshalb er sich ausgerechnet mir gegenübersetzte, war mir unklar. Die Koranverse sprach er laut und eindringlich. Plötzlich aber steigerte sich sein Tonfall ins Aufdringliche, Aggressive, hierbei ließ er seinen Blick in die Runde schweifen, und als die Mitfahrer in seiner Nähe, drei alte Männer, Bauern vermutlich, weiterhin teilnahmslos vor sich hindösten, herrschte er sie an: Warum sie nicht beteten? Die Gestik allein schon ließ den Inhalt der Frage erahnen. Die Männer antworteten erregt und waren anscheinend nicht bereit, seiner Aufforderung zum Gebet Folge zu leisten, ja, sie drehten sich nach einem längeren Wortwechsel demonstrativ zur Seite. Der Schwarzbärtige sprang auf und verließ, sichtlich entrüstet, das Abteil.

Im Hintergrund stand der Schaffner und verfolgte mit spöttisch gespitzten Lippen die Szene. Er, Muslim wie alle Fahrgäste außer mir, nickte mir zu und zog die Achseln hoch, als wollte er sagen: Ein Fanatiker, da kann man nichts machen. Auf meine französisch gestellte Frage, was denn passiert sei, erklärte er: Die Männer seien erbost gewesen, dass man sie verdächtige, sie hätten die übliche Gebetszeit vergessen, dabei hätten sie, so behaupteten sie zumindest, schon vor einer Stunde das Nötige getan. Der Schaffner grinste übers ganze Gesicht. Er war ein Muslim völlig anderen Typs.

Im weiteren Verlauf der monotonen Bahnfahrt lud mich der Schaffner in sein Dienstabteil ein, um dort, wie er erklärte, mit mir Tee zu trinken. Anscheinend langweilten ihn der halbleere Zug und die eintönige Steppenlandschaft draußen, so dass ich als Ausländer ihm die willkommene Abwechslung bot. Er sagte, auch sein Kollege wolle mich kennenlernen. Das Dienstabteil entpuppte sich als vollgestopfter Gepäckraum mit einer freien Nische, wo auf dem bloßen Bretterboden zu meiner Überraschung der schwarzbärtige Fanatiker mit überkreuzten Beinen vor einem Teekocher saß. Er stellte sich als der Gepäckverwalter vor.

Der Schwarzbärtige in Turban und Hemdbluse goss mir Tee ein, bot mir Gebäck an und sagte, er freue sich, einen Europäer als Gast begrüßen zu dürfen, sehr wenige Ausländer benützten den Zug nach Béchar. Es interessiere ihn, was ich über die Muslime denke. Ich antwortete, ich sei sehr gerne in islamischen Ländern unterwegs und mich beeindrucke die Kultur. Er lächelte zustimmend. Er selbst kenne einiges von Europa, er sei schon in Frankreich und der Schweiz gewesen. In beiden Ländern habe er mehrere Jahre gearbeitet, Lastwagenfahrer sei er gewesen.

Ob auch der Schaffner schon in Europa gewesen sei, wollte ich wissen. Der Gefragte, der mit seinem bartlos runden Gesicht, einer Halbglatze und der europäisch geschneiderten Uniform beinahe wie ein deutscher Bahnbeamter wirkte, antwortete: Er habe Algerien noch nie verlassen.

Der Gepäckverwalter kam auf Frankreich und die Schweiz zu sprechen. Es seien schöne Länder, meinte er, aber ich dürfe ihm nicht übelnehmen, wenn er etwas Kritisches anzumerken habe. Eine ganze Reihe von Menschen gefielen ihm dort nicht. Diebstahl und Verbrechen nähmen zu, besonders schlimm stehe es jedoch um die Sitten. Ungeniert würden sich die Männer betrinken, sogar öffentlich, würden Nachtlokale und obszöne Filme besuchen. Und erst die Frauen! Schon die Art, wie sie sich kleideten und den Männern auf offener Straße herausfordernde Blicke zuwerfen würden! Und sie dürften sich sogar laut Gesetz so benehmen. Was sei denn das für ein Gesetz? Europa sei in eine entsetzliche moralische Gleichgültigkeit verfallen. Seiner Meinung nach könnten die Europäer zwar tun und lassen, was sie wollten, aber wenn ein solches Gebaren auch auf islamische Länder übergreife, dann müsse einer solchen Entwicklung entschieden Einhalt geboten werden.

Ob er mit den Verhältnissen im eigenen Land zufrieden sei, fragte ich. Er schüttelte heftig den Kopf. Algerien sei kein wirklich islamisches Land mehr. Man habe zwar die französischen Kolonialherren vertrieben, aber viele Algerier, vor allem in den Städten, lebten wie Franzosen; wenn sie auch ständig den Namen Allahs im Mund führten, seien sie doch im Grunde materialistisch eingestellt, ja gottlos. Viel zu viele Muslime würden nicht einmal mehr merken, dass sie einen Teil ihres Glaubens schon verloren hätten. Das Übel fange in den Schulen an. Wie sei dort der Lehrplan? Französisch! Das Übel setze sich in der Rechtsprechung fort. Wie sei das Gesetzbuch abgefasst? Nach französischem Vorbild! Wo bleibe da der Islam, außer in vielen bloßen Äußerlichkeiten? In einer Moschee am Freitag zu beten, das sei nicht genug. Wenn Richter nach fremdem, französischem Recht urteilten, lockere dies die Moral, verderbe die Sitten. Man müsse die Lehrpläne reinigen, man müsse in der Rechtsprechung wieder auf Gesetze zurückgreifen, die Gott selbst unveränderbar festgelegt habe: Dieben solle man die rechte Hand abschlagen, sofern sie nicht aus Hunger, sondern aus bloßer Habgier stehlen; Alkoholtrinker müsse man auspeitschen. Aber wenn selbst viele Geistliche nicht mehr den Islam mit all seinen Konsequenzen des gottgewollten Rechts predigten ...

Der Gepäckverwalter hatte sich in zornige Erregung geredet, während der Schaffner, hinter ihm sitzend, die Lippen zusammenkniff und die Augen verdrehte. Mir gab der Schaffner beiläufig durch ein Achselzucken zu verstehen, dass er weder Europa noch das eigene Land für so verderbt ansah wie sein

Kollege noch dass er die Wiedereinführung des mittelalterlichen Strafrechts für notwendig hielt. Ihm schien eine solche Rhetorik gegenüber einem Ausländer peinlich zu sein. Als der Gepäckverwalter gegen das Alkoholtrinken wetterte, schnitt der Schaffner eine unwillige Grimasse, führte pantomimisch eine imaginäre Flasche zum Mund und schloss genussvoll die Augen. Der Eiferer schien zu spüren, wie sich hinter seinem Rücken etwas sehr Unorthodoxes abspielte, er drehte sich ruckartig um und beschimpfte den Schaffner auf Arabisch. Der Gescholtene senkte zuerst verlegen den Blick, unterbrach dann aber gereizt den nicht enden wollenden Redeschwall.

Für Momente sah es so aus, als hätten sie mich vergessen, dann beendeten sie abrupt den Streit. Das Gespräch mit mir setzten sie zunächst stockend fort, wobei gerade der Gepäckverwalter sich verlegen zeigte. Er schien zu spüren, dass mich seine Freundlichkeit wie auch seine Aggressivität irritierten. Wir kamen auf den Islam ganz allgemein zu sprechen, und hierbei versuchte er den Eindruck zu korrigieren, dass er intolerant gegenüber den Christen sei. Er lehnte nur eine »gottlose Zivilisation« ab, nicht das Christentum, betonte er. Ja, er schätze jeden echten gläubigen Christen höher als einen Muslim, der sich nicht oder nur halbherzig nach den Korangeboten richte. Ob ich wüsste, dass der Koran vorschreibe, gläubige Christen zu respektieren? Ich bejahte. Er musterte mich prüfend. Die Christen würden allerdings die Muslime viel weniger respektieren, fuhr er fort, die Christen seien wesentlich intoleranter, er bedaure das. So viel Ablehnung gegenüber dem Islam habe er in Europa feststellen können. Dabei sei es für die Christen einfach, den Islam zu verstehen, schließlich sei in ihrer Bibel schon viel von dem enthalten, was Gott im Koran offenbart habe. Er begreife nicht, weshalb sich die Christen nicht der ganzen Wahrheit göttlicher Offenbarung öffnen wollten.

Wieder entstand eine Gesprächspause, während der er mich aufmerksam musterte. Plötzlich deutete er auf meine ornamentbestickte Wollkappe. Woher ich sie habe, das sei doch eine Muslimkappe, nicht? Aus Pakistan, antwortete ich. Ob ich auch schon in Jerusalem gewesen sei, fragte er. Ich bejahte.

In Jerusalem? Wirklich? Jerusalem! Dies sei eine heilige Stadt, für Muslime fast genauso heilig wie Mekka. Seine Augen leuchteten. Dann aber verspannte sich sein Gesicht, er fixierte mich lauernd. Ob ich als Tourist oder als Pilger nach Jerusalem gekommen sei? Als ... Pilger. Wirklich? Als Pilger? Ein leichter Zweifel lag in seiner Stimme, durchaus berechtigt bei meiner stockenden Antwort, die ich doch nur gegeben hatte, um aus seiner Sicht nicht als schlechter Christ dazustehen. Wo ich denn in Jerusalem gebetet habe, fragte er in einem Tonfall, der noch immer nicht ganz frei von Misstrauen war. In der Grabeskirche, erklärte ich zögernd und suchte mein Gedächtnis nervös nach anderen möglichen heiligen Stätten ab, in Gethsemane ... im Kidrontal ...

Im Kidrontal?! Ich hätte wirklich im Kidrontal gebetet? Dann stünde ich in der Gnade Gottes. Das Kidrontal sei ein wahrhaft heiliger Ort für alle, die den *einen* Gott verehren. Im Kidrontal seien die Friedhöfe von Muslimen, Christen und Juden so unmittelbar nebeneinander wie sonst nirgends. Im Kidrontal zu beten, dies sei sein sehnlichster Wunsch, dies bedeute ihm fast so viel, wie vor der Heiligen Kaaba in Mekka zu beten.

Der Gepäckverwalter hatte sich wieder in Erregung geredet. Ich hätte also im Kidrontal gebetet, wiederholte er, als könne er es nicht fassen. Dann senkte er den Kopf, wickelte den Turban herunter, nahm mir die pakistanische Kappe ab und band mir das Tuch um. Er schenke mir den Turban, erklärte er, ich solle stets an ihn denken.

Mit dem Turban um den Kopf verabschiedete ich mich am Zielbahnhof Béchar.

Ein untypisches Gespräch? So manches davon passt nicht in die landläufige Vorstellung vom Islam.

Das beginnt schon mit der Person des gutmütigen Schaffners, der allem Fanatismus abgeneigt war. Ihn halten viele von uns eher für eine Ausnahmeerscheinung. Dabei begegnen wir gerade Männern wie ihm wesentlich häufiger als den religiösen Eiferern. Natürlich äußern nur wenige Muslime so offenkundig ihre Distanz zum koranischen Alkoholverbot und machen sich über moralisierende Puritaner lustig. Aber diese Haltung ist ja nur eine unter vielen Varianten, sich im Alltäglichen so manchen Vorschriften der strengen Orthodoxie zu entziehen. Er gehörte zur Masse der Muslime, die nur bedingt Neigung zeigt, sich mit Einzelheiten der Glaubenslehre intensiv auseinanderzusetzen und sie genau kennenzulernen (und hierin unterscheidet er sich kaum vom Großteil der Anhänger anderer Weltreligionen). Sie leben den Islam als eine Summe vielfältigster Traditionen – unreflektiert. Sie haben das Bedürfnis, in ihrem Leben nicht von anderen aus der Ruhe gerissen zu werden, und sind bereit, andere in Ruhe zu lassen. Auf Parolen ideologischer Scharfmacher hören sie erst, wenn die gewohnte Umwelt gefährdet erscheint und die Orientierungskrise droht. Muslime wie er neigen dazu, manche Lebensform unserer westlichen Zivilisation vorbehaltlos zu übernehmen, ohne nun, wie die schmale Minderheit der Modernisten, engagiert für Reformen eines erstarrten Islam einzutreten – ja, ohne sich weiter Gedanken über die Widersprüchlichkeiten ihres Verhaltens zu machen.

Anders der religiöse Eiferer. Jener Muslim, wie er uns in der Person des Gepäckverwalters gegenübertritt, verkörpert entschieden weniger den Prototyp seines Kulturkreises. Gerade er hat ja von den »Vielen« gesprochen, die nicht so glauben wie er, und damit hat er seine Position als die einer Minderheit im eigenen Land zu erkennen gegeben.

Einer Minderheit? Nur ein Jahrzehnt später veränderten sich die Verhältnisse in Algerien beträchtlich. Algerien kann geradezu als ein Modellfall solcher Veränderung angesehen werden.

Aber Algerien ist nur ein Modellfall neben vielen. Vergleichen wir die Entwicklung dort mit der in anderen Ländern, wo der Islamismus ebenfalls zu einem explosiven Problem geworden ist, so stoßen wir im Detail auf beträchtliche Unterschiede. Was hat Algerien mit dem Iran gemeinsam? Oder mit Afghanistan? Oder mit der Türkei? Oder gar mit einem Staat wie Indonesien, der völlig außerhalb der historischen Kernregion des Islam liegt?

Im Folgenden stelle ich fünf Modellfälle vor: neben Algerien die oben genannten Staaten. Hierbei zeigt sich, dass die verschiedenartigen religiösen, kulturellen, sozialen und politischen Ausgangsbedingungen den Fundamentalismus entsprechend vielfältig formen – und ihm sehr unterschiedliche Chancen geben, politisch auf längere Zeit zu überleben.

Modellfall Algerien

Algerien könnte – nach dem Iran – der nächste Staat der islamischen Welt werden, in dem Islamisten die ganze Macht erringen. So zumindest erschien uns Mitte der 1990er-Jahre die Situation.

Uns im Westen überrascht, in welchem Ausmaß radikale Islamisten die Sympathie großer Volksmassen gewinnen konnten. Im Dezember 1991 kam es zu den ersten freien Parlamentswahlen in der Geschichte Algeriens, weil die bis dahin unumschränkt herrschende Einheitspartei FLN (»Front de Libération Nationale«) weitgehend abgewirtschaftet hatte und unter politischem Druck einer solchen Wahl zustimmen musste. Beim ersten Wahlgang zeichnete sich bereits ein klarer Sieg der »Islamischen Heilsfront« (FIS) ab. Sie konnte sich schon dabei 44 Prozent der Parlamentssitze sichern, während die FLN nur 3,7 Prozent Direktmandate gewann.[1]

Diese verheerende Niederlage vollzog sich vor dem Hintergrund einer düsteren sozialen Bilanz. Zwei Drittel der Jugendlichen waren arbeitslos und ohne Zukunftshoffnung (in einem Land, in dem 65 Prozent der Menschen unter 35 Jahre alt waren), die Städte quollen über vom Zustrom arbeitsuchender Bauern aus notleidenden Dörfern. In einer durchschnittlichen Wohnung von zwei bis drei Zimmern hausten meist zehn bis fünfzehn Menschen unter oft unerträglichen sanitären Bedingungen.[2] Gründlich war der Fortschrittsoptimismus verflogen, den die FLN seit Anfang der 1960er-Jahre verbreitet hatte. Unter ihrer Führung hatten die Algerier von 1954 bis 1962 die Unabhängigkeit gegenüber der Kolonialmacht Frankreich erkämpft, und dieser Siegermythos hatte der neuen Regierung anfangs einen breiten Rückhalt im Volk gegeben. Aber die Führer der nach dem Vorbild Lenins organisierten Einheitspartei FLN regierten, ohne auch nur die geringste Opposition oder konstruktive Kritik zu dulden. Und im Verlauf von zwei Jahrzehnten sollten sie jene Fehler begehen, die Machthaber in Ländern mit reichen Rohstoffvorkommen in der Dritten Welt immer wieder begehen.

Die Politiker der FLN nutzten die reichhaltigen Einnahmen aus der Erdöl- und Erdgasproduktion vorrangig, um schlüsselfertige modernste Fabriken aus westlichen und östlichen Industriestaaten einzukaufen und aufstellen zu lassen. In der gleichen Unbekümmertheit importierten sie landwirtschaftliche Maschinen, um die bisher archaische Felderbewirtschaftung total zu modernisieren. In beiden Fällen aber trafen sie kaum Vorsorge, dass die Einheimischen mit einer derart ungewohnten Technologie hätten effizient umgehen können. Viel Geld versickerte in nie fertiggestellten Großprojekten, Geld, das an anderer Stelle fehlte. Sie vernachlässigten die Bedürfnisse einfacher Bauern und Kleingewerbetreibender. Eine ähnliche Politik hatte einst Schah Mohammed Reza Pahlevi im Iran betrieben, und ähnlich waren auch in Algerien die Folgen. Infolge einer missglückten Industrialisierung und Agrarreform wurden viele Algerier noch ärmer als zuvor, während eine schmale Oberschicht selbst noch von der Misswirtschaft profitierte – und in dieser Situation konnte die Islamische Heilsfront Anhänger gewinnen.

So erstaunlich es vielen von uns erscheinen mag, Algeriens Fundamentalisten leisteten oft eine tatkräftigere Armenfürsorge als die dafür zuständigen Politiker. Sehr flexibel funktionierten sie, als während der 1980er-Jahre das öffentliche Gesundheitswesen weitgehend zusammenbrach, die Moscheen zu Sozialzentren um. Kostenlos betreuten Ärzte in den Nebenräumen dort Kranke und verteilten Medikamente. Familien, die in den heillos überfüllten Stadtwohnungen meist keine Wasserleitungen hatten, erhielten Gelegenheit, sich an den Brunnen der Moscheehöfe zu waschen und von dort das Wasser zum Kochen zu holen. Schüler und Studenten fanden manche Moschee-Bibliothek reicher ausgestattet als die ihrer Ausbildungsstätte und wurden dort mit nötigem Lesestoff versorgt. Das Geld für diese Wohlfahrtseinrichtungen und alternativen (betont islamischen) Bildungsinstitute bezogen Algeriens Fundamentalisten überwiegend aus Saudi-Arabien und anderen reichen Erdölstaaten am Golf.[3] Der Erfolg derartiger Hilfe war durchschlagend. Viele Notleidende und Benachteiligte, die zuvor den Islamisten gleichgültig gegenübergestanden hatten, änderten ihre Haltung, sobald sie ausgerechnet von jenen Hilfe – meist die einzige – erhielten. Und je geringer die Hilfsbedürftigen gebildet waren, desto weniger neigten sie dazu, die politische Ideologie der helfenden Partei kritisch zu überdenken.

Die Parallelen zum Iran und zu Ägypten sind verblüffend. Auch dort konnten Fundamentalisten die Sympathie großer Volksmassen erst in dem Moment erringen, als sie Moscheen zu Sozialzentren umfunktionierten. Radikal-islamische Organisationen leisteten hier wie dort für die Armen meist bessere Hilfe als jene Regierenden, die Fortschritt nach westlichem Vorbild versprochen hatten.

Algerien bot Mitte der 1990er-Jahre das auffälligste Beispiel jener Modernitätskrise, wie sie sich in vielen anderen islamischen Ländern auch anbahnte. Solange eine Regierung nur nach oberflächlich westlichen Kriterien technokratisch ein Land zu modernisieren versucht und dabei vorrangig eine schmale Oberschicht begünstigt – und solange die Masse des Volkes im Elend bleibt –, strömen Sympathisanten den Fundamentalisten zu. Auf diese neuen Hoffnungsträger projizieren die Notleidenden ihre Erwartungen, aber sie werden auch islamistischen Parteien nur so lange folgen, wie jene den Eindruck vermitteln, sie könnten die ungelösten Probleme meistern.

Bis weit in die 1970er-Jahre hinein spielten radikal-islamische Bewegungen in keinem muslimischen Staat eine wesentliche Rolle. Dabei kämpften manche schon lange um politischen Einfluss. Erinnern wir uns: Die erste moderne Islamisten-Bewegung, die Muslimbruderschaft, wurde bereits 1928 durch Hassan al-Banna begründet, der damit auf das »gottlose« Reformwerk Atatürks reagierte. Aber unzufriedene Muslime von Nordafrika bis Indonesien strömten während der folgenden fünf Jahrzehnte vorwiegend nationalistischen Führern zu, die die Befreiung vom kolonialen Joch verkündeten und sozialen Fortschritt versprachen. So bildeten sozial Benachteiligte in Ägypten die Massenbasis für Gamal Abd an-Nasser, den charismatischen Volkstribun eines panarabischen Nationalismus, so in Algerien für die FLN, die nationale Befreiungsbewegung gegen die Franzosen, so in Syrien und im Irak für die Baath-Sozialisten mit vorrangig nationalistischer und nicht religiöser Ideologie. Genauso gilt das für die Palästinensische Befreiungsbewegung PLO, die unter der Führung von Yassir Arafat noch ein säkulares Palästina anstrebte, ebenso für die abgespaltenen radikalen Palästinenser-Organisationen des Abu Nidal sowie des palästinensischen Christen George Habbasch. Im Iran war während der 1950er-Jahre der säkular denkende Nationalistenführer Mohammed Mossadegh das Idol der Volksmassen, die gegen Schah Mohammed Reza Pahlevi revoltierten. Ein Ayatollah vom Typ Khomeinis verharrte damals noch auf einer Außenseiterposition, so sehr Geistliche schon politisch tätig waren und sich um stärkeren Einfluss bemühten. Erst als die nationalistisch-modernistischen Volksführer in ihrer Rolle als Hoffnungsträger versagten, eröffnete sich für die antiwestlichen Fundamentalisten die Chance zu großer politischer Wirkung.

Ist aber ein Islamist, wie ich ihn während einer Bahnfahrt in Algerien kennenlernte, repräsentativ? Er hat ja ausdrücklich mit mir, dem Europäer und Nichtmuslim, das Gespräch gesucht. Wie passte seine Haltung zu den Mordanschlägen auf Ausländer, die in Algerien seit 1993 von islamistischen Terroristen verübt wurden?

An der Person dieses einen Islamisten können wir zumindest sehen, dass Terror gegen Andersgläubige nicht von vornherein zum Selbstverständnis der Radikalen gehört, ja nicht einmal die verbale Ablehnung von Christen. Wenn auch der Mord an politischen Gegnern schon seit Jahren zur Praxis algerischer Fundamentalisten gehörte, wurde vor 1993 kein nichtmuslimischer Ausländer in Algerien von ihnen getötet. Erst als im Januar 1992 ranghohe Militärs den zweiten Wahlgang unterbrachen und damit der Islamischen Heilsfront den greifbar nahen (demokratisch legitimierten!) Sieg verweigerten, änderte sich die Haltung der Fundamentalisten. Nachdem ihre Partei verboten war, eröffneten sie einen Bürgerkrieg gegen die Militärdiktatur; Ausländer waren massiv gefährdet. Ausländer als wirtschaftliche Berater und Handelspartner der herrschenden Militärs sollten aus Algerien vertrieben werden; man wollte das Regime wirtschaftlich so am Nerv treffen, dass es die Macht verlieren sollte. Diese Taktik sollte fatale Vorbildwirkung auch für ägyptische Fundamentalisten haben: Jene begannen 1993 Terror gegen Touristen auszuüben, um den Tourismus als wichtigste Devisenquelle der Regierung lahmzulegen. In Algerien wie Ägypten schreckten Fundamentalisten schließlich nicht mehr vor Mord an Ausländern zurück, in der Hoffnung, verstärkte Gewalt könne den Bankrott der Regierung nur beschleunigen. Aber gerade in Algerien waren und sind diese Mordanschläge ebenso grausam wie der Terror des Militärregimes.

Dieser überaus blutige Konflikt, der innerhalb von zehn Jahren schätzungsweise 150 000 Menschenleben kostete, wurde und konnte nicht militärisch entschieden werden. Die Islamisten büßten an Schlagkraft ein, weil sie sich nach zermürbendem Kampf in einen verhandlungsbereiten, gemäßigten Flügel und eine dogmatisch harte, unbeirrbar terrorbereite Gruppierung gespalten hatten. Das Militärregime hingegen konnte die offensichtliche Schwäche des Gegners nicht nutzen, weil es plötzlich an einer anderen Front zu kämpfen hatte – gegen die Berber. Im Frühjahr 2001 entfachten die Berber, allen voran der Stamm der Kabylen im Atlasgebirge, einen Aufstand, der in seiner explosiven Gewalt an die radikalsten Ausschreitungen unter islamistischer Führung erinnerte. Hunderttausende Demonstranten zogen durch die Straßen algerischer Städte, in Algier waren es Mitte Mai 2001 mehr als eine Million, sie zündeten Polizeifahrzeuge und öffentliche Gebäude an.

Die Berber, eine ethnische Minderheit mit eigener Sprache und Kultur, rund ein Drittel der 30 Millionen Algerier, rebellierten gegen die Benachteiligung ihrer Volksgruppe, gegen ausbleibende soziale Reformen, gegen die Korruption der Oberschicht und den immer größer werdenden Gegensatz zwischen den wenigen Reichen und den vielen Armen. Der Aufstand wütete wie ein Flächenbrand. In den Städten schlossen sich den Marschkolonnen der Berber plötzlich Hunderttausende arabisch sprechender Algerier an, dabei hatten viele von ihnen zuvor unter Führung der Islamischen Heilsfront gegen die Regierung mit sehr ähnlichen Parolen demonstriert. Es dauerte Monate, bis die Unruhen abflauten und es zu einer nur oberflächlichen, trügerischen Entspannung kam. Dieser neue Aufruhr zeigte, dass sich das unzufriedene Volk in seiner Mehrheit kaum mit den religiös-dogmatischen Wertvorstellungen der Islamischen Heilsfront identifizierte. Die Berber passten ohnehin nicht ins bisherige Schema. Sie bekämpften zwar die Regierung, weil sie sich von ihr als nicht-arabische Minderheit ethnisch unterdrückt fühlten. Aber sie bejahten einen säkularen Staat ohne religiöse Bevormundung und kämpften daher ebenso heftig gegen die Islamisten. In dieser doppelten Frontstellung befanden sich die Berber schon seit vielen Jahrzehnten.

Algerien ist damit in drei große Gruppierungen gespalten. Hierbei können die Islamisten gerade ein Drittel oder nur noch ein Viertel der Muslime hinter sich scharen. Das Land bleibt politisch, religiös, kulturell und ethnisch zu sehr aufgesplittert, als dass es einer der Gruppierungen gelingen könnte, ihre Konzeption einer Mehrheit aufzuzwingen. Der Bürgerkrieg hat an diesem Kräfteverhältnis nichts grundlegend ändern können. Ihren Höhepunkt erreichte die äußerst blutige Auseinandersetzung in den Jahren 1997 und 1998, bis dahin wurde die Zahl der Todesopfer auf 10 000 bis 12 000 geschätzt. Zu Beginn des 21. Jahrhunderts schwächte sich der Bürgerkrieg allmählich ab; keine Gruppierung konnte auf einen militärischen Sieg hoffen. Ein echter Ausgleich oder eine Aussöhnung zwischen den Bürgerkriegsparteien ist allerdings nicht in Sicht: Der Waffenstillstand scheint brüchig zu sein, die Lage ist fragil. Algerien wirkt nach außen hin befriedet, aber der so notwendige Frieden im Inneren scheint vorerst unerreichbar.

Modellfall Iran

Der Iran hat uns vor vollendete Tatsachen gestellt. Weder Schah Mohammed Reza Pahlevi mit seiner hochgerüsteten Militärmacht noch massive Wirtschaftshilfe des Westens konnten verhindern, dass Islamisten durch die Revolution von 1979 an die Macht kamen. Die bittere Lektion für die Gegner hieß: Der Fundamentalismus kann politisch siegen. Ist er siegreich auf Dauer? Eine brisante Frage. Denn der Iran ist bisher der einzige Staat, an dem wir über einen längeren Zeitraum beobachten können, ob und wie ein absolut regierendes Regime der Islamisten seine Macht behaupten kann.

Der soziale und geistige Nährboden für eine radikal-religiöse Protestbewegung war im Iran nicht viel anders als in Algerien. Auch im Iran hatte eine Regierung mit ihrer säkularen Reformpolitik nur einer schmalen Oberschicht genutzt und die Mehrheit des Volkes in bitterer Armut gelassen. Auch hier waren viele Bauern nach dem Scheitern einer nur halbherzig durchgeführten Bodenreform in Großstädte abgewandert und vegetierten in immer bedrohlicher anschwellenden Slums. Und so konnten auch hier Islamisten verarmte und kulturell entwurzelte Volksmassen mit der Parole mobilisieren: Je entschiedener sich eine Regierung von fragwürdigen Vorbildern des Westens löse und sich wieder an den ewigen, unveränderbaren Richtlinien des Korans und der Scharia orientiere, desto rascher ließen sich Massenelend und Unterentwicklung beseitigen.

Im Iran hat eine islamistische Regierung schon seit mehr als drei Jahrzehnten Gelegenheit, den Beweis für diese Behauptung anzutreten. Das Resultat war für die Machthaber bisher äußerst problematisch. Weiterhin wuchsen die Großstadtslums beängstigend schnell, wuchsen Massenarbeitslosigkeit und Elend. Schlagender könnte der Beleg nicht sein, dass die Richtlinien von Koran und Scharia kaum geeignet sind, umfassende Lösungen für Wirtschaftskrisen in unserer komplexen modernen Welt zu bieten (ebenso wenig wie die Bibel oder sonst ein heiliges Buch). Dieser Schock hat das islamistische Regime einer ersten großen Zerreißprobe ausgesetzt und eine ideologische Neuorientierung provoziert. Es musste den regierenden Geistlichen dämmern, dass sie ihr Reformkonzept zu ändern hatten, um die Wirtschaftskrise in den Griff zu bekommen, andernfalls würde wieder ein Aufstand enttäuschter Volksmassen ausbrechen – nun aber gegen die Islamisten.

Das Regierungssystem des schiitischen Gottesstaates Iran war von Anfang an durch seine besondere Struktur krisenanfällig. Khomeini als der geistige Ahnvater dieses Modells vertrat nämlich die Ansicht, ein wahrhaft islamischer Staat dürfe nur von Geistlichen regiert werden, denn allein Geistliche könnten den Koran richtig interpretieren und den Willen Gottes in politische Praxis umsetzen. Damit ging Khomeini einen entscheidenden Schritt weiter als alle sunnitischen Islamisten. Jene wollten nur die *Ulema* in ihrer Funktion als religiöses Aufsichtsorgan stärken, keinesfalls jedoch diesem Gremium ranghoher geistlicher Rechtsgelehrter die Regierungsmacht überlassen. Khomeini geriet aber auch in Gegensatz zu etlichen prominenten Ayatollahs und prominenten Weggefährten der »Islamischen Revolution«, die ähnlich argumentierten wie die sunnitischen Islamisten: Die Ulema solle nur die Machtfülle zurückbekommen, die sie unter dem säkularen Regime des Schah verloren habe; im Übrigen sollten weltliche Politiker die Staatsgeschäfte betreiben, weil allein sie die nötige Sachkompetenz besäßen.

Khomeinis Doktrin setzte sich im Iran durch. Auch nach seinem Tod 1989 blieb die absolute Regierungsgewalt der Ulema bestehen. Je hilfloser jedoch die religiöse Führung auf die wachsenden wirtschaftlichen Probleme reagierte, desto mehr entwickelte sich innerhalb des Einparteiensystems eine eigene Gruppierung mit dem Vorsatz zu pragmatischen Reformen. Die Reformer standen allerdings vor der schwierigen Aufgabe, nicht nur den Fachleuten in Wirtschaft und Verwaltung größere geistige und politische Freiräume zuzugestehen – sondern sie mussten auch in immer neuen Anläufen die Bedenken der Ulema überwinden.

An die Spitze der konservativ beharrenden Ulema rückte

nach Khomeinis Tod 1989 Ali Khamenei als Religionsführer, ein ergebener Sachverwalter der Khomeini-Doktrin. Ein Gegenpol entstand im Amt des Staatspräsidenten, und um seine Person gruppierte sich nach und nach der Reformflügel. Der Staatspräsident als Leiter der vollziehenden Gewalt war in der Regel ebenfalls ein Geistlicher (wenn auch für die untergeordnete Macht dieses Amtes nicht zwingend erforderlich). Aber im Unterschied zum Religionsführer wurde er vom Volk gewählt, und so fächerte sich dadurch das Machtgefüge des Mullah-Regimes ein bisschen auf und war von der religiösen Führungsspitze nicht mehr so leicht wie zuvor zu kontrollieren.

Staatspräsident war von 1989 bis 1997 Ali-Akbar Haschemi Rafsandschani. Er leitete erste Reformen ein, indem er pragmatisch wendig Fachleute aus Wirtschaft und Verwaltung in mittlere Ränge der Regierung holte. Er bemühte sich außerdem, die vor dem Mullah-Regime geflohenen iranischen Techniker, Ärzte, Lehrer und Wissenschaftler ins Land zurückzuholen. Um diesen dringend benötigten Fachleuten die Heimat wieder attraktiv zu machen, musste er nicht nur das von den Mullahs gegängelte Wirtschaftssystem liberalisieren, sondern auch das kulturelle Leben. Und an dieser doppelten Bürde scheiterte Rafsandschani. Weder konnte er die Wirtschaftskrise auf Dauer eindämmen noch über einen längeren Zeitraum ein freieres geistiges Klima schaffen. Zwar wurde unter seiner Regierung Mohammed Khatami im Amt des Kulturministers zum Hoffnungsträger für Intellektuelle und Künstler. Aber bereits 1992 gab Rafsandschani konservativem Druck nach und entließ Khatami wieder, weil dieser nach Ansicht der Radikal-Orthodoxen mit seiner Kulturpolitik die islamischen Prinzipien des Gottesstaates gefährdete.

1997 rückte ausgerechnet der entmachtete Kulturminister Khatami durch Volkswahl in das Amt des Staatspräsidenten nach – unterstützt nicht nur durch Intellektuelle, sondern vor allem von einer breiten Mehrheit der Jugend und der Frauen. Dagegen fiel der konservative Kandidat, den die religiöse Führung aufgestellt hatte, bei der Wahl durch.

Mit Mohammed Khatami erreichte ein anderer Typ von Islamist den inneren Machtkreis des Gottesstaates. Er vertrat Thesen, die nicht in unsere landläufige Vorstellung von Fundamentalismus passen – und auch nicht den Intentionen der religiösen Führung unter Ali Khamenei entsprachen. Khatamis Reden und Aufsätze, von denen etliche auch in deutschen Zeitungen abgedruckt wurden, ließen aufhorchen.

»Die Geschichte des Menschen ist eine Geschichte des Wandels seiner Glaubensüberzeugungen und Ideen«, so waren am 26. September 1998 in der *Frankfurter Allgemeinen Zeitung* Gedanken von Khatami nachzulesen. »Alle Meinungsverschiedenheiten zwischen den Denkern [...] bezeugen, dass niemand beanspruchen kann, über die absolute Wahrheit zu verfügen. Welchen Islam meinen wir denn, wenn wir von *dem* Islam sprechen? Den Islam Abu Zarrs, den Islam Avicennas, den Islam Ghazalis oder Ibn al-Arabis, den Islam der Aschariten, der Mystiker, der Orthodoxie oder der Buchstabenfrommen? Sie alle bezeugen die Relativität der menschlichen Erkenntnis. [...] Keiner von uns, gleich welcher Doktrin er sich verbunden fühlt, stimmt heute im Denken und Handeln mit seinen Vorfahren überein. [...] Der Schaden entsteht erst dort, wo der Mensch seine Wahrnehmungen der Religion für die Religion an sich hält.«[4]

Die hier geäußerten Gedanken hoben sich in der Tat auffallend vom engen Weltbild des bei uns allgemein bekannten Fundamentalismus ab. Im Gegensatz zu radikal-orthodoxen Islamisten verwarf Khatami keinesfalls eine Reihe bedeutender Denker der islamischen Geistesgeschichte als unislamisch, nur weil jene in Konflikt mit der Orthodoxie geraten sind. Vielmehr billigte er etlichen der angefeindeten Ketzer große Bedeutung zu: so Avicenna, so Ibn al-Arabi.[5] Khatami bekannte sich ausdrücklich zu einer kulturellen Vielfalt des Islam, zu einem regen Dialog zwischen den Vertretern unterschiedlicher geistiger Positionen, denn nur so könne die islamische Revolution eine starke Kraft im Kampf gegen geistlosen Materialismus und Atheismus bleiben. In diesem Sinn propagierte er eine islamische Demokratie und ermunterte iranische Denker, Dichter und Künstler zur freien Meinungsäußerung, sofern sie die Grundprinzipien der Islamischen Republik nicht antasteten.

Khatamis Politik veränderte die Struktur des Gottesstaates Iran. Was schon in seiner Ära als Kulturminister begann, gewann im Verlauf der folgenden Jahre eine Eigendynamik und zeigte, wie viele verborgene Energien im unterdrückten Geistesleben der Kulturnation Iran schlummerten. Ein religiöser Denker wie Abdol Karim Sorush erregte mit seinen historisch kritischen Textanalysen des Korans Aufmerksamkeit selbst bei Intellektuellen westlicher Industriestaaten. Iranische Literatur und Filme fanden plötzlich ein internationales Publikum, waren auf westlichen Kulturveranstaltungen präsent und wurden mit Auszeichnungen überhäuft – eine fulminante Entwicklung, wie sie unter dem Schah noch kaum vorstellbar gewesen war.

Die meisten der nun berühmten Intellektuellen und Künstler hatten einst das Schah-Regime abgelehnt oder gar aktiv bekämpft, weil es ihnen als religiös gleichgültig, kulturell flach und sozial ungerecht erschienen war. Viele hatten ihre Hoffnung auf eine islamische Revolution gesetzt, ja manche sogar in naiver Verkennung der Sachlage die charismatische Führerfigur Khomeini verehrt. Aber wenn sich bald auch alle mehr oder weniger enttäuscht von der ideologischen Enge des Gottesstaates zeigten und wachsende Unterdrückung beklagten, bejahten viele doch weiterhin das Grundprinzip einer religiöspolitischen Erneuerung. Nur wünschten sie teils noch viel entschiedener als ihr Gönner Khatami eine offene Diskussion über Fehlentwicklungen. Und dies genügte, um die Ulema erheblich zu provozieren.

Die religiöse Führung unter Ali Khamenei reagierte auf die Kritik von Intellektuellen und Künstlern gereizt und schließlich brutal. Khatami beteuerte zwar, er wolle mit seinen Reformen nur die Errungenschaften der Islamischen Republik vor geistiger Erstarrung und Provinzialität bewahren. Aber in der Sicht vieler radikal-orthodoxer Islamisten geriet er mehr und mehr in den Verdacht, ein Abtrünniger zu sein.

Der Machtkampf zwischen der religiösen Führung und den Reformern nahm immer schärfere Formen an. Eine Reihe Reformpolitiker und liberal denkender Intellektueller musste für Jahre ins Gefängnis, weil ihnen die Ulema Verrat am Islam oder gar Abfall vom Glauben vorwarf. Andere wurden durch Mitglieder des Geheimdienstes ermordet. Es trat die paradoxe Situation ein, dass in einem fundamentalistisch regierten Staat zwei Gruppierungen sich heftig zu bekämpfen begannen, die sich beide auf die Ideale der Islamischen Revolution beriefen – aber doch offensichtlich ganz verschiedene Vorstellungen von ihrer Verwirklichung hatten.[6]

Der iranische Islamismus als Bewegung hatte sich damit gespalten und ging einer Zerreißprobe entgegen. Obwohl Khatami als demokratisch gewählter Präsident die Mehrheit des Volkes auf seiner Seite hatte, blieb das Schwergewicht der Macht bei der religiösen Führung. Die Ulema hatte das Militär hinter sich und konnte laut Verfassung jederzeit den Staatspräsidenten absetzen, falls dieser den »Weg des Islam« verließ. Dies zwang Khatami zur Zurückhaltung; viele der angestrebten Reformen verebbten schon in den Ansätzen. Als im Juli 1999 Studenten, Sympathisanten des Reformkurses, durch Massendemonstrationen in Großstädten gegen die einschnürenden religiösen Gesetze protestierten, lösten sie damit die schwersten Unruhen seit Bestehen der Islamischen Republik aus – das Militär schlug den Aufstand brutal nieder.

Im Spätherbst 2002 kam es jedoch wieder zu schweren Unruhen unter den Studenten, und wieder galt der Protest dem starren Fundamentalismus der religiösen Führung unter Ali Khamenei. Anlass war diesmal ein Urteil, das ein geistliches Gericht gegen den im Iran prominenten Historiker und Reformpolitiker Haschem Aghadscheri verhängt hatte: 74 Peitschenhiebe, anschließend Tod durch den Strang wegen Gotteslästerung und Beleidigung des Propheten Mohammed. Das Urteil galt einem entschiedenen Verfechter der Islamischen Revolution. Sein Verbrechen war, dass er gesagt hatte, der Machtapparat der Mullahs und Ayatollahs müsse aus seiner hierarchischen Erstarrung gelöst und von Grund auf umgestaltet werden. Am 6. Juni 2002 hatte Aghadscheri seine Ansichten öffentlich in einer Rede zum 25. Todestag des iranischen Gelehrten und Politikers Ali Schariati, eines wichtigen ideologischen Vordenkers der Islamischen Revolution, geäußert. Die Rede wird inzwischen von iranischen wie westlichen Beobachtern als ein Meilenstein islamischer Selbstreflektion eingeschätzt.[7]

Aghadscheri forderte, die Geistlichkeit solle weitgehend auf ihre politische Macht verzichten und sich auf die Rolle des religiösen Wächteramts beschränken, was Einfluss genug bedeute. Allein nach dem Rückzug aus der aktiven Tagespolitik könne die ranghohe Geistlichkeit unparteiisch den Geist des wahren Islam repräsentieren. Aghadscheri verglich die machtpolitische Hierarchie des Mullah-Regimes mit jener der katholischen Kirche, ja mehr noch: Er wies in aller Deutlichkeit darauf hin, dass eine derartige Struktur nichts mit dem ursprünglichen Islam zu tun habe, sondern im schiitischen Iran endgültig ausgeformt erst seit sieben bis acht Jahrzehnten existiere. Umso zwingender sei es, anstelle des »katholischen Islam« einen »islamischen Protestantismus« ohne starr hierarchische Herrschaftsverhältnisse zu schaffen. Es sei falsch, eine religiöse Tradition – nur weil sie sich als selbstverständlich eingebürgert habe – schon als unveränderbar und gottgewollt einzustufen.

In diesem Zusammenhang forderte Aghadscheri, man müsse auch bei der Interpretation des Korans zeitbedingte, historisch wandelbare Aussagen von den ewigen Kernwahrheiten des Islam trennen. Solche Argumente hatten im Iran zwar schon ähnlich Staatspräsident Khatami und der religiöse Denker Sorush zum Ausdruck gebracht. Aber Aghadscheri ging als Historiker mit seiner Analyse noch konkreter auf die zeitbedingten Ursprünge religiöser Traditionen ein. Und dies erinnerte im Ansatz an die Methodik des Koranwissenschaftlers Abu Zaid, der, wie ich bereits schilderte, mit seiner textkritischen Analyse des Korans 1995 in Ägypten einem schweren Konflikt mit orthodoxen und radikal-orthodoxen Kreisen ausgesetzt war.[8]

Wichtige Auszüge von Aghadscheris Rede wurden am 18. Dezember 2002 in der deutschen Wochenzeitung *Die Zeit* veröffentlicht, so dass wir ein authentisches Bild auch von ihrem unzweideutig scharfen Wortlaut gewinnen können. Es heißt dort unter anderem: »Die heutige schiitische Hierarchie ist eine Imitation der christlichen Kirche. Die Unterteilungen [...] sind katholisch, nicht islamisch. Manche Kleriker sind so angetan von dem, was sie zu tun versuchen, dass sie sich schon selbst für Ikonen halten.« Und: »Der heutige Islam sollte der Kern-Islam sein, nicht der Islam der Tradition. Der islamische Protestantismus ist ein vernünftiger, praktizierbarer und menschlicher Islam. Viele Leute, die an der islamischen Revolution keinen Anteil hatten, bewegen sich jetzt auf der öffentlichen Bühne und sagen, dass der traditionelle Islam der wahre Islam sei. [...] Gerade deshalb ist der Gedanke des islamischen Protestantismus wichtiger denn je.«[9]

Die religiöse Führung unter Ali Khamenei reagierte auf die aufsehenerregende Rede mit aller Härte, um weitergehende Diskussionen zu unterdrücken. Aber die »katholischen« Machthaber erreichten mit ihren Maßnahmen gegen den »Protestanten« genau das Gegenteil. Die Studentenproteste nahmen in vielen iranischen Städten immer größere Ausmaße an und drohten, sich zu einer landesweiten Rebellion zu verschärfen. Angesichts einer derart machtvollen Demonstration lenkte Religionsführer Khamenei doch noch ein und bot eine Neuaufnahme des Gerichtsverfahrens an. Mit dem Ergebnis, dass das Todesurteil in eine Haftstrafe von vier Jahren umgewandelt wurde, aber schon 2004 wurde Aghadscheri aus der Haft entlassen. Bemerkenswert an diesen Vorgängen sind vor allem zwei Faktoren. Zum einen: Prominente Intellektuelle wagten sich mit ihrer Kritik an bestehenden Verhältnissen unter Einsatz selbst ihres Lebens immer weiter aus ihrer Deckung und fanden hierbei Rückhalt bei einer breiten Bildungsschicht. Zum anderen: Die religiöse Führung ließ sich, trotz aller militärischen Überlegenheit, durch die heftigen Proteste der Bildungsschicht beeindrucken und sah sich zu Zugeständnissen genötigt.

Aus westlicher Sicht musste am meisten überraschen, dass ein solcher Konflikt nicht etwa zwischen einer säkularen und einer islamistischen Gruppierung ausgetragen wurde – sondern zwischen einer dialektisch beweglichen und einer starr dogmatischen Gruppierung *innerhalb* des islamistischen Lagers.

Die Situation blieb explosiv. Nicht nur, dass inzwischen etliche Mullahs und Ayatollahs an den Schalthebeln der Macht genauso korrupt waren wie einst viele säkulare Politiker des Schah-Regimes. Hinzu kam, dass weiterhin das soziale Elend wuchs und die führenden Geistlichen nach wie vor über keine wirksamen Rezepte zu dessen Bekämpfung verfügten. Und so gewann im Iran die Diskussion weiter an Boden, ob es nicht besser sei, dass sich die Ulema aus der aktiven Politik zurückziehe und das Regieren wieder weltlichen Politikern mit detaillierten Kenntnissen in Wirtschaft und Verwaltung überlasse. Diese Kritik gefährdete auch Khatami. Zwar genoss er eine beachtliche Popularität als Anwalt einer islamischen Demokratie, aber die Wirtschaftskrise bekam er keineswegs besser in den Griff als sein Vorgänger Rafsandschani. Und er blieb in seiner Opposition gegen Ali Khamenei weitgehend machtlos, weil ihm die rigide Verfassung des Gottesstaats Schranken setzte. Und so verlor er gegen Ende seiner Amtszeit beträchtlich an Ansehen.

Die Krise spitzte sich 2005 bei der Wahl des nächsten Staatspräsidenten zu. Die Wahl gewann Mahmud Ahmadinedschad, der, anders als seine Vorgänger, kein Geistlicher, sondern promovierter Ingenieur ist. Er war einige Jahre Bürgermeister von Teheran und ein erfolgreicher Verwaltungstechnokrat. Religiös sympathisierte Ahmadinedschad mit den ultra-orthodoxen »Revolutionswächtern«, war also ein entschiedener Gegner des Reformflügels. Ahmadinedschad gewann auch die Wahl für eine zweite Amtszeit von 2009 bis 2013. Bei jeder Wahl sah er sich mit dem Vorwurf konfrontiert, die Wahlen seien – mit geheimer Hilfe der religiösen Führung – zu seinen Gunsten manipuliert worden.

Seine achtjährige Amtszeit prägte die starke Repression gegen jegliche Emanzipationsversuche im religiösen, kulturellen und politischen Leben: Alle Reformansätze unter Khatami sollten vollständig getilgt werden. Hier handelte Ahmadinedschad im stillen Einverständnis mit Religionsführer Khamenei, in dessen Amt sich die Macht konzentrierte. Khamenei wollte durchaus – auch außenpolitisch – auf Konfrontation zu westlichen Staaten gehen. Nur deshalb konnte es Ahmadinedschad wagen, im Streit um die Atompolitik des Iran und in Feindschaft zu Israel sich so provokativ zu verhalten.

Aber zwei schwerwiegende Gründe sollten Khamenei zwingen, pragmatisch seine Politik zu ändern. Zum einen war es die wachsende Wirtschaftskrise, die sich durch die Sanktionen westlicher Staaten wesentlich verschärft hatte. Zum andern war es die Wahl eines neuen Staatspräsidenten 2013. Obwohl der religiöse Wächterrat bei der Vorwahl einen Großteil der Kandidaten des Reformflügels wegen angeblicher »unislamischer« Gesinnung von der Wahl ausgeschlossen hatte, konnte trotzdem ein Vertreter eben dieses Reformflügels die

Wahl zum Staatspräsidenten gewinnen: der Geistliche Hassan Rohani.

Dieser Vorgang zeigte, dass mehr als nur eine knappe Mehrheit der Iraner den starren Kurs der religiösen Führung ablehnte. Auf das Ergebnis dieser Wahlen reagierte Khamenei wiederum pragmatisch. Er akzeptierte nun einen weltoffen erscheinenden Staatspräsidenten, weil Rohani nützlich sein konnte, die gefährlich aufgeladene Situation in der Innenpolitik zu entspannen wie auch die Konflikte in der Außenpolitik zu entschärfen. Je mehr dem Iran ein wirtschaftliches Desaster drohte, desto mehr war ein umgänglicher Präsident wie Rohani gefragt, um eine Zusammenarbeit mit westlichen Staaten einzuleiten – vor allem musste der Streit um die Atompolitik des Iran beigelegt werden, damit die drückenden Wirtschaftssanktionen endeten.

Wie stabil, wie gefährdet ist die Struktur des Gottesstaats Iran?

Es ist angesichts der komplexen Situation eine bisher offene Frage. Die religiöse Führung sieht sich zunehmend einer Bevölkerung vor allem in den größeren Städten gegenüber, die einen Wandel durch grundlegende Reformen erhofft – mehr Pluralismus im kulturellen und religiösen Leben, mehr politische Freiheit, eine Demokratie, die nicht mehr durch einen religiösen Wächterrat eingeengt wird.

Diese explosive Stimmung äußerte sich auch bei den Parlamentswahlen im Februar 2016. Obwohl wiederum der religiöse Wächterrat vielen Vertretern des Reformflügels die Kandidatur verweigerte, gewannen gerade die Reformer die Wahlen. In Teheran, wo sich eine Bildungsschicht mehr als in jeder anderen iranischen Stadt konzentriert, gingen nahezu alle 30 Sitze an reformorientierte Kräfte. In den einzelnen Provinzen verschoben sich die Gewichte ebenfalls zugunsten der Opposition, wenn auch nicht so grundlegend wie in der Hauptstadt. Die Konservativen und religiösen Hardliner, die bisher rund 65

Prozent der Sitze im Parlament innegehabt hatten, fielen mit ihrem Anteil auf unter 50 Prozent.

Ein Ende der »Islamisierung« also? Zunächst zeichnet sich nur die Tendenz ab, dass die islamistische Struktur in der bisher starren Form politisch nicht mehr weitere Jahrzehnte bestehen kann. Zu krass widerspricht das proklamierte Ideal eines »islamischen« Staates im Sinn von Khomeini den komplexen Herausforderungen einer gesellschaftlichen Moderne. Ob die religiöse Führung des Iran auf eine derartige Herausforderung flexibler als bisher reagieren wird und kann, davon hängt die Zukunft des ideologisch angeschlagenen Mullah-Regimes ab.

Modellfall Afghanistan

Im September 1998 ließ der Gottesstaat Iran eine Viertelmillion Soldaten an der Westgrenze Afghanistans aufmarschieren. Die Drohung galt den 25 000 Soldaten, die auf der anderen Seite Stellung bezogen hatten – »Glaubenskrieger« des Gottesstaates der Taliban. Fast wäre es zum Krieg zwischen den beiden fundamentalistisch regierten Staaten gekommen, nachdem die Taliban ein Massaker unter pro-iranischen Afghanen angerichtet und bei dem Gemetzel auch noch neun iranische Diplomaten getötet hatten. Wie das? Hätte es nicht näher gelegen, dass die Regierungen sich ihren antiwestlichen Ideologien gemäß verbrüderten und eine Abwehrfront gegen den »Westen« bildeten? So zumindest hätten sich die Gottesstaaten nach unserer landläufigen Vorstellung verhalten müssen. Aber wie sollte eine derartige Geschlossenheit selbstverständlich sein? Bereits die schweren innenpolitischen Konflikte im Iran haben ja gezeigt, dass es Islamisten zeitweise nicht einmal gelingt, in den eigenen Reihen Einigkeit herzustellen.

Innenpolitisch noch heftiger zerstritten waren und sind die Islamisten in Afghanistan. Ihre unterschiedlichen Gruppierungen schlossen nur 1979 nach dem Einmarsch der Sowjettruppen kurzfristig ein Bündnis gegen den »ungläubigen« Feind, und damals prägten sie sich unter dem Namen *Mudschaheddin*, »Glaubenskrieger«, als Einheitsfront in unser Bewusstsein ein. Mit Hilfe der amerikanischen Regierung (die das Vordringen der Sowjetunion im zentralasiatischen Raum stoppen wollte) konnten die Mudschaheddin zwar 1988 den Abzug der sowjetischen Soldaten erzwingen und 1991 das pro-sowjetische Regime in Kabul besiegen, aber dann war es mit der Geschlossenheit der Kampfgemeinschaft auch schon wieder vorbei. Als der gemeinsame Feind fehlte, dominierten bei den afghanischen Stämmen plötzlich wieder die früheren konfessionellen und ethnischen Gegensätze von Sunniten und Schiiten, von Paschtunen, Usbeken, Tadschiken. Entsprechend waren die fundamentalistischen Gruppierungen aufgesplittert, und bald tobte der Krieg zwischen ihnen ebenso heftig – nun zerstritten über die Frage, welcher Stamm und welche Konfession in einem islamischen Staat die Vorherrschaft ausüben sollte.

In dieser Situation kamen die Taliban an die Macht. Ihnen gelang es in der kurzen Zeit von 1994 bis 1996, nahezu vier Fünftel von Afghanistan zu unterwerfen. Dieser rasche Sieg war außergewöhnlich, denn über viele Jahrhunderte war es nur wenigen Stammesführern oder Königen möglich gewesen, über derart viele rivalisierende Gruppierungen zu regieren. Tatsächlich blieb aber auch die Herrschaft der Taliban von Anfang an labil, beschränkte sich in erster Linie auf die Städte und Dörfer im leicht kontrollierbaren Flachland, und selbst dort konnten sich die neuen Machthaber nur durch Einschüchterung und Gewalt halten.

Für die Taliban war diese Art von Sieg ohnehin nur möglich, weil das benachbarte Pakistan und die USA sie großzügig mit modernen Waffen und Geld ausstatteten. Beide Staaten ließen sich dabei von strategischem Interesse leiten und gingen davon aus, man würde mit den straff organisierten Taliban endlich eine durchsetzungsfähige Ordnungsmacht in Afghanistan und damit stabile – berechenbare – Verhältnisse bekommen. Mit der Unterstützung eines solchen Regimes wollten sie die Voraussetzungen schaffen, um eine Pipeline von den Erdölfeldern Kasachstans quer durch Afghanistan und Pakistan zum Indischen Ozean zu legen. Dass sich das Taliban-Regime bald als eines der schlimmsten Unterdrückungssysteme des ganzen islamischen Orients erwies, nahmen sowohl Pakistan als auch die USA widerspruchslos in Kauf. Erst als die Taliban 1996 der Terror-Organisation al-Qaida Unterschlupf gewährten (wie ich im nachfolgenden Kapitel über den islamischen Terrorismus noch ausführlich darstellen werde) – erst dann entzogen die USA und später auch Pakistan (auf amerikanischen Druck hin) dem Taliban-Regime die Unterstützung.

Als im Oktober 2001, einen Monat nach dem Terroranschlag der al-Qaida auf das World Trade Center und das Pentagon, alliierte Truppen unter Führung der USA das Taliban-Regime stürzten, war die Situation in Afghanistan wieder wie in den Jahrzehnten zuvor: Die Macht der Zentralregierung konnte sich nur in der Hauptstadt Kabul und den umgebenden Regionen wirklich behaupten und entfalten, dagegen regierten in den Provinzen die Stammesfürsten und Klanführer nach eigenem Gutdünken. Und zur traurigen Regel waren wieder Fehden und Machtkämpfe rivalisierender Klans geworden. Die Lage komplizierte sich dadurch, dass in entlegenen Gegenden die flüchtigen Anhänger der Taliban sich neu formierten und mit Überfällen auf ihre Gegner ebenfalls zur Unsicherheit des Landes beitrugen – um dann fünf bis sechs Jahre später doch wieder zu einer ernsthaften Bedrohung zur werden.

Allerdings vertraten die meisten der rivalisierenden Klans und Stämme einen ähnlich radikalen Fundamentalismus wie die Taliban. Aber die einzelnen islamistischen Gruppierungen waren in ihren Streitigkeiten wieder derart mit sich selbst beschäftigt, dass es ihnen fernlag, eine geschlossene Formation gegen ungläubige Feinde aus westlichen Staaten zu bilden. Ohnehin haben sie nie ein Interesse an Entwicklungen außerhalb ihres Herrschaftsbereichs gezeigt. Darin waren sie den Taliban ähnlich, wichen aber völlig von den globalen Intentionen der al-Qaida ab. Die untereinander zerstrittenen afghanischen Stämme werden erst dann wieder zu einer einheitlichen Stoßrichtung gegen westliche Staaten finden, wenn sie sich durch einen Angriff von außen in ihrer Unabhängigkeit bedroht fühlen.

Gerade weil die Taliban eine ernsthafte Bedrohung geblieben sind, lohnt es sich, ihre Struktur näher zu betrachten. Denn vergleicht man die Ideologie dieser afghanischen Fundamentalisten, dann bekommen wir einen weiteren Eindruck davon, welch unterschiedliche, ja extrem gegensätzliche Gebilde der Islamismus hervorbringen kann.

Das arabische Wort *Talib* bedeutet »Schüler«, im übertragenen Sinn Koranschüler. Der persisch gebildete Plural ist *Taliban*. Ihre Bewegung bildete sich aus einem Stamm der Paschtunen, die früher rund 60 Prozent, derzeit (2015) etwa 42 Prozent der afghanischen Bevölkerung ausmachen. Die Taliban leben unter den fundamentalistischen Gruppierungen eine besonders radikale Form sunnitischer Rechtgläubigkeit, nämlich eine Ausprägung des wahhabitischen Islam – wie auch die al-Qaida und der »Islamische Staat«. Gemeinsam ist den drei Terror-Organisationen, dass sie ihre schroffe Intoleranz vor allem gegen Schiiten richten, so auch gegen den schiitischen Gottesstaat Iran.

Die eigentlichen Ursachen für die Feindschaft zwischen den Islamisten in Afghanistan und den Islamisten im Iran liegen aber tiefer: Sie gründen zum einen auf dem konfessionellen Gegensatz von Schiiten und Sunniten, zum anderen auf dem ethnischen Gegensatz von Iranern und Paschtunen. Verschärfend kommt hinzu, dass die iranischen Mullahs und die Geist-

lichen der Taliban ein sehr unterschiedliches Zivilisations-
niveau im Hintergrund haben – was erheblich ihre jeweilige
Auffassung von Religion und Politik beeinflusst.

Im Iran gab es bereits unter den Schahs der Pahlevi-Dynas-
tie einen beträchtlichen Modernisierungsschub, wenngleich
er nur einer schmalen Oberschicht zugutekam. Aber auf dieser
Basis konnte das Mullah-Regime das Bildungswesen beträchtlich verbessern. Zu Beginn der Islamischen Republik 1979 waren 63 Prozent der Iraner Analphabeten, aber ihre Rate sank bis
zur Wende zum 21. Jahrhundert auf 28 Prozent – der Iran schob
sich mit diesem Ergebnis ins Spitzenfeld der islamischen Länder; nur noch der Libanon, Jordanien und die Türkei hatten eine bessere Alphabetisierungsrate vorzuweisen. Geradezu
umgekehrt Afghanistan: Auch noch im Jahr 2003 betrug die
Rate der Schreib- und Leseunkundigen 68 Prozent, das Land
rangierte also nach wie vor am unteren Rand der Skala. Selbst
viele Mitglieder der Taliban, die sich gemäß ihrem Namen als
Koranschüler verstehen, konnten weder lesen noch schreiben;
ihre Korankenntnisse verdankten sie nur einem oberflächlichen mündlichen Unterricht. Entsprechend vage nur konnte
ihre Vorstellung eines reinen Islam am Koran orientiert sein,
und nur gar zu rasch neigten sie dazu, die über Jahrhunderte
konservierten und erstarrten Stammestraditionen mit den
Idealen einer ursprünglich islamischen Gesellschaft gleichzusetzen. Geändert haben dürfte sich das wohl nicht.

Voller Unverständnis mussten daher die meisten Ideologen des Taliban-Gottesstaates die Vorgänge im benachbarten
Gottesstaat Iran beobachten. Ihnen erschien es bereits als
schwerer Verstoß gegen den Willen Gottes, dass Frauen im
Iran höhere Schulen besuchten, sogar akademische Berufe
ausübten, das Wahlrecht besaßen, ja, manche Frauen darüber
hinaus als Abgeordnete in das Parlament gewählt wurden und
politische Funktionen ausübten. Nicht minder irritieren musste die Taliban, dass unter der Herrschaft iranischer Mullahs

Film und Fernsehen nicht als Teufelswerk verdammt waren, sondern eine große Rolle spielten.

Unter dem Regime der Taliban wurden Gesetze eingeführt, wie sie selbst in vielen anderen extrem traditionalistischen Staaten nicht mehr praktiziert wurden. Entsprechend stieß das Rechtswesen der Taliban bei vielen Gläubigen quer durch die islamische Welt auf Unverständnis, ja, ranghöchste sunnitische wie schiitische Geistliche lehnten viele der Verordnungen strikt als irregeleitet ab – so die Korangelehrten der al-Azhar-Universität in Kairo, der wichtigsten Lehrautorität der Sunniten, und die Ayatollahs in Ghom, dem geistigen Zentrum der iranischen Schiiten. Bei den Taliban wurde ein Muslim mit dem Tod bestraft, wenn er zu einem anderen Glauben übertrat. Mit dem Tod bedroht waren auch Christen, sofern sie in den Verdacht gerieten, Muslime zum Glaubensabfall zu bewegen. Zusätzliche Verbote wurden besonders für Frauen erlassen. Frauen wurden wieder in die Totalverschleierung gezwungen, so dass selbst die Augen hinter einem Gazevorhang verborgen sind. Außerdem wurde Frauen das Wahlrecht entzogen und der Besuch höherer Schulen und die Berufstätigkeit verboten. Männer wurden zur Barttracht wie zur traditionellen Kleidung, etwa Turban und Pluderhose, verpflichtet. Westliche Kleidung wurde ebenso strikt verboten wie Kino, Fernsehen und Musikaufnahmen. Archaische Verhältnisse sollten festgeschrieben werden, wie ich sie 1964 bei meiner Reise durch Afghanistan noch durchweg angetroffen hatte. Damals war das Land noch kaum von westlichem Einfluss berührt gewesen.

Die Taliban versuchten also nur, das Rad der Geschichte um vier Jahrzehnte zurückzudrehen – nicht auf den ursprünglichen Islam, wie sie selbst vorgaben, sondern auf eine vorindustrielle, zutiefst feudalistisch erstarrte Lebensform. Mit ihrem Widerstand sogar gegen jede oberflächliche Modernisierung stand das Taliban-Regime unter fundamentalistischen Bewegungen einzigartig da – und übertraf damit auch die antimodernistische Starrheit und Intoleranz des wahhabitischen Islam in Saudi-Arabien. Nur was Autos und Waffentechnik betraf, waren die Glaubenskrieger für moderne Errungenschaften aufgeschlossen. Das war kein Zufall, schließlich hatten sie mit schnell beweglichen Fahrzeugen und hochentwickelten Waffen (teils amerikanischer Lieferungen) einen Großteil Afghanistans erobert.

Mit moderner Waffentechnik vollzogen die Taliban auch ein Zerstörungswerk, das ihr Regime in einer neuen Variante des religiösen Fanatismus präsentierte: Im März 2001 vernichteten Soldaten der Taliban mit Panzern und Raketen die weltberühmten Buddha-Statuen von Bamiyan. Es waren Monumentalstatuen, die im 4. und 5. Jahrhundert unserer Zeitrechnung aus der Felswand eines afghanischen Hochtals gemeißelt worden waren und zusammen mit prachtvollen Klöstern ein Zentrum buddhistischer Religiosität gebildet hatten, einst viel besucht von Reisenden der legendären Seidenstraße. Mit 55 und 38 Metern Höhe waren die beiden Buddha-Statuen die größten der Welt gewesen, ein einmaliges multikulturelles Ensemble mit indischen, griechischen und chinesischen Einflüssen und als solche Kostbarkeit von der UNESCO zum Weltkulturerbe erklärt. Scheich Mohammed Mullah Omar, das geistliche Oberhaupt der Taliban, begründete die Zerstörung mit dem Argument, die Götzen könnten von Irregeleiteten wieder angebetet werden.

Als die Taliban die Buddha-Statuen von Bamiyan vernichteten, bezogen sie sich auf weit zurückliegende Auswüchse. Schon im Jahr 871 hatten nämlich muslimische Eroberer, nachdem sie kurz zuvor im Tal von Bamiyan eingerückt waren, Buddhafiguren die Gesichter zerschlagen und buddhistische Klöster zerstört. Noch fast ein Jahrtausend später entehrten muslimische Truppen die übriggebliebenen Statuen als Zielscheiben für ihre Waffen. Muslime ließen in diesem Fall nicht jene Toleranz walten wie gegen sakrale Stätten der Christen,

Juden und Zarathustrier. Denn während sie Kirchen, Synagogen und zarathustrische Feuertempel als Verehrungsstätten des »einen« Gottes ansahen und daher schonten, erschienen ihnen die Kultstätten von Buddhisten wie auch von Hindus als Tempel der Vielgötterei, deren Statuen als Götzen. Religiöser Respekt musste in diesem Fall nicht bezeugt werden, im Gegenteil, gnadenlose Vernichtung schien angemessen.

Entsprechend haben Muslime überall im buddhistischen wie auch hinduistischen Kulturkreis gewütet. Das vorislamische Afghanistan war aus der Sicht orthodoxer Muslime eine solche heidnische Region. Nur fehlten den Machthabern früherer Jahrhunderte die hochentwickelten Waffen, mit denen sich derart mächtige Statuen wie die von Bamiyan bis auf den letzten Rest zerstören ließen, und so zogen es die Fanatiker früherer Generationen vor, die »tote« Vergangenheit des Götzenkults zu ignorieren. Aus diesem Grund nur hatten die Buddha-Statuen mit ihren zerschlagenen Gesichtern so lange überdauert.

Barbarei, Vandalismus … Dass die westliche Welt einhellig mit Empörung, ja Entsetzen reagierte, ist verständlich angesichts unseres eigenen kulturellen Hintergrunds. Zwar finden sich auch in der christlichen Vergangenheit derartige Exzesse – angefangen von der Zerstörung »heidnischer« Tempel der Antike bis hin zur Bilderstürmerei protestantischer Fanatiker in katholischen Kirchen. Aber spätestens während des 18. und 19. Jahrhunderts hat sich bei uns in Europa die Haltung durchgesetzt, die Zeugnisse fremder Religionen als Kultur und Kunst zu schätzen und die Überreste untergegangener Kulturen sogar museal sorgfältig zu konservieren.

Überraschen muss uns eher, dass auch viele islamische Staaten auf den Zerstörungsakt der Taliban ablehnend reagierten. So besonders Ägypten, Marokko, Tunesien, die Türkei, Indonesien. Aber diese Staaten besitzen eine westlich beeinflusste Bildungsschicht, und sie betrachten seit mehr als einem Jahrhundert Tempelruinen und Bildnisse vorislamischer Kulturen als Teil der eigenen Geschichte, restaurieren sie museal und erschließen sie gewinnbringend dem Tourismus. Selbst in Pakistan, dessen Regierung etliche Jahre politisch enge Kontakte mit dem Taliban-Regime pflegte, gab es Kritik an der Zerstörung der Buddha-Statuen. Zwar sympathisiert ein beträchtlicher Teil des ungebildeten und sehr armen Volkes (rund 50 Prozent der Pakistani sind Analphabeten) mit dem rigorosen Islamismus im Nachbarstaat Afghanistan. Aber zumindest Pakistans schmale Bildungsschicht sieht buddhistische Ruinenstätten und Skulpturen als kulturelles Erbe an und zwar schon seit der britischen Kolonialzeit. Schließlich hat Gandhara, eine Landschaft im Grenzgebiet von Pakistan und Afghanistan, den weltberühmten Namen für eine griechisch beeinflusste Kunstrichtung des Buddhismus (die Gandhara-Epoche für die ersten Buddha-Figuren überhaupt) gegeben.

Auch das iranische Mullah-Regime reagierte ablehnend auf den Zerstörungsakt in Afghanistan. Dabei wäre es dort im ersten Jahr der Islamischen Republik beinahe zu einer ähnlichen Katastrophe gekommen. Radikale Aktivisten versuchten, mit Bulldozern die weltberühmten altpersischen Ruinen von Persepolis zu zerstören, die sie als heidnisch ansahen. Aber ihnen traten damals Einheimische mit Gewehren entgegen und vertrieben sie. Es blieb bei diesem einen Versuch. Die radikal-islamische Regierung unter Khomeini stand nicht hinter der Aktion, denn auch strikt orthodoxe Muslime können die Ruinen von Persepolis als Zeugnis der zarathustrischen Kultur – geistig verwandt mit dem Islam – verstehen, selbst wenn viele der Bildnisse dort heidnische Elemente aufweisen.

Wie tief der Kontrast zwischen dem iranischen und dem afghanischen Gottesstaat kulturell eigentlich ist, empfand ich besonders an jenem 1. März 2001, als die Nachricht über die Zerstörung der Buddha-Statuen von Bamiyan um die Welt ging. Zur gleichen Zeit fand im Kunsthistorischen Museum von Wien eine großangelegte Ausstellung mit Leihgaben aus dem Nationalmuseum von Teheran statt: »7000 Jahre persische Kunst« (eine Wanderausstellung mit späterer Präsentation in anderen europäischen Städten). Gezeigt wurden kostbare Objekte, überwiegend aus vorislamischer Zeit: nicht nur Gefäße und Ritualgeräte aus altiranischen Fürstenhöfen, nicht nur Statuen und Bildnisse altpersischer Gottkönige, nicht nur Standbilder der altpersischen Zarathustra-Religion, sondern auch Bildnisse heidnischer Gottheiten aus einer Zeit, lange bevor Zarathustra im Iran predigte.

Anfang des 21. Jahrhunderts schien es im Bewusstsein der westlichen Öffentlichkeit wie auch vieler Muslime so, als ob derart kulturfeindliche Exzesse wie die der Taliban eine rare Ausnahme blieben. Aber bereits zwei bis drei Jahrzehnte später schockierte der »Islamische Staat« mit ähnlichen Exzessen, so mit der Zerstörung assyrischer Tempel im Irak und der teilweisen Zerstörung von Palmyra in Syrien. Ein Zufall ist dies nicht. Beide Terror-Organisationen sind ja religiös innig verwandt, beide sind, wie schon mehrmals erwähnt, durch eine radikalisierte Form des ohnehin schon radikalen Wahhabismus geleitet.

Modellfall Türkei

Im Dezember 1995 geschah in der Türkei das bis dahin Undenkbare: Bei den Parlamentswahlen wurde die islamistische Refah-Partisi (»Wohlfahrtspartei«) stärkste Partei des Landes. Mehr noch, ihr Führer Necmettin Erbakan wurde im Juni des folgenden Jahres Ministerpräsident, und damit regierte zum ersten Mal seit der Gründung der Republik Türkei 1923 ein Islamist das Land.

Ein religiöser Fundamentalismus konnte also auch in der Türkei zu einer wichtigen politischen Kraft werden – ausgerechnet dort, wo sich die säkulare und laizistische Staatsidee innerhalb der islamischen Welt am frühesten und nachhaltigsten entfaltet hatte. Erschüttert war die langgehegte Vorstellung, dass die Türkei mehr als andere islamische Staaten ein Bollwerk gegen die sogenannte Islamisierung bilden könnte. Wie aber konnte es gerade in der Republik Atatürks zu einer derartigen Entwicklung kommen?

Der politische Vormarsch muslimischer Fundamentalisten in der Türkei ist – wie in allen islamischen Staaten – mit der Krise des etablierten Parteiensystems verknüpft. Auf türkische Verhältnisse bezogen, bedeutet das vor allem die Krise jenes strikt laizistischen Modells, das Atatürk geschaffen hat.

Die Krise hat einen kulturell-religiösen und einen sozialen Aspekt. Atatürks Reformen waren ja, wie ich in anderen Zusammenhängen schon erörterte, derart radikal, dass die Mehrheit der traditionell lebenden Bevölkerung zutiefst verunsichert sein musste. Die Tradition wurde durch die Regierenden total in Frage gestellt, ohne dass es den Politikern gelang, einen nachhaltigen Dialog zwischen einer westlich orientierten Bildungsschicht und traditionell orientierten Gläubigen in Gang zu setzen. Außerdem konnten die Reformer eine Reihe ihrer Fortschrittsversprechungen nicht einlösen. Wenn auch die Türkei seit den 1970er- und 1980er-Jahren immer wieder beachtliche Wachstumsraten ihrer Industrie aufweisen konnte, so kam der steigende Lebensstandard nur einem Teil der Bevölkerung zugute. Viele Regionen, besonders im Osten der Türkei, blieben extrem vernachlässigt. Ein Fortschritt nach westlichem Vorbild brachte Vorteile vor allem für jene, die ohnehin ökonomisch begünstigt waren. Und je mehr sich die Kluft zwischen sozial Begünstigten und sozial Benachteiligten vergrößerte, desto mehr wuchsen die Ressentiments der Letzteren gegen die Reformer. Und desto mehr gedieh die Sehnsucht nach einer (idealisierten) Vergangenheit, in der die Tradition noch Halt gegeben hatte. Gerade derartige Gefühle religiöser wie sozialer Entwurzelung bilden ja den typischen Nährboden für den islamischen Fundamentalismus.

Die Symptome eines kulturell-religiösen Defizits traten in der Türkei schon Mitte des 20. Jahrhunderts zutage. Nachdem Atatürks Nachfolger Ismet Inönü 1945 ein demokratisches Mehrparteiensystem eingeführt hatte, waren sofort oppositionelle Parteien mit Kritik am strikten Laizismus Atatürks entstanden. Und als 1950 die oppositionelle »Demokratische Volkspartei« unter Führung von Adnan Menderes die Wahlen gegen Atatürks »Republikanische Volkspartei« gewonnen hatte, machte die neue Regierung ihr Versprechen wahr, den Islam als Religion und Kultur öffentlich wieder mehr zur Geltung zu bringen. Seit Anfang der 1950er-Jahre darf der Ruf zum Gebet wieder fünfmal täglich vom Minarett erschallen – und zwar in arabischer Sprache, der Sprache des Korans, wie es orthodoxe Muslime forderten, und nicht auf Türkisch, wie es die Regierung bis dahin nur hatte zulassen wollen. Nun war auch Religionsunterricht an Schulen zugelassen (allerdings nicht als Pflichtfach, dies kam erst während der 1980er-Jahre), ebenso konnten Koranschulen neben öffentlichen Schulen betrieben werden, erlaubt wurden auch Koranlesungen im Rundfunk.

Diese Reformen standen aber nicht unter dem Motto »Zurück zum Islam«, waren also keine Re-Islamisierung eines religiös gleichgültig gewordenen Volkes, denn im Bewusstsein breiter Bevölkerungsschichten hatte der Islam nie an Bedeutung verloren. Die Religion sollte nur wieder stärkeres Gewicht im öffentlichen Leben bekommen, ohne dass die verschiedenen Parteien das laizistische Prinzip – die strikte Trennung von Religion und Politik – grundsätzlich in Frage stellten.

Eine derartige Entwicklung hatte noch wenig mit dem Aufkeimen eines islamischen Fundamentalismus zu tun. Dies wurde erst anders, als Necmettin Erbakan Anfang der 1970er-Jahre die politische Bühne betrat und eine Partei mit islamistischer Ideologie gründete. Bei den Wahlen von 1973 erntete seine »Nationale Heilspartei« auf Anhieb 11,8 Prozent der Stimmen. Nachdem diese Partei 1980 auf Druck des Militärs wegen verfassungsfeindlicher Tendenzen verboten worden war, gründete Erbakan 1983 eine neue Partei unter dem Namen *Refah-Partisi*, »Wohlfahrtspartei«. Diese Partei sollte schließlich 1995 zur stärksten politischen Kraft des Landes werden.

Was unterschied Erbakans Programm grundsätzlich von den pro-islamischen Absichtserklärungen der anderen Parteien? An welchem Punkt überschritt er eine Tabugrenze?

Erbakan forderte, die Trennung religiöser und politischer Institutionen müsse grundsätzlich aufgehoben werden, die Scharia sei wieder einzuführen und ein Gremium geistlicher Rechtsgelehrter solle wieder wie einst zur Osmanenzeit alle Entscheidungen der Politiker kontrollieren. Ein solches Programm bedeutete eine eindeutige Absage an das laizistische Modell, es konnte nach geltendem türkischem Recht nur als verfassungsfeindlich eingestuft werden. Erbakan rückte mit derartigen Parolen (die er aus taktischen Gründen nur selten unverhüllt äußerte) in die Nähe arabischer Islamisten. Trotzdem wies sein Programm gegenüber arabischen Positionen beträchtliche Unterschiede auf – eben weil die Rahmenbedingungen im türkischen Kulturraum völlig andere sind.

Zunächst aber die Gemeinsamkeiten.

Gemeinsam ist allen islamistischen Bewegungen, dass sie den Niedergang der einzelnen islamischen Staaten nicht auf die Strukturkrisen in der Gesellschaft zurückführen – sondern auf die Verwestlichung. Die Muslime hätten sich dazu verleiten lassen, Elemente westlicher Philosophie und Gesellschaft zu übernehmen. Und besonders verhängnisvoll sei in diesem Zusammenhang gewesen, dass eine Reihe Politiker angefangen hätten, die Bereiche von Religion und Politik völlig zu trennen.

Aus dem Westen wollen die Islamisten zwar die technischen Errungenschaften übernehmen, keinesfalls jedoch irgendwelche Anregungen aus der Philosophie und der staatlichen Organisation. Daher ist es kein Widerspruch, dass gerade viele der führenden Islamisten technische Berufe ausüben und teilweise auch das westliche Ausland aus eigener Erfahrung kennen. Erbakan zum Beispiel war Maschinenbauingenieur, er hat in Aachen studiert und längere Zeit in Köln gearbeitet, außerdem war er 1973 in einer türkischen Koalitionsregierung Industrieminister. »Mit Koran und Computer in die Zukunft« ist eine gängige Losung auch bei Islamisten.

»Zurück zum ursprünglichen Islam!« Diese Parole gilt für alle Islamisten. Aber beträchtliche Unterschiede zeigen sich bei der Frage, auf welche Epoche die Ideologen ihre Idealvorstellungen beziehen. Die meisten Islamisten arabischer Länder und des Iran fordern die Rückbesinnung auf eine Art »Ur-Islam« jene Gesellschaftsform, die in den ersten vier Jahrzehnten des Islam, von Mohammed bis Kalif Ali, bestanden hat. Jede spätere Entwicklung stellt aus ihrer Sicht nur noch Fehlentwicklung dar, nur noch Abwendung vom ursprünglichen Islam. Sie verurteilen damit selbst schon die kulturelle Glanzzeit des Kalifats von Bagdad als eine Epoche des Niedergangs, erst recht das Sultanat der Osmanen.

Dagegen möchten die meisten türkischen Islamisten die sozialreligiöse Struktur gerade des Osmanenreiches (zumindest in Grundzügen) wiederherstellen. Sie bleiben damit betont innerhalb der türkischen Tradition. Auch verzichten sie ausdrücklich auf einen gewaltsamen Umsturz und streben auch nicht die Diktatur eines islamischen Gottesstaates an, wie sie selbst sagen. Sie bekennen sich dazu, ihre Ziele auf demokratischem Weg durchzusetzen und die Entscheidung der Wähler zu respektieren. Anders könnten sie keinen Rückhalt in der türkischen Bevölkerung gewinnen.

Einen großen Zustrom an Wählerstimmen erhielt die islamistische Refah-Partei des Necmettin Erbakan in den 1980er- und 1990er-Jahren – in einer Zeit großer sozialer und kultureller Umbrüche. Damals setzte bei den Bauern Anatoliens eine bis dahin nicht gekannte Landflucht ein. Im Zeitraum von 1970 bis 2000 stieg der Anteil der Stadtbewohner von 30 Prozent auf nahezu 70 Prozent, die Einwohnerzahl vieler industriell entwickelter Großstädte wuchs um das Drei- bis Vierfache. Mit problematischen Folgen. Fast die Hälfte der Zuwanderer lebte in dieser Zeit in Slums, in sogenannten *Gecekondus*, viele von ihnen ohne Hoffnung, jemals einen sicheren Arbeitsplatz zu bekommen, sie vegetierten als Gelegenheitsarbeiter. Die Situation dürfte sich nicht geändert, wahrscheinlich sogar verschlimmert haben; aber offizielle Zahlen sind in den letzten Jahren nicht mehr erhältlich, weil die Verwaltung die Probleme vermutlich nicht mehr im Griff hat. Denn der größte Teil der Zuwanderer konzentriert sich auf die aus allen Nähten platzenden Ballungsräume von Istanbul, Izmir, Ankara. Denn der größte Teil der Zuwanderer konzentriert sich auf die aus allen Nähten platzenden Ballungsräume von Istanbul, Izmir, Ankara. Besonders drastisch ist die Entwicklung in Istanbul: 1955 lebten dort 1,3 Millionen Einwohner, 1975 waren es 2,5 Millionen, 2007 waren es bereits 11,2 Millionen und 2011 schließlich 13,5 Millionen; in nur 35 Jahren hat sich also die Stadtbevölkerung von Istanbul mehr als verfünffacht.

Viele der Slumbewohner waren und sind sozial wie ideell völlig entwurzelt. Und vor allem diese Entwurzelten sind anfällig für die Parole: Zurück zur ursprünglichen islamischen Gesellschaft. Erst wenn die Politiker sich wieder voll und ganz an den Grundsätzen von Koran und Scharia orientieren würden, könne ein Ausweg aus der sozialen Krise gefunden werden. Ein Fortschritt nach westlichem Vorbild müsse, weil nicht von Gott geleitet, nach einer kurzen Scheinblüte in den Niedergang führen.

Es war kein Zufall, dass die Islamisten der Refah-Partei ihre ersten Massenerfolge in den Großstadtslums ernteten. Aber was ihre Erfolge stabilisierte: Den religiösen Parolen ließen die islamischen Aktivisten soziales Engagement folgen. Seit den 1980er-Jahren organisierten Politiker der Refah-Partei Suppenküchen für sozial Bedürftige, private Hilfsdienste im Krankheitsfall, Arbeitsvermittlung, finanzielle Beihilfen für Schüler aus ärmeren Familien, kostenlose Wasserversorgung. Genau an solchen Maßnahmen fehlte es nach wie vor bei den etablierten Parteien der Türkei; diese hatten sich im Verlauf der Jahrzehnte nur noch um die Erhaltung ihrer eigenen Pfründe gekümmert und kaum Strategien für eine wirksame Sozialpolitik entwickelt. Bezeichnend war es, dass nach dem schweren Erdbeben im August 1999 die Regierungsparteien anfangs passiv blieben. Bei der Bevölkerung löste dies große Empörung aus. Geholfen haben vor allem ausländische Organisationen – und an zweiter Stelle private Hilfsdienste der Islamisten. Umso mehr wirkte bei sozial Enttäuschten die islamistische Parole: Man solle auf der Grundlage von Koran und Scharia einen echten Wohlfahrtsstaat schaffen, denn die unislamisch-säkularen Politiker seien dazu nicht in der Lage, seien viel zu korrupt. Der Name »Wohlfahrtspartei« war von Erbakan absichtsvoll in Hinblick auf die Notleidenden gewählt worden.

Was aber hinderte einen Islamisten wie Erbakan, in der Türkei auf längere Zeit zu regieren?

Auf den ersten Blick bildete die drückende Macht des Militärs die hauptsächliche Barriere für einen weiteren Aufstieg der Islamisten. Nichts geschieht in der Türkei ohne Zustimmung der Generäle, und dies engt das demokratische System erheblich ein. So zumindest noch die Situation bis Anfang des 21. Jahrhunderts. Die Generäle als »Wächter« der laizistischen Verfassung zwangen 1997 den demokratisch gewählten Ministerpräsidenten Erbakan nach nur einjähriger Amtszeit zum Rücktritt – mit der Begründung, er gefährde mit seiner Politik das Erbe Atatürks. Im Januar 1998 verbot das Verfassungsgericht auf Druck des Militärs hin außerdem die Refah-Partei als verfassungsfeindlich.

Solche Vorgänge erinnern an Algerien. Aber es gab einen wesentlichen Unterschied: Anders als die algerischen hatten sich die türkischen Islamisten dem Druck des Militärs gebeugt.

sie versuchten keinen Bürgerkrieg aus dem Untergrund heraus zu organisieren. Stattdessen gingen sie daran, eine neue Partei mit dem Namen »Tugendpartei« zu gründen. Und als diese Partei im Juni 2001 wiederum auf Druck des Militärs verboten wurde, gründeten die Islamisten unter dem arabischen Namen *Saadet* (»Glückseligkeit«) ein weiteres Mal eine Partei – und wieder mit dem offiziellen Bekenntnis, die Prinzipien eines säkularen, laizistischen Staates zu respektieren – die einzige Möglichkeit, ein erneutes Verbot zu umgehen.

Sehen wir uns das Kräfteverhältnis unter den einzelnen demokratisch gewählten Parteien in der Türkei näher an, dann verstehen wir, dass den Islamisten wie Erbakan bei nüchternem Abwägen gar nichts anderes übrig blieb, als sich dem Druck der Verfassungsrichter und des Militärs zu beugen. Denn sie besitzen weit weniger als die Islamisten in vielen anderen Ländern eine Massenbasis; jede Provokation zur Gewalt würde ihre Existenz massiv gefährden. Selbst zur Zeit ihrer größten Wahltriumphe waren die Islamisten weit davon entfernt, etwa wie in Algerien über die Hälfte der Wähler zu mobilisieren. Als die Refah-Partei 1995 die stärkste politische Kraft der Türkei geworden war, konnte sie gerade 21,8 Prozent der Stimmen auf sich vereinen. Ihr Vorsprung gegenüber zwei konkurrierenden säkularen Parteien war nur äußerst knapp: diese folgten mit 19,6 und 19,1 Prozent. Schon bei den Parlamentswahlen von 1999 konnte die »Demokratische Linkspartei«, eine sozialdemokratische Partei in großer ideologischer Nähe zu Atatürk, mit 22 Prozent der Wählerstimmen wieder die Führung übernehmen.[10]

Im Endergebnis heißt das: Die türkische Gesellschaft war viel zu sehr in zahlreiche unterschiedliche Gruppierungen aufgefächert, als dass es den Islamisten auch nur im Ansatz gelingen konnte, eine religiös-politische Staatsordnung mit der Scharia als Grundlage durchzusetzen. Eine 1996 veröffentlichte Studie türkischer Sozialwissenschaftler der Bosporus-Universität in Istanbul belegt dies mit folgendem Ergebnis: Nahezu 79 Prozent der befragten Türken sehen keinen Zusammenhang zwischen Religion und Politik, und lehnen dementsprechend auch die Ideologie eines politisch orientierten Islam ab.[11] Eine derartige Haltung unterscheidet sich grundsätzlich von der in den arabischen Ländern.

Aber im Spätherbst 2002 veränderte sich die türkische Parteienlandschaft grundlegend – und was nun eintrat, schien auf den ersten Blick der oben geäußerten Einschätzung grundsätzlich zu widersprechen. Vorzeitige Neuwahlen wurden ausgeschrieben, weil wieder einmal ein Interessenkonflikt die Regierungskoalition unter dem sozialdemokratischen Ministerpräsidenten Bülent Ecevit entzweit und das politische Leben in der Türkei gelähmt hatte. Am 4. November jenes Jahres erzielte die »Partei für Gerechtigkeit und Entwicklung« (AKP) mit 34 Prozent der Wählerstimmen einen Erdrutschsieg über die etablierten Parteien. Fast alle jene Parteien, die bisher zwischen 10 und 20 Prozent der Wähler für sich hatten gewinnen können, scheiterten diesmal an der Zehn-Prozent-Hürde, die das türkische Gesetz für einen Einzug ins Parlament setzt. Die AKP konnte auf diese Weise eine absolute Mehrheit, ja fast eine Zweidrittelmehrheit erringen. Das hatte es schon seit Jahrzehnten in der Türkei nicht mehr gegeben. Die AKP war erst 2001 gegründet worden und verstand sich ausdrücklich als islamisch.

Bei westlichen Beobachtern sorgte besonders der Führer dieser Partei, Recep Tayyip Erdoğan, für Aufsehen, ja Irritation. Erdoğan hatte noch wenige Jahre zuvor in der islamistischen »Wohlfahrtspartei« eine wichtige Rolle gespielt, er hatte gar Necmettin Erbakan stolz als seinen politischen Ziehvater bezeichnet. Und ausgerechnet Erdoğan hatte in Meinungsumfragen schon etliche Monate vor der Wahl als der populärste Politiker der Türkei gegolten – dies, obwohl er 1998 auf Druck des Militärs für drei Jahre alle politischen Ämter hatte niederlegen und eine viermonatige Gefängnisstrafe wegen »islamistischer Volksverhetzung« verbüßen müssen. Der Grund für seine Verurteilung war eine Rede gewesen, in der er die Verse eines türkischen Dichters zitiert hatte: Minarette werden unsere Bajonette sein, Kuppeln von Moscheen unsere Macht ...

Also doch wieder ein Islamist an der Regierung? Und dies sogar mit einem bisher unvorstellbaren Stimmenvorsprung vor allen Parteien mit säkularer Ideologie?

Erdoğan siegte eindrucksvoller, als dies dem einstigen politischen Ziehvater Erbakan je hatte gelingen können. In der Opposition konnte sich nur noch die »Republikanische Volkspartei« halten, die einst von Atatürk gegründet worden war, sie musste sich jedoch weit abgeschlagen mit rund 19 Prozent der Wählerstimmen begnügen. Die Partei Atatürks war nun die einzige, die weiterhin eindeutig die Interessen der urbanen, säkular und laizistisch denkenden Wählerschichten vertrat, unter anderem auch die der (unorthodoxen) Aleviten. Dagegen hatte Erdoğans Partei dafür geworben, ein Sammelbecken für die vielen konservativen sunnitischen Muslime zu sein. Die islamische AKP hatte mehrheitlich Wähler angezogen, die in Dörfern und Kleinstädten wohnten, vor allem jedoch als Zuwanderer aus ländlichen Gebieten in den ärmeren Vierteln der rasch wachsenden Städte lebten. Attraktiv war die AKP allerdings auch für viele Protestwähler geworden, die zwar säkular dachten, sich jedoch von der Misswirtschaft und Korruption der etablierten säkularen Parteien zunehmend abgestoßen fühlten. Und dies ist der bemerkenswerteste Umbruch bei der Parlamentswahl vom 4. November 2002: Sogar liberalere Wähler trauten plötzlich einer islamischen Partei noch eher als den bisherigen Parteien zu, die schwierigen sozialen Probleme der Türkei zu meistern. Aber weshalb schreckte die Protestwähler nicht das ideologische Prädikat »islamisch«?

Die AKP des Wahlsiegers Erdoğan ist keine islamistische

Partei, auch wenn sie sich ausdrücklich als islamisch versteht. Die Partei wurde gegründet, weil sich Erdoğan nicht mehr mit dem islamistischen Programm seines politischen Ziehvaters Erbakan identifizieren konnte. Erdoğan rückte 2001 nach heftigen Auseinandersetzungen endgültig von Erbakan ab, indem er ausdrücklich alle ideologischen Programmpunkte einer Islamisierung der Gesellschaft verwarf. Er hob als Schwerpunkt seiner Politik soziale und wirtschaftliche Reformen hervor. Mit dem Bekenntnis, »die Türkei nach Europa führen« zu wollen – also in die EU zu integrieren –, unterschied sich Erdoğan kaum noch von den Zielsetzungen, die die sozialdemokratische Republikanische Volkspartei und auch konservativere säkulare Parteien vertraten. Erdoğan gab in Interviews zu verstehen, er wolle sich am Vorbild christdemokratischer Parteien Europas orientieren und seiner Partei einen entsprechend muslimisch-türkischen Zuschnitt verleihen. Bemerkenswert ist, dass er mit solchen Äußerungen bei einer breiten Wählerschicht punkten konnte, während die islamistische Saadet-Partei des Necmettin Erbakan bei der Wahl 2002 an der Zehn-Prozent-Hürde scheiterte und politisch bedeutungslos wurde.

Erdoğan hatte sich bereits in der Vergangenheit als ein pragmatischer Politiker erwiesen. Zwar bekannte er sich stets zu einer sehr konservativen Form des Islam, er ließ sich in seinen Reden gelegentlich zu islamischem Pathos hinreißen, setzte jedoch in der politischen Praxis Reformen durch, die sich immer auf Sachverhalte und konkrete Probleme bezogen. So löste er als Oberbürgermeister von Istanbul zwischen 1994 und 1996 wirksamer als seine sozialdemokratischen Vorgänger die Probleme der Wasserversorgung, Luftverschmutzung, Müllabfuhr und des Verkehrs. Und gerade weil sich Erdoğan das Ansehen eines pragmatisch zupackenden Reformers erworben hatte, konnte er im Wahlkampf von 2002 mit der nötigen Überzeugungskraft auch viele jener Wähler beeindrucken, die einer konservativ islamischen Geisteshaltung skeptisch gegenüberstanden. Die Gunst dieser Wechselwähler konnte sich Erdoğan auf längere Dauer nur erhalten, weil er sich ohne ideologische Scheuklappen voll und ganz auf soziale und wirtschaftliche Reformarbeit konzentrierte.

Zunächst schien Erdoğan all die in ihn gesetzten Hoffnungen zu erfüllen. Fast zehn Jahre lang genoss er in breiten Bevölkerungsschichten eine ungebrochene Popularität und konnte für die AKP bei Parlamentswahlen dreimal die absolute Mehrheit gewinnen. Für die anhaltende Popularität war in erster Linie der wirtschaftliche Aufschwung entscheidend, ein Boom, wie es ihn derart nachhaltig kaum zuvor in der Geschichte der Republik Türkei gegeben hat. Eine entscheidende Neuerung war, dass die Regierung Erdoğan nicht nur große Industriebetriebe begünstigte, sondern auch resolut und entschieden kleinere Familienunternehmen förderte – was vor allem Bevölkerungsschichten in Anatolien, die stark religiös geprägt sind, zugutekam. Fortschritte erzielte Erdoğan auch in der Verständigungspolitik mit religiösen und ethnischen Minderheiten, weshalb ihn zunächst Christen und Kurden wählten.

Von einer »Islamisierung der Türkei«, vor der viele politische Gegner der AKP warnten, war kaum etwas zu spüren. Erdoğan konnte für seine religiös-konservative Wählerschaft zielstrebig nur einen Programmpunkt durchsetzen: Seit Februar 2008 dürfen Frauen mit Kopftuch an Universitäten studieren und seit 2011 sind Studentinnen mit Kopftuch nahezu selbstverständlich im Erscheinungsbild der Türkei. Erdoğan hielt trotz aller Bekenntnisse zu einer »konservativ islamischen« Politik unverrückbar an Atatürks Ideologie eines strikt säkularen Staates fest – wohl wissend, dass ein »religiös regierter« Staat in der Türkei völlig unpopulär ist und die AKP an Wählergunst verlieren könnte.

Aber bereits 2005 trübten erste Widersprüchlichkeiten empfindlich das Propagandabild des politischen Hoffnungsträgers.

Erdoğan reagierte zunehmend aggressiv auf die Kritiker seiner Regierung und verschärfte die Verbote einer längst schon labilen Presse- und Meinungsfreiheit. Zahlreiche Journalisten wurden verhaftet. Die Situation eskalierte, als im Mai 2013 in Istanbul eine Protestwelle gegen ein Bauprojekt auf dem Gelände des Gezi-Parks begann und sich in der ganzen Türkei fortsetzte. Die Türken protestierten hierbei weniger gegen eine drohende Islamisierung durch die die »islamische« AKP«, sondern mehrheitlich gegen den immer schroff-autoritären Regierungsstil von »Sultan Erdoğan« sowie gegen die wachsende Korruption innerhalb seiner Partei. Immer mehr zeichnete sich ab, dass Erdoğan durch rücksichtslose Machtpolitik jene Errungenschaften gefährdete, die er während der ersten Jahre seiner Herrschaft erreicht hatte.

Seit den 2010er Jahren verschärfte sich die Krise, indem Erdoğan eine sehr ambivalente Politik einerseits im syrischen Bürgerkrieg wie auch andererseits gegenüber den Kurden einleitete. Auf Einzelheiten kann ich in diesem Zusammenhang nicht eingehen. Nur so viel: Erdoğan sorgte für Schlagzeilen in der internationalen Presse weniger dadurch, dass er in der Türkei eine islamistisch geprägte Gesellschaftsordnung hätte durchsetzen wollen. Viel entscheidender war, dass er nun als glühender türkischer Nationalist auftrat, weil es galt, eine Wählerschicht mit betont nationalistischer Ideologie für die Absicherung, ja Erweiterung seiner eigenen Macht zu gewinnen. Mit dieser taktischen Kehrtwendung erwies sich Erdoğan ein weiteres Mal als ein sehr flexibler – und diesmal äußert zynischer – Pragmatiker. Und er zeigte so, dass man als Politiker in der Türkei letztlich mit extrem nationalistischen Parolen noch immer mehr Erfolg haben konnte als mit den Verheißungen einer islamistischen Gesellschaftsordnung.

Vormarsch der Islamisten auch in Ostasien?
Fallbeispiel Indonesien

Fundamentalistische Gruppierungen finden sich überall in der islamischen Welt, doch ist ihre Durchschlagskraft in den einzelnen Großräumen sehr unterschiedlich. Wenn wir von radikalem Islam, vom Widerstand der Ultra-Orthodoxen gegen ein »entartetes« Glaubensleben lesen oder hören, so konzentrieren sich die Ereignisse hauptsächlich auf den Vorderen Orient und den Mittleren Osten, selten rückt der ostasiatische Raum in unser Blickfeld. Zwar sind gegen Ende des 20. Jahrhunderts auf den Philippinen, in Indonesien und in den Westprovinzen von China einige radikale Gruppierungen in Erscheinung getreten. Aber wenn sie durch Überfälle, Bombenanschläge oder manche auch durch Entführung von Touristen in die Schlagzeilen der Weltpresse geraten, dann steht hinter ihren Aktionen meist die Absicht, größere Rechte für eine Minderheit durchzusetzen. Weitgehend fehlt bei ihnen das ideologische Konzept, einen fundamentalistisch-islamischen Staat zu errichten, wenngleich manche mit ihren Schlagworten islamistische Parolen aus dem Vorderen Orient kopieren.

Vor wenigen Jahren noch schien es, als hätten sich in Indonesien radikal-orthodoxe Gruppierungen mit beträchtlicher Gewaltbereitschaft entwickelt. Ein wesentlicher Grund für eine derartige Annahme war der schreckliche Terroranschlag vom 12. Oktober 2002: Eine Autobombe vor einer Diskothek des balinesischen Ferienortes Kuta tötete 202 Touristen, vor allem Australier. Die Täter, die zwei Monate später gefasst wurden, waren durchweg Indonesier. Aber, so stellte sich bald heraus, die logistische Unterstützung wie auch die finanziellen Zuwendungen hatten sie von der weltweit operierenden Terror-Organisation al-Qaida unter der Führung Osama bin Ladens erhalten. Und die Islamisten der al-Qaida haben ihre geistigen

Wurzeln in der radikalen wahhabitischen Ideologie Saudi-Arabiens (davon später mehr).

Kenner des indonesischen Raums betonten in Interviews und Artikeln westlicher Zeitungen, der Eindruck sei falsch, dass sich die muslimische Bevölkerung Indonesiens radikalisiere. Die wenigen radikal-islamischen Gruppierungen, die sich während der zwei bis drei Jahrzehnte zuvor in Indonesien entwickelt hätten, zählten kaum mehr als jeweils 2000 bis 3000 Mitglieder. Das sei verschwindend wenig im bevölkerungsreichsten Muslimstaat der Welt, mit rund 180 Millionen Muslimen – mehr als zusammengenommen in Ägypten, der Türkei und dem Iran lebten. Grundsätzlich habe sich an der »traditionellen Schwäche« eines orthodoxen indonesischen Islam nichts geändert, ja diese Schwäche nehme sogar noch zu.[12]

Besonders das Beispiel Indonesien lehrt, wie verfehlt es wäre, den Islam allein mit dem Glaubensleben der traditionsreichen Kerngebiete der Araber, Türken und Iraner gleichzusetzen. In Indonesien hat sich die Orthodoxie nie in dem Maß durchsetzen können wie im Vorderen Orient, nicht einmal abgeschwächt wie im indischen Raum. Weniger als die Hälfte aller indonesischen Muslime, die in der nationalen Gesamtstatistik von 2011 mit 88 Prozent der Bevölkerung aufscheinen (neben Hindus, Buddhisten und Christen), könnte aus der Sicht der maßgeblichen sunnitischen Lehrautorität, der al-Azhar in Kairo, als rechtgläubig gelten.[13]

Im Gespräch mit Indonesiern besonders in Java habe ich selbst immer wieder feststellen können, dass viele von ihnen gar keinen Wert darauf legen, als orthodox eingestuft zu werden, ja teilweise stolz auf Distanz zum Vorderen Orient bedacht sind. Viele bleiben in wesentlichen Grundzügen der hinduistischen Mythologie verhaftet. So werden gerade in Java, Indonesiens volkreichster Insel, noch immer die Tanzdramen des Ramayana und Mahabharata aufgeführt, deren Helden zwar nicht mehr als Götter, aber doch sämtlich als verehrungswürdige Gestalten religiöser Sage gelten. Auch opfern viele Muslime noch immer verschiedenen Naturgottheiten, die offiziell als Geister und Dämonen eingestuft werden.

Ich selbst habe beobachten können, wie muslimische Frauen zu Ruinen von Hindu-Tempeln in Zentraljava pilgerten, um dort (wie mir englisch sprechende Einheimische erklärten) für Kindersegen zu beten. Sie breiten unter den erhalten gebliebenen Kuppeln die Hände aus, und falls ein Wassertropfen des feuchten Gesteins ihre offenen Handflächen trifft, betrachten sie ihre Gebete als erhört. Sie alle wissen, dass hier früher hinduistische Gottheiten verehrt wurden – nicht zufällig meist Gott Shiva als Herr der Zeugungskraft –, die Ruinen aber nicht islamisch geweiht sind. Trotzdem bleiben die Stätten für die Frauen ein Pilgerziel. Diese Indonesierinnen sind so muslimisch, wie man lateinamerikanische Frauen als katholisch bezeichnen kann, die unter Einfluss indianischer Religiosität Maria als Fruchtbarkeitsgöttin verehren.

Wenn unter solchen Bedingungen schon die traditionelle islamische Orthodoxie auf unüberwindbare Barrieren stößt, muss dort von vornherein jede radikal-orthodoxe Gruppierung der Fundamentalisten eine Randerscheinung bleiben.

Auffallend ist, dass der Islam ausgerechnet im bevölkerungsreichsten Muslim-Staat der Welt nicht Staatsreligion ist. Auch spielt die Scharia in der Gesetzgebung kaum eine Rolle. Zu gering ist in Indonesien der politische Einfluss orthodoxer – und erst recht radikaler orthodoxer – Gruppierungen, um eine »wahrhaft islamische« Gesellschaftsordnung durchzusetzen. Gegen eine Islamisierung wehren sich nicht nur indonesische Christen, Buddhisten und Hindus. Auch viele Muslime verhalten sich reserviert, ja ablehnend. Besonders nationalistisch gesinnte Muslime sahen und sehen die Gefahr heraufdämmern, ein verfassungsrechtlich verankerter »Islam-Staat« würde starke Konflikte mit den nichtmuslimischen Indonesiern bringen, die immerhin rund 12 Prozent der Bevölkerung ausmachen. Und solche Konflikte könnten ernsthaft die Einheit der multi-religiösen, multi-ethnischen Nation gefährden.

Schon beim Streit um die Staatsverfassung konnten sich die konservativ-orthodoxen Kräfte nicht durchsetzen. Dabei dauerte dieser Streit rund eineinhalb Jahrzehnte. Er begann 1945, nachdem Indonesien aus der holländischen Kolonialherrschaft in die Unabhängigkeit entlassen war, und er kam zu einem Höhepunkt mit der Volksabstimmung von 1955. Nur knapp die Hälfte der Muslime votierte für die Idee eines Islam-Staates, und die Nichtmuslime waren ohnehin dagegen. Militante islamische Gruppen, die so taten, als repräsentiere ihre Ideologie 90 Prozent der Bevölkerung, zettelten Unruhen an und mussten mit Einsatz von Militär bekämpft werden. 1959 setzte schließlich der damalige Diktator Ahmet Sukarno, ein muslimischer Nationalist, per Dekret eine Staatsverfassung durch, die schon seit 1945 in der Diskussion war. Sie trägt den Namen *Pancasila,* »Fünf Säulen«. Die »Fünf Säulen« beinhalten die fünf Grundsätze, an die sich alle Indonesier unterschiedlichster Religionen und Weltanschauungen gleichermaßen gebunden fühlen müssen. Die erste Säule: der Glaube an die All-Ein-Gottheit. Die zweite Säule: die allgemeine Humanität. Die dritte Säule: die nationale Einheit Indonesiens. Die vierte Säule: eine Gesetzgebung, die durch nationalen Konsens zustande kommt. Die fünfte Säule: soziale Gerechtigkeit.

Eine derartige Verfassung gründet auf säkularen Grundsätzen. Wenn auch Religion und der Glaube an Gott als verpflichtende Prinzipien in der Verfassung verankert sind, gewährt der Staat allen Religionsgemeinschaften gleichermaßen Anerkennung. Das bringt die etwas vage anmutende Formulierung »All-Ein-Gottheit« zum Ausdruck, denn sie bezieht sich nicht allein auf Allah, sondern schließt die Glaubensformen der anderen Religionsgemeinschaften mit ein. Zudem sind orthodoxe Muslime einer Gesetzgebung unterworfen, die zwar sozial-religiöse Elemente enthält, aber durch den Konsens mit Nichtmuslimen zustande gekommen ist.

Diese Form einer religiösen Demokratie muss allerdings nicht konsequent die Entwicklung zu einer politischen Demokratie begünstigen. Das lehrt das Beispiel Indonesien ebenfalls. Über viele Jahrzehnte schränkte eine säkulare Diktatur das Leben der Menschen erheblich ein. Zwar wurden die Indonesier nie im Namen einer allein seligmachenden Religion unterdrückt, umso mehr aber wurden Oppositionelle im Namen eines angeblich fortschrittlichen Nationalismus verfolgt, eingesperrt, gefoltert, hingerichtet. Es gab und gibt in Indonesien weder ausreichende Bürgerrechte noch soziale Gerechtigkeit, so sehr diese Rechte auch in der Verfassung der »Fünf Säulen« festgeschrieben sind. Das war schon unter Sukarno so, der von 1945 bis 1966 autoritär regierte. Unter Suharto, der 1966 durch einen blutigen Putsch an die Macht kam und bis 1998 als unumschränkter Diktator das Volk ausbeutete, änderte sich nichts. Und doch war Suharto gleichzeitig ein geschätzter Handelspartner westlicher Industriestaaten. Unter seinen Nachfolgern können die Indonesier zwar wieder demokratisch zur Wahl gehen und zwischen mehreren Parteien entscheiden. Aber nach wie vor kann sich die schmale Oberschicht ohne demokratische Kontrolle schamlos bereichern, dagegen verharrt das Volk weiterhin in Massenarmut. Und weil soziale Reformen immer noch leere Versprechungen sind, bleibt die Situation explosiv.

Entscheidend ist allerdings, dass trotz dieser sozialen und politischen Dauerkrise die Islamisten als die angeblich neuen Hoffnungsträger in Indonesien nicht den von ihnen erhofften Zulauf haben.

Terrorismus, die andere Art von Krieg

»Dschihad« gleich »Heiliger Krieg«?

In das Bewusstsein der Weltöffentlichkeit ist seit den 1970er-Jahren zunehmend ein Begriff gedrungen, der bis dahin eher den Orientalisten geläufig war: *Dschihad*. Der Ausdruck ist inzwischen sehr strapaziert worden, wir kennen ihn aus den Schlagzeilen der Medien meist übersetzt mit »Heiliger Krieg«. Nach unserem landläufigen Verständnis ist er für die Muslime genauso problematisch wie für die Christen »Kreuzzug«.

Dschihad verdankt seine breitenwirksame Bekanntheit vor allem der Tatsache, dass seit den 1970er-Jahren verstärkt islamistische Gruppen Terroranschläge gegen westliche Staatsbürger oder westliche Einrichtungen ausüben. Sie alle sprechen oder schreiben davon, einen Dschihad nach dem Willen Gottes gegen den Westen zu führen. Ja, manche dieser Gruppierungen nennen sich gar *Dschihad Islami*, »Islamischer Heiliger Krieg«. Vielen von uns scheinen daher Terrorismus, Islamismus und Dschihad untrennbar eine Einheit zu bilden. Im vorangegangenen Kapitel »Modellfälle des Islamismus« hoffe ich verdeutlicht zu haben, dass keineswegs von jeder fundamentalistischen Bewegung blutiger Terror ausgeht. Nicht wenige Islamisten lehnen sogar ausdrücklich den Terrorismus als ein Mittel der Politik ab. Und schon gar nicht benützen alle Muslime den Begriff Dschihad in der Übersetzung »Heiliger Krieg«.

Im Folgenden versuche ich, das Phänomen Terrorismus von

seinen historischen Ursprüngen her zu erklären. Es gilt zu zeigen, dass Terrorismus bei Muslimen nicht von vornherein mit den Aktivitäten islamistischer Bewegungen verknüpft war und ist. Ebenso wenig der Begriff »Dschihad«.

Die jüngere Entwicklung trägt allerdings noch immer erheblich dazu bei, dass gängige Meinungen stets neu bestätigt werden. Schließlich sind es vorwiegend islamistische Gruppierungen, die ohne Rücksicht auf Menschenleben Gebäude in die Luft sprengen oder gar gezielt Bomben in Menschenmengen werfen, Attentate auf prominente Politiker und Journalisten verüben und sogar als Selbstmordattentäter das eigene Leben »opfern«. Ein besonderes Trauma bilden für uns die Terroranschläge vom 11. September 2001 auf das World Trade Center in New York und das Pentagon, durch die mehrere Tausend Menschen starben. Damit hat das Ideal des kriegerischen Dschihad eine neue – bisher unvorstellbare – Dimension bekommen. Erstmals ist es einer islamistischen Terror-Organisation gelungen, ihren »Heiligen Krieg« in das wirtschaftliche wie das militärische Zentrum der einzig verbliebenen Weltmacht USA zu tragen und aller Welt zu demonstrieren, dass der »ungläubige Westen« verwundbar und daher auch in einer zermürbenden neuen Art von Krieg zu besiegen sei.

Vor dieser geballten Macht bisher unterschätzter Energien und strategischer Planungsfähigkeit hatte die westliche Welt allen Grund zu erschrecken. Dadurch aber wurden bei uns wieder die Vorurteile wach, dass die Fundamentalisten eben nur zu jenen Werten ihrer Religion zurückkehren, die angeblich das Fundament ausmachen: Glaube *und* Schwert. Der Islam sei in erster Linie mit Gewalt zu verbreiten.

Tatsächlich finden sich im Koran eine ganze Reihe von Versen, die den Gläubigen unmissverständlich zum Krieg gegen Ungläubige aufrufen. Etwa: »Der Krieg [Kampf] ist euch vorgeschrieben.«[1] »Rege, oh Prophet, die Gläubigen zum Kampf an; denn 20 standhaft Ausharrende von euch werden 1000 Un-

gläubige besiegen; denn diese sind ein unverständiges Volk.«[2]
»Ich [Gott] bin mit euch, stärkt daher die Gläubigen, aber in die
Herzen der Ungläubigen will ich Furcht bringen; darum haut
ihnen die Köpfe ab und haut ihnen alle Enden ihrer Finger ab.«[3]
Diese Verse hat Mohammed zu jener Zeit formuliert, als sich
die Muslime noch in größter Bedrängnis einer Übermacht von
Feinden zu erwehren hatten. Damals entstanden auch jene
Sätze, die besonders dem Glaubenskrieger das Paradies versprechen. Etwa: »Glaubt an Allah und seinen Gesandten und
kämpft mit Gut und Blut für die Religion Allahs. [...] Dann wird
Allah euch eure Sünden vergeben und euch in Gärten führen,
welche Wasserläufe durchströmen, ein angenehmer Aufent-
halt: in Edens Gärten.«[4]

Doch wenn wir das arabische Wort Dschihad in der Übersetzung auf den »Heiligen Krieg« verengen, muss dies bei jedem
Muslim Kopfschütteln hervorrufen. Nur eine kurze Spanne
innerhalb der islamischen Geschichte hat der Glaubenskrieg
gegen »ungläubige« Völker im Vordergrund gestanden, und
zwar während der ersten zwei Jahrhunderte des Aufbruchs.
Dann aber zogen die meisten Muslime eher eine friedliche Haltung vor; und auch hierbei konnten sie sich auf den Koran stützen. Dschihad hieß dann: den wahren Glauben eifrig durch
Predigt verbreiten; die Andersdenkenden durch Diskussion
überzeugen; den Ungläubigen durch vorbildliche Moral ein
Beispiel geben; stets angestrengt darauf bedacht sein, dass der
Islam frei bleibt von allem Missbrauch.[5]

Die Muslime unterscheiden zwischen dem kleinen und dem
großen Dschihad. Der »kleine Dschihad« meint den sogenannten Heiligen Krieg, aber der »große Dschihad« bezieht sich
auf die friedliche Mission und das Streben nach Beherrschen
des eigenen Ich. Die Rangordnung von klein und groß zeigt,
welche Art von Dschihad für die Gläubigen Vorrang haben
muss.

In diesem Zusammenhang ist es aufschlussreich, dass im

Koran für Krieg und Kampf niemals das Wort »Dschihad« verwendet wurde, sondern der neutrale, nicht religiös aufgeladene Ausdruck *Qital*. Die Verbindung von Dschihad und Krieg stammt also aus der Zeit nach der Niederschrift des Korans. Erst gegen Ende des 8. Jahrhunderts unserer Zeitrechnung begannen muslimische Rechtsgelehrte, über den Stellenwert dieses Begriffs zu diskutieren, und erst im 9. Jahrhundert – unter der Herrschaft der Kalifen von Bagdad – war es soweit, dass zwischen großem und kleinem Dschihad unterschieden und der letztere als »Heiliger Krieg« im Sinne einer bewaffneten Notwehr definiert wurde. Dies geschah zur selben Zeit, als die muslimischen Rechtsgelehrten die Scharia ausarbeiteten.[6] Aber nahezu ein Jahrtausend lang hat das Ideal des »Heiligen Krieges« bei Muslimen eine geringere Rolle gespielt als bei Christen der berüchtigte Kreuzzugsfanatismus. Denn bei den Muslimen herrschte in jener Epoche, die wir Mittelalter nennen, das Gefühl vor, sie seien im Zeichen ihrer kulturellen und politischen Überlegenheit nicht mehr durch andersgläubige Völker bedroht; entsprechend bestimmte die friedliche und nicht die kriegerische Interpretation von Dschihad vorrangig ihr Bewusstsein.

Blicken wir auf das Zeitalter der Kreuzzüge zurück, so entdecken wir dort eine paradoxe Verkehrung jener Vorstellungen, die uns geläufig sind. Nur die Christen ließen sich in der ersten Phase der Kreuzzüge vom Ideal eines »Heiligen Krieges« gegen Ungläubige leiten, nicht die Muslime.

»Der Soldat Christi, sage ich, tötet unbekümmert, noch sicherer stirbt er. Wenn er stirbt und wenn er tötet, überstellt er sich Christus. Denn nicht ohne Grund trägt er das Schwert: Er steht im Dienst Gottes, um den zu bestrafen, der Böses tut ...« So lesen wir in einem Predigttext Bernhards von Clairvaux, einem charismatischen Mystiker, der im Gedächtnis der Nachwelt als Heiliger, aber auch als bedeutender Ideologe eines überaus aggressiven Kreuzzugsfanatismus weiterlebt. »Wenn er [der Soldat Christi] den Übeltäter erschlägt, ist er gewiss kein Menschentöter, sondern ein Übeltöter. [...] Durch den Tod der Heiden wird der Christ verherrlicht. [...] Die sind keine Mörder, die mit Eifer gegen die Feinde der Kirche kämpfen.«[7]

Diese Worte schrieb der heilige Bernhard in seinem *Lob an die Neue Ritterschaft* – gemeint sind die Tempelritter als die militärisch schlagkräftigste und ideologisch radikalste Kerntruppe der Kreuzzugsbewegung. In diesem Text ist alles enthalten, was wir heute nur im düsteren Fanatismus einer islamischen Ideologie des »Heiligen Krieges« zu finden glauben: Der andersgläubige Gegner gilt nicht als Mensch, sondern allein als Verkörperung des Bösen, so dass das Töten leichter fällt. Im Kampf gegen Ungläubige getötet zu werden, öffnet dem Märtyrer auf direktem Weg das Tor ins Paradies; daher ist das eigene Sterben leichter.

Christliche Theologen konnten eine derartige Ideologie allerdings nicht aus dem Evangelium herleiten. Um einen »Heiligen Krieg« durch eine religiöse Autorität zu rechtfertigen, mussten sie sich auf Augustinus, den politisch folgenreichsten aller Kirchenväter, berufen. Augustinus hatte im 5. Jahrhundert, als der christliche Staat sich machtpolitisch zu entfalten begann, die dazu passende Ideologie des *Bellum iustum,* des »Gerechten Krieges«, geliefert. Selbstverständlich hatte dieser »Gerechte Krieg« stets nur ein Verteidigungskrieg zu sein – alle heiligen Kriege werden anscheinend auf diese Weise gerechtfertigt. Im Fall der Kreuzzüge mussten die Christen ihr geraubtes Besitztum im »Heiligen Land« wieder der Herrschaft der Heiden entreißen.

Im 11. und 12. Jahrhundert, als christliche Theologen und Prediger mit ihrer aggressiven Ideologie des »Bellum iustum« eine Massenbewegung entfachen konnten, sahen sich die Christen des Abendlandes bedroht durch einen kulturell und politisch überlegenen Islam – und glaubten, das Ideal eines »Heiligen Krieges« bemühen zu müssen, um letztendlich doch noch über den ungläubigen Feind zu triumphieren. Im 20. und 21. Jahrhundert ist dagegen die Situation geradezu umgekehrt. Nun glauben radikale Gruppierungen islamischer Fundamentalisten, allein mit dem Ideal eines kriegerischen Dschihad könnten sich die Gläubigen gegen den mächtigen ungläubigen Feind behaupten und nur unter äußerstem Einsatz einen Sieg erringen.

Und doch: Auch Islamisten verstehen unter Dschihad zuerst einmal die friedliche Anstrengung im Glauben, sie konzentrieren nach ihrem Selbstverständnis alle Energien auf den Versuch, durch Predigt, Diskussionen und Reformen unter dem Schutt toter Tradition verschüttete Glaubenskraft freizusetzen. Dschihad als Krieg darf selbst für sie erst in Frage kommen, wenn sie ihre Religion durch gewaltsame Eingriffe bedroht sehen und sich nur noch bewaffnete Gegenwehr als Ausweg anbietet; hier sind sie an eindeutige Korangebote gebunden, und sie selbst betonen das auch. In diesem Zusammenhang müssen wir uns die Frage stellen, weshalb aber Muslime im 20. und 21. Jahrhundert zu der Überzeugung kommen, ihre Religion sei nur noch mit Gewalt gegen eine feindliche Übermacht vor großem Schaden zu bewahren. Ist es ein bloßer Verfolgungswahn?

Bis zu einem gewissen Grad ist es nachvollziehbar, dass Muslime ihre Kultur und politische Ordnung durch westlichen Einfluss, ja durch handfeste westliche Großmachtpolitik bedroht sehen. Zwar hat der vielgeschmähte Westen den politischen Niedergang islamischer Staaten und den Zerfall islamischer Kultur nicht verursacht, aber die vorgefundene Krise zu seinen Gunsten ausgenutzt und gezielt verschärft.

Verhängnisvoll war von allem Anfang an, dass die moderne westliche Zivilisation nicht friedlich in Asien und Nordafrika vordrang, sondern mit Gewalt: Europäische Kolonialmächte, allen voran Frankreich und Großbritannien, zwangen einen muslimischen Staat nach dem anderen in ihre Abhängigkeit, teils durch wirtschaftlichen Druck, teils durch militärische Aktionen. Und in der zweiten Hälfte des 20. Jahrhunderts sind noch die USA als imperiale Macht mit dem schließlich stärksten Einfluss hinzugekommen. Sofern die ungebetenen Eindringlinge Fortschritt brachten – bessere Anbaumethoden für die Landwirtschaft, bessere Medizin, bessere Technik, allen voran bessere Waffen –, erreichten diese Errungenschaften meist nur eine schmale Oberschicht, nicht aber die Masse des notleidenden Volkes. Außerdem spielten die westlichen Mächte arrogant ihre Überlegenheit aus in der Absicht, jede fremde Kultur als rückständig, als durchweg unterentwickelt erscheinen zu lassen. Den Muslimen gegenüber lautete die besondere Provokation: Der Koran sei in keiner Weise mehr fähig, auf moderne Probleme eine Antwort zu geben, seine veralteten, mittelalterlichen Anweisungen könne man in jeder Hinsicht getrost vergessen. Wenn auch diese Einstellung nicht für alle Eindringlinge typisch gewesen ist – schließlich kamen aus westlichen Staaten auch Wissenschaftler in den Orient, unter ihnen Orientalisten mit wachem Verständnis für den Rang islamischer Kultur –, so herrschte doch das borniere Verhalten vor. Und dies hat nachhaltige Folgen gezeitigt.

Je geringschätziger Europäer und Amerikaner den Islam als eine »unterentwickelte« Religion einstuften, desto empfindlicher reagierten die Betroffenen, desto mehr wurde für sie »Christentum«, erst recht »Westen« zu Reizwörtern. Damit war absehbar, dass die Zahl derjenigen weiter wuchs, die den fremden Einfluss kompromisslos in jeder Form zurückdrängen möchten – und wenn nichts anderes zu helfen scheint: mit Gewalt.

Terrorismus und Märtyrerkult im Nahen Osten

Die Problematik eines kriegerischen Dschihad hat seit Mitte des 20. Jahrhunderts durch den Nahostkonflikt ein bisher nicht gekanntes Ausmaß bekommen.

Es begann in den 1940er-Jahren. Damals schufen im Nahen Osten westliche Kolonialmächte die Vorbedingungen für die späteren Kriege und bürgerkriegsähnlichen Spannungen. So setzte Frankreich 1944 gegen den Willen der meisten dort ansässigen Muslime durch, dass auf dem Boden seines Protektorats Syrien ein zweiter Staat, nämlich Libanon, entstand. Im Libanon aber waren rund 40 Prozent der Araber Christen, die auch nach dem Abzug der Mandatsmacht weiterhin die Interessen Frankreichs wahrten. Parallel dazu trug Großbritannien wesentlich dazu bei, dass 1948 innerhalb seines Protektorats Palästina der jüdische Staat Israel (neben dem arabischen Staat Jordanien) gegründet wurde.

Israel aber erschien den Muslimen erst recht als ein Fremdkörper innerhalb ihres eigenen Kulturraums. Aus ihrer Sicht setzten die Israelis die imperialistische Politik der ehemaligen Kolonial- oder Mandatsmacht fort, ja fungierten als verlängerter Arm westlicher Großmachtinteressen. Oder wie es Muslime oft formulieren: Israel bilde inmitten der islamischen Welt einen Stützpunkt des »modernen christlichen Kreuzfahrertums«. Die Araber konnten kein Verständnis für den Wunsch der Juden aufbringen, dass diese nach vielerlei antisemitischen Ausschreitungen in Europa, vor allem nach ihrer Flucht vor dem Holocaust des deutschen Faschismus, einen eigenen Staat auf historischem Boden gründen wollten. Für die rigorose Verweigerung wog ein Umstand besonders schwer: Israels Staatsgründung geschah über die Köpfe der Araber hinweg mit Hilfe der verhassten einstigen Mandatsmacht Großbritannien, anderer europäischer Staaten und der immer mächtiger werdenden USA.

Arabische Terror-Organisationen mit einer Strategie von Attentaten formierten sich allerdings erst während der 1960er- und 1970er-Jahre. Zu jener Zeit waren die arabischen Staaten bereits in zwei Kriegen gegen Israel besiegt worden und einige Regierungen hatten bereits die Illusion verloren, mit Waffengewalt den Staat Israel beseitigen zu können. So suchten sie nach langem Zögern den Kompromiss, ja, etliche Staaten, allen voran Ägypten, nahmen mit Israel Friedensverhandlungen auf. Das aber forderte den Widerstand jener arabischen Flüchtlinge heraus, die in den Prozess nicht eingebunden waren und sich weiterhin extrem sozial benachteiligt und politisch gedemütigt fühlten. In arabischen Flüchtlingslagern entstanden die ersten radikalen Widerstandsgruppen, die – unabhängig oder auch heimlich unterstützt von arabischen Regierungen – Überfälle und Sprengstoffattentate auf Israelis, westliche »Imperialisten« und die mit ihnen verbündeten muslimischen Politiker ausübten.

Naturgemäß lehnten diese Gruppierungen den Begriff Terrorismus als üble Diffamierung ab und bezeichneten sich selbst als Freiheitskämpfer oder Widerstandskämpfer. Ihr Verhalten deckte sich weitgehend mit dem der Israelis, die vor der Gründung des Staates Israel ähnliche Organisationen unterhalten und mit Überfällen und Bombenattentaten gegen die Araber sowie gegen die britische Mandatsmacht gekämpft hatten – und auch die Bezeichnung Terrorismus strikt von sich gewiesen hatten.

Die ersten palästinensischen Terroristen oder Freiheitskämpfer stützten sich allerdings noch auf keine islamistische Ideologie, sie wünschten ein säkulares Palästina. Sie waren arabische Nationalisten, die sich weltanschaulich an den politischen Visionen Gamal Abd an-Nassers wie der Baath-Partei Syriens und des Irak orientierten: Nicht den Islam als politische Religion galt es gegen die »westlichen Imperialisten und Zionisten« zu mobilisieren, sondern die Idee des Antikolonialismus, der sozialen Gleichheit und Gerechtigkeit unter den Völkern. Viele dieser Terroristen beriefen sich auf einen arabischen Sozialismus, dessen geistige Grundmuster, wie ich an anderer Stelle schon beschrieb, letztlich aus dem Westen importiert waren.[8] Kernpunkt ihrer Kritik war, dass westliche Staaten sich oft selbst nicht an die eigenen proklamierten Werte hielten.

Gerade einer der radikalsten und gefürchtetsten Terroristen der Frühzeit, Abu Nidal, äußerte sich in diesem Sinne und demonstrierte stellvertretend für viele, dass der antiwestliche Terrorismus oder »Freiheitskampf« anfangs noch keineswegs auch eine Abkehr von abendländischen Werten vollzog. Anschaulich belegt dies eine Erklärung Abu Nidals aus dem Jahr 1985, als der Islamismus ideologisch bereits beträchtlich an Boden gewonnen hatte. Abu Nidal antwortete Journalisten des deutschen Nachrichtenmagazins *Der Spiegel* auf die Frage, welche Revolution ihm am meisten imponiere, ganz im Stil der säkularen Baath-Sozialisten: »Der politische Inhalt der Französischen Revolution ist überwältigend schön: Freiheit, Gleichheit, Brüderlichkeit. Uns als unterdrückten Menschen imponieren diese Maximen.« – »Und die islamische Revolution im Iran?« Für diese Frage hatte der unversöhnliche Feind Israels und der USA nur ein Lachen übrig.[9] Zur traurigen Ironie gehört aber, dass ausgerechnet Abu Nidal, dieser Top-Terrorist der 1970er- und 1980er-Jahre, im August 2002 durch Geheimdienstbeamte der irakischen Baath-Partei auf Befehl des Diktators Saddam Hussein in Bagdad erschossen wurde. Die Gründe für diesen Mord sind der Weltöffentlichkeit verborgen geblieben, jedoch ist zu vermuten, dass der alt gewordene, nicht mehr aktive, mit viel Hintergrundwissen ausgestattete Abu Nidal dem irakischen Diktator unbequem geworden war.

Der Islamismus bekam seinen ersten großen Zulauf unmittelbar nach dem sogenannten Sechstagekrieg 1967, als die säkular gesinnten arabischen Regierungen die bis dahin verheerendste Niederlage gegen Israel hinnehmen mussten. Mit dieser Niederlage war bei vielen Muslimen das Vertrauen in die säkulare Ideologie vollkommen erschüttert, hatten doch alle Modernisierungskonzepte die Katastrophe nicht abwenden können. Aber es dauerte noch einmal ein bis zwei Jahrzehnte, bis im Nahen Osten die Widerstandsgruppen gegen Israel und den Westen verstärkt das Ideal des Dschihad im Sinne eines »Heiligen Krieges« aktivierten. Und erst in diesem Zusammenhang genügte es den Kämpfern nicht mehr, den Feind als Aggressor und Imperialisten zu bezeichnen – jetzt erst kam das religiös und mythologisch befrachtete Schlagwort vom »satanischen« Feind auf, jetzt erst wurden die USA als die einflussreichste Macht »Satan Amerika« genannt.

Unmittelbar nach dem Sechstagekrieg 1967 entstand im Westjordanland die sunnitische Bruderschaft *Hamas* (»Eifer«) in Anlehnung an ägyptische und syrische Muslim-Bruderschaften, die bis dahin schon seit Jahrzehnten nur ein politisches Außenseiterdasein geführt hatten. Aber erst 1987 formierte sich die Hamas zu einer radikalen Kampforganisation. Dies geschah, als Israels radikal-nationalistische Likud-Regierung weiter gezielt die völkerrechtswidrige Gründung jüdischer Siedlungen im besetzten Westjordanland förderte (was die »Schutzmacht« USA stillschweigend duldete). Weitere Terror-Organisationen wie *Dschihad Islami* (»Islamischer Heiliger Krieg«) folgten. Im Libanon hatte sich bereits 1982 die schiitische Kampforganisation *Hisbollah* (»Partei Allahs«) gebildet.

All diese Organisationen trieben im Bewusstsein ihrer Ohnmacht gegenüber einem militärisch weit überlegenen Gegner das Ideal des kriegerischen Dschihad zu seiner letzten radikalen Konsequenz: Sie führten Bombenanschläge durch, bei denen die »Verteidiger des Islam« als gut getarnte Transporteure des Sprengstoffs ihr Leben »opferten«, sich selbst in die Luft sprengten und so die größtmögliche Zahl von Feinden mit in den Tod rissen. Die ersten spektakulären Erfolge errangen die Märtyrer-Trupps der Hisbollah, als sie unter Einsatz ihres Lebens 1983 die US-Botschaft in Beirut sowie das Hauptquartier der multinationalen Streitkräfte zerbombten. Hunderte Menschen starben, die multinationalen Truppen verließen daraufhin den Libanon. Der »Erfolg« dieser neuen Form von Terror provozierte weltweit Nachahmer. Wenn der Selbstmord auch bei Muslimen mit einem Tabu belegt ist, so hat doch nach Ansicht radikal-islamischer Ideologen der »Opfertod« im Freiheitskampf als heiliges Martyrium zu gelten, das mit dem sofortigen Eintritt ins Paradies belohnt wird.

Die Selbstmordattentate haben eine weit zurückreichende Tradition. Ihre Ursprünge sind im schiitischen Islam zu suchen. Wie ich schon schilderte, wurden die Ahnherren der schiitischen Bewegung – Kalif Ali sowie sein Sohn Hussein, der Enkel des Propheten Mohammed – von ihren Gegnern ermordet, und über Jahrhunderte wurden die Schiiten als politisch machtlose Minderheit unterdrückt, verfolgt, getötet. Aus dieser extremen Situation heraus entwickelten die Schiiten schon sehr früh die Neigung, Märtyrer ihrer Bewegung gesondert und herausgehoben zu verehren. Mehr noch: Sie hielten es bald für eine gottgewollte Tugend, dem Vorbild der Märtyrer nachzueifern und ebenfalls im Widerstand gegen eine »ungerechte Herrschaft« zu sterben. In mancher Hinsicht ähnelte diese Haltung denen der frühen Christen zur Zeit ihrer Verfolgung unter den römischen Kaisern. Aber im Unterschied zu den Christen gestalteten die Schiiten ihren Märtyrerkult von Anfang an kämpferischer.

Zum ersten düsteren Höhepunkt einer politisch aggressiven Märtyrerbewegung kam es während des 12. Jahrhunderts im Iran und in Syrien. Wir kennen diese schiitische Bewegung unter dem Namen *Assassinen*. Ihr arabischer Name *Haschischiun* bedeutet »Haschisch-Esser«; sie bekamen ihn, weil ihre Mitglieder angeblich unter dem Einfluss von Haschisch indoktriniert und aufgeputscht wurden. Die Bewegung der Assassinen, um das Jahr 1090 von Hassan as-Sabbah gegründet, entwickelte angesichts einer scheinbar ausweglosen Situation von Unterdrückung als erste die Taktik des Selbstmordattentats: In einem langen Ausbildungsprozess bereitete sie ihre Kämpfer darauf vor, perfekt angepasst in feindlichem Gebiet zu leben, unauffällig an herausragende Persönlichkeiten der Gegner, meist sunnitische Muslime, heranzukommen und sie unter Opferung des eigenen Lebens zu töten. Ihr Terror hat selbst im Bewusstsein der Europäer Spuren hinterlassen, schließlich bedeutet ihr Name in vielen europäischen Sprachen »Mörder«, »Attentäter« (*assassin* im Englischen wie Französischen, *assassino* im Italienischen wie im Portugiesischen, *asesino* im Spanischen).

Kein Zufall konnte es sein, dass im 20. Jahrhundert zuallererst schiitische Bewegungen an die Tradition der Selbstaufopferung anknüpften. Den Anfang machten die Islamisten im Iran, die zur »Islamischen Revolution« gegen das Schah-Regime aufriefen. Es gelang Ayatollah Khomeini, mit seiner Märtyrer-Ideologie die Volksmassen gegen die schwerbewaffneten Polizeitruppen des Schahs Mohammed Reza Pahlevi zu mobilisieren. Khomeini hob in seinen Ansprachen und religiöser Traktaten das Beispiel des Prophetenenkels Hussein hervor, dessen Kampf gegen eine ungerechte Herrschaft und dessen Martyrium auch für die Gläubigen von 1978 ein leuchtendes Vorbild seien. »Sterben wie der Märtyrer Hussein«, machte Khomeini zum vielgebrauchten Schlagwort; jeder Glaubenskämpfer gegen die gottlose Regierung des Schahs werde nach seinem Märtyrertod sofort ins Paradies eingehen. Viele Tausend Demonstranten rannten mit dem Ruf »Hussein! Hussein!« todesverachtend in das Gewehrfeuer der Polizeitruppen und brachten durch eine derartige Opferbereitschaft eine Staatsmacht ins Wanken. Todesverachtend rannten auch wenige Jahre später die Iraner in das Granatfeuer der waffentechnisch weit überlegenen Truppen Saddam Husseins und konnten durch ihre fanatische Kampfmoral als »Märtyrer« einen Sieg des Irak über den Iran verhindern. Khomeini war zwar nicht der Erste, der auf den Gedanken kam, den schiitischen Märtyrer-Mythos um den Prophetenenkel Hussein politisch zu instrumentalisieren. Solche Gedanken entwickelte als Erster der iranische Gelehrte und Politiker Ali Schariati (1934 – 1976), der im Iran nach wie vor als ein Vordenker einer schiitisch geprägten »Islamischen Revolution« verehrt wird.[10] Aber Khomeini setzte diese Ideologie als Erster erfolgreich in politische Praxis um. Und er stellte auch schon die Weichen dafür, dass sich der Märtyrer-Idealismus zynisch und menschenverachtend für die Durchsetzung persönlicher machtpolitischer Ziele missbrauchen ließ – und nur noch wenig mit dem ursprünglichen Gerechtigkeitsideal Ali Schariatis zu tun hat.

Der Fanatismus der islamischen Revolution, wie er sich zumindest während der ersten Jahre entfaltete, hat als Erfolgsrezept auf andere religiös-politisch motivierte Gruppierungen gewirkt. Aber da in vielen Ländern der islamischen Welt die Widerstandsgruppen gegen ungerechte, tyrannische Staatsmächte weiterhin in der Minderheit blieben, entwickelten diese Vereinigungen – wie einst die Assassinen – die Taktik des Selbstmordattentats gegen eine im offenen Kampf nicht besiegbare Übermacht: so zuerst die schon erwähnte iranfreundliche Schiiten-Organisation Hisbollah im Libanon, dann die sunnitischen Islamisten im israelisch besetzten Westjordanland.

Für uns Europäer in einer saturierten Wohlstandsgesellschaft ist eine derart fanatische Bereitschaft zum Märtyrertod nur schwer nachvollziehbar. Aber viele dieser zum Tod Entschlossenen kamen und kommen aus sozial desolaten Verhältnissen, aus den Slums der Ballungszentren oder aus Flüchtlingslagern, wo die Menschen ohne Zukunftsperspektive dahinvegetieren, verzweifelt, von untergründiger Aggression erfüllt gegen einen nur vage vorstellbaren Verursacher ihrer Misere. Wenn Armut mit Unterdrückung gepaart ist, erscheint das Leben kaum mehr lebenswert, steigen Depressionen und die Neigung zum Selbstmord drastisch. Ideologen brauchen dem verschwommenen Feindbild nur scharfe Konturen zu geben, und schon vermag der angestaute Groll sich auf ein präzises Ziel hin zu entladen. Je auswegloser die Bewohner von Slums und Flüchtlingslagern sich in einer Atmosphäre ständiger Bedrohung und Gewalttätigkeit verstrickt fühlen und je mehr sie getrieben sind, diesem tristen Dasein doch noch einen Sinn abzuringen – desto anfälliger werden sie für Parolen charismatischer Führer, die mit der Verheißung des Paradieses gerade dem gewaltsamen Tod einen scheinbaren Sinn zu geben verstehen. Dann wächst dem, der sich für eine Sache opfert, eine Würde zu, die ihm in seiner ziellosen Existenz undenkbar erschien.

Es wäre allerdings ein Irrtum zu glauben, naturgemäß würden sich vor allem ungebildete Muslime in den Aktionismus des Selbstmordattentäters drängen. Das Gegenteil ist der Fall. Sogar in den palästinensischen Elendsgebieten des Gaza-Streifens besitzen von denen, die bei Terroranschlägen bewusst ihr Leben »opfern«, sogar rund 50 Prozent einen akademischen Abschluss.[11] Hinzu kommen die vielen, die ihr Studium oder ihre Schulausbildung wegen der politisch und sozial drückenden Verhältnisse abbrechen mussten. Gerade das ist ein Alarmzeichen: Zum gefährlichsten Sprengsatz einer Gesellschaft werden besonders Menschen, die gebildet sind, aber sich völlig um ihre Zukunft betrogen sehen.

Der 11. September 2001:
»Märtyrer« gegen den »Satan Amerika«

Zu Beginn des 21. Jahrhunderts bekam das Ideal des kriegerischen Dschihad wiederum eine neue, bis dahin unvorstellbare Dimension. Am 11. September 2001 erlebte die schockierte Weltöffentlichkeit den bisher schrecklichsten Terroranschlag der Weltgeschichte: Muslimische Selbstmordattentäter rasten mit zwei entführten, vollbesetzten Passagierflugzeugen in das World Trade Center von New York und brachten die beiden Wolkenkratzer, in denen zu Spitzenzeiten bis zu 50 000 Menschen arbeiteten, völlig zum Einsturz. Nahezu 3000 Menschen, die nicht mehr rechtzeitig fliehen konnten, wurden unter den Trümmern begraben. Ein weiteres entführtes Passagierflugzeug raste mit einem Kamikaze-Piloten nur eine Stunde später in das Pentagon nahe Washington und setzte einen Teil des weitläufigen Gebäudekomplexes in Flammen.

Hinter den Attentaten stand die radikal-islamische Organisation *al-Qaida*, »Die Basis«. Sie war schon 1998 durch Bombenattentate auf die US-Botschaften in Kenia und Tansania, bei denen 263 Menschen starben, spektakulär ins Licht der Weltöffentlichkeit gerückt. Nun aber war es dieser Terror-Organisation gelungen, den »Heiligen Krieg« in das Zentrum der einzig verbliebenen Weltmacht zu tragen, dort innerhalb kürzester Zeit Tausende Menschen zu töten und einen Sachschaden von rund 14 Milliarden Dollar anzurichten. Was jedoch aus der Sicht der Angreifer noch viel wichtiger war: Mit dem World Trade Center zerstörten sie ein Wahrzeichen des amerikanischen Kapitalismus und Imperialismus, ja ein überragendes Symbol der modernen Globalisierung; und mit dem Brand im Pentagon trafen sie die militärische Kommandozentrale des »Satans Amerika«. Damit hatten sie – so sollte die Signalwirkung sein – sichtbar für alle unterdrückten Gläubigen den Beweis erbracht, dass der mächtigste Staat der Welt verwundbar war, und dadurch weitere »Glaubenskrieger« zum Angriff ermuntert.

Ein neuer Typ von Selbstmordattentäter war nun aufgetreten: nicht mehr junge Männer aus Slums oder Flüchtlingslagern, arbeitslos, sozial entwurzelt, sondern gut ausgebildete Techniker und Flugpiloten mit geregeltem Arbeitsleben. Zumindest auf vier bis sechs Personen unter den insgesamt

19 beteiligten Terroristen traf dies zu. Diese Männer, die den inneren Kreis der Terror-Aktion bildeten, hatten in den USA oder in Deutschland Universitätsdiplome erworben und waren nie durch radikal-islamische Äußerungen aufgefallen. Sie stammten aus einer saturierten bürgerlichen Mittel- und Oberschicht, ihre Väter waren Rechtsanwälte, Geschäftsleute, die die Söhne beim Auslandsstudium finanziell unterstützten, ohne Ahnung von deren Doppelleben.

Wie die ersten Untersuchungen nach den Terroranschlägen schemenhaft sichtbar machten, trugen diese jungen Männer »ein Stück der westlichen Modernität« in sich. Aber sie erlebten die gescheiterte Modernisierung in ihren arabischen Heimat- ländern als Kulturschock. Was das konkret bedeutet, kann ein biographisches Detail verdeutlichen, das eine Woche nach der Katastrophe an die Öffentlichkeit gelangte. Mohammed Atta, der mutmaßliche Chefplaner der Terrorangriffe, hatte an der Technischen Universität Hamburg-Harburg Architektur und Stadtplanung studiert. Der in Ägypten geborene und zeitweise in Syrien lebende Student hatte seine 1999 von deutschen Pro- fessoren gut benotete Diplomarbeit unter folgendem Titel ab- gefasst: »Khareg Bab en-Nasr: Ein gefährdeter Altstadtteil in Aleppo (Syrien), Stadtentwicklung in einer islamisch-orienta- lischen Stadt«. Lobend hatte Atta sich über das gelungene Zusammenleben von Muslimen verschiedener Konfessionen, Christen und Juden in Aleppo geäußert, aber die Bedrohung des historischen Stadtkerns durch ein einschnürendes Netz von Stadtautobahnen und monotonen Supermärkten kritisiert. Er verfocht die These, dörfliche Strukturen und traditionelle Wohnformen dürften keiner falsch verstandenen Modernisie- rung zum Opfer fallen, dies würde irreparable Schäden im so- zialen und kulturellen Leben zur Folge haben. Nach den Berich- ten von Studienkollegen hatte Atta sich erbittert und zugleich resigniert über die scheinbar unaufhaltsame Amerikanisie- rung der meisten islamischen Metropolen geäußert.[12]

Eine derartige Kulturkritik kann allerdings Sympathie auch bei westlichen Beobachtern finden. Verständlich erscheinen muss uns ebenso die weiterführende Kritik an muslimischen Politikern und Geschäftsleuten, die diesen Wandel vorantreiben und dabei ihren Reichtum noch vermehren, während ein Großteil des Volkes arm und ungebildet bleibt. Mit seinem Urteil über eine fragwürdige »Verwestlichung« der eigenen Oberschicht unterschied sich der spätere Attentäter nicht grundsätzlich von den Analysen vieler muslimischer Intellektueller wie auch westlicher Orientalisten. Nichts kann hier als unversöhnlich radikal anmuten, zumal der Verfasser der Diplomarbeit das friedliche Zusammenleben verschiedener Glaubensgruppen ausdrücklich bejahte.

Wie das? Ein antiwestlicher Terrorist lobt das soziale Miteinander von Muslimen, Christen und Juden? Müsste nicht gerade ein Fanatiker seines Typs, der doch mit seinem Attentat etliche Tausend Amerikaner tötete, sich strikt von »Ungläubigen« abgrenzen? Aber dass ein muslimischer Extremist sich zu religiöser Toleranz bekennt, muss nicht von vornherein Heuchelei sein. Schließlich schreibt der Koran eine grundsätzliche Duldung gegenüber Christen und Juden vor; auch Fanatiker können dies nicht ohne Weiteres ignorieren. Und wie ich an verschiedenen Beispielen schon erläuterte, wollen ja selbst jene Muslime, die zum »Heiligen Krieg« gegen den Westen aufrufen, nicht sämtliche Christen und Juden aus den islamischen Staaten vertreiben – sie wollen nur den politischen Einfluss des Westens, das »moderne Kreuzrittertum« rigoros zurückdrängen. Sie sind bereit, Christen und Juden als »Schutzbefohlene«, hierarchisch strikt der islamischen Oberhoheit untergeordnet, zu akzeptieren. Das hindert sie andererseits aber nicht, einen gnadenlosen Fanatismus gegen alle Feinde zu entwickeln, die ihrer Ansicht nach das Ideal eines »wahrhaft islamischen« Staatswesens vereiteln wollen. Mehr noch: Eine derartige Feindschaft können sie genauso heftig gegen Muslime richten, die sie für ungläubig halten. Insofern musste bei den Attentätern der Gedanke kein Bedauern auslösen, dass unter den nahezu 3000 Getöteten im World Trade Center auch etliche muslimische Börsenmakler, Aktionäre und Polizisten waren, denn ihrer Meinung nach konnten diese nur Helfershelfer des »Satans Amerika« gewesen sein.

Bisher nur schwer zu ergründen sind jene Faktoren, die einen Studenten aus gutbürgerlichem Haus dazu bewegten, den radikalen Schritt von der intellektuellen Kritik hin zum Massenmord und zur bewussten »Opferung« des eigenen Lebens zu tun. Auch fehlen uns noch Details zu der Entwicklung, in der ein muslimischer Student, der intensiven Kontakt mit westlichem Denken hatte und durch differenziertes Urteilsvermögen auffiel, plötzlich sehr undifferenziert den Westen, vor allem die USA, als hauptverantwortlich für die Misere der islamischen Welt ansah – und auf dieses »Böse« all seinen Hass konzentrierte. Nach außen hin erschien Mohammed Atta im westlichen Ausland sozial integriert. In Deutschland hatte er die Anerkennung von Professoren und Studenten genossen; er war dort mit einer Bildungsschicht konfrontiert, die ihm keineswegs den Anlass bot, sich in der fremden Kultur ethnisch oder religiös diskriminiert zu fühlen. Wieso trotzdem die immer stärkere Abwehr gegen den Westen, dessen gefährlichste Kräfte sich angeblich in den USA bündeln?

Es fehlt uns auch noch an ausreichender Information, mit welchen psychologischen Mitteln es einer radikal-islamischen Organisation wie der al-Qaida gelingen konnte, überdurchschnittlich intelligente, gebildete und sozial privilegierte junge Männer zu überreden, sich aus allen familiären und sonstigen Bindungen zu lösen und sich fanatisch im Kampf gegen eine »satanische« Weltmacht zu opfern.

Dass die Selbstmordattentäter religiös indoktriniert und motiviert waren, belegen die in Gepäckstücken gefundenen »Handlungsanweisungen für die letzte Nacht«: »Jedermann hasst den Tod und fürchtet den Tod«, so war dort im arabisch abgefassten Text zu lesen. »Aber nur Gläubige, die das Leben nach dem Tod kennen, gehören zu denen, die den Tod suchen werden. [...] Führt euch vor Augen, dass ihr in dieser [letzten] Nacht vielen Herausforderungen begegnen werdet. Aber ihr müsst diesen Herausforderungen begegnen. [...] Gehorcht Gott und seinem Propheten und kämpft nicht untereinander, wenn ihr schwach werdet [...] Fahrt fort, die Nacht über zu beten. Hört nicht auf, den Koran zu zitieren [...] Reinigt euer Herz und macht es frei von allem Irdischen. Die Zeit der Heiterkeit und der Verschwendung ist vorbei. Die Zeit des Gerichts ist gekommen [...] Ihr müsst überzeugt sein, dass die wenigen Stunden, die euch in eurem Leben noch bleiben, nur wenig bedeuten. Dann aber wird das glückliche Leben beginnen, das unendliche Paradies. Seid optimistisch. Der Prophet war immer optimistisch.«[13]

Ein solches Dokument widerlegt die Meinung, dass der fürchterliche Terrorangriff auf die USA nichts mit Religion, nichts mit dem Islam zu tun habe. Wohlmeinende Politiker und Intellektuelle westlicher Staaten haben allerdings versucht, Religion und Terrorismus strikt zu trennen, um so den Islam vor seinen erklärten Gegnern in Schutz zu nehmen. Erst recht bemühte sich eine Reihe liberaler Muslime, gegenüber westlichen Medien zu versichern, diese Terroristen würden nicht an Gott, nicht an die Aussagen des Propheten, nicht an den Koran glauben, sie seien keine wirklichen Muslime. Aber die Verfasser der »Handlungsanweisungen für die letzte Nacht« sind so religiös, wie es einst die Verfasser christlicher Kreuzzugspropaganda waren: hier wie dort die Aufrufe zum Massenmord an Ungläubigen, zum Märtyrertum als besonderer Tugend, hier wie dort Verbrechen, die ausdrücklich in göttlichem Auftrag begangen werden sollen. Es handelt sich in beiden Fällen um eine Perversion, nicht um eine Negation des Religiösen. Gerade solche Fanatiker verstehen sich als beson-

ders fromme Gläubige, die den anderen an religiöser Stand-
festigkeit und Opferbereitschaft weit überlegen sind.

Osama bin Laden und al-Qaida:
Eine neue Dimension des Terrorismus

Das schmale Gesicht von einem dunklen Bart umrahmt, ein
weißer Turban, ein hemdartiges Gewand, an der Seite drohend
eine Kalaschnikow … Dieses Konterfei ist seit dem schrecklichen Terroranschlag vom 11. September 2001 weltberühmt.
Es findet sich international in Zeitungen, ebenso als Plakat in
Basaren und Wohnungen islamischer Städte und Dörfer. Für
die einen ist dieses Bild ein Symbol des Schreckens und der
Bedrohung, für die anderen ein Symbol der Verheißung, des
siegreichen Aufbruchs. Osama bin Laden war wie kaum ein
anderer Muslim der letzten 50 bis 60 Jahre zu einer Kultfigur
geworden, verteufelt und verehrt – ähnlich wie zwei Jahrzehnte lang Khomeini. Entsprechend ambivalenten Ruhm hat
endgültig auch die von ihm gegründete Organisation al-Qaida
erlangt.

Mit der Organisation al-Qaida ist etwas Neues in die Geschichte des islamischen Terrorismus – oder der »islamischen
Widerstandsbewegungen« – gekommen (die Definition hängt
auch hier vom weltanschaulichen und religiös-kulturellen
Hintergrund ab). Erstmals hat sich eine gewaltorientierte radikal-religiöse Organisation aus regionalen Bindungen gelöst
und operiert mit Hilfe internationaler Vernetzungen, erstmals
stammen die Mitglieder aus allen Teilen der islamischen Welt.
Wie hat es zu einer solch einschneidenden Veränderung kommen können? Um diese Entwicklung zu verstehen, müssen wir
die Biographie des Osama bin Laden und seinen religiös-politischen Hintergrund näher betrachten.

Osama bin Laden wurde 1957 in der saudi-arabischen Hafen-
stadt Jeddah als Sohn eines jemenitischen Bauunternehmers

und einer Syrerin geboren. Sein Vater war in den 1920er-Jahren als Zuwanderer aus dem Jemen gekommen, hatte es aber geschafft, freundschaftliche Bande zum Königshaus der Saud-Dynastie zu knüpfen, Staatsaufträge für große Bauvorhaben zu ergattern und so zu einem der reichsten Männer Saudi-Arabiens zu werden. Aus seinen Ehen mit vier Frauen gingen 57 Kinder hervor, das 17. Kind war Osama bin Laden. Als der Vater 1968 bei einem Flugzeugabsturz in den USA ums Leben kam, erbte der elfjährige Osama als einer der Söhne rund 80 Millionen Dollar (eine Summe, die nur ahnen lässt, wie groß das Familienvermögen insgesamt ist). Der Klan Bin Laden behielt auch während der folgenden Jahrzehnte seinen überragenden Einfluss in Saudi-Arabien, wurde noch reicher, weil etliche der geschäftstüchtigen Söhne intensive Kontakte mit amerikanischen Geschäftsleuten pflegten und sich teilweise – bis heute – über längere Zeit in den USA und Großbritannien aufhielten. Dort fielen sie immer wieder durch großzügige Geldspenden an Universitäten und Institute auf.

Osama bin Laden lernte allerdings das westliche Ausland nur flüchtig kennen. Anders als sonst Söhne der arabischen Oberschicht, studierte er nie an einer westlichen Universität, absolvierte das Studium des Ingenieurswesens in seiner Geburtsstadt Jeddah, kurze Zeit auch in Beirut. Stärker als seine Brüder war er von der strengen Erziehung des fundamentalistischen Wahhabismus geprägt. Dies dürfte wohl einer der Gründe gewesen sein, weshalb er weniger an Geschäftskontakten mit dem westlichen Ausland und an materiellem Luxus interessiert war, sondern sich für religiös-politische Belange engagierte. Mehr noch: dass er den praktizierten Wahhabismus der Saud-Dynastie und reicher saudischer Geschäftsleute zunehmend kritischer ansah – und schließlich die wirtschaftliche sowie militärische Bindung Saudi-Arabiens an die »ungläubige« Weltmacht USA als Verrat am wahren Islam einschätzte.

Die Jahre 1979 und 1980 brachten in seinem Leben den ersten

entscheidenden Einschnitt. 1980 reiste er in die Grenzregion von Afghanistan und Pakistan, nachdem sowjetische Truppen in Afghanistan einmarschiert waren und dort das pro-sowjetische Regime in seinem Überlebenskampf gegen aufständische Stämme unterstützten. Osama bin Laden war einer jener 100 000 Muslime aus allen Teilen der Welt, die im Lauf der 1980er-Jahre dem Aufruf der afghanischen Mudschaheddin (»Glaubenskämpfer«) folgten, sich in das Heer der »Gläubigen« einzureihen und den Vormarsch der Sowjets auf islamischem Boden zu stoppen. Er reiste allerdings mit Billigung seines Klans, denn die Großfamilie Bin Laden hatte vom ersten Tag an die afghanische Widerstandsbewegung gegen die Sowjetunion finanziell großzügig unterstützt. Aber mehr noch: Der Klan Bin Laden handelte mit vollem Einverständnis der saudischen Regierung, ja auch der US-Regierung, die ebenfalls Geld in die Widerstandsbewegung fließen ließ. Vor allem den Amerikanern lag ja daran, einen größeren Einfluss der Sowjetunion in Afghanistan zu verhindern.

1980 hielt sich Bin Laden das erste Mal in der pakistanischen Stadt Peshawar auf, die strategisch günstig nahe der afghanischen Grenze an den Ausläufern des Hindukusch liegt. 1982 ließ er sich hier für längere Zeit nieder. In Peshawar knüpfte er enge Kontakte mit verschiedenen Führern der afghanischen Mudschaheddin und wurde bald selbst Führer einer Mudschaheddin-Einheit: die der vielen arabischen Muslime, die, in ihrer Heimat oft politisch und auch sozial an den Rand gedrängt, nun eine Aufgabe als Glaubenskrieger suchten. Einen derartigen Einfluss konnte Bin Laden schon deshalb gewinnen, weil er einerseits reichlich Geld für die Widerstandsbewegung, andererseits für die Familien verwundeter oder gefallener Glaubenskrieger spendete – was ihm das Ansehen eines sozial denkenden Führers verlieh. Außerdem war er als Ingenieur maßgeblich daran beteiligt, unterirdische Waffenlager für die Mudschaheddin zu bauen.

An militärischer Schlagkraft konnten die unerfahrenen arabischen Mudschaheddin bald mit den afghanischen Kämpfern gleichziehen. Denn pakistanische und amerikanische Offiziere bildeten sie im Gebrauch moderner Waffen aus. Und für alle Mudschaheddin galt: Die US-Regierung lieferte einen Großteil der Waffen, die saudische Regierung das Geld. Aber keiner der Geheimdienste machte sich zur damaligen Zeit eine Vorstellung davon, welcher Entwicklung sie Vorschub leisteten. Zwar war den Strategen bewusst, dass sie mit Geld, Waffen und technischem Know how überwiegend radikal-islamische Gruppierungen unterstützten, die in ihren Herkunftsländern ständige Unruheherde bildeten. Aber sowohl die Pakistani als auch die Saudis – und erst recht die Amerikaner – glaubten, sie könnten die ideologisch und regional sehr unterschiedlichen Gruppierungen unter Kontrolle halten und bei Bedarf taktisch gegeneinander ausspielen.

Die Wirklichkeit sah anders aus. Über 100 000 Muslime kamen im Zeitraum von 1980 bis 1992 aus 43 Ländern in die Militärlager bei Peshawar und in Afghanistan. Und bei ihnen vollzog sich, von westlichen Beobachtern zunächst unbemerkt, ein grundlegender Wandel. Für viele Radikale von Nordafrika bis Bangladesch bot sich erstmals in ihrem Leben die Gelegenheit, über ihre eigenen regionalen Begrenztheiten hinauszusehen und Anregungen von anderen islamistischen Bewegungen zu erhalten, die bisher geographisch zu weit entfernt operiert hatten. Erstmals knüpften so im unwegsamen bergigen Grenzgebiet von Pakistan und Afghanistan die Führer verschiedener Gruppierungen untereinander ideologische und logistische Verbindungen – und schufen damit die Voraussetzungen für ein internationales Netzwerk radikal-islamischer Organisationen. Die sogenannte Globalisierung erfasste nun auch den Islamismus.

Unter solchen Rahmenbedingungen konnte Osama bin Laden 1989 seine Organisation al-Qaida, »Die Basis«, gründen, die sich im Verlauf der Jahre zu einer Dachorganisation von zunächst getrennt operierenden Gruppierungen entwickeln sollte. Aber vorerst erschien die Zukunft der al-Qaida nicht vielversprechend. Die erste Krise drohte schon im Entstehungsjahr, nachdem die sowjetischen Truppen 1988 resigniert aus Afghanistan abgezogen waren. Den Mudschaheddin gelang es nicht, eine Regierung zu bilden. Im Gegenteil: Jetzt, da der Feind von außen fehlte, fielen die einzelnen afghanischen Stämme (wie schon an anderer Stelle beschrieben) in ihre früheren Rivalitäten zurück und begannen sich wieder gegenseitig zu bekämpfen. Dasselbe galt für die verschiedenen islamistischen Gruppierungen. Schon 1989 entspann sich zwischen afghanischen Klans, Stämmen und Islamisten ein Krieg, der an Verwüstungen in den eroberten Städten alles übertraf, was zuvor sowjetische Panzer und Fliegerbomben an Zerstörung angerichtet hatten. Hinzu kam, dass nun die »Glaubenskämpfer« aus anderen islamischen Ländern mit ihrer fremden Sprache und Kultur von den Afghanen nicht mehr als Verbündete, sondern eher als Störenfriede angesehen wurden und damit hoffnungslos isoliert waren. Für Bin Laden war diese Entwicklung ein Schock. Enttäuscht zog er sich 1990 in seine Heimat nach Saudi-Arabien zurück.

Osama bin Laden erging es wie vielen anderen Afghanistan-Veteranen. Zurückgekehrt in die Heimat mussten sie feststellen, dass sie dort ebenfalls isoliert waren und mit ihrem Fanatismus eines »Heiligen Krieges« weder bei den Regierungen noch bei der Masse des Volkes Verständnis fanden. Und so richteten die Afghanistan-Heimkehrer ihren Unmut verstärkt gegen die Oberschicht ihrer Heimat, deren Politiker und Geschäftsleute sie wegen ihrer wirtschaftlichen Verbindungen zu westlichen Staaten mehr oder weniger als nur halbe Muslime oder gar als Ungläubige ansahen. Quer durch die islamische Welt wuchs so – durch die Spätfolgen des Krieges in Afghanistan – die Gefahr einer Radikalisierung.

Bin Laden betätigte sich nach seiner Rückkehr in Saudi-Arabien zunächst sozial, indem er eine Wohlfahrtsorganisation für Veteranen der »Araber-Afghanen« gründete. Etwa 4000 dieser Veteranen hatten sich allein in Mekka und Medina niedergelassen. Bin Laden unterstützte die Familien der Gefallenen mit Geldern aus seinem Privatvermögen.[14] Das war eine Geste, die seinen Ruf als Helfer für Notleidende verstärkte. Aber bald geriet er in Konflikt mit seiner Regierung.

Am 2. August 1990 besetzten irakische Truppen unter Führung Saddam Husseins das Scheichtum Kuwait und beschworen damit die Gefahr eines zweiten Golfkriegs herauf. Bin Laden bot seiner Regierung an, aus arabischen Afghanistan-Veteranen eine Armee zu bilden und gegen den Irak zu kämpfen. Er sah in dem Diktator Saddam Hussein einen Feind, weil er dessen säkulare, anti-islamistische Politik verabscheute. Aber seine Enttäuschung war groß, als die saudische Regierung stattdessen die US-Regierung um Unterstützung bat und über 500000 amerikanische Soldaten ins Land holte, von denen rund 20000 auch nach dem Sieg über Saddam Hussein in Saudi-Arabien blieben. Osama bin Laden kritisierte seine Regierung scharf und erinnerte an den angeblichen Ausspruch des Propheten Mohammed, dass auf der Arabischen Halbinsel, dem Ursprungsort des Islam, niemals Ungläubige dauerhaftes Wohnrecht erhalten dürften. Bin Laden trat somit als radikaler Anwalt des wahhabitischen Islam auf, dem der Wahhabismus seiner Regierung zu verwaschen, zu kompromisslerisch, ja als »Verrat am wahren Islam« erschien. Für das saudische Königshaus wurde der unbequeme Kritiker so gefährlich, dass es ihn des Landes verwies und ihm 1994 sogar die saudische Staatsbürgerschaft entzog.

Offenkundig für alle war nun Osama bin Laden zum Feind seiner ehemaligen Förderer, der saudischen wie der amerikanischen Regierung geworden. In Konflikt geriet er aber auch mit führenden Mitgliedern seines eigenen Klans, weil diese weiterhin an den vorteilhaften geschäftlichen Verbindungen mit dem saudischen Königshaus und den USA festhielten. Etliche Mitglieder des Klans unterstützten allerdings heimlich, so die Vermutung des amerikanischen Geheimdienstes, weiterhin den rebellischen Außenseiter. Und so drohte der politische Konflikt sogar die Großfamilie zu spalten, aus der Osama bin Laden stammte. Gespalten war und ist ohnehin die Bevölkerung in Saudi-Arabien. Wie groß der Kreis der Sympathisanten für Osama bin Laden in dessen Heimatstaat war, sollte sich spätestens an jenem Terroranschlag vom 11. September 2001 zeigen: 15 der 19 Selbstmordattentäter, die in den Kamikaze-Flugzeugen saßen, stammten aus Saudi-Arabien.

1992 übersiedelte Bin Laden in den Sudan, wo er mit der dortigen islamistischen Regierung zusammenarbeitete. Im Sudan baute er seine Organisation al-Qaida weiter zu einem straff strukturierten Unternehmen aus. Und wieder gelang es ihm, zahlreiche Anhänger um sich zu scharen – Muslime, die wie er in ihren Herkunftsländern Außenseiter waren. Bin Laden wurde rasch auch im Sudan populär, da er mit seinem reichlichen Privatvermögen den Bau von Krankenhäusern finanzierte und sich damit als ein Kämpfer gegen die Unterentwicklung profilierte. Er blieb von 1992 bis 1996 im Sudan. Dann musste er das Land wieder verlassen, weil Saudi-Arabien und die USA gleichermaßen die sudanesische Regierung unter Druck gesetzt hatten. Er kehrte mit seinen vier Ehefrauen und mittlerweile 13 Kindern in die pakistanische Stadt Peshawar, an den Ort seines ersten Wirkens, zurück. Aber auch dort konnte er keine Ruhe finden, weil der amerikanische Geheimdienst ihn zu entführen und zu töten versuchte.

Osama bin Laden flüchtete noch im Jahr 1996 weiter nach Afghanistan, wo zu dieser Zeit bereits die Taliban ihre islamistische Schreckensherrschaft errichtet hatten. Dort lebte er fünf Jahre wechselweise nahe Kandahar, der Hochburg der Taliban, und in Jalalabad, einer Stadt östlich von Kabul, nahe der pakistanischen Grenze. Ideologisch konnte sich der fanatische Wahhabit dem Islamismus der Taliban sehr verwandt fühlen. Denn sowohl die saudi-arabischen wie auch die afghanischen Fundamentalisten wehren ja rigoros sämtliche geistigen Einflüsse aus dem Westen ab – einzig hochentwickelte Waffen und sonstige Technik sind ihnen als Neuerung willkommen. Bin Laden holte wieder viele arabische »Glaubenskämpfer« ins Land. Diese Gefolgsleute halfen entscheidend dabei, die Herrschaft der Taliban gegen alle Aufstände feindlicher Stämme zu stabilisieren. Und so entstand ein Bündnis zwischen al-Qaida und den Taliban, das bald für die ganze Welt Folgen haben sollte. Gut versteckt in den labyrinthischen Bergtälern konnte Bin Laden seine Organisation weiter ausbauen und hierbei die einst aufgenommenen Kontakte zu islamistischen Bewegungen anderer Länder wieder intensivieren. Vollends formte sich nun ein internationales Netzwerk aus, das in der Lage war, wirksamer als bisher Terroranschläge großen Stils gegen den »Satan Amerika« und seine »Lakaien« auszuüben.

1998 wurde das Jahr, in dem Bin Laden und al-Qaida erstmals spektakulär ins Licht der Weltöffentlichkeit rückten. Im August des Jahres kamen bei den nahezu gleichzeitigen Bombenattentaten auf die US-Botschaften in Kenia und Tansania 263 Menschen ums Leben. US-Präsident Bill Clinton ließ daraufhin zur Vergeltung auf die vermutete Zentrale der al-Qaida in einem afghanischen Militärlager Raketen schießen. Und als Bin Laden dem Inferno entkommen konnte, setzte die amerikanische Regierung auf seine Gefangennahme oder Tötung fünf Millionen Dollar Belohnung aus. Damit begann der Aufstieg Osama bin Ladens zu zwielichtigem internationalem Ruhm.

Der verheerende Terroranschlag vom 11. September 2001 stellte eine weitere Eskalation des »Heiligen Krieges« der al-Qaida dar. Aber wie schwierig es für die westlichen Staaten war, die Gefahr eines derartigen Terrornetzwerkes zu bannen, zeigten die folgenden Monate. Es gelang der US-Regierung und ihren Verbündeten im Oktober und November desselben Jahres nur, die Herrschaft der Taliban durch eine Militäraktion zu beseitigen – nicht jedoch, die in Afghanistan versteckte al-Qaida zu zerschlagen. Wenn es auch anfangs schien, als sei Bin Laden im Bombenhagel umgekommen, so musste die Welt zunächst in der Ungewissheit bleiben, ob er nicht doch entkommen sei und neue Aktionen plane. Das Unbehagen vergrößerte sich sogar angesichts der Einsicht, dass ein getöteter Osama bin Laden in der Gloriole des glaubenskämpferischen Märtyrers für seine Gegner gar noch gefährlicher werden könnte. Denn dessen Gefolgsleute benötigten längst nicht mehr die reale Person als Führer, um massenhaft Unterstützung für ihre Bewegung zu finden – der Mythos hatte sich verselbständigt. Osama bin Laden war schließlich schon seit Jahren zum Idol von Muslimen gerade aus sozial benachteiligten und politisch unterdrückten Schichten quer durch die islamische Welt geworden. In ihrem Bewusstsein existierte er als ein Mann, der sein großes Privatvermögen selbstlos für den »Heiligen Krieg« geopfert und den Widerstand gegen eine scheinbar unbesiegbare Übermacht von Unterdrückern gewagt hatte. Dass hinter dieser Mythisierung die reale Person mit ihren Widersprüchlichkeiten immer mehr an Konturen verlor, steigerte nur den Nimbus.

Osama bin Laden meldete sich nach dem 11. September 2001 immer wieder aus unauffindbaren Verstecken mit Videobotschaften und Tonbandaufzeichnungen, um die »wahrhaft gläubigen« Muslime zum »Dschihad« aufzurufen. Seine letzte Botschaft wurde im April 2011 verbreitet, in der er auf die Unruhen des sogenannten »Arabischen Frühlings« einging und sie als »Revolution« begrüßte, durch welche das Volk die »ungläubigen Tyrannen« stürzen würde. Am 2. Mai 2011, eine Woche nach diesem Aufruf, war Osama bin Laden tot. Eine amerikanische Spezialeinheit hatte ihn in seinem Versteck in Abbottabad, einer pakistanischen Kleinstadt, aufgespürt und erschossen.

Starb mit dem charismatischen Führer auch die Terror-Organisation al-Qaida? Es war von vornherein eine unrealistische Hoffnung. So lange tiefgehende Strukturkrisen die islamische Welt erschütterten, konnten gerade radikal-islamische Terror-Organisationen weiterhin Zulauf von sozial und religiös frustrierten Muslimen bekommen. Al-Qaida war im Todesjahr Osama bin Ladens ohnehin nicht mehr die einzige Gruppierung von Dschihadisten, die in der Weltöffentlichkeit eine aufsehenerregende Rolle spielte. Zur selben Zeit lenkte bereits verstärkt eine Organisation die Aufmerksamkeit auf sich, die zunächst mit der al-Qaida verbündet war, dann aber diese an fragwürdigem Erfolg überflügelte: der sogenannte »Islamische Staat« (IS) mit einem selbsternannten Kalifen an der Spitze.

Diese Entwicklung beschreibe ich ausführlich im Kapitel *Die gefährliche Dimension des 21. Jahrhunderts.*

Droht tatsächlich ein »Kampf der Kulturen«?

Die tragischen Ereignisse vom 11. September 2001 waren geeignet, die Gräben zwischen dem Westen und dem Islam wieder einmal unüberbrückbar erscheinen zu lassen. Uns im Westen erreichten Fernsehbilder von Palästinensern, die über die Terroranschläge in den USA jubelten, ebenso Nachrichten über feiernde Muslime in den Straßen von Damaskus, Amman, Kairo, Bagdad, Islamabad, Karatschi – Menschen, die ein Ventil und auch ein Feindbild für ihre sozialen und politischen Frustrationen brauchten, Menschen, die die Ursache für ihre Misere am liebsten außerhalb der eigenen Kultur suchten. Wie groß war ihre Zahl?

Weltweit reagierte die Mehrheit der Muslime auf die Terroranschläge betroffen, ablehnend, ja geschockt – eine Tatsache, die viele von uns im Westen nicht sofort oder nur misstrauisch zur Kenntnis nahmen. Die meisten Regierungen islamischer

Staaten verurteilten den Terrorismus als das falsche Mittel, politische Konflikte auszutragen, und diesen Erklärungen schloss sich auch der Gottesstaat Iran an. Manche der Regierungen blieben zwar vage bei der prinzipiellen Frage, wo sie die Grenzen zwischen Terrorismus und Freiheitskampf ziehen wollten, wie der Iran, Syrien, erst recht Afghanistan; der Irak unter dem Regime Saddam Husseins verweigerte sich völlig. Aber nahezu alle offiziellen Regierungssprecher verurteilten die Attentate in New York und Washington und drückten ihr Mitgefühl für die Opfer wie die Angehörigen aus. In den ersten Tagen gab auch schon die al-Azhar-Universität als die höchste Lehrautorität des sunnitischen Islam in Anlehnung an frühere religiöse Rechtsgutachten zu erkennen, dass die Terroranschläge vom 11. September ebenso als Verbrechen einzustufen seien wie die vielen Bombenattentate früherer Jahre. Die Korangelehrten begründeten ihr Urteil vor allem damit, dass die Attentäter jedesmal bewusst in Kauf nähmen, zahlreiche Unbeteiligte und Unschuldige mit in den Tod zu reißen; das aber nehme jedem Kampf die moralische Berechtigung.

Eine Reihe von Muslimen allerdings, die in deutschsprachigen Medien eindeutig gegen jede Form von Terrorismus Stellung bezogen, ließen trotzdem Kritik am Westen anklingen. Symptomatisch ist hierfür der ambivalente Kommentar des pakistanischen, in London lebenden Schriftstellers Tariq Ali: »Den Opfern des Angriffs [in den USA] gebührt unser tiefes Mitgefühl, wie es jenen Menschen gehört, welche die Regierung der Vereinigten Staaten zu Opfern hat werden lassen. Aber zuzustimmen, dass auf irgendeine Art und Weise ein amerikanisches Leben mehr wert sein soll als das eines Ruanders, eines Jugoslawen, eines Vietnamesen, eines Koreaners, eines Japaners, eines Palästinensers – das ist inakzeptabel.«[15]

Muslimische Kritiker wie er sehen in dem ungelösten Nahostkonflikt mit seinen problematischen Querverbindungen zu westlichen Staaten eine der wesentlichen Ursachen für den

Terrorismus. Aber sie gebrauchen darüber hinaus Argumente, die ich auch immer wieder auf Tagungen über Probleme des islamischen Raums und der sogenannten Dritten Welt zu hören bekam: Westliche Mächte – besonders die USA – würden durch ihre militärische und wirtschaftliche Stärke vielen Völkern der Welt ein Gesellschaftssystem aufzwingen, das nur wenigen Menschen in der Ober- und Mittelschicht Fortschritt bringe und viele andere noch ärmer mache als zuvor. Dieses System weiche erheblich von den Bedingungen eines westlichen Wohlfahrtsstaates ab und sei nur dazu gedacht, fremde Völker in Abhängigkeit vom reichen Westen zu halten. Das Problem verschärfe sich, indem vor allem die USA in den islamischen Ländern (und nicht nur dort) teilweise mit sehr korrupten Regimen verbündet seien und gerade so dringend nötige soziale Reformen verhinderten. Außerdem würden Amerikaner und Europäer zuweilen aggressiv die angebliche Überlegenheit ihrer Kultur über alle anderen demonstrieren, was für Muslime sehr demütigend sei. Je ohnmächtiger sich die sozial Benachteiligten wie auch die kulturell zutiefst Verunsicherten fühlten, desto größer werde die Sympathie für Terrorakte »aus Notwehr«. Der Terrorismus sei die einzig noch verbliebene Waffe der Schwachen.

Solche Argumente decken sich in Grundzügen mit den Analysen selbstkritischer westlicher Wissenschaftler. Eine Entwicklung hin zum Terrorismus der Selbstmordattentäter und des Massenmordes sei nicht allein Ausdruck einer fanatischen Haltung, sondern auch von Aussichtslosigkeit. Umso mehr sollten sich die Politiker im islamischen Raum wie im Westen darüber klarwerden, dass Polizeimaßnahmen und militärische Vergeltungsschläge allein nicht genügten, um das Terrorismus-Problem an seiner Wurzel zu packen. Politische Lösungen müssten gefunden werden, um die sozialen und kulturellen Spannungen zwischen Reichen und Armen, zwischen Herrschenden und Beherrschten drastisch zu verringern, dann nur werde in den explosiven Krisenherden die Gewaltbereitschaft zurückgehen.[16]

Differenzierte Überlegungen dieser Art spielen in der breiten Öffentlichkeit allerdings nur eine untergeordnete Rolle. Seit den Terroranschlägen vom September 2001 hat sich bei uns im Westen die Diskussion wieder einmal auf die Frage zugespitzt: Müssen wir den Islam nicht doch insgesamt als eine aggressive, unduldsame Religion auffassen? Und sind Fundamentalismus wie Fanatismus gerade deshalb nur die natürlichen Konsequenzen im Islam?

Feindbildklischees aus weit zurückliegenden Jahrhunderten tauchten in der politischen Rhetorik wieder auf, nur eben aktuell angepasst. Auf das Schlagwort der Islamisten vom »Satan Amerika« antworteten besonders amerikanische Politiker mit dem Schlagwort vom »Reich des Bösen«. Oder wie es US-Präsident George W. Bush in seiner ersten Reaktion auf die Terroranschläge formulierte: Jetzt beginne der »monumentale Kampf des Guten gegen das Böse«. Holzschnittartiger und gefährlicher vereinfachend hätte es kein radikal-islamischer Fanatiker ausdrücken können. Aber Bush bediente sich nur des Wortschatzes seiner vielen christlich-konservativen wie auch der fundamentalistisch orientierten Wähler.

Bush benützte darüber hinaus ein Schlagwort, das erst recht die Emotionen anheizte: Er sprach von *Crusade*, »Kreuzzug«. Er sagte das zur selben Zeit, als in den USA blutige Ausschreitungen gegen muslimische Amerikaner losbrachen, denen man unterstellte, Sympathisanten des Terrorismus zu sein. (Etwa 0,9 Prozent, also 2,9 von 321 Millionen US-Amerikanern, sind islamischen Glaubens; diese Zahl soll nach Studien bis 2030 auf 6,2 Millionen zunehmen.) Umso negativer waren die Auswirkungen auf die islamische Welt. Besonders im arabischen Raum wurde lautstarker Protest geäußert. Wieder einmal konnten sich radikale Islamisten bestätigt fühlen in ihrer Auffassung: Westliche Politiker seien noch immer verkappte

Kreuzzügler, die die Vernichtung des Islam zum Ziel hätten – desto mehr sei zur Notwehr ein Heiliger Krieg nötig. (Dass die Kreuzzüge einst als Vernichtungsfeldzug geplant waren, habe ich ja im Kapitel über den Dschihad als »Heiligen Krieg« illustriert.)

Der Protest von Muslimen aus aller Welt nötigte Präsident Bush, seine Formulierung vom Kreuzzug zurückzunehmen und stattdessen von einer Kampagne gegen den Terrorismus zu sprechen. Seine Berater drängten ihn außerdem, werbewirksam im Islamischen Zentrum von Washington zusammen mit muslimischen Geistlichen aufzutreten und in einer Rede sorgfältig zu unterscheiden zwischen guten (amerikafreundlichen) und einer Minderheit schlechter, barbarischer Muslime. In diesem Zusammenhang verurteilte Bush ausdrücklich die Hetzjagden auf Amerikaner islamischen Glaubens. Eine solche Wendung in der Rhetorik war schon deshalb nötig, weil die Amerikaner in ihrem Kampf gegen radikal-islamische Terroristen auch islamische Staaten als Verbündete brauchten.

In Europa blieb die Rhetorik im Allgemeinen zurückhaltender. Auch warnten hier erheblich mehr Kritiker davor, dass der Konflikt in eine grundsätzliche Konfrontation zwischen Abendland und Islam ausarten könnte. Entsprechend betonte die Mehrzahl der europäischen Politiker von vornherein, dass der Kampf gegen den Terrorismus *nicht* gegen den Islam gerichtet sei. Und bei diesen Appellen wurden sie von Bischöfen verschiedener Kirchen, ebenso von Papst Johannes Paul II. unterstützt. Aber auch in Europa äußerten sich manche Politiker sowie Bischöfe mit Kommentaren, die geeignet waren, einen unversöhnlichen Gegensatz zwischen Abendland und Islam zu zementieren. Nicht zufällig kam eine der deutlichsten Äußerungen in diesem Sinn von Italiens rechtsgerichtetem Ministerpräsidenten Silvio Berlusconi. Er sagte in einer Rede zwei Wochen nach den Terroranschlägen: »Wir sollten uns der Überlegenheit unserer Zivilisation bewusst sein, die aus einem Wertesystem besteht, das den Menschen breiten Wohlstand in den Ländern beschert hat [...] und das den Respekt der Menschenrechte und der Religion garantiert. Diesen Respekt gibt es in den muslimischen Ländern sicherlich nicht. [...] Der Westen wird damit fortfahren, die Welt zu verwestlichen und die Völker zu erobern. Das hat er schon erfolgreich mit der kommunistischen Welt und einem Teil der islamischen Welt getan.«[17]

In Europa lösten Berlusconis Äußerungen bei vielen Intellektuellen wie auch Politikern Bestürzung aus. Denn ein derartiger Kommentar eines Ministerpräsidenten und eines zudem durch Korruptionsskandale völlig unglaubwürdigen Politikers musste dem angestrebten Dialog der Weltreligionen schaden. Mehr noch, dies musste auch einen Rückschlag bedeuten bei dem Versuch, muslimische Politiker zu einer Allianz mit den Westmächten gegen den Terrorismus zu gewinnen. Muslime könnten sich, wie Kritiker warnten, wieder einmal in ihrem Argwohn bestätigt sehen, dass das, was ein rechtslastiger Populist wie Berlusconi über den Islam sagte, typisch für die Meinung der Europäer sei. In ihrer Antwort an die Muslime betonten liberale westliche Politiker deshalb, dass der Westen mit seiner historischen Erblast der Kreuzzüge wie auch der modernen Schrecknisse von Kolonialismus, Faschismus und Stalinismus keinerlei Grund habe, sich moralisch anderen Kulturen überlegen zu fühlen.

Droht der Welt doch ein Kampf der Kulturen? Oder gelingt es uns endlich, einen Dialog zu führen?

Seit den Terroranschlägen vom September 2001 ist die Angst im Westen wie in der islamischen Welt gewachsen, dass das 21. Jahrhundert von einem grundsätzlichen Konflikt zwischen Abendland und Islam bestimmt sein könnte – und dass sich zwei monolithische, weltanschaulich diametral entgegengesetzte Blöcke gegenüberstehen würden. Welche Rolle würde in diesem Zusammenhang bei den Muslimen der Fundamentalismus spielen?

Meine bisherige Darstellung dürfte bereits deutlich gemacht haben, dass die islamische Kultur sich ebenso stark wie die christlich-abendländische in unzählige und teils widerstreitende Strömungen auffächert. Insofern bildet auch der radikale politische Islam nur eine Strömung unter vielen, und innerhalb dieses ideologischen Gehäuses kann wiederum der Terrorismus nur die Sympathie einer Minderheit finden.

Von daher ist der Auffassung vom Kampf der Kulturen entschieden zu widersprechen, wie sie der amerikanische Harvard-Professor Samuel P. Huntington in seinem berühmt-berüchtigten Bestseller *Kampf der Kulturen (Clash of Civilizations)* von 1996 vertritt. Huntington geht ja, wie ich schon im einleitenden Kapitel erwähnte, davon aus, dass die Weltpolitik des 21. Jahrhunderts nicht von Auseinandersetzungen politischer, ideologischer oder wirtschaftlicher Natur in sehr komplex gewordenen Räumen bestimmt sein wird – sondern von tiefen Konflikten zwischen sieben großen Kulturen: der westlichen, lateinamerikanischen, islamischen, chinesischen, japanischen, hinduistischen, afrikanischen. Die Grenzen zwischen den Kulturen würden also die hauptsächlichen Fronten der Zukunft sein. Besondere Bedeutung misst Huntington hierbei der Konfrontation von Islam und Abendland zu. Es ist kein Zufall, dass der Buchtitel – bei uns in seiner deutschen Übersetzung *Kampf der Kulturen* – immer dann zitiert wird, wenn westliche und islamische Staaten politisch zusammenprallen.

Richtiger wäre es aber, den vielfach strapazierten Titel abzuwandeln in: »Kampf *innerhalb* der Kulturen«. Denn im islamischen Orient spielen die Konflikte zwischen einzelnen Staaten religiös wie politisch oft eine explosivere Rolle als die vielbeschworene Abgrenzung gegenüber dem Westen. Ja, teilweise verlaufen scharfe Frontlinien sogar mitten durch einzelne Staaten und schaffen dort immer wieder bürgerkriegsähnliche Spannungen zwischen den Muslimen selbst: so zwischen Sunniten und Schiiten, zwischen Modernisten und Traditionalisten, zwischen unterschiedlichen ethnischen Gruppierungen. Ich verweise auf die im Buch bereits erörterten Fallbeispiele: Türkei, Libanon, Syrien, Irak, Ägypten, Sudan, Algerien, Iran, Afghanistan, Indonesien. Nahezu alle islamischen Länder sind zusätzlich noch aufgespalten durch Konflikte zwischen säkularen und islamistischen, prowestlichen und antiwestlichen Bewegungen. Aber hierbei dürfte deutlich geworden sein, dass nicht einmal der Islamismus als ein einheitlicher Block zu begreifen ist. Die einzelnen Gruppierungen gründen ja auf sehr verschiedenen kulturellen und politischen Voraussetzungen.

Umso gelassener sollten wir die Situation in den europäischen Ländern betrachten, selbst wenn dort während der letzten Jahrzehnte die Zahl muslimischer Zuwanderer um ein Vielfaches gewachsen ist. Denn bei näherem Hinsehen wird deutlich, dass auch die bei uns wohnenden Muslime keinen kulturell oder gar politisch einheitlichen Block bilden.

Muslimische Zuwanderer in Europa – eine Gefahr?

Angst vor »Überfremdung«

Tolerant? Nein, die Deutschen seien überhaupt nicht tolerant, antwortete mir ein Türke während eines Gesprächs in München. Es sei noch lange keine Gleichberechtigung, wenn man den Muslimen erlaube, in Deutschland Moscheen zu bauen. Warum dürfe denn vom Minarett noch immer kein Muezzin über Lautsprecher zum Gebet rufen? Dies bleibe weiterhin verboten, dabei dürften doch die Kirchenglocken läuten. Ihm komme es vor, als wäre es den Deutschen am liebsten, wenn sich die Muslime zum gemeinsamen Gebet weiterhin in ganz normalen Wohnhäusern, möglichst in sehr abgewohnten Häusern, versteckten ...

Eine affektgeladene Äußerung aus dem Jahr 1986. Da sie mich betroffen machte, habe ich sie mehrmals weitererzählt. Aber die Antworten von Deutschen und Österreichern mussten mich erst recht betroffen machen. Außerhalb meines Freundeskreises zielten die meisten Reaktionen in dieselbe Richtung: Ob denn die Gastarbeiter nicht schon genügend Rechte hätten? Was »die« denn *noch* wollten? Warum »die ihren Islam« so auffällig demonstrieren müssten, das könnten »die« doch in der Türkei tun!

In Wien habe ich eine besonders merkwürdige Anspielung zu hören bekommen. Den Türken sei zwar 1683 die Belagerung von Wien misslungen, nun aber würden sie mit ihren Gastarbeitern ganz friedlich zuwege bringen, das Abendland »zu überrollen« und »umzukrempeln«, und dabei auch noch von unserer Toleranz profitieren ...

Ich beschreibe hier Eindrücke aus den 1980er-Jahren. Solche Eindrücke muten sehr aktuell an, nachdem drei bis vier Jahrzehnte später Flüchtlingsströme aus der gesamten islamischen Welt in bisher unvorstellbarem Ausmaß Europa erreichen. Aber ich bleibe zunächst in den 1980er-Jahren, um in Erinnerung zu rufen, dass auch schon damals die Furcht umging, das »Abendland« werde durch Migranten vor allem aus islamischen Ländern sozial, kulturell, religiös, politisch bedroht.

In Deutschland sind entsprechende Ängste damals schon von Politikern demagogisch genutzt worden, als es noch keine Bewegung mit dem Namen »Pegida« (»Patriotische Europäer gegen die Islamisierung des Abendlands«) und keine Partei AfD (»Alternative für Deutschland«) gab.

Mir fällt in diesem Zusammenhang jene immer wieder zitierte Äußerung des CSU-Politikers Carl-Dieter Spranger ein, die er 1983 als Staatssekretär des Innenministeriums von sich gab: »Wir müssen die berechtigten Sorgen der deutschen Bevölkerung ernst nehmen. Dies gilt vor allem für die Menschen, die sich um ihre eigene Identität sorgen, weil sie fürchten, im eigenen Land zur Minderheit zu werden.«[1] Geht man dieser Aussage auf den Grund, dann kann man sich nur wundern. Denn die Sorge entzündete sich an 1,5 Millionen türkischen und weiteren 200 000 muslimischen Arbeitnehmern aus Jugoslawien, Marokko und Tunesien – eine geringe Zahl angesichts einer Bevölkerung von damals 62 Millionen Westdeutschen. An der Wende zum 21. Jahrhundert waren es etwa 3,3 Millionen türkischstämmige Zuwanderer angesichts einer Einwohnerzahl von 82 Millionen im vereinigten Deutschland. Unter welchen Umständen könnte sich hier das Minderheitsverhältnis umkehren? Anscheinend dadurch, dass diese »Fremden« uns mit immer neuen Einwanderungswellen

»überfluten« und sich dann bei uns »vermehren wie die Kaninchen«? Die Reihe der abfälligen und herabsetzenden Äußerungen von Carl-Dieter Spranger, Franz Schönhuber (Republikaner), Gerhard Frey (DVU) ließe sich fortsetzen. Sie reichen später von Jörg Haider (FPÖ) aus Österreich, über den bayrischen Ministerpräsidenten Edmund Stoiber zum Vorstandsmitglied der Deutschen Bundesbank Thilo Sarrazin bis hin zu Lutz Bachmann (Pegida) oder Frauke Petry und Beatrix von Storch (AfD), den selbsternannten Schützern des Abendlandes.

Solche Äußerungen waren und sind keine Ausnahme, sondern, so muss man befürchten, Indizien einer Regel, die immer dann besonders greift, wenn man von Problemen ablenken und Ängste personalisieren will oder einen Sündenbock finden muss. So hat in Frankreich mittlerweile Marine Le Pen die ideologische Erbfolge ihres Vaters Jean-Marie angetreten, den sie parteipolitisch innerhalb des Front National (FN) ins Abseits gedrängt hat. Marine Le Pen rechnet sich gute Chancen für die französischen Präsidentschaftswahlen 2017 aus und möchte diese nicht durch die offen rassistischen Äußerungen Jean-Marie Le Pens gefährden.

Die Furcht vor »Überfremdung« greifen naturgemäß Politiker auf, die entweder von einem stark nationalistischen Affekt oder von einem traditionell-kirchlichen Kulturbegriff (oder von beidem) geprägt sind. So konnte auch jene Äußerung, die 1988 im Entwurf zu einem neuen – einschränkenden – deutschen Ausländerrecht auftauchte, nur vom rechten Flügel einer konservativen Partei kommen; es wurde dort vonseiten des CDU/CSU-Innenministeriums formuliert: Die dauerhafte Anwesenheit von Ausländern beziehungsweise Gastarbeitern in der Bundesrepublik Deutschland gefährde »die Homogenität der Gesellschaft, [...] die gemeinsame deutsche Geschichte, Tradition, Sprache und Kultur«.[2]

Widerstand dieser Art war und ist überall dort zu beobachten, wo Industriestaaten seit den 1950er-Jahren Menschen aus fremden Kulturkreisen in ihre Fabriken holen. Neben der Bundesrepublik sind hier besonders Großbritannien und Frankreich zu nennen. Auch dort vergrößerten die Industrien nach dem Zweiten Weltkrieg ihre Kapazitäten, ohne dass zunächst genug Arbeitskräfte vorhanden waren. Auch dort wurden die angeworbenen Zuwanderer als »überflüssig« empfunden, nachdem der Wirtschaftsboom abgeflacht war. Auch dort wuchs sich exakt zu diesem Zeitpunkt das »Ausländerproblem« zu einem tiefgehenden Kulturkonflikt, ja zu einem Rassenkonflikt aus. Nur die Stoßrichtung der Ressentiments ist unterschiedlich. Weil in britische Städte Gastarbeiter aus den unterschiedlichsten Ländern ehemaliger Kolonien strömten, richtete sich das Unbehagen in Großbritannien insgesamt gegen »Farbige«. Man unterstellte ihnen mit einer spätkolonialen Haltung, niemals den Europäern gleichrangig zu sein, ob nun von ihrer Kultur her Muslime, Hindus, Sikhs, Jains, Konfuzianer oder dunkelhäutige Christen. In Frankreich und Deutschland aber deckt sich die fremde »Ethnie« meist mit einer einzigen fremden Religion: dem Islam; und dies setzte in der Konfrontation einen besonderen Akzent.

Das Ausländer- oder Migrantenproblem bedeutet, wie bereits die hier angeführten Beispiele zeigen, nicht in erster Linie ein Problem der religiösen Gegensätze. Der ethnische Unterschied, die Konfrontation verschiedener Kulturen und Lebensstile steht im Vordergrund. Einen solchen Konflikt haben wir in Westeuropa ja bereits angesichts der zugewanderten Italiener, Spanier, Jugoslawen und Griechen, die vom Religionsbekenntnis her wie die Ortsansässigen meist Christen sind. Ähnlich entwickelt sich der Konflikt in den USA angesichts der Gastarbeiter aus lateinamerikanischen Staaten, vor allem aus Mexiko. Analog wächst die Fremdenfeindlichkeit in Japan, wo arbeitsuchende Chinesen, Koreaner, Vietnamesen und Filipinos ins reiche Wirtschaftswunderland drängen; auch dort trennt eher der ethnische als der religiöse Unterschied.

In islamischen Ländern, sofern sie das Gastarbeiterproblem kennen, spielt die religiöse Konfrontation ebenfalls keine dominierende Rolle. Zwar holen die reichen Erdölstaaten am arabisch-persischen Golf zur Deckung ihres Arbeitermangels auch Inder, Filipinos, Thailänder, Sri Lanker und andere ins Land (meist Christen oder Buddhisten), aber in erster Linie rekrutieren sie ihren Bedarf aus übervölkerten islamischen Ländern, etwa Pakistan und Bangladesch. Das gemeinsame Glaubensbekenntnis hindert die reichen Ölscheichs keineswegs, muslimische Gastarbeiter ebenso mit Hungerlöhnen abzuspeisen, sie in elenden Massenunterkünften zusammenzupferchen und möglichst von den Einheimischen zu isolieren wie die »ungläubigen« Christen und Buddhisten.

Wenn wir im Folgenden auf den religiösen Gegensatz zwischen christlichem Abendland und islamischem Orient abheben, so kann es nicht um die Frage gehen, ob beispielsweise die Türken, Araber, Iraner, Afghanen von den Deutschen diskriminiert werden, weil sie Muslime sind. Die Religionszugehörigkeit verschärft nur einen ohnehin bestehenden Konflikt. An dieser spezifischen Variante des Migrationsproblems lässt sich aber zeigen, wie alte religiöse Vorurteile in neuer Verkleidung weiterleben – ja, teilweise sogar in alter Form wiederaufleben.

Was den Islam zur besonderen Zielscheibe macht

1985 konnte man in Frankreichs angesehener konservativer Zeitung *Le Figaro* folgende Warnung lesen: »Über unser altes christliches Land wird dann der Schatten fallen. Der Rat der Muftis, Kadis, Imams und anderer islamischer Würdenträger wird dann mehr Gewicht haben als die Bischofskonferenz. [...] Sie werden ganze Städte, ja sogar Regionen an sich reißen.«[3]

Dies ist eine Prophezeiung für das Jahr 2010, gemeint waren die damals rund 2,5 Millionen Gastarbeiter aus den Maghreb-Staaten Marokko, Algerien und Tunesien sowie die Schwarzafrikaner, von denen ebenfalls viele Muslime sind – sie standen einer Bevölkerung von 59 Millionen Franzosen gegenüber. Aufsehen erregten schon seit Jahren Äußerungen des rechtsradikalen Politikers und Populisten Jean-Marie Le Pen: Er verglich »Fremdarbeiter« aus Nord- und Schwarzafrika mit tropischen Heuschreckenschwärmen, die alles kahlfressen, was ihnen in den Weg kommt. In Frankreich machte sich die Spannung bereits Mitte der 1980er-Jahre durch blutige Massenausschreitungen gegen die »Heuschrecken« bemerkbar.

1989 ging durch alle größeren französischen Zeitungen, den Rundfunk und das Fernsehen die Frage, ob denn an staatlichen Schulen muslimische Mädchen das traditionelle Kopftuch als religiöses Symbol tragen durften oder nicht – eine Frage, die Millionen Franzosen erregte und die Nation in Befürworter und schärfste Gegner spaltete (und die nur wenige Jahre später auch die Deutschen zu erbitterten Diskussionen reizen konnte). Im Verlauf einer Radiodebatte über die Befürchtung, dass mit dem Kopftuch der Islam an öffentlichen Schulen ein weiteres Zeichen seiner »aggressiven« Propaganda setze und die Toleranz eines religiös wertneutralen Bildungssystems bedrohe, meldeten sich allein rund 7000 Anrufer – ein Rekord.[4] Im September 1994 schließlich sprach der Innenminister einer bürgerlich konservativen Regierung das Verbot islamischer Kopftücher in Schulen aus und sorgte damit erneut für Spannungen. Frankreich zählte Ende der 1980er-Jahre rund vier Millionen ausländischer Arbeitnehmer, darunter viele Portugiesen, Spanier, Italiener. Bevorzugtes Ziel der Affekte bleiben aber muslimische Nicht-Europäer, deren Zahl von 2,5 Millionen im Jahr 1985 durch weitere Zuwanderung auf nahezu fünf Millionen im Jahr 2001 angewachsen ist, bei rund 7,5 Millionen Menschen ausländischer Herkunft. In Deutschland stieg der Anteil der Muslime an der Gesamtbevölkerung auf etwa fünf Prozent im Jahr 2008/2009. Etwa 2,5 Millionen Muslime, die 2015 in Deutschland leben, also rund 63 Prozent, haben türkische

Wurzeln. Früher machten sie ein Drittel in der Gesamtzahl der Zuwanderer aus. Neuere Zahlen werden vermutlich erst 2016/2017 zur Verfügung stehen, wenn bekannt ist, wie viele Menschen aus Syrien und anderen Regionen nach Europa, vor allem nach Deutschland geflohen sind.

Trotzdem konzentriert sich auf diese Minderheit unter den Ausländern das hauptsächliche Ressentiment. Und die Abwehr verstärkte sich noch, als viele Türken nicht mehr Gastarbeiter sein wollten, sondern, beeindruckt vom deutschen Sozialsystem, auf Dauer bleiben wollten und die deutsche Staatsbürgerschaft anstrebten. Schon im Jahr 1986 wollten mehr als 61 Prozent der Türken für immer in Deutschland leben, bis 1992 stieg ihre Zahl noch einmal drastisch auf 83 Prozent. Ein Teil dieser Türken wohnte bereits in der zweiten oder gar dritten Generation in Deutschland, deshalb sahen viele von ihnen den Lebensmittelpunkt hier und nicht mehr in der Türkei![5] Wo liegt die »Gefahr«? Ist die wirtschaftliche Stabilität bedroht? Darin kann das Problem nicht bestehen. Denn bei den meisten dieser Zuwanderer hat sich doch das Konsumverhalten entscheidend verändert: Während die Gastarbeiter noch einen Großteil ihres Einkommens in die türkische Heimat überwiesen, wird das Geld jetzt überwiegend in Deutschland ausgegeben und kommt der Wirtschaft hier zugute. Ökonomisch gesehen, müsste die Mehrheit der Deutschen die muslimische Zuwanderung eigentlich begrüßen.

Ist die Abwehr gegen die Türken weiterhin von religiösen Vorurteilen bestimmt – von Klischees, die sich unverändert über die Jahrhunderte, aller Aufklärung zum Trotz, erhalten haben?

Dies müsste in Deutschland auf den ersten Blick verwundern, wo sich die Kirchenaustritte häufen und die Zahl der bewussten Atheisten wächst. Tatsächlich ist die Aversion oft nicht religiös begründet. Die Betonung liegt bei vielen Ausfälligkeiten auf »Türke«, weniger auf »Muslim«. Die Türken als die zahlenmäßig weitaus größte und daher auffälligste Gruppe beschäftigte die Phantasie der Deutschen über etliche Jahrzehnte am meisten, während arabische Arbeitnehmer fast vergessen wurden. Die Vorwürfe gegen die Türken waren oft von einem Kulturrassismus geprägt. So hörte man immer wieder, die Türken seien primitiver als die Europäer, sie seien von Natur aus eher triebhaft und weniger zum Denken fähig. Typisch sei es, dass solche Leute aus Dörfern kämen, in denen noch die Blutrache üblich sei, ja überhaupt noch barbarische Sitten herrschten.

Aber diese so sattsam bekannte Klischees, die oberflächlich gesehen gar nichts mit der Religion zu tun haben, entsprechen haargenau jenen, die die christlichen Europäer während des 18. und 19. Jahrhunderts gegenüber den »rückständigen« Muslimen, gegenüber einer »mittelalterlichen Religion« geäußert haben. Nationalistische und rassistisch getönte Affekte sind so nur die aktuelle Form eines alten Vorurteils, das scheinbar immer wieder reaktiviert werden kann.

Bezeichnend für diese Doppelbödigkeit ist die Entwicklung während der letzten fünf Jahrzehnte. Als Ende der 1950er-Jahre nur Italiener, Spanier, Griechen und christliche Jugoslawen mit einem Arbeitsvertrag in der Tasche nach Deutschland strömten, wurden auch sie zur Zielscheibe aller möglichen Verdächtigungen. Etwa: Die Südländer seien faul, neigten bedeutend mehr zur Kriminalität als Deutsche, und vor allem seien sie »hinter unseren Frauen her«. Nie aber entstanden damals an Stammtischen oder in Schulhöfen derart zynische Witze über Gastarbeiter wie jener: »Was die Juden schon hinter sich haben, das haben die Türken erst vor sich – die Vergasung.« Eine infame Drohung, die in mehrfacher Weise bestürzen muss. Nicht nur, dass hier ein unverdauter Faschismus wieder auftaucht. Hier werden ausgerechnet jene zwei Religionen zusammengewürfelt, die über Jahrhunderte vonseiten der Kirchen besonderer Verteufelung ausgesetzt waren: Judentum und Islam. Bezeichnenderweise wurden angesichts der »türkischen Invasion« spanische, italienische und jugoslawische Gastarbeiter plötzlich milder bewertet; sie galten nicht mehr als ganz so faul und kriminell wie früher. Schließlich seien die Südländer Europäer und »Christen wie wir«. Und es ist kein Zufall, dass, als Anfang der 1990er-Jahre auch im vereinigten Deutschland blutige Unruhen gegen Ausländer ausbrachen, sich nicht wenige der schlimmsten Ausschreitungen (Mord!) gegen Türken richteten.

Wenn es um die Türken geht, heißt es gerne: asiatische Mentalität. Asiatisch ist austauschbar mit islamisch; so dürfte auch die folgende Bemerkung zu verstehen sein: »Ein paar italienische Mafiosi lassen sich ja noch verkraften«, denn sie »gehören zum Wir-Gefühl« unseres europäischen Kulturkreises, die Türken aber seien Allzufremde, deren Zahl verringert werden müsse.[6]

Zu denken geben muss, dass der religiöse Affekt untergründig auch bei politisch-juristischen Entscheidungen eine Rolle spielen kann. Etwa in der Argumentation des baden-württembergischen Innenministeriums, als es im Sommer 1989 um die Frage ging, wie denn politisches Asyl Suchende aus der Türkei zu behandeln seien. Türkische Asylbewerber, so wurde von den Behörden entschieden, könnten zwar nicht von vornherein ein Bleiberecht beanspruchen, nur weil sie einer verfolgten ethnischen oder religiösen Minderheit angehörten – aber falls es sich bei bereits abgewiesenen Asylbewerbern um Christen handle, könne in Anbetracht des »bestehenden Verdrängungsdrucks durch die islamische Bevölkerungsmehrheit in der Türkei« der Beschluss zur Abschiebung rückgängig gemacht werden.[7]

Das »Wir-Gefühl« definiert sich wechselweise bis austauschbar als europäisch, christlich oder christlich-abendländisch. Den Verfechtern eines »christlichen Abendlandes« muss es umso bedrohlicher erscheinen, wenn Deutsche zum Islam übertreten. Gerade solche Übertritte hat es während der letzten Jahrzehnte in einem überraschenden Maß gegeben. Konnte man noch Mitte der 1960er-Jahre die Muslime in der Bundesrepublik fast durchweg mit den türkischen und arabischen Gastarbeitern gleichsetzen, so waren bis Ende der 1980er-Jahre rund 50 000 Muslime mit deutscher Staatsbürgerschaft hinzugekommen. Bei vier Fünfteln der Neuzugänge handelte es sich zwar um Kinder ehemaliger Gastarbeiter und deutsche Frauen, die mit Muslimen verheiratet waren – aber rund 10 000 Deutsche waren aus anderen als familiären Gründen konvertiert.[8]

Ein Wechsel zum Islam aus reiner Überzeugung! Dies hatte es im deutschen Sprachraum noch nie derart häufig gegeben. Was waren die Gründe? Es wurden Argumente laut, dass die Moscheen, die doch eigentlich nur für Gastarbeiter errichtet wurden, auch eine Sogwirkung auf Einheimische, Deutsche, haben könnten. Wenn man aber diese Begründung ernst nimmt, müsste man konsequenterweise die nächste Frage stellen: Wo liegen denn die Schwachstellen der eigenen Religion, dass sich Christen davon abwenden? Eine Auskunft, die ein Angestellter des *Islam Archivs* im westfälischen Soest 1988 gegeben hat, kann dazu immerhin einen Denkanstoß geben. Anlässlich einer Umfrage unter den 10 000 konvertierten Deutschen, so sagte er, sei festgestellt worden, dass fast alle vorher aktive Christen gewesen seien, mehrheitlich Protestanten; sie stießen sich überwiegend am christlichen Dogma von Jesus als dem »Sohn Gottes« und sähen die islamische Offenbarung als logischer an, weil dort Jesus nur als ein großer Mensch und Prophet gelte. Die Muslime seien die konsequenteren Monotheisten, sie seien deshalb auch die »besseren Christen.«[9]

Ein Alarmsignal für Christen? Der Islam nun doch eine echte Bedrohung für die christliche Religion und Kultur? Wenn dem so wäre, dann müsste auf eine derartige Herausforderung mit geistigen Waffen geantwortet werden, nicht durch ein verstärktes Ressentiment. Es gibt Stimmen in eine solche Richtung, aber teilweise scheinen die Kirchen keineswegs für einen Dialog gerade auf dieser Ebene gerüstet zu sein.

Unsere Fremdenfeindlichkeit stärkt den radikalen Islam

Wie »fremd« sind Türken wirklich?

Seit 1985, als ich in Frankfurt an einer Tagung über Islam und Gastarbeiterprobleme als Referent geladen war, habe ich immer wieder feststellen können, dass Türken, die an dieser oder anderen Veranstaltungen teilnahmen, sich äußerst erregt beklagten: Ihre Kultur und Religion würden – dies äußerten sie damals und heute erneut – in den deutschen Medien einseitig und verzerrt dargestellt. Besonders in den Illustrierten stoße man meist nur auf Berichte über fanatische islamische Sekten, die sich durch Prediger aufputschen ließen. Vornehmlich veröffentliche man dazu Fotos von Mädchen mit Kopftüchern oder in stärkerer Verhüllung, von orthodoxen Koranschulen, in denen die Männer streng nach Tradition weiße Kappen trügen. Oder man zeige Männer, die sich zum Klang einer Derwischmusik mit geschlossenen Augen ekstatisch bewegten. Das Übergewicht solcher Darstellungen lasse vermuten, man wolle gezielt und absichtlich das Fremdartige des Islamischen, gerade auch des Türkischen, besonders herausstreichen und jeden Gedanken an kulturelle Gemeinsamkeiten unterschlagen. Nur selten lese man in deutschen Massenblättern, dass es heute in türkischen Städten eine breite Mittelschicht gebe, die sich an westlichem Denken orientiere – liberale Muslime, die versuchten, Tradition und Moderne in Einklang zu bringen. Gerade Angehörige dieser Mittelschicht hätten früher als andere Türken den Mut aufgebracht, bei drohender Arbeitslosigkeit ihr Geld im Ausland zu verdienen, und insofern sei der Anteil dieser Schicht unter den Zuwanderern in Deutschland wesentlich höher, als allgemein angenommen werde und bekannt sei. Es stimme einfach nicht, dass der Großteil der türkischen Migranten aus dem östlichen, »unterentwickelten« Anatolien stamme, wie man häufig zu hören bekomme.

Solche Auskünfte fand ich in der Fachliteratur bestätigt. Die Mehrzahl der Türken wanderte vom Dorf in eine Stadt des Heimatstaates ab, und überwiegend erst die Söhne und Töchter wagten als Arbeitsuchende den Sprung ins Ausland.[10] Diese städtische Jugend war meist nicht mehr so fest in traditionellen Strukturen verankert wie die Eltern. Einer der jungen Türken, mit denen ich auf der Tagung sprach, sagte gar über die Altersgenossen seiner Heimatstadt Ankara: Mit der Religion sei es dort oft nicht viel weiter her als in deutschen Städten. Sehr viel an sogenannter Frömmigkeit sei bloße Konvention, ja in großen Städten nicht einmal das; dort würden gerade junge Leute sich über Ältere lustig machen, die die Moschee besuchten.

Allerdings, so schränkten die türkischen Tagungsteilnehmer wiederum ein, sei nicht zu leugnen, dass das Leben in vielen türkischen Kleinstädten und Dörfern noch sehr traditionell strukturiert sei. Konservativ gebliebene Bauern und Stadtbewohner, die mit einer zweiten Einwanderungswelle während der 1970er-Jahre auch in die Bundesrepublik gekommen seien, hätten naturgemäß größere Schwierigkeiten, sich an fremde Lebensbedingungen anzupassen. Sie müssten Mitteleuropa tatsächlich als eine völlig andersartige Zivilisation empfinden. Aber die meisten von ihnen seien deshalb noch lange keine fanatischen Fundamentalisten, die den Umsturz einer säkularen, demokratischen Gesellschaft wünschten. Sie lebten vielmehr einen traditionell starren, unreflektierten Glauben, in den sich allerhand Aberglaube eingeschlichen habe; diese Muslime würden sich eher passiv und nicht aggressiv gegen moderne Veränderungen abschirmen.

Bedenklich sei, dass westliche Medien nicht klar genug in der Berichterstattung unterschieden, sagten mir meine Gesprächspartner: Viel zu wenig würden Journalisten die Gegensätze zwischen einer volkstümlichen, in sich ruhenden Religiosität und einem revolutionären, auf Verdrängung ausgerichteten Fundamentalismus herausarbeiten; ja, oft würden Journalisten beide konservative Strömungen miteinander gleichsetzen – und gerade so sei es möglich, eine »islamische Gefahr« zu konstruieren, gerade so lasse sich die Anwesenheit türkischer Zuwanderer in Deutschland als bedrohlich darstellen. Tatsächlich betrage die Zahl der Fundamentalisten unter den Türken höchstens zehn Prozent, und daran werde sich auch in Zukunft kaum etwas ändern.

Westliche Journalisten, sofern sie über fundierte Orientkenntnisse verfügen, unterstreichen eine derartige Differenzierung. Auch unterscheiden sie deutlich zwischen den gemäßigten islamistischen Parteien, wie sie in der Türkei größeren Einfluss gewonnen haben, und radikal-islamischen Strömungen. Allerdings beharren sie zum Teil auf der Ansicht, dass radikaler gesinnte Fundamentalisten ihre Anhängerschaft auch unter den Türken vermehren könnten. Und hierfür gibt es Argumente, die für liberale Türken beklemmend erscheinen müssen, erst recht jedoch den Europäern zu denken geben sollten. Fundamentalismus in seiner militanten, aggressiven Form entsteht ja, wie schon gezeigt, vor allem dort, wo die westliche Zivilisation soziale und religiöse Strukturen des Islam ernsthaft erschüttert hat. Bei den Türken geschieht dies aber mit einem besonderen Akzent. Teilweise werden sie nicht in der Heimat zu islamistischen Parteigängern, sondern entwickeln erst in der Fremde diese Neigung. Je schroffer sie sich von einer Mehrheit der Deutschen zurückgewiesen fühlen, desto mehr wächst bei ihnen die Sehnsucht nach türkischer, islamischer Tradition.

Diese Entwicklung trifft zuerst einmal auf jene Minderheit zu, die ohne Umwege direkt aus anatolischen Dörfern kam und seelisch wie geistig am wenigsten auf den Schock der Begegnung mit deutschen Lebensformen vorbereitet war. Bauern aus entlegenen Regionen, die vor wenigen Jahrzehnten selbst noch modernisierte Städte der Westtürkei als bedrohlich fremd empfinden mussten, waren in Mitteleuropa mehr als andere erschüttert und verwirrt, denn ihre herkömmlichen Orientierungsmuster griffen nicht mehr. Als Gläubige eines passiven, unreflektierten Volksislam waren sie in die Bundesrepublik gekommen, als militante Fundamentalisten kehrte ein Teil von ihnen in die Heimat zurück.

Radikalisiert werden können aber auch türkische Jugendliche, die in Deutschland geboren sind und die Türkei nur noch von flüchtigen Besuchen kennen. Vor allem betrifft dies sozial Gestrandete. Bei türkischen Kindern und Jugendlichen ist die Zahl der Schulversager nach wie vor noch weit höher als bei deutschen, was meist mit mangelnden Deutschkenntnissen und schlechter Eingliederung in den Alltag zu tun hat. Entsprechend höher als bei Deutschen ist bei jungen Türken die Zahl der Arbeitslosen.[11] Solche Jugendlichen, die sich überall nur verachtet sehen, schließen sich teilweise zu Banden zusammen. Oder sie werden zu Sympathisanten eines intoleranten, fundamentalistischen Islam. Gerade radikal-religiösen Vereinen gelingt es, sozial und kulturell entwurzelten türkischen Jugendlichen ein neues Selbstwertgefühl, eine neue emotionale Heimat zu vermitteln. Aber dies geschieht mit bedenklichen Begleiterscheinungen: Dort werden sie dazu angeleitet, ihre Unterlegenheitsgefühle durch Überlegenheitsphantasien gegenüber der westlichen Zivilisation zu kompensieren.[12]

Türkische Jugendliche verkörpern exemplarisch ein viel größeres Problem. Wie die Entwicklung seit den sozialen und kulturellen Umbrüchen zu Beginn des 21. Jahrhunderts auffällig demonstriert, könnten es genauso arabische, iranische oder afghanische Jugendliche sein. Und für alle gilt: Solange es den Jugendlichen gelingt, in der Schule und später im Berufsleben erfolgreich zu sein, haben sie keine Probleme, sich in die Kultur ihres Gastlandes zu integrieren – und andererseits mit voller Überzeugung Muslime zu bleiben. Was die Türken betrifft: Zu

Beginn des 21. Jahrhunderts studierten schon 23 000 Türken an deutschen Universitäten, auch haben rund 50 000 türkischstämmige Unternehmer über 200 000 Arbeitsplätze geschaffen.[13]

Radikalisiert werden können aber nicht nur Jugendliche, sondern auch Angehörige der türkischen Mittelschicht. Sie, oft voll Stolz auf Atatürks Reformen, fühlen sich umso mehr verunsichert und in ihrem Selbstbewusstsein verletzt, sobald sie von Deutschen hören müssen, Türken seien primitiv und ohnehin nicht fähig, sich in die westliche Zivilisation einzuleben. Je isolierter sich solche Zuwanderer aus westtürkischen Städten sehen und je intensiver ihnen eingetrichtert wird, wer in Deutschland leben wolle, müsse sich »wie ein Deutscher benehmen« – desto stärker werden auch sie sich auf türkische Traditionen besinnen. Manche Türken, die unter dem Einfluss eines verwestlichten Denkens in Istanbul, Izmir oder Ankara die Religion als Privatsache angesehen haben und sich selbst nur noch oberflächlich an manche Traditionen hielten, haben in Deutschland zu ihrer Religion zurückgefunden, wie sie selbst betonen. Für diese Rückkehr bieten ihnen zahlreiche religiöse Gruppierungen wirksame Hilfe, von gemäßigten Muslimen bis hin zur Minderheit radikaler Fundamentalisten. Und wenn sie die sonst vergeblich gesuchte Geborgenheit ausgerechnet bei Fundamentalisten finden, werden sie auch deren entschlossene Intoleranz zu ihrer eigenen Sache machen.

Die demonstrative Rückkehr zu türkisch-islamischen Lebensformen, die alle Anzeichen von Kompensation trägt, schlägt sich selbst in Äußerlichkeiten nieder. So manche Frau, der wir in deutschen Städten mit Kopftuch, Rock und langem Mantel begegnen, kommt mit dieser »typisch türkischen« Tracht nicht direkt aus einem ostanatolischen Dorf, vielmehr hat sie vielleicht noch bei ihrer Ankunft in der Bundesrepublik enge Röcke oder gar Bluejeans getragen, wie sie es in westtürkischen Großstädten gewohnt war. Erst nachdem sie von Angst erfasst wurde, in einer feindlich abweisenden Fremde jeder eigenen Identität beraubt zu werden, hat sie auf die zuvor eher verachteten Kleidungsstücke zurückgegriffen: als äußeres Zeichen des Selbstbehauptungswillens, der bewussten Abgrenzung vom ungastlichen Gastland.[14]

Weiterhin Barrieren gegen eine multikulturelle Gesellschaft?

Bei Deutschen wächst die Angst, einer »asiatischen« Minderheit Heimatrecht in »unserer abendländischen Kultur« geben zu müssen. Das Problem spitzt sich zu, indem ja Muslime, und hier besonders Türken als einzige »orientalische« Bevölkerungsgruppe von der Masse her so stark sind, dass sie ganze Stadtviertel in ihrem Erscheinungsbild verändern. Dies beginnt mit buntgekleideten, kopftuchverhüllten Frauen, setzt sich fort mit fremdartig klingender »orientalischer« Musik, wie sie hier und dort aus Radiogeschäften oder Kaffeehäusern klingt, und endet bei Moscheekuppeln und Minaretten in unmittelbarer Nachbarschaft deutscher Wohnviertel.

Wirtschaftliche Bedenken erscheinen gegen solche Befürchtungen kultureller »Überfremdung« eher zweitrangig. Zwar hört man immer noch das schon reichlich ausgeleierte Argument, die Zuwanderer würden den Deutschen die Arbeitsplätze wegnehmen. Aber an der Wende zum 21. Jahrhundert befürworteten teilweise schon jene, die sich vor »Überfremdung« fürchteten, eine gezielte Zuwanderung. Denn inzwischen hatte sich herumgesprochen, was eine Analyse der UNO 1999 an Zukunftsperspektiven eröffnete: Ohne Migranten überaltert das geburtenschwache Europa, schrumpft die Bevölkerung in den nächsten Jahrzehnten beträchtlich, ohne Zuwanderung stehen dem Markt nicht genügend Arbeitskräfte zur Verfügung. Die meisten europäischen Länder können auf stärkere Zuwanderung gar nicht mehr verzichten, wenn sie ihre sozialen Errungenschaften aufrechterhalten wollen. Allein Deutschland braucht verschiedenen Studien (2015) zufolge pro Jahr mehr als 500000 Zuwanderer, um die gegenwärtige Zahl der Erwerbstätigen – und damit der nötigen Beitragszahler für die Sozialversicherung – weiterhin aufrechterhalten zu können.[15] Das Argument, Zuwanderer würden unseren Wohlfahrtsstaat ruinieren, erledigt sich damit von selbst.

Die Angst vor Überfremdung bleibt. Wenn schon Zuwanderung nötig sei, dann solle sie aus europäischen Nachbarländern kommen. Die Türken, Araber und andere Muslime aber mit ihrer »gar zu fremden Religion und Kultur«? Und ihrer »fremden Rasse«? Muslime könnten niemals »echte Deutsche« werden.

Ein ethnisch, kulturell und religiös in sich geschlossener Staat! Soll das die Voraussetzung dafür sein, dass Deutschland überleben kann – oder dass die abendländische Kultur unbeschadet überdauert? Diese Einstellung war nicht von jeher mit der abendländischen Tradition verknüpft. In der Antike – in Griechenland und allen Staaten mit hellenistischer Kultur wie auch im Römischen Reich – galt ethnische, kulturelle und religiöse Vielfalt als selbstverständlich. Die unterschiedlichen Gruppen mussten sich möglichst reibungslos in das politische Ordnungssystem einfügen. Zwar gab es auch damals zwischen Alteingesessenen und Zuwanderern soziale und politische Spannungen, aber den Menschen erschien die Mischung unterschiedlicher Kulturen und Lebensformen kein grundsätzliches Problem zu sein.

Erst als das Abendland christlich wurde, kam jene Auffassung hinzu, dass ein Staat religiös eine Einheit zu bilden habe. Und wie wir wissen, hat sich dieses Bedürfnis so tief in die christlich-abendländische Seele eingesenkt, dass Regierungen schließlich nicht einmal mehr zwei verschiedene christliche Konfessionen in ihrem Herrschaftsbereich dulden wollten. Eine derartige Sehnsucht nach Einheit, nach einem ideell uniformen Staat, hat den Zerfall aller religiösen Horizonte überdauert: An die Stelle der konfessionellen Maßstäbe sind zunehmend nationale, allmählich nationalistische und am Ende rassistische Kriterien getreten.

Zur letzten Perversion einer derartigen Vereinheitlichung ist es schließlich im Nationalsozialismus gekommen: Dort ist aus der Einheit des Christentums die Einheit einer nationalistischen und rassistischen Ersatzreligion geworden, und diese Front war besonders gnadenlos gegen alle Andersdenkenden und Außenseiter gerichtet. Aber auch heute noch ist es für nicht wenige Europäer (ob sie nun Christen sind oder nicht) nur schwer vorstellbar, in einem gut funktionierenden multikulturellen, multireligiösen Staat zu leben. Vor allem dann, wenn der Islam Teil davon sein soll – ausgerechnet jene Religion und Lebensform, deren Vordringen in Europa jahrhundertelang als die größte Gefahr angesehen wurde.

Es gibt gegenläufige Traditionen, auch sie Jahrhunderte alt. Sie haben sich seit der Renaissance herausgebildet und in der Aufklärung ihren ersten Höhepunkt gefunden. Seitdem kämpfen liberale Kräfte verschiedener Couleur um das Ziel, dass Menschen unabhängig von ihrem Glaubensbekenntnis, ihrer Weltanschauung und ihrer »Ethnie« in einem Staat einträchtig nebeneinander – miteinander – als gleichberechtigte Staatsbürger leben können.

Schon lange vor dem Eintreffen von »Asiaten« hat also bei uns eine multikulturelle Entwicklung begonnen: Wir haben uns aufgespalten in christliche und atheistische, in unzählige philosophische und politische Strömungen, in verschiedenste, teils gegensätzliche Lebensformen. Aber ein solcher Wandel hat sich nur gegen vielerlei Widerstände durchsetzen können; das Ergebnis ist ein keineswegs von allen anerkannter Pluralismus. Und so bilden sich auch jetzt die verschiedensten Bewegungen, wenn es darum geht, eine orientalische Kultur, eine größere Zahl von Muslimen zu integrieren. Für den weiteren konsequenten Weg zu einem tatsächlichen pluralistischen Staat machen sich nicht nur liberale Intellektuelle, nicht nur liberale Politiker quer durch die Parteien stark, sondern auch kirchliche Kreise, und dies teils im Widerspruch zu einer mehr oder weniger großen Schar von Gläubigen.

Aber nicht nur wir sind aufgerufen, unter den gegebenen Bedingungen entschiedener als bisher eine derartige Entwicklung zu fördern. Das gilt ebenso für die Muslime, die auf Dauer bei uns leben und Tag für Tag mit anderen Kulturen konfrontiert sind. Sie müssen sich in ihrer Mehrheit stärker im Sinne eines pluralistischen Verständnisses von Kultur europäisieren.

Erste Anzeichen für eine solche Form eines spezifisch europäisch geprägten Islam, eines sogenannten Euro-Islam, sind auch bereits vorhanden. So ist etwa in Erklärungen einzelner muslimischer Gemeinden Deutschlands die Entwicklung deutlich zu spüren. Ich zitiere stellvertretend für andere Beispiele aus der bereits erwähnten Informationsbroschüre zur Moschee in Mannheim (1995): »Wir leben in dieser Stadt und teilen aus diesem Grund ihre Gesellschaftsordnung und ihre politischen Grundwerte. Begriffe wie Demokratie und Menschenrechte sind Bestandteil unseres alltäglichen Lebens geworden. Sie sind voll und ganz mit unserer Religion vereinbar.«[16]

Inzwischen wurde auch schon eine öffentliche Erklärung auf allgemeinerer Ebene abgegeben. Am 15. Juni 2003 verabschiedete die »Konferenz der Leiter islamischer Zentren und Imame in Europa« während einer Tagung in der österreichischen Universitätsstadt Graz eine Resolution mit der Kernbotschaft, dass sich die in Europa lebenden Muslime zu Demokratie, Pluralismus und den Menschenrechten bekennen. Rund 100 führende Repräsentanten islamischer Gemeinden gaben damit den Muslimen wie Nichtmuslimen zu verstehen, dass islamische und europäische Identität nicht in unauflösbarem Widerspruch zueinander stehen. Und an die Muslime wandten sie sich darüber hinaus mit dem Bescheid, in ihrer Religion sei keine Bestimmung vorhanden, die sie daran hindere, Bürger eines nichtislamischen Staates zu sein und die dortigen Gesetze loyal zu befolgen. Außerdem erteilten die Konferenzteilnehmer jeder Form von Fanatismus und Extremismus eine klare Absage.[17]

Eine verheißungsvolle Botschaft. Wenn auch eine Frage vorerst offen geblieben ist. Die Konferenzteilnehmer wiesen nach langer interner Diskussion die Bezeichnung »europäischer Islam« zurück und wählten stattdessen die Formulierung »Islam in Europa«. Auf diese Weise erweckten sie den Eindruck, es gebe ihrer Meinung nach doch eher einen unveränderbaren Islam, dessen Zentrum außerhalb Europas liege. Also würde die Beeinflussung durch andere Kulturräume eine nur sehr untergeordnete Rolle spielen. Die Konferenzteilnehmer konnten sich nicht zu der Einsicht durchringen, dass ein »europäischer Islam« eine zusätzliche Facette innerhalb einer weltweit ohnehin schon sehr ausdifferenzierten islamischen Kulturlandschaft darstellt – neben den sehr unterschiedlichen Prägungen durch den arabischen, persischen, türkischen, indischen, ostasiatischen und schwarzafrikanischen Raum.

Für alteingesessene Europäer wie für zugewanderte Muslime stehen gleichermaßen Umbrüche bevor, deren Risse und Verwerfungen quer durch die gesellschaftlichen Institutionen verlaufen; es ist nicht abzusehen, wie lange der Entwicklungsprozess dauern wird. Es bleibt zu hoffen, dass wir in Europa während der nächsten Jahrzehnte – in solchen Zeitdimensionen müssen wir mindestens rechnen – dem Ideal eines pluralistischen Staates wieder ein Stück näher kommen. Und zu hoffen ist auch, dass in diesem Zusammenhang die so verhängnisvolle Angstparole »Der Islam bedroht das Abendland« gegenstandslos wird.

Eine neue Herausforderung sind allerdings die muslimischen Zuwanderer, die seit 2011 nach Westeuropa kommen,

nachdem weite Gebiete im Nahen Osten von Bürgerkriegs-
unruhen erfasst wurden. Das Ausmaß dieser Flüchtlingsströme
übertrifft alles, was Europa bisher erlebt hat. Alle Fragen, ob
Zuwanderer aus fremden Kulturen, insbesondere der islamischen, eine »Gefahr« bedeuten, gewinnen nun erst recht an
Schärfe.

Die gefährliche Dimension des 21. Jahrhunderts

Fanal eines Umbruchs – mit unabsehbaren Folgen

Die geballten Rauchsäulen über den zusammenstürzenden Zwillingstürmen des World Trade Centers in New York, in Panik rennende Menschen in den Straßen ringsum. Die Bilder sind im Fernsehen weltweit tausendfach wiederholt worden. Der 11. September 2001 vermittelt und markiert die Botschaft eines epochalen Einschnitts in unserer Wahrnehmung des Konflikts zwischen islamischer und westlicher Welt. Hat dieser Konflikt im 21. Jahrhundert demnach eine völlig neue Dimension?

Rauchsäulen über Bagdad, amerikanische und britische Soldaten in der Hauptstadt des Irak. Diese Bilder, eineinhalb Jahre später, im März und April 2003, hundertfach gesendet, sind weitere Ikonen eines tiefgehenden Umbruchs geworden. Der Irak wurde zum ersten Staat des Nahen Ostens, dessen Zerfall sich auch für die westliche Welt fatal auswirken sollte.

Rauchsäulen über Tunis, Tripolis, Kairo, Damaskus: Tausende Demonstranten gegen anrückende Soldaten. Diese Bilder gingen 2011 um die Welt als Ikonen eines viel bejubelten »Arabischen Frühlings«, der nach blutigen Auseinandersetzungen noch im selben Jahr in einen beklemmenden »Arabischen Winter« umschlug – wiederum mit völlig neuen Konstellationen und unabsehbaren Folgen.

Zerbombte Städte in Syrien, rund die Hälfte der 22 Millionen Einwohner auf der Flucht, zunächst innerhalb des eigenen

Landes, dann in die Nachbarstaaten und seit dem Spätsommer 2015 unterwegs nach Westeuropa. Der im März 2011 entfachte Bürgerkrieg führte zu noch schlimmeren Zerstörungen als im Nachbarstaat Irak, und der Zustrom von mehr als einer Million Menschen aus Syrien, schließlich auch aus den zerfallenden Staaten Irak und Afghanistan im Verlauf eines halben Jahres sollte für die Europäische Union zu einer bisher unvorstellbaren Krise werden, letzten Endes zur gefährlichsten Zerreißprobe ihrer Geschichte.

Vermummte Gestalten, schwarze Fahnen schwenkend, auf Panzern und Jeeps in Kolonnen durch den Irak und Syrien unterwegs. Vermummte Gestalten posieren hinter Reihen von knienden Gefangenen und enthaupten sie in einem für die Videokanäle der ganzen Welt inszenierten Ritual. Es sind Botschaften des Schreckens und des Grauens, seit 2014 ausgesandt von der Terror-Organisation »Islamischer Staat«, die an Brutalität und an strategischer Effizienz die rivalisierende al-Qaida längst übertroffen hat. Gerade dieser Organisation ist es als Erster gelungen, eine radikale, ja epochale Veränderung in der Geschichte des Nahen Ostens zu signalisieren: Sie hat ein sogenanntes »Kalifat«, einen Staat über die Grenzen von Irak und Syrien hinweg, geschaffen und damit jene Ordnung außer Kraft gesetzt, die westliche Großmächte 1916 auf der Basis des Sykes-Picot-Abkommens installierten, zur Wahrung ihrer kolonialistischen Interessen.

Die islamistischen Organisationen al-Qaida und der »Islamische Staat« brachten es zustande, in Europa und den USA ein in diesem Ausmaß bisher unbekanntes Gefühl von Bedrohung zu erzeugen. Es begann mit dem Terroranschlag 2001 auf das World Trade Center in New York und setzte sich mit Anschlägen in einer Reihe europäischer Metropolen fort, von Madrid über Paris und Brüssel, um nur die spektakulärsten Attentate zu nennen. Endgültig vorbei sind die Zeiten, in denen die Konflikte zwischen islamischer und westlicher Welt hauptsächlich in Vorderasien und Nordafrika ausgetragen wurden. Radikal-islamische Organisationen haben die Bedrohung tief hinein in den Alltag westlicher Metropolen gebracht. Sie demonstrieren einer Bevölkerung, die diese Art von Gewalt bisher nur aus den Nachrichten kannte, dass Europa und die USA, ihre Städte und ihre Bürger, zutiefst verwundbar sind.

Es sind vielfältige Signale eines Umbruchs, die uns am Beginn des 21. Jahrhunderts zu einer neuen Form der geistigen Auseinandersetzung mit der islamischen Welt zwingen. Aber wieder zeigt sich, dass die Konflikte sehr vielschichtig und ambivalent sind. Sowohl islamische als auch westliche Mächte tragen gleichermaßen dazu bei, die Konflikte zu verschärfen. Wieder also ist es unmöglich, die Ursachen für Intoleranz, Krieg und Terror allein einer Seite anzulasten.

Irak und Syrien –
Brennpunkte einer nachhaltigen Krise

In den ersten zwei Jahrzehnten des 21. Jahrhunderts haben sich uns der Irak und Syrien – Schlüsselmächte der arabischen Welt – durch einige fatale Gemeinsamkeiten eingeprägt. Beide Staaten sind durch verheerende Bürgerkriege erschüttert, mehr noch, sind durch den Machtkampf radikal-islamischer Gruppierungen bestimmt. Beide Staaten wurden über etliche Jahrzehnte durch die Baath-Partei mit säkularer Ideologie regiert, aber die Fronten des Bürgerkriegs verliefen schließlich immer mehr entlang religiös-politischer und ethnischer Grenzlinien.

Beide Staaten sind multi-religiös und multi-ethnisch, es ist eine Vielfalt, die ahnen lässt, wie schwierig es von vornherein ist, die unterschiedlichen Gruppierungen unter einer Herrschaft zu einigen. Im Irak mit 37 Millionen Einwohnern (so der Stand von 2016) sind über 60 Prozent Schiiten, 32 bis 37 Prozent Sunniten, etwa 2 Prozent Christen, rund ein Prozent Yesiden.

Ethnisch sind 75 bis 80 Prozent Araber, rund 15 Prozent Kurden, rund 5 Prozent Turkmenen. In Syrien mit etwa 22 Millionen Einwohnern rechnet man rund 74 Prozent den Sunniten zu, rund 12 Prozent den Alawiten, 10 Prozent den Christen, 2 Prozent den Schiiten. Ethnisch sind 90 Prozent Araber, 9 Prozent Kurden, ein Prozent Armenier.

Beide Staaten sind, trotz aller Rivalitäten und Abgrenzungen, verbunden durch ein gemeinsames historisches Erbe. Sie sind seit vielen Jahrhunderten nicht nur Schlüsselmächte der arabischen Welt gewesen, sondern auch Kernländer der islamischen Kultur und Religion. In Damaskus regierten von 661 bis 750 die Kalifen der Omayyaden-Dynastie, in Bagdad von 754 bis 1258 die Kalifen der Abbasiden-Dynastie. Besonders mit diesen beiden Dynastien verbindet sich die Erinnerung an das sogenannte Goldene Zeitalter des Islam.

Gemeinsam ist dem Irak und Syrien aber auch, dass ihre Gebiete lange Zeit von fremden Mächten beherrscht worden sind. Vom 16. bis Anfang des 20. Jahrhunderts regierte dort die türkische Osmanen-Dynastie, in den folgenden fünf Jahrzehnten war die Region aufgeteilt zwischen den »Schutzmächten« Großbritannien und Frankreich. Unter dem Diktat dieser europäischen Großmächte sind 1916 erst die Grenzlinien der Nationalstaaten Irak und Syrien gezogen worden, die bis 2011 bestanden – und dies war damals ohne Rücksicht auf religiöse und ethnische Gruppierungen geschehen. Die Idee des Nationalstaats war ein geistiger Import aus Europa und konnte sich im Irak wie in Syrien nur bei einer schmalen, westlich beeinflussten Bildungsschicht verankern. Entsprechend eingeschränkt konnte sich das von säkularen Ideologen verordnete Nationalgefühl, ein »Iraker« oder »Syrer« zu sein, nur entfalten. Ein Großteil der Bevölkerung lebte weiterhin in den traditionellen Bewusstseinsstrukturen: Man verstand sich in erster Linie als Sunnit, Schiit, Alawit, Christ oder als Angehöriger einer sonstigen religiösen Minderheit. Ebenso wichtig für die eigene

Identität war die Zugehörigkeit zu einem Stamm und einem Klan. Und diese traditionellen Bewusstseinsstrukturen sind durch die Bürgerkriege im Irak wie in Syrien wieder in den Vordergrund gerückt – mit der Folge, dass sich beide Nationalstaaten aufzulösen begannen. Der Irak und Syrien als Schlüsselmächte der arabischen Welt können in diesem Zusammenhang als exemplarisch für eine rapid wachsende Identitätskrise verstanden werden.

Wie aber konnte es dazu kommen, dass eine solche Krise nicht regional auf den Irak und Syrien beschränkt blieb, sondern schließlich in unterschiedlichem Ausmaß die halbe islamische Welt erschütterte?

Um solche Zusammenhänge im Detail zu verstehen, müssen wir bis in die 1980er-Jahre zurückgehen. Im Rückblick wird deutlich, dass der Keim für den Zerfall von Nationalstaaten schon damals gelegt wurde. Mehr noch: Wir sind wieder einmal mit der Tatsache konfrontiert, dass sich die religiösen, kulturellen und politischen Krisen islamisch geprägter Staaten nicht ohne die imperiale Einmischung westlicher Mächte derart hätten zuspitzen können.

Explosion im Irak

Der erste große Konfliktherd wurde der Irak. Aus westlicher Sicht wird es gerne so dargestellt, als ob allein der brutale Diktator Saddam Hussein durch seine skrupellose Machtpolitik den Niedergang des Nationalstaates und die explosive Krise späterer Jahrzehnte verursacht hätte. Ein Beleg für diese Einschätzung scheint auf den ersten Blick der Golfkrieg von 1980 bis 1988 zu sein. Am 22. September 1980 entfachte Saddam Hussein einen Krieg gegen den Nachbarstaat Iran. Was waren die Motive? Zum einen ging es dem irakischen Diktator um Grenzstreitigkeiten im Gebiet des Schatt el-Arab, die endgültig zugunsten des Irak entschieden werden sollten. Zum anderen aber hatten westliche Großmächte Saddam Hussein ermuntert, diesen Krieg zu beginnen. Das massive Interesse westlicher Staaten an dem Krieg zwischen Irak und Iran hatte mit den veränderten Machtverhältnissen in der Region zu tun. Seit dem Februar 1979 war der Iran durch die sogenannte »Islamische Revolution« des Ayatollah Khomeini zu einem Gottesstaat mit strikt antiwestlicher Politik geworden. Seither konnten Europäer und Amerikaner nicht mehr die bisherigen Handelsvorteile beim Einkauf iranischer Rohstoffe, vor allem Erdöl, genießen. Die USA waren die treibende Kraft, die den Irak im Krieg gegen den Iran mit Geld und Waffen unterstützte. Allerdings hofften die Westmächte insgesamt, dass das politisch noch völlig instabile Mullah-Regime durch den Überraschungsangriff Saddam Husseins zusammenbrechen werde – worauf der gesamte Nahe Osten wieder den wirtschaftlichen Interessen westlicher Industriestaaten unterworfen sein würde.

Aus dem erhofften »Blitzkrieg« wurde allerdings eine acht Jahre dauernde, äußerst blutige Materialschlacht. Sowohl der Irak als auch der Iran erlitten starke Verluste an Menschenleben und büßten erheblich an wirtschaftlicher Kraft ein, ohne dass es einen Sieger gab. Und damit setzte sich die verhängnisvolle Spirale in Bewegung, welche die gesamte Region des Nahen Ostens auf Jahrzehnte hinaus zu immer größeren sozialen und politischen Erschütterungen führte. Besonders verhängnisvoll waren die Folgen für den Irak. Besaß der Irak 1979 noch Goldreserven von 35 Milliarden Dollar, war das Land nach dem Krieg 1988 mit mehr als 80 Milliarden Dollar verschuldet. Das Regime Saddam Husseins geriet somit in eine ausweglose Schuldenfalle, zumal weder die Golfstaaten noch die USA bereit waren, dem Irak Schulden zu erlassen.[1]

Angesichts dieses wirtschaftlichen Niedergangs fasste Saddam Hussein den verhängnisvollen Entschluss, unter einem fadenscheinigen, juristisch unhaltbaren Gebietsanspruch den

Nachbarstaat Kuwait militärisch zu besetzen und mit den dortigen Erdöleinnahmen die eigene Staatskasse wieder zu füllen. Im August 1990 marschierten irakische Truppen in Kuwait ein. Es war eine politische Fehleinschätzung des Diktators, der glaubte, er sei für den Bündnispartner USA weiterhin unentbehrlich und die USA würden einen solchen Raubzug dulden. Das Gegenteil war der Fall.

Saddam Hussein lehnte den Rückzug aus Kuwait kategorisch ab, weil er immer noch die Situation falsch einschätzte. Und so rückten im Januar und Februar 1991 die Truppen der westlichen Allianz unter Führung der USA bis Bagdad vor. Aber der amerikanische Präsident George Bush verhinderte durch seinen Befehl den Einmarsch der siegreichen Truppen. Mehr noch: Als Schiiten im Süden des Irak und Kurden in den nördlichen Landesteilen gegen die drückende Diktatur rebellierten, blieben die westlichen Truppen passiv. Sie ließen es zu, dass der bedrängte Despot Saddam Hussein den Aufstand mit brutalsten Mitteln niederschlug, ja, dass seine Soldaten die schiitischen Pilgerorte Nedschef und Kerbela schwer verwüsteten und zahlreiche kurdische Dörfer zerstörten. Auf den ersten Blick erschien eine derartige Haltung der westlichen Sieger unverständlich. Die zynische Vernunft dieser Entscheidung wurde erst später deutlich.

Die US-Regierung unter Präsident George Bush bewahrte das Regime Saddam Husseins vor dem Zusammenbruch, weil zu befürchten war, dass der Irak ohne die Gewaltherrschaft seines brutalen Diktators in mehrere rivalisierende Herrschaftsgebiete von sunnitischen, schiitischen und kurdischen Stämmen zerfallen würde. Damit könnte der Irak in einen jahrelangen Bürgerkrieg verstrickt werden, wodurch es wiederum den Westmächten unmöglich wäre, weiterhin billiges Erdöl zu beziehen. Der Plan, Saddam Hussein durch einen anderen Despoten zu ersetzen, der mit derselben Härte Rebellen unterdrückte und trotzdem ein Vasall amerikanischer und britischer Interessen bleiben würde, ließ sich nicht umsetzen. Also musste man Saddam Hussein als geschwächten Diktator weiterregieren lassen.

Diese zynische Entscheidung bewahrte den Irak tatsächlich vor einem Machtvakuum und der Gefahr eines Bürgerkriegs. Jedenfalls zunächst. Auf lange Sicht erwies es sich jedoch als ebenso verhängnisvoll, mit einem unberechenbaren Diktator konfrontiert zu sein, der im Verdacht stand, im Geheimen die Armee bereits für einen nächsten Krieg zu rüsten. Verhängnisvoll waren darüber hinaus die Reaktionen der UNO. Auf Druck westlicher Industriestaaten verhängte die UNO ein Wirtschaftsembargo, besonders ein Exportverbot für Erdöl, das die wichtigste Einnahmequelle des Irak darstellte. Dieses Embargo belastete aber weniger das Regime als die Zivilbevölkerung. Innerhalb der 1990er-Jahre starben eine halbe Million Iraker, hauptsächlich Kinder, wegen fehlender Nahrungsmittel und Medikamente. Unter der wachsenden Verelendung litt vor allem die ursprünglich starke Mittelschicht, die einst zu den wohlhabendsten und gebildetsten der arabischen Welt gehört hatte. Nun konnte nur noch eine schmale Oberschicht im Umfeld des Diktators wirtschaftlich relativ gesichert existieren. Rund 90 Prozent der irakischen Bevölkerung lebte nur noch von der Hand in den Mund – in dieser Situation rückte das Bildungswesen in den Hintergrund des Interesses. Im Irak hatte die Alphabetisierungsrate 1989 noch 95 Prozent betragen und war damit die höchste in der gesamten arabischen Welt gewesen – ein Produkt der Reformbestrebungen der Baath-Partei in den 1970er- und 1980er-Jahren –, aber zu Beginn des 21. Jahrhunderts war die Alphabetisierungsrate um mehr als die Hälfte gesunken.[2]

Verantwortlich für diese Situation war eben nicht nur das politisch äußerst riskante Abenteurertum Saddam Husseins, sondern auch eine verfehlte Politik der Westmächte. Beides zusammen löste erst den völligen Zusammenbruch des Irak mit der drohenden Apokalypse eines religiös und ethnisch aufgeheizten Bürgerkriegs aus.

Dieser gänzliche Zusammenbruch begann mit dem Jahr 2003, mit einem angeblichen Befreiungsschlag westlicher Großmächte zugunsten des »Weltfriedens«. Am 20. März marschierten amerikanische und britische Truppen in den Irak ein – offiziell um die Gefahr durch irakische Massenvernichtungswaffen zu bannen und eine »menschenverachtende Diktatur« endgültig durch eine Demokratie nach westlichem Vorbild zu ersetzen. Tatsächlich sollte aber ein antiwestliches Regime beseitigt werden, damit sich für die nächsten Jahrzehnte die Ausbeutung der reichen Erdölvorkommen völlig unter westliche Kontrolle bringen ließe. Den entscheidenden Anstoß für diesen dritten Golfkrieg gab US-Präsident George W. Bush, der Sohn des früheren US-Präsidenten George Bush. Er wollte zu Ende bringen, was sein Vater 1991 auf halbem Weg abgebrochen hatte, und scheute sich hierbei nicht, gefälschte Dokumente als Beweis für die Existenz von geheimen Massenvernichtungswaffen im Irak zu benutzen. George W. Bush und der mit ihm verbündete britische Premierminister Tony Blair ignorierten die Warnungen von Nahostexperten. Der Sturz von Saddam Hussein, so die einhellige Meinung, könnte zu einem gefährlichen Machtvakuum, ja zu einem Bürgerkrieg führen, sollten die Westmächte keine nachhaltige Strategie für eine Nachkriegsordnung entwickelt haben.

Genau diese Befürchtung sollte sich bitter bewahrheiten: Die amerikanischen und britischen Truppen benötigten zwar nur 20 Kriegstage, um am 9. April 2003 in Bagdad einzumarschieren und das Regime Saddam Husseins nach 24-jähriger Gewaltherrschaft zu beseitigen. Aber die amerikanischen und britischen Besatzer irritierten durch Ignoranz bereits in den ersten Tagen nach ihrem Einmarsch in Bagdad. Amerikanische Soldaten schirmten in der von Unruhen erschütterten Hauptstadt des Irak zwar das Erdölministerium hermetisch gegen Randa-

lierer ab, ließen aber die Nationalbibliothek und das Nationalmuseum völlig ohne Schutz – mit fatalen Folgen: Plünderer
drangen ein, raubten ungehindert wertvolle historische Schriften aus Epochen des frühen Islam sowie Hunderte Statuen aus
sumerischer, babylonischer und assyrischer Zeit, unersetzliche
Kulturgüter, die sie auf dem Schwarzmarkt verkauften. Diese
Ereignisse hatten sowohl für die Iraker als auch für die Weltöffentlichkeit eine verheerende Signalwirkung. Es wurde unmissverständlich vorgeführt, was offiziell nicht gesagt werden
durfte: Die westliche Besatzungsmacht zeigte sich nur am
Schutz der Erdölindustrie interessiert, nicht aber am Schutz
des reichen kulturellen Erbes eines fremden Landes.

Weitere Fehler folgten, deren Nachwirkungen noch fataler
waren. Die amerikanischen und britischen Besatzer verboten
sofort nach ihrem Einmarsch die Baath-Partei, die seit 1968 den
Irak diktatorisch regiert hatte, und entmachtete außerdem in
der Armee einen Großteil des bisherigen Offizierskorps. Sie
machten keinen großen Unterschied zwischen engen Verbündeten Saddam Husseins und bloßen Mitläufern. Dies hatte zur
Folge, dass die Besatzer den Mitläufern den Weg verbauten,
sich in das neue Staatswesen zu integrieren. Von einem Tag auf
den anderen verloren damit einige Hunderttausend Iraker ihre
Existenzgrundlage. Es waren überwiegend Sunniten, deren
religiöse Minderheit jahrhundertelang – seit der Fremdherrschaft der sunnitischen Osmanen-Dynastie – über die religiöse
Mehrheit der Schiiten geherrscht hatte. Da sie nun ohne jede
Aufgabe waren, ja in den Zustand der Rechtlosigkeit gedrängt
wurden, konnten und wollten sie sich mit dieser völligen Entmachtung keinesfalls abfinden. Die Eroberer begünstigten nun
einseitig die bisher unterdrückten Schiiten und Kurden. Sie
ließen zwar demokratische Wahlen abhalten, nach denen erwartungsgemäß die schiitische Mehrheit die Regierung stellen
konnte. Aber die Besatzer ließen es zu, dass der seit 2006 amtierende schiitische Ministerpräsident Nuri al-Maliki die bisher

privilegierten Sunniten im selben Maß unterdrückte, wie zuvor die Sunniten mit den Schiiten umgegangen waren.

Den Siegermächten lag weniger daran, dass im Irak tatsächlich eine Demokratie die bisherige brutale Diktatur ablöste, wie die offizielle Propaganda es glauben machen wollte. An stelle des widerspenstigen Despoten Saddam Hussein wollten sie einen willfährigen Politiker haben, der voll und ganz westlichen Wirtschaftsinteressen entsprach – und, was ohnehin schon eklatant war, amerikanischen sowie britischen Erdölkonzernen äußerst günstige Konzessionen gewährte. Dass die schiitische Regierung dem sunnitischen Diktator den Prozess machte und ihn am 30. Dezember 2006 hinrichten ließ, bedeutete keineswegs einen Zuwachs an Demokratie.

Die Strategie der amerikanischen und britischen Besatzungsmacht scheiterte auf der ganzen Linie. An die Stelle des hingerichteten Diktators Saddam Hussein trat eben kein überzeugter Demokrat, dem es möglich gewesen wäre, die verschiedenen Gruppierungen des multi-religiösen, multi-kulturellen und multi-ethnischen Irak zu versöhnen. Im Gegenteil, je entschiedener Nuri al-Maliki alle Machtpositionen mit Schiiten seines eigenen Klans besetzte und versuchte, Sunniten vollends in die Rechtlosigkeit abzudrängen, desto mehr gefährdete er die Stabilität des Staates. Der Irak spaltete sich zunehmend in heftig sich bekämpfende Gruppierungen auf, deren Frontlinien entlang religiöser und ethnischer Grenzlinien verliefen: schiitisch, sunnitisch, kurdisch. Die amerikanische und britische Besatzungsmacht konnte diese Entwicklung immer weniger kontrollieren. Und immer deutlicher wurde, dass keine dieser Gruppierungen die Autorität hatte, den Nationalstaat Irak unter ihrer Führung zu einigen.

So fragwürdig und blutig das Regime Saddam Husseins auch gewesen war: Unter der säkular orientierten Diktatur der Baath-Partei hatten religiös motivierte Konflikte nur eine sehr untergeordnete Rolle gespielt. Wie ich in Gesprächen mit Irakern öfter erfahren konnte, lebten Sunniten, Schiiten und Christen in vielen Stadtvierteln einträchtig nebeneinander, und manchmal wusste man gar nicht, welcher Religion der Nachbar angehörte. Auch war es immer wieder zu Mischehen zwischen Sunniten und Schiiten und auch Christen gekommen. Gerade unter der Herrschaft der Baath-Partei wurde die Bedeutung religiöser Zugehörigkeit in den Hintergrund gedrängt, war doch Tarik Aziz, der Stellvertreter Saddam Husseins, ein Christ. Und ebenfalls ein Christ war auch Michel Aflak, der Gründer der Baath-Partei.

Die entmachteten Sunniten begannen zu rebellieren – jetzt spielte zunehmend die Religion eine Rolle. Im Februar 2006 veränderte ein aufsehenerregendes Attentat tiefgreifend das Bewusstsein der rivalisierenden Gruppen. Eine radikal-sunnitische Terror-Organisation sprengte die Kuppel der Goldenen Moschee in der schiitischen Pilgerstadt Samarra, ein Jahr später sprengte sie bei einem zweiten Attentat die verbliebenen Minarette. Die Botschaft war eindeutig: Sunnitische Extremisten versuchten, die Schiiten in ihren religiösen Gefühlen zu verletzen, indem sie eines ihrer wichtigsten Heiligtümer zerstörten. Der Kampf um die Vorherrschaft im Irak sollte nun – voll beabsichtigt – über die politischen Gegensätze hinaus eine religiöse Dimension bekommen. Zunehmend schoben sich nun aufseiten der Sunniten religiös-politische Organisationen in den Vordergrund, die nicht nur die Regierungsmacht für die Sunniten zurückgewinnen wollten, sondern die schiitischen »Ketzer« auch religiös im Sinne des Dschihad, des »Heiligen Kriegs«, bekämpften. Zunehmend waren es Terror-Organisationen, die der al-Qaida nahestanden. Schließlich kam aber eine Gruppierung von Dschihadisten, die alle anderen an Aggressivität übertraf: die 2006 entstandene Organisation »Islamischer Staat im Irak«, auf die ich weiter unten ausführlicher eingehe.

Im Irak fehlte es bei Sunniten wie bei Schiiten zu dieser Zeit längst schon an einer säkular orientierten, religiös toleranten Bürgerschicht, die politisch nachhaltig in diesen Konflikt hätte eingreifen können. Eine solche Bürgerschicht hatte in den 1970er- und 1980er-Jahren noch eine beträchtliche Rolle gespielt, sie hatte sogar zu Reformen der säkular orientierten Gesetzgebung der Baath-Partei selbst noch unter der Diktatur Saddam Husseins beigetragen, aber diese Bürgerschicht war durch die Golfkriege sowie die anschließenden Wirtschaftssanktionen der Westmächte seit 1990 völlig geschwächt worden. Dagegen hatten die radikal-sunnitischen Terror-Organisationen erheblichen Auftrieb erhalten, weil sie von der radikal-sunnitischen Regierung Saudi-Arabiens und von radikal-sunnitischen Privatstiftungen der Golf-Emirate finanziert wurden.

Im bis dahin offiziell säkularen Nationalstaat Irak bahnte sich damit eine Entwicklung an, wie sie wenige Jahre später mit ähnlich unabsehbaren Folgen auch den offiziell säkularen Nationalstaat Syrien erschüttern sollte.

Explosion in Syrien

Syrien wurde seit 1963 von der Baath-Partei regiert. Die Partei hatte sich an die Macht geputscht. Ein weiterer Militärputsch machte den Luftwaffengeneral Hafis al-Assad 1970 zum Diktator, eine Position, die er bis zu seinem Tod im Juni 2000 behielt. Ihm folgte sein Sohn Baschar al-Assad.

Vater und Sohn Assad waren wie Saddam Hussein Baath-Sozialisten. Sie unterschieden sich aber von dem irakischen Diktator dadurch, dass sie außenpolitisch nüchtern pragmatisch blieben und keine riskanten Abenteuer unternahmen, folglich waren sie für die Nachbarstaaten wie für die Westmächte berechenbarer. Innenpolitisch regierten sie dagegen mit der gleichen Ambivalenz von brutaler Unerbittlichkeit und scheinbarer Nachsicht wie Reformbereitschaft. Hafis al-Assad führte wesentliche Reformen zur Modernisierung des Landes durch, so etwa die allgemeine Schulpflicht, auch verbesserte er die Rechte der Frauen wie die Rechtssicherheit für Christen und andere religiöse Minderheiten. Sein Sohn Baschar al-Assad inszenierte 2001 sogar für kurze Zeit einen sogenannten »Damaszener Frühling« mit mehr Meinungsfreiheit. Aber der Reformwillen des Assad-Klans endete in dem Moment, als der Anspruch auf alleinige Macht sowie die wirtschaftlichen Privilegien der regierenden Klasse in Frage gestellt wurden. Kritiker des Regimes landeten in Syrien ebenso rasch im Gefängnis, wurden gefoltert oder hingerichtet wie im Irak.

Und im multi-religiösen Syrien drohte ebenso wie im multireligiösen Irak die Gefahr, dass der Kampf um die absolute Macht über die politischen Interessenkonflikte hinaus eine religiöse Dimension annahm. Dies vor allem, weil auch in Syrien Regierung und Opposition nicht derselben Religion angehörten. Im Irak entluden sich die Konflikte zwischen Sunniten und Schiiten, in Syrien zwischen Sunniten und Alawiten. Ich habe im Abschnitt *Die ›Ketzerei‹ der Alawiten* bereits darauf hingewiesen, dass viele Sunniten wie Schiiten den schiitisch geprägten Alawiten das Recht absprechen, sich in vollwertigem Sinn als Muslime zu bezeichnen: ihr Glaube sei zu »ketzerisch«, ja völlig »unislamisch«. Oft zeigen sich Sunniten wie Schiiten gegenüber Christen und Juden toleranter als gegenüber Alawiten. Entsprechend explosiv war und ist in Syrien der Gegensatz zwischen den regierenden Alawiten des Assad-Klans und der Mehrheit der Sunniten.

Bereits Anfang der 1980er-Jahre war es mehrmals zu überaus blutigen Terrorakten sunnitischer Extremisten gegen Alawiten gekommen, so in Aleppo, in Hama und 1982 schließlich zu einem Aufstand, den Präsident Hafis al-Assad brutal niederschlagen ließ. Hama, eine Hochburg sunnitischer Islamisten, wurde 1982 von der Armee bombardiert, innerhalb einer Woche starben nahezu 30 000 Einwohner. Mit diesem Aufstand wollten sunnitische Islamisten eben nicht nur gegen politische und soziale Ungerechtigkeit protestieren; ein weiterer wichtiger Impuls war für sie der Kampf gegen die Diktatur von alawitischen »Ketzern« über sunnitische »Rechtgläubige«. Das Regime des alawitischen Assad-Klans kämpfte bereits 1982 mit äußerster Härte nicht nur um das politische Überleben, sondern sah im Hintergrund eine noch viel größere Gefahr: Würde die Regierung Assad stürzen, müssten die Alawiten befürchten, von einer nachfolgenden Regierung der Sunniten wieder in den Zustand der Rechtlosigkeit gedrängt zu werden – ja mehr noch, sie würden vermutlich wieder religiös verfolgt werden.

Diese Frage um das religiös-politische Überleben musste sich 2011 der Sohn Baschar al-Assad erneut stellen, als Syrien von den Unruhen des sogenannten »Arabischen Frühlings« erfasst wurde. Welchen ambivalenten Stellenwert der »Arabische Frühling« im gesamten Nahen Osten hat, beschreibe ich im nachfolgenden Abschnitt genauer. Für hier soll die Tatsache genügen, dass Baschar al-Assad auf die Protestbewegung mit demselben Unverständnis reagierte wie viele andere Machthaber des arabischen Raums. Aber er hielt verbissener an der Macht fest als die Diktatoren der Nachbarstaaten, eben weil er fürchten musste, bei einem Regierungswechsel könnten Sunniten versuchen, die Gesamtheit der Alawiten wieder völlig ihrer mühsam erkämpften Rechte zu berauben. Zudem ließ sich Baschar al-Assad von der Illusion leiten, er könne wie einst sein Vater den Aufstand militärisch im Keim ersticken.

War die Angst des Assad-Regimes begründet? Manche Symptome deuten darauf hin. Die Mehrheit der sunnitischen Muslime Syriens neigt zwar nicht zu religiösem Fanatismus, sie war und ist vorrangig an sozialer und politischer Gerechtigkeit interessiert, nicht an einem islamistisch strukturierten Gottesstaat. Aber schon in einer frühen Phase des Aufstands gegen das Assad-Regime gelang es islamistischen Organisationen, die Führung zu übernehmen. Denn allein Rebellen mit islamistischer Ideologie verfügten über straff organisierte Verbände mit paramilitärischen Strukturen – und daher meist über militärisch trainierte Männer oder Soldaten, die nicht selten schon Kampferfahrung in anderen Krisenregionen wie dem Irak oder Afghanistan gesammelt hatten. Außerdem flossen allein solch radikal-islamistischen Gruppierungen Geld und Waffen aus dem wahhabitisch regierten Gottesstaat Saudi-Arabien und den Golf-Emiraten zu. Dagegen waren die Rebellen mit gemäßigt islamistischer oder gar säkularer Weltanschauung völlig auf sich allein gestellt, wurden weder logistisch noch finanziell für ihren Aufstand gegen das Regime unterstützt oder aufgerüstet – und sehr früh von islamistischen Organisationen zur Seite gedrängt.

Baschar al-Assad und seine Ratgeber wussten auf eine derartige Bedrohung von islamistischer Seite nur eine Antwort: Es galt, die Alawiten mit den Christen und Drusen zu einem Bündnis gegen die islamistischen Sunniten zusammenzuschweißen, schließlich hatte sich der alawitische Diktator schon bisher als Schutzherr aller religiösen Minderheiten Syriens gegen die sunnitische Mehrheit präsentiert. Es war eine Taktik mit zwiespältigen Folgen. Zwar konnte so Assad Christen und Drusen noch mehr als bisher an sein Regime binden – trug auf diese Weise aber unabsichtlich dazu bei, dass die Konflikte zwischen der Regierung und den Aufständischen immer mehr entlang religiöser und konfessioneller Trennlinien verliefen. Notgedrungen lieferte der eigentlich säkular orientierte Ideologe Assad damit den islamistischen Ideologen Argumente, die von Anfang an einen solchen Religionskrieg exakt intendiert hatten.

Spätestens zu diesem Zeitpunkt nahm in Syrien eine Entwicklung ihren Lauf, die im Irak bereits weiter fortgeschritten war: Der Nationalstaat drohte entlang religiöser und ethnischer Grenzlinien in heftig rivalisierende Herrschaftsgebiete zu zerfallen. Und von diesem Zerfall profitierten besonders die radikalsten islamistischen Gruppierungen. Es waren im Irak wie in Syrien an vorderster Stelle die al-Qaida und der IS, der sogenannte Islamische Staat, auf deren Rivalität ich in anderen Zusammenhängen ausführlich eingehen werde.

»Arabischer Frühling« – Ursprung einer Revolte

Das Jahr 2011 ist mit dem ambivalenten Schlagwort »Arabischer Frühling« in das Bewusstsein der Weltöffentlichkeit eingegangen. Es ist ein Schlagwort, das später viele westliche Beobachter und erst recht Muslime sarkastisch dahin abänderten, dass auf den Frühling sehr rasch der Winter gefolgt sei. In jenem Jahr 2011 war der Irak längst in verschiedene religiös und ethnisch rivalisierende Herrschaftszonen zerfallen, aber in Syrien gaben erst diese Unruhen quer durch die arabische Welt den wesentlichen Anstoß, um die bisher trügerische Stabilität zu zerstören.

Ein erstes politisches Beben des sogenannten »Arabischen Frühlings« hatte bereits im Dezember 2010 in Tunesien eingesetzt, als sich dort in einer Kleinstadt der Gemüsehändler Mohammed Bouazizi öffentlich verbrannte. Dieser demonstrative Selbstmord war Ausdruck einer auswegslosen sozialen Lage: Der junge Mann, ein Abiturient ohne berufliche Perspektive und schließlich mobiler Straßenhändler, konnte mit seinen geringen Einkünften nicht mehr das Schmiergeld an die Polizei bezahlen, worauf diese seine Produkte beschlagnahmte und ihn schwer misshandelte. Solche Vorkommnisse waren bis dahin im islamischen Raum, ja in der gesamten sogenannten Dritten Welt, an der Tagesordnung und wiederholten sich ständig. Aber an der Wende vom Jahr 2010 zu 2011 war in vielen Regionen besonders arabischer Staaten die soziale Frustration derart gewachsen, dass der Tod des jungen Mannes nach qualvollem Siechtum zu einer Empörung in ganz Tunesien führte. Es war ein Funke, der sehr rasch auf andere arabische Länder übersprang, weil es auch dort genug Menschen gab, die sich mit der sozialen Demütigung des Tunesiers Mohammed Bouazizi identifizierten. Ende Januar 2016 begann in Ägypten der Aufstand gegen Hosni Mubarak, im Februar in Libyen gegen Muammar al-Gaddafi, im März in Syrien gegen Baschar al-Assad, schließlich auch in Algerien, in Jordanien, im Jemen – wobei am nachhaltigsten Ägypten, Libyen und Syrien erschüttert wurden. Überall war es ein Aufruhr gegen Diktatoren und die mit ihnen verbündeten Klans. Bei wenigen Klans war auch ein Großteil der Vermögenswerte konzentriert, während die Bevölkerung sichtlich verelendete. Zunächst protestierten die Volksmassen ausschließlich gegen soziale Missstände. Das Thema Religion spielte während der ersten Phase der Rebellion in keinem der Länder eine Rolle.

Wie konnte es aber dazu kommen, dass religiös motivierte Rebellen immer mehr an Bedeutung gewannen? Ich habe am Beispiel Syrien bereits kurz eine Variante dieser Entwicklung dargestellt. Die Muster dieser Entwicklung ähneln sich in vielen islamisch geprägten Ländern. Aber ich möchte im Folgenden am Beispiel Ägypten eine weitere Variante ausführlich veranschaulichen.

Ägypten, neben Syrien und dem Irak die dritte Schlüsselmacht der arabischen Welt, weist einige besondere Merkmale auf: Das Land versteht sich als ein geistiges Zentrum des sunnitischen Islam, schließlich hat die Al-Azhar-Universität, die bedeutendste Universität für islamische Religionsfragen, ihren Sitz in Kairo. Außerdem war in Kairo 1928 die erste Muslim-Bruderschaft mit ihrer prägenden Kraft für alle späteren radikalen Organisationen des sunnitischen Islam entstanden. Andererseits lebt in Ägypten mit den Kopten die zahlenmäßig größte christliche Konfessionsgemeinschaft innerhalb eines islamischen Landes, rund zehn Prozent der Bevölkerung sind

Kopten (die rund zehn Prozent Christen in Syrien sind dagegen in verschiedene Konfessionen aufgeteilt).

Gerade Ägypten bietet ein herausragendes Beispiel dafür, dass die Unruhen des sogenannten »Arabischen Frühlings« vorrangig in unbewältigten sozialen Problemen wurzeln – und trotzdem auch religiösen Zündstoff liefern. Die Hauptstadt Kairo war ein Brennpunkt der Krise. In den 1970er- und 1980er-Jahren hielt ich mich mehrmals in der Metropole auf, und was ich dort an Eindrücken gewann, zeigte bereits in vielen Details, weshalb besonders dort eine explosive Situation entstehen musste.

Die Ambivalenz der Megastadt spiegelte sich bereits in dem Hotel, das ich im Herbst 1978 bewohnte. Den Eingang an einer belebten Verkehrsstraße säumte eine großflächige Reklamefront: neben der Messingplakette des Hotels die bunten Tafeln einer Investmentbank, eines Maklerbüros, eines Automobilclubs. Aber vom Balkon meines Zimmers im 14. Stockwerk des Hochhauses blickte ich auf eine Phalanx etwa zehnstöckiger Betonwohnblocks, deren Alter schwer zu schätzen war. Die Fassaden dieser Häuser waren rissig und mit Flecken übersät, die Fenster schmutzig. Drähte hingen lose und in Knäueln neben rostigen Wasserrohren über grauen Wänden. Es schien so, als ob diese Mietskasernen, kaum errichtet, auch schon wieder verwahrlosten, weil das Geld für die nötigsten Reparaturen fehlte. Die eigentliche Überraschung jedoch boten unter mir die vielen Flachdächer der Hochhäuser. Auf ihnen waren Hütten aus Stroh, Brettern und Wellblech errichtet, Wäsche flatterte im Wind, Frauen in weiten Umhängen schleppten Lasten hin und her, halbnackte Kinder krabbelten auf dem Boden, Ziegen und Hühner suchten Nahrung zwischen reichlich zerstreutem Abfall – es war Dorfleben, zehn Stockwerke über brausendem Autoverkehr. Und über die Flachdächer hinweg blickte ich auf die Silhouette von Moscheekuppeln und Minaretten der historisch gewachsenen Altstadt, hinter der auf einem Hügel majestätisch die im osmanischen Stil gebaute Mehmet-Ali-Moschee aufragte.

Abends beim Gang durch die Altstadt, aber auch in etlichen neueren Wohnvierteln, konnte ich immer wieder einen Blick durch offene Fenster in hell erleuchtete Zimmer im Erdgeschoss werfen. Es waren meist schlauchartig enge Zimmer. Am späteren Abend waren dort viele der Böden dicht mit Matratzen belegt, oft für nahezu 15 bis 20 Menschen in einem Raum, Privatsphäre in unserem westlichen Sinn war da undenkbar. Es war das Ergebnis einer noch immer wachsenden Bevölkerungsdichte, die jede westliche Vorstellungskraft übersteigt. In Kairos Altstadtviertel Bab as-Sharya, dem »Tor des Gesetzes«, drängen sich auf jedem Quadratkilometer an die 153 000 Menschen in unwürdigsten Wohnverhältnissen, so konnte ich 1984, sechs Jahre nach meinem Rundgang, in einer Untersuchung lesen.[3] Der Vergleich mit deutschen Großstädten ist eklatant: In Frankfurt etwa kommt man für die gleiche Fläche auf 2900 Einwohner.[4]

Zu viele Menschen in Kairo. In kaum einer anderen Metropole hatte ich bisher eine derart bedrängende Enge auf Straßen wie auch in Wohnräumen erlebt. Pro Tag musste Kairo mit rund 1000 neuen arbeitsuchenden Ankömmlingen aus notleidenden Dörfern und Kleinstädten rechnen, so schätzten ägyptische Behörden 1978 vorsichtig.[5] Mitte der 1960er-Jahre hatten in Kairo erst 3,5 Millionen Menschen gelebt, aber bereits zehn Jahre später wurde die Einwohnerzahl auf über 7 Millionen geschätzt. Eine Wachstumsspirale hatte sich in Bewegung gesetzt, die sich immer mehr beschleunigte. Im Jahr 2011, als die Unruhen des »Arabischen Frühlings« begannen, drängten sich in Kairo auf engsten Raum bereits über 18 Millionen Menschen.

Diese Zuwanderer kamen überwiegend aus ländlichen Regionen, in denen die Regierung nur die Großgrundbesitzer förderte, nicht aber die Kleinbauern und besitzlosen Landarbeiter.

Je mehr Bauern unter der expandierenden Agrarwirtschaft der Großgrundbesitzer verarmten, desto mehr von ihnen strömten in die Städte ab, in der Hoffnung, dort besser überleben zu können – ein Prozess, unter dem viele andere Länder der sogenannten Dritten Welt zu leiden hatten. Schroffe Dissonanzen auf der kulturellen Ebene verschärften das Problem. Kairo ist eine Metropole, die beansprucht, das »kulturelle Herz« der arabischen Welt zu sein. Aus unterschiedlichen Staaten kommen Araber in Kairos Fachhochschulen und Universitäten, denn kein arabisches Diplom, sei es nun für Medizin, Rechtswissenschaft, Ökonomie oder Technik, zählt mehr als das der ägyptischen Hauptstadt. Umgekehrt ziehen Ägypter von Kairo aus in andere arabische Länder, um dort als heiß begehrte Lehrer, Ärzte, Ingenieure und Techniker tätig zu sein – im eigenen Land oft arbeitslos, weil der Staat zwar viele Bildungsinstitute, aber zu wenig Arbeitsmöglichkeiten geschaffen hat. Aber im Kontrast dazu war im Ägypten der 1970er-Jahre noch nahezu die Hälfte der Bewohner Analphabeten, und an diesen Zahlen hatte sich auch noch in den 1990er-Jahren noch nicht all zuviel geändert. Noch immer konnten 48 Prozent der Bevölkerung nicht lesen und schreiben, davon 36 Prozent der Männer und 61 Prozent der Frauen.[6]

Die soziale und kulturelle Krise spitzte sich in Ägypten im Laufe der Jahre bis 2011 weiter zu. Und weiterhin ballten sich die Probleme besonders in der ohnehin schon heillos übervölkerten Hauptstadt Kairo. Dort hatte die Armut zwischen 2009 und 2011 um fast 40 Prozent zugenommen, vor allem die Zahl der chronisch Unterernährten, während der Reichtum einer schmalen Oberschicht sprunghaft anstieg.[7]

So war es in groben Zügen um die gesellschaftlichen Zustände unmittelbar vor den Unruhen des sogenannten »Arabischen Frühlings« bestellt. Und vor diesem Hintergrund ist erst zu verstehen, dass viele Tausend Menschen am 25. Januar 2011 auf den Tahrir-Platz (»Platz der Unabhängigkeit«) in Kairo lautstark demonstrierten und den Sturz Mubaraks forderten. Der Tahrir-Platz wurde zum herausragenden Symbol des Aufstands in der ganzen arabischen Welt.

Am 11. Februar 2011 trat der Diktator Hosni Mubarak zurück, nachdem die Armee nicht mehr geschlossen hinter ihm stand. Und nun geschah unter dem Druck der unruhigen Volksmassen das bisher Unfassbare: Erstmals in der Geschichte Ägyptens ließ das Militär freie demokratische Wahlen zu. Es schien so, als habe sich mit dieser Revolte in vagen Umrissen eine Revolution mit grundlegenden sozialen und kulturellen Veränderungen angebahnt. Aber die Metapher »Frühling« für die Unruhen erwies sich ebenso wie der Begriff »Revolution« sehr bald als unpassende Formulierung. Es fehlte den Demonstranten an einer klaren Vorstellung von einer anderen Gesellschaftsordnung. Die Revolte mündete in einen »arabischen Winter«, dessen Ende nicht absehbar ist.

»Arabischer Winter« – Das Scheitern einer Revolte

Im Januar 2013 gingen in Ägypten nach einer Phase heftiger Auseinandersetzungen die ersten freien Wahlen zu Ende. Aber die meisten Stimmen gewannen nicht jene Gruppierungen, die bei den Demonstrationen auf dem Tahrir-Platz außer sozialer Gerechtigkeit auch Meinungsfreiheit und Demokratie gefordert hatten. Es gewannen also nicht jene Gruppierungen, denen die westlichen Medien am meisten Aufmerksamkeit widmeten und deren Einfluss von vielen westlichen Beobachtern weit überschätzt worden war. Knapp über 70 Prozent der Wählerstimmen gingen vielmehr an zwei Parteien mit eindeutig islamistischer und antidemokratischer Tendenz.

Die Muslim-Bruderschaft mit ihrer erst 2012 gegründeten »Partei Freiheit und Gerechtigkeit« kam auf rund 45 Prozent der Stimmen. Zweitstärkste Kraft wurde die »Partei des Lichts« (»Hisb al-Nur«) mit rund 25 Prozent der Stimmen. Diese Partei war parallel zur anderen von Männern gegründet worden, die sich früher der Muslim-Bruderschaft zugerechnet hatten, dann aber eine eigene, radikalere islamistische Front bildeten: die der Salafisten. *Salafiya* bedeutet »Rückbesinnung auf die Vorfahren« (*Salaf*: der Vorfahre, der Ahne). Vom ideologischen Programm her bedeutete dies: Man müsse sich bis ins Detail am religiösen Verhalten der Vorfahren, vor allem des Propheten Mohammed orientieren, es sei jeder Kompromiss mit andersdenkenden Muslimen, besonders mit säkular orientierten Politikern, abzulehnen.

Die Salafisten hatten sich schon in den 1990er-Jahren von der Muslim-Bruderschaft losgesagt, weil sie deren Bereitwilligkeit ablehnten, aus taktischen Erwägungen heraus mit politischen Gegnern Absprachen zu treffen. An den Muslim-Brüdern kritisierten sie, dass ihre einst religiös geschlossene Front aufgespalten sei in unterschiedliche Fraktionen, und sie warfen ihnen vor, damit den »wahren Islam« zu verraten. Der ideologische Gegensatz zeigte sich entsprechend auch in den Namen der 2012 parallel gegründeten Parteien. Die »Partei für Freiheit und Gerechtigkeit« wollte mit ihrer Benennung über den islamischen Rahmen hinaus neutral auch Wähler ansprechen, die weniger an religiösen, als an sozialen und politischen Reformen interessiert waren. Die »Partei des Lichts« dagegen signalisierte von vornherein den Vorrang des Religiösen vor dem Sozialen. *Nur* (»Licht«) als Gegensatz zum Dunkel des Unglaubens hat in der islamischen Tradition eine stark spirituelle Bedeutung.

Aber wenn auch diese beiden islamistischen Parteien ideologisch miteinander verfeindet waren, bildeten sie durch ihren Wahlerfolg von knapp 70 Prozent der Stimmen doch ein starkes Übergewicht mit dem Spektrum eines sehr konservativen Islam. Dagegen konnten sich die viel kleineren, ebenfalls ideologisch aufgesplitterten Parteien mit liberal demokratischer Tendenz nur schwer durchsetzen. Besonders galt dies für Gruppierungen der sogenannten Revolutionsjugend, die eine Demokratie nach westlichem Vorbild wünschten; sie konnten in das neue Parlament nur wenige Abgeordnete schicken.

Der große Triumph ausgerechnet von zwei islamistisch orientierten Parteien hat dieselbe Ursache: Vor allem Islamisten hatten im Verlauf der letzten Jahrzehnte zahlreiche Sozialprojekte für die ärmere Bevölkerung verwirklicht. In erster Linie hatten sie in den Elendsvierteln der Großstädte den Bau von Schulen und Spitälern finanziert und den Notleidenden kostenlose medizinische Hilfe wie auch finanzielle Unterstützung bei Arbeitslosigkeit angeboten. Eine derart massive Sozialhilfe hat es vonseiten der säkular orientierter Regierungen unter Sadat und Mubarak nicht gegeben. Die böse Ironie dabei ist: Sadat und Mubarak hatten den Islamisten zwar verboten, politische Parteien zu gründen, aber ihnen Aktivitäten auf sozialem Gebiet erlaubt. Die Machthaber konnten so einen Teil ihrer gesellschaftlichen Verantwortung auf islamistische Organisationen abwälzen – jedoch mit welchem Ergebnis? Die Islamisten konnten im Wahlkampf von 2012 auf die nur spärlichen sozialen Leistungen der Regierung hinweisen und vermochten sich daher als die einzig wirklichen Sozialhelfer zu präsentieren.

Das Geld für die Sozialprogramme floss den Islamisten allerdings aus Saudi-Arabien zu, und auf diese Weise gewann der wahhabitische Islam an Einfluss in Ägypten. Diese religiöse Komponente spielte zunächst im Wahlkampf offiziell keine Rolle, im Vordergrund stand der Wunsch nach ausreichend Nahrung, nach menschenwürdiger Arbeit, nach sozialem Aufstieg. Aber im Hintergrund war der wahhabitische Islam gegenwärtig, denn die Islamisten mit ihrem radikal-islamistischen Verständnis schienen die besten Garanten für den sozialen Fortschritt zu sein.

Das Wort »Demokratie« kam in den Gesprächen, die ich mit Ägyptern führte, allerdings oft vor. Aber nur wenige der Gefragten verbanden damit eine Freiheit der Meinung und des individuellen Lebensstils. Diese kleine Schar von Individualisten im westlichen Sinn gehörte einer liberalen Bildungsschicht an. Die meisten dagegen verstanden unter »Demokratie«, dass endlich Schluss sein solle mit der Ausbeutung ärmerer Volksschichten, Schluss mit der einseitigen Begünstigung einer ohnehin schon reichen Oberschicht, Schluss mit der extrem ungerechten Verteilung von Eigentum. Individuelle Freiheit konnte für die Masse der Ägypter wenig bedeuten, waren doch viele eingebunden in starre Regeln von Großfamilie und Klan, eingebunden auch in starre religiöse Traditionen, die nicht hinterfragt werden durften. Jede Meinung außerhalb dieser Konventionen musste als ein Verstoß gegen die Gemeinschaft aufgefasst werden.

Eine Umfrage des amerikanischen Meinungsforschungsinstituts *Pew Research Center* 2010 in Ägypten, ein Jahr vor den Unruhen des »Arabischen Frühlings«, belegen diesen Sachverhalt geradezu schockierend: Rund 84 Prozent der befragten Ägypter befürworteten die Steinigung als Strafe für Ehebruch. Nahezu 84 Prozent die Hinrichtung für Muslime, die zu einer anderen Religion überwechseln oder gar Atheisten werden – eine archaische Rechtsvorstellung, die unter der säkularen Diktatur von Mubarak nicht praktiziert wurde. Nahezu 90 Prozent gaben zur Antwort, die Scharia habe Grundlage der Politik zu sein. Eine Trennung von Religion und Politik sei »gottlos« (eine religiös-politische Staatsform, wie sie bisher auch nicht bestand, weil Sadat bereits in den 1970er-Jahren dafür gesorgt hatte, dass die Scharia die »Hauptquelle der Gesetzgebung« sein sollte).[8]

Wie aber konnte eine solche Meinung ausgerechnet in Ägypten eine derart starke Mehrheit haben, wo doch Ägypten stolz sein kann auf die Tradition einer intellektuellen Bildungsschicht? Religiös aufgeklärte Ägypter dieser Bildungsschicht haben darauf folgende Antwort: Die religiöse Radikalisierung in einer derart breiten Front habe erst während der letzten zwei bis drei Jahrzehnte eingesetzt. In den 1980er- und 1990er-Jahren hätten Millionen arbeitsuchender Ägypter sich notgedrungen in Saudi-Arabien und den Golf-Emiraten verdingt, und brachten von dort eine radikal-islamische Religiosität mit. Außerdem sei mit Geld aus Saudi-Arabien in Ägypten ein Satelliten-Fernsehen installiert worden, über dessen Kanäle eine Doktrinierung im Sinn eines wahhabitischen Islam erfolge. Eine solch radikal-islamische Propaganda erreiche ein wesentlich größeres Publikum, als dies die modernen Online-Medien einer liberalen Bildungsschicht könnten.[9]

Es waren irritierende Informationen, die nicht zu meinen persönlichen Erfahrungen zu passen schienen. Ich hatte in Ägypten sehr viel Gastfreundschaft genossen, und dies nicht nur bei Muslimen einer liberalen Bildungsschicht, sondern auch in den Altstadtvierteln von Kairo wie auch in Dörfern. Ich wurde zum Essen in Lehmhütten eingeladen von Muslimen, die kein Wort Englisch sprachen und zudem Analphabeten waren, sie begegneten mir, dem europäischen Nicht-Muslim, mit freundlicher, unvoreingenommener Neugier. Zwar erlebte ich hier und da Jugendliche, die mich aggressiv umringten oder gar Steine nach mir warfen, aber das schien mir eher ein Affekt sozial ausgegrenzter Ägypter gegen »reiche« Touristen zu sein. Mein Eindruck war, dass selbst viele konservativ traditionalistisch gesonnene Muslime Andersgläubigen, so vor allem gegenüber Christen, jenen mitmenschlichen Respekt zollten, den ihnen der Koran vorschreibt. Aber dann stellt sich umso mehr die Frage: Wie verträgt sich dies mit dem Ergebnis der Umfrage, dass nahezu 84 Prozent der Ägypter die Todesstrafe für Muslime befürworten, die zu einer anderen Religion konvertieren oder gar Atheisten werden?

Tolerant verhält sich zumindest ein größerer Teil der Befragten gegenüber den geistig verwandten monotheistischen Religionen. Aber eine solche Toleranz gilt nicht in Bezug auf »Ketzer« oder gar »Abtrünnige« innerhalb des Islam. Umgekehrt erlebte ich eine derartige Haltung bei arabischen Christen sowohl in Ägypten wie in Syrien: Sie betonten ihren Respekt gegenüber Muslimen, sie betrachten es jedoch als ein todeswürdiges Verbrechen, wenn ein Christ zum Islam übertreten oder gar Atheist würde.

Eine derartige Grundhaltung hat wesentlich dazu beigetragen, dass viele der Wähler sich nicht an dem konservativen Islam von Muslim-Brüdern stießen. Und so konnte bei den Parlamentswahlen im Januar 2012 Ägyptens Muslim-Bruderschaft mit ihrer Partei »Gerechtigkeit und Entwicklung« nicht nur wegen ihrer populären Sozialpolitik, sondern auch wegen ihrer religiösen Überzeugung die Gunst von Wählern finden.

Mohammed Mursi, der politische Führer der Muslim-Brüder, regierte von Januar 2012 bis Juli 2013. Dann stürzte ihn das Militär und nun regierte wieder ein General, ein Diktator, der sich zugleich als »frommer Muslim« wie als »säkular« bezeichnete: Abd al-Fattah as-Sisi. Der Militärputsch bedeutete allerdings nicht, dass nun anstelle einer kurz aufkeimenden Demokratie wieder wie zuvor eine Diktatur getreten sei. Denn die demokratisch gewählten Muslim-Brüder hatten ihre Macht dazu benutzt, um die eigene Position zu einer Diktatur auszubauen. Dies war vergleichbar mit der Entwicklung im Irak: Dort hatten ja, wie bereits erwähnt, die unterdrückten Schiiten nach demokratisch gewonnenen Wahlen versucht, nun umgekehrt die Sunniten zu unterdrücken. In Ägypten wie im Irak gab also eine Diktatur der anderen die blutige Türklinke in die Hand.

Dass aber in Ägypten die Muslim-Bruderschaft so rasch und nachhaltig ihre Macht verlor, hatte schwerwiegende Gründe. Den hauptsächlichen Anstoß gab die rapid wachsende Wirtschaftskrise. Die Muslim-Brüder hatten zwar in den letzten Jahrzehnten durch Kompetenz in der Sozialfürsorge eine breite Popularität bei der Masse der ärmeren Bevölkerung gewonnen – aber dieses Ansehen verspielten sie innerhalb weniger Monate an der Regierung, weil sie sich als unfähig erwiesen, Ägyptens wirtschaftliche Probleme auch nur ansatzweise zu lösen. Sie steuerten das ohnehin labile Land vollends ins Chaos, so dass plötzlich mehr als die Hälfte der Ägypter den Militärputsch begrüßte und den Diktator as-Sisi als neuen Hoffnungsträger feierten.

Hinzu kam die ideologische Widersprüchlichkeit innerhalb des islamistischen Lagers. Obwohl die Islamisten nahezu 70 Prozent der Wählerstimmen gewonnen hatten, konnten sie von Anfang an ihre Mehrheit nicht für ein stabiles Bündnis nutzen. Denn die beiden führenden Parteien, die der Muslim-Brüder und der Salafisten, waren ja ideologisch zutiefst verfeindet. Die Salafisten mit ihrem rigoros wahhabitischen Verständnis von Islam hatten die Muslim-Brüder, wie schon erwähnt, ständig wegen ihrer taktischen Kompromissbereitschaft gegenüber säkular orientierten Parteien kritisiert.

Es gehört zu den Paradoxien der Machtkämpfe in Ägypten, dass die Salafisten die Entmachtung der Muslim-Brüder durch den Militärputsch im Juli 2013 begrüßten und sich demonstrativ an die Seite des »frommen Muslim« und »säkular« orientierten Diktators as-Sisi stellten. Mehr noch: Auch das wahhabitisch regierte Saudi-Arabien stellte sich auf die Seite des »säkularen« Militärdiktators und ließ ihm plötzlich massive Finanzhilfe zukommen. Den Muslim-Brüdern hatten die Saudi-Araber schon Monate zuvor die finanziellen Mittel stark gekürzt und ihre Hilfe vorwiegend zu den Salafisten verlagert. Den wahhabitischen Saudi-Arabern wie den ägyptischen Salafisten erschienen Islamisten als ein Ärgernis, die, demokratisch gewählt, bereit zu Kompromissen mit politisch anders denkenden Gegnern waren. Das Scheitern solch »gemäßigter« Islamisten war von radikalen Islamisten geradezu erwünscht, denn dies trug dazu bei, das Ideal einer Demokratie als bloße Illusion erscheinen zu lassen. Aus diesem Grund war es besser, einen

»säkularen« Diktator zu unterstützen, um damit einen religiös-ideologischen Rivalen in den eigenen Reihen zu schwächen.

Was ist vom sogenannten »Arabischen Frühling« geblieben?

Ägypten bietet ein anschauliches Beispiel für die Fehlentwicklung, dass ein viel propagierter Aufbruch in eine demokratische Zukunft in eine neue Diktatur mündete. Denn es fehlte eine breite Bildungsschicht, die verstehen konnte, was Demokratie im Sinn von individueller Freiheit und kulturellem Pluralismus eigentlich ist. Dies gilt auch für viele andere islamisch geprägte Staaten, besonders in der arabischen Welt.

Allein in Tunesien konnte sich – zumindest vage – eine demokratische Staatsordnung als Folge des »Arabischen Frühlings« etablieren. Als am 26. Oktober 2014 bei Parlamentswahlen die säkular orientierte Partei Nida Tounes stärkste Kraft wurde, überließ die bisher regierende islamistische Partei Ennada den Wahlsiegern ohne Widerstand die Macht. Dies geschah in dem Bewusstsein, dass nur so der soziale und der politische Friede im Land gewahrt bleiben könne. Aber selbst in Tunesien bleibt das Ideal der Demokratie gefährdet, denn immer wieder versuchen islamistische Terror-Organisationen, die mühsam erkämpfte Stabilität zu erschüttern.

Das »islamische« Unbehagen und ein arabischer Bestseller-Autor

Was kann, was darf ein Muslim an Erscheinungsformen seiner islamisch geprägten Gesellschaft kritisieren, ohne als ein Abtrünniger zu gelten?

Mit dieser Fragestellung las ich 2011 den ägyptischen Roman *Der Jakubijan-Bau*, in jenem Jahr also, in dem sich die lang angestaute Wut der Ägypter gegen Korruption, Misswirtschaft und Ausbeutung der sozial Schwachen in den Unruhen des sogenannten »Arabischen Frühlings« entlud. Mir drängte sich sofort der Eindruck auf, dass dieser ägyptische Roman ein Seismograph kommender sozialer und politischer Beben gewesen ist – und nun vor dem Hintergrund der Revolte von 2011 mit einem neuen Verständnis gelesen werden kann. Ja, mehr noch: In diesem Roman äußert sich auch massive Kritik an religiöser Heuchelei. Inwieweit kann also auch Religion kritisiert werden?

Der Jakubijan-Bau wurde bereits 2002 in Kairo veröffentlicht, als der Diktator Mubarak noch weitere neun Jahre lang unangefochten regieren sollte. Aber der Roman ist ausgerechnet unter diesem Regime zu einem überragenden Bestseller in Ägypten geworden und schließlich auch in vielen anderen arabischen Staaten. Mehr noch: 2006 wurde er in Ägypten verfilmt, der Film wurde ebenfalls zu einem Publikumserfolg. Der Roman wie die Verfilmung erreichten bereits 2006 Europa und die USA, 2007 erschien der Roman auf Deutsch. Damit war der Autor Alaa al-Aswani weltweit der bekannteste Romanschriftsteller des arabischen Kulturraums geworden.

Alaa al-Aswani wurde 1957 in Kairo geboren. Er, der Sohn eines Schriftstellers, absolvierte zunächst eine Ausbildung als Zahnarzt in Kairo und ging 1985 für zwei Jahre zur beruflichen Weiterbildung in die USA. Er lebte demnach kulturell in zwei verschiedenen Welten, was ihm zugute kam, denn er konnte sich nun auch von westlichen Autoren mit kritischem Blick auf soziale Verhältnisse anregen lassen. Er wurde nach ersten Veröffentlichungen zum Wortführer der ägyptischen Oppositionsbewegung »Es ist genug« und nahm, inzwischen schon ein berühmter Autor, 2011 an der Revolution gegen Mubarak auf dem Tahrir-Platz in Kairo teil.

Im Nachwort zum Roman *Der Jakubijan-Bau* lese ich einen Kommentar des deutschen Übersetzers Hartmut Fähndrich: Der Roman »wurde gepriesen und gelobt als offen, ehrlich, mutig, als gelungener Wurf über die zeitgenössisch ägyptische Gesellschaft. Er wurde beschimpft und verurteilt als bösartige Verunglimpfung Ägyptens, ja als ehrverletzend für die ägyptische Gesellschaft und die islamische Religion (...). Geistliche wetterten dagegen, Politiker erregten sich darüber«.[10]

Überschwänglich gelobt, heftig getadelt. Diese Widersprüchlichkeit macht den Roman für die Fragestellung hier so exemplarisch: *Der Jakubijan-Bau* markiert exakt, wie weit beißende Kritik an Gesellschaft und Religion gerade noch gehen kann – und welche rote Linie nicht überschritten werden darf. Die heikle Gratwanderung in politischer wie religiöser Hinsicht äußert sich besonders deutlich in der Darstellung eines jungen Ägypters mit dem Namen Taha al-Shasli.

Taha verbringt seine Jugend als Bewohner auf dem Flachdach des Jakubijan-Baus, eines Hochhauses in der Innenstadt von Kairo; er lebt dort inmitten von Bretterhütten, Holzverschlägen unter äußerst beengten Verhältnissen mit zahlreichen Bewohnern am Rand des Existenzminimums. Er wohnt in nahezu der gleichen Szenerie, wie ich sie von meinem Hotelfenster aus beklemmend anschaulich hatte wahrnehmen können. Taha ist der Sohn des Hausmeisters, hat durch ein Regierungsstipendium die Schule besuchen können, hat dort bei seiner Begabung sehr gute Noten bekommen, hat dort gelernt, dass harte Arbeit und Leistung sozialen Aufstieg ermöglicht. Er bereitet sich voll Optimismus auf das Bewerbungsgespräch in der Polizeiakademie vor. Sein Wunsch ist, Polizeioffizier zu werden und so den Makel niedrigster Herkunft ein für allemal hinter sich zu lassen. Aber das Bewerbungsgespräch bringt eine herbe Enttäuschung: Ihm nützen weder die guten Noten noch das mühsam erlernte gute Benehmen, denn als Sohn eines Hausmeisters wird er von den Offizieren verachtet, auch kann er nicht das hohe Bestechungsgeld aufbringen, um die drohende Abweisung vielleicht doch noch zu verhindern.

Zutiefst frustriert wendet sich Taha einer Gruppe frommer

Muslime zu, die ihm die bisher vergeblich gesuchte Anerkennung und Geborgenheit vermittelt. Erst nach und nach erkennt er, dass er es mit den Werbern einer radikal-islamischen Zweigorganisation der Muslim-Bruderschaft zu tun hat. Taha, selbst ein frommer Muslim, lässt sich nur zögernd auf ihr Gedankengut ein. Radikal-islamisch im Sinne eines aggressiven Dschihadisten wird er erst, als ihn Polizisten wegen eines vagen Verdachts, ein Islamist zu sein, verhaften und tagelang brutal foltern.[11] Die Folter überlebt er mit schweren körperlichen und seelischen Schäden. Fanatisch, erfüllt von dem Wunsch, sich an seinen Peinigern zu rächen, lässt er sich zum Attentäter ausbilden.[12] Im Auftrag der Dschihad-Organisation verübt er einen Anschlag auf Polizeioffiziere, wird dabei auch selbst getötet, aber das ist letztlich unerheblich, denn er stirbt als ein von seinen Glaubensbrüdern hochgeachteter »Märtyrer« im »Heiligen Krieg«.[13]

Der Autor beschreibt dieses Schicksal, indem er dem Leser eine plausible Erklärung dafür liefert, weshalb ein sozial gedemütigter Muslim bei Dschihadisten Zuflucht sucht. Der Autor hegt keinerlei Sympathie für gewaltbereite Kämpfer eines radikalen Islam. Er zeigt vielmehr, dass allein diese Radikalen »einfühlsam« genug sind, um einen in seinem Selbstwertgefühl zutiefst verletzten jungen Mann wieder Selbstwertgefühl zu geben – zunächst durch freundschaftliche Zuwendung, dann durch eine neue Aufgabe im Dienst der Religion. Entscheidend ist hierbei, dass erst die sadistische Gewalt der Polizisten den zuvor friedfertigen jungen Mann dazu treibt, nun selbst Gewalt und zwar als Dschihadist im »Auftrag Gottes« auszuüben – und gerade durch diese Gewalt meint er, seinem sinnentleerten Leben nun doch noch einen Sinn verleihen zu können.

Eine solche beißende Kritik an den Mängeln einer Gesellschaft wurde von Lesern nicht nur in Ägypten, sondern auch in vielen anderen islamischen Ländern verstanden. Der Bestseller-Erfolg dieses Romans basiert auf solchen Szenen, mit denen sich zahlreiche sozial frustrierte und bildungswillige Aufsteiger identifizierten. Für westliche Beobachter mag überraschend sein, dass unter der Diktatur von Hosni Mubarak Kritik an staatlichen Behörden und vor allem an brutaler Folter der Polizei derart deutlich geäußert werden konnte. Der Autor hatte hier offenbar noch nicht die rote Linie überschritten, innerhalb derer Kritik möglich war, denn er äußerte sich doch ebenso mit beißender Ironie über die Ideologie gewaltbereiter Dschihadisten.

Allerdings ist der Roman nicht nur gelobt, sondern auch – wie schon erwähnt – heftig kritisiert worden, »Geistliche wetterten dagegen, Politiker erregten sich darüber«. Und für solche Kritiker gab es innerhalb der vielfach verschlungenen Handlungsstränge des Romans genug Szenen, an denen sie Anstoß nehmen konnten. Ich schildere im Folgenden zwei meisterhaft dargestellte Episoden, durch deren Thematik sich Geistliche wie Politiker in ihrer »Ehre verletzt« fühlen konnten, es ihnen aber – und das ist entscheidend – trotzdem nicht möglich war, den Autor als »Feind Ägyptens« oder gar »Feind des Islam« zu bezichtigen.

Die eine Episode schildert die Konfrontation eines ranghohen Geistlichen, eines Scheichs, mit einer jungen Frau. Der Scheich hat die heikle Aufgabe, die Ehefrau zu überreden, ihr ungeborenes Kind abzutreiben, obwohl der Islam Abtreibung als Sünde ansieht. Der Gatte, ein reicher Geschäftsmann, ist an der Abtreibung interessiert, denn er hat die junge Frau als Zweitfrau geheiratet, wünscht jedoch von ihr kein Kind, weil dies die Erbansprüche der Kinder aus erster Ehe gefährden würde. Die Zweitfrau weigert sich, das Kind abzutreiben und beruft sich auf den Islam. Der Scheich redet ihr ein, dass Abtreibung durchaus mit den Geboten des Islam vereinbar sei, es gebe da religiöse Rechtsgutachten einiger Geistlicher, die nur den gewöhnlichen Gläubigen nicht geläufig seien. Die junge

Zweitfrau zeigt ihm demonstrativ ihre Verachtung. Der Gatte mahnt die junge Frau mit folgenden Worten: »Ich habe dir gesagt, du sollst höflich mit dem verehrten Scheich sprechen.« Sie aber antwortet empört: »Was für ein verehrter Scheich? Das ist doch sonnenklar. Du hast ihn gemietet, dass er ein paar blöde Sprüche macht.« Und an den Geistlichen gewandt, schimpft die Frau: »Sie sind ein Popanz, Scheich. Wie viel hat er Ihnen gezahlt, dass Sie herkommen?«[14]

Die andere Episode schildert einen reichen Geschäftsmann, der einen ranghohen Politiker besticht. Beim Aushandeln der Bestechungssumme lässt der Geschäftsmann die fromme Floskel einfließen: »Gott ist mein Zeuge.« Die Umstehenden, die den korrupten Deal überwachen, rufen im Chor: »Es gibt keine Gottheit außer Gott allein.«[15]

Beide Episoden sind voll aggressiver Ironie. Aber kritisiert wird nicht der Islam, sondern aufs Korn genommen werden Muslime, die ihre Religion missbrauchen. Durch diesen Roman beleidigt können sich nur solche Geistliche und Politiker sehen, die durch eine derartige Bloßstellung um Macht und Ansehen zu fürchten haben. Es ist kein Zufall, dass dieser Roman in theokratisch regierten Staaten wie Saudi-Arabien und den Golf-Emiraten von vornherein verboten wurde, weil der Klerus dort einen übermächtigen Einfluss ausübt.

Weshalb aber konnte *Der Jakubijan-Bau* in Ägypten und in vielen anderen arabischen Ländern einen derart großen Erfolg erzielen? Gerade in Ägypten sind doch viele Muslime ebenfalls extrem konservativ. Viele dieser Muslime können sich jedoch mit den Leitfiguren des Romans identifizieren, die sich abgestoßen fühlen von der religiösen Heuchelei und der politischen Korruption in der Führungsschicht. Diese Leser trennen zwischen dem Ideal des Islam und dem Missbrauch der Religion.

Der Diktator Hosni Mubarak, der sich offiziell als säkular verstand und eine »gelenkte Demokratie« propagierte, ließ eine derartige Kritik zu. Dies mag im ersten Moment überraschen.

Aber das war Kalkül. Der Diktator wollte zumindest vordergründig den Anschein erwecken, offen für Kritik und offen für Reformen zu sein, und hoffte mit einem solchen Taktieren das gärende Unbehagen zu dämpfen. Über viele Jahre funktionierte das – bis zu den Unruhen des »Arabischen Frühlings«.

Der Nachfolger as-Sisi, wieder ein General mit dem Anspruch einer »gelenkten Demokratie«, verhält sich ähnlich. Und so war es dem Autor al-Aswani möglich, 2015 einen neuen Roman mit dem Titel *Der Automobilclub von Kairo* zu veröffentlichen – wieder ein Roman mit scharfer Kritik an sozialen und politischen Fehlentwicklungen. Es ist allerdings eine offene Frage, wie lange ein solch trügerischer Zustand von Stabilität erhalten bleibt – und ob nicht bald weitere Unruhen folgen.

»Islamischer« Staat und al-Qaida – Rivalität unter den Dschihadisten

Die Entstehungsgeschichte des sogenannten »Islamischen Staates« ist eng verknüpft mit dem Jahr 2003, als amerikanische und britische Truppen im Irak einmarschierten und das Regime Saddam Husseins stürzten.

Ich habe im Abschnitt *Explosion im Irak* bereits darauf hingewiesen, dass die westlichen Besatzer anstelle der bisherigen Diktatur Saddam Husseins keineswegs, wie propagiert, ein demokratisches Staatswesen nach westlichem Vorbild installierten, sondern anstelle der sunnitischen Machthaber nur einseitig die bisher unterdrückten Schiiten sowie die Kurden als die neuen Verbündeten unterstützten. Die Besatzer ließen es zu, dass die nun regierenden Schiiten versuchten, die Sunniten möglichst aus allen einflussreichen Positionen zu verdrängen. Und daraufhin begannen die Sunniten gegen die schiitische Pseudo-Demokratie zu rebellieren, mit der Folge, dass der Nationalstaat Irak sich in den Wirren eines zunehmend religiös motivierten Bürgerkriegs aufzulösen droht. Zu den gefährlichsten Gegnern der westlichen Besatzungsmacht und der mit ihnen verbündeten Schiiten sind hierbei radikal-sunnitische Terror-Organisationen geworden: zunächst allen voran die al-Qaida, schließlich aber dominierend der sogenannte »Islamische Staat« (abgekürzt: ISIS, später nach Juni 2014 IS). Beide religiös-politischen Gruppierungen konnten sich in den Vordergrund drängen, denn sie wurden durch religiöse Stiftungen und teilweise auch durch die Regierungen in Saudi-Arabien und den Golf-Emiraten finanziell und militärisch massiv unterstützt. Dagegen waren die bürgerlich liberalen, eher säkular orientierten Bevölkerungsschichten im Irak durch die wirtschaftliche Dauerkrise geschwächt und durften außerdem mit keiner nachhaltigen Hilfe aus dem Ausland rechnen.

Weshalb aber konnte der »Islamische Staat« die rivalisierende al-Qaida zunehmend überflügeln? Und worin unterscheiden sich die beiden Terror-Organisationen grundsätzlich?

Deutlich wird die Problematik bereits bei einem Blick auf Abu Bakr al-Baghdadi, den religiös-politischen Führer des IS. Seine Biographie zeigt in der geistigen Grundhaltung zwar manche Gemeinsamkeiten mit der von Osama bin Laden, der ideologischen Leitfigur der al-Qaida, aber auch gravierende Unterschiede.

Der spätere Führer des IS wurde 1971 unter dem Namen Ibrahim al-Badi in der irakischen Stadt Samarra geboren. Er stammte aus einer sunnitischen Familie, die viele Prediger hervorgebracht hatte, und wuchs in unmittelbarer Nachbarschaft eines der großen schiitischen Pilgerzentren auf. Samarra gilt ja neben Nedschef und Kerbela als eines der wichtigsten Wallfahrtsziele für Schiiten nicht nur des Irak, sondern auch des Iran. Der Sohn eines glaubensstrengen Sunniten sah sich von früher Kindheit an mit Ritualen schiitischer »Ketzer« konfrontiert. Er schloss sich im Alter von 21 Jahren einer radikal-sunnitischen Gruppierung von Salafisten an, als er nach dem Abitur an einem Gymnasium in Samarra zum religiösen Studium nach Bagdad wechselte. Die Salafisten bilden ja, wie ich am Beispiel der ägyptischen Parteien bereits erwähnte, jene extreme Richtung unter den Sunniten, die sich bis ins kleinste Detail an den frommen Traditionen der Vorfahren orientieren möchten und besonders heftig die Schiiten als »Verräter am Glauben« ablehnen.

Bis zum Jahr 2004 deutete allerdings noch nichts darauf hin, dass der Student sunnitischer Koranwissenschaft sich zu einem äußerst gewaltbereiten Dschihadisten entwickeln würde. Aber im Februar 2004, fast ein Jahr nach dem Einmarsch amerikanischer und britischer Truppen im Irak, trat eine entscheidende Wende im Leben von Ibrahim al-Badi ein. Amerikanische Soldaten verhafteten ihn auf den vagen Verdacht hin, er könnte einer Widerstandsbewegung gegen die westliche Besatzungsmacht angehören. Zehn Monate war er daraufhin im amerikanischen Gefangenenlager Camp Bucca im südlichen Irak inhaftiert. Dort drängten sich auf engstem Raum bis zu 24000 Häftlinge unter unmenschlichen Bedingungen, dort war – nicht anders als im berühmt-berüchtigten amerikanischen Gefangenenlager Abu Ghraib – Folter ein Druckmittel, um Geständnisse zu erpressen. Dort erst radikalisierte sich der Student zu einem extrem gewaltbereiten Dschihadisten. Und dort wurde er auch dazu angeregt, Gefangene des IS später bei den gefilmten Hinrichtungen orangefarbene Overalls tragen zu lassen. Dies war eine Parallele zur Sträflingskleidung politisch verdächtiger Muslime in amerikanischen Gefängnissen – und dies war als besondere Provokation für die westliche Welt gedacht.

Der Student Ibrahim al-Badi konnte in Camp Bucca aber nicht nur intensiv mit gewaltbereiten Dschihadisten diskutieren, sondern auch mit inhaftierten Offizieren und Geheimdienstbeamten Saddam Husseins. Im Camp Bucca entstanden jene Netzwerke, die später so wichtig für den überragenden militärischen Erfolg des IS werden sollten. Nahezu die gesamte spätere Führungsspitze des IS war im Camp Bucca zusammen mit Offizieren und Funktionären der Baath-Partei interniert – ein Grund, weshalb viele Iraker das Gefangenenlager rückschauend bitter ironisch oder auch anerkennend »Akademie Bucca« nannten.[16]

Der Student Ibrahim al-Badi wurde im Dezember 2004 aus der Haft entlassen, kehrte nach Bagdad zurück und schloss dort 2007, strikt am wahhabitischen Islam orientiert, sein Doktorat im Fachbereich Islamisches Recht und Koranwissenschaft ab. Dieser Karriereschritt in seiner Biographie lässt sich zwar nicht einwandfrei belegen, aber der spätere Führer des IS tat alles, um mit diesem akademischen Grad seine religiös-politische Autorität zu stärken. Er konnte sich damit eindrucksvoll abgrenzen gegenüber Osama bin Laden und Aiman az-Zawahiri, den Führern der al-Qaida, die »nur« eine Ausbildung für weltliche Berufe (der eine als Bauingenieur, der andere als Arzt) absolviert hatten.

Erst nach der Promotion legte sich der Student Ibrahim al-Badi jenen Namen zu, mit dem er international bekannt werden sollte: Abu Bakr al-Baghdadi. *Abu Bakr* bezieht sich auf die Person des ersten Kalifen nach dem Tod Mohammeds, mit dem die Eroberungszüge des Islam begannen, und *al-Baghdadi* auf die Kalifen von Bagdad, unter denen die Muslime im 8. und 9. Jahrhundert ihre Eroberungen bis Indien ausdehnten. Der Name war Programm. Al-Baghdadi ging als islamistisch-salafistischer Widerstandskämpfer gegen die westliche Besatzungsmacht in den Untergrund und war maßgeblich daran beteiligt, dass im Oktober 2006 die Organisation »Islamischer Staat im Irak« gegründet wurde. Diese Dschihadisten sahen sich anfangs noch in lockerer Verbindung zur al-Qaida, betonten die religiös-politischen Gemeinsamkeiten und ordneten sich zunächst hierarchisch unter.

Die Gemeinsamkeiten schienen vorherrschend: Beide islamistische Organisationen hatten zum Ziel, den religiös, ethnisch und politisch aufgesplitterten Nationalstaat Irak in einem strikt islamischen Staat mit radikal sunnitischer Prägung zu verwandeln. Und beide hatten ihre geistigen Wurzeln im Islam der Wahhabiten. Entsprechend intolerant waren beide nicht nur gegen Christen und Juden, sondern noch schroffer gegen die Schiiten und letztendlich auch gegen Sunniten, sofern diese mit einer säkularen Staatsform sympathisierten. Die radikalen »Gotteskrieger« rückten mehr oder weniger auf Distanz sogar zu islamistischen Organisationen, sofern diese zu Kompromissen mit politischen Gegnern bereit waren – so etwa zu eher pragmatisch orientierten Politikern der Muslim-Bruderschaft.

Angesichts einer derartigen Nähe zur al-Qaida wurde es möglich, dass al-Baghdadi nicht nur ein führendes Mitglied des »Islamischen Staates im Irak« war, sondern auch zu einem ranghohen Mitglied des Schura-Rates der al-Qaida aufstieg (*Schura*, die Sure). Al-Baghdadi war in diesem Schura-Rat als promovierter Koranexperte für die Auslegung der Scharia zuständig. Und er konnte dort im Kreis dogmatisch enger, wahhabitisch gesinnter Muslime an Ansehen gewinnen, so dass er von eben diesem Schura-Rat im Mai 2010 zum obersten Führer der Organisation »Islamischer Staat im Irak« gewählt wurde. Al-Baghdadi war damit relativ mächtig geworden, blieb allerdings hierarchisch weiterhin Osama bin Laden eindeutig untergeordnet.

Aber dieses enge Verhältnis zur al-Qaida änderte sich spätestens zu dem Zeitpunkt, als Osama bin Laden am 2. Mai 2011 von einer US-amerikanischen Spezialeinheit in Pakistan erschossen wurde und der Ägypter Aiman az-Zawahiri zu seinem Nachfolger aufrückte. Der neue Führer der al-Qaida besaß nicht das Charisma seines Vorgängers, um die wachsenden Spannungen innerhalb der verschiedenen Fraktionen der Organisation auszugleichen – wobei besonders die Fraktion von al-Baghdadi zu abweichender Meinung neigte.

Hinzu kam noch ein weiteres historisch einschneidendes Ereignis, das die Spaltung der al-Qaida und den Aufstieg des IS begünstigte. Im März 2011 hatte der Bürgerkrieg in Syrien begonnen, und die dortigen Unruhen gaben Al-Baghdadi den Anstoß, sich durch eine eigenständige Politik aus dem Dachverband der al-Qaida zu lösen. Zum endgültigen Bruch kam es, als al-Baghdadi 2013 mit seiner Truppe vom Irak nach Syrien vordrang und auf dem eroberten Gebiet einen Staat begründete, der große Teile im Norden Syriens und des Irak umfasste. Seine Organisation nahm nun den Namen »Islamischer Staat im Irak und Syrien« (abgekürzt: ISIS) an. Al-Baghdadi lehnte den Befehl von az-Zawahiri scharf ab, sich aus Syrien in den Irak zurückzuziehen und sich wieder dem Kommando der al-Qaida unterzuordnen. Das Zerwürfnis war begleitet von blutigen Gefechten, wobei allein in der ersten Jahreshälfte 2014 mindestens 6000 Kämpfer starben.[17]

Der Bruch zwischen den rivalisierenden Organisationen vertiefte sich noch einmal, als al-Baghdadi im Juni 2014 Mossul, die zweitgrößte Stadt des Irak, eroberte und sich dort zum Kalifen ausrufen ließ. Der Titel *Kalif* signalisierte: Allein al-Baghdadi, der promovierte Koranwissenschaftler und Experte des islamischen Rechts, konnte innerhalb der Dschihad-Organisationen die universale religiös-politische Führung beanspruchen, nicht ein Führer der al-Qaida mit nur weltlicher Ausbildung als Bauingenieur oder Arzt. Mehr noch: Allein al-Baghdadi war es erlaubt, einen schwarzen Turban zu tragen, während Osama bin Laden und Aiman az-Zawahiri nur ein weißer Turban gestattet war. Al-Baghdadi zählte sich zu den Muslimen, die ihre Abstammung direkt auf die Familie des Propheten Mohammed zurückführen konnten (oder sich dies anmaßten) – die Farbe Schwarz beim Turban demonstriert diese direkte Verbindung mit dem Propheten. Warum Schwarz als besondere Symbolfarbe? Einen schwarzen Turban soll Mohammed getragen haben, als er im Jahr 630 Mekka eroberte und damit den Siegeszug des Islam in Asien und Nordafrika einleitete. Schwarz war auch die Fahne der siegreichen Kalifen von Bagdad im 8. und 9. Jahrhundert gewesen. Eine schwarze Fahne mit ähnlicher Signatur ist nicht zufällig das Markenzeichen des IS geworden.

»Kalif«. Mit diesem Titel grenzte sich al-Baghdadi noch durch einen weiteren Anspruch von der al-Qaida ab. Der Titel verband sich mit der Erinnerung an das sogenannte Goldene Zeitalter des Islam, als unter der Führung von Kalifen ein islamisches Herrschaftsgebiet von Andalusien bis nach Indien entstanden war. In diesem Zusammenhang gab sich die Terror-Organisation wieder einen neuen Namen: »Islamischer Staat« (abgekürzt: IS) – nun mit dem Anspruch, nicht mehr nur auf die Eroberung der zwei Staaten Irak und Syrien konzentriert zu sein, sondern nahezu die halbe Welt in das Herrschaftsgebiet des »wahren Islam« einzugliedern. Video-Botschaften des IS präsentierten der Weltöffentlichkeit Landkarten, auf denen eingezeichnet war, welche Regionen durch die Organisation IS wieder dem Islam unterworfen werden sollten: ausgehend von Irak und Syrien halb Asien, halb Afrika, halb Europa, wobei die äußeren Grenzlinien weiter gingen, als dies unter der Herrschaft der Abbasiden-Kalifen von Bagdad gewesen war.

Ein irrealer, größenwahnsinniger Anspruch – so musste dies erscheinen angesichts der politischen Trümmer der Nationalstaaten Irak und Syrien, durch deren tiefe Krise der IS hatte entstehen können. Aber bei aller realitätsfernen Vermessenheit einer solchen Proklamation mussten westliche wie muslimische Beobachter verblüfft zur Kenntnis nehmen, dass dem IS etwas gelungen war, was bisher noch keine muslimische Terror-Organisation zustande gebracht hatte: nämlich Gebiete in größerem Zusammenhang zu erobern und dort einen strikt islamistischen Staat zu gründen mit einer funktionierenden Verwaltung und einem effizienten Sozialsystem.

Wieso aber konnte der IS um so viel effizienter handeln als alle anderen islamistischen Organisationen? Wieso militärisch viel schlagkräftiger und im Aufbau staatlicher Strukturen nachhaltiger? Eine hinreichende Antwort konnte nicht schon sein, dass der IS auf seinen Eroberungszügen modernste Waffen amerikanischer Herkunft in großer Zahl erbeutete, die eine demoralisierte irakische Armee bei ihrer Flucht zurückgelassen hatte. Ungeklärt blieb zunächst, weshalb die Kämpfer des IS mit solchen Waffen perfekt umgehen und weshalb sie auch noch einen Staat verwalten konnten. Eine zuverlässige Antwort ergab sich erst, als im Verlauf des Jahres 2014 immer mehr Dokumente des IS an die Öffentlichkeit gelangten, die von rivalisierenden Rebellengruppen erbeutet worden waren. Der IS hatte wertvolle logistische Unterstützung durch entmachtete Funktionäre, Geheimdienstagenten, Verwaltungsfachleute und Offiziere Saddam Husseins erhalten – von ehemaligen Mitgliedern der säkular orientierten Baath-Partei, zu denen al-Baghdadi und andere Islamisten intensive Kontakte im amerikanischen Gefangenenlager Camp Bucca hatten knüpfen können. Islamisten und Säkularisten arbeiteten also Seite an Seite, um für die Sunniten wieder die Macht zurückzuerobern. Zur zynischen Taktik gehörte hier, dass beide weltanschaulich so gegensätzliche Gruppierungen versuchten, die jeweils andere Seite für ihre Zielsetzungen zu instrumentalisieren.

Zerbrechende Staaten und Kulturen

Der »Islamische Staat«, den die Terror-Organisation gleichen Namens im Jahr 2013 begründete, wurde bald zum begehrten Anlaufziel für Muslime von Nordafrika bis Zentralasien. Viele dieser Zuwanderer waren dazu bereit, nicht nur in diesem Staat mit all seinen drakonischen Gesetzen zu leben, sondern auch den Dschihad zu führen und als »Glaubenskämpfer«, ja, als

Selbstmordattentäter zu sterben. Was für Menschen sind diese Attentäter? Welche Beweggründe äußern sie für ihren Fanatismus? Dies werde ich im nächsten Abschnitt näher beschreiben.

Zuvor gehe ich aber auf die religiös-politische Botschaft ein, die sich mit dem »Kalifat« des »Islamischen Staates« verbindet. Gerade mit diesem Gebilde kam in den Großraum des Nahen Ostens etwas völlig Neues. Das bestehende Nationalstaatenmodell, das über nahezu ein Jahrhundert Bestand hatte, ist von Grund auf erschüttert. Für die Bewohner soll nicht mehr entscheidend sein, ob sie sich als Iraker oder Syrer verstehen, maßgebend ist, sich als Muslim zu fühlen. Und hierbei gelten nur die Sunniten als Gläubige, während Schiiten und erst recht Alawiten als Ketzer geächtet, ja unnachgiebig verfolgt werden. In der Propaganda des IS (aber auch vieler anderer radikal-sunnitischer Organisationen) wird ultimativ dazu aufgerufen, »die künstlichen Gebilde des Kolonialismus« westlicher Mächte zu beseitigen und zur religiös-politischen Ordnung nach dem Vorbild der Kalifen in der Frühzeit des Islam zurückzukehren. Der syrische und irakische Kulturraum seien einst in einem Herrschaftsgebiet ohne politische Grenzen vereint gewesen – zuerst unter den Kalifen von Damaskus, dann unter den Kalifen von Bagdad. Dagegen sei die Ideologie des Nationalismus mit ihrer Abgrenzung in Nationalstaaten ein geistiger Import aus dem »ungläubigen« Europa und aus diesem Grund für einen gläubigen Muslim nicht zu akzeptieren.

Der IS richtete sich mit seiner Kritik einerseits gegen die einstige Politik der imperialen Mächte Großbritannien und Frankreich. Die westlichen Mächte schufen die Voraussetzungen für die »künstlichen Gebilde« Irak und Syrien für die Zeit nach dem Ersten Weltkrieg, indem sie durch die Diplomaten Mark Sykes und François Picot am 16. Mai 1916 ein Abkommen zur politischen Aufteilung der Region schlossen und die betroffenen Völker von jeder Mitbestimmung ausschlossen. Der IS lehnte damit aber auch den säkularen Nationalismus schroff ab, wie ihn die irakischen und syrischen Baath-Sozialisten als gelehrige Schüler des »westlichen Unglaubens« praktizierten. Der IS proklamierte dagegen sein »Kalifat« als die einzig konsequente Fortsetzung der einstigen mittelalterlichen Kalifate von Bagdad und Damaskus. Anspruch und Realität klaffen von Anfang an allerdings unüberbrückbar auseinander. Der IS widerlegt durch seine religiös-politische Praxis – vor allem im Umgang mit Andersgläubigen und in der Auseinandersetzung mit fremden Kulturen – radikal die Parallele zum sogenannten Goldenen Zeitalter des Islam vom 8. bis zum 13. Jahrhundert.

Die Muslime unter der Herrschaft der Kalifen von einst gewährten Christen und Juden nicht nur in herablassender Toleranz Religionsfreiheit und ließen ihre Kultstätten weitgehend unangetastet, sondern übernahmen auch viel von fremden Kulturen. Außerdem gewährten sie den Jesiden, Angehörigen einer weiteren geistig verwandten Religion, Toleranz, wenngleich sie deren Dogmen höchst misstrauisch beurteilten.

Völlig anders verhielten sich dagegen die Führer des IS, die »modernen« Nachfolger der einstigen Kalifen. Der IS stellt in den eroberten Gebieten Christen und Juden vor die unmenschliche Wahl: Auswanderung, Übertritt zum Islam radikal-sunnitischer Prägung oder Hinrichtung. Fast alle Kirchen und Synagogen zerstörten die IS-Fanatiker oder wandelten sie in Moscheen um. Jesiden, von vielen Muslimen ohnehin argwöhnisch betrachtet, galten dem IS undiskutierbar als »Teufelsanbeter« und »heidnisch«: Der IS zwang daher die Jesiden von vornherein, zwischen Islam oder Tod zu wählen. Schiiten und Alawiten richtete der IS ebenfalls hin, falls sie nicht augenblicklich zum »wahren Islam« der Sunniten – in der ultraorthodoxen Auslegung des IS – übertraten.

Angesichts eines derartigen Fanatismus wurde es für den IS aber immer schwieriger, die sich auflösenden Nationalstaaten

Irak und Syrien unter seiner Herrschaft zu einem neuen stabilen Gebilde zusammenzufügen. Der Irak war seit den 2010er-Jahren aufgesplittert in einen südlichen Teil, den die Schiiten regierten, und einen nördlichen Teil, der in vielerlei Herrschaftsgebiete zerfallen war, dort herrschten in jeweils autonomen Regionen verschiedene arabisch-sunnitische Stämme, daneben kurdisch-sunnitische. Binnen kurzem war auch Syrien in kämpferisch sich abgrenzende Regionen von Alawiten und Sunniten aufgesplittert, die letzteren untereinander in ideologisch rivalisierenden Gruppierungen verfeindet. Keines dieser kleinstaatlichen Gebilde war und ist stark genug, um sich militärisch gegen andere durchzusetzen, keines so gut organisiert, um ein weiträumiges Staatsgebiet zu errichten, aber jedes viel zu schwach, als dass es den Kampf gewinnen könnte. Eine ähnliche Entwicklung droht auch dem Libanon, wie ich an anderer Stelle schon dargestellt habe. Der Nahe Osten mit Staaten, in denen verschiedene religiöse und ethnische Gemeinschaften in gegenseitiger Toleranz nebeneinander – keinesfalls einträchtig miteinander – lebten, scheint damit endgültig der Vergangenheit anzugehören. Terror-Organisationen wie die al-Qaida und vor allem der IS haben wesentlich zur Radikalisierung beigetragen, auch wenn sie diese Entwicklung nicht allein verursachten.

Was den IS darüber hinaus so destruktiv macht, ist seine rigorose Entschlossenheit, nicht nur die bisherigen staatlichen Strukturen zu beseitigen, sondern auch das Erbe vorislamischer Kulturen gänzlich auszulöschen. Im Frühjahr 2015 zertrümmerten die Fanatiker im Nationalmuseum von Mossul zahlreiche Statuen aus assyrischer Zeit, ebenso nahe Mossul vorislamische Monumente in den antiken Ausgrabungsstätten Nimrud und Hatra. Im Sommer desselben Jahres setzten sie ihr Zerstörungswerk in der eroberten syrischen Oasenstadt Palmyra fort und sprengten dort etliche museal konservierte spätantike Tempel. Diese kulturelle Barbarei löste in der westlichen Öffentlichkeit ebenso Entsetzen aus wie weltweit unter den meisten Muslimen. Selbst eine Reihe von Islamisten stieß ein derartiger Fanatismus ab.

Bisher findet sich nur eine Parallele zum Verhalten des IS: Die Taliban vernichteten, wie bereits erwähnt, Anfang März 2001 in Afghanistan die berühmten Buddha-Statuen von Bamiyan aus dem 3. und 4. Jahrhundert. Dagegen können Touristen im islamistisch regierten Iran die vorislamische Ruinenstätte Persepolis ungefährdet besuchen. In Ägypten lehnt selbst die Mehrheit der Muslim-Brüder die Zerstörung altägyptischer Tempel ab. Allein die ägyptischen Salafisten äußerten Sympathie für die Sprengung »heidnischer« Monumente.

Was aber sind das für Menschen, die zu einer derartigen Radikalität fähig sind? Eiferer, zu denen mehr und mehr Muslime auf Distanz gehen und sie schließlich ablehnen? Im IS sammeln sich Dschihadisten, die viel mit früheren Generationen kompromissloser »Glaubenskämpfer« gemeinsam haben und doch ganz andere Elemente in den »Heiligen Krieg«, den sie zu führen meinen, einbringen.

Eine neue Generation von Dschihadisten

Über jene Muslime, die der Terrror-Organisation »Islamischer Staat« zuströmen und bereit sind, ihr Leben als »Glaubenskämpfer« zu opfern, ist seit 2013 viel geschrieben worden. Ich möchte daher die inzwischen hinreichend bekannten Berichte über Motive dieser »Gotteskrieger« nur kurz zusammenfassen – um dann aber weiter reichende Verknüpfungen aufzuzeigen.

Im Herbst 2014 schätzte der US-Auslandsgeheimdienst CIA die Zahl der IS-Kämpfer auf zwischen 20 000 und 30 000. Knapp die Hälfte davon seien Iraker und Syrer, die andere Hälfte käme aus Drittländern: an erster Stelle aus Tunesien und Saudi-Arabien, gefolgt von Marokko, Libyen, Ägypten und Jordanien. Es ist eine Reihenfolge, die sich in den folgenden Jahren kaum geändert hat.[18] Länder von Nordafrika bis in den Nahen Osten spielen eine herausragende Rolle. Bereits Jahrzehnte vorher fand dies genauso statt, als al-Qaida Muslime aus der gesamten islamischen Welt für den »Heiligen Krieg« angeworben und in einer internationalen Kampfgemeinschaft organisatorisch vereinigt hatte. Aber anders als al-Qaida konnte der IS seinen Anhängern einen Staat mit Sozialleistungen bieten. Die Rahmenbedingungen für diesen IS-Staat waren, wie bereits erwähnt, durch das organisatorische Wissen verbündeter Funktionäre und Verwaltungsbeamter des gestürzten Diktators Saddam Hussein geschaffen worden. Fünf bis sieben Millionen Menschen lebten dort, die Zuwanderer waren meist besser versorgt mit Arbeitsplätzen, Wohnungen, Lebensmitteln, Heizöl und Strom als in ihren Herkunftsländern.

Dieser IS-Staat erhielt bald vermehrt auch aus Europa Zuwachs. Das ist neu. 2013 und 2014 kamen in das kriegerische Herrschaftsgebiet des »Kalifats« mehr europäische Muslime als in den vergangenen 20 Jahren in die Kriege nach Bosnien, Afghanistan und Irak zusammen. Besonders stark vertreten sind die bevölkerungsreichsten europäischen Staaten: Frankreich, Deutschland, Großbritannien. Prozentual zur Zahl der Einwohner liegen jedoch die Muslime aus Belgien und Dänemark an der Spitze.[19] Über 8600 Muslime, meist Jugendliche, rechnete der deutsche Verfassungsschutz im Mai 2016 zur radikal-islamischen Szene. Angesichts der rund drei Millionen in Deutschland ist das eine noch immer winzige Minderheit - aber eine, die ständig wächst. Fünf Jahre zuvor, als der Bürgerkrieg in Syrien noch nicht begonnen hatte, waren noch keine 4000 muslimische Jugendliche erfasst, die mit dem Ideal des Dschihad sympathisierten. Rund 800 von ihnen verließen Deutschland und gingen als Dschihadisten nach Syrien.[20] Was sind die Ursachen, was die Motive für die Zuwanderung? Wo liegen die Unterschiede für IS-Anhänger aus islamischen Ländern und aus Europa?

Muslime, die aus dem Nahen Osten und Nordafrika in das »Kalifat« des IS übersiedeln, kommen vorwiegend aus Staaten mit hoher Arbeitslosigkeit. In diesen Ländern fühlen sich vor allem junge Männer chancenlos und von den politischen Eliten im Stich gelassen. Diese Zuwanderer bilden in dem IS-Staat die neue Mittelschicht. Sie verfügen über die nötigen Kenntnisse für zivile und militärische Verwaltung oder sind in der Lage, Panzer und Bomben technisch zu warten. Und je mehr solche Fachkräfte im IS-Staat soziale Sicherheit erhalten und anerkannt sind, desto eher sind sie bereit, diesem Staat zu dienen. Dies gilt auch für viele, die sich in ihrer Heimat für das Ideal eines »Heiligen Krieges« noch nicht hatten begeistern können.

Eine Sonderstellung unter den Zuwanderern nehmen allerdings die Saudi-Araber ein. Denn sie kommen aus einem der reichsten Erdölstaaten der Welt. Und sie sind von vornherein durch den wahhabitischen Islam geprägt, der in vielerlei Hinsicht mit dem Islam-Verständnis des IS (wie auch der al-Qaida) identisch ist. Diese Saudi-Araber haben ihrem Heimatstaat nicht aus sozialer Not den Rücken gekehrt, vielmehr halten sie das dortige Regime für religiös korrupt und heuchlerisch. Die saudi-arabischen IS-Kämpfer suchen den »reinen«, den Dschihad-Islam in alternativen Lebensformen. Aus demselben Grund wandte sich einst auch der Saudi-Araber Osama bin Laden von seinem Heimatstaat ab, bevor er die al-Qaida gründete.

Muslime aus europäischen Ländern haben meist ganz andere Rahmenbedingungen als ihre Mitkämpfer aus nicht-europäischen und islamischen Staaten. Überwiegend sind sie in gut verwalteten, demokratisch regierten Staaten aufgewachsen, in denen ein Großteil der Bevölkerung gut versorgt leben kann. Ein Teil der europäischen Muslime gehört aber schmalen sozialen Randgruppen an. Ihnen fällt es schwer und wird es erschwert, sich in die fremde Gesellschaft zu integrieren. Diese Versäumnisse – auch politische – sind teilweise den europäischen Staaten anzulasten, in die diese Muslime immigriert sind. Und den Außenseitern, die sich vom »Heiligen Krieg« im Dienst des IS angezogen fühlen, sind die meisten zwischen 20 und 30 Jahre alt, verfügen nur über geringe Bildung, wissen aber oft über ihre eigene Religion kaum Bescheid und manche sind sogar »ohne Religion« erzogen worden. Nahezu drei Viertel der Befragten schätzen ihr Wissen über die Scharia als »gering« ein.[21] Wieso aber suchen ausgerechnet europäische Muslime mit einem derart gestörten oder kaum ausgebildeten Verhältnis zur eigenen Religion Zuflucht im rigoros-religiösen »Islamischen Staat«?

Die meisten dieser Muslime wuchsen in Familien auf, in denen die Eltern im Umfeld der europäischen Gesellschaft nach und nach ihre religiöse sowie kulturelle Orientierung verloren haben. Eine solche Elterngeneration definiert sich zwar noch als muslimisch, aber sie kann ihr Selbstverständnis nicht mehr mit konkreten Inhalten oder mit einer gelebten Praxis untermauern. Für die Söhne und schließlich auch die Töchter führte ein derartiger Perspektivmangel zu einem ideellen Vakuum, vor allem dann, wenn die Familien an unbewältigten Konflikten zerbrachen. Sehr früh waren diese Jugendlichen ohne jede psychische und geistige Unterstützung auf sich selbst gestellt. Ohne solide Ausbildung fanden viele ihr Auskommen am ehesten noch im kriminellen Milieu. Meist isoliert in sozial benachteiligten Stadtvierteln lebend, fühlt sich diese »Generation Aussichtslos« diskriminiert und verachtet von allen Seiten: zum einen von den nichtmuslimischen Europäern, die ihnen zu wenig Chancen für einen sozialen Aufstieg zu bieten scheinen, zum andern aber auch von Muslimen, die sich integrieren konnten und den sozialen Aufstieg erreicht haben.

Allerdings kann man nicht alle Muslime, die sich für den Dschihad radikalisieren lassen, zu den sozialen Verlierern rechnen. Ein Bruchteil von ihnen hat eine gute Ausbildung absolviert, entsprechend wäre ihnen ein zumindest durchschnittlicher Erfolg im Berufsleben offengestanden. Sie aber fühlten sich weltanschaulich und religiös als Außenseiter, sie waren überzeugt, Muslime seien weltweit Opfer dunkler politischer Machenschaften, Opfer eines »westlichen Imperialismus« und diesen Bedrängten müsse man im bewaffneten Kampf helfen, auch wenn es das eigene Leben koste. Gemeinsam mit den Muslimen aus sozial benachteiligten Familien ist ihnen allerdings das Gefühl einer tiefgehenden Identitätskrise.[22]

Unter solchen desorientierten jungen Muslimen in europäischen Großstädten gewannen seit 2013 zunehmend IS-Prediger an Einfluss. Die Prediger eines Dschihad-Islam konnten den Jugendlichen das Bewusstsein vermitteln, sie seien trotz ihres religiösen Defizits, ihres sozialen Außenseitertums und ihrer oft kriminellen Tätigkeit als Diebe und Drogenhändler wertvolle Menschen. Ihnen hätten nur die »Ungläubigen« die Verbindung zu ihrer eigenen Religion und Kultur abgeschnitten. Opferten solche Jugendlichen ihr Leben als Kämpfer im »Heiligen Krieg«, würden sie zu »Auserwählten« und seien jedem Muslim moralisch weit überlegen, der dieses Opfer scheue – so die aufwiegelnde Hasspropaganda der IS-Prediger.

Der französische Journalist David Thomson, der seit Jahren Gespräche mit jungen arabisch-französischen Dschihadisten des »Islamischen Staates« führt, erhielt des Öfteren die nahezu übereinstimmende biographische Auskunft: All jene, die in ihrer frühen Jugend religiös gleichgültig waren und schließlich gar ins kriminelle Milieu abrutschten, empfanden ihre Wandlung zum Dschihadisten mit dem drohenden Risiko des Opfertods als »Reinigung« und Sühne für ihre Sünden. Fragte man, ob das nicht merkwürdig sei, hätten sie mehr oder weniger gleichgeschaltet geantwortet: Nein, das sei nicht absonderlich, denn viele der Gefährten des Propheten Mohammed seien zuvor auch die größten Sünder gewesen.[23]

In diesen Zusammenhang passt auch das Täterprofil von Omar Mateen, der am 12. Juni 2016 in einem Nachtklub von Orlando, Florida, ein Attentat mit 49 Toten und 53 Verletzten verübte – den schwersten Mordanschlag eines Islamisten in den USA seit dem 11. September 2001. Der 29-jährige Omar Mateen, in New York als Sohn afghanischer Zuwanderer geboren, richtete das Blutbad in einem Nachtlokal an, in dem hauptsächlich Homosexuelle verkehren – er selbst aber hatte längere Zeit dieses wie andere ähnliche Lokale besucht. Er tötete einerseits »Sünder« (Homosexualität gilt ja in der islamischen Tradition als ein schweres Vergehen), und er »reinigte sich« andererseits durch das Massaker von der Anfälligkeit für Homosexualität. Der Massenmord, bei dem der Verlust des eigenen Lebens mit eingeplant war – der Attentäter wurde von der Polizei erschossen –, mutet wie eine Abrechnung mit den eigenen Sünden an.

Kurz vor dem Attentat hatte sich Omar Mateen mit einem Treueschwur zur Terror-Organisation »Islamischer Staat« bekannt. Irritierend jedoch war, wie sich später herausstellte, dass er nie näheren Kontakt zum IS bekommen hatte, sondern sich durch Dschihadisten-Propaganda über das Internet radikalisieren ließ. Und er, der Sunnit, hatte darüber hinaus nicht nur Sympathien zur sunnitischen al-Qaida, sondern auch zur schiitischen Hisbollah zu erkennen gegeben – Gruppierungen, die untereinander schwer verfeindet sind.[24]

Eine solche Haltung ist nicht die Ausnahme, sondern ebenfalls typisch für viele der »Glaubenskämpfer«. Sie sind relativ ahnungslos, was die religiös-ideologischen Hintergründe der unterschiedlichen Organisationen betrifft. Entscheidend ist, dass die tiefsitzenden Aggressionen gegen die verhasste westliche Gesellschaft austauschbar sind. An dschihadistische Organisationen können die jugendlichen, nach Identität suchenden Muslime andocken.

Zu wundern braucht es nicht, dass Dschihadisten ihres Typs völlig unreflektiert die Ideologie des IS übernehmen und ihren Hass fanatisch gegen alle Andersgläubigen, Andersdenkenden sowie auch gegen jede fremde Kultur richten. Denn ohne größere Vorkenntnis des Islam und ohne nennenswerte Bildung fehlt ihnen weitgehend die Fähigkeit, religiös-politischen Fanatismus zu hinterfragen. Außerdem sehnen sich viele von ihnen nach einem unverrückbaren, ja starren Halt nach Jahren völliger Desorientierung. Die bedingungslose Unterwerfung unter eine religiös geprägte Diktatur vermittelt ihnen darüber hinaus Geborgenheit in einer Gruppe, die sich mit demselben Begehren nach starrem Halt sehnt. Mehr noch: Sie werden Teil einer Gruppe, die Macht hat und ausübt. Oder wie es der Kulturkritiker und Psychoanalytiker Arno Gruen in seiner Studie *Wider den Terrorismus* formuliert: »Das Bedürfnis nach Strukturen ist kennzeichnend für Menschen, die kein eigenes Selbst haben. Autoritäre Strukturen verleihen ihnen das Gefühl einer Identität, und daher gibt ihnen, solange die Autorität autoritär bleibt, solch ein Gefüge persönliche Bedeutung und Sicherheit. Es ist das Auseinanderbrechen dieser Strukturen, die die angestaute Wut zum Ausbruch bringt. Die Rebellion, die dadurch ausgelöst wird, hat nicht Freiheit zum Ziel, sondern sie will sich neuen Autoritäten ergeben. Diese erneute Unterwerfung, getrieben von der Angst vor Identitätsauflösung und innerem Hass, bedeutet Erlösung.«[25]

Aber für die Dschihadisten dieser neuen Generation trifft auch zu, was ich bereits im Abschnitt *Terrorismus und Märtyrerkult im Nahen Osten* über die Motive von opferbereiten »Glaubenskämpfern« und Selbstmordattentätern geschrieben habe. Diese fanatische Todesbereitschaft entsteht, weil das eigene Leben unter unwürdigen sozialen und politischen Bedingungen jeden Wert verloren zu haben scheint. Depressionen und Selbstmorde nehmen zu. Ideologen brauchen dem orientierungslosen Unbehagen nur eine Richtung auf einen Feind zu geben, die Wut auf einen oder mehrere Feinde zu lenken und schon entlädt sich der angestaute Groll mit einer erschreckenden Wucht. Wird diese Ideologie dann noch durch den Irrglauben aufgewiegelt, ein Selbstmordattentat gegen »Ungläubige«

entlohne den Märtyrer mit einem bevorzugten Platz im Paradies, wertet plötzlich eine vermeintlich religiöse Würde die bisher ziellose Existenz auf und verleiht ihr einen scheinbaren Sinn.

Derartige sozialpsychologische Muster treffen nicht nur für Terroristen und Selbstmordattentäter muslimischer Herkunft zu. Solche Merkmale umgreifen über religiöse und weltanschauliche Grenzen hinweg den Typus des Selbstmordattentäters. In diesem Zusammenhang möchte ich noch einmal aus der Terrorismus-Studie von Arno Gruen zitieren: »Gleichzeitig gilt es zu erkennen, dass es bei dem Terror und der Gewalt um das Mörderische der Identitätslosen geht, egal ob diese ihre Ziele als religiös, nationalistisch oder im Rahmen einer anderen Ideologie heiligsprechen. Auch wenn es nicht offensichtlich ist: Alle Terroristen haben sich einem ›Gott‹ verschworen. Dieser kann religiöser, aber auch politischer oder intellektueller Natur sein. Entscheidend dabei ist, dass Menschen ohne Inneres ständig auf der Suche nach einer überhöhten Macht sind, der sie sich unterwerfen können, eben weil sie kein Eigenes haben. (...) Die Selbstmordattentäter sind der extremste Ausdruck für das Problem, dass sich Menschen einem göttlichen Führer verschreiben, um ihrer eigenen inneren Leere zu entfliehen.« [26]

Was bleibt vom »Islamischen Staat«?

Wie lange kann sich ein derart barbarisches, religiös und politisch radikal intolerantes Regime wie das des »Islamischen Staates« behaupten?

Diese Frage stellte sich Anfang 2016 vor dem Hintergrund, dass der IS sowohl von westlichen wie auch vielen islamischen Staaten als intensive Bedrohung empfunden wird. Eine überwältigende Mehrheit von 89 Prozent der Muslime lehnt den IS immer vehementer ab, wie eine repräsentative Umfrage im

Dezember 2015 bei mehr als 18 300 Befragten in zwölf Ländern des Nahen Ostens durch das Forschungsinstitut *Arab Center for Research and Policy Studies* ergab.[27]

Gegen Ende des Jahres 2015 distanzierten sich sogar schon viele Araber in Saudi-Arabien und den Golf-Emiraten vom IS. Dabei hatten nicht wenige von ihnen zunächst gerade die IS-Dschihadisten mit ihrem fanatisch wahhabitischen Islam als wichtige Verbündete im Kampf gegen »Ketzer« – gegen Schiiten ebenso wie gegen säkular gesinnte Sunniten – gesehen. Entsprechend hatten Regierungen sowie reiche Geschäftsleute der arabischen Halbinsel den IS mit Geld, Waffen und militärischer Logistik unterstützt. Aber zu ersten Spannungen zwischen dem IS und dem wichtigsten Geldgeber Saudi-Arabien kam es schon, als sich Abu Bakr al-Baghdadi am 21. Juni 2014 in Mossul zum Kalifen ausrufen ließ.

Der Streit entzündete sich an dem Titel mit seiner sakralen Dimension. »Kalif« bedeutet ja in Bezug auf das sogenannte Goldene Zeitalter des Islam vom 7. bis zum 13. Jahrhundert, der religiös-politische Führer aller »rechtgläubigen Muslime« zu sein. Eine Führung aller sunnitischen Muslime, zumindest im religiösen Sinn, beansprucht aber auch Saudi-Arabien. Das Land hat sich den Ehrentitel »Kalifat der Gläubigen« verliehen und apostrophiert sich als »Hüter der beiden Heiligen Stätten« Mekka und Medina.[28] Das »Kalifat« des IS dagegen wehrt den spirituellen Führungsanspruch Saudi-Arabiens mit dem Hinweis ab, das wahhabitische Königreich sei durch zahlreiche Geschäftsverbindungen mit westlichen Staaten korrumpiert und verrate den »wahren Islam«. Den Anspruch, Hüter der beiden Heiligen Stätten zu sein, könne eigentlich nur der IS erfüllen. Der Bruch mit Saudi-Arabien war damit vorprogrammiert. Im Jahr 2015 stoppte Saudi-Arabien die Geldzahlungen an den IS; dem wahhabitischen Königreich folgten bald die Golf-Emirate.

Anscheinend nahm der IS diesen Bruch bewusst in Kauf, ebenso wie den damit verbundenen Verlust ansehnlicher Geld-

und Waffenlieferungen. Was aber gab dem IS die Gewissheit, trotzdem militärisch und politisch dem wachsenden Druck der vielfältigen Gegner standzuhalten? Westliche Beobachter tun sich schwer, hierfür eine plausible Erklärung zu finden. Es mutet wie ein religiöser Wahn an, dass die Führer des IS trotz aller drohenden Krisen an ihre Sendung glauben, sie könnten auf den Trümmern des zerbrechenden Nahen Ostens dem »wahren Islam« zum endgültigen Sieg verhelfen. Vermutlich vertrauen sie dabei auf eine Apokalypse, wie sie der Prophet Mohammed angeblich in einem Hadith (einer mündlichen Überlieferung) verkündet hat: Die letzte Stunde der Geschichte werde kommen, wenn die Römer bei al-Amq oder bei Dabiq aufmarschieren (beide Orte liegen nahe bei Aleppo). Dort werde eine kleine muslimische Armee die Überzahl der Römer vernichtend schlagen, und damit beginne der endgültige weltweite Siegeszug des Islam.

Aus Sicht des IS bedeutet dies: Die »Römer« sind Armeen des »ungläubigen Westens« sowie die mit ihr verbündeten »ungläubigen Muslime«. Die Minderheit der »wahren Muslime« repräsentiert dagegen der IS.[29] Tatsächlich hat sich der IS in diesen genannten Orten verschanzt, und dieses Manöver mag die apokalyptische Erwartung auf den Endkampf und den Endsieg beflügeln. Mit der politischen Realität hat ein solcher Glaube aber wenig zu tun.

Während der ersten drei Monate des Jahres 2016 zeigten sich zunehmend Risse im Machtapparat des sogenannten »Islamischen Staates«. Ein Vormarsch syrischer und irakischer Truppen sowie kurdischer Verbände, massiv unterstützt durch Luftangriffe amerikanischer sowie russischer Bombenflugzeuge, fügten dem bisher unbesiegbar erscheinenden IS herbe Niederlagen zu. Einen besonderen Stellenwert hat hier, dass syrische Truppen unter Assad mit Hilfe russischer Flugzeuge am 22. März 2016 die Oasenstadt Palmyra zurückeroberten und dann Raqqa, die syrische Hochburg des IS, einkreisten. Iraki-

sche Truppen rückten auf Mossul, die irakische Hochburg des
IS, zu. Nach dem Informationsstand von Mitte März 2016 hat
der IS im Irak nahezu 40 Prozent des einst kontrollierten Terri-
toriums verloren, in Syrien rund 20 Prozent.[30]

Einer der wichtigsten Anführer der Terror-Organisation, der
Finanzexperte und maßgebliche Verbindungsmann zwischen
al-Baghdadi und den regionalen IS-Führern, wurde Ende März
2016 bei amerikanischen Luftangriffen getötet.[31] Als eine uner-
trägliche Niederlage musste es al-Baghdadi auch empfinden,
dass es seinen Truppen nicht gelang, Samarra zu erobern, wo er
geboren wurde. Ihm war sehr daran gelegen, dort die schiitischen Heiligtümer vollends zu zerstören und dem ein Ende zu
bereiten, was in den Jahren 2006 und 2007 sunnitische Extremisten der al-Qaida mit Sprengstoffanschlägen an der schiitischen Hauptmoschee begonnen hatten. Samarra, eine der heiligsten Pilgerstätten der Schiiten, sollte mit demonstrativer
Symbolik eine »rein« sunnitische Stadt werden. Aber die irakische Armee und schiitische Brigaden, die um die Absicht des
IS und der eminenten Symbolwirkung wussten, verteidigten
Samarra erfolgreich.

Unter dem Druck derartiger Niederlagen mehrten sich die
Anzeichen, dass innerhalb des IS-Machtapparats auch Streitigkeiten die bisherigen Strukturen gefährdeten. Anfang März
ließ der IS führende Männer sunnitischer Klans hinrichten,
die verdächtigt wurden, aus dem Bündnis auszuscheren und
einen Aufstand zu planen – im Irak wie auch in Syrien. Aber
mehr noch: In Raqqa, der syrischen IS-Hochburg, entbrannte
ein Machtkampf zwischen irakischen und niederländischen
Dschihadisten, worauf die IS-Führung 75 Niederländer verhaf-
tete und fünf von ihnen sofort hinrichten ließ.[32]

Die Zeit scheint absehbar, dass das bisher so stabil wirkende
religiös-politische Gebilde nicht nur durch äußeren Druck, sondern auch durch innere Widersprüche erheblich geschwächt
wird. Die staatliche Ordnung des »Kalifats« mit ihrer Absiche-

rung für sozial entwurzelte Muslime wird dann seine Grundlage verlieren – und somit auch seine Attraktivität als Zufluchtsort. Aber endet mit einem derart instabilen IS auch schon die Gefahr, die von dieser Terror-Organisation ausgeht?

Das Gegenteil war der Fall. Im gleichen Maß, wie der IS im Irak und Syrien an Boden verlor, trat er in anderen Ländern verstärkt in Erscheinung. Dies geschah überall dort, wo die staatliche Ordnung stark zerrüttet war und eine neue Terror-Organisation in das Machtvakuum stoßen konnte: 2015 in Libyen, 2016 im Jemen, in Afghanistan, Pakistan und in Bangla Desh.

Aber auch für westliche Staaten nahm die Gefahr zu, allerdings in anderer Hinsicht: Je mehr der IS durch militärisches Eingreifen des Westens sich in die Enge getrieben fühlte, desto mehr verstärkte der IS die Zahl seiner Attentate auf europäischen Boden – und verunsicherte zahlreiche Europäer noch viel massiver, als es das Vordringen des IS in Irak und Syrien vermocht hatte. Was mit dem Terroranschlag von Paris im Januar 2015 begann und sich dort im November 2015 mit noch größerer Intensität fortsetzte, steigerte sich in seiner psychologischen Wirkung noch einmal bei dem Sprengstoffanschlag im März 2016 in Brüssel und im Juni 2016 bei dem Massaker in Orlando, USA. Nun lautete die Botschaft, dies sei erst der Anfang weiterer Terroranschläge in den Zentren Europas und der USA. Kein »Ungläubiger« dürfe meinen, er könne sich an irgendeinem Ort der Welt vor den Angriffen der Dschihadisten sicher fühlen.

Der IS ist mit seiner Taktik wieder auf eine Ebene mit der al-Qaida gerückt. Beide Organisationen fühlen sich bedroht, dass sie in die Bedeutungslosigkeit gedrängt werden könnten. Aber sie meinen im Bewusstsein der Weltöffentlichkeit präsent zu bleiben, wenn sie mit Terroranschlägen gegen »ungläubige« Nichtmuslime und Muslime rivalisieren. Beide Terrororganisationen könnten in wenigen Jahren, zumindest mit ihren gegenwärtigen Namen, verschwunden sein. Aber das Phänomen des Terrorismus wird bestehen bleiben – neue Organisationen werden die Stelle von al-Qaida und des IS treten. Noch im Jahr 2010 hätten sich die wenigsten Beobachter vorstellen können, dass auf al-Qaida der sogenannte »Islamische Staat« folgen könnte. Der ideologische und politische Nährboden für radikal-islamische Organisationen ist vorhanden, solange weiterhin reformunwillige und korrupte Politiker zahlreiche islamische Staaten beherrschen. Solche Staaten bilden die eigentliche Ursache der Krise, sie sind die eigentlichen, wenn auch unfreiwilligen Geburtshelfer des mörderischen Dschihadismus.

Ein Ende der religiösen Vielfalt in der islamischen Welt?

Im 7. Jahrhundert hatten die arabischen Muslime Vorderasien und Nordafrika erobert, damals Kernregionen christlicher Religion und Kultur. Aber obwohl nun dort überall Muslime herrschten und Christen sowie Juden auf den Status von »Schutzbefohlenen«, *Dhimmi*, gedrückt waren, blieb doch die religiöse Vielfalt erhalten. Muslime gestatteten ja in herablassender Toleranz den Angehörigen aller monotheistischen Religionen Glaubensfreiheit; dies galt für Christen, Juden, Parsen, Jesiden. Andersgläubige einer geistesverwandten monotheistischen Religion mussten zwar höhere Steuern zahlen und durften kein Regierungsamt ausüben, aber sie waren weitgehend vor religiöser Verfolgung geschützt und konnten sich auch beruflich frei entfalten.

Für die Christen, der von der Zahl her weitaus größten Minderheit, änderte sich diese Sachlage nur in politischen Ausnahmesituationen. So etwa zur Zeit der Kreuzzüge. Dies geschah, weil Kreuzritter massenweise Muslime im Namen Christi niedermetzelten und außerdem arabische Christen sich mit den Invasoren verbündeten. Daraufhin töteten Muslime massenhaft Angehörige der religiösen Minderheiten. So geschah dies wiederum 1860: Im Juli dieses Jahres brannten Muslime das Christenviertel in Damaskus nieder, nachdem Frankreich die syrische Provinz Libanon unterworfen hatte und die dortigen Christen sich mit den Eroberern aus Europa verbündeten. Aber sowohl am Ende der Kreuzzüge wie auch beim ersten Vordringen europäischer Kolonialmächte im Nahen Osten kehrte nach Friedensverhandlungen für christliche Minderheiten wieder Ruhe ein und sie konnten weiterhin unter den bisherigen Rahmenbedingungen leben.

Das 20. Jahrhundert brachte für die Christen und auch für die Juden unter islamischer Oberhoheit Änderungen in einem bisher nicht gekannten Ausmaß mit sich. Türkische Nationalisten begingen 1915 Massenmorde an den christlichen Armeniern: der erste Genozid dieses Jahrhunderts. 1922 wurde ein Großteil der griechisch-orthodoxen Christen aus Anatolien vertrieben. Im türkischen Kerngebiet Anatolien, in dem Anfang des 20. Jahrhunderts noch nahezu 25 Prozent der Bevölkerung Christen armenischer oder griechisch-orthodoxer Konfession waren, ging der Anteil der Christen nach der massenhaften Vertreibung zunächst auf drei bis vier Prozent zurück, Anfang des 21. Jahrhunderts sogar auf gerade noch 0,5 Prozent. Aber wie ich bereits im Abschnitt *Griechen und Armenier unter den muslimischen Türken* beschrieben habe, handelten die Türken nicht aus religiösen Gründen gegen Christen, sondern aus nationalistischem Affekt gegen die Bedrohung durch Griechen und Armenier, denn diese Volksgruppen wollten einen eigenen Staat gründen.

Für die Juden unter islamischer Oberhoheit änderte sich die Situation nachhaltig und unumkehrbar erst, als immer mehr Juden unter dem Druck des europäischen Antisemitismus seit den 1920er-Jahren nach Palästina auswanderten. Der Konflikt eskalierte, als 1948 der Staat Israel gegründet wurde. Aber die vielen Jahrhunderte zuvor hatten die Juden eher unter den Christen als unter der Herrschaft einer muslimischen Mehrheit zu leiden, denn die Muslime fühlten sich durch Juden politisch nicht bedroht. Erst nach verheerenden Niederlagen in mehreren Kriegen arabischer Staaten gegen Israel wuchs in Syrien, Irak und Ägypten die Antipathie gegen Juden derart an, dass in allen Nahoststaaten ein Exodus von Juden einsetzte. Besonders folgenschwer nahm der Druck in Syrien zu. Schon während des ersten Nahostkrieges von 1948 floh nahezu die Hälfte der 40 000 syrischen Juden nach Israel oder in die USA, und Anfang der 1950er-Jahre lebten in Syrien nur noch 4000 Juden. Dieses verbliebene Zehntel syrischer Juden sah sich immer unerträglicheren Schikanen ausgesetzt, besonders 1967 nach dem verlorenen Sechstagekrieg gegen Israel. Syrische Juden durften keine öffentlichen Ämter und Posten mehr bekleiden, weder studieren noch Grundstücke erwerben oder verkaufen.[33]

Die jüdische Emigration aus islamischen Ländern hat in den ersten beiden Jahrzehnten des 21. Jahrhunderts solche Ausmaße angenommen, dass in einigen Ländern nicht einmal mehr von der Existenz einer jüdischen Minderheit die Rede sein kann. Ein erschreckendes und bezeichnendes Beispiel bietet der Jemen. Noch um 1900 existierten in allen wichtigen Städten jüdische Gemeinden. Die erste große Fluchtwelle setzte 1949 ein, als nahezu 50 000 Juden in den neu gegründeten Staat Israel ausgeflogen wurden. Die letzten Juden verließen 2016 den Jemen.[34] Aber die zunehmende Aversion der Muslime gegen Juden richtete sich nicht gegen die jüdische Religion, sondern gegen die »Sympathie« der meisten Juden zum politischen Feind Israel. Muslime nehmen mittlerweile gegenüber Juden eine ähnliche politisch motivierte Haltung ein wie gegenüber Christen.

Am Ende des 20. und erst recht zu Beginn des 21. Jahrhunderts erreichte die Beziehung zwischen muslimischer Mehrheit und religiösen Minderheiten erneut eine nie gekannte Dimension. Die Ursachen liegen in diesem Fall bei den erstarkenden radikal-islamischen Dschihadisten – hier vorrangig der al-Qaida und dem rivalisierenden »Islamischen Staat«. Solche Gruppierungen üben – wie geschildert – in den von ihnen beherrschten Gebieten eine schroffe Intoleranz gegenüber Andersgläubigen aus: Schiiten, Alawiten und Jesiden schweben in akuter Lebensgefahr, sofern sie nicht zum sunnitischen Islam radikal-wahhabitischer Prägung konvertieren. Christen wie Juden werden zumindest vor die Wahl gestellt, auszuwandern oder zum Wahhabismus zu konvertieren. Feindseligkeiten dieser Art sind nicht mehr vorrangig politisch motiviert, wie dies bei vielen anderen Islamisten, etwa den Muslim-Brüdern, der Fall ist. Die »Glaubenskämpfer« der al-Qaida und des IS sind von heftigen religiösen Affekten beherrscht – im Gegensatz zur bisherigen islamischen Tradition. Angesichts einer solchen Radikalisierung steigert sich der Massenexodus bedrohter Christen ein weiteres Mal.

Vergleicht man das Zahlenverhältnis religiöser Minderheiten zu Beginn des 20. Jahrhunderts mit dem rund 100 Jahre später, also den 2010er-Jahren, so haben sich die Verhältnisse in bisher kaum vorstellbarem Maß verschlechtert. Die religiöse Vielfalt in der islamischen Welt könnte bald vollends versiegen. Gerade, was den Anteil christlicher Minderheiten betrifft: War um 1900 noch jeder fünfte Einwohner des Nahen Ostens Christ, so ist es heute nur noch jeder zwanzigste.[35] Der Wechsel vollzieht sich seit den 1970er-Jahren geradezu dramatisch: In Syrien waren damals noch rund zehn bis zwölf Prozent der Bevölkerung Christen, heute sind es rund fünf Prozent; in Ägypten damals rund zehn Prozent, heute rund die Hälfte davon; im Irak damals drei Prozent, heute 0,9 Prozent. Nur im Libanon sind die Zahlen bisher nicht im selben Maß gesunken. Als der Libanon 1943 unabhängig wurde, stellten die Christen noch knapp die Mehrheit der Bevölkerung. In den 1970er-Jahren waren es noch 40 Prozent, heute sind es noch 20 Prozent, aber die Abwanderung nach Europa oder die USA nimmt auch im Libanon bedrohlich zu, vor allem durch den Machtverlust der Christen nach dem Bürgerkrieg von 1975 bis 1990 und dann durch den 2011 begonnenen Bürgerkrieg in Syrien.[36]

Gibt es keine Chance, diesen Prozess zu stoppen?

Blicken wir auf das 20. Jahrhundert zurück, stellen wir fest, dass die verlässlichsten muslimischen Schutzherrn christlicher Minderheiten autokratisch regierende Präsidenten oder äußerst brutale Diktatoren waren. Einerseits Yassir Arafat im Westjordanland und Anwar as-Sadat, Hosni Mubarak und As-Sisi in Ägypten, andererseits Saddam Hussein im Irak und der Assad-Clan in Syrien. Findet sich allein bei Politikern ihres Typs eine Zukunftsperspektive für Christen?

So anfechtbar der muslimische PLO-Führer Yassir Arafat auch als autoritärer und zur Korruption neigender Präsident der Palästinenser war, so unbestritten blieb seine religiöse Toleranz gegenüber Juden und Christen. Viele Jahre gehörte es für ihn zum politisch-religiösen Ritual, dass er den Weihnachtsgottesdienst in Bethlehem besuchte. Arafats muslimischer Nachfolger Mahmud Abbas folgte diesem Beispiel. Beide waren politisch auf die christliche Minderheit der Palästinenser angewiesen, und beide bezogen Front gegen radikal-islamische Intoleranz. Ägyptens autokratisch regierende Präsidenten verstanden sich ebenfalls ausdrücklich als Schutzherrn der christlichen Minderheiten.

Allerdings zeigte sich Hosni Mubarak gegen Ende seiner Herrschaft nicht mehr fähig, dem wachsenden Fanatismus radikal-islamischer Gruppierungen energisch entgegenzutreten. In der Neujahrsnacht von 2010 auf 2011, zehn Wochen vor den Sturz des Diktators, riss die Bombe eines radikal-islamischen Selbstmordattentäters 25 betende Kopten in den Tod, worauf sich Unruhen im ganzen Land ausbreiteten. Und nachdem die Muslim-Bruderschaft im Juni 2012 an die Macht kam, zeigte der nun regierende Präsident Mohammed Mursi geringe Neigung, weiteren Ausschreitungen fanatischer Salafisten Einhalt zu gebieten, obwohl er sich offiziell zur koranisch vorgeschriebenen Toleranz gegenüber Christen bekannte. Die Gewalt eskalierte vollends, als Präsident Mursi ein Jahr später durch einen Militärputsch gestürzt wurde. Muslim-Brüder demonstrierten nicht nur gegen den neuen Machthaber Abd al-Fattah as-Sisi, sondern ihre Wut richtete sich auch gegen die Kopten, die sie im Bündnis mit der neuen, offiziell wieder säkularen Regierung sahen. Extremisten zündeten 63 Kirchen an, plünderten sie, zerstörten zwei Klöster und zahlreiche koptische Wohnungen. Die Angreifer wussten genau, wo Kopten wohnten, sie hatten Häuser und Geschäfte markiert: ein rotes X für Muslime, ein schwarzes X für Christen.[37]

Ägyptens neuer Machthaber, General as-Sisi ließ unter aufständischen Muslim-Brüdern durch das Militär ein Blutbad anrichten und anschließend Hunderte ihrer Anhänger in einem umstrittenen Schnellverfahren zum Tod verurteilen. Ein Diktator also, der vor äußerst brutalem Durchgreifen nicht zurückschreckte. Aber er bekannte sich genauso wie seine Vorgänger Sadat und Mubarak zu der Rolle als Schutzherr der Christen. Er sei als ein frommer Muslim in der Offenheit für andere Kulturen erzogen geworden. Sein Elternhaus habe nahe der »Judengasse« gestanden und das Läuten der Kirchenglocken zur Messe am Sonntag habe er noch immer im Ohr, so erklärte er im Juli 2015 westlichen Journalisten.[38]

Wie ernst es ihm mit der Toleranz gegen Christen zu sein schien, demonstrierte er damit, dass er am 25. Dezember 2015 in Kairo eine Weihnachtsmesse der Kopten besuchte. Er war der erste Präsident Ägyptens, der sich für einen derartigen Besuch als Geste über alle bisherigen Respektsbezeugungen hinaus hatte entscheiden können. Der Besuch war in den deutschen Fernsehnachrichten zu sehen.

Noch um vieles ambivalenter regierte Saddam Hussein. Wie schon erwähnt, pflegte der irakische Diktator enge politische

Kontakte zu arabischen Christen, sein Außenminister und späterer Stellvertreter Tarik Aziz war Christ. Mehr noch: Michael Aflak, der christliche Begründer der Baath-Partei, lebte mehrere Jahre in Bagdad und wurde nach seinem Tod 1989 gar von Saddam Hussein durch ein Staatsbegräbnis geehrt. Irakische Christen verloren aber nach dem Sturz Saddam Husseins 2003 ihre bisherige Sicherheit. Denn nun begannen in dem sich verschärfenden Bürgerkrieg radikal-islamische Gruppierungen, die Christen als »westlich infizierte, unislamische« Feinde zu jagen. Für irakische Christen war dies Anlass genug, den besseren Zeiten unter Saddam Hussein nachzutrauern, selbst wenn sie dessen Diktatur abgelehnt hatten.

In Syrien entwickelte sich die Situation ähnlich. Hafis al-Assad und sein Sohn Baschar al-Assad pflegten ebenfalls enge Kontakte zu Christen, ja, etliche Christen konnten unter der säkularen Diktatur der syrischen Baath-Partei in Regierungsämter wie in militärische Ränge aufsteigen. Als 2011 in Syrien der Aufstand gegen Baschar al-Assad ausbrach und in einen Bürgerkrieg mündete, verliefen die äußerst blutigen Auseinandersetzungen bald entlang religiös-politischer Grenzlinien. Das lag nicht allein an den radikal-sunnitischen Islamisten mit ihrer Opposition gegen das Regime. Das lag auch an Baschar al-Assad, der als erklärter »Schutzherr der Christen« die religiöse Minderheit zum Kampf auf seiner Seite mobilisierte. Für Syriens Christen stellt dieser »Schutz« ein besonderes Risiko dar: Falls Baschar al-Assad den Krieg und die Macht verliert, wird sich die Rache der muslimischen Gegner nicht nur gegen Alawiten, sondern auch gegen Christen richten. Dies ist ein Grund, weshalb in den Jahren 2011 bis 2016 auch zahlreiche Christen aus Syrien flohen und dort den Anteil der religiösen Minderheit drastisch verringerten.

Im Frühjahr 2016 sah es allerdings so aus, als könnte Baschar al-Assad mit russischer Militärhilfe seine Macht erhalten und damit auch den Christen demonstrieren, dass er weiterhin bereit sei, sie zu schützen. Das syrische Fernsehen zeigte hierzu eine propagandistisch äußerst wirksame Szene: Assads Truppen hatten die Stadt Maalula zurückerobert, die mit ihren Kirchen und Klöstern eines der spirituellen christlichen Zentren Syriens bildet. Assad persönlich ging durch eine der Kirchen, die von radikalen Islamisten zur Hälfte zerstört war. Der muslimische Diktator bückt sich scheinbar beiläufig nach einem großen Marienbild, das zwischen den Trümmern lag, hob es auf und stellte es behutsam in eine Nische. Was so beiläufig erschien, war raffinierte Inszenierung: Der Diktator, der für zahlreiches Blutvergießen verantwortlich war, empfahl sich der Weltöffentlichkeit als Syriens einziger Garant, der den Christen auch weiterhin eine Zukunft bieten konnte.

Droht also doch nicht das Ende einer religiösen Vielfalt im Nahen Osten?

So wie sich die Situation im Frühjahr und im Sommer 2015 darstellte, scheinen die christlichen und andere religöse Minderheiten noch am ehesten eine Chance zum Überleben in ihren arabischen Heimatorten zu haben, wenn dort säkular orientierte Diktatoren die Macht ausüben. Eine Alternative zu einer solchen Zukunft existiert bisher noch nicht, sie muss sich erst langsam herausbilden.

Eine weitere »Islamisierung des Abendlands«?
Die Zuspitzung der Probleme

»Wien darf nicht Istanbul werden.« Mit diesem Slogan warb die FPÖ, die »Freiheitliche Partei Österreichs«, bei den Gemeinderatswahlen in Wien 2005 erfolgreich um Stimmen. Und bei den österreichischen Nationalratswahlen 2006 folgte das Plakat mit dem Slogan »Daham statt Islam«, 2009 bei den Europawahlen das Plakat mit der Aufschrift »Abendland in Christenhand. Tag der Abrechnung.« Es waren Plakate mit wachsendem Erfolg. Bei den Nationalratswahlen 2006 kam die FPÖ auf 11 Prozent der Stimmen, 2013 bereits auf 20,6 Prozent. Fotos zeigten den seit 2005 amtierenden Parteiführer Heinz-Christian Strache, wie er bei einer Rede zur Europawahl beschwörend ein Holzkreuz hochhält. Österreichs rechtspopulistische Partei folgte mit einer derart betont anti-islamischen Polemik aber nur dem Beispiel anderer rechtspopulistischer Parteien Europas und erhielt ähnlichen Zulauf.

Der rasante Aufstieg rechtspopulistischer Strömungen und Parteien im ersten Jahrzehnt des 21. Jahrhunderts lässt sich in der Tat quer durch ganz Europa beobachten. Ohnehin schon starke Strömungen gewannen seit dem Attentat auf das World Trade Center in New York am 11. September 2001 und den darauf folgenden religiös-politischen Unruhen im gesamten islamischen Raum eine zusätzliche Dynamik. Und nur so lässt sich verstehen, dass in einer derart aufgeheizten Stimmung auch Bücher in wachsendem Maß einen Bestseller-Erfolg ernten konnten, weil die Autoren nun eindringlich vor einer scheinbar immer konkreter werdenden »Islamisierung des Abendlands« warnten.

Im September 2010 wurde ein Sachbuch innerhalb weniger Wochen zu einem der erfolgreichsten Bestseller seit Bestehen der Bundesrepublik. Der Titel: *Deutschland schafft sich ab. Wie wir unser Land aufs Spiel setzen.* Der Autor, Thilo Sarrazin, war für die SPD bis 2009 Finanzsenator im Berliner Senat und anschließend im Vorstand der Deutschen Bank tätig.

»Deutschland schafft sich ab.« Ein provokanter Titel, ein provokanter Inhalt. Sarrazin beschäftigt sich in seinem Buch mit den angeblichen Folgen massenhafter, unverminderter Zuwanderung vor allem aus islamischen Ländern. Seine These lautet: Gehe in Deutschland die Zahl der Geburten weiterhin drastisch zurück und steige sie hingegen unter Zuwanderern besonders der muslimischen Unterschicht drastisch an, dann würde Deutschland immer mehr »überfremdet«. Sehe man dieser Entwicklung tatenlos zu, gehe Deutschland einer unheilvollen Zukunft entgegen, es verliere seine nationale und kulturelle Identität, mit der unausweichlichen Konsequenz: Deutschland schaffe sich ab.

Das Buch löste schon unmittelbar nach dem Erscheinen heftige Kontroversen aus. Zwar ließen sich jene Fakten schwer widerlegen, die auf Versäumnisse der Politik in Fragen der Integration hinwiesen – aber Sarrazin verknüpfte diese unbezweifelbaren Fehlentwicklungen mit einer biologistischen Ideologie. Sarrazin ging davon aus, dass es zwischen den einzelnen Volksgruppen große genetische Unterschiede gebe. Daher seien Türken, Araber und andere muslimische Völker mit ihren genetisch verankerten und letztlich unveränderbaren Eigenschaften nicht in unsere westliche Gesellschaft zu integrieren. In diesem Zusammenhang ist auch jene Äußerung Sarrazins in einem Interview zu verstehen: »Alle Juden teilen ein bestimmtes Gen, Basken haben bestimmte Gene, die sich von anderen unterscheiden«.[39] In diesem Interview spielte der Autor zwar auf Völker an, die aus seiner Sicht keine negative Rolle innehaben – deutlich wurde aber auch hier der völkische Charakter seiner Ideologie. Gerade weil seiner Meinung nach viele der nach Deutschland kommenden Zuwanderer an bestimmte Gene gebunden seien, die sich nicht durch gesellschaftliche Einflüsse verändern ließen, würden die Zuwanderer Fremdkörper bleiben. Mehr noch: Die Muslime mit ihrer besonders fremden Kultur werden auf Dauer unserer westlichen Kultur unterlegen bleiben.

Es würde den Rahmen der Darstellung sprengen, ausführlich auf das Für und Wider der Thesen in *Deutschland schafft sich ab* einzugehen. Dennoch muss man sich vergegenwärtigen, dass Sarrazins Buch zu einem der erfolgreichsten Bestseller im deutschsprachigen Raum werden konnte. Dieses Buch übertraf noch bei weitem den Erfolg des Autors Udo Ulfkotte, der 2008 mit dem Titel *SOS Abendland. Die schleichende Islamisierung Europas* Aufsehen erregt hatte. Sarrazins Buch erschien zwei Jahre später. Das war noch ein Jahr vor den beginnenden Unruhen des sogenannten Arabischen Frühlings wie auch vor dem Ausbruch des syrischen Bürgerkriegs – und fünf Jahre vor dem jäh einsetzenden Flüchtlingsstrom aus dem Nahen Osten nach Europa. Sarrazin konzentrierte sich im Jahr 2010 vorrangig auf die »Invasion« der Türken, und bewies damit, dass die Furcht vor einer weiteren »Islamisierung des Abendlandes« und einer Gefährdung westlicher Kultur auch ohne den bis dahin unvorstellbaren Zustrom arabischer Muslime tief verankert war.

Die Flüchtlingsströme aus Syrien und dem Irak 2015 verschärften die Diskussion nur. Als im Herbst dieses Jahres an manchen Tagen bis zu 20 000 und in manchen Wochen bis zu 150 000 Menschen die Grenzen zu Österreich und Deutschland überquerten, übertraf diese Zahl an Flüchtlingen alles, was Europa seit dem Ende des Zweiten Weltkriegs erlebt hatte. Angesichts dieser Situation rückte verstärkt die alte Frage mit neuen Akzenten in den Vordergrund: Würde ein derart massiver Ansturm von Menschen aus einem fremden Kulturraum das kulturelle Selbstverständnis europäischer Staaten erst recht zutiefst erschüttern? Beschleunigte sich nun gar die vielbeschworene »Islamisierung des Abendlands«?

Beeindruckend waren aber zunächst Entwicklungen mit gegenläufiger Tendenz. Auf österreichischen und deutschen Bahnhöfen versorgten Hunderte freiwillige, ehrenamtliche Helfer die eintreffenden Flüchtlinge mit Spenden aus der Bevölkerung an Nahrungsmitteln, Bekleidung und Decken. Es opferten viele Dutzende Ärzte, Krankenschwestern und Sozialhelfer ihre Freizeit für unbezahlte Dienste. Zahlreiche Vertreter von Kirchen wie Politiker unterschiedlichster Parteien unterstützten solche Aktionen: eine »Willkommenskultur«, die eine Weltoffenheit zumindest der westeuropäischen Staaten signalisierte.

Trotz aller Propaganda- und Wahlerfolge rechtspopulistischer Parteien mit fremdenfeindlichen Parolen war ein beträchtlicher Teil der deutschen sowie österreichischen Bevölkerung bereit, den zahlreichen Flüchtlingen aus islamischen Ländern unvoreingenommen zu helfen. Aber von Anfang an blieb die Befürchtung untergründig präsent: Falls die Mehrzahl dieser nahezu einer Million neu ankommender Muslime auf Dauer bleiben wollte – und wenn dann eine breitenwirksame Integration misslänge –, könnte die Stimmung umschlagen.

Erste Symptome einer Flüchtlingskrise in Deutschland sowie in Österreich zeichneten sich bereits im September und Oktober 2015 ab. Damals schon traten Schwierigkeiten auf, den Ansturm der Menschen in geordnete Bahnen zu lenken. Aber nachhaltig änderte sich die Stimmung erst seit der Silvesternacht von 2015 auf 2016. In dieser Nacht kam es in etlichen deutschen Großstädten zu massenhaften Ausschreitungen junger Männer mit »arabischem Aussehen«, wie Augenzeugen berichteten. In den Schlagzeilen dominierten vor allem die Ereignisse in Köln. Auf dem Platz vor dem Kölner Dom, wo sich zum Jahreswechsel immer eine unübersehbare Zahl Jugendlicher in ausgelassener Feiertagslaune einfindet, waren 400 bis 500 stark alkoholisierte junge Männer durch aggressives Verhalten gegen junge deutsche Frauen aufgefallen. Es kam nicht nur zu sexuellen Belästigungen durch »Begrabschen«, sondern mehrfach auch zu Vergewaltigungen.[40] Allerdings handelte es sich bei den später verhafteten Männern hauptsächlich um Marokkaner und Algerier, kaum jedoch um neu ankommende Flüchtlinge aus dem Nahen und Mittleren Osten – mehrheitlich um junge Muslime, die schon seit einigen Jahren in Deutschland lebten und sich weder sozial noch kulturell hatten eingliedern können.

Gemessen an der Gesamtheit der muslimischen Bevölkerung bilden solche Jugendlichen mit einer gescheiterten Integration nur einen geringfügigen Bruchteil. Allerdings führte eine derartige Information bei der Mehrheit der deutschen und österreichischen Bevölkerung nicht zur Entwarnung, sondern schien eher die untergründige, aber doch vage Furcht mehr und mehr zu bestätigen: Auf die gescheiterte Integration einzelner marokkanischer und algerischer Jugendlicher, die vor etlichen Jahren zugewandert seien, folge möglicherweise oder sogar ganz bestimmt eine gescheiterte Integration syrischer, irakischer und afghanischer Flüchtlinge.

Die Ereignisse von Köln machten es für besonnene Beobachter wie auch für liberale Politiker schwieriger als je zuvor, um gegen weitverbreitete irrationale Ängste anzukämpfen. Dies äußerte sich gerade auch in den Umfragen zu den Wahlchancen der Parteien Deutschlands. Seit dem massiv anschwellenden Flüchtlingsstrom im Herbst 2015 – besonders aber auch seit dem Schock der Silvesternacht in Köln – hatte die Zustimmung zur bisher praktizierten »Willkommenskultur« mit ihrer Symbolfigur, der CDU-Bundeskanzlerin Angela Merkel, stark abgenommen. Entsprechend drohten der CDU wie auch dem Koalitionspartner SPD bei kommenden Wahlen Verluste. Andererseits gewannen rechtspopulistische Strömungen und Parteien erheblich an Popularität.

An vorderster Stelle rückte die Partei AfD, »Alternative für Deutschland«, die erst im Februar 2013 entstanden war. Die AfD verpasste zwar bei den Bundestagswahlen im September 2013 mit 4,7 Prozent der Wählerstimmen knapp den Einzug in den Bundestag, war aber nach den Umfragen im Februar 2016 mit ihren Wahlchancen auf nahezu 12 Prozent gestiegen und wurde damit plötzlich Deutschlands drittstärkste Partei. Was diese Partei so gefährlich machte, war ihr taktisches Manöver, sich mit bürgerlicher Rhetorik gegenüber den vulgären Demonstrationen der 2014 entstandenen Bewegung »Pegida« (»Patriotische Europäer gegen die Islamisierung des Abendlands«) andeutungsweise abzugrenzen. Damit wurde die AfD für eine breitere Bevölkerungsschicht wählbar.

Es ist ein zutiefst beunruhigender Umschichtungsprozess, wie wir ihn parallel in vielen anderen EU-Staaten beobachten können. Dies gilt für den wachsenden Erfolg rechtspopulistischer Strömungen in Österreich, Frankreich, den Niederlanden, Belgien, erst recht in osteuropäischen Staaten. Parallel zu dieser Entwicklung nahmen auch Anschläge rechtsextremer Terroristen auf Unterkünfte der Flüchtlinge und Asylbewerber rapid zu.

Aber mehr noch: Im selben Maß wuchs auch die Zahl der Hassparolen im Internet und bei Facebook gegen Muslime, ja, gegen Zuwanderer aus jedem fremden Kulturraum. Schockierend ist hierbei die Wahl der Worte, die unverhohlenen Rassismus wie auch Sympathien für diese »Endlösung« im Sinne von Hitlers Fanatismus augenfällig machen. Ich führe nur einige wenige Beispiele (einschließlich der grammatikalischen Fehler) aus dem deutschen Sprachraum an, um zu verdeutlichen, wie drastisch solche Formulierungen mit der Aufforderung zum Massenmord sein können: »Der Islam gehört unter Strafe gestellt und jeder, der ihn ausübt, gehört erschossen.« Oder: »Ich bin eher dafür, dass man kanackische Kinder vor den Augen der kanackischen Eltern aufschlitzt oder aufspießt! Denn keine einzige kanackische Drecksau hat eine Recht auf Leben!!! Ist lebensunwerter Dreck sozusagen!« Oder: »Da versteh ich den Führer manchmal, weil es sich um genetisches Mist handelt.« Oder: »Da brauchen wir die Endlösung.«[41]

Angesichts einer derartigen Radikalisierung anti-islamischer Fremdenfeindlichkeit hatten es nun umgekehrt radikale Muslime leichter, die negative Stimmung für ihre Zwecke zu nutzen. Sie versuchten nun desto intensiver, enttäuschte und verbitterte Flüchtlinge als Dschihadisten gegen das feindselige »ungläubige« Europa anzuheuern.

Die Situation in Frankreich verdient in solchen Zusammenhängen besondere Aufmerksamkeit. Dort konnte bei der Europawahl 2014 die rechtsextreme Partei Front National 24,8 Prozent der französischen Wählerstimmen erringen, sie hatte damit sowohl die Partei der regierenden Sozialisten wie auch der nationalkonservativen Opposition überholt – ein bedrohliches Anzeichen für die 2017 bevorstehenden Präsidentschaftswahlen in Frankreich. Marine Le Pen, die Tochter des früheren Parteiführers Jean-Marie Le Pen, konnte damit einen Erfolg erzielen, von dem ihr Vater in den 1980er und 1990er Jahren trotz seines damaligen politischen Durchbruchs weit entfernt war. Diesen Erfolg verdankte die Tochter nicht nur dem Umstand, dass angesichts der zugespitzten Krise im Nahen Osten, einer weiteren Radikalisierung von Dschihadisten und der unbewältigten Flüchtlingskrise gerade auch in Frankreich die anti-islamische Stimmung zugenommen hatte. Marine Le Pen verstand es darüber hinaus, den Front National auch für breitere bürgerliche Wählerschichten attraktiv zu machen, denn sie bediene sich in den Wahlkämpfen einer eher moderaten Rhetorik – parallel zur Taktik der deutschen AfD – und grenzte sich von der teils vulgären Polemik ihres Vaters, vor allem von dessen schrillen Antisemitismus, ab. Die Prognose mutete nun nicht mehr so unwahrscheinlich an, dass Marine Le Pen mit ihren fremdenfeindlichen und betont anti-islamischen Parolen im Mai 2017 die Wahlen gewinnen und in das Amt des Staatspräsidenten aufrücken könnte.

In einem emotional derart aufgeheizten Klima der französischen Innenpolitik konnte im Januar 2015 ein Roman des Autors Michel Houellebecq einen überragenden Bestsellererfolg nicht nur in Frankreich, sondern auch in vielen anderen Ländern Europas erringen. Der Titel des Romans lautete *Soummission, Unterwerfung*. Der Roman thematisierte zwei große Ängste: einerseits die Furcht, rechtsextreme Parteien könnten an die Macht gelangen und die bisherigen weitgehend liberalen Gesellschaftsordnungen in ihren Grundfesten erschüttern – andererseits aber die noch stärkere Angst, das Abendland könne unaufhaltsam und durchgreifend »islamisiert« werden. Der französische wie der deutsche Buchtitel zielte absichtsvoll auf die Wortbedeutung von Islam als »Unterwerfung«. Es ist eine Übersetzung des arabischen Wortes Islam in dem Sinn, dass die Hingabe der Gläubigen an den Willen Gottes mit einem Verzicht auf jede Individualität gleichzusetzen sei.

Die Handlung des Romans spielt im Jahr 2022 in Frankreich. Ein muslimischer Politiker kann aufgrund seines Charismas immer mehr Wähler an sich binden. Die Sozialisten wie die Konservativen gehen mit ihm ein Bündnis ein, um einen weiteren Aufstieg der rechtsextremen Front National unter Marine Le Pen zu verhindern. Der muslimische Politiker, der sich als »gemäßigt« gibt und seine wahren Absichten geschickt verbirgt, gewinnt überraschend die Wahlen. Er wird Staatspräsident, schafft die laizistische Verfassung ab und ersetzt sie durch eine islamische Theokratie mit den Begleitfolgen der Scharia, einer extrem patriarchalischen Rechtssprechung und der Zurücknahme der Frauenemanzipation. Auf diese Weise ist zwar eine rechtsextreme Staatspräsidentin Marine Le Pen verhindert, aber an ihrer Stelle regiert nun ein muslimischer Politiker, der mit seinen radikalen Maßnahmen das Land in bürgerkriegsähnliche Zustände treibt. So abstrus und realitätsfern die Zukunftsvision eines derartigen Romans auch anmutet (dessen Handlung ich hier stark verkürze), so drückt dieses Szenario doch real vorhandene Ängste aus. Der Roman konnte gerade deshalb einen überragenden Bestsellererfolg in vielen Ländern Europas erzielen.

Angesichts einer Krisensituation, die sogar einem Bestseller dieses Typs Überzeugungskraft zu verleihen scheint, wird politisches Handeln immer schwieriger. Wähler mit islamophoben Tendenzen drohen immer mehr zu einem einflussreichen Faktor zu werden. Das zeigte sich besonders in der Flüchtlingskrise. Die Europäische Union verhielt sich aus Angst vor einem derartigen Wählerwillen uneinig in der Frage, wie denn mit der massiven Zuwanderung von Flüchtlingen umzugehen sei. Selbst nach monatelangen Auseinandersetzungen war es zwischen den einzelnen Ländern nicht möglich, die Flüchtlingsströme nach einem differenzierten Verteilerschlüssel sozial ausgewogen in alle Mitgliedsstaaten aufzuteilen.

Am schroffsten schotteten sich Länder des ehemaligen kommunistischen Ostblocks ab, so Ungarn, Polen, Tschechien, Slowakei. Sie fühlten sich nicht nur wirtschaftlich überfordert, sondern sorgten auch mit folgendem Argument für Aufsehen: Die meisten Flüchtlinge seien Muslime, und der Islam passe nicht zur »abendländischen Kultur«. Ein solch anti-islamischer Affekt äußerte sich besonders in Ländern, in denen der Anteil an Muslimen durchschnittlich nicht einmal 0,5 Prozent der Bevölkerung beträgt. Es sind Länder, die gerade wegen eines bisher fehlenden kulturellen Pluralismus eine besondere Angst vor dem Einfluss fremder Kulturen haben.

An Appellen zur Vernunft, Toleranz und Weltoffenheit und entsprechenden Aktionen fehlte es trotzdem nicht. Eindrucksvolle Signale setzten weiterhin liberale Bürger, unter ihnen Politiker wie auch Vertreter der Kirchen aller Konfessionen.

Bei den Politikern lieferten bemerkenswerte Kommentare nicht nur Angehörige linksorientierter Parteien und der Grünen, die bisher schon in ihrer Mehrheit eine »multi-kulturelle« Gesellschaft bejaht hatten, sondern teilweise auch bekennende »Konservative«. Ein interessantes Beispiel bot hier Wolfgang Schäuble, langjähriger Finanzminister und einer der prägenden Gestalten der CDU. Er, der einerseits Kritik an der Politik gegenüber dem unkontrollierten Zustrom von Flüchtlingen aus dem Nahen Osten äußerte, stellte andererseits unmissverständlich klar: Es dürfe keine Mauer zwischen Europa und der sogenannten Dritten Welt, vor allem nicht zum islamischen Kulturraum aufgerichtet werden. In einem Interview des Nachrichtenmagazins *Die Zeit* am 9. Juni 2016 erklärte er: »Die Abschottung ist doch das, was uns kaputt machen würde. (...) Für uns sind Muslime in Deutschland eine Bereicherung unserer Offenheit und unserer Vielfalt. Schauen Sie doch mal die dritte Generation der Türken an, gerade auch die Frauen!

Das ist doch ein enormes innovatorisches Potential!« Und: »Der Arabische Frühling kommt wieder, auch er wird – wie die Französische Revolution – welthistorisch bedeutsam sein, das wette ich.«[42]

Bemerkenswert an diesem Kommentar ist, dass der CDU-Politiker lobend auf die »dritte Generation der Türken« hinweist und die gelungene Integration einer Mehrheit betont, anstatt die Minderheit jener Dschihadisten hervorzuheben, bei denen die Integration scheiterte. Bemerkenswert ist auch, dass er dem »Arabischen Frühling« auf lange Sicht eine welthistorische Bedeutung zubilligt, anstatt von vornherein ein Scheitern festzustellen und damit für den islamischen Kulturraum keine Entwicklungsmöglichkeiten hin zu einer Moderne zu sehen.

Für die Kirchen bietet ein besonders auffallendes Beispiel ein ebenfalls bekennender »Konservativer«, Papst Franziskus. Er, der immer wieder Interesse an der Betreuung von Flüchtlingen bekundete, Flüchtlingslager besuchte und die Weltöffentlichkeit für die Problematik mobilisierte, setzte am Gründonnerstag 2016 eine Aktion mit symbolischer Aussagekraft. Seit Jahrhunderten gebot es die Tradition, dass der Papst an 11 Menschen die Fußwaschung vollzog – in Erinnerung an das letzte Abendmahl, als Jesus seinen 11 Jüngern (ohne Judas) die Füße wusch. Aber Papst Franziskus wagte einen bisher einmaligen Tabubruch: Er wusch nicht, wie es bisherige Päpste praktizierten, Männern mit kirchlichem Rang die Füße, sondern 11 Flüchtlingen, drei davon waren Muslime, einer ein Hindu.[43] Der Papst vollzog die zeremonielle Handlung demonstrativ an Menschen, die nicht nur extrem sozial benachteiligt und hilfsbedürftig waren, sondern etliche von ihnen auch noch einer anderen Religion angehörten – drei davon dem Islam, ausgerechnet jener Religion, die in Europa gegenwärtig besonders vehement diffamiert wird.

Eine derartig eindrucksvolle Symbolik ist aber nur ein erster Schritt, auf welche nun konkrete Maßnahmen – viele kleine

Schritte in der Politik – folgen müssen. Westliche Staaten müssen sich gründlicher als bisher um die Integration von Zuwanderern kümmern, um dann auf lange Sicht um so mehr eine Bereicherung für die eigene Kultur zu erreichen. Dass die Probleme nicht einfach zu lösen sind – und es dafür kein Patentrezept gibt – ist offensichtlich. Allerdings wäre es schon vom Ansatz her falsch, die Ursache der Krise in einem angeblich unüberbrückbaren Gegensatz von islamischer und westlicher Kultur zu sehen. Zwar besteht gegenwärtig die Mehrzahl der Zuwanderer und Flüchtlingen aus Muslimen. Aber die Schwierigkeiten einer Integration tauchen überall auf, wo Migranten mit fremder Kultur massenhaft eintreffen. Blicken wir in die USA: Dort sind tiefgreifende soziale und kulturelle Probleme durch die Zuwanderung aus lateinamerikanischen Staaten entstanden – die Lateinamerikaner aber sind Christen.

Und was Europa betrifft: Wir werden, so lauten die übereinstimmenden Prognosen von Sozialwissenschaftlern, in den kommenden zwei Jahrzehnten mit noch viel größeren Flüchtlingsströmen als gegenwärtig rechnen müssen. Diese Migranten kommen jedoch aus dem notleidenden Schwarzafrika, und dort bilden nicht Muslime, sondern Christen die Mehrheit. Die dann unweigerlich eintretenden Konflikte basieren zuallererst auf sozialen Gegensätzen von Reich und Arm, wie auch auf kulturellen Gegensätzen von europäisch und außereuropäisch. Die Auseinandersetzung zwischen islamischer und westlicher Kultur wird in diesem Zusammenhang nur noch eine sehr untergeordnete Rolle spielen. Damit wird dann die heute noch so verhängnisvoll wirkende Angstparole von einer »Islamisierung des Abendlands« an Bedeutung verloren haben.

Eine Islamische Moderne?
Die Reibungspunkte
mit der westlichen Moderne

Muslime und die »unverfälschte« Offenbarung Gottes

Im Islamischen Zentrum von München hielt ich 1989 einen Vortrag über die geistige Verwandtschaft der monotheistischen Weltreligionen Islam, Christentum und Judentum. Es ging mir darum, dieses Thema aus der Sicht eines Europäers darzulegen, um aus den verschiedenen Standpunkten heraus einen Dialog mit Muslimen zu beginnen. Die Zuhörer waren ausnahmslos Muslime, viele davon Türken. Die meisten waren westlich gekleidet und dem äußeren Anschein nach kaum von einem Süd- oder gar einem Westeuropäer zu unterscheiden. Etliche trugen weiße Kappen und Gewänder, die Gesichter waren von einem Bart umrahmt und durch diese Demonstration von vornherein als »glaubensstreng« zu erkennen. Aber beide Gruppen hatten auf meinen Vortrag gleich reagiert – nämlich äußerst entrüstet.

Wie das? Ich hatte den Zuhörern einführend erläutert, dass der Prophet Mohammed sein erstes Wissen über monotheistische Religionen, über Abraham, Moses, Jesus durch den Kontakt mit Christen und Juden erhalten habe, denen er in Arabien wie auch auf Handelsreisen begegnet sei. Allerdings habe sich Mohammed schließlich von den Christen und Juden abgegrenzt, denn er habe deren Glauben als fehlgeleitet angesehen. Er habe ihnen vorgeworfen, ihre heiligen Bücher beruhten auf einer verfälschten Offenbarung Gottes. Deshalb habe Mohammed mit dem Koran eine eigenständige Religion, den »Islam«, die »Hingabe« an Gott, begründet. Mit derartigen Ausführungen folgte ich dem westlichen, säkularen Geschichtsverständnis: Es besagt, dass Religionen »nicht vom Himmel fallen«, sondern sich aus kulturellen, sozialen und politischen Konstellationen entwickeln. Doch genau mit diesen wenigen Ausführungen erntete ich Zwischenrufe, worauf bereits während meines Vortrags eine heftige Diskussion entbrannte. Bei dieser Veranstaltung wurde mir erstmals augenscheinlich voll bewusst, wie grundsätzlich eine historisch-kritische Geschichts- und Religionswissenschaft dem Glaubensverständnis vieler orthodoxer Muslime widerspricht.

Mehr oder weniger erregt formulierten meine Zuhörer ihre Argumente, die ich hier sinngemäß zusammengefasst wiedergebe: Mohammed habe es überhaupt nicht nötig gehabt, von Christen und Juden etwas über den einen Gott zu erfahren. Denn dem Propheten Mohammed sei ein Engel Gottes erschienen. Dieser Engel habe Mohammed die himmlische Offenbarung direkt Wort für Wort übermittelt, mehrere Monate lang. Mohammed könne nicht durch andere Menschen, durch andere Kulturen beeinflusst worden sein. Falls dies so gewesen wäre, dann könne man, ja müsse man dem Propheten unterstellen, er selbst habe sich wie ein Theologe, Philosoph oder Dichter seines eigenen Verstandes bedient, er habe nach Gutdünken aus fremden Kulturen ausgewählt und die dort vorgefundenen Gedanken weiter entwickelt. Nein, so sei der Koran nicht entstanden. Mohammed sei doch nicht der Verfasser des Koran, sondern nur der Verkünder. Der Verfasser des Koran sei einzig und allein Gott. Daher sei der Koran ein ungeschaffenes heiliges Buch. Der Koran habe schon vor den ersten Menschen Adam und Eva existiert. Der Koran sei schon seit ewigen Zeiten bei Gott gewesen und in dieser unveränderbaren Fassung zu den Menschen herabgesandt worden. Die Bibel dagegen sei von Menschen verfasst worden, von verschiedenen Autoren, den sogenannten Evangelisten, und sie hätten die ursprüngliche Offenbarung Gottes nach eigenem Gutdünken umgeschrieben, verfälscht. In der Bibel fänden sich daher Widersprüche und Irrtümer, im Koran niemals.

Viele orthodox gläubige Muslime wehren sich mit solchen Antworten gegen die Ergebnisse historisch-kritischer Religionswissenschaft. Sie verhalten sich hierbei aber gar nicht so viel anders als auch noch eine Reihe »rechtgläubiger« Christen. Beide Gruppen reagieren mit gleicher Empörung und gleicher Furcht: Man wolle den göttlichen Offenbarungscharakter ihrer unfehlbaren Heiligen Schrift relativieren, ja sogar leugnen. Den Islam oder das Christentum historisch-kritisch zu analysieren, hieße, den eigenen Glauben so anfechtbar machen wie den Glauben jeder fremden Religion. Es käme damit das wichtigste Postulat ins Wanken: dass allein der eigene Glaube unverfälscht das »Wort Gottes« wiedergebe und unveränderbar für alle Zeiten in dieser Form bestehen bleiben müsse. Unter Muslimen ist eine derartige Abwehr heute allerdings erheblich stärker verbreitet als unter Christen, weil eine wissenschaftlich geprägte Epoche der Aufklärung im islamischen Kulturraum bisher nicht breitenwirksam stattgefunden hat.

Im Koran finden sich etliche Textstellen, die bekräftigen, dass das heilige Buch des Islam schon vor Beginn menschlicher Geschichte im Himmel bei Gott existiert hat. Der in der irdischen Welt real vorhandene Koran sei also eine unveränderte Abschrift des göttlichen Originals, unabhängig von aller historischen Entwicklung. Wir finden solche Aussagen in den Suren 3, Vers 7; 13, 39; 43, 2-4; 56, 77-80; 85, 20-21.[1] Aber inwieweit ist eine solche Auffassung bis heute gültig?

Diese Frage drängt sich dem westlichen Beobachter auf, wenn er die geistige Entwicklung im islamischen Kulturraum mit der des christlichen Abendlands vergleicht. Für die Christen des Mittelalters und der frühen Neuzeit war es über viele Jahrhunderte genau so ein unangefochtenes Dogma, dass die Autoren der Bibel, insbesondere die Evangelisten, Wort für Wort niedergeschrieben hätten, was Gott ihnen eingegeben habe – und deshalb dürfe man den Gehalt der Evangelien nicht durch zeitbedingte Einflüsse relativierten. Die Bibel sei also über alle menschliche Subjektivität erhaben, sei bis in die Details hinein frei von Irrtümern. Im westlichen Kulturraum allerdings hat dieses orthodoxe Dogma seit der Aufklärung erheblich an Überzeugungskraft sowie an Breitenwirkung verloren. Bei einer Reihe Theologen setzte sich unter dem Einfluss der Geschichtswissenschaft seit dem Ende des 19. Jahrhunderts schrittweise ein historisch-kritisches Textverständnis durch und wird heute nicht mehr in Zweifel gezogen.

Bahnt sich bei den muslimischen Koranwissenschaftlern eine ähnliche Entwicklung an? Erste Anzeichen in diese Richtung gibt es. Mehr noch: Sogar zufällige Alltagsbegegnungen mit Muslimen bieten in dieser Hinsicht interessante Erfahrungen.

Muslime mit kritischer Distanz zu religiösem Absolutheitsanspruch

Keine Religion könne die absolute Wahrheit beanspruchen. Keine! Auch der Islam nicht.

Ich war sehr überrascht, dass der Taxifahrer, ein Türke, sich derart äußerte. Ich fragte: Der Koran besitze also nicht die allein richtige, unverfälschte Offenbarung Gottes? – Für ihn sei es die richtige Offenbarung, antwortete er. Ein Christ jedoch habe ein gutes Recht, anders zu urteilen, ein Jude ebenfalls und was es sonst noch an Gläubigen gebe. Jeder müsse das für sich selbst entscheiden. – Und wenn jemand Atheist sei? – Er könne dem Atheismus nichts abgewinnen. Aber eine derartige Weltanschauung verdammen? Jeder solle selbst entscheiden dürfen, was richtig oder falsch sei.

Dieses Gespräch führte ich im Januar 2015. Wenige Tage zuvor hatte die westliche Presse die Nachricht gemeldet, dass in Saudi-Arabien der Internet-Aktivist Raif Badawi zu zehn Jahren Gefängnis, einer hohen Geldstrafe und 1000 Peitschenhieben verurteilt worden war. Badawi hatte in einer Internet-Botschaft gefordert, Muslime, Christen, Juden und auch Atheisten sollten in jedem islamischen Staat gleiche Rechte genießen. Eine solche Forderung galt aber aus der Sicht der streng wahhabitischen Orthodoxie Saudi-Arabiens als eine »Herabwürdigung des Islam« – ein schweres Verbrechen.

Der türkische Taxifahrer bekannte leidenschaftliche seine ganze Sympathie für Badawi und sprach verächtlich vom »Steinzeit-Islam« des saudischen Staates. Mich aber überraschte, dass er auch den Atheismus tolerierte. War er gläubiger Muslim? Er bejahte. Und er betonte, man müsse den Islam von historisch überholten, zeitbedingten Einkleidungen des 7. und 8. Jahrhunderts befreien. Diesem Taxifahrer begegnete ich allerdings nicht in der Türkei, sondern in Wien. Er studierte Betriebswirtschaft und arbeitete nebenbei im Taxigewerbe. Sein Denken habe sich geändert, seit er in Österreich lebe.

Im ersten Moment erscheint es so, als ob man auf solche Muslime überwiegend nur in Europa trifft, wo die politischen und kulturellen Rahmenbedingungen für eine pluralistische Meinungsfreiheit erheblich günstiger sind als in den einzelnen Herkunftsländern. Aber bei näherem Hinsehen zeigt sich, dass in nicht wenigen Staaten mit muslimischer Bevölkerungsmehrheit sich religiöse Denker, ja auch Politiker finden, die sich ebenfalls in einer solchen Richtung äußern – meist allerdings mit erheblich größerem Risiko.

Solche Muslime finden sich bis zu einem gewissen Grad sogar im Königreich Saudi-Arabien mit seinem extrem intoleranten wahhabitischen Islam. Gerade das Schicksal des Internet-Aktivisten Raif Badawi belegt dies bemerkenswert. Wie weit Badawi sich mit seinen Aussagen vorwagte, können inzwischen auch westliche Leser in Einzelheiten verfolgen, denn ein Auszug aus Badawis Internet-Texten ist 2015 in Deutschland in einem Buch unter dem Titel *1000 Peitschenhiebe. Weil ich sage, was ich denke* veröffentlicht worden. In einem Vorabdruck des Nachrichtenmagazins *Der Spiegel* finden sich von Badawi folgende Äußerungen: »Ich hatte es mir zur Aufgabe gemacht, eine neue Lesart des Liberalismus in Saudi-Arabien zu finden und meinen Teil zur Aufklärung meiner Gesellschaft beizutragen. Ich versuchte, die Mauern der Unwissenheit niederzureißen, die Heiligkeit des Klerus zu brechen, ein wenig Pluralismus zu verbreiten und Respekt vor Werten wie Ausdrucksfreiheit, Frauenrechten und den Rechten von Minderheiten und Mittellosen. (...) So wie die anderen unserer Andersartigkeit Achtung zollen, so müssen auch wir das Anders-als-wir-sein der anderen akzeptieren. Dabei wird es vermutlich niemandem, der unsere Muslime in Saudi-Arabien beobachtet, entgangen sein, dass sie die Glaubensansichten anderer nicht respektieren. Im Gegenteil, sie erklären sie zu Ungläubigen. (...) Wie wäre es, wenn wir es den anderen gleichtäten und versuchten, eine humanistische Zivilisation und normale Beziehungen zu sieben Milliarden Menschen aufzubauen, von denen mehr als fünfeinhalb Milliarden nicht dem Islam angehören? (...) Was wir in der arabischen beziehungsweise islamischen Welt brauchen, ist die Würdigung der Individuen, die in diesen Gesellschaften leben. Die Würdigung ihrer Freiheiten und den Respekt vor ihren Gedanken – die Würdigung all dessen, was ein Gottesstaat als oberste Priorität bekämpft.« Dies schrieb ein saudi-arabischer Muslim, für den, wie er ausdrücklich betont, »der heilige Koran (...) ein großartiges Buch für die reine Anbetung des Herrn« ist.[2]

Dass aber Kritik am traditionellen Selbstverständnis islamischer Religion noch viel weiter gehen kann, habe ich im Abschnitt *Der »Ketzer«-Prozess gegen Abu Zaid* dargestellt. Der prominente ägyptische Sprach- und Koranwissenschaftler Nasr Hamid Abu Zaid hatte ja mit seiner Interpretation des Koran radikal das weitverbreitete Verständnis in Frage gestellt, dass das Heilige Buch des Islam schon vor dem Beginn menschlicher Geschichte bei Gott existiert habe – und der real existierende Koran eine unveränderte Wiedergabe des himmlischen Originals sei. Abu Zaid vertrat die These: Die Sprache des Heiligen Buches sei von den kulturellen und gesellschaftlichen Bedingungen des 7. Jahrhunderts abhängig, der Koran sei also eine durch Menschen gefilterte Offenbarung Gottes. Von Gott stamme zwar die Inspiration, aber Mohammed als Mensch habe die Botschaft Gottes mit eigenem Fassungsvermögen in Worte gekleidet – in einer Sprache der damaligen Zeit, und diese zeitgebundene Sprache gelte es für die Gläubigen von heute zu interpretieren.

Dass Abu Zaid sich von der historisch-kritischen Textanalyse christlicher Theologen des 20. Jahrhunderts hat anregen lassen, habe ich bereits erwähnt. Ebenso habe ich bereits darauf hingewiesen, dass sich Abu Zaid auch von der analytischen Methodik der Mutaziliten, den »Abtrünnigen«, einflussreichen muslimischen Theologen im Bagdad des 9. Jahrhunderts, deren abschätzige Bezeichnung von »rechtgläubigen« Gegnern stammt, hat inspirieren lassen. Beide Quellen aber gelten heute aus der Sicht vieler Muslime sunnitischer wie schiitischer Konfession als zutiefst »ketzerisch«, ja, als eine »Abwendung vom Islam«. Entsprechend musste Abu Zaid mit seiner revolutionär anmutenden Kritik am traditionellen Koran-Verständnis um sein Leben fürchten. 1995 flüchtete er nach Europa und konnte nur dort, unter »Ungläubigen«, seine Meinung unangefochten öffentlich vertreten. In diesem Zusammenhang habe ich auch bereits darauf hingewiesen, dass Abu Zaid bei weitem nicht der einzige muslimische Denker der Gegenwart ist, der versucht, verkrustete Traditionen islamischer Theologie und Koranwissenschaft in Frage zu stellen und neue Horizonte zu eröffnen. In der Folge möchte ich auf einige weitere Autoren mit ähnlich herausragender Bedeutung eingehen.

An vorderster Stelle zu nennen ist hier der syrische Philosoph Sadik al-Azm, der 1934 in Damakus geboren wurde. Er, einer der führenden Intellektuellen der arabischen Welt, wagte sich mit seiner Kritik so weit vor wie Abu Zaid, ja, ist in seiner Formulierung teilweise noch schärfer und ist bis heute ebenso anerkannt wie umstritten. Seine Bücher haben entsprechende Titel: *Kritik des religiösen Denkens* (1969), *Unbehagen in der Moderne – Aufklärung im Islam* (1993) und *Islam und säkularer Humanismus* (2005). Al-Azm vertritt nachdrücklich die Auffassung: Man müsse endlich Abschied nehmen von der Behauptung, der Koran sei das »ungeschaffene Wort Gottes«, das heilige Buch habe schon vor der Erschaffung der Welt bestanden. Nicht Gott, sondern Mohammed habe den Koran verfasst, und daher sei der Koran in zeitgebundener Form geschrieben und kritisierbar wie die heiligen Bücher anderer Religionen. Falls die Muslime nicht dazu übergingen, gedankenlos tradierte Dogmen zu überwinden, würde ihre Kultur weiterhin stagnieren und der westlichen Kultur an Originalität, schöpferischer Vielfalt und Dynamik unterlegen bleiben.

Kritik des religiösen Denkens. Der Titel erinnert nicht von ungefähr an Immanuel Kants epochales Werk *Kritik der reinen Vernunft,* und die Parallele zu diesem bahnbrechenden Philosophen der europäischen Aufklärung ist von al-Azm beabsichtigt. Al-Azm ist wesentlich von dessen Denken beeinflusst, er hatte in Oxford über Kant promoviert. Aber einen Philosophen wie Kant zum Vorbild zu nehmen – und hier ging al-Azm weiter als die meisten anderen muslimischen Denker – erscheint vielen Muslimen als »Ketzerei«, ja manchen gar als »Abfall vom Islam«.[3] Unangefochten lehren konnte al-Azm nur zeitweise an der Universität von Damaskus, weil das halbwegs säkulare Regime des Assad-Klans ihn schützte, aber er bekam schließlich Schwierigkeiten nicht nur mit Islamisten, sondern auch mit den diktatorischen Vorgaben des Regimes. Seit dem Ausbruch des Bürgerkriegs in Syrien 2011 fühlte er sich nicht mehr sicher und emigrierte nach Berlin, wo er schon mehrmals Gastdozent gewesen war.

Noch mehr als im einst halb säkularen Syrien können sich religionskritische Denker in der Türkei als einem offiziell noch immer strikt säkularen Land fühlen. Trotz der Wahlerfolge von Erdoğans »islamisch« orientierter Partei AKP vollzieht sich in der Türkei eine bemerkenswerte, in Europa meist wenig beachtete Entwicklung auf religiös-intellektuellem Gebiet. Die Zahl jener Theologen und Koranwissenschaftler wächst, die der Ansicht sind, dass Islam, historisch-kritisches Denken und säkulare Demokratie vereinbar sind. Sie treten dafür ein, konsequenter als bisher zu unterscheiden zwischen Kernwahrheiten des Islam und historisch wandelbaren geistigen Strömungen und Traditionen.

An vorderster Stelle sind hier Ömer Özsoy und Yaşar Nuri Öztürk zu nennen. Beide sind in ihrem Denken durch die Methodik des ägyptischen Koranwissenschaftlers Abu Zaid beeinflusst. Das gilt besonders für Özsoy. Seine Kernthese lautet: Nur rund zehn Prozent dessen, was der Koran sage, stehe im Koran selbst; der Rest sei interpretationsbedürftige Geschichte. Man müsse berücksichtigen, dass alle Aussagen im Koran abhängig seien von den damaligen sozialen und kulturellen Gegebenheiten. Es sei die Aufgabe des Interpreten, sorgfältig zu trennen zwischen zeitgebundenem Text und jener Wahrheit, wie sie für den Menschen des 20. und 21. Jahrhunderts unter ganz anderen gesellschaftlichen Bedingungen vermittelbar sei. Der Koran müsse immer wieder neu gedeutet werden.[4]

Özsoy hat in Deutschland, Abu Zaid hat in den USA entscheidende Anregungen während des Studiums im westlichen Ausland erhalten. Aber anders als Abu Zaid musste Özsoy in seiner türkischen Heimat nicht befürchten, von einem Gericht wegen »Ketzerei« oder gar »Abfall vom islamischen Glauben« verurteilt zu werden. Denn die türkische Justiz untersteht seit den Reformen Atatürks strengen säkularen, laizistischen Normen. Daran hat auch die absolute Mehrheit der »islamisch« orientierten Regierung Erdoğan (noch) nichts geändert. Gefahr könnte einem »Ketzer« wie Özsoy nur von radikalen islamistischen Gruppierungen drohen; diese sind aber in der Türkei weit weniger relevant als in Ägypten. Dennoch teilt Özsoy mit Abu Zaid das Schicksal, dass er in den pluralistischen Demokratien Westeuropas eher Aufmerksamkeit und Anerkennung genießt als in der islamischen Welt. Beide Koranwissenschaftler sind im eigenen Kulturraum Außenseiter. In der säkularen Republik Türkei ist zwar die Bildungsschicht, die ein neues Verständnis religiöser Interpretation bejaht, wesentlich größer als in Ägypten. Trotzdem überwiegt auch in der Türkei die Zahl jener, die ein historisch-kritisches Denken in Bezug auf die eigene Religion als »Ketzerei«, als »Unglauben« abwehren.

Der zweite international bekannte Reformtheologe Yaşar Nuri Öztürk erlangte dagegen in seiner türkischen Heimat Breitenwirkung. Obwohl auch sein Bezug zu Abu Zaid nicht zu übersehen ist, geht er nicht so weit, eindeutig eine historisch-kritische Analyse des Koran zu forcieren. Trotzdem kritisiert er deutlich die Tendenzen des konservativ erstarrten Islam. Öztürk stellt grundsätzlich die Haltung von »rechtgläubigen« Muslimen in Frage, ihren eigenen Glauben als unantastbar richtig gegen alle anderen Überzeugungen schroff abzugrenzen. Öztürk urteilt in seinem Buch *Der verfälschte Islam*, indem er sich vergleichend auf die Epoche des klassischen Islam – das sogenannte Goldene Zeitalter – bezieht: »So reichhaltig und lebendig die Kultur religiösen Denkens in einer Gesellschaft ausfällt, so groß ist die Anzahl und so reichhaltig sind die Aktivitäten der verschiedenen Bekenntnisgruppen in dieser Gesellschaft. Mit der Zahl der religiös Gebildeten und religiösen Denker steigt die Zahl unterschiedlicher Interpretationen (...). Die ersten drei Jahrhunderte des Islam waren eine kreative Periode religiösen Denkens: In diesem Zeitraum sind Hunderte von Bekenntnisgruppen entstanden.«[5] Öztürk sieht gerade in dieser religiös-kulturellen Vielfalt des Islam eine besondere Stärke und kritisiert scharf jene Dogmatiker, die in einer solchen Vielfalt eine gefährliche Aufsplitterung und Schwächung des Islam zu erkennen meinen.

Öztürk geht noch einen Schritt weiter und betont, dass nicht nur Muslime, sondern ebenso die »Angehörige der Buchreligionen«, also Juden und Christen, »ewige Erlösung« finden können. Um dies zu belegen, verweist er auf Sure 2, Vers 62, und Sure 5, Vers 69. Mehr noch, Öztürk reiht auf gleicher Ebene auch Religionen, die keinerlei geistige Verwandtschaft mit dem Islam aufweisen: »Die Angehörigen der semitischen Religionen haben kein Monopol auf das Paradies. Welcher Mensch auch immer so handelt, wie es gefordert ist, wird sich diesen Lohn verdienen.«[6] Öztürk zieht von seinem Denken Verbindungslinien zu der religiös übergreifenden Haltung von Sufis und Derwischen, hier insbesondere zu Dschelaleddin Rumi, über den er ein Buch mit dem Titel *Rumi und die islamische Mystik* verfasst hat.[7]

Aber solche Schlussfolgerungen bedeuten naturgemäß eine Herausforderung für all jene Muslime, denen der Islam mit streng orthodoxen Richtlinien als der einzige Zugang zum Heil erscheint. Entsprechend steht Öztürk beim türkischen Publikum im Kreuzfeuer der Meinungen. Die Kritik seiner Gegner gipfelt in dem Vorwurf, er sei vom »wahren Glauben abgefallen« und könne nicht mehr als wirklicher Muslim bezeichnet werden.

Öztürks Anhänger jedoch verehren ihn als einen »türkischen Luther«, einen Reformer, der es endlich schaffe, einen in Traditionen erstarrten Islam endlich zu modernisieren.[8] Aber trotz Anfeindung kann Öztürk seine Ansichten ungehindert äußern, eben weil ihn eine säkulare Staatsordnung schützt und weil in der Türkei eine reformorientierte Bildungsschicht existiert. Dieser Bildungsschicht verdankt es Öztürk, dass etliche seiner Bücher in der Türkei sogar zu Bestsellern werden konnten.

Beispiele einer bemerkenswerten Kritik an einem überheblichen Absolutheitsanspruch des Islam finden sich jedoch in großem Maß auch in einem Land, in dem viele Europäer kaum eine solche Tendenz vermuten: im Gottesstaat Iran. Ausgerechnet in diesem strikt islamistisch regierten Land gewinnt zunehmend ein religiöser und kultureller Pluralismus an Boden und nimmt ein immer größeres kulturelles Terrain ein. Nicht nur eine immer breiter werdende Bildungsschicht beginnt, sich gegen die rigide Bevormundung durch geistliche Politiker zu wehren. Sogar entschiedene Parteigänger der »Islamischen Revolution – wie etwa Abdol Karim Sorush, Haschem Aghadscheri, ja bis zu einem gewissen Grad der ehemalige Staatspräsident Mohammed Khatami – gehen auf Distanz zu den starren Dogmatikern, die es im Iran nach wie vor noch gibt. Ihre Schlussfolgerungen unterscheiden sich im Kern nicht von denen des Koranwissenschaftlers Öztürk, ihr Vorgehen durchaus.

Etwas ausführlicher eingehen will ich in diesem Zusammenhang auf Sorush. Er wird von seinen Anhängern gerne als ein »Luther des Islam« bezeichnet (nicht anders als Öztürk). Auch wenn es äußerst problematisch anmutet, wenn solche Prädikate wie »Luther des Islam« aus dem westlichen, christlich geprägten Kulturraum auf die islamische Welt übertragen werden, so unterstreicht diese Einschätzung doch die herausragende Bedeutung von Sorush. Er, der anfangs ein glühender Aktivist der »Islamischen Revolution« und ein begeisterter Anhänger Khomeinis war, ist seit den 1990er Jahren der iranische Denker, der für ein mittlerweile religiös kritisch eingestelltes Bildungsbürgertum wegweisend ist und sich aus der fundamentalistisch verengten Ideologie des Gottesstaates befreit hat.

Was ist das Anstößige an seiner Argumentation? Sorush schreibt: »Religion ist göttlich, aber ihre Interpretation ist durch und durch menschlich und weltlich. All dies impliziert, dass Religion immer umgeben ist von einer Masse zeitgenössischer Daten und Überlegungen, mit denen sie sich im ständigen Austausch befindet. (...) Die Interpretation (der Religion) bleibt so lange konstant, wie auch diese externen Elemente konstant bleiben. Sobald diese sich verändern, wird sich die Veränderung auch im Verständnis der Religion niederschlagen. Daher verändert sich die Wissenschaft von der Religion nicht aufgrund einer Verschwörung oder Geistesverwirrung (...), sondern es handelt sich um das natürliche Ergebnis der Evolution menschlichen Wissens.« Diesen Text druckte *Die Zeit* am 22. Dezember 1995. Und am 12. Juli 1999 erschien ein ausführliches Interview mit Sorush im *Profil,* einem österreichischen Nachrichtenmagazin. Dort äußerte er sich über die religiös-politischen Spannungen des Gottesstaates Iran mit folgenden Worten: »Keine Religion ist eine Wahrheit *an sich*, sondern sie ist Wahrheit *für sich*, das heißt für ihre Anhänger. Deshalb fordern wir einen religiösen Pluralismus. Die monistische Denkweise, welche die anderen Religionen nicht duldet, ist ein großes Übel. Unser Ziel ist es, den Islam mit der Demokratie zu versöhnen. Ideen dieser Art sind ein Dorn in den Augen der herrschenden Macht.«

Solche Aussagen sind in der Substanz identisch mit denen von Öztürk in der Türkei und bis zu einem gewissen Grad auch mit denen von Saif Badawi in Saudi-Arabien. Am wenigsten gefährdet durch radikal-islamische Gegner ist hierbei Öztürk, lebensbedrohlich ist hingegen die Lage, in der Badawi schwebt. Für Sorush ist die Situation prekär, aber nicht in gleichem Maß beängstigend – und hier ist ein qualitativer Unterschied zwischen der islamistischen Diktatur des Iran und Saudi-Arabiens zu erkennen. Anders als im wahhabitischen Königreich Saudi-Arabien lebt im Iran eine religiös breitgefächerte Bildungsschicht, die sich nicht mehr lückenlos kontrollieren lässt. Und diese Bildungsschicht strömt zu den Vorträgen von Sorush und liest seine Bücher. Zwar versuchen die Machthaber, allen voran Religionsführer Khamenei, die Aktivitäten von Sorush zu unterbinden, aber sie wagen es nicht, den unbequemen Koranwissenschaftler zu inhaftieren oder gar hinzurichten. Eine lange Gefängnisstrafe oder gar ein gewaltsamer Tod von Sorush würde beträchtliche Unruhen in der Bevölkerung auslösen, wie sie 2002 nach dem Todesurteil gegen einen anderen prominenten Kritiker, Haschem Aghadscheri, ausbrachen. (Siehe hierzu meine ausführliche Darstellung im Abschnitt *Modellfall Iran.*) In solchen Situationen nützt es den Machthabern wenig oder gar nichts, dass sie eine Masse regimetreuer Muslime hinter sich wissen, die tatsächlich glauben, Sorush (sowie Aghadscheri) seien verdammenswerte »Ketzer«. Im islamistisch regierten Iran ist allem Anschein nach die Entwicklung zu einem geistigen Pluralismus auf Dauer nicht aufzuhalten, obgleich gegenwärtig die Hürden beträchtlich sind und noch unüberwindlich scheinen.

Aber selbst in Europa mit stabilen säkularen Staatsordnungen und einem entsprechend ausdifferenzierten religiösen Pluralismus stoßen reformwillige muslimische Koranwissenschaftler immer wieder auf Widerstand – hier allerdings bei europäischen Muslimen. Dies ist vor allem dann der Fall, wenn muslimische Theologen die Ansicht äußern, Gott habe zu Mohammed in Metaphern gesprochen, die aus ihrem damaligen historischen Kontext gelöst und für die heutige Zeit neu gedeutet werden müssten. Der österreichisch-palästinensische Koranwissenschaftler Mouhannad Khorchide beispielsweise wurde wegen seines 2013 im deutschen Sprachraum erschienenen Buches *Islam ist Barmherzigkeit. Grundzüge einer modernen Religion* von Dutzenden islamischen Verbänden in Deutschland und Österreich angegriffen und der »Ketzerei« bezichtigt.[9] Andererseits bezeichneten ihn islamfeindliche Deutsche als »Weichspüler« seiner Religion, der den wahren, fanatischen Charakter des Islam durch pseudoliberale Thesen zu verdecken versuche – so meine Eindrücke aus verschiedenen Gesprächen.

»Die Furcht vor dem Neuen im Islam scheint übermächtig«, schreibt dazu passend der in Freiburg lehrende muslimische

Theologe Abdel-Hakim Ourghi über die Situation gerade in Deutschland. »Wer sich nicht fürchtet und gegen den Strom schwimmt, wird bedroht. Auch der Autor dieses Artikels hat schon Drohbriefe erhalten. Andere Autoren leben unter Polizeischutz. (...) Bis heute haben viele konservative Muslime Angst vor der westlichen Moderne. Die Freiheit des Individuums ist ihnen suspekt, und den Herrschaftsanspruch der Religion stellen sie nicht infrage. (...) Im Sinne Kants wäre vernunftgemäße Islamkritik Aufklärung. (...) Wir brauchen Islamkritik als integralen Bestandteil der Aufklärung.«[10]

Ich müsste allerdings den Rahmen meiner Darstellung sprengen, wollte ich aus der beträchtlichen Zahl liberaler muslimischer Denker noch weitere Beispiele anführen. Das Exemplarische mag genügen. In islamischen Ländern wie auch in Europa gibt es vielversprechende Ansätze, um mit Kritik an der verkrusteten Tradition den Weg in eine »islamische Moderne« vorzubereiten und zu ebnen.

Für den deutschen Sprachraum möchte ich an dieser Stelle wenigstens den deutsch-iranische Muslim Navid Kermani erwähnen, der in einer seiner Reden festhielt: Wer als Muslim nicht mit dem Islam hadert, »nicht an ihm zweifelt, nicht ihn kritisch befragt, der liebt den Islam nicht.«[11]

Der andere Ansatz westlicher Moderne

»Ich bin nicht deiner Meinung, aber ich werde dafür kämpfen, dass du deine Meinung kundtun kannst.« Dieser Satz wird Voltaire zugeschrieben, einem der wegweisenden Denker der europäischen Aufklärung im 18. Jahrhundert. Es ist ein Schlüsselsatz westlicher Moderne.

»Aufklärung ist der Ausgang des Menschen aus seiner selbstverschuldeten Unmündigkeit. Unmündigkeit ist das Unvermögen, sich seines Verstandes ohne Leitung eines anderen zu bedienen.« Diese Aussage – wiederum ein Schlüsselsatz der westlichen Moderne – ist eine entscheidende Definition der Aufklärung und findet sich in Immanuel Kants Aufsatz *Was ist Aufklärung?* Unter »Unmündigkeit« verstand Kant die kritiklose Aneignung religiöser Dogmen wie auch gesellschaftlicher Ideologien. In seiner epochalen *Kritik der reinen Vernunft*, 1781 in der ersten Auflage erschienen, stellt Kant radikal wie kein anderer europäischer Philosoph seiner Zeit die Frage, inwieweit sich denn überhaupt objektive Erkenntnis über die Welt, die Metaphysik und Gott gewinnen lasse. Und er kommt zu einem für die weitere Entwicklung westlicher Geistesgeschichte nachhaltigen Schluss: Das wahre Wesen der Dinge bleibt uns verborgen, denn wir sind an unsere Sinne gebunden und können die Erscheinungen nur subjektiv wahrnehmen – absolute Wahrheit ist den Menschen als endliches Wesen nicht erreichbar. Darin liegt die unübersteigbare Grenze der menschlichen Erkenntnis, die immer endlich bleiben wird. Entsprechend ist es unmöglich, rational objektiv zu beweisen, dass es einen Gott gibt, noch lässt sich dies widerlegen. Entsprechend ist auch jeder Religion der Anspruch entzogen, die absolute und ausschließliche Wahrheit der göttlichen Offenbarung zu besitzen. Das Gleiche gilt – umgekehrt – ebenso für atheistische Weltanschauungen mit ihrem Anspruch auf wissenschaftlich unwiderlegbare Tatsachen.

Die europäische Aufklärung des 18. Jahrhunderts war die Antwort auf die Epoche christlicher Glaubenskriege. Kriege im Namen eines einzig wahren Glaubens gegen »Ketzer« erreichten, absurd zugespitzt, im Dreißigjährigen Krieg ihren schaurigen Höhepunkt und führten Europa religiös, kulturell und politisch an den Rand des Abgrunds. Angesichts einer derartigen religiösen, kulturellen und politischen Trümmerlandschaft ist eine völlig neue gesellschaftliche Ordnung jenseits aller religiösen, glaubenskämpferischen Abgrenzungen entstanden – der *säkulare Staat*. In ihm hatte die Religion einer konfessionellen Mehrheit ihre politisch beherrschende Stellung als »Staatsreligion« verloren. Religion wurde zur »Privatsache« jedes Gläubigen. Das bedeutete jedoch gerade nicht, Religionen aus dem öffentlichen Leben völlig zu verdrängen oder gar strikt zu unterdrücken – wie dies häufig auf muslimischer Seite nach wie vor missverstanden wird. Alle Religionen sollten vielmehr auf gleicher Ebene toleriert und gleichrangig behandelt werden sowie staatlichen Schutz genießen, besonders die religiösen Minderheiten. Der religiös wertneutrale Staat schützt jedoch ebenso nichtreligiöse, ja betont atheistische Weltanschauungen. Dies ist ein weiterer entscheidender Schritt weg von der Tradition des »christlichen Abendlands«.

Ein derartiges Verständnis von *Moderne* bedeutete aber nicht nur für die islamische Welt eine Herausforderung, sondern zunächst auch für Europa. Wie ich im Kapitel *Die moderne Toleranz und ihre Vorläufer* bereits anhand einiger Beispiele veranschaulichte, taten sich die Kirchen bis ins 19. Jahrhundert, ja, teilweise bis Mitte des 20. Jahrhunderts schwer, auf den Anspruch zu verzichten, die ideale Mitte der Gesellschaft zu bilden.

Unvorstellbar erschien es lange Zeit aus kirchlicher Sicht, sogar den Atheismus als eine weltanschauliche Konkurrenz akzeptieren zu müssen. Aber Widerstand gegen das Ideal einer säkular-pluralistischen Moderne leisteten umgekehrt auch so manche Atheisten und etliche politische Gruppierungen, die sich selbst zwar als »säkular« definierten, allerdings eine pluralistische Demokratie ablehnten – so die Faschisten, so die Kommunisten der Ostblockstaaten. Und das Erstarken rechtsextremer, fremdenfeindlicher Bewegungen im Europa von heute zeigt, dass eine pluralistische Gesellschaftsordnung auf dem gesamten Kontinent noch immer (oder schon wieder) Zerreißproben ausgesetzt ist.

Die schwierige Entwicklung

Für die islamische Welt sind bis heute die geistigen Barrieren wesentlich höher, die auf dem Weg zu einer pluralistischen Moderne zu überwinden wären. Die Ursachen sind vielschichtig, worauf ich schon mehrfach hingewiesen habe. Hier möchte ich nur auf die wesentlichen Punkte noch einmal eingehen und sie zugleich zusammenfassen.

Ein wirklich strittiger Punkt ist das islamische Dogma, ein Engel Gottes habe den Koran Mohammed Wort für Wort diktiert. Das Heilige Buch – der Koran – könne daher nicht durch menschliches, zeitbedingtes Denken entstanden sein und stehe deshalb weit über den heiligen Schriften aller anderen Religionen. Ein solches Dogma verhindert nach wie vor, dass sich bei Muslimen breitenwirksam die Meinung durchsetzt, man müsse viele der Aussagen in einem historischen Kontext relativieren.

Auf eine Reihe muslimischer Denker habe ich bereits hingewiesen, die – als Minderheit – den entscheidenden Schritt gewagt haben, den ahistorisch verankerten religiösen Absolutheitsanspruch des Islam in Frage zu stellen. Kaum jemand geht allerdings so weit wie Abu Zaid, der sagt, der Koran sei von Mohammed verfasst, sei also kein »ewiges, unerschaffenes Wort Gottes«. Jedoch ist es nahezu für alle Vordenker einer islamischen Moderne selbstverständlich, etwa wie Sorush zu sagen: »Religion ist göttlich, aber ihre Interpretation ist durch und durch menschlich.« Autoren mit solchen Argumenten wagen immerhin den Schritt zur Einsicht, jede Interpretation als subjektiv und historisch zeitgebunden anzusehen. Und damit weisen sie auf die Geschichtlichkeit ihrer Religion hin – dass der Islam, wie alle anderen Religionen eben auch, viele Jahrhunderte unzähligen Deutungen ausgesetzt war und sich entsprechend änderte.

Viele dieser Verfechter einer islamischen Moderne bekunden aber nicht nur Interesse am historisch-kritischen Denken westlicher Moderne – sondern öffnen sich auch dem grenzüberschreitenden Denken und der tiefreligiösen Mystik der Sufis und Derwische. So unterschiedlich beide Ansätze auch sind, so haben sie doch eine Gemeinsamkeit: die Absage an dogmatisch verfestigte Glaubensformen und an schroffe Abgrenzungen zwischen einzelnen Religionen.

Ich habe im Abschnitt *Islamische Mystiker als die großen geistigen Revolutionäre* zwei der herausragenden Sufis, Ibn al-Arabi und Dschelaleddin Rumi, als exemplarische Vorläufer einer ganz anderen Denkungsart vorgestellt. »Mein Herz ist offen für jede Form«, hat etwa Ibn al-Arabi in einem seiner berühmtesten Gedichte betont. »Jede Form« meint *jede* Religion und *jede* Weltanschauung. Eine solche Aussage signalisiert, dass Sufis und Derwische mit ihren mystischen Erfahrungen weit über die Grenzen aller dogmatisch begründeten Glaubenslehren hinausgehen – auch über die des Islam – und durch ihr religiöses Erleben mit den Mystikern aller anderen Religionen zu einer Gemeinsamkeit finden. Sufis und Derwische haben bereits im 12. und 13. Jahrhundert einen derart »modern« anmutenden Weg entwickelt, alle Religionen gleichwertig auf eine Ebene zu rücken.[12] Dem Islam ist so auch schon durch muslimische Mystiker seine hierarchisch übergeordnete Stellung genommen. Diesen geistigen Ansatz, diese Art von Toleranz verwerfen bis heute viele Muslime als »ketzerisch«, besonders die Islamisten, die jede Form von Sufismus meist vehement bekämpfen. Und so entsteht eine tiefe Kluft zu jenen Muslimen, die sich für den »mystischen Weg« interessieren. Es würde hier allerdings zu weit führen, auf einzelne muslimische Denker näher einzugehen, die im Sufismus eine wesentliche Kraft sehen, um den Islam eine neue geistige Dynamik, ein neues Verständnis von Religion, zu geben. Ich begnüge mich damit, ausdrücklich auf Yaşar Nuri Öztürk und Navid Kermani hinzuweisen.

Vor dem Hintergrund derartiger Ansätze komme ich noch einmal auf das weitverbreitete Verständnis islamischer Toleranz zurück. Die Muslime hatten ja über viele Jahrhunderte zumindest gegen geistig verwandte monotheistische Religionen eine Offenheit gepflegt, die sich vorteilhaft von der Unduldsamkeit abendländischer Christen im Mittelalter und der frühen Neuzeit abhob. Erst im Zeitalter der Aufklärung hat sich in Europa jene Form von Toleranz entwickelt, die jene der Muslime übertraf: die eines säkularen Staates. Ein orthodoxer, in traditionellen Glaubensformen verwurzelter Muslim vermag zwar einem geistesverwandten Andersgläubigen mit Verständnis und Sympathie zu begegnen, nicht aber im Bewusstsein der Gleichrangigkeit. Insofern kann es für ihn als beste und »gottgewollte« Ordnung nur einen Staat mit dem Islam als übergeordneter Staatsreligion geben – und entsprechend hierarchisch abgestufter Duldung anderer Glaubensgruppen.

Den Schritt von der traditionellen islamischen Toleranz zur säkularen Toleranz haben bisher nur wenige Muslime intellektuell konsequent unternommen.

Bei vielen gläubigen Muslimen endet eine weitgehende Toleranz spätestens dann, sobald das Gespräch auf den Atheismus kommt. Ich konnte immer wieder ihr Unverständnis gegenüber der Tatsache feststellen, dass säkulare Staaten in Westeuropa die »Gottlosigkeit« der Atheisten auf gleiche Weise tolerieren wie die Religionen den Gottesglauben. Noch irritierender erscheint es ihnen, dass atheistische Politiker in höchste Ämter gewählt werden, und dass viele Christen heutzutage daran keinen Anstoß nehmen.

Muslime, die zum Atheismus konvertieren, droht vor allem in islamistisch regierten Staaten Gefängnis oder die Todesstrafe. Dies kommt sogar in Ländern vor, wo sich die Politiker rühmen, äußerst tolerant gegen Christen und Juden zu sein. So etwa in Ägypten. Präsident as-Sisi versteht sich ausdrücklich als Schutzherr der christlichen und jüdischen Minderheiten.

Aber er definiert den Atheismus als eine Gefahr, die dem Terrorismus gleichzusetzen ist, denn der Atheismus mit seinem zersetzenden Denken gefährde die ideellen Grundlagen des Staates. Internationales Aufsehen erregten im Frühjahr 2015 Gefängnisstrafen für ägyptische Atheisten. As-Sisi berief sich auf den Islam. Nach traditionellem Verständnis begehen Atheisten das Verbrechen, sich von ihrer angestammten Religion, und damit von Gott, abzuwenden. Aufgrund solcher Rahmenbedingungen wird man als westlicher Beobachter in islamischen Ländern kaum einen Muslim treffen, der sich offen zum Atheismus bekennt. Allein in der Türkei erlebte ich ein derartiges Eingeständnis, wenn auch sehr ambivalent. Ein junger Türke erklärte mir, keine Religion könne auf die wesentlichen Probleme der Menschheit eine vernünftige Anleitung zum Handeln liefern, er baue da lieber auf die Erkenntnisse von Sozial- und Naturwissenschaften. Als ich ihn fragte, ob er Atheist sei, antwortete er: Der Islam kenne keine Atheisten, die gebe es nur in Europa. Eine Antwort, die er mir bitter-ironisch lächelnd gab.

Solche Situationen spiegeln das gegenwärtige Dilemma. Mein Eindruck ist: Wenn Muslime der Bildungsschicht in Erwartung eines grundlegenden geistigen Umbruchs Parallelen zur europäischen Geschichte ziehen, dann beziehen sich viele von ihnen nicht auf die Epoche der Aufklärung – nicht etwa auf eine Leitfigur wie Immanuel Kant, der die Frage nach Wahrheit grundsätzlich neu stellte und die Erkenntnis absoluter Wahrheit für unmöglich hielt. Viele dieser Muslime beziehen sich hingegen auf die Reformation – und hierbei auf eine Leitfigur wie Martin Luther, der gegen erstarrte Traditionen seiner eigenen Religion rebellierte und anstelle des »falschen« Glaubens den »richtigen« Glauben setzte. Muslime stellen hier Vergleiche mit einem Europa her, in dem die Religion noch im Zentrum kultureller und politischer Auseinandersetzung gestanden ist. Dagegen haben Reformer vom Typ eines Atatürk oder der arabischen Nationalisten für nicht wenige Muslime an Bedeutung verloren. Atatürk und andere »Säkularisten« betrachteten überwiegend die ideellen Werte der Französische Revolution als ihr Vorbild, verbauten sich aber durch ihre oft schroff abweisende Haltung gegen einen »rückständigen« Islam den Weg, um breitere Schichten des Volkes emotional zu erreichen.

Diese Beispiele verdeutlichen, in welchem Maß die westliche Moderne weiterhin und mehr denn je die islamische Welt herausfordert und nicht selten überfordert. Einerseits wächst die Zahl jener Muslime, die sich – in der Konfrontation mit westlichem Denken – selbstkritisch mit ihrer eigenen Kultur und Religion auseinandersetzen. Sie lassen hiermit bessere Voraussetzungen für einen Dialog auf Augenhöhe zwischen der islamischen und der westlichen Welt entstehen. Andererseits formieren sich gerade gegen diese Entwicklung Widerstände aus den Reihen traditionalistisch und erst recht islamistisch gesinnter Muslime. Es ist ein dialektischer und zutiefst ambivalenter Prozess, der seinen Höhepunkt wahrscheinlich noch gar nicht erreicht hat und uns noch über viele Jahrzehnte beschäftigen wird.

In diesem Zusammenhang müssen wir aber auch eigene, uns liebgewordene, fest eingefahrene Vorstellungen selbstkritisch überprüfen. Wir sind gewohnt, unter »Moderne« ausschließlich die Entwicklung unserer westlichen Kultur und unserer Gesellschaften zum Maßstab zu nehmen – mit der Folgerung, dass sich die Welt insgesamt einzig nach unserem Vorbild verändern müsse, andernfalls verdiene sie nicht das Prädikat »Moderne«.

Diese westliche Überheblichkeit hat sich schon in mancher Hinsicht als unrealistisch erwiesen. Etwa in Bezug auf die Entwicklung in Südasien und dem Fernen Osten. Dort beginnen sich asiatische Wege einer Modernisierung, vielleicht sogar eine Asiatische Moderne abzuzeichnen – Tendenzen, die ohne die Auseinandersetzung mit westlichen Wertvorstellungen zwar nicht denkbar gewesen wären, aber es ist ein Prozess, der sich längst von den Vorgaben der westlichen Welt emanzipiert hat. Das gilt für Indien, China, Korea und Japan.

Eine ähnliche Tendenz könnte sich mit Verzögerung auch im islamischen Kulturraum abzeichnen. Ohne nun geistige Einflüsse aus dem Westen zurückzuweisen, könnten sich Muslime der Bildungsschicht noch mehr als bisher auf den Reichtum eigener Kulturtraditionen konzentrieren und versuchen aus deren Quellen schöpferische Anregungen zu gewinnen. Was dann letzten Endes eine *Islamische Moderne* bedeuten würde, ist noch nicht abzusehen.

Anhang

Anmerkungen

Feindbilder – Klischees und Wirklichkeit

1 Die Zahlen für die Bundesrepublik: https://www.bmi.bund.de/
SharedDocs/Downloads/DE/Themen/Gesellschaft-Verfassung/
DIK/MLD-Zusammenfassung.pdf?__blob=publicationFile;
die Zahlen für die Österreich: http://medienservicestelle.at/
migration_bewegt/2015/06/11/ramadan-ueber-570-000-musli
minnen-in-oesterreich/ (Zugriff: 24. 03. 2016)
2 Huntington: Kampf der Kulturen, S. 349 f.
3 Zitiert nach *Profil,* Nr. 33, 16. 8. 1993, S. 37.

Gegenseitige Vorurteile

1 *Neue Kronen Zeitung* (Wien), 14. 11. 1987, S. 4 f.
2 *Der Spiegel*, 1985/Nr. 48, S. 180.
3 *Profil,* Nr. 33, 16. 8. 1993, S. 37.
4 Zitiert nach *Der Spiegel*, 1979/Nr. 4, S. 100.
5 Werner Schiffauer: Die Bauern von Subay. Stuttgart 1987, S. 220.
6 Darüber mehr im Abschnitt: »Der Dialog mit dem Islam
beginnt«.

Was Christen und Muslime gemeinsam haben

1 Zweites Buch Mose 20,4. Das Alte und das Neue Testament
werden auch im Folgenden, wenn nicht anders angegeben,
nach der Luther-Übersetzung zitiert.
2 Eine gute Einführung in die Problematik einer historisch-
kritischen Jesus-Deutung aus religionswissenschaftlicher
Sicht findet sich bei Küng/Ess: Christentum und Weltreligionen. Islam, S. 147 – 149, S. 173 – 184.

3 Koran: Sure 29, 47. Zitiert wird auch im Folgenden nach der Übertragung von Ludwig Ullmann in neu bearbeiteter Auflage (München 1980).
4 Koran: Sure 2, 143 ff.
5 Apostelgeschichte 9.
6 Durant: Das Zeitalter des Glaubens, S. 247.
7 Koran: Sure 9, 28 f.
8 Vgl. hierzu die Anmerkungen von L. W. Winter in der von Ludwig Ullmann herausgegebenen Koran-Übersetzung, S. 153.

Zweiteilung der Menschheit in Gläubige und Ungläubige

1 Fünftes Buch Mose 12,2 – 3.
2 Fünftes Buch Mose 13,7 – 11.
3 Aus Platzgründen kann im vorliegenden Buch nicht näher auf Zarathustra, diesen bedeutsamen, in seiner geistigen Nach- wirkung meist unterschätzten Religionsstifter, eingegangen werden. Ich verweise hier auf meine ausführliche Darstellung in: Iran. Drehscheibe zwischen Ost und West, S. 23 – 50.
4 Glasenapp: Die fünf Weltreligionen, S. 183 f.
5 Fünftes Buch Mose 4,19.
6 Drittes Buch Mose 19,18.
7 Lukas 10,25 – 37.
8 Lukas 18,14.
9 Johannes 8,7 – 9.
10 Matthäus 7,3 – 5.
11 Es wäre ein Missverständnis, wenn wir uns das jüdische Volk zur Zeit Jesu als einen homogenen Block religiös Unduldsamer vorstellten. Neben der mächtigen Gruppierung der Pharisäer haben die Sadduzäer als rivalisierende Partei das öffentliche Leben bestimmt: Sie lehnten die starre Gesetzesauslegung der Pharisäer ab und waren gegenüber der griechisch-römischen Kultur relativ aufgeschlossen, zeigten sich aber an einem reli- giösen Neuerer wie Jesus wenig interessiert.
12 Lukas 17,13 – 19; Johannes 4,7 – 29.
13 Apostelgeschichte 10.
14 Apostelgeschichte 12.
15 Matthäus 5,5 – 7.
16 Markus 16,16.

17 In der von der Deutschen Bibelgesellschaft herausgegebenen
   Ausgabe des Neuen Testaments: Die gute Nachricht (Stuttgart
   1982), S. 92. In Auftrag gegeben wurde die Übersetzung gemeinsam vom Evangelischen und Katholischen Bibelwerk.
18 Matthäus 28,19 – 20.
19 Die gute Nachricht, Anmerkungen, S. 429.
20 Koran: Sure 9, 6.

Als der Islam über das Christentum triumphierte

1 Zitiert nach Hofmann: Der Islam als Alternative, S. 54.
2 Zitiert nach Mensching: Der offene Tempel, S. 39.
3 Eine präzise Darstellung solcher Zusammenhänge findet sich
  bei Hunke: Allahs Sonne über dem Abendland. – Weshalb aber
  die Muslime eine derartige Weltoffenheit verloren und schließlich vom Abendland kulturell überflügelt wurden, ist ein eigenes Problem. Vgl. hierzu das Kapitel: »Fortschritt und Rück-
  schritt im Islam«.
4 Koran: Sure 48, 29.
5 Koran: Sure 9, 29.
6 Rondot: Der Islam und die Mohammedaner von heute.
  Stuttgart 1963, S. 195 – 197.
7 Lewis: Die Welt der Ungläubigen, S. 176 – 179.
8 Darüber mehr im Abschnitt: »Juden unter muslimischer Herrschaft«.

Die moderne Toleranz und ihre Vorläufer

1 Lessing: Nathan der Weise, 4. Aufzug, 7. Auftritt.
2 Ebd. 2. Aufzug, 6. Auftritt.
3 Ebd. 3. Aufzug, 7. Auftritt.
4 Zitiert nach Jakob Wilhelm Hauer: Toleranz und Intoleranz
  in nichtchristlichen Religionen. Stuttgart 1961, S. 29.
5 Vgl. hierzu Friedrich Niewöhner: Maimonides. Außerdem vom
  selben Autor: Veritas sive Varietas. Lessings Toleranzparabel.
6 Offenbarung 19,20.
7 Vgl. hierzu die ausführliche Analyse bei Helmuth de Boor/
  Richard Newald: Die Geschichte der deutschen Literatur.
  Band 2: Die höfische Literatur (de Boor). 3. Aufl. München 1977.
8 Zitiert nach Mensching: Der offene Tempel, S. 42.
9 Zitiert nach Küng/Ess: Islam, S. 42.

10 Nähere Einblicke in wirtschaftliche und politische Interessen-
   verflechtungen jenseits aller religiösen Gegensätze, vgl. Steven
   Runciman: Die Eroberung von Konstantinopel 1453. München
   1977.

11 Zitiert nach Heinrich Heine: Zur Geschichte der Religion und
   Philosophie in Deutschland, Bd. 5. München 1976, S. 590.

12 Ebd. S. 541 u. 589 f.

13 Zu den geistigen und machtpolitischen Konflikten während
   des Ersten Vatikanischen Konzils 1869 – 1870 vgl. Seppelt/
   Schwaiger: Geschichte der Päpste, S. 420 ff.; Jedin: Kleine Konziliengeschichte, S. 122 ff. Die ausführlichen Darstellungen
   dieser kirchentreuen Katholiken belegen, wie sehr damals
   kirchliche Kreise mit allen nur möglichen Taktiken nach-
   helfen mussten, damit die Autorität des Papstes bei gewissen
   Entscheidungen in den Rang theologischer Unfehlbarkeit
   gehoben wurde.

14 Zitiert nach Birkner: Protestantismus im Wandel, S. 24 f.

15 Zitiert nach Neumann/Fischer: Toleranz und Repression, S. 72.

16 Zitiert nach Jens: Um nichts als die Wahrheit, S. 15.

17 Ebd. S. 15.

18 Goethe: Der west-östliche Divan. In: Goethe, Werke, Bd. 3.
   Zürich 1948, S. 290.

19 Ebd. S. 402.

20 E. W. Böckenförde: Religionsfreiheit zwischen Kirche und
   Staat. In: Gewissen und Freiheit, Heft 22 (1984), S. 18. Zitiert
   nach Neumann/Fischer: Toleranz und Repression, S. 46.

Fortschritt und Rückschritt im Islam

1 Zitiert nach Shah: Die Sufis, S. 132. Idries Shah war Perser
  und galt als einer der bekanntesten Interpreten islamischer
  Mystik. Er lebte in London.

2 Zitiert nach Pascal Bruckner: Das Schluchzen des weißen
  Mannes, S. 184.

3 Zitiert nach Shah: Die Sufis, S. 125.

4 Zitiert nach Azzam: Der Islam, S. 16 f. Hamdy Azzam, Ägypter,
  vertrat 1981 die Ansicht, der Islam müsse sich auf seine einst
  revolutionär weltoffene Philosophie zurückbesinnen. Azzam
  lebte lange als ständiger Vertreter der Arabischen Liga und
  schließlich als Botschaftsrat Ägyptens in der BRD.

5 Shah: Die Sufis, S. 46.

6 Ebd. S. 44.

7 Über die Bedeutung des Gleichnisses »Von den Blindgeborenen« bei den Buddhisten vgl. meine ausführliche Darstellung
in: Ungläubig sind immer die anderen. 2. Aufl. 2002, S. 392 ff.

8 Vgl hierzu die differenzierte Darstellung bei Strohmeyer:
Avicenna, S. 77 ff.

9 Vgl. zu Avicenna und Omar Chaijam meine ausführliche
Darstellung in: Iran: Drehscheibe zwischen Ost und West,
S. 135 – 145, 151 – 156.

10 Zitiert nach Dietl: Heiliger Krieg für Allah, S. 59.

11 Ebd. S. 61.

12 Zitiert nach Rill: Kemal Atatürk, S. 80.

13 Vgl. hierzu Werle/Kreile: Renaissance des Islam, S. 27.

14 Rill: Kemal Atatürk, S. 80 f.

15 Zitiert nach Werle/Kreile: Renaissance des Islam, S. 28.

16 Zitiert nach Rill: Kemal Atatürk, S. 83.

17 Ebd. S. 107.

18 Ebd. S. 93.

19 Vgl. hierzu meine ausführliche Darstellung in: Syrien
verstehen. Geschichte, Gesellschaft und Religion.

20 Zitiert nach *Der Standard*, 3. 4. 2003, S. 6.

21 Tibi: Der Islam, S. 211.

Krieg der Konfessionen unter Muslimen

1 Engelbert Kaempfer: Am Hof des persischen Großkönigs
1684 – 1685. Tübingen und Basel 1977, S. 177.

2 Über die Bedeutung der Wahhabiten ausführlicher im
Abschnitt: »Christen immer geduldet? Das Beispiel Saudi-
Arabien«. Und im Abschnitt: »Vom Wahhabismus zu einem
›modernen‹ Islamismus«.

3 Vgl. Heiko Flotau: Ein altes Schisma bedroht die Hadsch.
In: *Süddeutsche Zeitung*, 16. / 17. 7. 1988, S. 9.

4 Zitiert nach *Der Spiegel*, 1989/Nr. 15, S. 161.

5 Vgl. Peter Gerner: Erwachen im Morgenland. In: *Die Presse*
(Wien), 24. 2. 1984, S. 3.

Krieg der Konfessionen unter Christen

1 Matthäus 7,13 – 15.
2 Apostelgeschichte 20,28 – 30.
3 Der Brief des Paulus an Titus 1,7 – 14.
4 Zitiert nach Glasenapp: Die fünf Weltreligionen, S. 367.
5 Ebd. S. 367 f.
6 Köhle-Hezinger: Evangelisch – katholisch, S. 2.
7 Ebd. S. 2 f.

»Abtrünnige« und »Ketzer« im Islam

1 Karl Toifel: Die Türken vor Wien im Jahr 1683. Prag 1883, S. 115.
2 Fünftes Buch Mose 13,7.
3 Drittes Buch Mose 24,16.
4 John Shindeldecker: Türkische Aleviten heute. Istanbul 2001, S. 38 – 41.
5 »Auf Augenhöhe. Die Aleviten«. In der Sendereihe »Tao – Religionen der Welt«, Österreichischer Rundfunk, 31. 5. 2014.
6 Vgl. hierzu meine ausführliche Darstellung in: Die Türkei, Zerreißprobe zwischen Islam und Nationalismus, S. 222 f.
7 Vgl. hierzu meine ausführliche Darstellung in: Syrien verstehen, S. 143 ff, S. 320 ff.
8 *Neue Zürcher Zeitung*, 5. 5. 1996, S. 59.
9 Aus einer ins Deutsche übersetzten Propagandaschrift der Baha'i (1982).
10 Nach einem Kurzbericht der *Frankfurter Allgemeine Zeitung*, 24. 10. 1987.
11 Zitiert nach *Die Zeit*, Nr. 9, 24. 2. 1989, Dossier, S. 19.
12 Zitiert nach *Die Presse* (Wien), 6. 4. 1989, S. 3.
13 *Der Spiegel*, 1994/Nr. 4, S. 167.

Religiöse Minderheiten als Prüfsteine der Toleranz

1 *Publik-Forum*, 26. 1. 2007, S. 1.
2 Armenische Kirche in der Türkei als Museum wieder geöffnet. In: *Neue Zürcher Zeitung,* 30. 3. 2007, S. 5.
3 Vgl. *Der Spiegel*, 1981/Nr. 38, S. 138 f.
4 *Frankfurter Allgemeine Zeitung*, 24. 1. 1994.
5 *Der Spiegel*, 1994/Nr. 7, S. 148 f.
6 *Frankfurter Allgemeine Zeitung*, 24. 1. 1994.

Die Juden als »Problem«

1 Nach einer Zitatensammlung aus Werken Khomeinis in der
   Frankfurter Allgemeine Zeitung, 8. 1. 1980, S. 6.

2 Koran: Sure 4, 158.

3 Zitiert nach Gordon Allport: Die Natur des Vorurteils. Köln 1971,
   S. 447.

4 Mensching: Der offene Tempel, S. 75.

5 Ebd. S. 74.

6 Zitat nach *Profil* (Wien), Nr. 8/20. 2. 1989, S. 55.

7 Vgl. dazu die Meldung in der *Süddeutschen Zeitung*, 11./12. 2. 1989,
   S. 8.

8 Ulrich W. Sahm: Noch immer Angst vor dem Mann aus
   Galiläa. In: *Sonntag aktuell*, 19. 8. 1984, S. 4.

Der Wille zum Dialog – und die Barrieren

1 Dokumentationsbericht über die Dritte Vollversammlung des
   Ökumenischen Rates der Kirchen. – In: Gewissen und Freiheit,
   Heft 6 (1976), S. 89 ff.

2 Zitiert nach Fitzgerald: Moslems und Christen – Partner?,
   S. 125.

3 Seit 1949 bemühen sich verschiedene katholische Organisationen um eine »Begegnung mit dem Orient«, und Muslime
   in ranghoher geistlicher Stellung haben darauf wohlwollend
   reagiert. So äußerte bereits 1950 der Großmufti von Ägypten
   auf einer Tagung muslimischer Politiker: »Christen und Muslime sollten als Geschöpfe ein und desselben Gottes brüderlich
   zusammenarbeiten.« Vgl. Mensching: Der offene Tempel, S. 97.

4 Fitzgerald: Moslems und Christen – Partner?, S. 126.

5 Ebd. S. 122.

6 Ebd. S. 138.

7 Zitiert nach Mensching: Der offene Tempel, S. 18.

8 Radhakrishnan, Sarvepalli: Die Gemeinschaft des Geistes.
   Östliche Religionen und westliches Denken. Darmstadt 1952,
   S. 356.

9 Zitiert nach Fitzgerald: Moslems und Christen – Partner?,
   S. 112.

10 Vgl. *Times Literary Supplement*, 8.9.1989 (Literaturbeilage der englischen Tageszeitung *The Times*). Dort wird unter der Überschrift »Fifty Years on« Bezug genommen auf die englische Veröffentlichung eines Buches von Karl Barth 1939 *(The Church and the Political Problem of Our Day)*, in dem die entsprechende These enthalten ist.

11 Fitzgerald: Moslems und Christen – Partner?, S. 116 f.

12 Ebd. S. 114.

13 Vgl. den Abschnitt: »Gegen die Moderne: ›Unfehlbarkeit‹ des Papstes«.

14 Zitiert nach Mensching: Der offene Tempel, S. 69.

15 Zitiert nach Italiaander: Die Herausforderung des Islam, S. 21 f.

16 Vgl. entsprechende Äußerungen in *Der Spiegel*, 1985/Nr. 20, S. 146.

17 Joseph Ratzinger: Wider die Abschaffung des Menschen. Antwort zur Krise der Werte und der Moral. In: *Die Presse* (Wien), 5.12.1987.

18 Erklärung der Glaubenskongregation vom 5.7.1983. Zitiert nach Jens: Um nichts als die Wahrheit, S. 30.

19 Ebd. S. 33.

20 Ebd. S. 35.

21 Zitiert nach *Der Spiegel*, 1983/Nr. 4, S. 90.

22 Zitiert nach *Der Spiegel*, 1989/Nr. 42, S. 246.

23 Küng: Wahrhaftigkeit. Zur Zukunft der Kirche, S. 16 f.

24 Glaube, Vernunft und Universität. Erinnerungen und Reflexionen – Vorlesung des heiligen Vaters. S. 72–84. In: Verlautbarungen des Apostolischen Stuhls Nr. 174. Bonn 2006.

25 Wikipedia: Benedikt XVI. (Papst) unter dem Abschnitt: Einzigartigkeit der römisch-katholischen Kirche. Zuletzt aktualisiert am 10. März 2016.

26 Wikipedia: Franziskus I. (Papst). Abschnitt Islam. Zuletzt aktualisiert am 3. März 2016.

27 Fitzgerald: Moslems und Christen – Partner?, S. 126.

28 Ebd. S. 128.

Moderne Krise: der Fundamentalismus

1 Amnesty International Information, 1986/9, S. 4.

2 Italiaander: Die Herausforderung des Islam, S. 18.

3 Vgl. hierzu das Kapitel: »›Aufklärung‹ kannten die Muslime lange vor den Christen«.

4 *Frankfurter Allgemeine Zeitung*, 17. 8. 1995.

5 Ebd.

6 *Der Spiegel,* 1997/Nr. 3, S. 119 – 121.

7 Vgl. hierzu Thomas Meyer: Fundamentalismus, S. 157 ff.

8 Berger u. a.: Das Unbehagen in der Modernität, S. 201.

9 Vgl. hierzu Jens: Um nichts als die Wahrheit, S. 35 ff.

10 Die Beschlüsse des Zweiten Vatikanischen Konzils hatten allerdings Vorläufer. Denn schon Pius XII., der sonst eher für starre, dogmatische Abgrenzung bekannt ist, hat in den 1940er-Jahren dem Drängen von Theologen nachgegeben und – mit Einschränkung – zugestimmt, dass sich die katholische Bibelwissenschaft den Erkenntnissen moderner Wissenschaft öffnen solle. Vgl. hierzu: Seppelt/Schwaiger: Die Geschichte der Päpste, S. 517.

11 *Der Spiegel*, 1987/Nr. 13, S. 156.

12 Ebd. S. 164.

13 Henryk M. Broder in: *Profil* (Wien), 1988/Nr. 51/52, S. 52.

14 *Der Spiegel*, 1987/Nr. 1, S. 64.

15 *Der Spiegel*, 2000/Nr. 38, S. 207.

16 *Süddeutsche Zeitung*, 3. 1. 2001, S. 9.

17 Vgl. hierzu *Der Spiegel* 2001/Nr. 7, S. 145.

18 Der Zorn der Gottesfürchtigen. In: *Neue Zürcher Zeitung (NZZ)*, 23. 12. 2009, S. 25.

19 Yaron: Jerusalem, S. 39.

20 Koran: Sure 45, 18.

21 Bassam Tibi: Wie Feuer und Wasser. In: *Der Spiegel*, 1994/Nr. 37, S. 172.

22 Vgl. hierzu meine ausführliche Darstellung in: Syrien verstehen, S. 227 – 229.

23 Zitiert nach Tibi: Der Islam, S. 96 f.

24 Tibi: Die fundamentalistische Herausforderung, S. 36.

25 Kepel: Die Rache Gottes, S. 55 f.

26 Zum Problem des modernen Islamismus vgl. auch meine ausführliche Darstellung in: Syrien verstehen, S. 343 – 347.

Modellfälle des Islamismus

1 Kebir: Zwischen Traum und Alptraum, S. 301.
2 Ebd. S. 84.
3 Ebd. S. 74f.
4 Sejjed Mohammad Chatami: Keine Religion ist im Besitz der absoluten Wahrheit. Das Haupt des Menschen ragt in den Himmel, aber seine Füße stehen auf der Erde. In: *Frankfurter Allgemeine Zeitung*, 26. 9. 1998, S. 35.
5 Vgl. hierzu oben die Darstellung von Avicenna und Ibn al-Arabi im Abschnitt: »Islamische Mystiker als die großen geistigen Revolutionäre«.
6 Vgl. hierzu meine ausführliche Darstellung in: Iran. Drehscheibe zwischen Ost und West. 5. erweiterte und aktualisierte Auflage, S. 343 – 440. (Dieses Buch werde ich überarbeiten und aktualisieren; es soll unter dem Titel: »Iran verstehen. Von Zarathustra bis zur Islamischen Republik« 2017 erscheinen.)
7 So der Bericht in *Die Zeit*, 18. 12. 2002, S. 39.
8 Vgl. hierzu den Abschnitt: »›Ketzer‹-Prozess gegen Abu Zaid«.
9 *Die Zeit*, 18. 12. 2002, S. 39.
10 Vgl. hierzu meine ausführliche Darstellung in: Gehl: Die Türkei – nur im Vorhof Europas? S. 57 – 67.
11 Binnaz Tobrak: Der Islam in der Türkei heute. In: Özuguz: Religion – ein deutsch-türkisches Tabu, S. 63f.
12 *Frankfurter Allgemeine Zeitung*, 5. 2. 2003, S. 7.
13 Rüdiger Siebert: 5 mal Indonesien. München 1987, S. 360f.

Terrorismus, die andere Art von Krieg

1 Koran: Sure 2, 217.
2 Koran: Sure 8, 66.
3 Koran: Sure 8, 13.
4 Koran: Sure 61,12f.
5 Darwish, Ahmad Kamil: Was ist Islam? München 1978, S. 19.
6 Vgl. hierzu: James Turner Johnson: Religion und Gewalt. Die Umdeutung des Jihad zur Rechtfertigung des Terrors. In: *Neue Zürcher Zeitung*, 2./3. 3. 2002, S. 51.
7 Zitiert nach Hartmut Sippel: Die Templer. Geschichte und Geheimnis. Wien 1996, S. 58 u. S. 60.

8 Vgl. hierzu den Abschnitt: »›Arabischer Sozialismus‹ und Islam. Die zwiespältige Moderne der Baath-Sozialisten«. Und den Abschnitt: »Die ›sozialistische‹ Konkurrenz der Nasseristen«.

9 *Der Spiegel*, Oktober 1985.

10 Vgl. hierzu meine ausführliche Darstellung in: Iran. Drehscheibe zwischen Ost und West, S. 297–305 (Dieses Buch werde ich überarbeiten und aktualisieren; es soll unter dem Titel: »Iran verstehen. Geschichte, Gesellschaft und Religion« 2016 erscheinen.)

11 *Die Zeit,* 20. 9. 2001, S. 39.

12 Vgl. hierzu Christa Zöchling: Im Namen Gottes. Selbstmordattentäter. In: *Profil*, 24. 9. 2001, S. 34 f.; Evelyn Roll: Anleitungen für den Todesflug ins Paradies. In: *Süddeutsche Zeitung*, 29. 9. 2001, S. 3.

13 Zitiert nach *Der Standard*, 29. 9. 2001, S. 2.

14 Vgl. *Der Spiegel*, 2001/Nr. 42, S. 220.

15 Zitiert nach *Frankfurter Allgemeine Zeitung*, 25. 9. 2001, S. 51.

16 So etwa in sehr ähnlicher Grundhaltung die Kommentare von Ernst Ulrich von Weizsäcker, Hans-Peter Martin und Gerald Mader nur wenige Tage nach dem verheerenden Selbstmordattentat vom 11. September 2001. Vgl. hierzu *Der Standard*, 15. 9. 2001, S. 8; 17. 9. 2001, S. 23 und 20. 9. 2001, S. 38.

17 Zitiert nach *Der Standard*, 28. 9. 2001, S. 3.

Muslimische Zuwanderer in Europa – eine Gefahr?

1 Der Bundesminister des Innern (Hrsg.): Betrifft Ausländerpolitik. Bonn, Januar 1983, S. 92.

2 Zitiert nach Heribert Prantl: Der Gesetzentwurf zum Ausländerrecht. In: *Süddeutsche Zeitung*, 2./3. 7. 1988, S. 9.

3 Zitiert nach *Profil* (Wien), Nr. 49, 2. 12. 1985, S. 42.

4 *Der Spiegel*, 1989/Nr. 45, S. 227.

5 *Stuttgarter Zeitung*, 8. 4. 1995, S. 4.

6 Zitiert nach Stephen Castles: Wie begegnen wir dem neuen Rassismus? In: Italiaander: »Fremde raus«?, S. 135.

7 Vgl. die Kurzberichte der *Stuttgarter Zeitung*: Christliche Türken werden nicht abgeschoben (8. 8. 1989); CDU begrüßt Bleiberecht für christliche Türken (10. 8. 1989).

8 Michael Mönninger: Wir sind die besseren Christen. Morgen-
landfahrer auf Religionssuche: Wenn Deutsche zum Islam
übertreten. In: *Frankfurter Allgemeine Zeitung*, 8.10.1988, Nr. 235.

9 Ebd.

10 Vgl. Werle/Kreile: Renaissance des Islam, S. 122; Hartmut Esser:
Ist das Ausländerproblem in der Bundesrepublik ein Türken-
problem? In: Italiaander: »Fremde raus«?, S. 172 f.; Werner
Schiffauer: Die Bauern von Subay. Stuttgart 1987.

11 Bülent Arslan: Integration als Zukunftsaufgabe. In: Gehl:
Die Türkei. Nur im Vorhof Europas?, S. 10 f.

12 Zuflucht in der Moschee. Zukunft in der Abwehr? Dossier in
Die Zeit, 23.8.1996, S. 11 – 13.

13 Bülent Arslan: Integration als Zukunftsaufgabe, S. 10 f.

14 Vgl. hierzu Bausinger: Kulturelle Identität – Schlagwort und
Wirklichkeit. In: Bausinger: Ausländer – Inländer, S. 149.

15 *Die Presse* (Wien), 15.1.2000, S. 8.

16 Die neue Moschee in Mannheim. Ihre Errichtung und ihre
Ziele. Hrsg. vom Institut für Deutsch-Türkische Informations-
studien. Mannheim 1995, S. 6 f.

17 Vgl. hierzu den Bericht in *Der Standard*, 16.6.2003, S. 2.

Die gefährliche Dimension des 21. Jahrhunderts

1 Lüders: Wer den Wind sät, S. 40.

2 Ebd., S. 45 f.

3 Carl E. Buchalla in: Merian, Ägypten, 1984, S. 34.

4 Gabriele Venzky, *Die Zeit,* 4. Juni 1976.

5 Carl E. Buchalla in der Ägypten-Beilage, *Die Presse,* Wien, März
1973.

6 Statistisches Jahrbuch, Unesco, Paris 1995.

7 Jean Shaoul: Ägypten am Rand einer sozialen Explosion.
World Socialist Web Site, 1. April 2014.

8 Reinhold Meinardus: Ägypten vor den Wahlen. Historische
Entscheidung am Nil. In: Friedrich-Naumann-Stiftung:
Für die Freiheit. Hintergrundpapier, Nr. 10/November 2011, S. 4 f.

9 Ebd., S. 5.

10 Nachwort in: Al-Aswani: Der Jakubijan-Bau, S. 367.

11 Al-Aswani: Der Jakubijan-Bau, S. 227 – 231.

12 Ebd., S. 306 – 312.

13 Ebd. S. 356 – 361.

14 Ebd., S. 260 – 262.

15 Ebd., S. 128.

16 Marlies Kastenhofer: Das geheime Leben des »unsichtbaren Kalifen«. In: *Die Presse,* 20. 2. 2015.

17 Lüders: Wer den Wind sät, S. 91.

18 Raniah Salloum: Die Weltkarte des Terrors. Spiegel Online, 28. Nov. 2014. Yassin Mushabash: »Hast du Dschihad-Erfahrung?« In: *Die Zeit*, 7. April 2016, S. 5.

19 Spiegel-Online, 28. Nov. 2014.

20 Arnfried Schenk: Dschihad im Kinderzimmer. In: *Die Zeit*, 19. Mai 2016, S. 65.

21 Yassin Mushabash: »Hast du Dschihad-Erfahrung?« In: *Die Zeit*, 7. April 2016, S. 5.

22 *Die Zeit*, 19. Mai 2016, S. 65

23 Mathieu von Rohr und Raniah Salloum: Im Eurodisney des Dschihad. In: *Der Spiegel* 49 / 2015, S. 23.

24 Oliver Grimm: Jubel über 9/11. In: Die Presse, 13. Juni 2016, S. 2.

25 Gruen: Wider den Terrorismus, S. 48 f.

26 Ebd. S. 42 f.

27 89 Prozent der Araber lehnen den IS ab. Spiegel-Online, 22. Dez. 2015.

28 Lüders: Wer den Wind sät, S. 86.

29 Ebd. S. 88.

30 Matthias Nass: Die Expansion. In: *Die Zeit*, 17. März 2016, S. 6.

31 *Die Presse* 26. 3. 2016, S. 5.

32 Wieland Schneider: Risse im IS-Machtapparat. In: *Die Presse*, 2. März 2016, S. 6.

33 *Der Spiegel* 39/1994, S. 174 f.

34 *Die Presse*, 21. April 2016, S. 8.

35 Der Rückzug einer Religion. In: *GEO*, 08/2012, S. 102.

36 Ebd.

37 Martin Gehlen: Schwarzes X als Fanal für islamistischen Mob. In: *Die Presse*, 19. Aug. 2013, S. 2.

38 Der Generalstabschef. In: *Der Spiegel*, 7/2015, S. 83.

39 Zitiert nach: *Der Spiegel* 36/2010, S. 27.

40 »Es kommen härtere Tage«. In: *Der Spiegel* 2/2016, S. 11 – 19.

41 Ingrid Brodnig: »Dieser Hass hat Konsequenzen.« In: *Profil*, 30. Mai 2016, S. 26.

42 Bernd Ulrich: Dieser Mann will eine Revolution. In: *Die Zeit*,
   9. Juni 2016, S. 4.
43 Jürgen Streihammer: Nach Terror: »Il Papa« wäscht Flüchtlingen die Füße. In: *Die Presse*, 25. März 2016, S. 3.

Eine Islamische Moderne?

1 Vgl. hierzu Khoury, Hagemann, Heine: Islam-Lexikon, S. 453.
2 Jeder Buchstabe hat seinen Preis. In: *Der Spiegel* 14/2015,
   S. 134–138.
3 Vgl. hierzu meine ausführliche Darstellung in: Syrien verstehen, S. 396–405.
4 Martin Spiewack: Allahs scheuer Bote. In: *Die Zeit,* 1. März 2007,
   S. 36.
5 Öztürk: Der verfälschte Islam, S. 137 f.
6 Ebd. S. 37.
7 Vgl. hierzu meine ausführliche Darstellung in: Die Türkei,
   Zerreißprobe zwischen Islam und Nationalismus. S. 167–170.
   (Dieses Buch werde ich überarbeiten und aktualisieren. Es soll
   2016 unter dem Titel »Türkei verstehen. Von Atatürk bis
   Erdoğan« erscheinen.)
8 Rainer Herrmann: Erneuerer. In: *Frankfurter Allgemeine Zeitung*,
   25. September 2000, S. 16.
9 Christa Zöchling: Verse für Krieg und Frieden. In: *Profil*,
   12. Januar 2015, S. 20 f.
10 Abdel-Hakim Ourghi: Keine Angst vor Kritik. In: *Die Zeit*,
   4. Mai 2016.
11 Zitiert nach *Der Spiegel* 6/2016, S. 127.
12 Vgl. hierzu meine ausführliche Darstellung in: »Der unbekannte Islam« und »Mein Herz ist offen für jede Form.«

Zeittafel

Um 2100 v. Chr.: Abraham verlässt mit seinem Stamm Mesopotamien und lässt sich in Kanaan nieder. Ihm schreiben später die Juden, Christen und Muslime zu, als Erster den Monotheismus gepredigt zu haben.

1353 bis 1336: Der Pharao Echnaton (Amenophis IV.) führt mit der Verehrung des Sonnengottes Aton als alleinigem Gott eine monotheistische Glaubensform im Ägyptischen Reich ein. Aber seine Nachfolger machen die radikal-religiöse Reformation wieder rückgängig.

Um 1230: Der Prophet Moses erhält am Berg Sinai die Zehn Gebote.

1013 bis 973: David wird König der Juden. Er erobert Jerusalem und macht es zur Residenz seines Reiches Israel. Jerusalem wird religiöses und kulturelles Zentrum des Judentums.

Um 620: Die Juden beginnen mit der Niederschrift des Alten Testaments.

Um 600: Zarathustra begründet im östlichen Iran eine monotheistische Religion, die rund ein Jahrhundert später zur Staatsreligion des Persischen Reiches wird – und schließlich Judentum, Christentum und Islam beeinflusst.

Um 500: In den Predigten und Schriften der jüdischen Propheten bildet sich die Sehnsucht und Erwartung auf den »Messias« aus.
Buddha wirkt in Indien.

Um 440 v. Chr.: Die fünf Bücher Mose (Pentateuch) entstehen in der heute bekannten Fassung.
Unter Perikles beginnt Athens Blütezeit.

Um 33: Jesus wird in Jerusalem gekreuzigt.

Um 34: Saulus bekehrt sich vor Damaskus zum Christentum und wandelt sich zum Apostel Paulus.

Um 45: Syriens Hauptstadt Antiochia wird zum Zentrum der christlichen Bewegung. Dort entwickelt Paulus seine Theologie, dort werden die Anhänger Jesu auch erstmals Christen genannt (in Anlehnung an den griechischen Begriff Christos, der »gesalbte König« – hebräisch Messias).

50: Ein Apostelkonzil in Jerusalem legt endgültig fest, dass bekehrte Heidenchristen dieselben Rechte haben wie bekehrte Judenchristen. Die Verpflichtung auf den jüdischen Ritus entfällt.

70: Der römische Kaiser Titus unterwirft die aufständischen Juden und lässt ihren Tempel in Jerusalem zerstören. Die Juden werden vertrieben und zerstreuen sich in alle Teile des Imperiums.

Um 70 bis um 100: Die vier Evangelien werden im Umkreis von Antiochia verfasst. Zuerst entsteht das Markus-Evangelium (um 70). Dann folgen das Matthäus- und das Lukas-Evangelium in Anlehnung an Markus (um 80). Um 95 entsteht die Apokalypse des Johannes, um 100 das Johannes-Evangelium.

132 bis 135: Letzter jüdischer Aufstand gegen die Römer, geführt von dem »Messias« Bar Kochba. Kaiser Hadrian lässt Jerusalem vollständig zerstören, verbietet den Juden den Zutritt zu dieser Stätte und errichtet dort eine römische Militärkolonie. Damit ist für die Juden der Traum von einem eigenen Staat vorbei – erst 1948 wird es einen neuen Staat Israel geben. Viele Juden wandern aus. Mit der Auslöschung Israels und Jerusalems haben auch die Christen ihren bisherigen Mittelpunkt verloren. Neue »Hauptstadt der Christen« wird Rom.

Um 150: Die erste kirchliche Organisation der Christenheit entwickelt sich in Antiochia, zur selben Zeit entstehen dort die ersten Christus-Bildnisse und Kreuzsymbole. Syrien wird Hochburg des (noch verfolgten) Christentums.

Um 200: Der Bischof von Rom erlangt als »Nachfolger Petri« im westlichen Teil des Römischen Reiches immer mehr den Vorrang vor anderen Bischöfen.

313: Kaiser Konstantin I. erlässt das Toleranzedikt von Mailand. Seither kann sich das Christentum im Römischen Reich frei entfalten.

324/325: Erstes Allgemeines Konzil in Nikäa unter Vorsitz des Kaisers Konstantin. Glaubensstreitigkeiten zwischen den Athanasiern bzw. den Katholiken (Christus ist Gottes Sohn) und den Arianern (Christus ist gottähnlich, jedoch nicht wesensgleich). Das Konzil verdammt die Arianer als Ketzer, aber die Anhängerschaft der Arianer besteht unvermindert weiter.

330: Kaiser Konstantin erhebt Byzanz unter dem Namen Konstantinopel zur Hauptstadt des Römischen Reiches. Rom wird damit zur zweitwichtigsten Stadt degradiert. Das westliche und östliche Reich entwickeln sich auseinander; später verkürzt als Westrom und Ostrom bezeichnet. Der politische Schwerpunkt des Imperiums verlagert sich in den Osten.

337: Konstantin lässt sich auf dem Sterbebett als erster römischer Kaiser christlich taufen, er bekennt sich zum arianischen (nicht zum katholischen) Christentum.

Um 350: Kaiser Konstantius II., der Sohn Konstantins, fördert maßgeblich das arianische Christentum und erklärt es zur Staatsreligion. Der Kampf zwischen Arianern und Athanasiern (den »Katholischen«) geht noch über zwei Jahrhunderte unentschieden weiter.

379 bis 392: Kaiser Theodosius (379 – 395) erklärt das Christentum katholischer Prägung zur Staatsreligion (391) und bekräftigt die Verurteilung der rivalisierenden Arianer als Ketzer. 392 lässt er alle heidnischen Kulte verbieten. Die ersten Ketzerverfolgungen beginnen.

395: Nach dem Tod des Kaisers Theodosius wird das Römische Reich endgültig geteilt. Rom ist Hauptstadt des Weströmischen Reiches, Konstantinopel (Byzanz) Hauptstadt des Oströmischen Reiches.

431: In der Marienkirche von Ephesus findet ein Konzil statt, das wegweisend für die christliche Dogmatik wird: Die Mehrheit der Bischöfe setzt durch, dass Maria als die »Mutter Gottes« anzusehen sei und bekräftigt damit das auf früheren Konzilien noch heftig umstrittene Dogma von Jesus als dem »Sohn Gottes«.

476: Das Weströmische Reich bricht politisch zusammen.

496: Der Frankenkönig Chlodwig lässt sich zum christlichen Glauben bekehren. Von historischer Tragweite ist seine Entscheidung für das katholische und gegen das arianische Christentum.

527 bis 565: Unter Kaiser Justinian erreicht das Oströmische Reich seine größte Blüte. 537 beginnt er mit dem Bau der Hagia Sophia.

Um 570: Mohammed, der Prophet des Islam, wird in Mekka geboren.

600: Christliche Fanatiker zünden in Rom die Palatina-Bibliothek an, um (unersetzliche) Bücher der »heidnischen« griechisch-römischen Antike zu vernichten. Der kulturelle Kahlschlag hat, wie schon die Vernichtung der Bibliothek von Alexandria 391, nachteilige Folgen für die Entwicklung des christlichen Abendlandes.

622: Mohammed muss mit seinen Anhängern von Mekka nach Medina fliehen. Die »Hedschra« (Auswanderung) markiert den Beginn der islamischen Zeitrechnung.

632: Mohammed stirbt in Mekka. Arabien ist dem Islam unterworfen, Medina ist die Hauptstadt des entstehenden islamischen Reiches.

632 bis 634: Kalif Abu Bakr unternimmt erste Feldzüge in syrische und persische Randgebiete.

634 bis 644: Unter Kalif Omar erobern die Araber Syrien und Palästina (Damaskus 635, Jerusalem 638), Mesopotamien (641), Ägypten (642) und Persien (644). Viele der »Ketzerchristen«, die vom byzantinischen Kaiser und der Staatskirche unterdrückt werden, begrüßen die Muslime als Befreier und werden zu Stützen der islamischen Herrschaft.

644 bis 656: Unter der Leitung von Kalif Othman wird 653 die erste schriftliche Fassung des Korans abgeschlossen.

656 bis 661: Unter Kalif Ali bahnt sich die Spaltung in Sunniten und Schiiten an. Ali wird zum Ahnherrn der Schiiten.

661 bis 680: Nach der Ermordung des Kalifen Ali wird Muawija, sein bedeutendster Gegner, Kalif. Er verlegt die Residenz von Medina nach Damaskus und begründet die Dynastie der Omayyaden. Die Araber dringen im Westen weit nach Nordafrika, im Osten bis Baktra (Afghanistan) vor.

680: Nach Muawijas Tod meldet Hussein, der Enkel Mohammeds und Sohn des Kalifen Ali, seinen Anspruch auf die Nachfolge an. Muawijas Sohn Yesid lässt Hussein in der Schlacht von Kerbela töten. Die Schiiten bleiben während der folgenden Jahrhunderte von den Sunniten unterdrückt und entwickeln um ihre Leitfiguren Ali und Hussein einen Märtyrerkult.

688 bis 691: Der Omayyaden-Kalif Abd al-Malik lässt in Jerusalem den Felsendom errichten.

705 bis 715: Der Omayyaden-Kalif Walid I. lässt in Damaskus die Johannes-Basilika abreißen und an ihrer Stelle die Omayyaden-Moschee erbauen. Während seiner Regierungszeit erobern die Araber Andalusien, Samarkand und Buchara.

749/750: Sturz der Omayyaden-Dynastie. Die arabische Dynastie der Abbasiden kommt an die Macht, bekennt sich aber wie die der

Omayyaden zum sunnitischen Glauben und bekämpft die Schiiten.

754 bis 775: Der Abbasiden-Kalif Abu Dschafar al-Mansur macht 762 Bagdad zur Residenz. Der arabische Einfluss geht während der folgenden Jahrzehnte zurück, Perser bestimmen zunehmend die Entwicklung des Islam. Damaskus sinkt zur Provinzstadt ab.

754 bis 1031: In Andalusien entsteht unter einem Seitenzweig der Omayyaden das kulturell blühende Kalifat von Córdoba, wird aber nicht zu einer ernsthaften politischen Bedrohung für das Abbasiden-Kalifat von Bagdad.

762: Ismail, der umstrittene 7. Imam der Schiiten, stirbt. Ein Teil der Schiiten will mit seinem Tod die Reihe der Imame beendet wissen und spaltet sich während der folgenden Jahrzehnte mit der Bewegung der »Siebener-Schiiten« ab.

773: Kalif Mansur lässt das indische Zahlensystem in Bagdad einführen. Die Zahlen werden während des 13. Jahrhunderts in Europa als arabische Zahlen bekannt.

786 bis 805: Der Abbasiden-Kalif Harun al-Raschid, Zeitgenosse Karls des Großen, macht Bagdad zur prächtigsten Stadt der Welt.

793: Die um das Jahr 100 in China erfundene Papierherstellung gelangt über Samarkand nach Bagdad. Um 1280 entsteht die erste Papierfabrik im christlichen Abendland (Italien). 1390 wird erstmals in Deutschland Papier hergestellt (Nürnberg).

800: Der Frankenkönig Karl der Große wird in Rom von Papst Leo III. zum Kaiser gekrönt. Kaiser Karl ist damit offiziell und mit religiöser Weihe als Nachfolger und Erbe der römischen Kaiser eingesetzt.

813 bis 833: Kalif Mamun, der Sohn Harun al-Raschids, führt das Abbasiden-Reich zur höchsten Blüte. Muslimische Wissenschaftler studieren nun systematisch griechische und persische Werke. Aristoteles wird zum vielgelesenen Autor, zwei Jahrhunderte bevor ihn das christliche Abendland zur Kenntnis nimmt.

Um 825: Der Perser al-Khwarizmi entwickelt in Bagdad die Algebra und das Rechnen mit Logarithmen.

Um 860: Ibn Nusair begründet in Nordsyrien die schiitische Sekte der Alawiten. Sie breitet sich während der folgenden Jahrhunderte bis nach Anatolien aus.

863: Im Streit um die geistige Vorherrschaft über die Christenheit entzweien sich der Papst von Rom und der Patriarch von Konstantinopel. Die Spaltung der Kirche in eine katholische (im Westen) und eine griechisch-orthodoxe (im Osten) zeichnet sich ab.

874: Mohammed al-Muntasar, der zwölfte Imam der Schiiten, wird unter ungeklärten Umständen ermordet. Jahrzehnte nach seinem geheimnisvollen Verschwinden bildet sich die Lehre vom »Verborgenen Imam«. Die Bewegung der »Zwölfer-Schiiten« entsteht.

Um 930: In Bagdad entstehen große Teile von *Tausendundeiner Nacht.*

936: Die Abbasiden-Kalifen verlieren vollends die politische Macht. Von 936 bis 1258 besitzt das Kalifat von Bagdad für die Sunniten nur noch religiöse Bedeutung. Bagdad bleibt aber das kulturell überragende Zentrum der islamischen Welt. Anstelle des Kalifen regieren nun in raschem Wechsel fremde Dynastien meist türkischer Herkunft.

969 bis 1171: Die schiitischen Fatimiden (aus Tunesien kommend) regieren in Ägypten und im südlichen Syrien. Ihr Kalifat ist gegen das sunnitische Kalifat von Bagdad gerichtet.

Um 1010: Die schiitische Sekte der Drusen entsteht unter fatimidischem Einfluss in Ägypten. 1021 weichen die Drusen vor zunehmender Verfolgung in den Libanon zurück.

Um 1037: Ibn Sina (Avicenna), einer der größten Philosophen und Ärzte der islamischen Welt, stirbt in Persien. Sein Kanon der Medizin dient seit dem 13. Jahrhundert auch als Lehrbuch an europäischen Universitäten – bis ins 17. Jahrhundert.

Um 1050: In Frankreich beginnt sich der Baustil der Romanik zu entwickeln, der sich auf weite Teile Europas ausdehnt, bis er um 1250 allmählich von der Gotik abgelöst wird.

1054: Der Papst von Rom und der Patriarch von Konstantinopel belegen sich gegenseitig mit dem Kirchenbann. Damit ist die Spaltung zwischen westlicher (katholischer) und östlicher (griechisch-orthodoxer) Kirche endgültig. Der gegenseitige Kirchenbann wird erst 1965 zum Abschluss des II. Vatikanischen Konzils aufgehoben.

1073: Der folgenschwere Streit um die Vorherrschaft zwischen Papst und Kaiser (der »Investiturstreit«) beginnt.

1074: Papst Gregor VII. verbietet die bisher übliche Priesterehe und fordert kompromisslos den Zölibat, der sich bis auf den heutigen Tag im Katholizismus gehalten hat. Zuvor war der Zölibat nur für Mönche und besonders ranghohe Kirchenmänner erforderlich.

Um 1090: Hassan as-Sabah, ein Siebener-Schiit, begründet den Orden der Assassinen. Diese Organisation wird später zum Vorbild der muslimischen Selbstmordattentäter.

1096 bis 1099: Erster Kreuzzug. 1099 blutige Eroberung von Jerusalem durch die Kreuzritter.

1122: Omar Chaijam, einer der bedeutendsten Mathematiker und Dichter der islamischen Welt, stirbt in seiner Heimatstadt Neischapur (Iran).

1147 bis 1149: Zweiter Kreuzzug. Der Mystiker Bernhard von Clairvaux wird zum fanatischen Ideologen der Kreuzzugsidee. Etliche muslimische Fürsten verbünden sich mit den Kreuzrittern gegen andere muslimische Fürsten, die ihnen für die eigene Macht gefährlicher erscheinen als die »ungläubigen« Eroberer.

1171: Sultan Saladin (1171–1193) entmachtet den letzten Kalifen der schiitischen Fatimiden-Dynastie und wird sunnitischer Alleinherrscher in Ägypten. Er begründet die Dynastie der Ayyubiden. In den folgenden Jahren fügt er Syrien seinem Herrschaftsgebiet ein.

1187: Saladin besiegt in der Schlacht von Hattin die Kreuzritter entscheidend und erobert noch im selben Jahr Jerusalem.

1189 bis 1192: Dritter Kreuzzug. Die Kreuzritter können nur Akko erobern und den Küstenstreifen behaupten.

Um 1200: Wolfram von Eschenbach (1170–1220) erreicht mit seinem Parzival den Höhepunkt der mittelhochdeutschen Epik. Dieses Werk bildet zugleich eines der wenigen Beispiele des christlichen Mittelalters, in dem sich ein Dichter (relativ) tolerant mit dem Islam auseinandersetzt.

1202 bis 1204: Vierter Kreuzzug. Die katholischen Kreuzritter plündern das griechisch-orthodoxe Konstantinopel und verzichten nach reicher Beute auf die Fortsetzung des Feldzugs ins Heilige Land.

1215: Papst Innozenz III. beruft das Laterankonzil ein, auf dem Gesetze über das Vorgehen gegen Ketzer beschlossen werden. Das Prinzip der Inquisition ist geboren.

Um 1220: Von Frankreich her beginnt die Gotik in Deutschland zu wirken (die bis ins 16. Jahrhundert andauert).

Die Mongolen unter Dschingis Khan erobern den Iran.

1220: Friedrich II. von Hohenstaufen (1194–1250) wird in Rom vom Papst zum Kaiser gekrönt. Seine geistige Freizügigkeit sowie sein Machtstreben in Süditalien bringen ihn aber in Konflikt mit dem Papsttum. Er schafft in Sizilien und Unteritalien den modernsten Staat des christlichen Abendlands, stark von islamischer Kultur beeinflusst.

1223 bis 1240: Ibn al-Arabi, der große und umstrittene Mystiker, lebt bis zu seinem Tod in Damaskus.

Um 1230: Über Sizilien und das maurische Spanien gelangen zum ersten Mal Schriften islamischer und griechischer Autoren ins christliche Europa, ebenso die »arabischen« Zahlen.

1231: Die Kirche beginnt mit der Inquisition gegen »Ketzer«. Seit 1251 ist die Folter als Mittel der Befragung ausdrücklich erlaubt.

Um 1240 bis 1288: Ibn an-Nafis, Arzt in Damaskus und später in Kairo, analysiert als erster Mediziner das System des Blutkreislaufs – drei Jahrhunderte früher als europäische Forscher zu den gleichen Ergebnissen gelangen.

1258: Die Mongolen unter Hülägü Khan, einem Enkel Dschingis Khans, zerstören Bagdad. Ende des Abbasiden-Kalifats. Nach der Vernichtung dieses überragenden Kulturzentrums hört das Arabische auf, die völkerverbindende Kultursprache aller Muslime zu sein. Das Persische und später das Türkische werden zur Konkurrenz.

1270: Siebter und letzter Kreuzzug. Vergeblich belagern die Kreuzritter Tunis.

1273: Der große Mystiker Dschelaleddin Rumi stirbt in Konya (Anatolien).

1274: Der Dominikaner Thomas von Aquin, »Fürst der Scholastik« und größter katholischer Theologe des Mittelalters, stirbt in Italien.

1299: Der türkische Stammesfürst Osman, der seit 1288 regiert und in Westanatolien seinen Herrschaftsbereich beträchtlich ausgedehnt hat, nimmt den Titel Sultan an. Er wird zum Begründer der Osmanen-Dynastie (die 1922 mit der Abdankung des Osmanen-Sultans Mehmet VI. endet).

1300: Dante Alighieri (1265–1321) beginnt mit der Niederschrift seiner *Göttlichen Komödie*, einem der großen Meisterwerke mittelalterlicher Epik. Aber Dante steht fest in der kirchlichen Dogmatik seiner Zeit und stellt Mohammed als Prophet des Islam in der Hölle dar.

Um 1420: In Florenz beginnt die Renaissance und breitet sich im Verlauf eines Jahrhunderts in fast ganz Europa aus.

1453: Der Osmanen-Sultan Mehmet II. erobert Konstantinopel und macht die Stadt unter dem Namen Istanbul zu seiner Residenz. Damit endet das Byzantinische Reich.

Nikolaus von Kues (Nicolaus Cusanus, 1401–1464) verfasst seine Schrift *Über die Einheit des Glaubens*, in der er Toleranz für alle monotheistischen Religionen, auch den Islam, fordert.

1492: Die Spanier vertreiben die letzten Mauren aus Spanien. Andersgläubige werden von nun an durch die katholische Inquisition unerbittlich verfolgt.

1492 bis 1503: Papst Alexander VI. Borgia wird durch seinen skrupellosen Machtdrang und sittenlosen Lebenswandel zum Symbol für den moralischen Niedergang des Papsttums.

1501 bis 1524: Ismail I. einigt den politisch und religiös zersplitterten Iran und führt die Zwölfer-Schia als Staatsreligion ein. Der Iran ist heute der einzige schiitisch regierte Staat. Ismail begründet die Dynastie der Safawiden (1501–1722) und ist der erste schiitische Schah des Iran.

1516/1517: Der Osmanen-Sultan Selim I. erobert Syrien und Ägypten. Damit endet die Mamluken-Dynastie.

1517: Der Augustinermönch Martin Luther verkündet in Wittenberg seine 95 Thesen zur Reformierung der Kirche und löst damit die europaweite Bewegung der Reformation aus.

1525: Franz I. (1515–1547), der katholische König Frankreichs, bittet den muslimischen Sultan Suleiman I. um ein Bündnis gegen seinen politischen Rivalen, den katholischen Kaiser Karl V.

1529: Die Türken belagern ergebnislos Wien.

1530: Reichstag zu Augsburg. Die Anhänger Luthers legen die »Augsburger Konfession« vor. Als sie aber bei den katholischen Fürsten auf Ablehnung und mangelnde Verhandlungsbereitschaft stoßen, wird die Religionsspaltung unwiderruflich.

1531: Der Reformator Ulrich Zwingli fällt im Kampf gegen ein katholisches Heer in der Schweiz.

1534: Bagdad wird von den osmanischen Türken erobert. Die seit dem Mongoleneinfall ohnehin geschwächte Metropole sinkt in den folgenden Jahrhunderten vollends zur glanzlosen Provinzstadt ab.

Um 1540: Das Osmanische Reich steht unter der Regierungszeit Suleimans I. (1520–1566) auf dem Höhepunkt seiner Macht.

In den folgenden Jahrzehnten entstehen viele der bedeutenden Moscheen, meist von Sinan erbaut. Hochblüte von Istanbul, Bursa und Edirne.

1541: Johann Calvin führt in Genf die Reformation durch.

Ignatius von Loyola wird erster General des Jesuitenordens. Die Gegenreformation beginnt.

1555: Augsburger Religionsfriede. Die Protestanten werden rechtlich anerkannt, aber nur die Fürsten des Deutschen Reiches erhalten Religionsfreiheit, nicht die Untertanen. Die Untertanen müssen sich künftig nach dem Glaubensbekenntnis ihrer Fürsten richten. Das Deutsche Reich ist mit seinen vielen Fürstentümern von nun an in eine uneinheitliche Religionslandschaft zerrissen.

1562: In Frankreich verschärft sich der Gegensatz zwischen Katholiken und calvinistischen Protestanten, den Hugenotten. Es kommt zum Bürgerkrieg, der mit Unterbrechungen bis 1598 dauert.

1571: Die protestantische Reformation in England wird vollendet. Die Calvinisten erlangen starken Einfluss.

1572: Die französische Regierung lässt in der »Bartholomäusnacht« nahezu 2000 Hugenotten in Paris töten.

1598: Das Toleranzedikt von Nantes beendigt den Religionskrieg in Frankreich. Die Hugenotten erhalten neben den Katholiken Gleichberechtigung.

1618 bis 1648: Der Dreißigjährige Krieg. In diesem überaus verlustreichen Religionskrieg zwischen Katholiken und Protestanten verflechten sich intensiv religiöse und machtpolitische Interessen vieler europäischer Nationen. Eine eindeutige Abkehr von jeglicher religiöser Motivation signalisiert aber ausgerechnet ein katholischer Kirchenfürst: 1635 verbündet sich der französische Kardinal Richelieu mit den protestantischen Schweden gegen die katholischen Habsburger.

1683: Unter Großwesir Kara Mustafa belagert das osmanische Heer zum zweiten Mal ergebnislos Wien. Seit der Niederlage vor Wien befinden sich die Türken in Europa auf dem Rückzug. Ein Detail am Rand: Auf Seiten der muslimischen Türken kämpfen protestantische Ungarn, die Kuruzzen (»Kreuztürken«), gegen die Habsburger, denn sie sehen sich durch die katholischen Machthaber mehr bedroht als durch die muslimischen.

1684 bis 1699: Die habsburgischen Truppen erobern nach dem Sieg vor Wien während der folgenden 15 Jahre Ungarn. 1699 tritt das Osmanische Reich Ungarn an die Habsburger ab. Österreich steigt zur Großmacht auf.

1685: Ludwig XIV. hebt das Toleranzedikt von Nantes (1598) auf und lässt die Hugenotten aus Frankreich vertreiben. Viele der Flüchtlinge finden in Preußen Zuflucht.

Um 1700: Das Zeitalter der Aufklärung beginnt. Oberstes Leitprinzip der Erkenntnis ist die Vernunft. Religiöse Dogmen werden abgelehnt, sofern sie der Vernunft widersprechen.

Um 1750: In England beginnt als erstem Staat der Welt die industrielle Revolution, die im Verlauf der nächsten 100 Jahre den ganzen europäischen Kulturraum grundlegend umgestalten wird.

Um 1760: Mohammed ibn Abd al-Wahhab gründet in Arabien die Bewegung der Wahhabiten, die als Erste strikt fundamentalistische Positionen vertritt.

1776: Die »Declaration of Independence« wird vom amerikanischen Kongress am 4. Juli verabschiedet. Die dort festgeschriebenen Grundsätze von der gleichen Würde aller Menschen und den allgemeinen Menschenrechten werden wegweisend für die abendländische Moderne. Sie beeinflussen auch die Vordenker der Französischen Revolution von 1789.

1778: Voltaire, einer der meistgelesenen und einflussreichsten Autoren der europäischen Aufklärung, stirbt in Paris.

1779: Lessing veröffentlicht *Nathan der Weise,* das große Toleranzdrama, das Christentum, Judentum und Islam auf eine gleichwertige Stufe stellt. Das Drama kann zu Lessings Lebzeiten nicht aufgeführt werden und findet erst im 19. Jahrhundert große Verbreitung.

1781: Immanuel Kant veröffentlicht *Kritik der reinen Vernunft,* eines der wegweisenden philosophischen Werke der europäischen Aufklärung.

1789 bis 1794: Die Französische Revolution verändert Europa.

1819: Goethes *West-östlicher Divan* wird veröffentlicht. Der Gedichtzyklus stellt einen Bezug zum Divan des persischen Dichters Hafis her und ist ein frühes Zeugnis für den Versuch von Europäern, einen vertieften kulturellen Dialog mit dem Osten, mit der islamischen Welt zu beginnen.

1830: Die Franzosen erobern Algerien. Erstmals gerät ein islamisches Land unter westliche Kolonialherrschaft.

1831: Die Franzosen errichten in Beirut erste westliche Schulen. Sie verstärken ihren Einfluss im Libanon.

1844: Die religiöse Sekte der Babi, der späteren Baha'i, entsteht im Iran. Nach vielen Verfolgungen gründen die Baha'i 1863 in Haifa (Palästina) ihr religiöses Zentrum.

Um 1860: Die osmanische Oberschicht übernimmt zunehmend westliche Lebensformen. Unzufriedene Studenten und Offiziere stehen in Opposition zur absoluten Sultansherrschaft.

1864: Papst Pius IX. veröffentlicht den Syllabus, in dem er die offizielle dogmatische Linie radikal zugespitzt zum Ausdruck bringt: Außerhalb der (katholischen) Kirche kein Heil! Eine Streitschrift gegen die »Irrtümer unserer Zeit«: Protestantismus, Liberalismus, religionsfreie Ethik, Trennung von Staat und Kirche, Sozialismus, Kommunismus, Atheismus.

1869/1870: Papst Pius IX. setzt auf dem Ersten Vatikanischen Konzil das Dogma von der »Unfehlbarkeit« des Papstes in Fragen der kirchlichen Lehre durch.

1882: Britische Truppen besetzen Ägypten. Das Land ist damit vollends aus osmanischer Oberhoheit gelöst und wird britisches Protektorat.

1897: Auf dem 1. Zionistischen Weltkongress in Basel gründet Theodor Herzl die Zionistische Weltbewegung mit dem Ziel, in Palästina den Juden einen eigenen Staat zu schaffen.

1901: Die Konzession für Erdölbohrungen in Persien wird von Schah Muzaffar ad-Din an die Briten vergeben.

1908: Jungtürkische Revolution. 1909 Absetzung des letzten absolut regierenden Sultans Abdul Hamid II. Von nun an besitzt die Türkei eine konstitutionelle Monarchie. Seit der Jungtürkischen Revolution wird Istanbul in der Architektur stark europäisiert.

Erste Erdölfunde in Persien – die ersten überhaupt in der islamischen Welt.

1909: Die Anglo-Persian Oil Company wird gegründet, um die persischen Erdölfelder auszubeuten.

Juden gründen in Palästina die erste rein jüdische Stadt: Tel Aviv.

Um 1910: In den USA kommt der Begriff »Fundamentalismus« in Umlauf. Er bezieht sich auf radikal-religiöse protestantische Sekten, die sich scharf von den »ungläubig« gewordenen Amtskirchen abgrenzen.

1911: Gründung des ersten Kibbuz in Palästina.

1913: Im Iran beginnen die Briten, Erdöl zu fördern; der Iran wird damit zum ersten Ölstaat des Vorderen Orients.

1915: Die Briten benötigen während des Ersten Weltkriegs die Araber als Verbündete gegen die Türken. Aus taktischen Gründen sichert der britische Hochkommissar in Kairo dem Sherifen Hussein von Mekka die Errichtung eines Großarabischen Reiches unter seiner Führung zu.

Die osmanische Regierung, die von radikal-nationalistischen Jungtürken dominiert wird, ordnet am 27. Mai die Deportation von zwei Millionen Armeniern in die mesopotamische Wüste an. Die Hälfte der Deportierten geht unterwegs an Strapazen und Schikanen zugrunde. Am 10. Juni ermordet die türkische Armee 25 000 Armenier. Mit solchen Verbrechen soll verhindert werden, dass die Armenier auf türkischem Boden einen eigenen Staat gründen. Bereits 1895 bis 1897 und 1909 hatten Türken an Armeniern Massaker verübt.

1916: Britische Geologen entdecken im Irak erste große Erdölvorkommen, was das koloniale Interesse Großbritanniens an dieser Region erheblich steigert.

Geheimer Abschluss des Sykes-Picot-Abkommens zwischen Großbritannien und Frankreich: Nach dem voraussichtlichen Sieg über die Türken soll Frankreich das »Mandat« über den Nordteil der Osmanenprovinz Surya (Syrien, Libanon) erhalten, Großbritannien über den Südteil von Surya (Palästina) und den Irak. Dies steht in krassem Widerspruch zum Versprechen der arabischen Unabhängigkeit.

1917: Mit der Balfour-Deklaration sichern die Briten den Zionisten eine jüdische Heimstätte in Palästina zu – dies wiederum in Widerspruch zur Zusage an die Araber, dass sie ein Großarabisches Reich gründen können.

Die Briten besetzen Palästina.

Ausbruch der Oktober-Revolution im Russischen Reich und das Ende der Zarenherrschaft. Die Bolschewiken unter der Führung von Lenin übernehmen die Macht (Lenin stirbt 1924, Nachfolger wird Stalin).

1919 bis 1922: Griechisch-türkischer Krieg. Die Griechen versuchen, die Schwäche des besiegten Osmanenreiches auszunutzen und ihren eigenen Staat auf Kosten der Türken zu vergrößern. Sie besetzen Ostthrakien und rücken nach Anatolien vor. Mustafa

Kemal (der spätere »Atatürk«) ruft in Anatolien zum Widerstand auf, reorganisiert die türkische Armee und vermag die Griechen aus Anatolien und Ostthrakien zu verdrängen.

1922: Flucht des letzten Osmanen-Sultans Mehmet VI. Das Sultanat wird abgeschafft. Damit endet die Dynastie der Osmanen.

1923 bis 1938: Proklamation der türkischen Republik 1923 durch Mustafa Kemal, der sich ab 1934 Atatürk, »Vater der Türken«, nennt (gestorben 1938). Ankara wird neue Hauptstadt der Türkei, Istanbul bleibt aber geistiges Zentrum. In der Folge wird die Türkei durch Gesetze europäisiert. 1924 werden das Kalifat abgeschafft und die Koranschulen geschlossen. 1925 Auflösung der Derwischorden. 1926 wird der Fes verboten und durch den europäischen Hut ersetzt, die Frauen dürfen keinen Schleier mehr tragen. 1928 wird die arabische Schrift durch die europäische ersetzt. 1929 wird der Pflichtunterricht für persische und arabische Sprache an den höheren Schulen abgeschafft.

1924 bis 1932: Ibn Saud kann durch Eroberungszüge sein Herrschaftsgebiet auf Mekka und Medina ausweiten und wird damit zum mächtigsten Fürsten der Arabischen Halbinsel. Seit den 1920er-Jahren vergibt der ständig unter Geldnot leidende Fürst Konzessionen für vermutete Erdölvorkommen an westliche Firmen und wird damit für westliche Politiker und Geschäftsleute interessant. 1927 erkennen die Briten Ibn Saud als König von Nedschd und Hedschas an, Regionen, die er 1932 zum Königreich Saudi-Arabien vereinigt.

1925 bis 1941: Reza Khan besteigt als Schah Reza Pahlevi den Thron des Iran. Die Dynastie Pahlevi regiert absolut. Das Parlament besteht zwar formell weiter, darf aber keine demokratische Kontrolle ausüben. Unter den Pahlevi wird der Iran energisch und rücksichtslos zugleich modernisiert. Atatürk ist das erklärte Vorbild. Spannungen mit der Geistlichkeit, aber auch mit den ärmeren Volksschichten entstehen.

1926: Der Libanon erhält eine eigene Verfassung (auf die Vorherrschaft der maronitischen Christen zugeschnitten) und wird Republik, bleibt aber unter französischem Mandat.

Atatürk stellt als erster Politiker eines islamischen Staates Mann und Frau rechtlich gleich.

1927: Im Irak beginnt die kommerzielle Erdölförderung durch ausländische Firmen.

1928: Atatürk vermeidet sämtliche religiösen Formeln in der neuen Verfassung. Er erklärt die Türkei zum säkularen Staat nach westlichem Vorbild mit strikter Trennung von Religion und Politik.

In Kairo gründet Hassan al-Banna als Reaktion auf Atatürks neue Verfassung die ägyptische Muslim-Bruderschaft. Damit beginnt die Entwicklung der modernen radikal-islamischen Bewegungen.

Reza Pahlevi schließt, von Atatürk inspiriert, islamische Rechtsgelehrte von allem Einfluss auf Politik und Religion aus.

1932: Der Irak wird unabhängiges Königreich, bleibt aber unter britischem Einfluss.

Im Scheichtum Bahrain wird am 1. Juni das erste Erdölvorkommen der Golfstaaten entdeckt.

1933: Ibn Saud vergibt an die Amerikaner eine Erdölkonzession auf 60 Jahre. Die Ölsuche amerikanischer Firmen in Saudi-Arabien beginnt.

1934: Atatürk führt für Frauen das aktive und passive Wahlrecht ein.

Reza Pahlevi weist die Universität von Teheran an, von nun an auch Studentinnen aufzunehmen.

Um 1935: Khomeini erwirbt in Ghom den höchsten akademischen Grad. Seine Vorlesungen über islamische Moral finden regen Zulauf.

1938: Am 4. Juni werden in Saudi-Arabien die größten Erdöllagerstätten der Welt entdeckt. Während der folgenden Jahrzehnte kann Ibn Saud mit dem erwirtschafteten Reichtum sein Land technisieren, wenn er auch religiös eng mit den starr dogmatischen Wahhabiten verbunden bleibt. Er regiert bis zu seinem Tod 1953.

1938 bis 1950: Nach dem Tod Atatürks wird Ismet Inönü (bis 1950) zweiter Präsident der Türkei, er treibt energisch die Demokratisierung voran. 1945 werden Oppositionsparteien neben der bisher alleinregierenden »Republikanischen Volkspartei« zugelassen.

1939 bis 1945: Der Zweite Weltkrieg hat auch Folgen für den islamischen Orient. Die dortigen Kolonial- bzw. Mandatsmächte Großbritannien und Frankreich sind durch den Krieg militärisch weitgehend an Europa gebunden, so dass sie nicht mehr die immer stärker werdenden arabischen Nationalbewegungen unterdrücken können. Das Ende der Fremdherrschaft in arabischen Ländern zeichnet sich ab.

1941 bis 1979: Mohammed Reza Pahlevi regiert, der letzte Schah des Iran.

1943: In Damaskus wird das Abkommen für die Unabhängigkeit Syriens unterzeichnet. Syrien ist damit autonom. Aber die Franzosen übertragen dem Libanon gesondert die Selbstverwaltung. Damit ist der Libanon ebenfalls als eigener Staat in die Unabhängigkeit entlassen.

Der arabische Christ Michel Aflak gründet in Damaskus unter Mithilfe des Muslims Salah ad-Din al-Bitar die sozialistische Baath-Partei.

1946: Abzug der letzten französischen Truppen aus Syrien und dem Libanon.

Beendigung des britischen Mandats über Palästina, Ausrufung des Königreichs Transjordanien.

1947: Die UN-Vollversammlung beschließt, dass nach Beendigung des britischen Mandats in Palästina 1948 zwei unabhängige Staaten, ein jordanischer und ein jüdischer, entstehen sollen.

1948: Die Gründung des Staates Israel am 14. Mai im westlichen Teilgebiet von Palästina führt zum ersten Nahostkrieg zwischen Arabern und Israelis. Israel siegt. Die Palästinenser leben seither als Flüchtlinge über den ganzen Nahen Osten verstreut.

David Ben-Gurion, Führer der Arbeitspartei, wird Israels erster Ministerpräsident (und regiert mit Unterbrechungen bis 1963).

Die Vollversammlung des »Ökumenischen Rates der Kirchen« verkündet in Amsterdam, dass die Glaubensfreiheit aller Religionsgemeinschaften ein Menschenrecht sei.

1949: Nach der Kriegsniederlage der arabischen Staaten kann sich Israel behaupten. Jordanien erhält das Land westlich und östlich des Jordan sowie die Altstadt von Jerusalem zugesprochen.

Hassan al-Banna, der Gründer der ägyptischen Muslim-Bruderschaft, wird von Offizieren ermordet.

1950 bis 1961: Der türkische Ministerpräsident Adnan Menderes gibt reaktionären religiösen Parteien viel Spielraum und versucht osmanische Traditionen wiederzubeleben. 1960 wird er durch das Militär gestürzt, 1961 wegen gewaltsamer Unterdrückung der Opposition hingerichtet.

1951 bis 1953: Mohammed Mossadegh ist Premierminister im

Iran. Er verstaatlicht die Ölindustrie und zwingt die Briten, den Iran zu verlassen. 1953 muss Schah Mohammed Reza Pahlevi fliehen, kann jedoch zurückkehren, nachdem loyale Truppen – mit Hilfe des amerikanischen Geheimdienstes CIA – Mossadegh gestürzt haben. Die Ölindustrie bleibt verstaatlicht, Großbritanniens Einfluss ist beschnitten. Dagegen erlangen die USA durch gezielte Wirtschaftshilfe vorrangigen Einfluss (bis 1979).

1952: Der Militärputsch der »Freien Offiziere« unter General Naguib und Oberst Gamal Abd an-Nasser beendet die ägyptische Monarchie. König Faruk geht ins Exil.

In Jordanien wird nach der Abdankung König Talals sein Sohn Hussein König. Er regiert bis 1999.

1954: Nasser entmachtet Naguib und wird Staatspräsident mit diktatorischer Macht. Er lässt die Muslim-Bruderschaft hart verfolgen und etliche Führungsmitglieder hinrichten.

Im November beginnt in Algerien der Unabhängigkeitskrieg gegen die seit 1830 dauernde Kolonialherrschaft Frankreichs. Der Kampf wird von beiden Seiten äußerst blutig geführt und dauert sieben Jahre. Führende Kraft innerhalb der algerischen Widerstandsgruppen ist die FLN (»Front de Libération Nationale«).

1956: Im März erkennt Frankreich die Unabhängigkeit Tunesiens an, einen Monat später auch die marokkanische.

Nasser setzt das aktive und passive Wahlrecht für Frauen durch. Im Juli kündigt Nasser die Verstaatlichung des Suez-Kanals an, was zu einer schweren Krise mit Großbritannien und Frankreich führt.

Israel greift im Oktober Ägypten an. Zweiter Nahostkrieg ohne nennenswerte Kräfteverschiebung.

1958: Militärputsch arabischer Nationalisten im Irak. König Faisal II. wird ermordet. Ende der Monarchie. Innerhalb der arabisch-nationalistischen Gruppierungen gewinnen die Baath-Sozialisten des Irak stark an Einfluss.

Johannes XXIII. wird am 4. November Papst als Nachfolger des verstorbenen Pius XII. Unter seiner Amtszeit (1958–1963) werden die Bischöfe in ihrer Unabhängigkeit gestärkt, auch wird der Dialog mit anderen Kirchen begonnen.

1962: Nach siebenjährigem Krieg in Algerien verlassen die französischen Truppen das Land. Algerien erhält im Juli die Unabhängigkeit und wird im September Republik. Die FLN als die führende Kraft der Widerstandsbewegung regiert als »sozialistische« säkulare Einheitspartei und orientiert sich am Herrschaftsmodell Lenins, ähnlich wie die syrische und die irakische Baath-Partei. Auch sucht sie wie Nasser und die Führer der Baath-Sozialisten politisch die Nähe zur Sowjetunion, um so einen mächtigen Verbündeten gegen den »imperialistischen Westen« zu haben. Ihre Herrschaft dauert relativ unangefochten bis 1991.

November: Papst Johannes XXIII. eröffnet in Rom das Zweite Vatikanische Konzil. Er verkündet »Offenheit« und ist der erste Papst überhaupt, der gemeinsam mit nichtkatholischen Christen betet.

1963: Im Februar kann der irakische Flügel der Baath-Partei nach einem Militärputsch in Bagdad eine Koalitionsregierung mit arabischen Nationalisten bilden.

Im März übernimmt die syrische Baath-Partei nach einem Militärputsch in Damaskus die unumschränkte Macht. Aflak ist Generalsekretär.

Schah Mohammed Reza Pahlevi verkündet das Wahlrecht der Frauen. Dieses neue Gesetz und die Bodenreform, die er »Weiße Revolution« nennt, stoßen bei der Geistlichkeit auf heftigen Widerstand. Im Juni kommt es zu schweren Unruhen. Zum ersten Mal tritt Khomeini politisch hervor. Der Schah lässt den Aufstand mit brutaler Härte niederschlagen.

Papst Paul VI. wird Nachfolger des am 3. Juni verstorbenen Johannes XXIII. Unter seinem Pontifikat wird das Reformwerk des Zweiten Vatikanischen Konzils zwar fortgesetzt, aber erheblich abgeschwächt.

1964: Khomeini wird wegen seiner politischen Aktivitäten aus dem Iran verbannt. Bis 1965 lebt er im Exil in Bursa (Türkei), dann übersiedelt er nach Nedschef (Irak).

Die Palästinensische Befreiungsfront (PLO) wird in Jerusalem gegründet.

1965: Das Zweite Vatikanische Konzil kommt am 12. Dezember zum Abschluss. Bedeutende neue Aussagen zur allgemeinen Religionsfreiheit und zur Ökumene werden veröffentlicht. Unter anderem heben die katholische und die griechisch-orthodoxe Kirche die gegenseitigen Bannflüche auf, die seit 1054 unwiderrufen bestanden haben. Im Anschluss an das Konzil ruft Paul VI. zum »Dialog mit dem Islam« auf. Dies ist der erste offizielle derartige Aufruf vonseiten eines Papstes.

Der Kölner Erzbischof Joseph Kardinal Frings gestattet türkischen Muslimen, einen Seitenflügel des Kölner Doms als Gebetsraum zu nutzen, solange sie in Köln keine Moschee besitzen.

1966: Im Februar putscht der radikale Flügel der syrischen Baath-Partei gegen die gemäßigten Baathisten. Die Alawiten gewinnen stärkeren Einfluss. Der Alawiten-Führer Hafis al-Assad wird Verteidigungsminister. In der Folge entzweien sich die syrische und die irakische Baath-Partei über ideologische Fragen sowie über den Führungsanspruch innerhalb der arabischen Welt.

Sayed Qutb, der Führer der ägyptischen Muslim-Bruderschaft, wird auf Befehl Nassers hingerichtet.

1967: Der dritte Nahostkrieg, der sogenannte »Sechstagekrieg«, beschert im Juni den arabischen Staaten eine verheerende Niederlage. Jordanien verliert die Altstadt von Jerusalem und das Westjordanland an Israel, Ägypten den Sinai, Syrien die Golanhöhen. Die arabischen Nationalisten, Nasseristen wie Baathisten, erleben einen starken Vertrauensschwund. Damit gewinnen radikal-islamische Bewegungen erstmals beträchtlichen Zulauf, allen voran die ägyptische und syrische Muslim-Bruderschaft.

1968: Im Irak erringt die Baath-Partei durch einen Militärputsch die unumschränkte Macht. Stellvertreter des Partei- und Regierungschefs Hassan al-Bakr wird Saddam Hussein.

Michel Aflak emigriert aufgrund schwerer Konflikte innerhalb der syrischen Baath-Partei nach Bagdad und wird Generalsekretär der irakischen Baath-Partei.

In Nordirland beginnt der Bürgerkrieg zwischen katholischer Minderheit und protestantischer Mehrheit.

1969: Yassir Arafat wird Führer der PLO.

Muammar al-Gaddafi kommt in Libyen durch einen Militärputsch an die Macht und beendet damit die Monarchie.

1970: Im September lässt König Hussein in Jordanien ein Blutbad unter Palästinensern anrichten, die bereits die Hälfte der Bevölkerung ausmachen und ihm politisch gefährlich geworden sind. Die Kommandozentrale der PLO weicht in den Libanon aus.

Am 28. September stirbt Gamal Abd an-Nasser. Nachfolger wird der bisherige Vizepräsident Anwar as-Sadat.

Im November putscht Hafis as-Assad in Damaskus gegen die eigene Parteiführung. Innerhalb der Baath-Partei erringen die

Alawiten die führende Position. Assad wird im März des folgenden Jahres Staatspräsident. Er regiert bis 2000.

Um 1970: Die sogenannte »Islamische Wiedergeburt« als Massenbewegung nimmt ihren Anfang. Immer mehr muslimische Staaten beginnen die »Verwestlichung« öffentlich abzulehnen und fordern die Rückbesinnung auf die traditionellen Werte des Islam.

Mitte der 1970er-Jahre beginnen im Westen die Medien von »Fundamentalismus« zu sprechen.

1971: Schah Mohammed Reza Pahlevi feiert mit geladenen Gästen aus aller Welt in Persepolis das »2500. Jahr der iranischen Monarchie« (seit Kyros). Die Feierlichkeiten können aber nicht vollständig von der Schattenseite der iranischen Wirklichkeit ablenken: Der rasante technische Fortschritt bringt Wohlstand nur für wenige, dagegen bleiben die Massen im Elend und leiden unter der Zerstörung ihrer traditionellen Strukturen.

Das Frauenwahlrecht wird während der 1970er-Jahre in den meisten islamischen Staaten Gesetz, sogar im traditionalistisch orientierten Königreich Afghanistan – nicht aber in Saudi-Arabien, den Golf-Emiraten und im Sudan.

In Ägypten lässt der neue Präsident Sadat nach nur wenigen Monaten seiner Herrschaft die wichtigsten Anhänger Nassers verhaften und leitet damit die Abkehr vom Nasserismus ein. Außerdem macht er entscheidende Zugeständnisse an die Muslim-Bruderschaft, indem er Bestimmungen der Scharia in der säkular konzipierten Verfassung verankern lässt.

Um 1971: Khomeini verfasst in seinem irakischen Exil in Nedschef sein wegweisendes Buch *Das Königreich der Rechtsgelehrten*. Mit den dort vertretenen politischen Vorstellungen weicht er erheblich von denen der meisten Islamisten ab. Indem er die politische Führung einer »Islamischen Republik« überwiegend Geistlichen zugestehen will, erntet er Widerstand sogar bei einer Reihe schiitischer Islamisten. Aber zur Überraschung selbst vieler Islamisten kann Khomeini dieses Modell 1979 im Rahmen seiner »Islamischen Revolution« durchsetzen.

1972: Im Irak wird das Amt des Partei- und Regierungschefs Hassan al-Bakr immer mehr auf Repräsentationsfunktionen beschränkt. Eigentlicher Regent wird sein Stellvertreter Saddam Hussein (der zumindest während der ersten Jahre das Bildungswesen ausbaut und die Emanzipation der Frauen fördert).

Der »Islamische Weltkongress« ruft zum Dialog mit den Christen auf und schlägt vor, Muslime und Christen sollten in Zukunft auf gegenseitige Bekehrungsversuche verzichten.

1973: In vielen syrischen Städten kommt es unter Führung der Muslim-Bruderschaft zu Unruhen, nachdem Assad die neue Verfassung der »Sozialistischen Republik Syrien« proklamiert hat. Assad muss einlenken und die »säkularistischen« Passagen streichen.

Am 6. Oktober bricht der vierte Nahostkrieg mit Israel aus. Syrien gelingt nicht die Rückeroberung der Golanhöhen.

Der »Islam-Rat für Europa« erklärt verbindlich, der Islam verzichte in Europa auf Missionierung unter Christen.

In der Türkei erntet die »Nationale Heilspartei« unter Necmettin Erbakan bei den Parlamentswahlen 11,8 Prozent der Stimmen. Erstmals betritt damit eine islamistische Partei in der Türkei erfolgreich die politische Bühne.

1975: Im Libanon beginnt der Bürgerkrieg zwischen den verfeindeten Religionsparteien und dauert bis 1990. Muslime lehnen sich gegen die Vorherrschaft maronitischer Christen auf, schließlich bekämpfen sich aber auch Sunniten, Schiiten und Drusen untereinander.

1977: Bei den israelischen Wahlen im Mai gewinnt der konservative Likud-Block und löst nach 29 Jahren erstmals die Arbeitspartei in der Regierung ab. Ministerpräsident wird Menachem Begin.

Sadat bietet Israel den Frieden an und reist im November nach Jerusalem – der erste Besuch eines arabischen Politikers in Israel.

1978: Im Iran bedrohen Unruhen unter Führung Khomeinis ernsthaft die Macht des Schahs Mohammed Reza Pahlevi.

Im September finden zwischen Ägypten und Israel Friedensgespräche in Camp David (USA) statt. Unter Vermittlung von US-Präsident Jimmy Carter verhandeln Menachem Begin und Anwar as-Sadat.

Nach dem Tod des Papstes Paul VI. und der nur 33tägigen Amtszeit seines Nachfolgers Johannes Paul I. wird der Pole Karol Wojtyla am 16. Oktober zum neuen Papst gewählt und nimmt den Namen Johannes Paul II. an. Er regiert den Vatikanstaat und die Katholische Kirche bis zu seinem Tod am 2. April 2005.

1979: Im Iran siegt die Islamische Revolution des Ayatollah Khomeini, der Schah verlässt Ende Januar das Land. Nach einer

Volksabstimmung im Februar wird die »Islamische Republik Iran« ausgerufen. Wahlberechtigt sind auch Frauen, und das Frauenwahlrecht bleibt unter der Herrschaft der Ayatollahs und Mullahs erhalten. Der Iran ist der erste Staat der islamischen Welt, in dem ein säkulares Regime durch ein Regime revolutionärer Islamisten abgelöst wird. Der Iran bleibt aber der einzige islamistische Staat, in dem Geistliche durchweg die politischen Schlüsselpositionen besetzen.

Im März schließen Ägypten und Israel einen Separatfrieden, Ägypten erhält den Sinai zurück, die Übergabe erfolgt im April 1982.

Im Juni wird Saddam Hussein unumschränkter Diktator im Irak.

Am 26. Dezember besetzen sowjetische Truppen Afghanistan, um das dort 1977 an die Macht gekommene pro-sowjetische Regime gegen Aufständische zu schützen.

1980: In der Türkei setzt am 12. September ein dritter Militärputsch das Mehrparteiensystem außer Kraft (der erste erfolgte 1960, der zweite 1971). Anlass ist diesmal der Machtzuwachs der islamistischen »Nationalen Heilspartei« unter Necmettin Erbakan und andererseits extrem nationalistischer Parteien. Die bisherigen Regierungsparteien mit ihren instabilen Koalitionen haben sich unfähig gezeigt, die wachsende Wirtschaftskrise und den zunehmenden Terrorismus rechts- wie linksextremer Gruppen zu bekämpfen. Diesmal besteht die Militärdiktatur bis 1983. Nach einigen Strukturreformen lassen die Generäle dann wieder demokratische Wahlen zu.

Saddam Hussein beginnt am 22. September den ersten Golfkrieg, der bis 1988 dauert. Seine Truppen überfallen den Iran wegen strittiger Grenzfragen und werden hierbei von westlichen Staaten mit Waffen und Technologie versorgt. Vor allem die USA sehen in dem säkularen Baath-Regime Saddam Husseins einen wertvollen Verbündeten gegen den radikal-antiwestlichen Gottesstaat Iran.

Osama bin Laden reist erstmals nach Peshawar (Pakistan), um von dort aus – mit Hilfe des pakistanischen und amerikanischen Geheimdiensts – den Widerstand arabischer »Glaubenskrieger« gegen die sowjetische Invasion in Afghanistan zu organisieren.

Dem katholischen Reformtheologen Hans Küng wird kurz nach dem Amtsantritt des Papstes Johannes Paul II. die kirchliche

Lehrbefugnis entzogen, weil er sich gegen das Dogma der päpstlichen Unfehlbarkeit in Glaubensfragen ausspricht.

1981: Sadat wird am 6. Oktober von einem Mitglied einer radikalen Zweigorganisation der Muslim-Brüder wegen seines Friedensvertrags mit Israel erschossen. Nachfolger wird Hosni Mubarak.

1982: In Hama, der Hochburg der syrischen Muslim-Bruderschaft, sterben im Februar während einer zweiwöchigen Belagerung durch Truppen von Hafis al-Assad rund 30 000 Menschen.

Israel besetzt vorübergehend den Südlibanon, um Terroraktionen von Guerillagruppen der Palästinenser zu unterbinden. Die Kommandozentrale der PLO unter Führung von Yassir Arafat verlässt daraufhin den Libanon und übersiedelt nach Tunesien.

Die Lage im Libanon bleibt explosiv. Im September metzeln paramilitärische Verbände maronitischer Christen in den palästinensischen Flüchtlingslagern Sabra und Shatila Hunderte Familien nieder. Ariel Sharon, der Verteidigungsminister der Likud-Regierung und zugleich Oberbefehlshaber der israelischen Truppen im Libanon, tut nichts, um das Massaker zu verhindern. Als sich später herausstellt, dass Sharon die christlichen Mörder sogar wissentlich gewähren ließ, muss er 1983 unter dem Druck einer empörten israelischen Öffentlichkeit als Verteidigungsminister zurücktreten. Es scheint so, als sei damit Sharons politische Karriere beendet.

Im Libanon entsteht die radikal-schiitische Miliz der Hisbollah (»Partei Gottes«), die ideologisch eng mit dem Gottesstaat Iran verbunden ist und von dort unterstützt wird. Aber auch das säkulare Syrien fördert aus machtpolitischem Kalkül die Hisbollah, den fanatischen Feind Israels. Die Hisbollah entwickelt beträchtliche soziale Aktivitäten für in Armut lebende Schiiten, weshalb sie bald sehr populär ist. Andererseits ist sie die erste islamistische Organisation, die mit religiös motivierten Selbstmordattentätern (»Märtyrern«) einer neuen Form von Terrorismus zum Durchbruch verhilft.

1982 bis 1992: In den Militärlagern des afghanisch-pakistanischen Grenzgebiets sammeln sich rund 100 000 radikale Muslime aus 43 Staaten. Diese erste internationale Begegnung radikaler Islamisten fördert die globale Vernetzung bisher nur regional operierender Gruppierungen.

1983: »Märtyrer«-Trupps der Hisbollah zerbomben die US-Botschaft in Beirut sowie das Hauptquartier der multinationalen Streitkräfte. Hunderte Menschen sterben. Die multinationalen Truppen unter Führung der USA verlassen daraufhin den Libanon. Der »Erfolg« dieser neuen Form von Terrorismus provoziert weltweit Nachahmer auch bei sunnitischen Gruppierungen.

1986: Osama bin Laden wird zum Führer der arabischen »Glaubenskämpfer« in Afghanistan.

1987: Die Muslim-Bruderschaft »Hamas« (Eifer) wird im Westjordanland gegründet. Sie entwickelt sich während der nächsten Jahre zu einer radikalen Alternative und Bedrohung für die PLO. Im Dezember beginnt die erste Intifada, der Aufstand der Palästinenser gegen die Besatzungsmacht Israel im Westjordanland.

1988: Saddam Hussein verübt am 12. März auf rebellische Kurden in der irakischen Stadt Halabja einen Giftgasangriff, bei dem über 5000 Menschen qualvoll sterben. Westliche Regierungen legen gegen dieses unvorstellbare Verbrechen keinen oder nur sehr zaghaften Protest ein, weil sie mit Saddam Hussein seit 1980, dem Beginn des ersten Golfkriegs, gegen den Gottesstaat Iran verbündet sind.

Im September endet der acht Jahre dauernde Krieg zwischen Iran und Irak; keine der beiden Seiten kann Vorteile erringen. Der drohende wirtschaftliche Ruin zwingt beide Staaten zum Waffenstillstand. Die geschätzten Kriegskosten betragen für den Irak rund 165 Milliarden Dollar, für den Iran rund 210 Milliarden Dollar.

1989: Khomeini verkündet am 14. Februar das Todesurteil gegen Salman Rushdie wegen »Beleidigung des Islam« in dessen Roman *Die satanischen Verse.*

Am 4. Juni stirbt Khomeini in Teheran an Darmkrebs. Die Nachfolge im Amt des religiösen Führers tritt Ali Khamenei an. Rafsandschani wird durch Volkswahl Staatspräsident. Unter der Ära Khomeini hat sich für viele Iraner das Elend noch vergrößert; Teheran ist von 1979 bis 1989 von 5 Millionen auf 9 Millionen Einwohner gewachsen; die Slums dehnen sich unter dem Druck der Zuwanderer unaufhaltsam aus.

Michel Aflak stirbt in einer Pariser Klinik. Auf Veranlassung Saddam Husseins erhält er ein Staatsbegräbnis in Bagdad.

Osama bin Laden gründet im afghanisch-pakistanischen Grenzgebiet die Organisation al-Qaida, »Die Basis«.

1990: Im Libanon geht der Bürgerkrieg zwischen den verfeindeten Religionsparteien zuende. Es gibt keine eindeutigen Sieger. Aber der Schwerpunkt der Macht hat sich von den bisher dominierenden maronitischen Christen auf die Sunniten verlagert. Auch haben die bisher benachteiligten Schiiten unter Führung der Hisbollah an Macht gewonnen. Das geschwächte Land ist völlig von der »Ordnungsmacht« Syrien abhängig.

Saddam Hussein besetzt am 2. August Kuwait. Die Westmächte fordern ihn ultimativ zur Räumung auf.

1991: Nachdem Saddam Hussein einen Rückzug aus Kuwait kategorisch abgelehnt hat, beginnt am 16. Januar unter Führung der USA der zweite Golfkrieg, der am 28. Februar mit der Niederlage des Irak endet. Im März bricht im Irak der Aufstand der Schiiten und der Kurden gegen Saddam Hussein los. Im Verlauf der Kämpfe werden Nedschef und Kerbela, die heiligen Städte der Schiiten, schwer verwüstet. Da die US-Truppen den Aufständischen alle Hilfe verweigern, setzt katastrophales Flüchtlingselend ein. Die US-Regierung unter George Bush bewahrt das Regime Saddam Hussein vor dem völligen Zusammenbruch – aus der Überlegung heraus, der Irak könnte ohne diktatorische Gewalt in mehrere Teilregionen zerfallen und das Gleichgewicht im Nahen Osten noch mehr als bisher bedrohen.

Der besiegte Irak anerkennt alle ihn betreffenden UNO-Resolutionen zur Abrüstung. In den folgenden Jahren behindert aber Saddam Husseins Regime die Arbeit der UNO-Waffeninspektoren. Die UNO verhängt daraufhin ein Exportverbot für Erdöl. Das Embargo hat zur Folge, dass innerhalb eines Jahrzehnts eine halbe Million Iraker, hauptsächlich Kinder, wegen fehlender Nahrungsmittel und Medikamente sterben. Seit 1996 darf der Irak zwar im Rahmen des Programms »Öl für Nahrung« begrenzt Erdöl verkaufen, aber die Einnahmen kassiert vor allem das Regime selbst und kann sich damit stabilisieren.

Osama bin Laden verfeindet sich mit der saudi-arabischen Regierung, nachdem beim Ausbruch des zweiten Golfkriegs amerikanische Truppen ins Land geholt worden sind.

Am 21. Dezember wird die Sowjetunion offiziell aufgelöst. Die bisherigen Teilrepubliken schließen sich zur »Gemeinschaft Unabhängiger Staaten« zusammen. Damit endet für die mehrheitlich islamisch bevölkerten Staaten Aserbeidschan, Turkmenistan,

Usbekistan, Tadschikistan, Kirgistan und Kasachstan die mehr als 120 Jahre dauernde russische Fremdherrschaft.

1991/1992: Im Dezember 1991 finden in Algerien die ersten freien Wahlen seiner Geschichte statt, nachdem die säkulare FLN durch Korruption und Misswirtschaft das Land beinahe ruiniert hat. Die FLN verliert die Wahlen. Die Islamische Heilsfront erhält die meisten Stimmen. Aber daraufhin verhindert das algerische Militär mit Hilfe westlicher Staaten den zweiten Wahlgang im Januar 1992 und errichtet eine Diktatur. Ein jahrelanger Bürgerkrieg zwischen Säkularisten und Islamisten ist die Folge.

1992: Nach den israelischen Wahlen am 23. Juni siegt die Arbeitspartei über den Likud-Block. Ministerpräsident wird Yitzhak Rabin. Der Friedensprozess im Nahen Osten erhält neuen Auftrieb.

1992 bis 1996: Osama bin Laden engagiert sich im Sudan für die dortige islamistische Regierung. 1994 wird ihm die saudische Staatsbürgerschaft entzogen. 1996 muss er den Sudan auf Druck der USA und Saudi-Arabiens verlassen und übersiedelt wieder ins pakistanisch-afghanische Grenzgebiet.

1993: In Sivas (Türkei) töten sunnitische Islamisten bei einem Brandattentat 37 türkische Aleviten.

Arafat erkennt das Existenzrecht des Staates Israel an. Die Intifada gegen die Besatzungsmacht Israel endet. Im September unterzeichnet die Regierung Rabin mit der PLO ein Grundsatzabkommen, das den Palästinensern in den von Israel besetzten Gebieten begrenzte Autonomie einräumt (1994 tritt das Abkommen in Kraft).

Im November schließen Israel und Jordanien einen Friedensvertrag (der aber mit Rücksicht auf Syrien noch nicht ratifiziert wird).

1994: Im Januar stellt Assad einen Separatfrieden mit Israel in Aussicht, Bedingung ist der vollständige Abzug Israels aus dem Golan. Die Verhandlungen mit der Regierung Rabin entwickeln sich konstruktiv.

Im September marschieren Taliban-Milizen aus ihrem Exil in Pakistan nach Afghanistan ein und beginnen mit der schrittweisen Eroberung des Landes.

Im Oktober unterzeichnen Israel und Jordanien den Friedensvertrag.

1995: Im März entfachen türkische Islamisten in Istanbul Unruhen gegen die »ketzerischen« Aleviten und versetzen die Türkei wochenlang in einen Spannungszustand.

Am 14. Juni beschuldigt ein Gericht in Kairo den prominenten Koranwissenschaftler Abu Zaid der »Ketzerei« und des »Abfalls vom Islam«, weil er den Koran historisch-kritisch interpretiert. Abu Zaid flieht vor den Morddrohungen der Islamisten nach Europa und ist bis zu seinem Tod 2010 an der Universität Leiden, Holland, tätig.

Am 4. November wird Israels Ministerpräsident Rabin wegen seiner Friedensbereitschaft mit arabischen Nachbarstaaten von einem rechtsradikalen Israeli erschossen. Nachfolger wird der bisherige Außenminister Shimon Peres.

Im Dezember wird in der Türkei die gemäßigt islamistische Refah-Partei durch demokratische Wahlen stärkste Kraft. (1996 können die Islamisten mit Necmettin Erbakan den Ministerpräsidenten stellen.)

1996: Im Juni gewinnt in Israel der Likud-Block die Wahl. Der rechtsradikale Kandidat Benjamin Netanjahu wird Ministerpräsident. Damit kommt der Friedensprozess im Nahen Osten wieder ins Stocken.

Im Golfscheichtum Qatar wird der Fernsehsender al-Jazeera (»Die Insel«) gegründet, der erste politisch unabhängig berichtende Fernsehsender der arabischen Welt. Hier kommen regimekritische Journalisten aller islamischen Länder – aber auch Osama bin Laden – zu Wort. Der Sender hat 45 Millionen arabische Zuschauer.

1997: Im Iran wird der relativ liberale Geistliche Mohammed Khatami durch Volkswahl zum Staatspräsidenten. Das Ergebnis ist sensationell, weil erstmals ein Kandidat gegen den Willen der konservativen religiösen Führung zur Macht gekommen ist. Vor allem jüngere Wähler und Frauen haben zu diesem Sieg beigetragen.

In der Türkei muss der islamistische Ministerpräsident und Führer der Refah-Partei Necmettin Erbakan auf Druck des Militärs zurücktreten.

Osama bin Laden übersiedelt nach Kandahar, der Hochburg der Taliban in Afghanistan, nachdem ihn CIA-Agenten aus Peshawar entführen wollten. In der Folge unterstützt er mehrfach die Taliban bei dem blutigen Gemetzel an der schiitischen Minderheit in Afghanistan.

1998: Im Januar verbietet das türkische Verfassungsgericht auf Druck des Militärs die islamistische Refah-Partei.

Die al-Qaida verübt am 7. August fast zeitgleich zwei Bombenattentate auf die US-Botschaften in Kenia und Tansania, wobei 263 Menschen sterben. Nun wird Osama bin Laden einer breiteren Weltöffentlichkeit bekannt.

Die Ermordung von neun iranischen Diplomaten durch Taliban-Milizen in der afghanischen Stadt Mazar-i-Sharif treibt den Iran und Afghanistan im September vorübergehend an den Rand eines Krieges.

Saddam Hussein verweigert die weitere Zusammenarbeit mit den UNO-Waffeninspektoren, die daraufhin den Irak verlassen. Es kommt zu vereinzelten Angriffen der US-Luftwaffe auf vermutete Waffenverstecke.

1999: Am 15. Februar stirbt König Hussein von Jordanien mit 69 Jahren an Krebs. Er regierte seit 1952. Nachfolger wird sein 38-jähriger Sohn als König Abdullah II.

Bei vorgezogenen Parlamentswahlen in der Türkei Anfang April wird die demokratische Linkspartei unter Führung von Bülent Ecevit mit 22 Prozent der Wählerstimmen stärkste Partei. Sie bildet eine (sehr brüchige) Regierungskoalition mit der extrem chauvinistischen Partei MHP. Die islamistische Partei des Necmettin Erbakan ist mit ihrem Stimmenanteil hinter die beiden säkularen Parteien zurückgefallen.

Bei den vorgezogenen Parlamentswahlen in Israel am 29. Juli verliert die krisengeplagte Likud-Partei unter Netanjahu und muss die Macht an die Arbeitspartei unter Ehud Barak abgeben. Netanjahu tritt als Führer des Likud zurück, Nachfolger wird der rechtsradikale Populist Ariel Sharon, der nach seinem schmachvollen Rücktritt 1983 wieder eine Führungsposition übernimmt. Barak will Rabins Friedenspolitik fortsetzen.

Ende Juli stirbt Marokkos König Hassan II. 70-jährig. Er regierte seit 1961 als absoluter Monarch und hat Opposition nur zeitweilig unter politischem Druck und dann sehr eingeschränkt zugelassen. Er hinterlässt ein wirtschaftlich krisengeschütteltes Land, jeder fünfte Marokkaner ist arbeitslos. Nachfolger wird sein 35-jähriger Sohn Mohammed VI.

2000: Hafis al-Assad stirbt am 10. Juni nach 30-jähriger Herrschaft 69-jährig an Herzinfarkt in Damaskus. Sein Sohn Baschar al-Assad folgt im Amt des syrischen Präsidenten.

Unter Vermittlung von US-Präsident Bill Clinton findet im Juli ein zweiter »Camp-David-Gipfel« statt (den ersten hatte 1978 Jimmy Carter abgehalten). Gesprächspartner sind nun Ehud Barak und Yassir Arafat. In den Verhandlungen gesteht Barak den Palästinensern 90 Prozent des Westjordanlandes zu, aber die Verhandlungen scheitern vor allem an der Frage über den zukünftigen Status von Jerusalem. Erstmals ist jedoch versucht worden, die politische Zukunft Jerusalems zum Gegenstand echter Verhandlungen zu machen.

Israel. Am 28. September kommt Likud-Führer Ariel Sharon zu einer »Inspektion« auf den Tempelberg und zur al-Aksa-Moschee. Der ungebetene Besuch des radikalen Likud-Führers in der drittheiligsten Pilgerstätte des Islam wird von den Palästinensern als gezielte Provokation empfunden. Es kommt zu schweren Unruhen. Die zweite »Intifada«, die sogenannte »al-Aksa-Intifada«, beginnt. Die eigentlichen Ursachen für den Ausbruch der bürgerkriegsähnlichen Unruhen ist jedoch die tiefe Enttäuschung der Palästinenser über die stockenden Friedensverhandlungen.

Die Zahl der Muslime mit dauerhaftem Wohnsitz in Deutschland ist auf 3,3 Millionen gestiegen, davon sind rund 2,5 Millionen türkischer Herkunft. Zu Beginn des 21. Jahrhunderts studieren schon 23 000 Türken an deutschen Universitäten. Rund 50 000 türkischstämmige Unternehmer haben über 200 000 Arbeitsplätze geschaffen.

Inzwischen leben rund 17 Millionen Muslime in Europa. 1950 waren es erst 900 000, überwiegend in Frankreich und Großbritannien.

2001: Afghanistan: Anfang März lässt das Taliban-Regime die weltberühmten Buddha-Statuen von Bamyan (3. und 4. Jahrhundert) als letzte Überbleibsel eines »Götzenglaubens« völlig zerstören, ebenso unersetzliche Kunstschätze aus vorislamischer Zeit im Nationalmuseum von Kabul.

Israel: Bei den vorgezogenen Neuwahlen am 6. Februar erringt der Likud-Führer Ariel Sharon mit 62,5 Prozent der Wählerstimmen einen Erdrutschsieg über Ehud Barak (37,5 Prozent).

Papst Johannes Paul II. besucht auf seiner Reise durch Syrien am 6. Mai die Omayyaden-Moschee in Damaskus und betet dort gemeinsam mit muslimischen Geistlichen. Er hat als erster Papst überhaupt – zum Zeichen des Dialogs – eine Moschee betreten.

8. Juni: Im Iran stellt sich Staatspräsident Khatami für eine zweite Amtszeit zur Wahl. Er gewinnt mit 77 Prozent der Stimmen (noch um 7 Prozent mehr als 1997). Wieder verdankt er seinen Sieg vor allem den jugendlichen und weiblichen Wählern. Aber die religiöse Führung unter Ali Khamenei blockiert auch weiterhin viele Reformen.

11. September: Die Organisation al-Qaida verübt den Terroranschlag auf das World Trade Center in New York und das Pentagon nahe Washington, über 3000 Menschen sterben. Dieses für die Amerikaner traumatische Ereignis radikalisiert die Politik des seit Januar 2001 amtierenden Präsidenten George W. Bush.

Am 7. Oktober beginnen alliierte Truppen unter Führung der USA Angriffe auf Afghanistan, um das Netzwerk der al-Qaida zu zerstören und das mit den Terroristen verbündete Taliban-Regime zu stürzen. Nach sechswöchigem Kampf haben die westlichen Truppen im Bündnis mit Stammesfürsten aus dem afghanischen Norden die Taliban zumindest aus allen Städten verdrängt. Aber der Taliban-Führer Mullah Omar ist ebenso wie Osama bin Laden unauffindbar. Al-Qaida ist nicht in der Substanz getroffen.

2002: US-Präsident George W. Bush spricht in einer Rede am 9. Januar von der »Achse des Bösen« und rechnet ihr die Staaten Irak, Iran und Nordkorea zu.

März und April: Die al-Aksa-Intifada, die seit eineinhalb Jahren Israel und das Westjordanland in schwerer Unruhe hält, bekommt eine neue Dimension. Nachdem die Zahl palästinensischer Selbstmordattentäter drastisch zugenommen hat, geht Sharon zu großangelegten militärischen Aktionen über. Mitte März besetzen israelische Truppen weite Teile des Westjordanlandes und umzingeln Arafats Amtssitz in Ramallah.

Der prominente iranische Historiker Haschem Aghadscheri fordert im Juni Reformen im Gottesstaat Iran. Die Demokratie soll gestärkt werden, die religiöse Führung sich aus politischen Ämtern zurückziehen. Er wird wegen dieser Rede zum Tod verurteilt. Schwere Unruhen der Studenten im Juli zwingen Religionsführer Khamenei, das Todesurteil in eine zweijährige Haftstrafe umzuwandeln.

28. September: Zweiter Jahrestag der al-Aksa-Intifada. Die bis-

herige Bilanz: rund 2000 getötete Palästinenser, rund 600 getötete Israelis, 55 000 Menschen haben ihren Arbeitsplatz verloren.

3. November: Vorgezogene Neuwahlen in der Türkei, nachdem die bisherige Regierungskoalition unter Bülent Ecevit an inneren Streitigkeiten zerbrochen ist. Die gemäßigte islamische Partei »Gerechtigkeit und Entwicklung« (AKP) gewinnt unter Führung von Recep Tayyip Erdoğan die absolute Mehrheit. Nur die Republikanische Volkspartei (CHP), gegründet von Atatürk, kann sich als Oppositionspartei behaupten.

8. November: Die UN-Resolution 1441 verlangt vom Irak, alle chemischen, biologischen und nuklearen Waffen zu vernichten. Andernfalls drohen »ernste Konsequenzen«.

Iraner im Exil berichten erstmals von einem geheimen Atomprogramm des Iran. Die USA bezichtigen daraufhin den Iran eines militärischen Nuklearprogramms.

Der 2002 in Ägypten veröffentlichte Roman »Der Jakubijan-Bau« des Autors Alaa al-Aswani wird über ein Jahrzehnt lang zu einem der größten Bestsellererfolge in der arabischen Welt. Er ist Seismograph für das weitverbreitete Unbehagen an den Missständen der islamischen Gesellschaft.

2003: Israel: Ende Januar gewinnt Sharon bei vorgezogenen Neuwahlen die absolute Mehrheit. Der oppositionellen Arbeitspartei gelingt es nicht, eine überzeugende Alternative zur radikalen »Sicherheitspolitik« der Likud-Regierung zu bieten.

Februar: Die UNO-Waffeninspektoren können im Irak keine versteckten Massenvernichtungswaffen finden. Dessen ungeachtet wünschen die USA von der UNO eine Resolution, die den Krieg gegen den Irak rechtfertigt. Dies scheitert am Veto Frankreichs und Russlands. Es gelingt George W. Bush nicht, eine breite Allianz gegen den Irak zustande zu bringen. Ohnehin verweigern sich sämtliche islamischen Staaten, aber auch Deutschland, Frankreich und Belgien. Einziger Bündnispartner, der Truppen schicken will, ist Großbritannien.

20. März: Beginn des dritten Golfkrieges. Amerikanische und britische Truppen benötigen 20 Kriegstage, bis sie am 9. April in Bagdad einmarschieren. Damit ist das Regime Saddam Husseins nach 24-jähriger Gewaltherrschaft gestürzt. Aber von dem Diktator und seinen beiden Söhnen fehlt jede Spur.

Mitte April: Chaos in den irakischen Städten. Den amerikanischen und britischen Besatzern gelingt es nicht, eine stabile Ordnung zu schaffen. In Bagdad wird die Nationalbibliothek sowie das Nationalmuseum teilweise geplündert.

14. April: Papst Johannes Paul II. verneint in seiner 14. Enzyklika ausdrücklich, dass ein gemeinsames Abendmahl von Katholiken und Protestanten möglich sei. Er widersetzt sich damit Bestrebungen der Ökumene.

Die amerikanische Militärregierung löst im Irak Anfang Mai die Baath-Partei auf, die 35 Jahre (seit 1968) das Land regiert hat. Rund 1,5 Millionen der insgesamt 24 Millionen Iraker sind Parteimitglieder.

Im Irak gewinnen nach dem Zusammenbruch der sunnitischen Baath-Diktatur islamistische Bewegungen der bisher unterdrückten Schiiten stark an Einfluss.

In Graz (Österreich) veröffentlicht am 15. Juni die »Konferenz der Leiter islamischer Zentren und Imame in Europa« eine Erklärung, dass sich die in Europa lebenden Muslime zu Demokratie, Pluralismus und den Menschenrechten bekennen. Außerdem, wird jegliche Form von Fanatismus und Extremismus abgelehnt.

Mitte Juni weiten sich im Iran Studentenunruhen von Teheran auf andere Städte aus. Die Proteste richten sich erstmals deutlich auch gegen Staatspräsident Khatami, dessen Reformpolitik durch Religionsführer Khamenei nach wie vor stark gebremst wird.

Nach vier Monaten ist es im Irak den amerikanischen und britischen Besatzern noch immer nicht gelungen, das Land zu befrieden. Auch ist es ihnen bisher unmöglich, die angeblich versteckten Massenvernichtungswaffen Saddam Husseins zu finden, dabei hat der Vorwurf der heimlichen Lagerung solcher Waffen offiziell als ein wesentlicher Kriegsgrund gegolten. Immer mehr erhärtet sich weltweit der Verdacht, dass der amerikanische und britische Geheimdienst – und auch die Regierungen – Informationen manipuliert und die Öffentlichkeit bewusst getäuscht haben. Als unhaltbar erweisen sich außerdem die Behauptungen, dass das irakische Regime Kontakte zur al-Qaida gepflegt habe. Zu groß waren und sind die ideologischen Gegensätze zwischen den säkularen Baath-Sozialisten und der radikal-islamischen Organisation.

Am 13. Dezember wird der geflüchtete Diktator Saddam Hussein verhaftet.

2004: In der Türkei beginnt die Wirtschaft unter der Regierung Erdoğan zu boomen, dies nahezu ein Jahrzehnt lang.

Bei den Parlamentswahlen im Iran am 20. Februar gewinnen die religiös Konservativen die absolute Mehrheit. Für die Reformer unter Führung des Staatspräsidenten Khatami bedeutet dies eine schwere Niederlage. Vorwürfe gegen eine »manipulierte Wahl« werden erhoben. Aber der »Wahlsieg« der Konservativen kann nicht darüber hinwegtäuschen, dass das Mullah-Regime von großen Teilen besonders der Stadtbevölkerung abgelehnt wird.

Am 11. März verübt die al-Qaida auf Vorortzüge in Madrid ein Sprengstoffattentat. 191 Menschen sterben, über 1800 werden verletzt.

Seit September kommt es zwischen dem Iran und westlichen Staaten zu erheblichen Spannungen. Der Iran gerät zunehmend in den Verdacht, Kernkraftwerke nicht zur friedlichen Nutzung der Atomenergie zu nutzen, sondern den Bau einer Atombombe zu planen.

2005: Papst Johannes Paul II. stirbt am 2. April in Rom. Nachfolger wird am 19. April. Kardinal Josef Ratzinger unter dem Namen Benedikt XVI.

Mahmud Ahmadinedschad gewinnt im Juni die Wahlen für das Amt des iranischen Staatspräsidenten.

Am 19. August besucht Benedikt XVI. in Köln als erster Papst eine Synagoge und nimmt in Köln am Totengebet für die 11 000 jüdischen Opfer des Holocaust teil.

2006: Anfang Januar erleidet Ariel Sharon einen Schlaganfall, fällt ins Koma und stirbt acht Jahre später im Januar 2014.

Ende Januar, Anfang Februar: 12 Karikaturen über den Propheten Mohammed, in der dänischen Tageszeitung Jyllands Posten veröffentlicht, führen in Afghanistan, Pakistan, Iran, Türkei und im Westjordanland zu heftigen Protesten, ja teils zu blutigen Unruhen.

Am 12. September hält Papst Benedikt XVI. in Regensburg eine umstrittene Rede, in der er dem Christentum »Vernunft« zubilligt, dem Islam aber Neigung zu Irrationalität, Intoleranz und Gewalt vorwirft. Die Rede ruft in vielen islamischen Ländern Proteste hervor und löst in Westeuropa Irritation aus.

Im Irak wird Mitte Oktober die Terror-Organisation »Islamischer Staat im Irak« gegründet. Sie ist als Widerstandsgruppe gegen die amerikanische und britische Besatzung vorerst noch der al-Qaida untergeordnet.

Am 30. Dezember wird Saddam Hussein in Bagdad hingerichtet.

2007: In der Türkei erringt Erdoğans AKP bei vorgezogenen Neuwahlen einen Erdrutschsieg und kann damit ihre Macht noch ausbauen.

Am 10. Juli grenzt sich Papst Benedikt XVI. in seiner Rede »Einzigartigkeit der Katholischen Kirche« gegen die Protestanten ab.

2009: In Israel wird Benjamin Netanjahu bei den Parlamentswahlen erneut Ministerpräsident (nach seiner Wahlniederlage 1999).

Im Juni wird Ahmadinedschad zum zweiten Mal in das Amt des iranischen Staatspräsidenten gewählt. Aber es kommt zu schweren Unruhen, weil die reformorientierten Gruppierungen einen Wahlbetrug vermuten. Das Mullah-Regime gerät in eine schwere Legitimationskrise.

2010: Abu Bakr al-Baghdadi wird Mitte Mai neuer Anführer des »Islamischen Staates im Irak«.

Im September erscheint Thilo Sarrazins Buch »Deutschland schafft sich ab« und wird mit seinen islamfeindlichen Thesen zu einem der größten Bestseller-Erfolge der deutschen Nachkriegsgeschichte.

Am 17. Dezember beginnen die Unruhen des »Arabischen Frühlings«. Tunesien ist Ausgangspunkt der Massenproteste gegen Korruption, Misswirtschaft und Ausbeutung.

2011: Im Januar flieht Diktator Ben Ali unter dem Druck der Volksunruhen aus Tunesien.

Am 25. Januar beginnt in Ägypten der Aufstand gegen den Diktator Hosni Mubarak. Am 11. Februar tritt Mubarak zurück. Nach Mubaraks Sturz gründet die Muslim-Bruderschaft die Partei »Freiheit und Gerechtigkeit« und wählt Mohammed Mursi zum Vorsitzenden der neuen Partei.

In Libyen nehmen die Unruhen gegen Diktator Muammar al-Gaddafi ihren Anfang.

Im Februar und März beginnt der Aufstand gegen Baschar al-Assad in den syrischen Städten Deraa und Homs.

Osama bin Laden wird am 2. Mai durch eine Spezialeinheit der US-Armee in seinem pakistanischen Versteck erschossen. Nachfolger in der Führung der al-Qaida wird der Ägypter Aiman az-Zawahiri.

In Syrien bilden desertierte Soldaten im Verlauf des Sommers die Organisation »Freie syrische Armee«. Damit beginnt die militärische Auseinandersetzung zwischen den Rebellen und dem Assad-Regime.

Gaddafi wird im Oktober von Aufständischen getötet. Damit endet eine Diktatur, die 1969 begann. Libyen versinkt in den folgenden Monaten im politischen Chaos.

Im Dezember ziehen die amerikanischen und britischen Besatzungstruppen aus dem Irak ab. Die Minderheit der Sunniten, die unter dem sunnitischen Diktator Saddam Hussein zahlreiche Privilegien genoss, fühlt sich vom schiitischen Regierungschef Nuri al-Maliki unterdrückt. Dies begünstigt den Vormarsch radikal-sunnitischer Gruppierungen.

2012: Im Januar finden in Ägypten die ersten freien Wahlen seiner Geschichte statt. Die islamistische Partei der Muslim-Bruderschaft erringt 47 Prozent der Stimmen. Die islamistisch radikalere Partei der Salafisten kommt auf 25 Prozent. Damit haben Islamisten rund 72 Prozent aller Stimmen gewonnen. Ihren Erfolg verdanken beide Gruppierungen den zahlreichen Sozialprojekten, die sie für die ärmere Bevölkerung verwirklichten (im Gegensatz zur passiv bleibenden »säkular« orientierten Regierung unter Mubarak). Aber die Feindschaft zwischen Muslim-Brüdern und Salafisten wächst, weil die Muslim-Brüder ein Bündnis mit säkularen Parteien anstreben. Im Juni wird Mursi zum Staatspräsidenten Ägyptens gewählt.

2013: Papst Benedikt XVI. tritt am 28. Februar von seinem Amt »aus gesundheitlichen Gründen« zurück – einmalig in der Geschichte des Papsttums. Am 13. März folgt ihm Papst Franziskus I., der erste Argentinier, der erste Amerikaner und Jesuit in diesem Amt. Seine Amtsführung beginnt mit starkem Engagement für die sozial Schwachen und Flüchtlinge.

Im März erobert die Terror-Organisation »Islamischer Staat im Irak« Regionen im Norden Syriens und macht die Stadt Raqqa zum strategischen Zentrum für weitere Eroberungen. Im April eskaliert der Bürgerkrieg in Syrien.

Türkei: Im Mai kommt es in Istanbul wegen der geplanten Bebauung des Gezi-Parks nahe dem Taksim-Platz zu großen Demonstrationen einer empörten Bevölkerung. Die Unruhen weiten sich zu landesweiten Protesten gegen das zunehmend autoritäre, undemokratische Verhalten der Regierung Erdoğan aus.

Im Iran wird Mitte Juni Hassan Rohani zum neuen Staatspräsidenten gewählt.

Im Juli wird der saudi-arabische Internet-Aktivist Raif Badawi wegen »Beleidigung des Islam« von einem Gericht in Riad zu 7 Jahren Gefängnis und 150 Stockhieben verurteilt. Im Mai 2014 wird in zweiter Instanz das Urteil verschärft: 10 Jahre Gefängnis und 1000 Stockhiebe. Der Vorwurf gegen ihn: Er habe Muslime, Christen, Juden und Atheisten als »gleichwertig« bezeichnet.

Ende Juni verstärken sich in Ägypten die Proteste gegen die Regierung Mursi aufgrund der chaotischen Wirtschaftspolitik, protestiert wird auch gegen Mursis Versuch, Ägyptens Justiz zu »islamisieren«. Am 3. Juli putscht das Militär unter Führung von General Abd al-Fattah as-Sisi und setzt Mursi ab.

Im Sommer nimmt die Terror-Organisation »Islamischer Staat im Irak« den Namen »Islamischer Staat im Irak und Syrien« (ISIS) an, weil sie über die Staatsgrenzen des Irak die Eroberung ganz Syriens anstrebt. Sie bestreitet den Führungsanspruch der al-Qaida, bricht mit ihr und wird zunehmend zur konkurrierenden Organisation.

In der Türkei wird im Dezember die Regierung Erdoğan in einen schwerwiegenden Korruptionsskandal verwickelt.

2014: In der ersten Jahreshälfte erobert ISIS große Teile des nördlichen Irak, Anfang Juli schließlich Mossul, die zweitgrößte Stadt des Irak. Ende Juni nennt sich ISIS nur noch »Islamischer Staat« (IS), nun mit dem Anspruch, die ganze islamische und Teile der westlichen Welt zu unterwerfen. Am 29. Juni wird in Mossul das »Kalifat« ausgerufen, Abu Bakr al-Baghdadi wird unter dem Namen Ibrahim zum ersten Kalifen.

Am 8. Juli wird General as-Sisi als neuer Staatspräsident Ägyptens vereidigt.

Im August tritt im Irak der umstrittene Ministerpräsident Nuri al-Maliki zurück, der mit seiner einseitigen Begünstigung der Schiiten den Widerstand der Sunniten, vor allem der al-Qaida und des IS, gestärkt hat.

Am 28. August wird Erdoğan in das Amt des Staatspräsidenten der Türkei gewählt, er war von 2003 bis 2014 Ministerpräsident. In das Amt des Ministerpräsidenten folgt der bisherige Außenminister Ahmet Davutoğlu. Erdoğan strebt in seiner neuen Position eine Ausweitung der Machtkompetenzen des Staatspräsidenten an.

Am 26. Oktober wird bei den Parlamentswahlen in Tunesien die säkular orientierte Partei Nida Tounes stärkste Kraft und löst damit die gemäßigte islamistische Partei Ennada in der Regierung ab. Tunesien erweist sich damit als das einzige Land, das mit einer relativ funktionierenden Demokratie aus dem »Arabischen Frühling« hervorgegangen ist.

2015: Am 7. Januar verüben islamistische Terroristen einen Anschlag auf die Redaktion der Satire-Zeitschrift »Charlie Hebdo« in Paris. 17 Menschen werden getötet.

Im Februar und März zerstört der IS im Museum von Mossul zahlreiche Statuen aus assyrischer Zeit, ebenso vorislamische Monumente in den antiken Ausgrabungsstätten Nimrud und Hatra.

Im März wird Netanjahu durch Parlamentswahlen als israelischer Ministerpräsident für eine weitere Amtszeit bestätigt.

Am 20. Mai erobert der IS die syrische Oasenstadt Palmyra und beginnt im August mit der Zerstörung von musealen Tempeln aus spätantiker Zeit.

Der entmachtete Staatspräsident Mursi wird in Kairo im Mai mit rund 100 mitangeklagten Muslim-Brüdern zum Tod verurteilt.

In der Türkei büßt Erdoğans AKP bei Parlamentswahlen am 7. Juni die absolute Mehrheit ein, weil die Kurdenpartei HDP massiv an Stimmen gewinnt.

Das Atomabkommen mit dem Iran wird am 14. Juli in Wien abgeschlossen, nachdem der Iran zugestimmt hat, sein Atomprogramm zu reduzieren. Mit dem Iran verhandelten monatelang die USA, die fünf Vetomächte und Deutschland.

Am 20. Juli tötet ein Selbstmordattentäter des IS 30 Kurden in der südosttürkischen Stadt Suruc, am 10. Oktober ein weiterer Selbstmordattentäter des IS in Ankara rund 100 demonstrierende Kurden. Die Türkei droht nun immer mehr in die Wirren des syrischen Bürgerkriegs zu geraten.

Eine verheerende Bilanz des syrischen Bürgerkriegs von 2011 bis Jahresende 2015: Die Schätzungen reichen von 250 000 bis zu 450 000 Toten, nahezu 11 der rund 22 Millionen Einwohner sind auf der Flucht, rund 7 Millionen sind Binnenflüchtlinge, rund 4 Millionen leben in Flüchtlingslagern der Nachbarstaaten. Seit August und September wächst der Flüchtlingsstrom nach Westeuropa rapide an und führt in zahlreichen Ländern zu massiven innenpolitischen Krisen.

Am 13. November sterben bei einem Massaker des IS in Paris 129 Menschen und mehr als 350 werden verletzt.

Türkei: Die AKP gewinnt bei vorgezogenen Neuwahlen am 1. November die absolute Mehrheit zurück.

2016: In der Silvesternacht kommt es in Köln wie auch etlichen anderen deutschen Großstädten zu Ausschreitungen von jungen Muslimen. Die politische Debatte, ob eine Integration der vielen Flüchtlinge aus dem Nahen Osten seit dem Sommer 2015 gelingen kann, nimmt an Schärfe zu.

Am 12. Januar tötet ein Selbstmordattentäter des IS auf dem Platz zwischen der Hagia Sophia und der Sultan-Ahmet-Moschee in Istanbul 10 Menschen, zumeist deutsche Touristen.

Mitte Januar heben die Europäische Union und die USA die fast ein Jahrzehnt dauernden Wirtschaftssanktionen gegen den Iran auf. Die Atomenergiebehörde hat dem Iran bescheinigt, sein Atomprogramm massiv reduziert zu haben, so dass der Bau einer Atombombe unmöglich geworden sei.

Am 27. Februar schweigen in den meisten Gebieten und Städten Syriens die Waffen. Von einem wirklichen Waffenstillstand lässt sich nicht sprechen.

Am 22. März verüben Terroristen des IS einen Anschlag auf den Flughafen von Brüssel sowie die Metro. 38 Menschen sterben, etwa 100 werden verletzt.

Am 22. Mai tritt Ahmet Davutoğlu vom Amt des türkischen Ministerpräsidenten zurück – nach einem tiefreichenden Konflikt mit Erdoğan, der seine Macht als Staatspräsident zunehmend auf Kosten des Ministerpräsidenten autokratisch ausbauen will.

Am 27. Mai können Truppen Assads mit Hilfe iranischer Brigaden und russischer Luftwaffe die syrische Oasenstadt Palmyra vom IS zurückerobern – ein strategisch wie symbolisch wichtiger Sieg. Zu dieser Zeit hat der IS in Syrien bereits 20 Prozent seines Herrschaftsgebiets verloren, im Irak 40 Prozent.

Am 12. Juni verübt ein muslimischer Sympathisant des IS ein Attentat mit 49 Toten und mehr als 50 Verletzten in Orlando, Florida. Der Attentäter Omar Mateen stirbt. Es ist der schwerste Mordanschlag von Islamisten in den USA seit dem 11. September 2001.

Mitte Juni ergibt eine Studie der Universität Leipzig: Nahezu 50 Prozent der Deutschen fühlen sich »durch die vielen Muslime manchmal wie ein Fremder im eigenen Land.« 2014 haben nur 43 Prozent zu einer solchen Aussage geneigt. Rund 41 Prozent sind inzwischen der Ansicht, dass Muslimen die Zuwanderung nach Deutschland untersagt werden sollte.

Literaturhinweise

Abu Zaid, Nasr Hamid: Islam und Politik. Kritik des religiösen Diskurses. Frankfurt a. M. 1996.

Aswani, Alaa al: Der Jakubijan-Bau. Roman aus Ägypten. 2. Aufl. Basel 2007.

Azm, Sadik al: Unbehagen in der Moderne. Aufklärung im Islam. Frankfurt a. M. 1993.

Azzam, Hamdy Mahmoud: Der Islam. Plädoyer eines Moslem. München 1983.

Badawi, Raif: 1000 Peitschenhiebe. Weil ich sage, was ich denke. Berlin 2015.

Bausinger, Hermann (Hrsg.): Ausländer – Inländer. Arbeitsmigration und kulturelle Identität. Tübingen 1986.

Berger, Peter L. / Brigitte Berger / Hansfried Kellner: Das Unbehagen in der Modernität. Frankfurt a. M. 1975.

Birkner, Hans-Joachim: Protestantismus im Wandel. Aspekte – Deutungen – Aussichten. München 1971.

Broder, Henryk M.: Die Irren von Zion. 3. Aufl. Hamburg 1998.

Bruckner, Pascal: Das Schluchzen des weißen Mannes. Europa und die Dritte Welt – eine Polemik. Berlin 1984.

Cahen, Claude: Der Islam. I. Vom Ursprung bis zu den Anfängen des Osmanenreiches (Fischer Weltgeschichte, Bd. 14). Frankfurt a. M. 1968.

Clasmann, Anne-Beatrice: Der arabische (Alb-)Traum. Aufstand ohne Ziel. Wien 2015.

Dietl, Wilhelm: Heiliger Krieg für Allah. Als Augenzeuge bei den geheimen Kommandos des Islam. München 1983.

Durant, Will: Das Vermächtnis des Ostens. Bern 1956.

Durant, Will: Das Zeitalter des Glaubens. Bern 1965.

Ende, Werner / Udo Steinbach (Hrsg.): Der Islam in der Gegenwart. München 1984.

Fitzgerald, Michael / Adel Th. Khoury / Werner Wanzura (Hrsg.): Moslems und Christen – Partner? Graz, Wien, Köln 1976.

Gehl, Günter (Hrsg.): Fundamentalismus contra Weltfriede? Weimar 1996.

Gehl, Günter (Hrsg.): Die Türkei. Nur im Vorhof Europas? Weimar 2001.

Gehl, Günter (Hrsg.): Zusammenprall der Kulturen? Perspektiven der Weltpolitik nach dem Ende des Ost-West-Konflikts. Weimar 1999.

Gellner, Ernest: Leben im Islam. Religion als Gesellschaftsordnung. Stuttgart 1985.

Glasenapp, Helmuth von: Die fünf Weltreligionen. Brahmaismus, Buddhismus, Chinesischer Universismus, Christentum, Islam. Köln 1982.

Glasenapp, Helmuth von: Die nichtchristlichen Religionen. Frankfurt a. M. 1957.

Gruen, Arno: Wider den Terrorismus. 2. Aufl. Stuttgart 2015.

Grunebaum, Gustave Edmund von (Hrsg.): Der Islam. II. Die islamischen Reiche nach dem Fall von Konstantinopel (Fischer Weltgeschichte, Bd. 15). Frankfurt a. M. 1971.

Guggisberg, Hans R. (Hrsg.): Religiöse Toleranz. Dokumente zur Geschichte einer Forderung. Stuttgart 1984.

Heer, Friedrich: Kreuzzüge – gestern, heute, morgen? Luzern u. Frankfurt a. M. 1969.

Heller, Erdmute / Hassouna Mosbahi (Hrsg.): Islam, Demokratie, Moderne. Aktuelle Antworten arabischer Denker. München 1998.

Hofmann, Murad: Der Islam als Alternative. 2. Aufl. München 1993.

Hunke, Sigrid: Allahs Sonne über dem Abendland. Unser arabisches Erbe. Stuttgart 1984.

Huntington, Samuel: Kampf der Kulturen. Die Neugestaltung der Weltpolitik im 21. Jahrhundert. 2. Aufl. München, Wien 1997.

Italiaander, Rolf (Hrsg.): »Fremde raus?« Fremdenangst und Ausländerfeindlichkeit. Gefahren für jede Gemeinschaft. Frankfurt a. M. 1983.

Italiaander, Rolf (Hrsg.): Die Herausforderung des Islam. Ein ökumenisches Lesebuch. Göttingen 1987.

Jedin, Hubert: Kleine Konziliengeschichte. Die zwanzig ökumenischen Konzilien im Rahmen der Kirchengeschichte. Basel u. Wien 1959.

Jens, Walter (Hrsg.): Um nichts als die Wahrheit. Deutsche Bischofskonferenz contra Hans Küng. Eine Dokumentation. München u. Zürich 1978.

Kebir, Sabine: Zwischen Traum und Alptraum. Algerische Erfahrungen 1977–1992. Düsseldorf 1993.

Kepel, Gilles: Die Rache Gottes. Radikale Moslems, Christen und Juden auf dem Vormarsch. München 1991.

Kepel, Gilles: Das Schwarzbuch des Dschihad. Aufstieg und Niedergang des Islamismus. München 2002.

Kermani, Navid: Nach Europa. Zürich 2003.

Kermani, Navid: Ungläubiges Staunen. Über das Christentum. München 2015.

Khorchide, Mouhanad: Islam ist Barmherzigkeit. Grundzüge einer modernen Religion. Freiburg i. B. 2012.

Khorchide, Mouhanad: Scharia – der missverstandene Gott. Der Weg zu einer modernen islamischen Ethik. Freiburg i. B. 2013.

Köhle-Hezinger, Christel: Evangelisch – katholisch. Untersuchungen zu konfessionellem Vorurteil und Konflikt im 19. und 20. Jahrhundert vornehmlich am Beispiel Württembergs. Tübingen 1976.

Küng, Hans: Wahrhaftigkeit. Zur Zukunft der Kirche. Freiburg, Basel, Wien 1968.

Küng, Hans / Josef van Ess: Christentum und Weltreligionen. I. Islam. Gütersloh 1987.

Kuschel, Karl-Josef: Juden, Christen, Muslime. Herkunft und Zukunft. Düsseldorf 2007.

Kuschel, Karl-Josef: Leben ist Brückenschlagen. Vordenker des interreligiösen Dialogs. Ostfildern 2011.

Kuschel, Karl-Josef: Vom Streit zum Wettstreit der Religionen. Lessing und die Herausforderung des Islam. Düsseldorf 1998.

Lewis, Bernard: Die Welt der Ungläubigen. Wie der Islam Europa entdeckte. Frankfurt a. M. u. Berlin 1987.

Lewis, Bernard: Welt des Islam. Geschichte und Kultur im Zeichen des Propheten. Braunschweig 1976.

Lüders, Michael: Wer den Wind sät. Was westliche Politik im Orient anrichtet. 14. Aufl. München 2015.

Maaluf, Amin: Der heilige Krieg der Barbaren. Die Kreuzzüge aus der Sicht der Araber. München 1996.

Meddeb, Abdelwahhab: Die Krankheit des Islam. Heidelberg 2002.

Mensching, Gustav (Hrsg.): Der offene Tempel. Die Weltreligionen im Gespräch miteinander. Stuttgart 1974.

Meyer, Thomas: Fundamentalismus. Aufstand gegen die Moderne. Reinbek bei Hamburg 1989.

Mitscherlich, Alexander: Toleranz – Überprüfung eines Begriffs. Ermittlungen. Frankfurt a. M. 1974.

Neumann, Johannes / Michael W. Fischer (Hrsg.): Toleranz und Repression. Zur Lage der religiösen Minderheiten in modernen Gesellschaften. Frankfurt a. M. u. New York 1987.

Niewöhner, Friedrich: Maimonides. Aufklärung und Toleranz im Mittelalter. Heidelberg 1988.

Niewöhner, Friedrich: Veritas sive Varietas. Lessings Toleranzparabel und das Buch Von den drei Betrügern. Heidelberg 1988.

Özoguz, Aydan (Hrsg.): Religion – ein deutsch-türkisches Tabu? Körber-Stiftung. Hamburg 1997.

Öztürk, Yaşar Nuri: Rumi und die islamische Mystik. Über das Menschenbild im Islam. Düsseldorf 2000.

Öztürk, Yaşar Nuri: Der verfälschte Islam. Düsseldorf 2007.

Perthes, Volker: Das Ende des Nahen Ostens, wie wir ihn kennen. Ein Essay. Berlin 2015.

Prittie, Terence: Wem gehört Jerusalem? Stuttgart 1982.

Religion und Politik im Iran. »mardom nameh« – Jahrbuch zur Geschichte und Gesellschaft des Mittleren Ostens. Redaktion: Kurt Greussing. Hrsg. v. Berliner Institut für vergleichende Sozialforschung. Frankfurt a. M. 1981.

Reuter, Christoph: Die schwarze Macht. Der »Islamische Staat« und die Strategie des Terrors. München 2015.

Rill, Bernd: Kemal Atatürk. Reinbek b. Hamburg 1985.

Ringel, Erwin / Alfred Kirchmayr: Religionsverlust durch religiöse Erziehung. Tiefenpsychologische Ursachen und Folgerungen. Wien, Freiburg, Basel 1986.

Schiffauer, Werner: Die Gottesmänner. Türkische Islamisten in Deutschland. Frankfurt a. M. 2000.

Schimmel, Annemarie: Mystische Dimensionen des Islam. Die Geschichte des Sufismus. Köln 1985.

Schirra, Bruno: ISIS. Der globale Dschihad. Wie der »Islamische Staat« den Terror nach Europa trägt. 4. Aufl. Berlin 2015.

Schweizer, Gerhard: Iran. Drehscheibe zwischen Ost und West. 5. erw. u. aktual. Aufl. Stuttgart 2005 (Neubearbeitung in Vorbereitung unter dem Titel: Iran verstehen. Von Zarathustra bis zur Islamischen Republik).

Schweizer, Gerhard: Mein Herz ist offen für jede Form. Eine Reise in die Mystik der Sufis und Derwische. Freiburg 2014.

Schweizer, Gerhard: Pilgerorte der Weltreligionen. Auf Entdeckungsreise zwischen Tradition und Moderne. Mit einem Vorwort von Karl-Josef Kuschel. Ostfildern 2007.

Schweizer, Gerhard: Syrien verstehen. Geschichte, Gesellschaft, Religion. 6. aktual. Aufl. Stuttgart 2016.

Schweizer, Gerhard: Die Türkei. Zerreißprobe zwischen Islam und Nationalismus. Stuttgart 2008 (Neubearbeitung in Vorbereitung unter dem Titel: Türkei verstehen. Von Atatürk bis Erdoğan).

Schweizer, Gerhard: Der unbekannte Islam. Sufismus – die religiöse Herausforderung. Stuttgart 2007.

Seppelt, Franz Xaver / Georg Schwaiger: Geschichte der Päpste. Von den Anfängen bis zur Gegenwart. München 1964.

Shah, Idries: Die Sufis. Düsseldorf u. Köln 1976.

Shindeldecker, John: Türkische Aleviten heute. Istanbul 2001.

Thiel, Norbert: Der Kampf gegen neue religiöse Bewegungen. Anti-»Sekten«-Kampagne und Religionsfreiheit in der Bundesrepublik Deutschland. Mörfelden-Walldorf 1987.

Tibi, Bassam: Die fundamentalistische Herausforderung. Der Islam und die Weltpolitik. München 1992.

Tibi, Bassam: Der Islam und das Problem der kulturellen Bewältigung sozialen Wandels. Frankfurt a. M. 1985.

Tibi, Bassam: Der wahre Imam. Der Islam von Mohammed bis zur Gegenwart. München 1996.

Werle, Rainer / Renate Kreile: Renaissance des Islam. Das Beispiel Türkei. Hamburg 1987.

Zahrnt, Heinz: Gott kann nicht sterben. Wider die falschen Alternativen in Theologie und Gesellschaft. München 1970.

Zirker, Hans: Islam. Theologische und gesellschaftliche Herausforderungen. Düsseldorf 1993.

Register

Über den Autor

Gerharc Schweizer
© Klett-Cotta

Gerhard Schweizer, 1940 in Stuttgart geboren, promovierte an der Universität Tübingen im Fach Empirische Kulturwissenschaft. Heute lebt er als freier Schriftsteller in Wien, wenn er nicht gerade auf Reisen recherchiert und Material für neue Reportagen und Bücher sammelt. Seit 1960 ist Gerhard Schweizer im islamischen, indischen und fernöstlichen Kulturraum auf Reisen unterwegs. Viele seiner Veröffentlichungen konzentrieren sich auf den Kulturvergleich von Orient und Okzident. Als einer der führenden Experten der Kulturkonflikte zwischen »Ost« und »West« wurde Gerhard Schweizer durch seine Bücher über den asiatischen und islamischen Raum bekannt, zuletzt durch die überarbeitete Neuausgabe seines Bestsellers: »Syrien verstehen. Geschichte, Gesellschaft und Religion.«